한국대통령 통치구술사료집 4

* 이 사업은 한국연구재단 중점연구소지원사업(NRF-2011-413-B00003) 지원을 받아 진행되었음.

한국대통령 통치구술사료집 4 -김영삼 대통령

초판 1쇄 발행 2014년 10월 20일

엮은이 ｜ 연세대학교 국가관리연구원
펴낸이 ｜ 윤관백
펴낸곳 ｜ 도서출판선인

등 록 ｜ 제5-77호(1998.11.4)
주 소 ｜ 서울시 마포구 마포동 324-1 곳마루 B/D 1층
전 화 ｜ 02)718-6252/6257
팩 스 ｜ 02)718-6253
E-mail ｜ sunin72@chol.com

정가 43,000원

ISBN 978-89-5933-761-3 94340
ISBN 978-89-5933-652-4 (세트)

· 잘못된 책은 바꿔 드립니다.

연세대학교 국가관리연구원
국가관리사료총서 14

한국대통령 통치구술사료집 4

김영삼 대통령

연세대학교 국가관리연구원 편

구술: 박관용 | 김덕룡 | 이원종 | 이각범 | 정종욱 | 김인호
채록 및 편집: 박명림 | 장훈각 | 윤민재 | 권자경 | 박용수

 도서출판 선인

발 간 사

　연세대학교 국가관리연구원은 한국 대통령 관련 구술사료집을 발간해 오고 있습니다. 본 연구원 구술사료집은 한국의 역대 대통령의 리더십과 국정운영에 대한 구체적이고 생생한 내용을 담고 있습니다. 지금까지 본 연구원은 최규하, 전두환, 노태우 대통령 관련 구술사료집을 각 1권씩 발간했습니다. 올해 본 연구원은 김영삼 대통령과 노무현 대통령 관련 구술사료집을 각각 한 권씩 발간하게 되었습니다. 이번 김영삼 대통령 관련 구술사료집은 본 연구원의 한국 대통령 통치구술사료집 제4권입니다.

　김영삼 대통령 구술사료집에는 박관용 비서실장, 김덕룡 정무장관, 이원종 정무수석, 이각범 정책수석, 정종욱 외교안보수석, 김인호 경제수석 등 총 6명의 주요 인사들의 구술 내용이 수록되어 있습니다. 이분들은 청와대에서 김영삼 대통령을 가까운 거리에서 대면하며 활동했으며, 각 부문의 정책결정에 핵심적인 역할을 한 분들입니다. 이분들의 구술 내용은 김영삼 대통령의 성격이나 국정운영 방식 그리고 정부의 주요 정책이나 사안의 결정 및 집행 과정에 대한 생생한 증언입니다. 본 연구원의 구술사업에 참여해주신 구술자 선생님들께 깊은 감사의 마음을 전해드립니다.

본 연구원의 구술사업은 한국연구재단 '중점연구소지원사업'의 지원
을 받아 추진되고 있습니다. 그 지원에 기초하여 본 연구원은 3년 후
에 '한국 대통령 통치사료관' 운영을 시작할 계획입니다. 이 책에 담겨
진 주요 내용은 본 연구원이 수집한 문서사료와 함께 한국 대통령 통치
사료관의 주요 콘텐츠가 될 것입니다. 본 연구원의 통치사료관을 통해
이용자들은 온라인을 통해 국내외 주요 한국 관련 문서를 검색하고 원
문 서비스를 받을 수 있고, 통치사료관을 방문하여 열람과 복사 등을
할 수 있을 것입니다. 이러한 본 연구원의 사업에 참여와 지원을 아끼
지 않으신 많은 분들과 기관에 감사드리며, 앞으로 더욱 많은 관심을
부탁드립니다.

2014년 9월 20일

연세대학교 국가관리연구원장
문 명 재

차 례

서
론

 김영삼 대통령 구술사료집은 김영삼 정부에 참여했던 주요 인물들의 구술인터뷰 내용을 편집한 것이다. 김영삼 대통령 관련 구술인터뷰는 2012년과 2014년도에 이루어졌다. 이번 구술인터뷰에 참여한 분들은 김영삼 대통령을 보좌했던 핵심 인물들로서 박관용 비서실장, 김덕룡 정무제1장관, 이원종 정무수석, 이각범 정책수석, 정종욱 외교안보수석, 김인호 경제수석 등 총 6인이다. 역대 정부의 핵심 인물들은 거의 예외 없이 자신이 참여한 정부와 대통령에 대한 가혹한 평가에 대해 서운함과 아쉬움을 갖고 있다. 특히 김영삼 대통령은 임기 초 압도적 지지와 임기 말 급격한 레임덕을 겪은 만큼, 이들의 이러한 감정은 더욱 강하다고 볼 수 있다. 독자들은 이러한 측면을 감안할 필요가 있지만, 그럼에도 불구하고 이 구술에 참여한 분들은 솔직하고 담담하게 자신의 경험과 관찰에 기초한 구술을 남겼다.

 한국의 대통령 리더십과 국정운영 방식은 그 중요성만큼 큰 논쟁 대상이기도 하다. 이러한 민감한 주제에 대해 다양한 접근이 가능하겠지만, 보다 직접적이고 구체적인 증언은 대통령에 대한 연구와 이해를 위한 가장 기본적인 자료가 될 수 있다. 특히 한국의 대통령의 경우 미국에 비해 더욱 국민과의 거리가 먼 시스템과 공간 속에 자리 잡고 있는 만큼, 대통령과 가까이에서 긴밀한 협조를 했던 인물들의 증언은 더욱 중요한 자료의

가치를 지닌다. 김영삼 대통령 관련 인사들의 이 구술 내용은 특히 광범위한 영역과 다양한 측면에서 김영삼 대통령과 당시 주요 국정사안의 결정 및 집행 과정과 상황을 포함하고 있다.

김영삼 대통령은 권위주의 시대 야당 지도자로서 민주화운동에 주도적인 역할을 했으며, 민주화 과정에서 후보단일화 실패와 지역주의 구도의 대두로 인한 한계에도 불구하고, 한국 현대 정치사에서 빼놓을 수 없는 중요한 인물이다. 또한 그는 3당 합당에도 불구하고 군부정치와의 단절을 부각시키는 데에 성공하여 명실상부한 민주주의 시대를 연 인물이기도 하다. 특히 대통령 과정을 통해 드러난 그의 독특한 리더십은 그에 대한 호불호를 분명하게 가르는 요인이기도 하다. 이러한 지도자에 대해 같은 정부에 참여했던 인물들의 구술은 보다 직접적이고 구체적인 판단 근거를 제시해줄 것이다.

민주화 이후에도 한국의 대통령에 대해 제왕적 대통령제의 성격을 지니고 있다는 평가와 개인으로서 지니는 성격에 대한 인상적 평가 이외에 정책 과정에서 나타난 다양한 측면의 체계적 연구 또는 정치사적 맥락에 따른 대통령의 조건에 대한 이해가 아직 부족한 편이다. 그러므로 대통령 간 개별적 차이에도 불구하고 나타나는 비슷한 경향뿐 아니라, 서로 비슷한 대응에도 불구하고 대비되는 국정운영 과정이나 결과 등에 대한 다양한 연구들이 부족한 상황이다. 이러한 상황에서 대통령에 대한 구체적인 묘사와 설명은 이와 같은 다양한 대통령 연구의 기초가 될 수 있을 것이다. 또한 제도와 행위자 간의 상호작용으로서 또는 제도의 순응자이면서도 이를 변화시키는 변혁적 리더십으로서 대통령, 그리고 지지자와 국민 전체에 대한 기대와 책임이 구분되는 측면 등에 대한 복합적 연구 등이 더욱 필요한 상황이다. 대통령에 대한 구술 내용은 대통령제, 대통령직, 대통령 리더십에 대한 연구의 진전을 위해 중요한 자료가 될 수 있을 것이다.

김영삼 대통령 관련 주요 인물들이 구술자로 참여한 만큼 이 책에는 김영삼 대통령과 문민정부에 대한 다양한 측면의 주요 사실들이 담겨있다. 김영삼 대통령의 권력지향적이고 언론에 민감한 성향, 과감한 결단력, 단호한 추진력 등이 구체적 사례를 통해 구술되었다. 또한 김영삼 대통령이 주도한 의제, 정부 구성 및 인사, 이들에 대한 경쟁적 활용 방식, 국제관계에서 주요국 정상들과의 협상에서 나타난 김영삼 대통령의 리더십 등 이 책은 그동안 김영삼 대통령 관련 어떤 연구나 회고에 비해 풍부한 내용을 담고 있다. 예를 들어 1993년 하나회 청산이나 금융실명제 추진 방식, 그리고 11월 한미정상회담에서 나타난 김영삼 대통령의 클린턴 대통령에 대한 대응은 다른 어떤 대통령과 다른 리더십 특성을 보여줄 것이다. 이외에 외환위기의 수렁 속으로 빠져들어 가는 시기 청와대 경제수석의 역할과 경제부총리와의 관계 이들과 대통령의 관계에 대한 자세한 내용들은 한국 정치와 정책 과정에 대한 보다 깊이 있는 연구의 필요성을 제기하게 해줄 것이다.

박관용 비서실장은 김영삼 대통령의 가장 큰 특징으로 일찍이 대통령의 꿈을 꾸어 온 정치인이라는 점을 강조하였다. 그는 김영삼 대통령의 성격적 특성으로 집중력, 결단력, 추진력을 주요 특징으로 꼽았다. 금융실명제 실시나 하나회 척결 과정에서 나타난 비밀스러운 추진 방식, 그리고 대북정책과 언론에 대한 박관용 비서실장의 구술은 김영삼 대통령 리더십 특성에 대한 전반적인 이해에 큰 도움이 될 것이다.

김덕룡 정무장관은 김영삼 대통령과의 오랜 인연을 바탕으로 대통령 당선 이전 민주화 시기의 활동에 대해 특히 김대중 대통령과의 관계를 중심으로 자세히 구술했다. 우선 박정희 정부 시기 야당 활동을 통한 정치세력 형성 과정, 전두환 정부 시기 신군부세력에 대한 저항 과정, 민주화운동 시기 민추협이나 민주산악회 형성 및 활동 과정, 이민우 구상을 둘러싼 야권의 상황, 6·29선언과 후보단일화 실패 과정, 민주화 이후 3당 합당에 참여하는 과정 등 대통령 당선 이전의 주요 정치 사안과 이에 대한 김영삼 대통령과 그를 둘러싼 조건에 대해 생생한 이야기를 남겼다. 대통령 당선 이후 하나회 청산, 차남 김현철과 김기섭 안기부기조실장에 대한 그의 인식, 당시 민정계 김윤환 의원의 역할, 이회창 총재에 대한 김영삼 대통령의 인식, 당내 대선 후보 경선 당시 이인제 탈당, 노동법 파동 등 주요 정치 사안에 대한 그의 의견을 남겼다.

이원종 정무수석의 주요 구술 내용은 다음과 같다. 1차에서는 1970년대 신민당, 1979년 김영삼 총재 제명사건, 12·12사건과 5·17조치 이후 상황, 1980년대 직선제 개헌운동, 제13대 대통령선거, 1990년 3당 합당, 1992년 대통령선거 등을 다루었다. 제2차에서는 김영삼 정부 출범 이후 신한국 창조와 세계화, 청와대 및 장차관 인사, 주요 업적으로 권위주의 청산, 금융실명제와 부동산실명제 실시, 제3차 구술에서는 통합선거법 제정, 국회제도 개선, 정부조직 개편, WTO체제 출범, OECD 가입, 노동법 개정, 병역법 개정, 부정부패 척결로 동화은행 사건, 슬롯머신 사건, 율곡사업 비리, 지방자치제도 실시, 역사바로세우기로 5·18 광주사태와 전두환, 노태우 전 대통령의 비자금조성에 대한 심판, 신한국당 창당에 대해 구체적인 설명이 있었다. 제4차에서는 남북관계 및 대북 쌀 지원, 남북정상회담 추진 및 연기, 황장엽 망명, 대미관계, 대러관계, 교육개혁, 성수대교 붕괴, 김현철의 구속, IMF외환위기에 대해 구술하였다.

이각범 정책수석의 주요 내용은 다음과 같다. 1987년 민주화운동 시기 직선제 개헌 서명을 계기로 박세일, 한완상 교수 등과 함께 김영삼 선거캠프에 참여한 과정, 1988년 국회의원 소선거구제 매개의 야권통합 논의, 1992년 대통령선거 과정 '부정부패 척결', '신한국건설', 1996년 박세일 전 청와대 사회복지수석이 준비했던 노동법 개정의 국회 날치기 통과, 외환위기 원인으로 금융개혁법이 좌절, 문민정부에 대한 평가문제, 김현철 씨에 대한 평가 등이다.

제1차 북핵위기를 맞은 김영삼 대통령의 외교안보수석 정종욱 수석의 주요 구술 내용은 다음과 같다. 그는 북핵위기 대응 과정의 중요한 계기마다 김영삼 대통령이 방향키를 쥐고 있었다고 구술했다. 다만 그는 대통령의 판단에 영향을 주기 어려웠으며, 그것은 정무적 판단을 중요시한 김영삼 대통령의 리더십과 관련되어 있다. 또한 그의 구술 내용에는 한미정상회담의 진행 과정에 대한 생생한 묘사가 담겨있다. 특히 김영삼 대통령의 1993년 11월 워싱턴에서 열린 한미정상회담에서 보여준 대응은 그의 리더십 특성을 보여준 극적으로 보여준 사례라고 볼 수 있다. 이에 대한 자세한 설명이 포함되어 있다.

그리고 외환위기를 맞은 임기 말 1997년 경제수석이었던 김인호는 외환위기에 대해 기본적으로 구조적 요인에 의한 것이라는 관점을 견지했다. 기본적으로 김영삼 대통령은 경제수석과 경제부총리에게 경제정책에 대한 높은 수준의 자율성을 부여했다. 이들은 이미 한보위기를 시작으로 위기상황으로 접어든 시점에서 임명되어, 긴밀한 협조를 유지하며 경제위기에 대응했으나 한계에 부딪혔다는 것이다.

이들의 구술을 통해 대통령 리더십이나 국정운영 방식과 관련하여 대통령과 수석, 장관 등의 관계에 대한 다양한 시사점 또한 얻을 수 있으며, 추후 체계적 연구의 필요성을 확인할 수 있을 것이다.

박관용

제16대 대한민국 국회의장

전 청와대 비서실장

1. 개요

　박관용 전 대통령비서실장은 제11대 국회부터 제16대 국회에 이르기까지 6선의 국회의원이며, 2002년 제16대 국회의 국회의장으로 현대 정치사의 산 증인이다. 그는 1993년에는 김영삼 대통령의 대통령비서실장, 1994년에는 대통령 정치특별보좌관을 역임하였다. 현재는 21세기국가발전연구원의 이사장으로 재직 중이다. 박관용의 구술은 2012년 5월 31일, 동년 6월 14일, 동년 7월 20일, 모두 세 차례에 걸쳐 21세기국가발전연구원의 집무실에서 이루어졌다. 박관용의 구술은 김영삼 대통령의 리더십 스타일, 정책결정 과정의 특징, 북핵문제를 둘러싼 남북관계, 한미관계, 한중관계, 한러관계 및 한국 정당정치의 발전과 관련한 다양한 주제를 중심으로 폭넓고 구체적으로 이루어졌다. 그 내용 가운데 주요한 것들을 간략하게 정리하여 보면 아래와 같다.

　박관용은 김영삼 대통령의 가장 큰 특징으로 일찍이 대통령의 꿈을 꾸어 온 정치인이라는 점을 강조하였다. 정치인으로서의 성장 과정이나 상황의 변화에 따라서 대통령 후보로 대두된 것이 아니라, 처음부터 대통령이 되어야겠다는 결심을 가지고 정치 생활을 영위해 온 사람이라는 점이다. 따라서 김영삼 대통령의 경우 대통령이 되면 내가 뭘 해야 되는지, 집권하게 되면 군사정권과 전혀 다른 새로운 문민정부, 민간 정부로서 무엇을 해야 되는지 등에 관한 구상들에 사고의 초점이 맞춰져 있었다. 특히 3당 합당 이후에는 어떤 비전을 가지고 대통령을 준비해야 집권할 수 있는지에 대해 고민하였다. 이 시기에 부정부패 척결, 경제문제 해결, 국가기강 확립이라는 세 가지 기조를 세우고, 금융실명제, 역사바로잡기 등 구체적인 개혁을 구상하였다.

　김영삼 대통령이 대통령으로서 준비를 철저히 한 정치인이었다는 점과 그가 갖는 개인적 특성이 집권에 영향을 미쳤다. 우선 그는 깊이 생각하는 성격을 가지고 있었다. 어떤 얘기를 들으면 대답을 안 하고 혼자서 골똘하게 생각하는 성격이었으며, 한번 깊은 생각에 빠지면 옆에서 누가 얘기를 해도 모를 정도로 집중력이 있었다. 그리고 결단력이 대단히 강했다. 김영삼 대통령은 밤새 고민하고 결심하는 경우 어떤 저항이 있더라도 해내는 사람이었다.

김영삼 대통령이 생각하고 결심한 것들 대부분은 큰 원칙의 문제였다. 구체적인 절차나 방법에 대해서는 실무진들이 해야 한다고 보았다. 그는 큰 개혁들은 지도자에 의해서 추진되어야 한다고 생각했다. 여기에서 나온 용어가 '위로부터의 개혁'이다. 많은 사람들의 조언을 들었지만 결심은 김영삼 대통령 스스로 내렸으며, 이 점이 다른 대통령과의 큰 차이였다. 한국 정당사에서 중요한 사건으로 일컬어지는 3당 합당의 경우에도 대통령 개인의 비전과 성격이 영향을 미쳤다. 3당 합당은 '이런 구도'가 아니고는 내가 대통령이 될 수가 없다는 그의 결심에 따라 이루어졌다. 구술자는 이 점과 관련하여 "대통령이 되기 위해서는 국민적 명분이 있는 김영삼이 그 당에 들어가 장악하고 대통령이 돼야 되겠다. 이런 목적으로 통합을 하게 되는 것입니다."라고 구술하고 있다.

김영삼 대통령의 생각과 결단, 추진 스타일은 금융실명제의 실시 과정에서 잘 드러나고 있다. 금융실명제는 정책참모들의 건의와 회의를 거쳐 실시된 개혁정책은 아니었다. 박관용 비서실장이 먼저 실명제의 실시 필요성을 건의하지는 않았다. 김 대통령이 비서실장에게 그 필요성 여부와 비서실장의 의사를 타진하였으며, 이것은 당시 경제수석에게도 마찬가지였다. 당시 박관용 비서실장은 "대통령께서 내세운 공약이니까 당연히 해야지요."라고 한 반면에, 박재윤 경제수석은 "그것 참 중요하고 어려운 일입니다. 시기를 잘 선택해야 됩니다."라고 답했다. 이러한 참모들의 반응을 두고 김영삼 대통령은 "비서실장은 실명제를 찬성하고, 박재윤은 어물어물하는 게... 반대한다..." 그래도 "실명제를 실시하겠다."고 결심하고 다른 팀에서 작업을 지시하였으며, 반대한다고 판단된 경제수석에게는 그 일에 대해 비밀로 했다. 박관용은 그때 박재윤 수석이 참여했다면 금융실명제가 보다 더 보완되어 실시될 수 있었을 것이라고 회고했다.

국군을 개혁할 때에도 김영삼 대통령의 업무 추진 스타일이 그대로 반영되었다. 박관용 비서실장은 군의 문제로 하나회를 지적하고 개혁의 필요성과 내용을 보고하였다. 그리고 충분한 시간을 가지고 조사와 사실 파악을 거쳐 시행될 것이라고 생각했다. 그러나 이 예상과는 달리 김영삼 대통령은 갑작스럽게 국방장관을 호출하여 육군참모총장을 경질시키라고 지시하였으며, 마치 전격적인 작전을 수행하듯 군개혁에 착수하였다. 김 대통령은 비서실장에게조차 개혁추진라인을 공개하지 않았다. 이에 대해 박관용은 오랜 야당 생활과 투쟁 경험을 통해 터득된 기밀을 중시하는 김영삼 대통령의 특성이라고 지적했다. 대부분의 큰 개혁은 이렇듯 대통령이 직접 위에서 지휘, 주관하는 형태였다.

김영삼 대통령은 사회, 정치적인 문제에 대해서는 자신의 지식과 의사에 기초하여 소신을 가지고 일을 추진하였다. 그러나 경제나 과학, 문화와 같은 방면에 대해서는 전문지식이 깊지는 않았다. 연설하는 경우 정치 부분이나 일반 사회 부분에 대해서는 앞에 원고를 두지만 그 원고에 준하는 내용을 다 직접 말했던 반면, 경제나 과학 같은 전문적인 분야에 대해서는 꼭 원고를 읽었다. 박관용은 외환위기의 이유 가운데 하나로 이 점을 지적했다. 김영삼 대통령이 무리하게 경제정책을 추진했다는 것에서 위기가 온 것이라고 하기보다는 그동안 경제적으로 여러 가지 누적된 것, 참모들의 잘못, 수습 과정에서 후임 대통령이 모든 책임을 김영삼 대통령에게 넘긴 것, 이런 점들이 종합적으로 작용했다고 구술했다. 특히 우리의 경제구조는 고도성장에도 불구하고 대단히 약했으며, 위기 초기에 경제수석이나 경제부총리가 대통령에게 가서 외환위기라는 것이 무엇인지, 달러가 부족하다는 것을 설명하고 결단을 얻어야 했다고 보았다. 그런데 그 경제부처 장들이 펀더멘털이 든든하다는 생각을 가지고 잠시 오는 위기일 뿐이지 곧 해결이 된다고 안이하게 여기고 있었다는 점 또한 지적했다.

본 구술을 통해 제1차 북핵위기 당시 남북관계를 풀어나가려고 했던 김영삼 대통령의 인식, 구상과 정책들에 관해서도 상당히 중요한 내용들을 확인할 수 있었다. 김영삼 대통령은 북핵문제 대두 초기에는 미국의 요청에 따라 영변 인근의 흙을 채취해서 핵시설임을 확인했음에도 이를 심각한 문제로 인식하고 있지는 않았다. 대통령 취임 후 국내의 반대 여론에도 불구하고 이인모 노인을 조건 없이 송환했음에도 북한의 NPT 탈퇴 선언이 있자 김영삼 대통령은 상당히 당황했으며, "핵을 가진 사람의 손을 잡을 수 없다."라는 표현을 쓸 정도로 강경하게 돌아섰다. 미국이 비교적 온건 노선으로 전환한 가운데 한국 정부는 이를 거부하고 광범위하고도 철저한 접근, 압박을 병행하는 정책을 채택했다. 다만, 전쟁, 즉 극단적인 군사적 옵션은 여기에 포함시키지 않았다. 이러한 정책을 선택하게 된 인식적 배경에는 북한은 핵을 포기하지 않을 것이라는 판단이 전제되었다. 북한이 포기하는 경우는 두 가지로 상정하였다. 첫째는 미국이 군사적 옵션을 선택해서 공격 직전까지 왔다는 사실을 확인했을 때 협상하자고 나올 것이다. 둘째는 중국이 생필품과 석유 공급 등 모든 지원을 끊겠다는 사실이 확인됐을 때 대화의 장으로 나와서 핵을 포기하겠다고 제안할 것이다. 다시 말해서 북한이 벼랑 끝 전술을 택한 경우 벼랑 끝 전술로 대응하는 길 외에는 없다는 판단이었다.

한국 정부의 이 정책은 미국과의 마찰을 초래했다. 미국의 포괄적 타결정책에 대한 한국 정부의 반대와 군사적 옵션 선택에 대한 김영삼 대통령의 강한 반발이 주된 원인이 되었다. 여기에 중국과의 관계개선 움직임과 관련하여 김영삼 대통령의 "앞으로 중국이 가장 중요한 상대국이다."라는 발언에 대한 오해와 우려도 하나의 원인으로 작용했다.

당시 한국 정부는 미국과의 대북정책에 있어서의 마찰과 불협화음이 존재함에도 중국과 러시아를 활용하는 것에까지는 나아가지 못했다. 우선 중국이 북한의 핵개발을 중지시키고자 하는 의도를 가지고 있지 않았지만, 우리 정부도 중국을 설득하는 것에 크게 관심을 갖지 않았다. 러시아는 우리 입장을 두둔하는 편이었으나 러시아의 내부문제로 인해 힘을 발휘할 수 있는 처지가 되지 못했다. 결국은 북미회담을 모니터링하고 미국에 우리의 의사를 전달—박관용은 이를 미국이 북한에게 양보한 것이라고 구술하였다—하는 입장에서 북핵문제를 다루게 되었으며, KEDO를 통해 북한에 경수로 지원의 상당액을 부담하였다. 북한 경수로 건설과 관련하여 박관용은 당시 정부는 북한의 조기 붕괴를 전제로 한 선택이었다고 구술하였다.

김영삼 대통령은 언론에 민감한 정치인이었다. 아침에는 주요 신문의 기사를 요약하여 보았으며, 조간과 석간의 초판 신문을 비서들을 시켜 반드시 챙기도록 했다. 박관용은 이를 민주화운동을 했고 국민 속에서 성장한 사람들의 속성으로, 언론을 의식한다는 것은 국민을 의식한다는 것과 같은 것이라고 설명했다. 아들 김현철의 구속은 김영삼 대통령 개인에게도 대단히 큰 충격이었다. 김현철의 구속 이후, 다른 사람이 보면 정상적으로 활동하는 것으로 보일 수도 있었겠지만 대통령은 대단히 힘들어했다. 이를 박관용은 장차관들이 대통령 만나기를 거북스러워하는 정도였다고 구술하였다. 박관용은 1987년의 헌법개정과 관련하여 당시 전두환 대통령, 김영삼 총재, 김대중 총재의 이해관계에 맞게 개정됨으로써 권력분립, 새로운 민주화 시대의 헌법, 국민의 기본권 등에 대한 고려가 충분하게 반영되지 못했다는 점을 지적했다.

2. 구술

>>>>> 1차 구술 ─────────────────────────

박용수: 김영삼 대통령께서는 정치, 경제적 측면에서 많은 개혁을 시도하셨고 이후에 많은 영향도 주었습니다. 집권 초기에는 한국 역사상 가장 높은 국민적 지지도 받고, 그럴만한 근거도 있다고 생각을 합니다. 그런데 집권 말기에 외환위기와 같은 문제들이 있었습니다. 비서실장으로 계시면서 김영삼 대통령 시기에 대해서 아쉬웠던 부분이나, 제대로 평가되었으면 좋겠다라고 생각하는 내용을 김영삼 대통령의 리더십 중심으로 말씀해 주시길 바랍니다.

박관용: 김영삼 대통령은 일찍부터 대통령의 꿈을 꾸어 온 사람이에요. 상황의 변화에 따라서 후보로 등장한 것이 아니라, 오래 전부터 대통령이 되어야겠다는 결심을 가지고 정치 생활을 영위해 온 사람입니다. 다른 사람하고 전혀 다릅니다. 그렇기 때문에 1990년도의 노태우, 김종필 씨와 삼당 통합도 "이런 구도가 아니고는 내가 대통령이 될 수가 없다."라는 결심에 따라서 이루어진 겁니다. 처음에는 노태우 정권이 여소야대 아래서 '김영삼과 손을 잡느냐 김대중과 손을 잡느냐. 한 개 정파하고 손을 잡고 우선 여소야대를 극복해야겠다. 그래야 마지막 국정을 제대로 수행할 수 있고 정권도 재창조할 수 있겠다'는 판단에 따라 김영삼 대통령과 김대중 대통령 사이에서 저울질을 많이 했어요. 그러다가 김영삼 대통령을, 통일민주당 쪽을 겨냥하게 됩니다. 처음에는 합당이 아니라 정책연대를 하려고 생각했어요. 정부가 추진하고 있는 모든 정책에 대해서 정책연대를 통해 안정적으로 국정을 운영해야겠다고 생각을 하고 있었습니다. 그런데 김영

삼 대통령은 '내가 대통령이 되기 위해서는 통합을 해서, 국민적 명분이 있는 김영삼이 그 당에 들어가 장악하고 대통령이 돼야 되겠다' 이런 목적으로 통합을 하게 되는 것입니다.

박용수: 김영삼 대통령이 통합을 주도했다는 말씀인가요?

박관용: 물론이죠. 김영삼 대통령이 정책연합은 반대를 했어요. 이 이야기를 하는 이유는 김영삼이라는 분은 '내가 어떻게 하면 대통령이 될 수 있겠는가' 하는 것에 초점을 맞추고 있었기 때문에, 대통령이 되면 내가 뭘 해야 되느냐, 군사정권과 전혀 다른 새로운 문민정부, 민간 정부로서 또 무엇을 해야 되느냐 하는 것들에 항시 초점이 맞춰져 있었어요. 투쟁 일변도로 살아왔기 때문에 그분은 구체적으로 정책을 개발할 능력이 있는 것은 아닙니다. 그런데 합당하고 난 후부터는 '내가 어떤 비전을 가지고 다가서야 하는가'에 초점이 맞춰지게 됩니다. 그래서 합당되고 난 후에 여러 행사에서 자기 생각을 이야기할 때 국정 철학을 많이 언급하게 됩니다. 예를 들어서 부정부패를 없애야 된다. 영국의 대처 수상이 영국병을 고치겠다고 약속하고 고쳤듯이 나도 한국병을 고치겠다. 그러기 위해서는 변화와 개혁을 내 정치철학으로 삼아야겠다. 이렇게 생각하고 얘기를 많이 합니다. 부정부패의 척결이죠. 그 다음에 경제를 살려야겠다. 노태우 정권 이후에 노사분규가 극심하고 사회질서가 엉망이었습니다. 그때 별의별 사건이 다 났단 말이죠. 그걸 보면서 경제를 살려야 되겠다고 생각한 거죠.

조금 더 자세히 말씀드리면, 첫째는 부정부패를 척결하고 경제를 살리고, 그 다음에 국가 기강을 잡아야 되겠다. 당시에는 어느 학교, 어느 기업이든 분쟁이 나지 않은 곳이 없었어요. 소위 통제일률적인 사회 속에서 6·29선언이 일어나면서 자유가 폭발적으로 분출해버렸단 말이에요. 노동자들이 회사 사장을 끌고 다니고, 학교에서는 온갖 데모가 일어나고, 길거리에서는 늘 시위가 일어났어요. 그래서 김영삼 대통령이 합당돼서 들어간 뒤에 노태우 대통령에게 제일 먼저 요구한 것은 5공청산과 광주사태를 해결해야겠다는 것이었어요. 그것은 다시 말하면 합당한 그 정당이 군부 잔재세력이 아니라는 사실을 확인하는 것입니다. 합당 후에 그 상태대로 끌고 가면 이것은 전두환 – 노태우로 이어지는 5공이 그대로 유지되는 것입니다. 또 광주사태를 해결하지 않고 넘어가면 똑같은 반민주세력으로 간단 말이에요. 그러니까 5공을 청산하고 광주사태를 해결해야겠다. 이것이 이 양반의 철학이 된 거예요. 이 철학 안에서 국정을 어떻게 끌고 가느냐는 것을 논의하게 되죠. 아까 말했던 부정부패를 없앤다. 그 다음에 국가 기강을 마련하고 경제를 살린다. 이 세 가지 기조 아래에서 갈 때마다 금융실명제도 얘기하고 국가 기강을 바로 잡기 위해서 역사를 바로 잡아야 된다, 이런 얘기를 많이 하셨습니다.

그러한 과정을 통해서 여당 후보로 갑니다. 김영삼 대통령의 장점 두 가지가 여당 후보가 되는데 기여했다고 생각해요. 하나는 김영삼 대통령이 깊이 생각하는 성격을 가진 분이라는 점입니다. 대통령 후보가 되고 난 뒤부터 각계 분야의 많은 전문가들을 만나게 됩니다. 이분은 어떤 얘기를 들으면 대답을 안 하고 혼자서 골똘하게 생각을 하는 성격이에요. 한번 골똘하게 생각을 하면 옆에서 누가 얘기를 해도 몰라요. 혼자서 무슨 결심을 참 잘하는 분이에요. 다른 사람의 말을 듣고 이것을 자기 것으로 만들어서 생각합니다. 그런데 그 생각이 구체적이고 상세한 것까지 이르지 못하는 경우가 있어요. 왜냐하면 학문 쪽으로 깊이 있게 공부를 한 사람도 아니고, 어느 부처에서 근무를 해서 그 부처에 대해서 전문적으로 아는 것도 아니고, 행정적인 경험이 있는 사람도 아니기 때문입니다. 그러나 기본적인 것에 대해서는 남의 말을 많이 듣고 혼자서 결심을 하는 겁니다. 그런 과정을 거쳐 결심한 것은 '안가를 철거해야 되겠다. 하나회를 척결해야 되겠다. 정치자금을 받으면 안 되겠다. 고위공무원의 재산은 공개되어야 한다' 등과 같은 것들입니다.

이렇게 생각이 깊었고, 둘째로는 결단력이 아주 강했습니다. 김영삼 대통령은 밤새 고민하고 나와서 한번 한다고 하면 안 하는 게 없어요. 어떤 저항이 있더라도 해내는 사람이에요. 그게 김영삼 대통령의 장점입니다. "이 군사정권과 끝까지 싸우지 않으면 내가 정치적으로 성공할 수 없다. 그것이 내 정치의 몸이 되고 상징이 되어야만 정치적으로 성공할 수 있다." 이런 결심이 서면 목숨을 걸고 뛰었습니다. 김대중 씨는 전두환 정권하고 부분적으로 화해하고 미국으로 갑니다. 김영삼 대통령은 2년이 넘는 세월 동안 연금 생활을 하면서도 절대 타협을 안 했단 말입니다. 그런 결심과 결단력이 대통령을 만든 것에요. 김 대통령은 오랜 야당 생활을 하시다 보니까 조직 라인보다는 개인적인 인맥을 통해서 많은 전문가들을 압니다. 그런 사람들을 통해서 얘기를 들어요. 그러면 밤새도록 생각하시는 것이 하나의 버릇입니다. 팔짱을 끼고 창가를 유심히 쳐다보며 골똘하게 생각하는 것입니다. 그러면 무엇이 나와요. 정치자금을 안 받겠다고 했을 때도 그랬습니다. 제가 저 양반이 창가에서 골똘히 생각하는 걸 보니 뭔가 일이 터지겠다고 생각했었어요. 그러면 꼭 무엇인가가 나와요.

김영삼 대통령이 생각하고 결심한 것들 대부분은 큰 원칙의 문제였어요. 구체적인 절차나 방법에 대해서는 실무진들이 해야 한다고 보셨습니다. 어느 경우는 큰 원칙보다는 세칙이 중요할 때가 있기 때문에 그것을 놓치는 경우도 있었습니다만, 김영삼 대통령의 생각은 큰 개혁들은 지도자에 의해서 추진되어야 한다는 것이었어요. 그래서 나온 용어가 '위로부터의 개혁'입니다. 대통령 취임사에서도 "위로부터의 개혁이 시작됩니다."라고 말씀하신 것이 그것입니다. 그래서 저도 '위로부터의 개혁'이라는 말을 강연할 때 많이 하고 다녔어요. 이렇게 원칙과 개혁의 큰 그림은 대통령의 구상에서 나왔습니다. 물론 많은 사람들의 조언을 들었지만 결심은 대통령 스스로 하셨습니다. 장관, 비서실장, 수석이 올라와서 "이건 이렇게 해야 됩니다."

라고 해서 이루어지는 개혁이 아니라, 평소에 사람들을 통해 들었던 얘기들을 정리해서 이루어졌다는 것이 다른 대통령과의 큰 차이입니다.

대통령의 생각과 결단, 추진 스타일은 금융실명제 실시 과정에서 잘 나타났었어요. 제가 비서실장을 했지만, 대통령께 실명제를 꼭 실시해야 된다고 진언하지는 않았습니다. 하루는 저를 불러서 실명제에 대해서 어떻게 했으면 좋겠냐고 물으셨어요. 그래서 "대통령께서 내세운 공약이니까 당연히 해야지요."라고 하면 "그렇지요?"라고 하고 끝나는 겁니다. 박재윤 경제수석을 불러서 "실명제는 공약인데 어떻게 하지?"라고 물으면 수석이 "그것 참 중요하고 어려운 일입니다. 시기를 잘 선택해야 됩니다."라고 합니다. 그러면 "그렇지?" 하고 끝나는 겁니다. 그러면 "비서실장은 실명제를 찬성하고, 박재윤은 어물어물하는 게... 반대한다..." 그래도 실명제를 실시하겠다고 결심하십니다. 그리고는 작업은 다른 데서 하셨습니다. "알고만 있으십시오. 박재윤에게는 말하지 마십시오." 그래서 "경제수석이 모르는 실명제를 어떻게 합니까? 그건 안 되는 일입니다."라고 말씀드렸습니다만, "그 양반은 반대하는 사람이니까 말하지 마십시오." 하는 엄명이 떨어지는 겁니다. 대통령을 모시는 사람이 대통령 말씀을 어길 수는 없잖아요? 제가 아무리 궁금해도 실무자들에게 잘 되가느냐고 물을 수 없는 겁니다. 대통령의 지시에 따라야 하니까요. 하도 궁금해서 청와대에 있는 책을 다 뒤져도 금융실명제에 관한 책이 없어요. 우리 집에 가서 다 뒤져도 없어요. 책방에 가서 책을 사려고 하니까, 비서실장이 금융실명제에 대해서 책을 사가면 소문이 날 것 아니에요? 소문나면 자금에 혼란이 생기니까 큰일이죠. 이경식 부총리와 홍재형 재무장관이 한다는 말은 들어서 아니까, 하도 궁금해서 이경식 부총리가 국회에 회의하러 왔을 때 "잘 돼갑니까?" 하고 물었죠. "죄송합니다. 대통령 엄명이 하도 심해서 제가 말을 못합니다. 추진은 잘 되어 가고 있으니 걱정 마십시오." 이렇게 되었어요.

이렇게 이것은 극비로 해야 되겠다 하면 철저하게 차단하는 분입니다.

그렇게 실명제를 직접 진두지휘하셨어요. 재미난 에피소드가 있는데, 그 때 가만히 있으려니까 답답하기도 하지만 박재윤 수석이 걱정스러운 겁니다. 대통령의 지시라서 말을 못하고 있다가 긴급하게 회의가 열리기 전에 불렀어요. "당신 놀라지 마시오. 내일 실명제를 실시합니다." 얼굴이 노래 졌죠. "왜 대통령에게 실명제를 반대했습니까?" "반대한 적 없습니다. 시기를 잘 선택하지 않으면 위험합니다." 이렇게 얘기했다는 겁니다. 그러니까 김 대통령은 약간의 우려라도 있으면 그걸 안 하는 겁니다. 그래서 비밀에 부친 거지. "당신이 그런 얘기를 함으로써 대통령이 반대하는 걸로 이해를 하고 그렇게 됐으니 좀 이해를 해 달라. 그 대신 당신 입장도 살려줄 테니까 가만히 있어라."라고 얘기를 했죠. 그래서 수석회의를 열어서 내일 실명제를 하게 된다. 박재윤 수석과 내가 여러분에게 사전에 얘기하지 못한 점을 양해 부탁드린다. 그래서 다들 박 수석과 제가 부득이했다는 걸 이해하고 있었고 언론에도 그렇게 나갔는데, 모 경제지 기자가 실명제를 하기 이틀인가 삼일 전에 경제수석 방에 일이 있어서 들어갔던 모양입니다. 들어갔는데 박재윤 수석이 한가한 모습으로 창밖을 내다보고 옆에 신문을 두고 있더라는 겁니다. 이 양반이 실명제가 발표된 후에 그걸 생각해낸 겁니다. "어떻게 실명제를 앞두고 문 잠가 놓고 밤새도록 일해도 부족할 판에 그렇게 한가하게 앉아있었는가?" 기자의 센스가 무서운 겁니다. 이걸 극비에 추진했다는 얘기가 정부에서도 계속 나오니까, "아, 박재윤 수석이 여기에서 제외됐을 가능성이 있다." 이 판단을 가지고 이경식 부총리 쪽에 출입하는 기자에게 "아무래도 이상하다. 이경식 부총리에게 거꾸로 한번 찔러봐라."라고 한 거죠. 그 기자가 "박재윤 경제수석도 이 내용을 몰랐다고 하는데, 어떻게 그렇게 추진했습니까?"라고 하니 "대통령께서 아무한테도 얘기하지 말라고 하셨고..." 이렇게 대답이 나온 겁니다. 그래서 그때 이것이 신문에 났는데 노력을 해서 크게 보도되진 않았습니다.

　　그때 박재윤 수석이 참여했다면 좀 더 보완해서 했을 것이라고 생각합니다. 대통령께서 원칙에 충실하다 보니까 세부적인 사항을 놓친 경우가 아닐까 해요. 긴급조치로 하면 모든 게 끝날 줄 알았는데, 알고 보니 법으로 했어야 했고, 그래서 후에 법이 만들어집니다. 그때 지하에 숨어 있는 자금이 굉장히 많았습니다. 숨은 돈을 어떻게 밖으로 끌어내서 산업자금으로 삼아야 되는가. 온갖 부정한 방법으로 숨어 있는 돈들이 외국으로 도망갈 수도 있는 것이고, 차명으로 갈 수도 있는 거잖아요? 이런 돈들을 끌어내는 방법 등이 연구됐어야 하는 게 옳았던 겁니다. 지금은 그때의 지하자금이 어디로 갔는지, 외국으로 갔을 수도 있는데, 그걸 끌어내는 문제는 실명제를 해서 부정한 돈을 가려내야 된다는 원칙을 앞세우면서 그걸 살리는 작업을 못한 겁니다.

박용수: 박재윤 수석이 배제됐다는 것은 알고 있었지만 왜 그러했는지 의아했습니다.

박관용: 첫째로 보안 유지를 해야 됐었고. 둘째는 실명제에 대해 적극적인 입장의 사람이 일을 해야 한다는 취지였겠죠. 박재윤 수석은 절대 자신은 반대했던 것은 아니라고 말합니다. 그러나 경기문제하고 여러 가지와 타이밍을 맞춰야 한다는 생각을 갖고 있었다는 얘기를 제게 하더라고요.

장훈각: 그러한 용인술이 김영삼 대통령의 일반적인 패턴이라고 이해해도 괜찮을까요?

박관용: 일반적이라기보다도, 사안마다 자기 결심과 다른 견해를 가진 사람에 대해서 배제하는 경향이 있었습니다. 자기 결단력이나 자기 확신이 원체 강한 분이라서 사안에 따라 그런 경향이 있었다라고 할 수 있겠죠. 왜냐하면 개혁이라는 것은 미래에 대한 투자입니다. 현실적으로 일반

국민들 외의 관계인들은 반대하는 경우가 많아요. 실명제를 한다고 한 후 3, 4개월 지나니까 언론들이 반대를 했습니다. 금융대란이 일어난다고. 제가 목욕탕에 가서 때를 미는 데, 그때는 일이 넘쳐서 목욕도 제때 못했어요, "정부가 나 때 미는데 뭘 도와줬습니까? 내가 돈 벌어서 고향의 부모한테 돈 부치는데 주민등록등본을 가져가야 되고, 뭐 이렇게 불편합니까?" 막 그랬다고요. 조선일보는 12월에 금융대란이 난다고 얘길 하는 겁니다. 그렇게 국민들에게 불편한 점이 더 많았어요. 현상을 고치는 건데, 버릇을 고치는 건데 좋아할 사람이 어디 있습니까? 개혁을 하면 꼭 거기에서 걸림돌이 생깁니다. 부처마다 의견이 다르고, 언론도 다른 의견을 가지고 있고요. 경기가 어렵고 경제가 제대로 살려지지 않는 가운데 실명제를 해버리면 자금의 흐름이 왜곡이 될 텐데 어떻게 할 거냐는 사람이 많았죠.

그런데 그때 대학 교수들은 실명제를 발표하니 만장일치였습니다. 무엇을 보완하면 되겠냐고 물으니 그대로 하면 된다는 겁니다. 우리나라 경제학자들은 그걸 몰라요. 다 좋다 그래요. 다 좋은 줄 알았죠. 그런데 몇 개월 후에 교수들이 칼럼을 쓰는데 실명제가 잘못됐다, 절차를 잘못 밟았다 등 반대의 내용을 쓰는 겁니다. 내가 그때 한양대학교에 가서 특강을 하는데 "여기 교수들이 있지만, 대한민국 경제학자 여러분들은 비겁한 사람입니다. 실명제의 보완점을 물었을 때는 모두 다 잘했다고만 하고 이제 와서 비판하고 다닙니까?"라고 하면서 결례를 범했습니다. 얘기하다 보니까 화가 나서 그랬죠. 그때 강의하다 정말 개혁이라는 것은 혁명보다도 어렵다고 말을 했습니다. 개혁이라는 것은 모든 국민들이 동의를 해야 성공하는데, 자기가 피해 보는 개혁은 싫어하는 거예요. 혁명은 총칼에 눌리니까 꼼짝 못하지만, 개혁은 살아있는 여론 가운데 추진을 해야 하니까 얼마나 어렵습니까? 그런 점이 김영삼 대통령의 인기가 떨어진 한 이유였다고 할 수 있습니다.

박용수: 경제문제와 관련해서는...

박관용: 김영삼 대통령께서 경제에 상당히 취약했습니다. 대학도 철학을 전공했을 뿐 아니라 야당 활동을 하시면서 권위주의체제와 싸우는 것 외에는 시간을 낼 수가 없었어요. 국회에서도 매일 반대 세력파와 싸우는 투쟁만 했지, 경제나 과학이나 이런 문제에 대해서 잘 몰라요. 문화 부분도 그렇습니다. 어디 참석하셔서 축사를 하고 기념사를 하고 많이 하셨어요. 정치 부분이나 일반 사회 부분에 대해서는 앞에 원고를 두지만 원고에 준하는 내용을 다 직접 말합니다. 그런데 경제나 과학 같은 전문적인 부분에 대해서는 꼭 원고를 읽으셨어요. 그 이유는 그 분야에 대해서 잘 모르기 때문입니다. 대통령 당선 후에 박재윤, 한이헌 두 사람으로부터 경제를 열심히 배웠습니다. 그런데 대통령이 경제만 공부할 수는 없지 않습니까? 제일 취약한 부분에 대해서 열심히 공부를 했지만 그것만 가지고는 국정을 못 보니까 상당히 의존을 했습니다. 경제 부총리나 경제수석에게요. 여기서 외환위기 문제가 나옵니다. 박재윤 수석이 우리 경제가 이만큼 성장했으니 우리 금융도 개방할 때가 왔다는 것을 대통령에게 보고했습니다. 그동안의 우리의 경제적 구조가 굉장히 취약했습니다. 어떻게든 고도성장을 밀어주고 외국에서 차관 필요하면 구하고, 이렇게 성장하다 보니까 거기서 아주 왜곡된 현상이 많이 나왔어요. 이런 것들이 누적되기 시작해서 외환위기와 마주하게 된 겁니다.

그때 경제수석이나 경제부총리가 대통령에게 가서 외환위기라는 게 무엇인지, 달러가 부족한데 이때 어떻게 대응해야 되는지를 설명하고 가르치고 결단을 얻어야 했어요. 그런데 그 경제부처장들이 펀더멘털이 든든하다는 생각을 가지고, 잠시 오는 위기일 뿐이지 곧 해결이 된다고 안이하게 여긴 겁니다. 단적인 예를 하나 든다면, 제가 청와대 나오고 나서 국회의원 할 때의 일인데, 장치혁 씨라고 고려합섬의 회장이 있습니다. 그 양반하고 식사를 하는데 "외환위기가 올지 모릅니다. 외국에서 싼 달러 가져와서 고리채하던 사람들이 난감하게 되었습니다. 일본과 미국에서 빌려준 돈을 내놓으라고 야단입니다. 정말 큰일입니다."라고 하는 겁니다. 얘기를 들어보니 심각하단 말입니다. 그 자리에서 내가 바로 강경식 경제부총리에게 전화를 했어요. "장치혁 씨 얘기를 들어보니 걱정이 됩니다. 장치혁 씨를 한번 만나세요." 그런데 장치혁 씨는 부총리와 만나도 부총리가 펀더멘털 얘기만 한다는 겁니다. "만났단 얘기는 들었지만 소상히 얘기를 듣고 심각하게 생각하십시오." 그 다음 날 아침에 다시 만났어요. 장치혁 씨가 하는 말이, 부총리가 저번에 만났을 때랑 똑같다는 겁니다. 제가 다른 일로는 대통령 방에 뛰어 들어가기도 했지만 그때로서는 잘 모르는 일이니까... 그때 윤진식이라는 비서관이 있었는데, 대통령이 그것을 이해를 잘 못한다고 얘기하는 겁니다.

김영삼 대통령이 취임하고 나서 노태우 시절에 떨어졌던 경제를 살리기 위한 노력을 시작했습니다. 설렁탕과 칼국수를 먹기 시작한 것이 경제 살려보자고, 국민들에게 허리띠를 졸라매자고, 얘기를 했을 때입니다. 외국 귀빈들 왔을 때도 칼국수, 비빔밥 줬습니다. 술도 저렴한 마주앙 와인을 줬습니다. 미테랑 불란서 대통령 왔을 때 마주앙 내놓는다고 해서 제가 펄쩍 뛰었던 적이 있습니다. 그네들은 와인을 갖고 얼마나 잘 대접하는 것인지 따지는 사람들이라고 해서 그때 처음으로 불란서산 좋은 것으로 주었어요. 그렇게 노력했던 것이 그때가 처음이었습니다. 이렇게 허리띠를 졸라매고 청와대가 살았고, 각 경제부처 장관들이 상당한 노력을 해서 경제가 많이 좋아졌습니다. 지금도 조사해보면 통계가 나오고요. 지금 이석채 KT 사장이 그것에 대해 가장 잘 압니다.

IMF 위기가 닥쳤을 때 마침 대통령선거가 코앞이었습니다. 이걸 대통령선거에 이용한 것이 문제가 됐습니다. 경제가 어려워서 지금처럼 양극화, 일자리 문제가 심각하면 이 문제를 정치권에서 이용하려 하는데 이것이 문제가 됩니다. 선거 때가 되면 이런 문제들에 대해서 정부의 해결책에 도움을 주려는 것이 아니라, 이걸 가지고 자신들의 득표에 활용한단 말입니다. 그 당시 김대중 씨도 이 나라 대통령이 되려는 사람이니까 걱정도 하고 수습하려는 노력을 했지만, IMF와 재협상을 하겠다고 했어요. 이 재협상한다는 얘기가 IMF와 미국이 화가 날 수밖에 없는 상황으로 만들어 논 겁니다. 더 악화된 겁니다. 이 문제를 해결하는 데에는 대통령이 그동안 있었던 강경식 부총리를 불러서 단단히 질책하고 이 문제를 당신 손으로 풀라고 했어야 했는데, 책임을 물어 부총리를 경질해버렸어요. 그러니까 다음에 임창열 부총리가 새 정권의 말만 듣게 된 겁니다. 이런 일종의 해프닝도 있었지만, '대통령은 외환위기가 온다는 것을 잘 모르고 있었다. 이것을 보좌진들이 누구도 제대로 얘기를 못했다'는 것에 초점이 있습니다.

그 이후에 학자들이 여러 가지 진단을 하지만, 이것은 당시 경제장관들이 사태의 심각성을 잘 이해를 못한 면도 있지만, 기본적으로는 문민정부의 경제 실책에서 온 것이 아니라고 많은 경제학자들이 보고 있습니다. 오래된 우리 경제정책의 잘못에 기인한 누적된 문제들이 표출됐다, 이렇게 보는 경향이 많습니다. 그 이후에 김영삼 대통령이 '이것은 내가 혼자 해결할 것이 아니라 모든 사람이 힘을 합쳐야 하는 것'이라고 해서 김대중 씨와 만나서 수습하고, 김대중 씨는 김용환 씨를 끌어들이고 했습니다. 아직도 대통령이니까 끝까지 해결해보려고 했지만 힘이 다 빠진 상황이었습니다. 야당에서는 재협상을 해야 된다고 주장하죠. 그래서 상황이 점점 악화되고, 김대중 씨가 들어가고 난 후 수습책을 내서 수습하긴 했습니다. 경제적으로 여러 가지 누적된 것, 참모들의 잘못, 수습 과정에서 김대중 씨가 모든 책임을 김영삼 대통령에게 넘긴 것, 이런 점들이 종합적으로 작용했습니다. 내가 경제 전문가가 아니라서 구체적인 데이터에 대해서는 모릅니다만, 결코 김영삼 대통령이 무리하게 정책을 추진했던 것이 아닙니다. 우리가 외환위기를 당하는 데에 경제적 조치가 없었습니다. 있었다면 금융을 개방했다, 개방했기 때문에 자금의 흐름이 자유로워져서 너무 많은 달러를 가져왔었다, 이렇게 볼 수 있을지도 모르겠지만 그게 문제가 되지는 않았습니다.

박용수: 당시 서진영 교수가 언론 인터뷰에서 '1997년도에 김현철 씨 사건 이후에 사실상 김영삼 대통령의 국정에 대한 개혁 의지가 많이 약화됐고, 이것이 위기관리에 영향을 주었다'고 했습니다. 이에 대해 어떻게 생각하시는지요.

박관용: 그런 측면이 분명히 있습니다. 5월에 김현철이 구속됩니다. 그 구속도 대통령이 경찰총장을 불러서 구속해서 조사하라고 얘기한 겁니다. 김영삼 대통령에게 아들이 둘 있는데 큰아들은 그 당시 미국에 있었고 별로 사랑받지 못한 아들입니다. 딸들도 전부 미국으로 시집갔고, 유일하게 아들 하나가 똑똑하고 공부도 잘 했습니다. 그리고 선거 때 여론조사 기법을 처음 도입한 것이 김현철이에요. 그러니까 김현철에 대한 애정이 아주 남달랐죠. 그런데 그 아들이 구속되니까, 다른 사람이 보면 정상적으로 활동했지만, 대통령은 그때 제정신이 아니었습니다. 저는 그 당시에는 청와대에 있진 않았지만 자주 갔었습니다. 누구에게도 표현은 안 했지만 "아큰일 났구나. 국정이 표류하겠구나." 하고 걱정했습니다. 그 다음부터는 거의 장차관들이 대통령 만나기를 거북스러워하는 정도였습니다. 그러니 서진영 교수가 얘기한 것이 정확한 겁니다.

그런데 우리 정부의 조직체계가... 상당히 중요한 얘긴데, 박정희 대통령이 집권하고 난 후에 우리나라 정부조직의 소위 신경계라는 것은 중앙정보부가 장악하고 있었어요. 중앙정보부 요원이 모든 부처에 출입을 하면서 집행 과정을 전부 조사합니다. 이것이 중앙정보부를 통해서 대통령에게 올라갑니다. 그러니까 대통령이 모든 부처를 훤하게 내려다보는 겁니다. 그래서 중앙정보부가 행정 통제의 중요한 역할을 하는 중추 기능을 하게 됩니다. 장관이 그 부처의 모든 기강이나 정보를 장악하고 운영해야 되는데, 그냥 업무만 추진했을 뿐, 대통령의 지시를 수행했을 뿐, 자체적인 신경계통의 역할은 엉뚱한 데서 하는 겁니다. 장관의 역할이란 것이 한정되어 있는 겁니다. 김영삼 대통령이 당선되면서 중앙정보부는 대북정책 이외에 다른 국내정치 문제의 각 부처를 일체 중단시켰습니다. 신경계의 역할은 따로 있었는데, 이 부처의 모든 걸 책임지는 겁니다. 어떤 공무원들도 그에 익숙하지 못한 겁니다. 장관이 밑에서 무슨 일이 벌어지는지, 대통령이 추진한 업무에 대해 밑의 사람들의 여론이 어떻게 형성되어 있는지 모르는 거예요.

박용수: 감독 시스템이 없어진 건가요?

박관용: 그렇죠. 감독 시스템을 없애버린 거죠. 그런데 안기부 사람들은 수십 년 동안 그런 역할을 해왔기 때문에 인맥으로 보나, 관례로 보나, 뭐로 보나, 그런 감독기능이 돌아갈 수밖에 없죠. 재고가 있다 말이에요. 그런데 대통령은 그걸 안 받겠다고 합니다. 안기부로부터 그런 보고를 안 받는 것이 정치권의 예의라고 하면서 안 받는단 말입니다. 이것을 누가 활용했냐 하면은 김현철이 활용한 겁니다. 김기섭이 있기 때문에... 우리는 처음엔 몰랐죠. 대통령이 정보부처의 내용을 정확하게 알고 새로운 이야기를 하면 "이상하다. 누구도 보고하지 않을 것을 어떻게 알까?" 하고 생각했습니다. 그런 게 문민정부가 새로 들어서서 모든 걸 제자리로 돌려놓으면서 생긴 부작용 중의 하나라고 봅니다.

경제에 대해서는 대통령이 평소에 공부를 할 여유가 없었던 거죠. 연금 당하고 매일 시위하고 그런 분이 언제 공부를 할 수 있었겠어요? 그렇기 때문에 대통령이 실명제 같은 경제문제에 대해 장악하진 못했다. 강경식 부총리가 대통령에게 설명을 하는데, 어렵게 하면 못 알아들을 수 있죠. 어떻게든지 대통령이 사태에 대해 이해할 수 있도록 설명해야 하는데, 그 사람들이 이 사태를 너무 안이하게 본 것입니다. 후에 전문가들이 분석할 때, 1년 동안 얼마든지 사태를 지연시킬 수 있는 방법도 있었는데 너무 순진하게 받아들였다는 겁니다. 모든 권한은 김대중 당선자가 다 가져가고 책임은 완전히 김영삼 대통령에게 넘긴 겁니다. 그래서 IMF 하면 김영삼 대통령이 무능해서 온 거라고 얘기들을 했죠. 경제학적 이론에서는, 이석채 같은 사람들의 얘기를 들어보면, 모든 것은 누적된 결과였다는 거죠. 그때 상황이 우리가 달러를 어떻게 해서 된 것이 아니고, 그때까지 존재했던 병리 현상들을 늘 해오던 것처럼 넘어갈 수 있을 것이라 생각했는데 아니었던 거죠.

박용수: 주제를 조금 돌려보겠습니다. 그 당시 북핵문제와 관련해서 한미관계 또는 한중관계에 대해서도 관심이 있습니다.

박관용: 한중관계에서는 먼저 대통령이 강택민 주석과 굉장히 친한 사이였습니다. 북한이 핵을 개발하고 NPT 탈퇴하고 난 후에 강택민 주석과 굉장히 친해졌는데, 그것에 대한 미국의 오해가 있을 수 있습니다. 결정적인 것은 당시 황병태 대사가 기자들에게 "앞으로는 중국이 크게 될 것이고 중국과 한국의 관계는 굉장히 긴밀해질 것이다."라고 예견했습니다. 이것은 잘한 겁니다. 그런데 오버를 해서 "앞으로 중국이 가장 중요한 상대국이다."라고 얘기해버린 겁니다. 그 뜻을 우리가 잘 이해하면 괜찮은 얘긴데, 언론이 이것을 "친미에서 친중으로 간다."고 보도해서 대통령이 당황하고 화를 냈습니다. 그런 면에서 미국이 약간 오해를 했다고 생각합니다.
  보다 큰 오해가 생긴 것은, 북한의 NPT 탈퇴 후 핵개발을 시작하고 나서 김영삼 대통령이 "핵을 가진 사람과는 악수를 할 수 없다."라고 얘기합니

다. 북한과 대화도 아무것도 안 하겠다고 강경노선을 선택한 겁니다. 당시 미국도 대북문제에 있어서 강경노선이었습니다. 그런데 미국이 강경노선으로 치달으면서 여러 분위기상으로 연변 폭격까지 간다고 했습니다. 그때 정종욱 외교수석이 1994년 6월에 주한 미 대사가 미군 가족들 소개령을 발표할 것이라는 것을 듣고 대통령에게 바로 뛰어 올라가서 "이것은 전쟁을 의미합니다."라고 보고했습니다. 김영삼 대통령이 이 말을 듣고 놀라서 긴급 대책회의도 없이 전쟁을 일으킨다면 용서할 수 없다고 흥분한 상태에서 클린턴에게 전화를 합니다. "대한민국의 국군 최고 군 통수권자는 나다. 미국이 전쟁을 일으킨다 하더라도 우리는 한 명도 동원할 수 없다."라고 얘기했습니다. 그것이 외교적으로는 큰 결례일 수 있습니다. 대통령으로서의 강직성이나 결단력이 그런 것에서 나타나는 거죠. 그런 사건이 계속 이어지면서 미국 측에서는 저 사람이 남북대화한다고 했다가, 핵문제가 나오니까 완전 돌아서서 강경 대응을 하겠다고 해놓고, 미국이 조금 북한을 압박하면 그건 또 잡고, 중국에 가서는 대사가 친중 위주로 간다고 하고, 이런 것들이 미국으로 하여금 일관성 없는 정책이라고 오해하게 된 겁니다. 김영삼 대통령이 친미를 어떻게 하자고 한 건 전혀 아닌데, 전쟁이 일어나면 어떡하느냐 하는 공포심이 있었던 겁니다. 외교적인 것을 해본 적이 없는 사람이니까 너무 성급하게 결단을 내려버린 겁니다. "내가 전쟁을 일으키는 대통령이 되어서는 안 되겠다."라는 공포심이 생겨서 외교적 결례를 범한 겁니다.

그리고 우리 외교부장관이 미국에 갔을 때, 미국은 대북한문제에 대해서 포괄적인 방법으로 대응하겠다고 얘기했습니다. 모든 걸 통틀어서 핵을 없애고, 협상하고, 한 패키지로 포괄적으로 해결하겠다고 한 겁니다. 그때 우리 언론이 "북한이 일방적으로 잘못을 저지르는데 포괄적 해결이 뭐냐?" 라고 항의했습니다. 그때 내가 여론에 대해 대통령에게 충분히 설명을 했어요. "포괄적 방법에는 문제가 있습니다. 북한을 보다 더 응징해야 한다.

학교에서 잘못한 아이가 있으면 포상이 아니고 벌을 줘야 하는 것처럼, 여론이 이렇습니다." 대통령도 이 내용에 동의를 했어요. 그런데 한승주 외무부장관은 반대를 했어요. 왜냐하면 자기가 미국에 갔을 때 합의를 한 내용이니까. 어느 것이 옳은지는 역사가 판단할 문제죠. 미국에서 클린턴과 정상회담을 하는데 포괄적 접근은 안 된다고 강하게 밀어붙였습니다. 클린턴 대통령은 이를 불쾌하게 생각했습니다. 장관이 와서 오케이 했으면 그만인데... 그만 얘기하자고 일어나는 클린턴의 허리춤을 잡고 더 얘기하자고 했습니다. 이게 이제 엄청난 사건이 되는 거죠.

이런 것들이 외교적 실책일 수 있습니다. 그러나 대통령의 강한 의지력을 비롯한 성격들로 인해 일반적 관례를 벗어나는 일이 있었던 것이죠. 미국에서 어떤 사람이 나에게 와서 하는 얘기가 '김 대통령의 대북 전략이 무엇인지 이해하기가 어렵다'는 것이었습니다. 그것은 오락가락한 것이 아니라 김 대통령이 북한의 핵문제에 당황해서 엄포를 쏘다가, 또 미국이 너무 강하게 나가니까 "이거 큰일 나겠구나." 하고 놀라서 벌어진 일입니다. 나는 그 당시 누가 정권을 잡았어도 미국의 그러한 강경 대책에 대해서 가만히 있지 않았을 것이라고 생각합니다. 왜냐하면 그때 백악관에서 안보협의회(NSC)가 열렸는데 그것을 우리가 몰랐습니다. 제가 청와대에서 나와서 설립했던 연구소에서 개최한 세미나에 제일 먼저 미국 윌리엄 페리 국방부장관을 불렀어요. 그때 상황에 대해서 얘기해달라고 요구를 했어요. 그래서 그때 미국은 북한을 폭격한다는 전제 아래서 NSC가 열렸다는 증언을 하게 됩니다. 역사의 사실로 확인된 거죠. 저는 그때 어느 대통령이 됐더라도 북한을 폭격하고 한판 붙자고 결단을 내리기는 어려웠을 것이라고 생각합니다. 그런데 미국도 폭격보다는 협박을 하지 않았을까 생각합니다. 왜냐하면, 카터가 김일성에게 와서 "클린턴이 널 응징하려고 한다." 어느 정도로 얘기했는지는 제가 듣지 못했지만, 그런 식으로 충분히 얘기했다고 봅니다. 그래서 김일성이 놀라서 미국하고 대화하겠다, 김영삼과 만나겠다고 한 거죠. 때문에 미국의 전략은 상당히 옳았다고 생각합니다. 우리 대통령이 성급한 결단을 내리지 않았나...

박용수: 미국도 한국 정부에게 그런 정보를 미리 공유할 수 있게 해야 한다는 말씀이신지요?

박관용: 그런데 미국과 한국의 차이가 있습니다. 미국이라는 세계 최강국과 한국이 대등한 외교를 할 수는 없겠죠. 강대국인 미국으로서는 전쟁에 대해서 한국 대통령과 상의를 하기가 쉽지 않을 겁니다. 그런 것은 외교적 실책이라기보다도 국익의 차이, 생각의 차이이지 않았나 생각합니다. 미국은 한반도를 폭격하면 그만이지만, 우리는 우리 목숨이 달린 일이니까 다르게 해석할 수 있는 겁니다. 클린턴과 힐러리와는 매우 친한 친구였습니다. 그 어느 때보다도 미국과 가장 가까운 외교를 했습니다. 어느 때보다도 등거리외교를 잘했다고 생각합니다. 김대중과 노무현이 들어와서는 미국보다 중국과 가까운 외교를 했기 때문에 우리가 얼마나 많은 고통을 당했습니까. 지금은 이명박 정부 들어 양쪽 다 잘하고 있는데, 오히려 너무 친미라고 해서 중국과 좀 나빠지기도 했습니다만. 친미 친중관계는 지도자의 고향에 따라 다를 수가 있습니다. 등거리외교가 쉽지 않습니다. 미래를 지향한다면 친미에 좀 더 비중을 두어야하고, 북한문제를 해결하기 위해서는 중국의 동의가 필요하니까 적절하게 해야 되는데, 대통령마다 조금씩 한쪽으로 치우치는 경향이 있었습니다. 노무현 때는 완전히 친중으로 가서 미국의 반발이 엄청났죠. 대통령의 성격이나 스타일에 크게 좌우됐다고 봅니다.

박용수: 부차적으로, 미국의 한국에 대한 오해 같은 것들이 외환위기 때 새로 부임한 임창열 장관이 미국이나 일본에 돈을 빌리러 갔으나 거절당

했던 배경이 되었나요?

박관용: 당시 경제인들이 한국에 와보면 한국차들은 넘쳐나는데 미국차들은 보이지 않는다. 한국 정부가 벤츠 타고 다니면 조사하고 하니까 그런 것 아니냐. 한국이 무역이 성장하는 데 반해서 국제 무역 질서를 너무 외면하고 있다고 생각하는 분위기가 있었습니다. 경제적으로는 제가 잘 설명하기는 어렵습니다.

장훈각: 남북관계에 대한 거대한 김 대통령의 비전과 사건 속의 정책결정 과정, 갈등이나 마찰 협력에 대한 말씀을 더 들었으면 합니다. 처음 김영삼 대통령의 취임사에서 남북관계의 미래를 밝히는 어구가 굉장히 충격적이었다고 생각합니다. "동맹보다 민족이 중요하다."라고 했던 말 자체는 기존의 패러다임을 다 깰 수 있는 추진력을 갖고 있는 말이었다고 봅니다. 그러한 표현을 하시게 됐던 배경, 인식, 아이디어가 어떠한 것이었고 정책들이 어떻게 구체적으로 발현이 되는지 여쭙고 싶습니다.

박관용: 그렇게 대통령이 혼자 고심하고 결단을 합니다. 누구하고 밤에 전화를 하는 것 같은데 일체 말씀을 안 하니까 누군지 몰라요. 하나회 척결할 때도 며칠 고심한 흔적이 보여요. 그리고는 딱 실행한단 말이에요. 그런데 비선이 누군지... 다시 말해서 조직외의 개인적 자문이 누구냐에 대해서 일체 얘기를 안 해요. 상도동계는 없어요. 거기는 전부 투사들뿐인데요. 김 대통령도 자신 주변의 동기들은 전부 데모나 싸움하던 사람들이라고 말해요. 군 장성은 없는 것 같고, 군 예비역 중에서 영관급 되는 사람이 있지 않을까 생각해요. 왜냐하면 이 양반이 군 내부에 대해서 얘기를 한단 말이에요. 뭔가 모르는 것을... 사소한 문제는 수석들이 가서 보고도 하고 했지만 큰 결심은 혼자서 결단을 내려서 얘기를 했죠.

박용수: 지난 시간 마지막에 얘기했던 내용과 관련해보자면 대통령이 국정을 거의 놓게 되었었고, 이처럼 검찰이나 정치적인 공세가 너무 과도할 때 큰 우려가 있을 수 있다고 말씀하셨습니다. 그 사건의 계기가 한보 사태였잖습니까? 외환위기의 출발점이었으니까 어떤 아쉬움이 남는지 묻고 싶습니다.

박관용: 한보사건이 터졌을 때 이미 전 자리를 떠난 후였기 때문에 한보사건의 내용은 전혀 몰라요. 청와대에서나 검찰에서나 뭔가 상당한 배경이 있었겠죠. 다만 국민들은 한보의 정태수의 아들하고 김현철하고 가깝다. 상식적인 선에서 큰 기업을 부도낸다는 것이 경제에 여러 가지로 파급효과가 컸을 것이라고 예상할 수도 있을 것입니다. 혹은 정치적인 배려를 통해 봐주려고 했는지도 모르겠어요. 그러나 국민들은 아들과의 관계, 김현철 소장이 영향력이 있었던 사람이니까 깊은 유착관계가 있었을 것이 아니냐 하고 추측할 만한 상황이었다는 것만 기억이 나고 짐작할 수가 있지요.

그런데 정권 말기에 대통령이 임기를 1년 정도 남겨놨을 때는 국민들이 권력이 부패했다는 것에 관심을 쏟을 시기입니다. 김대중 씨 아들이 구속된 것도 1년 전이고, 김현철 사건도 1년 전이고, 다시 말해 정권 말기 1년 전은 모든 것이 불거져 나올 시기입니다. 오랜 제 정계 경험을 통해서 보면 이 기간에는 국민들이 상당히 의혹을 갖고 있기 때문에, 정부가 어떤 입장을 취하더라도 그걸 이해하지 못합니다. 그러므로 대통령이 그런 국민 의식을 감안해서 검찰총장을 불러서 "내 아들을 조사하라." 지시하게 된 것은 국민들에게 공정한 입장을 취하고 있다는 것을 보이기 위한 제스처였다고 생각합니다.

제가 알기로는 아들을 조사하는 과정에서 무엇이 직접적으로 부정에 개입된 사실이 드러나지 않았습니다. 다만 누구로부터 돈을 받았다. 포괄적 뇌물성이라고 검찰에서 그랬는데, 그것은 법률적으로 상당히 애매한 사건입니다. 제가 법률 전문가는 아니지만 많은 전문가들이 그렇게 얘기를 합니다. 그것은 민심 수습용으로 한 것으로 보입니다. 막상 구속이 되고 보니까 부모로서의 생각, 그리고 마산에 계신 김 대통령의 부친이죠, 할아버지께서 "어떻게 대통령 아버지가 아들을 감옥에 보내냐?"라는 야단을 치시는 속에서 김 대통령께서 절대 고독을 느끼게 됩니다. 그것이 국정에 미친 영향은 엄청났습니다. 다시 말하면 대통령의 정부 운영 책임과 관련해서, 현직에 있는 대통령의 주변을 구속시킨다는 것이 어떤 영향을 미치느냐에 대해서 조금은 교훈이 됐다고 봅니다. 그럼에도 불구하고 김대중 씨도 마지막에 아들을 구속시키는 일이 벌어졌습니다. 이처럼 대통령의 주변을 구속시키는 것이 어떤 영향을 미치는가에 대해, 연구라기보다도 상당한 논의를 해봐야 할 문제가 아닌가 생각합니다.

제가 깊게 알지는 못합니다. 그리고 제가 김현철 씨에 대해서 감정이 좋은 사람도 아니고요. 그러나 조사 결과를 보면서는 별 내용이 없음에도 불구하고 여론에서 상당히 몰아가고 있다고 생각했습니다. 제가 한번은 '김현철 씨가 구체적으로 무슨 잘못을 저질렀는지는 참 애매하다. 너무 여론 몰이가 심하다'는 취지로 기자회견을 했는데 그 후에 엄청난 역풍을 맞았습니다. 당시에 사무총장 방에 전화기가 불이 났습니다. 국민들의 여론이라는 것이 쏠림 현상이 나니까 참 어렵구나 하는 생각을 했고, 과연 이것이 정의사회인가 하는 고민도 많이 했습니다. 사실은 대통령 후보였던 이회창 씨도 김현철 사건에 대해서 동정적인 시선을 갖고 있었습니다. 여당으로서 차기 대통령선거에 영향을 미칠 것이라는 자신의 이해관계에 의해 나온 생각인지는 모르지만, 끝내 대쪽 같은 그분도 표현을 못 하더라고요. 김현철 씨의 여러 가지 잘못에 대해서 부정하진 않습니다만, 그 대목에서는 그렇게 생각합니다.

박용수: 한보사태가 발생했던 그 시점에 청와대의 경제수석이 이석채 수석이셨습니다.

박관용: 이석채였죠. 그 다음에 이인호였을 겁니다.

박용수: 이석채 수석이 다른 수석에 비해서 상당히 영향력을 발휘했다고 알고 있습니다. 한보의 부도 결정도 그분의 의견이 대통령의 결정에 상당히 반영된 것이 아닌가 하는 생각이 듭니다.

박관용: 수석비서관이 대통령 앞에서 정면으로 반대 의견을 제시할 수 있었던 어쩌면 유일한 사람이 이석채였을지도 모릅니다. 기억나는 것이 대통령께서 어딘가에서 군인들, 부사관들에게서 말씀을 듣고 오신 것 같아요. 정재석 부총리하고 이석채 예산실장하고 비서실장인 저하고 예산에 관한 얘기를 하는 자리에서, 대통령이 "부사관들이 관사가 없어서 농촌 셋방살이를 하면서 어려움을 당하고 있다. 장가도 못가고 어려우니 그 사람들에게 부대 근처에 관사를 만들어줬으면 좋겠다."라고 얘기했습니다. 그래서 정재석 부총리가 검토하겠다고 했습니다. 그런데 이석채 수석이 "각하, 안 됩니다." 하고 딱 거절하는 거예요. "현재 예산편성이 거의 다 이뤄지고 여러 가지 필요한 부분에 예산이 많이 들어가는데, 그것을 지금 현재 이 단계에 와서 검토한다는 것은 어렵습니다."라고 얘기를 한 겁니다. 부총리가 얼마나 머쓱했겠어요? 대통령은 아무 말도 못 해요. 이석채 수석의 단호함과 논리적인 생각에 대해서 대부분의 사람들은 뭐라고 못하더라고요. 그 친구가 아주 소신이 있기 때문에 예산실장으로 발탁을 했지만, 그 때 대단한 사람이라고 느꼈습니다. 지금도 김영삼 대통령이 "문민정부에

서 가장 소신 있고 능력 있는 사람은 이석채인 것 같다."라고 평가하고 있습니다.

박용수: 대통령께서는 지위 고하에 상관없이 부하직원이라 하더라도 합리적인 의견이 있으면 받아들이셨던 건가요?

박관용: 특히 정치, 사회 부분을 제외하고 경제, 국방, 과학 문제에 대해서 참모들의 의견을 잘 수용했습니다.

박용수: 경제부총리보다도 그 밑의 예산실장의 얘기를 오히려 더 잘 들으신 건가요?

박관용: 그렇게 단정적으로 얘기할 순 없지만 그 상황에서는 부총리를 대통령 앞에서 완전히 압도한 거죠. 그렇게 대통령 앞에서 직언하는 공무원이 거의 없다보니 나중에 수석비서관으로 데려왔죠. 그래서 이석채 씨가 그때 경제수석을 했으니까 그 부도 여부는 그의 판단에 의해서 이뤄졌을 가능성이 높죠.

장훈각: 선생님께서 비서실장으로 재직하던 시기가 한반도 북핵위기가 가장 극대화되어 전쟁 직전까지 갈 수도 있었던 중요한 시기였다고 생각합니다. 선생님께서는 당시 청와대의 결정을 누구보다 잘 아실 것이라고 생각합니다. 주로 북핵위기 중심으로 남북관계에 대해, 그 문제를 풀어나가려고 했던 김 대통령의 구상과 실제 정책들에 대해서 좀 여쭤보려 합니다.

박관용: 중요한 문제입니다. 아시다시피 대통령 취임사에서 "김일성 주석과 어디서든지 만날 용의가 있다."라는 얘기를 했습니다. 취임하고 한

달도 안 되어서 당시 북한에서 절실하게 송환을 요구했던 이인모 노인을 송환하게 됩니다. 그때 대통령의 생각은 과거와 같은 단절의 역사보다는 대화를 통해서 남북문제를 풀어가야겠다는 의지를 갖고 있었습니다. 이미 야당 시절에 김일성을 만나기 위해서 북한에 갈 용의가 있다고 기자회견을 한 적이 있습니다. 그것 때문에 여당으로부터, 정부로부터 굉장히 많은 공격을 받고 상이군인들이 동원되고 이런 일이 있었습니다. 박정희 대통령 시절의 얘기로 기억합니다. 그때 대구에 내려가서 호텔에서 상이군인들이 둘러싸고 그런 일이 있었습니다. 그렇게 남북 대화론자로 등장합니다.

이인모 노인을 보낼 때도 국회에서 의원들의 반발이 심했습니다. 그런데 아무 조건 없이 북송을 시켜줬습니다. 과거 노태우 시절에는 북한에서 납북된 동성호를 보내주고 이산가족 면회소 설치를 해주겠다는 조건을 달고 이인모 노인에 대해 흥정했었습니다. 이것을 아무 조건 없이 보내겠다고 한 것은 대통령이 북한에 보내는 큰 대화의 메시지라고 우리는 생각했습니다. 국회에서는 비전향 장기수를 어떻게 이렇게 보내느냐고 말이 많았지만 대통령은 강행했습니다. 그런데 북송하고 며칠이 안 되어서 북한이 NPT 탈퇴 선언을 했습니다. 대통령은 상당히 당황했죠. 북한이 핵을 가지겠다는 선언을 했는데 어떡할 거냐. 대통령의 태도가 돌변했습니다. "핵을 가진 사람의 손을 잡을 수 없다."라는 표현을 쓸 정도로 강경한 태도로 돌변하게 된 거죠.

미국도 처음에는 강경하게 대응했습니다. 그러나 미국이 여러 가지 북한과의 관계를 개선해서 대화를 통해서 문제를 풀어야겠다고 방침을 세우면서 포괄적 방법, 포괄적 접근이라는 용어를 쓰게 됩니다. 김 대통령은 "어떻게 죄 지은 학생을 벌 줄 생각을 안 하고 상을 주려고 하느냐. 용인 못하겠다."라고 하면서 한미 간의 의견 차이가 생깁니다. 의견 차이가 결정적인 수준에 도달했을 때는, 미국이 대화를 시작하기 전에 영변 핵시설을 폭격하겠다는 생각을 갖게 됩니다. 이에 대한 여러 가지 정보를 제가 갖고 있는데, 1994년 6월에 클린턴에게 전화를 해서 한국군은 동원하지 않 겠다고 통보를 한 뒤부터 김영삼 대통령과 미국과의 보이지 않는 마찰이 시작된 것입니다. 대화우선주의에서 강경노선으로 변화가 된 것이죠. 그 렇게 한참 가다가 북한에서 기아선상에서 헤매고 아사자가 많이 생긴다고 하니까 식량 공급을 해야 된다는 분위기가 일어나기 시작했습니다. 그때 일본이 식량 지원할 용의가 있다고 나왔습니다. 김 대통령이 이때 같은 민 족이 굶어 죽겠다는데, 다른 나라 사람들은 식량을 공급하겠다는데 우리 가 모른 체하면 먼 훗날 이 민족이 어떻게 되겠냐 해서 갑작스럽게 우리도 식량을 지원하겠다고 입장을 바꾸게 됩니다. 남들이 볼 때는 냉탕 온탕 정 책이 되어 버린 거죠. 사실 그때마다 상당히 고민을 많이 했습니다. 그러한 부분에서 볼 때 대북문제가 특별한 기조 없이 오락가락했다는 평가를 받 게 되는 결과를 낳았습니다.

저는 지금도 그때 상황 논리로 보면 어쩔 수 없었다고 봅니다. 북한은 싸우면서 대화할 수밖에 없는, 적이면서도 형제일 수밖에 없는 이중성을 갖고 있다고 봅니다. 북한도 마찬가지로 정상회담을 하겠다고 했다가 핵 만들어서 폭격하겠다고 하는 등 오락가락 했듯이, 우리도 6·25라는 전쟁 을 겪은 상대가 있는 한 햇볕정책으로만 갈 수 있겠습니까? 김대중 씨라도 계속 햇볕정책을 했을 것인가 하는 생각을 가지고 있습니다. 대북문제는 그런 미묘한 관계에 있었다고 생각합니다.

장훈각: 학계에서는 일반적으로 북한의 핵무기 개발정책에 대해 세 가지 견해가 있습니다. 하나는 원래부터 북한은 핵보유가 지상의 과제였다. 다 른 하나는 옵션이었다. 다시 말해서 원하는 걸 받고 포기할 수 있는 정책적 수단의 하나였다. 또 하나는 쇼 오프(show off)하기 위한 제스처에 불과했 다. 이러한 세 가지 입장으로 나눠져 있습니다.

박관용: 저는 첫 번째 입장과 같은 주장을 합니다. 남북 국회회담도 해봤고 통일위원장도 해봤고 청와대에서 북한문제도 다뤄봤는데, 그 의견을 갖고 있는 이유는 이러합니다. 중국과 러시아로부터 보호를 받다가 우리가 북방정책을 성공시키고 난 뒤에, 세바르드나제 러시아 외무부장관이 북한에 가서 "우리는 한국과 관계를 개선할 수밖에 없다."고 통보하고, 중국도 통보하고 난 뒤에 김일성은 풍전등화와 같은 조선인민민주주의공화국을 어떻게 사수할 것인가에 대해 고민하다가 이제는 핵무기 이외에는 방법이 없다고 판단한 것입니다. 당시 세바르드나제의 비망록을 보면 북한이 분명히 우리는 우리대로의 새로운 살 길을 찾겠다고 얘기를 했습니다. 그건 당연히 핵입니다. 그렇기 때문에 북한이 선택할 수 있는 길은 그 길밖에 없다. 이미 두만강, 압록강 바로 건너편의 동북삼성에 한국 사람이 오가고, 중국 사람이 양쪽을 동등하게 보겠다고 하고, 러시아도 그러고 있는데, 선택할 마지막 길은 그것밖에 없었다고 봅니다. 처음부터 핵보유국으로 가려는 목적이었지, 그것이 협상용이나 일시적 쇼 오프라고 보는 것은 잘못 보는 것이라고 생각합니다.

장훈각: 북한이 NPT 탈퇴를 선언한 뒤에 김 대통령께서는 미국의 포괄적 타결안을 거부하셨다고 말씀하셨습니다. 그렇다면 북핵문제를 해결하기 위한 한국 정부의 구체적 정책적 수단이나 관점은 무엇이었습니까?

박관용: 북한에 대해서 강경책으로 압박해 나가면서 대화로 풀어야지, 처음부터 대화로 나가면 안 된다는 취지입니다. 그래서 포괄적 접근 대신에 광범위하고도 철저한 접근, 다시 말하면 압박도 병행하는 그런 정책이어야 한다. 그러나 전쟁까지 가는 것은 반대한다. 극단적인 군사적 옵션은 반대한다는 것이었습니다. 이것이 미국 입장에서 보면 "뭘 하자는 거냐?" 하고 생각할 수밖에 없는 거죠.

장훈각: 그렇다면 압박의 수단은 어떤 정책이 있었는지요?

박관용: 압박 수단의 대표적인 예는, 영변 핵시설을 파괴한다는 것을 전제로 하는 NSC가 백악관에서 열리고, 그 무렵에 지미 카터가 북한에 가서 김일성 보고 "이런 식으로 계속 하면 위험하다. 미국의 입장은 이러하다." 하고 전달하니까 김일성이 바로 미국과 회담할 용의가 있다. 남북정상회담을 진행할 의사가 있다고 태도를 바꾼 것에 잘 나타나고 있습니다. 제가 워싱턴과 동경 외신클럽에 가서 기자회견을 할 때 이렇게 말했습니다. "북한은 핵을 절대 포기하지 않는다. 포기하는 경우는 단 두 가지밖에 없다. 미국이 군사적 옵션을 선택해서 공격 직전까지 왔다는 사실을 확인했을 때 협상하자고 나올 것이다. 둘째는 중국이 생필품과 석유 공급 등 모든 지원을 끊겠다는 사실이 확인됐을 때 대화의 장으로 나와서 핵을 포기하겠다고 제안할 것이다."라고 얘기한 적이 있습니다. 북한은 벼랑 끝 전술을 하는 사람에게는 벼랑 끝 전술로 대응하는 길 외에는 없습니다. 눈에는 눈, 이에는 이라는 방식으로 대응할 수밖에 없다고 생각합니다.

장훈각: 선생님의 입장이 당시 한국 정부의 입장이라고 생각하면 맞겠습니까?

박관용: 그렇습니다.

장훈각: 북한 핵문제가 본격적으로 대두된 것은 사실은 1990년대 들어서부터입니다. 언론에 보도되기 시작한 것은 조선일보를 보니 1989년 정도였습니다. 그때는 심각하게 받아들이지 않았던 것 같습니다. 미국도 1980년대 말부터 정말 수상하다고 느꼈던 것 같고요.

박관용: 제가 비사를 하나 말씀드리자면, 오래된 얘기니까 괜찮을 것 같은데요. 과거에 북한 지역을 공중 촬영해서 봤을 때 영변에 엄청난 건물이 서고, 옆에 큰 연못이 만들어 지다보니 이거 수상하다. 시설이나 연못의 규모를 봤을 때 원자력시설 같다고 추측했습니다. 그런데 이것을 확인할 길이 없었습니다. 확인하기 위해서는 공장의 연기가 떨어지는 장소의 흙을 채취해서 성분을 봐야 핵시설이라는 사실을 알 수 있다는 거죠. 하지만 미국은 인적 정보가 없었습니다. 때문에 우리나라에서 사람을 투입해서 흙을 채취하기를 바란다는 얘기가 있었다는 겁니다. 그래서 모 부대에서 가서 흙을 채취한 결과 핵공장이라는 사실이 확인되었습니다. 상당히 오래된 얘기니까 공개해도 괜찮다고 생각을 합니다. 미국이 일찍이 알고 있었다는 사실을 알 수 있죠.

장훈각: 그게 몇 년도였나요?

박관용: 연도는 기억이 안 납니다. 아마 제가 청와대 들어가기 전이 아닐까 생각합니다.

장훈각: 북핵문제와 관련해서 한국 인력이 투입돼서 이런 것을 확인했다는 자료를 본 적은 없습니다.

박관용: 네. 정보기관의 책임자로부터 이런 얘기를 들었는데, 제가 청와대에 들어가기 직전이 아닌가 하는 생각이 듭니다.

장훈각: 노태우 정부 후기부터 남북대화를 통해서 핵문제를 해결하려고 노력했었고, 특히 미국은 외교적인 중국과 러시아를 통해서 압박하고, 한국은 직접적으로 북한과 해결 방안을 찾으려고 노력을 많이 했습니다. 김

영삼 정부에 들어서면서 인수위에서 이 문제가 어느 정도 심각하게 다뤄졌었는지요?

박관용: 정원식 씨가 전체 위원장이고 제가 인수위원회 제1분과 위원장이었는데, 외교부, 국방부, 중앙정보부가 담당이었습니다. 핵문제는 그때 심각하게 다루지 못했습니다. 주로 외국 공관문제, 유엔을 상대로 한 외교문제에 있어서 투표수를 늘리기 위해서 불필요한 외교부의 공관을 늘리는 것 등에 초점을 맞췄죠. 또 제일 중요한 것은 하나회 문제가 극비리에 준비되었다는 것입니다. 그때 핵문제는 제 소관이 아니어서 그런지 기억이 안 나는데, 그때 제가 다루지 않은 것 같습니다. 그때는 그 문제를 별로 심각하게 생각을 하지 않았어요. 북한의 핵문제를 의식하기 시작한 것은, 노태우 대통령 시절에 한반도비핵화선언을 한 것과 관련이 깊습니다. 이것이 북한의 핵문제를 다루기 위한 미국의 전략적 판단이었다는 생각이 듭니다. 한반도의 전술핵을 전부 떼어 가는 결과를 가져오게 되는데. 그것은 끝내 북한이 미국과 국제사회를 속인 결과가 됐죠.

장훈각: 비핵화선언은 어떤 면에서는 미국을 당혹스럽게 했던 노태우 대통령의 전격적인 선언이었습니다.

박관용: 일설에 의하면, 정확한 것은 아닙니다만, 노태우 대통령이 발표한 비핵화선언은 미국과의 접촉을 통해서 만들어낸 것이 아니라, 미국의 한 정보요원의 메모에 기초되었다는 얘기가 있습니다. 거기서 좀 더 생각하고 좀 더 전문가들의 의견을 청취했어야 옳았겠지만 평화적 핵 이용권마저도 내주는 경솔함을 보였다고 생각합니다. 제가 핵재처리 시설문제를 가지고 상당히 많은 노력을 했습니다. 나중에 김대중 정권 때 폭로가 되어서 제가 곤욕을 당했습니다.

장훈각: 김영삼 정부 초기에는 북핵문제를 심각하게 인식하지 않았다는 말씀으로 이해됩니다.

박관용: 초기에는, NPT 선언을 하기 전까지는 별로 중요시하지 않았습니다. 당장 피부에 와 닿지 않았으니까요. NPT 선언부터 초강경으로 나갈 수밖에 없었죠.

장훈각: 강경으로 나가면서도 비공개적으로는 대화의 통로를 유지하려고 하지 않았나요?

박관용: 상황이 그렇게 다급하게 대결로 가니까 너무 조심스러워요. 마음속으로는 이럴수록 대화가 필요하다는 사실을 알면서도 그렇게 하기가 두렵더라고요. 그렇다고 해서 북한에 대한 정보 수집을 게을리했냐 하면 그렇지 않습니다. 저도 많은 사람들을 만났고 북한에 왔다 갔다 했습니다. 그리고 미국, 중국, 북한에 왔다 갔다 하는 사람들을 만나서 정보를 입수하는 일을 많이 했죠. 심지어 안기부의 견제를 받기도 했죠.

장훈각: 정보수집 차원에서의 활동들은 지속했지만 정부가 공식적으로 북한과 의사소통할 수 있는 통로는 마련하지 못했다는 말씀이시죠?

박관용: 그렇죠. 왜냐하면 국민들이 그런 것을 용납하기 어려웠던 때였습니다. 어떻게 해서든지 핵을 없애야 하지 않겠는가 하는 여론이었죠.

장훈각: 아까 말씀하셨던 북한의 쌀 지원 같은 문제와 관련해서, 원산항에 배가 갔을 때 인공기 게양문제로 파탄을 맞았다고 김영삼 대통령의 자서전에도 있습니다.

박관용: 언론의 심한 공격을 받았죠. 그러나 그 이유로 계획을 중단하기는 어려웠습니다. 북한 사람들은 원래 그런 사람들이다. 이렇게 생각할 수밖에 없었죠.

장훈각: 자서전을 보면 대부분이 김 대통령의 결단 덕분의 결과로 읽히기가 쉬운데, 좀 아쉬운 부분은 당시 정보부처의 참모들의 생각과 정책결정 과정이 잘 안 드러나 있습니다. 일반적으로는 어떻게 진행되었습니까?

박관용: 김영삼 대통령의 성격이 말이죠, 물론 참모들의 조언도 받고 합니다만, 중요한 것을 결정할 때는 누설하지 않고 혼자서 깊이 생각하고 간접적으로 의견을 들어보는 식이었습니다. 이전의 실명제 얘기처럼 "실명제 어떡하지?"라며 은근히 질문하는 스타일이었습니다. 정치자금 안 받겠다고 한 것도 이분이 혼자서 며칠을 고민하더라고요. 그런 스타일이에요. 왜냐하면 오랫동안 이승만 박사 때부터 정부 내 정보기관하고 싸웠습니다. 야당에 엄청난 스파이들이 들어왔고, 도청장치가 어디나 존재하기 때문에 누구를 믿지 못하는 겁니다. 예를 들면 제가 중요한 말씀드릴 게 있다고 하면 "차 타." 차를 탑니다. "김 기사, 라디오 크게 틀어!"라고 하고 귀에 대고 얘기하는 겁니다. 비서도 안 믿고 기사도 안 믿는 것입니다. 내 주선으로 러시아 가서 허담과 회담을 하기로 했는데, 제가 허담이란 사람에 대해서 잘 아니까, 허담이 어떤 얘기를 할 것이고 어떻게 대답해야 하는지에 대해 간추려서 예상 질문, 답변을 만들었다고 했더니, "나가자." 저 밖의 뜰에 가서 설명하라 이거예요. 그래서 나가서 얘기를 했습니다. 그렇게 성장한 사람이기 때문에, 무엇이든 혼자서 판단하는 분이에요. 골똘하게 생각하고 상황을 판단해서 팍 밀어붙이는 스타일입니다. 역대 어느 대통령보다도 독특한 결단력이었죠.

장훈각: 당시의 남북관계의 중요한 결정도 그런 과정을 거쳐서 결정되었다고 보면 되나요?

박관용: 그렇게 봐야 되는 거죠. 지미 카터가 왔을 때, 카터하고 그 부인하고 대통령하고 저와 안기부장, 외교수석 등과 동석한 가운데서 평양에서 한 얘기를 쭉 하는데, 김일성의 속셈을 잘 알지는 못하겠지만 대통령과 만나자고 카터가 이야기를 했습니다. 저는 이 회의가 끝난 다음에 다시 모여서 참모들과 회의를 해서 결정할 거라고 생각했었어요. 그런데 그 자리에서 "좋습니다. 만나겠습니다."라고 바로 해버리고 끝나버렸어요. 그런 스타일이에요.

장훈각: 제가 다음에 여쭤보려 했던 게 그것이었습니다. 남북정상회담 준비 과정에서 카터 대통령이 방북했다가 한국에 와서 만난 것이 자서전에 있는데, 그 결정이 있을 때까지 정책결정에 필요한 토의와 참모들의 입장과 대통령의 관점에서 이러한 과정이 있지 않았을까 싶었거든요.

박관용: 지미 카터가 그런 큰 성과를 가져오리라고 전혀 예상하지 못했습니다. 미국 정부에서 비공식적 통보가 오기를, 정부의 메시지나 뜻이 전달된 것이 아니기 때문에 관심을 가질 필요는 없다고 하더라고요. 대통령이 만나지 말라는 얘기입니다. 그래서 김 대통령이 지미 카터의 방문을 별로 중요하게 생각하지 않았어요. 카터가 귀국하기 전에 그냥 식사 대접을 하려 한 것이었습니다. 그런데 가져 온 메시지에 대해 신중하게 회의를 거쳐서, 그때 제가 만들었던 통일안보협의회 같은 걸 열어서 얘기를 해볼 수도 있는 거였는데, 그냥 그 자리에서 오케이 해버린 거죠. 그냥 오케이도 아니고 "무조건 만나겠다."고 했어요. 김 대통령께서 속으로는 북한과 대화하겠다는 간절한 마음을 가지고 있었던 거죠.

장훈각: 당시에는 북핵문제가 정말 최고조 아니었습니까? 카터가 방북 시에 대동강 뱃놀이 선상에서 김일성도 얘기를 했다고 되어 있습니다. 미국 정부는 공식적인 메신저가 아니니 만날 필요가 없다고 했음에도 불구하고, 그 중요한 결정을, 그 이야기를 듣고 선뜻 결정을 하신 후일담 같은 것을 들으신 적 있으신가요?

박관용: 간단합니다. 그분의 성격이 그렇기도 하고 어느 대통령도 못한 남북정상회담을 본인이 개최해서 남북관계 해결의 돌파구를 마련하는 대통령이 되어야겠다는 집념이 누구보다 강한 사람이었습니다.

장훈각: 남북정상회담은 노태우 대통령도 제의를 했던 바인데요. 가능하면 서로 만나자고 했었습니다.

박용수: 노태우 대통령도 다는 못했죠.

박관용: 노태우 대통령은 집념을 가지고 북한하고 논의를 많이 했습니다. 박철언이 북한에 수십 번을 갔다 오고, 서동권 안기부장도 갔다 왔습니다. 그런데 그게 마지막에 될 수도 있었는데 안 된 이유가, 제가 당시 핵심적인 사람에게서 간접적으로 들은 얘긴데, 어떤 형태로든지 고려연방제 통일안을 수용하라는 것이었습니다. 그것 때문에 안 된 겁니다. 김대중 대통령은 똑같은 조건에 대해 기술적인 수용에 의해서 이루어진 것입니다. 북한이 얘기하는 고려연방제와 남한이 가지고 있는 국가연합이 흡사하기 때문에 수용하는 겁니다. 그 내용을 아는 전문가들은 고려연방제 안을 부분적으로나마 수용한 유일한 남한 대통령이 김대중이다. 위험천만한 얘기다. 이렇게 얘기하는 거죠. 노태우 대통령은 그것 때문에 안 됐습니다. 김대중 대통령은 그걸 수용하면서 된 거고요. 노무현 대통령은 상당히 고민

끝에 6·15선언을 존중한다는 전제하에 만나게 된 것입니다. 앞으로 누가 또 될지 모르겠지만 고려연방제 통일안에 대한 부분적 수락 없이는 정상회담은 안 된다는 것이 북한 전문가들의 공통적 의견입니다.

박용수: 현재 북한의 주장은 일관되어있나요?

박관용: 모든 정책이 일관되어 있어요.

장훈각: 낮은 수준의 고려연방제와 남한 정부의 국가연합이 유사한 부분, 서로 받아들일 수 있는 부분이 있기 때문에 가능하다고 볼 수 있을까요?

박관용: 낮은 수준의 연방제라는 건 표현을 바꿨을 뿐입니다. 낮으나 높으나 똑같습니다.

장훈각: 나중에 북한은 노동신문을 통해 남한 정부가 생각하는 그런 것이 아니다, 낮은 수준으로는 받아들일 수 없다는 성명을 내기도 했는데요. 남북정상회담 준비 과정은 어땠습니까?

박관용: 대통령으로부터 매우 철저하게 준비하라는 엄한 오더가 떨어져서 각 부처마다 밤에 불 켜놓고 굉장히 준비 많이 했습니다. 저는 업무를 직접 보지 않으니까 격려하고 잘되어가는지 묻고 이런 수준이었습니다. 저는 대통령과 매일 아침 독대를 했습니다. 대통령께서는 온 정신을 거기에 쏟고 있었습니다. 이에 대해 얘기를 많이 해봤는데, 신변 보호와 같은 얘기도 많이 했고요. 그 위험한 데에 영부인을 모시고 갈 것인지도 얘기를 해봤는데, 회담이 가까워지면서 이런 얘기를 하시더라고요. "제가 어떤 일

이 있더라도 김일성하고 직통전화를 놓을 생각이다. 이게 제일 중요하다." 대통령이 메모를 잘 안하는 사람인데, 이때 보니까 자기 생각을 메모를 많이 해놓으셨습니다. 머리로 정리를 하는 분인데 메모를 많이 해놓으셨어요. 정상회담을 준비할 때요. 김 대통령은 어떤 상대를 만나든지 상대를 굴복시키지 못한 경우가 거의 없습니다. 외교적으로 보면 엄청난 결례였습니다만, 클린턴 대통령의 허리춤을 잡고 앉아서 결론을 내자고 한 것도 그렇습니다. 다른 사람은 박정희에게 다 기가 죽었는데 당당하게 요구할 것을 요구하곤 했습니다. 저는 그렇게 생각했어요. "김일성을 만나도 저분은 기를 꺾을 사람이다." 그만큼이나 김 대통령은 아주 자신만만한 사람이었습니다. 준비는 거의 밤을 새다시피 하면서 했죠. 저도 김정일의 일생 기록 같은 것을 많이 읽었고. 청와대가 아주 그것에 몰두하는 분위기였죠.

장훈각: 청와대가 관철시키고자 했던 핵심적 사안은 무엇입니까?

박관용: 그런데 종합적인 결론을 가지고 실제로 토론하거나 하지 못했어요. 당시 김일성 주석이 정상회담 개최 열흘 전쯤 돌아가셨죠. 그런 걸 할 시점이 돼서 죽는 바람에 못해 보았습니다. 결론에 대한 보고를 받기 전에 일이 일어나서 보고 받지도 못했어요. 그렇게 열중하는 가운데에 그 사람이 급사해서 우리 충격이 얼마나 컸는지 모릅니다. 대통령의 아쉬움도 이루 말할 수 없었습니다. 그때 대통령이 "일체 언급을 하지 마라."라고 했습니다. "정상회담을 앞두고 서거한 것에 대해서 대단히 안타깝다."는 것이 정부의 기본 발표입니다. 그 외에는 일체 말을 안 했어요.

장훈각: 그렇게 간단하게 정부의 입장을 밝히는 것에 그친 이유가 무엇입니까?

박관용: 깊은 애도를 표한다, 이 정도는 나올 수 있음직하기도 한데, 그때까지 우리 국민들의 6·25에 대한 아픔, 반공정신 같은 것이 남아있기 때문에 김일성의 죽음에 대해 깊은 애도를 표한다고 하면 반발하는 분위기가 일어날 것이고, 특히 국회 내에 보수세력들이 많이 있었으니까, 그것이 말씨가 될 가능성도 있었죠. 전혀 논평을 안 할 수도 없고, 정상회담을 앞두고 있었을 때니까 정상회담을 하지 못해서 안타깝다는 말을 통해서 표현을 했죠. 아주 고심을 많이 했던 성명 내용이었습니다.

장훈각: 김일성의 사망으로 인해서 남남갈등이 표면화되기 시작합니다. 특히 그 예로 조문파동을 많이 들고 있습니다.

박관용: 조문파동 얘기가 많이 나오는데, 그때 우리가 성명을 발표하고, 정확한 시기는 기억이 안 나지만, 조문 얘기가 나온 적이 없어요. 상당한 시간이 지난 후에, 이른바 좌파 내부에서만 얘기를 했지, 언론에 거론되지도 않았습니다. 국회에서 이부영 씨가 발언한 이후에 그게 터져 나온 겁니다. 국민들 생각하고는 전혀 별개의 문제인 것입니다.

장훈각: 김영삼 대통령은 거기에 대해 어떻게 생각하셨나요?

박관용: 더 이상 언급 안 하길 잘했다고 하셨죠. 애도 얘기도 어려워서 못했는데 어떻게 조문까지 나갑니까? 지금하고 분위기가 아주 달랐습니다. 그때 상황이 있는 건데 현재의 생각만으로 얘기를 한단 말입니다. 국민들이 자꾸 분단이 없는 나라의 잣대를 가져와서 생각을 하는 것이 문제입니다.

박용수: 남북정상회담에 대해서 집중적으로 준비했던 분위기에서 조문파동으로 넘어가면서 크게 바뀐 것 같습니다.

박관용: 그래서 정상회담에 초점을 맞췄죠. 그걸 하면 엄청난 얘기들을 할 수 있는 계기가 되었을 텐데 그러지 못해서 정말 안타깝다. 저는 그때 그것이 적절했다고 생각합니다.

박용수: 혹시 그 이후에 김정일과의 회담에 대한 얘기는 없었습니까?

박관용: 그런데 이미 김정일이 나와서 권력이 안정되기 전까지는 절대 남북정상회담을 할 수 없을 것이라고 판단했습니다. 아버지가 죽고 김정일이 권력을 잡고 난 후에 뭔가 새로운 제안을 하거나 대중 연설을 하거나 달라진 모습을 보여줘야 하는데, 김일성이 했던 것을 답습하고 남한을 공격하는 것 외에는 별다른 얘기를 안 하니까 우리는 물 건너갔다고 생각했죠. 누구나 권력을 쥐고 위험한 짓을 안 합니다. 일단 안정적으로 정착시켜 놓고 대외적인 일을 하죠.

장훈각: 현재 김정은체제하고 당시 권력 이양기하고 유사한 점이나 상이한 점에 대해서 비교하신다면 어떻게 보시는지요.

박관용: 황장엽 씨의 얘기에 따르면, 김일성 사망할 때 김일성은 이미 김정일의 눈치를 봤다고 합니다. 이미 1970년대 중반부터 권력 이양 작업을 했고 김정일이 적극적으로 승계를 했기 때문에 상당한 기간 동안 충분히 권력을 장악할 기간이 있었기 때문에 안정적으로 정권이 이양되었습니다. 그러나 김정은은 그렇지 못했습니다. 나이도 워낙 젊고, 성장 과정도 김정일과 다르게 서구에서 교육을 받는 등 경우가 아주 다릅니다. 그럼에도 불구하고 북한은 당과 군, 수뇌만 장악하면 되기 때문에, 그리고 혈통을 이어받은 김경희가 살아 있고 남편인 머리 좋은 장성택도 있습니다. 그러한 몇몇 실세들에 의해서 유지되는 것이지, 김정은의 장악력에 의해서

북한이 유지되고 있는 것이 아닙니다. 그래서 저는 이 실세들 가운데서 어떤 권력의 암투가 일어날 것인지가 문제라고 항상 지적합니다. 한마디로 언제 터질지 모르는 겁니다. 제가 항상 통일은 산사태처럼 온다고 제 책을 쓴 이유가 언제 어디서 그러한 변화가 올지 모른다는 이야기입니다. 그러한 위험성은 상존하고 있다는 보는 거죠. 그걸 유지하기 위해서는 핵과 미사일을 개발해서 정부가 큰소리를 치는 것밖에는 방법이 없죠.

장훈각: 당시의 북핵문제와 관련해서 우리 정부에서는 김일성체제와 김정일체제가 다를 것이라고 생각했었나요?

박관용: 전혀 다르지 않을 것이라고 생각했습니다. 그때 우리가 김정일에 대해 상당히 많이 연구를 했는데, 김정일이 매우 포악하고 위험하다고 인식되니 조심해야겠다고 생각을 했습니다.

장훈각: 위험에 대한 대처 방안이나 정책 방향은 어떻게 설정하셨나요?

박관용: 평소에 하던 대로, 소위 억제력을 보강해야겠다고 다짐했죠. 여기서 주목해야 할 것은 '김일성과 김영삼 간의 회담이 이루어졌다면 어떻게 됐을까?'하는 문제입니다. 김정일은 만나도 아무 의미가 없을 것이다. 왜냐하면 김일성은 자신이 죽기 전에 어린 김정일이 잘못 판단할지도 모를 것을 염려하고 몇 가지는 자기가 해결하고 가야겠다고 생각했을 것이라고 보았습니다. 나이도 그렇고, 권력 이양도 했으니까요. 김정일이 하는 것을 보니까, 황장엽 씨 말마따나 상당히 포악하고 권력 의지만 강하니까, 이 어려운 문제, 민족의 사활이 걸려 있는 문제에 대해서 자신이 정리를 해놓고 가야 되겠다고 생각을 한 거죠. 나진, 선봉을 개방하도록 합영법을 김일성이 있을 때 만듭니다. 조금은 개방 쪽으로 가려고 하면서 '제가 아니면

누가 하겠는가. 제가 죽기 전에 조금 정리를 하고 가야겠다'라는 생각을 김일성이 하고 있었을 것이라고 우리는 판단하고 있었습니다. 그래서 우리가 가서 회담을 잘만 하면 상당한 것을 얻어낼 수 있었다고 봅니다. 그런데 김정일은 내부 권력 장악에 바쁘니까 남한과 합의하고 유연한 태도를 취하기는 어려울 것이니 김일성 때와는 전혀 다른 상황이라고 우리는 판단했죠.

장훈각: 김정일이 핵을 포기하게끔 하겠다던가, 적극적으로 대북정책을 추진하려 하지는 않았었나요?

박관용: 핵문제에 대한 결정적인 협상력은 미국이 갖고 있었습니다. 미국으로 하여금 회담을 통해서 이 문제를 해결하도록 할 수밖에 없었다. 그러기 위해서는 우리가 한미 간의 관계를 면밀히 해야겠다고 생각을 했습니다. 그런데 김영삼 대통령이 "한반도에 전쟁을 일으켜? 이 사람들이!" 이런 성격이었기 때문에 자꾸 마찰이 생겼습니다. 김 대통령은 지금도 마찰이 없었고 클린턴과 친했다고 하시지만, 우리는 실무자 입장이었으니 잘 알죠. 누가 제게, 미국에 계신 분인데, "당신처럼 대북문제에 정통한 사람이 왜 그렇게 되도록 두느냐?"라고 묻는 겁니다. "무슨 얘기냐?" 하니까, "우리가 낚싯밥을 가지고 고기를 잡으려고 하는데 왜 옆에서 떠드냐."는 겁니다. 정치적 루트를 통해서 내게 온 미국의 메시지일 수도 있다고 지금도 판단하고 있습니다. 미국 정부하고 굉장히 가까운 한국 교수가 내게 전화해서 한 이야기입니다. 낚시를 드리우고 고기를 잡으려고 하고 있는데 옆에서 떠들어서 고기를 쫓고 있지 않느냐, 왜 그렇게 정통한 사람이 왜 그렇게 모시느냐는 그런 이야기였습니다.

박용수: 김일성 사망 직후에 미국은 실제로 북한하고 합의해서 제네바

합의서를 만들잖아요? 그걸 보면 김일성 사망 이후에도 미국은 지속적으로 북한과 합의를 하고, 강경 모드보다는 온건 모드를 취했던 것 같은데, 한국 정부의 입장은 어땠습니까?

박관용: 미국은 한국과 입장이 다를 수밖에 없었습니다. 일단은 이라크나 아프가니스탄 문제가 있다 보니 양쪽에서 전쟁을 일으킬 수도 없고, 그러니까 대화를 통해서 해결할 수밖에 없다는 기본 철학이 있었습니다. 두번째는 클린턴 대통령이 재선에 출마하기 때문에 외교적으로 골치 아픈 부분을 정리하고 넘어가야겠다는 것이었습니다. 미국이 가지고 있는 약점이, 우리도 마찬가지이지만, 선거를 앞두고 대통령이 득표하는 데 국정문제를 이용한다든 겁니다. 그래서 제네바회담이 급하게 진행된 겁니다. 그런데 우리가 입장이 너무 다르니까 거기에 못 들어갔습니다. 또 북한이 우리와 대화하지 않겠다고 했습니다. 우리는 강력하게 참여를 주장했지만 여러 가지 이유로 참여하지 못하게 됩니다. 그 대신에 회담의 내용에 대해서 충분하게 논의한다는 것을 미국과 합의하는 데에 초점을 맞췄습니다. 회담장 바로 옆에 대표가 가서 회담 내용을 수시로 보았습니다. 미·북 간의 협상을 구체화시키는 과정에서 우리가 소외되어서는 안 되겠다는 생각이었습니다. 그래서 합의 내용에 원래 없던 것을 우리가 요구했습니다. 그것은, 남북한과의 대화를 병행한다, 병행이라는 용어를 썼는지는 모르겠는데, 남북 간에도 대화를 계속해서 해야 된다는 내용을 넣게 되는 거죠.

박용수: 이것은 그 이전에도 한국 정부가 지속적으로 요구했던 거죠?

박관용: 그렇죠. 언제나 요구를 했지만, 그때 제네바합의서의 문서 안에 그런 말을 넣자 그렇게 된 거죠.

장훈각: 노태우 정부 시절에는 북한이 지속적으로 북미 대화를 요구했는데, 미국이 한국 정부와의 관계개선을 선 조건으로 내세웠거든요. 그런데 지금 말씀하셨듯이 제네바합의에서는 한국 정부가 주도권을 쥐기보다는 옆에서 모니터링하고 의견이 있으면 관철시키고 그러한 것에 그치게 됩니다.

박관용: 그것은 미국이 북한에 대해서 양보한 겁니다. 아까 말했듯이 대선이 다가오고 뭔가를 해야 되겠는데, 북한은 남한이 끼어들면 못 하겠다고 하니까 충분히 우리의 의견을 들어주고 자신들의 회담 내용도 말해줄 테니 북미만의 회담을 용인해달라는 거였죠. 그래서 우리는 수시로 회담의 내용을 전달 받고 필요한 것을 요구도 하고 하는 절차를 밟았죠.

장훈각: 미국의 요구가 남한과 미국의 북한 핵문제에 대한 입장 차이로 인한 외교적인 갈등에서 비롯됐다고 판단할 수도 있겠네요.

박관용: 그런 것은 아닙니다. 순수하게 북한의 요구에 의해서 진행되었죠. 북한이 미국의 협상 대표를 가지고 노는 최고의 능력을 가진 나라라는 겁니다. 지금 클린턴 정부가 대선을 앞두고 매우 다급하다는 사실을 아주 잘 활용한 겁니다. 미국은 알면서도 당할 수밖에 없는 입장이었죠. 남한 정부는 그와 같은 북한의 의도를 잘 알기 때문에, 우리의 충분한 용인 없이 회담하는 건 안 된다는 조건을 달았죠. 외교라는 건 어쩔 수 없이 그렇게 될 수밖에 없는 거거든요.

장훈각: 요즘 많은 비판 가운데 하나가 핵문제 타결에 있어서 남한이 경수로 건설 등에 대한 비용만 지불하고 북한에 대한 레버리지를 전혀 갖지 못했다는 것입니다.

박관용: 그런 비난이 있다는 것은 잘 압니다. 그런데 그때의 상황을 잘 알 필요가 있습니다. 첫째로 어차피 경수로를 갖다 놓기로 합의를 했는데, 경수로 기술은 우리 기술입니다. 핵심은 미국 것이긴 하지만 우리가 가서 시설을 해줍니다. 또 건설업도 우리가 가서 하기 때문에 시멘트를 비롯한 모든 건설 자재도 우리가 납품합니다. 우리가 이 공사를 통해서 상당한 돈을 되돌려 받는 겁니다. 둘째는 지금 남한에서 원자력을 만들려고 하면 주민이 반대를 해서 못 만듭니다. 통일이 되더라도 북한에 제일 급한 게 전력입니다. 그때만 하더라도 북한이 곧 망한다고 생각하고 있었으니까, 원자력발전소를 북한에 미리 만들어 놓는다고 생각하자고 된 겁니다. 앞으로 어차피 북한에 전력이 필요한데 미리 준비해 놓는 것이다. 이 돈은 그냥 북한에 버리는 돈이 아니라 대부분 우리가 되돌려 받을 것이다. 그래서 경수로를 우리가 건설하는 것이 아니면 안 되겠다고 했죠. 미국이 그것을 수용하고 북한도 수용하게 된 겁니다. 당시에는 북한이 이렇게 오래 가리라곤 생각 못했습니다. 우리가 북방외교에 성공하고 난 뒤에 북한이 아주 고립되어 있을 때니까요. 거기에 대해서 '재주는 한국이 부리고 돈은 누가 번다' 이런 식으로 자꾸 해석을 합니다. 그때 우리 판단이 틀렸는지, 물론 곧 통일될 것이라는 예상은 틀렸지만, 저는 그때 그것이 당연한 수순이라고 생각했습니다.

장훈각: 당시 붕괴론이 전제가 되었다는 것은 충분히 이해가 됩니다. 그래도 발전소를 미리 건설해 놓는 것이라고 정부가 생각했다는 것은 의외입니다.

박관용: 어차피 합의가 됐으니까 합의를 존중할 수밖에 없고. 그렇다면 그것을 우리 기술로 지어야겠다고 생각을 한 거죠. 제네바합의가 상당히 허술한 것이, 북한에 발전소를 짓는 것까지는 합의가 됐는데 거기서 나온

전기를 송배전해야 되는데, 그 경비가 엄청났고 북한은 그 돈이 없었습니다. 지금 북한의 전선은 못 씁니다. 그건 원자력 전기가 못 들어갑니다. 이 문제를 어떻게 할 것인지를 북한이 왜 거론하지 않았을까? 미국도 잘 아는 것을 왜 거론 안했던 것인가? 여러 가지 설이 있을 수 있는데, 이런 문제들을 합의 안 하고 넘어갔다는 것은 지금도 의문입니다. 양쪽이 다 송배전 시설이 없다는 것을 너무나 잘 아는데 그걸 왜 안 했을까요? 뭐 미국의 전기업자들의 농간이라는 얘기도 있고, 별 소리들이 다 있는데, 어쨌든 그런 것에 관해서 제가 조사를 한 적이 있어요.

박용수: 북한을 다루는 관점에서 봤을 때 하나의 큰 지원축이 미국이라면, 또 하나의 축이 중국이라고 할 수 있지 않습니까? 포괄적 접근이 아니라 철저한 전략으로 가기 위해서는 중국의 지원을 중단하도록 하는 등의 노력이 필요하지 않았을까 생각합니다.

박관용: 그때 중국의 대북정책은 우리도 미국도 이미 알고 있죠. 중국은 어쩔 수 없이 완충지대로서의 북한을 지켜야겠다는 원칙이고, 원조도 굶어죽지 않을 정도로만 이어나간다는 정책이었습니다. 또 그때만 하더라도 중국이 그렇게 힘 있는 나라도 아니었습니다. 지난 10년 동안 급성장을 했지, 그때 우리는 중국이라는 변수에 대해서 별 관심이 없었어요.

박용수: 지난 시간에도 잠깐 말씀드렸었는데, 김영삼 대통령이 1994년 초에 방중했는데 황병태 주중 대사가...

박관용: 그때 초기 단계니까 황병태 대사 입장에서는 그렇게 얘기할 수 있었지만, 미국이 중국을 의식한다고는 별로 생각 안 했습니다. 김 대통령과 강택민이 굉장히 친했는데 그것이 북한보다 더 친한 것이라고는 할 수

없죠. 어쨌든 그때는 우리가 중국이라는 변수에 대해 큰 관심을 안 가졌을 때입니다. 지금 생각해보면 왜 그때는 중국을 의식 안 했을까? 경솔하지 않았나 하고 생각할 수도 있지만, 그때 국제적인 위상이나 미국과의 관계에 있어서 미국에 수출을 해서 돈을 막 벌기 시작했을 땐데 중국이 목소리를 낼 수 없는 상황이었습니다.

장훈각: 미국의 정부 문서를 보면 북한을 움직일 수 있는 실질적 힘을 가지고 있는 주변국으로 중국을 들고 있습니다.

박관용: 그렇죠. 그때 우리도 중국에게 북한이 핵을 보유할 수 없게 해달라는 요구를 많이 하고 있었습니다. 중국도 미국이나 한국과 마찬가지로 북한의 핵 보유가 옳지 못하다는 의견을 갖고 있었기 때문에 큰 차이가 없었죠. 그런데 중국에게 그러한 역할을 해달라고 저도 가서 얘기를 했는데, 중국은 그 당시 "우리가 그렇게 할 입장이 못 된다. 우리가 그렇게 말한다고 해서 들을 놈들도 아니다." 이런 일관된 입장이었어요.

장훈각: 작년이었나요? 주한 중국 대사가 "중국에게 뭐라고 하지 마라. 북한에게 할 말이 있으면 직접 만나서 해라."라는 이야기를 했었는데요. 이것이 그 당시의 중국 입장과 일관된다고 보입니다.

박관용: 일관되어 있습니다. 해양세력과 대륙세력 간의 접점에서 중국으로서는 소위 완충 지역이 꼭 필요했기 때문에 북한을 인정해야 되는 거였습니다. 북한의 핵문제를 미국과 같은 선상에서 폐기하라고 강요했을 때 오는 여러 부작용 같은 문제 때문에 중국은 절대 핵을 포기하도록 강요하지는 않는다는 기본적인 정책이 있습니다. 지금도 마찬가지입니다. 그런 것들 때문에 중국이 사실상 큰 힘을 발휘할 것이라고 생각을 안 했죠.

중국이 기름과 생필품 등 모든 지원을 중단한다고 하면 북한은 죽습니다. 그러나 그렇게 안 한다는 겁니다. 중국에게 있어 북한은 꼭 필요한 존재이기 때문입니다.

장훈각: 중국 학자들의 발표를 봐도 '한반도의 통일을 인정한다. 남한 주도의 통일도 그것이 역사적인 길이라고 생각을 한다. 다만 중국이 걱정하는 것은 남한의 입장을 확실히 밝히지 않는 한 남한을 못 믿겠다는 것이다'라고 얘기를 합니다.

박관용: '통일된 한국이 어떤 국제적 위치가 될 것인가? 어떠한 성격을 지니는가?'에 대해서 우리 스스로도 정리를 하고 중국과 긴 대화를 해야 된다고 제가 몇 년 전부터 얘기하고 있습니다. '통일된 한국이 결코 반중세력이 아니라 중국의 경제개발에 통일된 한국이 크게 기여할 것이다. 우리의 통일은 대만 통일에 하나의 계기가 될 것이다. 통일된 한국의 북쪽에 미국이 주둔하는 일은 없도록 할 것이다. 우리는 이제 대륙세력에 붙어진 섬이기 때문에 우리의 국제적 위치는 잘 알고 있다' 이런 등등의 얘기를 중국과 많이 해야 되는데 안 하고 있다는 점을 요즘 적극적으로 내세웁니다. 그런 이유를 제가 나름대로 정리해 놨는데 열 몇 가지 정도 됩니다. 중국이 뭘 걱정하고 뭘 못 믿는지에 대해 풀어주어야 하는데 현재 너무 친미로 가서 중국과의 그런 대화가 안 된다는 겁니다. 물론 그런 대화가 미국으로부터 오해를 살 수도 있는데, 이건 미국과의 대화를 통해서 해결하는 것 아닙니까? 등거리외교를 통해서 이 문제를 접근해가야 되는데, 정권마다 치우침이 너무 심하단 말입니다. 노무현 때는 너무 중국으로 치우쳐서 미국이 견제를 하고, 우리는 너무 친미로 가서 중국이 의심을 하게 되고요.

장훈각: 당시 한국 정부가 러시아에는 어느 정도의 대북 억제력을 기대

했었나요?

박관용: 북한이 NPT 탈퇴를 선언 후에 러시아의 프리마코프를 통해서, 김 대통령이 대통령이 되기 전부터 프리마코프와 관계를 맺고 있었습니다. 상당한 외교력을 동원해서 접촉을 해봤는데, 러시아는 언제나 우리 입장을 많이 두둔합니다. 그때 원체 러시아가 힘이 없어서 별로 영향을 못 미쳤습니다. KGB를 통해서 북한의 핵무기 개발에 대한 정도를 알아보려고 노력했는데 모르더라고요.

장훈각: 모르는 건가요? 아니면 알려주지 않은 건가요?

박관용: 저는 모르는 거라고 봤어요. 이런 얘기를 하더라고요. IMEMO 소장으로 있던 마트리노프에게 들은 얘기입니다. "물품이 필요하다고 해서 우리가 몇 화차에 실어서 물품을 보냈는데, 물건을 실어 보낸 화차까지도 돌려주지 않았다." 이런 얘기를 하면서 굉장히 싫어하더라고요. 소위 중소분쟁 때 중국에 너무 많이 치우치고 이런 것도 있었죠.

장훈각: 선생님께서 통일특위에 굉장히 오래 계셔서 남북관계에 대해서는 제일 잘 아시는 분이지 않을까 생각합니다.

박관용: 제일 잘 안다기보다도, 남북회담을 하고 관심을 가지고 있는 분야죠. 4·19 전까지는 통일 논의는 없었습니다. 북진통일만 있었죠. 4·19 이후에 고려대 조동필 교수가 주최하는 대학생 민족통일토론대회가 열렸습니다. 그때는 인터넷도 없을 때니까 동아일보에 광고가 났습니다. 고려대학교에서 이런 것을 하는데 전국의 대학생들은 참가 의사가 있으면 논문을 써서 보내시오. 제가 그 신문 광고를 보고 논문을 써서 보냈더니 한

일주일 있다가 동아일보 광고란에 논문 합격자 발표가 났습니다. 부산에서는 두 사람이 됐는데, 제가 용케 합격했어요. 서울에 올라와서 이틀에 걸쳐서 토론을 했는데, 제가 깜짝 놀란 것이 부산 촌놈들은 기껏 해야 이런 통일 논의를 하는데 서울 학생들은 벌써 마인드가 달랐어요. 평양으로 가야 된다. 연쇄중립화 통일방안을 내야 된다. 남북연합을 해야 된다. 이런 논의가 막 나오는데, "야, 나는 역시 촌놈이었구나!" 하는 생각이 들었습니다. 그때 제가 통일에 대해서 개안을 하게 된 겁니다. 그래서 이세기, 이재환, 조남조 이런 고려대 학생들과 모여서 민족통일문제연구소를 만들자고 했죠. 그래서 부산경남 지부를 제가 맡고 내려가서 통일운동을 아주 열심히 했죠. 부산에서 학생운동하는 학생들을 거의 다 설득을 했어요. 그때 항공대 학생회장이 미쳐서, 항공 연습기를 조종하는 사람에게 대전 상공에서 비행하는 것을 보여 달라고 하고, 칼을 준비해서 평양으로 가자고 협박할 계획을 세우고 준비했습니다. 혼자 하기는 위험하니까 친구에게 계획을 설명하고 같이 가자고 했습니다. "우리가 통일문제에 앞장서야 한다. 목숨을 바쳐야 한다." 그런데 동조했던 녀석이 실행을 며칠 앞두고 겁이 나서 밀고를 했습니다. 그런데 이 친구가 붙잡혀 가서 조사를 받는데 "박관용 위원장에게 설득을 당해서 가게 됐다."고 진술한 겁니다. 그래서 경찰은 월북 사주죄로 절 잡아갑니다. 그때 제가 살아난 것이, "내 주장은 고려대학교 통일대회에 나온 내 원고와 같습니다. 그것이 내 소신입니다."라고 했습니다. 그걸 보니까 별것 아니란 말이에요. "사상이 괜찮은 놈이네. 나가라." 이렇게 돼서 3일 동안 조사를 받고 나왔어요.

그때부터 제가 통일문제에 관심을 갖게 되었습니다. 국회에서 통일 관련 이야기를 많이 하게 되고, 그러다 보니까 남북회담 대표가 된 거죠. 1984년도에 평양에서 양형섭 북한 최고인민회의 의장이 한국의 박준규 국회의장에게 편지를 보낸 것이 대한민국이란 단어를 최초로 사용한 편지입니다. 남북회담을 하자는 제안이었습니다. 그에 대한 답장을 쓰는 소위원회를 만들었는데 제가 들어갔어요. 그게 조선인민민주주의공화국이라는 용어를 써서 보낸 최초의 편지입니다. 이런 것들이 연유가 된 겁니다.

박용수: 김영삼 시기로 다시 돌아가서 얘기를 듣고 싶은데요. 비서실장으로서 거의 매일 아침마다 대통령과 독대를 하게 되나요? 또 독대를 하실 때에는 주로 어떤 내용을 논의하셨나요?

박관용: 김 대통령이 어느 대통령보다도 등청 시간이 빠릅니다. 여름에는 심지어 6시에 등청하시니깐 미치겠는 겁니다. 제가 청와대 집무실 정문 앞에 서있으면 대통령 차가 도착합니다. 내리시면 "잘 주무셨습니까?"라고 인사를 하고 서재, 대통령 집무실을 서재라고 불렀습니다. 서재에 올라가서 이러이러한 일이 있었고 오늘은 이러이러한 일이 있을 것을 예상하고 있습니다, 하고 쭉 사항을 얘기합니다. 그러면 대통령이 "이렇게 대처해라. 이것에 관심을 가져 봐라. 내가 생각해보니 이렇게 하는 게 좋겠다." 이런 얘기를 하십니다. 이것이 한 시간가량이 걸립니다. 내려가면 수석들이 기다리고 있습니다. 실장방의 회의실에 오면 대통령께서 어떤 말씀을 하셨는지 지시를 내립니다. "오늘 있을 일에 대해 회의를 하겠습니다. 내일이 5·18 기념일인데 그냥 넘어갈 수는 없지 않겠습니까?" 이런 식의 논의를 하는 겁니다.

박용수: 대통령을 만나실 때 준비하는 자료는 주로 언론 자료였나요?

박관용: 언론도 참고를 합니다. 수석회의에서 나왔던 얘기들을 노트에 간단하게 메모를 하고 그걸 들고 갔죠. 장관들에게 보고 받은 것도 있고, 내 아이디어도 있습니다.

박용수: 김 대통령께서 리더십 스타일 중에 언론에 대한 감각이 남달랐다고 알려져 있습니다.

박관용: 언론에 대해서 상당히 민감형입니다. 저녁 8시가 되면 "TV 틀어라." 하고 8시 뉴스를 봅니다. 즉각 반응이 나옵니다. 저는 이걸 김 대통령의 약점이라고 보는데, 언론에 너무 민감합니다. 민주주의 여론 정치하에서 언론에 민감하지 않을 수는 없지만, 너무 민감하지 않나 하는 생각을 하기도 했습니다. 아침에는 주요 신문의 기사를 요약해서 보셨습니다. 영부인이 신문을 열심히 읽어서 "이런 사설은 당신이 읽어봐야 되겠더라."라고 얘기하는 것도 있었습니다. 언론에 대해서 모든 대통령이 민감했지만요. 옛날에는 제일 먼저 나오는 신문을 각 부처 장관 비서실에서 대기했다가 가지러 뛰어가고 그랬습니다. 저녁이 되면 각 언론사 앞에 대기하고 있다가 가판이 나오면 그걸 들고 뛰어서 장관실로 옵니다. 정치인들이 다 그렇지만 김 대통령은 특히 민감했습니다. 그 이유는 김 대통령은 대통령이 되겠다는 꿈을 가지고 살아왔고 국민들에게 자신의 인기를 유지하는 것이 굉장히 중요했습니다. 예를 들면 목숨을 걸고 싸우면서, 그 싸우는 장면들이 보도 관제를 통해서 안 나오는 게 있단 말입니다. 그러면 언론에 대놓고 "왜 이걸 기사로 안 내느냐?"라면서요. 다시 말해 김영삼 대통령은 언론과 더불어 살아온 겁니다. 언론을 통해서 국민에게 박수를 받으니까요. 그래서 제가 "바닷가에 사는 사람들은 파도가 치지 않으면 잠을 잘 못 잔다. 파도 소리가 자장가로 들린다." 김대중 대통령과 김영삼 대통령은 평생을 박수 속에서 살아온 사람들이기 때문에 박수가 안 나오면 잠을 못 잔다는 거죠. 그래서 언론에 민감할 수밖에 없습니다. 민주화운동을 했고 국민 속에서 성장한 사람들은 언론을 의식할 수밖에 없습니다. 언론을 의식한다는 것은 국민을 의식한다는 것과 같습니다.

박용수: 문제가 되는 기사라든지, 오보라든지 그런 것들을 수정해야 될 필요가 있다고 요구했나요?

박관용: 오보는 당연히 수정하도록 하지요. 그러나 오보 말고, 기자들이 일방적이지만 보고 그렇게 소신껏 쓴 글은 오보라고 할 수 없지요. 그건 판단의 문제고 표현의 자유니까, 그런 부분에 대해서는 항의하기 어렵죠. 욕이나 한마디 하고 그냥 넘어가는 거죠. 전두환 때야 불호령이 떨어지고 그랬지만 우리가 명색이 문민정부였는데 그럴 수는 없잖아요.

박용수: 김대중 대통령 같은 경우는, 박지원 수석을 통해서 언론과 관계를 유지했지요.

박관용: 박지원 씨는 그걸로 인해서 김대중 씨에게 사랑을 받았습니다. 자기 자동차 뒤에는 꼭 양주가 실려 있고, 퇴근 후에는 중요한 기자들을 만나서 부탁을 하곤 했죠. 방송국에 찾아 가서 보도국장이나 편집국장을 만나서 한참을 부탁하고, 얼마나 열심히 했는지, 집념이 강한 사람입니다. 그런 것을 김대중 씨가 높이 평가를 했고 나중에 비서실장까지 올라갔죠.

박용수: 김영삼 대통령도 그런 식으로 언론에 접근하고 싶은 생각은 있었는데 쉽지 않았던 건가요?

박관용: 쉽지가 않았죠. 그런 부하가 없었어요. 홍영길 씨가 그 역할을 조금 했고. 그리고 이원종 정무수석이 그런 역할을 좀 했다고 평가는 하는데, 이 수석은 그때 언론사들의 평에 의하면, 별명이 '핏대'였습니다. 막 신경질을 내니까요. 그것은 박지원 씨에 비하면 좀 못한 거였죠.

장훈각: 박지원 씨 같은 참모들이 반드시 필요하다고 생각하시나요?

박관용: 민주정치라는 것이 포퓰리즘 없이 할 수 없습니다. 그러기 위해서는 국민들에게 어떻게 해서든지 인기를 얻어야 합니다. 인기를 얻으려면 언론에 잘 나와야 하잖아요. 국영 방송은 권력자가 장악하게 되어 있습니다. 그렇지 않는 것은 이상사회에서나 가능한 일입니다.

박용수: 양면적인 것 같은데, 김영삼 대통령께서 경제나 사회문제에 대해 관료들에게 자율권을 많이 위임한 편인가요?

박관용: 민주화 투쟁만 오래 해왔기 때문에 경제, 과학문제에 대해 자기가 잘 모르니까, 모르는 부분을 솔직히 시인을 하고 참모들의 의견을 듣는 거였죠. 전에도 말했지만 연설을 할 때 과학이나 경제문제가 나오면 참모가 준 원고를 읽습니다. 남북문제는 단순하니까 원고를 한 번 읽어보고 이해가 됐죠.

박용수: 장관들 간의 입장이 달랐을 때 그것을 어떻게 조율하셨는지요?

박관용: 정부마다 다른데, 제 경우에는 부처 내의 일은 수석이 조율하고, 부처 간의 일은 비서실장이 합니다. 울산시를 특별시로 만들고, 양산시를 부산으로 편입하는 등의 과정에서 부산과 경남이 충돌한단 말입니다. 국회의원들도 자기 이해관계에 따라 충돌하고 지방자치단체들도 충돌합니다. 그런 것까지 대통령이 다 못 하잖아요? 대통령을 보좌하는 사람이 비서실장이니까. "이런 문제들로 양측이 기분 나빠합니다." 그러면 "조정해라."라고 비서실장을 불러서 지시를 합니다. 장관과 장관 간의 충돌도 비서실장이 조정했었습니다.

장훈각: 비서실장으로 계실 때 가장 아쉬웠던 한 가지와, 가장 잘 하셨거나 흡족했다고 기억나시는 것이 어떤 건가요?

박관용: 제가 대통령에게 건의를 해서 대통령께서 그 건의를 받아들이고 그것이 실행에 옮겨질 때는 참 기분이 좋죠. 대표적인 게 정부조직법 개정입니다. 김영삼 대통령 집권 초기에 체육부와 에너지부 그리고 몇 부를 없앱니다. 당선자 시절에 노태우에게 제가 바로 개혁에 들어가야 되는데 필요 없는 부서가 있으니 당신이 좀 고쳐달라고 부탁했습니다. 그것을 고치는 데 엄청 고생을 했습니다. 각 부처들이 로비를 했기 때문입니다. 대통령 취임하고 난 뒤에 이분이 어느 경제지하고 인터뷰를 하는데 정부조직 개정에 대해 질문하니까 "그것 참 어렵습니다. 그거 하다가 다른 일을 못 하겠어요."라며 정부조직 개정이 없을 거라고 딱 잘라 말했습니다. 문민정부에 들어가면 정부조직을 개정하리라고 생각을 했는데 이 발언 때문에 다들 조직 개정이 없을 것이라고 생각하게 됐어요. 나는 그때 정부조직법 개정을 주장했습니다. 그래서 행정개혁위원회를 서울대 박동서 교수에게 부탁을 해서 준비하고 있었는데, 대통령께서 그렇게 딱 잘라서 말한 겁니다. 세월이 이렇게 지나서 시대가 바뀌었는데 정부조직을 개정하지 않으면 안 되겠다고 생각이 들어서, 각 부서에서 엘리트 공무원을 6~7명을 뽑았습니다. 정부조직을 개정해야 되는데 미리 만들어 놓자. 그래서 엘리트들을 6~7명 골랐어요. 밤에 다 불러서 "정부조직 개정을 하는데, 대통령도 안 한다고 하고 이게 새어 나가면 큰 혼선을 빚으니까 비밀을 지켜라. 비밀을 지키기 위해서는 사표를 써라. 만약 비밀이 흘러나가면 사표를 수리하겠다. 대단히 미안하지만 사표를 써라."라고 했습니다.

그렇게 해서 정부조직법 개정안을 극비리에 만들어서 제가 가지고 있었습니다. 타이밍을 못 찾고 있는데, 김 대통령이 동남아에서 열린 APEC 총회에 참석했다가 호주를 들러서 오는데, 호주에서 오는 비행기 안에서 기자들에게 '세계화'라는 용어를 썼습니다. 세계화라는 용어를 전혀 안 쓰다가 쓰니까 놀랐습니다. 공항에 마중 나갔다가 들어오는 길에 "각하, 왜 세계화라는 말을 쓰셨습니까?" 하고 물었더니 "아니야. 밖에 나가보니까 전 국가원수들이 다 세계화에 대해서 관심을 갖고 있단 말이야. 나도 그때 느꼈어. 앞으로는 세계화를 추진해야 돼." 그래서 제가 "정부조직법은 구시대 것 그대로 두고 세계화가 되겠습니까. 이것부터 개정해야 됩니다."라고 말씀드렸습니다. "박 실장은 자꾸 정부조직 이야기하는데, 뭘 어떻게 하자는 거요?" "제가 그러면 개정 내용을 가져오겠습니다." 그랬더니, "아니, 그게 만들어져 있어요?" 이렇게 돼서 다음 날 만들어 놓았던 개정안을 드렸습니다. 보지도 않으시고, "어, 그거 나한테 맡겨놓으시오." 하시고, 퇴청할 때 가지고 가셨다는 거예요. 며칠이 지나서 하자고 하셨습니다. 기분이 매우 좋았는데, 이것을 어떤 절차를 밟아서 해야 하나 고민을 하다가 박동서 교수를 밤에 플라자 호텔로 불렀어요. "박 교수님, 대단히 죄송한데, 비밀을 지키기 위해서 이걸 말씀드리지 않고 만들어 놓았습니다. 만들어 놓은 개정안을 드릴 테니까 검토를 해보시고 대통령과의 면담시간을 만들어 놓을 테니 만나서 말씀을 해주십시오. 대통령이 위원회의 안을 가지고 하는 형식으로 해야 무리가 안 생기고 할 것 같습니다."라고 하면서 이렇게 해서 미안하다는 말을 여러 번 했습니다. 박동서 교수가 개혁위원회를 맡았었는데 행정개혁을 하지 않고 해산하려 하니 매우 답답했다고 오히려 고마워했습니다. 그렇게 해서 박동서 교수가 대통령을 만나 행정개혁에 관한 보고를 했다고 발표를 했습니다. 이렇게 절차가 중요한 겁니다.

이후에 극비에 긴급 당 간부회의를 열어서 황우여 총무처장관이 개정안을 발표했죠. 당시 김종필 씨가 당 총재를 할 때였습니다. 당 총재, 국회 원내총무, 정책의장, 각 분과위원장 등 다 불러서 황우여 장관이 발표를 했습니다. 그런데 이세기 의원이 딱 일어서더니 반대를 했습니다. 반대의 논리는 기억이 나지 않습니다만, 분위기를 보니까 가만히 있다가는 이러다가는 당의장도 반대할 것 같아요. 그래서 제가 벌떡 일어나서 내용도 모르고 일방적으로 반대를 한다고 싫은 소리를 했습니다. 어찌 되었든 우리가 원하는 식으로 되었습니다. 제일 중요한 것은 재경부가 예산실을 별도로 떼 내는 문제, 건설부와 교통부를 통합시키는 등 3개 부처를 줄여서 작은 정부를 지향하는 내용이었습니다. 작은 정부를 지향하면서 대외 경쟁력을 높이고 세계화를 추진할 수 있는 것이었습니다. 거기에서 제일 잘 한 것은 정보통신부를 만든 것입니다. 정보통신부를 만들었기에 오늘날 IT 강국이 된 겁니다. 이렇게 정부조직을 개정한 것이 나에게는 가장 큰 보람입니다.

아쉬운 것 중 하나는, 세계화를 추진하면서 개방화 시대를 맞이해서 무엇을 해야 되는가 하고 고민을 했습니다. 지금 인천공항이 있지 않습니까? 인천공항이 용유도라는 섬을 뭉개서 만든 공항입니다. 앞에 선유도가 있습니다. 선유도까지를 포함해서 전부 수백만 평을 매립해서 동양 최대의 쇼핑몰을 만들자. 호텔, 해수욕장, 골프장, 비행장을 서플라이하는 기업들도 만들고, 이런 엄청난 규모의 자유 도시를 구상했습니다. 전 세계 누구든지 자유롭게 올 수 있도록, 싱가포르와 같이 만들자는 겁니다. 문제는 엄청난 이 돈을 누가 대느냐 입니다. 당시 홍콩의 조차권이 완료되는 해를 앞두고 있었고, 홍콩의 재벌들이 공산 치하에서는 못 살겠다고 해서 망설이고 있을 때였습니다. 그 돈을 유치해서 그런 것들을 만들자는 거였습니다. 이런 것들을 비밀리에 계획해서, 대전엑스포 위원장을 했던 오명 씨에게 이 일에 대해 설명하고 일을 맡기겠다고 했더니 무릎을 치면서 홍콩의 자본 유입에는 문제가 없다고 했어요. 그렇게 극비에 계획을 만들어서 대통령에게 넘겼습니다. 이걸 장관들 회의하는 자리에서 발표했더니 정재석 부총리가 벼락처럼 화를 냈습니다. 이런 일을 하면서 말 한 마디 안 하고 작업을 했다고 경제수석에게 화를 냈습니다. 그 다음 날 대통령에게 가서 "지금 우리의 어려운 형편에 이걸 어떻게 합니까? 안 됩니다."라고 해서 대통령이 깜짝 놀라서 저를 불러 중단하라고 했습니다. 대통령은 경제부총리가 안 된다고 하니까 중단하라는 겁니다. 그걸 했으면 제가 단언컨대, IMF가 없었습니다. 최소 이삼백억 달러가 나오면 IMF를 충분히 견뎌낼 수 있었습니다. 이것은 오명 씨가 지금도 하는 얘기입니다. 아쉬움이 굉장히 많습니다. 서울·강릉 간에 사철을 놓는 것도 못 했습니다. 개인들이 투자해서 만드는, 역세권에 이권을 주는 겁니다. 11개 구역으로 나누면 그 역 주변에는 도시가 생길 것 아닙니까? 이 개발하는 모든 권한을 기업에게 주는 겁니다. 그러면 정부 돈은 10원도 안 들어가죠. 대신에 동서 간의 균형 발전이 되는 겁니다.

장훈각: 하나회 문제도 여쭤보고 싶습니다.

박관용: 하나회는 중요한 얘기입니다. 제가 외무부와 중앙정보부를 잘 아는데 국방부를 잘 몰랐습니다. 그래서 똑똑하다는 예비역 장성들을 찾아다니며 국방부를 개혁해야 하는데 무엇이 중요한지 물었습니다. 그런데 그중에 한 예비역 장군을 여의도에서 만났습니다. 이 계획을 얘기했더니 이 사람이 중요한 얘기라면서 이런 말을 했습니다. "제가 나이는 많지만, 전쟁이 나면 예비역이니까 군에 돌아가면 군에서 나에게 총을 지급할 것입니다. 나는 그 총을 받아들고 뒤로 돌아서서 하나회를 쏘아 죽이고 북으로 진격할 것입니다." 아주 섬뜩했습니다. 하나회라는 사조직이 대한민국 군을 완전히 사조직처럼 운영해서 하나회가 아닌 사람들의 사기를 떨어뜨리고 있다. 이것을 개혁하는 것이 군개혁의 시작이라는 겁니다. 제가 만났던 예비역들이 한결같이 하나회 얘기를 했습니다. 그래서 김영삼 당선자에게 중요한 보고를 드리겠다고 말했습니다. 하나회 얘기를 했더니, "나도 이미 충분히 조사하고 있어요." 알고 계신 거예요. 그래서 조금 더 구체적인 내용을 보완해드렸습니다.

공개적으로는 이 얘기를 안 하기로 했어요. 인수위에서 회의할 때 하나회는 싹 빼고 무기 현대화 문제라든지 휴전선 문제라든지 여러 문제들을 얘기했습니다. 청와대에 들어가서 하나회를 어떻게 개혁해야 되나 고민하고 있었는데, 저는 충분한 시간을 가지고 충분히 파악을 하고 이렇게 추진할 것이라고 생각을 했습니다. 하루는 "권영해 국방부장관을 부르시오. 육군참모총장을 경질하겠습니다."라고 하시는 것이었습니다. 갑작스러운 얘기였습니다. 그때 육군참모총장 김진영은 부산대 동기동창으로 저와 굉장히 친한 친구였습니다. 국방부장관에게 전화로 빨리 오시라고 했습니다. "육군참모총장을 해임하고 후임을 정해야 합니다."라고 했습니다. 권영해 국방장관은 얼굴이 새파래졌어요. 자기는 꿈도 안 꾸던 얘기를 대통령이 꺼내니까 국방장관으로서 얼마나 창피했겠습니까? 권영해는 비하나회입니다. 돌아가서는 전격적으로 해임을 했습니다.

제가 제일 긴장했던 것은 군 내부의 동요입니다. 요직에 다 있으니까요. 군 내부가 초긴장 상태에 들어갔습니다. 다행히 불만을 표출하는 사람들은 있었지만 별로 드러나지 않았습니다. 해임을 많이 했는데, 제가 보니까 너무 많이 내려간단 말이에요. 영관급까지 내려간단 말이에요. 그래서 제가 국방부장관과 김동진 참모총장과 만나 저녁을 먹으면서, "제가 세간의 얘기를 두 분한테 하는데, 너무 아래까지 하나회를 척결한다는 것에 대해 반발이 많다. 다 유능한 사람들이다. 지도자가 될 젊은 사람들에게까지 확대가 된 것을 걱정하는 사람이 많은데, 이 정도 하면 되었으니 이제 중단하는 것이 어떻겠느냐."고 말했습니다. 그랬더니 육군총장이 "실장님은 하나회의 형태의 형태에 대해 잘 모르시죠?"라고 물었습니다. 물론 제가 그쪽에 대해서 잘 모르지만, 하나회에 굉장히 똑똑한 사람들이 들어간다는 것을 들어서 걱정스러워서 두 분에게 말씀드린다고 했어요. 그분들은 자신들에게 맡겨달라고 했습니다. 제가 대통령이 아니니까 그럴 수밖에 없죠. 그렇게 하겠다고 얘기를 하고 나왔습니다. 비하나회로서 불이익을 당했던 사람들에 의해서 일이 처리되었기 때문에 젊은 예비 지도자들에 과잉 조치가 이뤄지지 않았나 하고 생각합니다.

박용수: 알짜회를 말씀하시는 건가요?

박관용: 아닙니다. 하나회도 영관급이 있었어요. 왜냐하면 육사 졸업할 때 성적이 좋고 똑똑한 애들 불러서 하나회에 들어오라고 하죠. 하나회에 들어가면 이득이니까 다들 들어오죠. 그런 애들 보고 사조직을 했다는 책임을 묻기는 어렵지 않느냐는 게 제 생각이었습니다.

박용수: 이 일을 조사하실 때, 김 대통령께서 먼저 충분히 조사하고 계셨다고 하셨잖아요? 그렇다면 당시 어느 라인에서 일을 진행하신 겁니까?

박관용: 그런 걸 제가 묻지도 않았고 원체 기밀을 중시하는 사람이어서요. 틀림없이 군 중에서 상당한 사람이 접촉이 있었는데, 일체 말씀을 안 해요. 누구도 몰라요. 그래서 제가 권영해 국방장관에게 물어보았습니다만, 아무도 몰라요. 얼마나 많은 정보를 가지고 있는지 우리가 궁금해 했는데 말을 안 해요. 대통령이 개혁과 변화라는 기치를 들고 대통령 당선이 되는데, 그 개혁과 변화가 위로부터의 개혁과 변화라는 거죠. 대통령으로부터 시작되는 거예요. 아까도 이야기했다시피 평소에 생각해놨던 걸 정리해 놓았다가 집행할 때 저를 시키고, 장관들에게 시키는 거예요. 물론 우리가 건의해서 한 것도 허다하지만, 큰 개혁은 대통령이 바로 직접 주관하는 개혁이었어요. 이것이 특징이에요. 왜냐하면 그런 큰일은 대통령의 결심이 아니면 이뤄지기 어렵습니다.

박용수: 김영삼 대통령이 인터뷰를 하신 게 조금 있더라고요. 성대 김일

영 교수하고 대담하셨던 걸 보니까, 전두환 정부 말기였나 그 직후 민주화 시기에 김동영 씨가 국방위 회식 자리에서 구타를 당한 사건이 있었고, 그걸 보고 받고 난 후에 언젠가는 손을 보겠다고 말했더라고요.

박관용: 회현동 회식사건은 신문에도 난 유명한 사건이었습니다. 일방적으로 맞은 건 아니고요. 1984년도 말에 1985년도 예산안 심의를 했습니다. 그때 예산심의 계수조정 소위원회라는 게 있었는데 홍사덕 의원과 둘이 들어갔습니다. 그때는 국회에서 국방비에 손을 못 댔는데 국방비는 이른바 성역입니다. '안기부 예산은 그럴 수도 있다고 생각을 했는데 국방 예산에 손을 못 댄다는 건 말이 안 된다. 국방비를 삭감하자'라고 제가 국회에서 발언을 여러 번 했습니다. 당시 여당 총무가 이종찬 의원이었습니다. 그가 제게 "무슨 소리냐 손 못 댄다." 이랬습니다. 그래서 홍사덕 의원과 김형규하고, 당시 원내총무였습니다, 이종찬 의원 방에 가서 국방비를 삭감하면 전체 예산에 동의하겠다고 제안했습니다. 이종찬 의원 입장에서는 예산을 만장일치로 통과시킨다는 것은 엄청난 성과입니다. 그래서 이분이 청와대에 가서 "국방비에 손을 좀 대면 예산안을 만장일치로 통과시킬 수 있는데 이것이 전두환 정권이 들어서서 얼마나 큰 성과입니까? 각하의 승낙이 필요합니다."라고 했습니다. 당시 부총리인 김준성 씨도 불러서 왔습니다. 불러서 국방비를 삭감해도 되는 거냐고 물었죠. "국회니까 삭감할 수 있습니다마는..." 이렇게 나오는 거예요. 그래서 "예스야 노야! 그것만 말하세요." 이랬더니 할 수 있다는 대답이 나왔습니다. 그래서 100억 정도, 규모는 작았지만 삭감 규모를 두고 싸웠습니다. 그래서 예산안을 만장일치로 통과시켰지요. 그랬더니 군부에서 들고 일어났습니다. "이 여당 국회의원 놈들! 어떻게 해서 국방 예산에 손을 대느냐고!" 이렇게 됐습니다. 전두환 대통령이 놀라서 예비역 장성들을 비롯해서 국방위원들을 조를 편성해서 전국 군단장, 사단장 급에 보내서 설명을 하도록 했습니다. 윤성민

당시 국방부장관에게서 전화가 와서 계수조정 소위원에서 애썼다면서 저녁을 대접하겠다고 모이자고 했습니다.

그래서 홍사덕과 저와 소위원장 임철순 등 7~8명이 용수산이라는 요릿집에 갔는데 조니워커를 한 박스를 갖다 놨습니다. 제가 술을 잘 못 먹으니까 미리 스키야키 1인분을 먹고 들어갔는데, 한 잔을 먹었는데 도저히 못 견디겠더군요. 앉아 있다가는 큰일 나겠다 생각했죠. 잔도 작지도 않아요. 큰 잔으로 돌리는데, 홍사덕 의원은 이미 도망을 가버렸고, 저는 눈치를 보고 있는데, 황관영 장군이 나에게 오더니 "박 의원, 내하고 춤이나 춥시다."고 하면서 이야길 해요. "야당은 참 훌륭했습니다. 저기 앉은 여당 놈들은 병신입니다."라고 해서 저는 술이 취한 척 가만히 있었는데, 저 쪽으로 가서 그렇게 소리를 질렀습니다. 또 이범찬 장군이 "국방부 예산은 성역이야!"라고 소리쳤습니다. 임철순 씨가, 임영신 씨의 조카인데, 아주 몸집이 큰 사람이에요. 그가 상을 확 엎어버렸습니다. 큰 싸움이 붙었습니다. 저는 싸움의 대상이 아니었기 때문에 옆방에 가서 누워있었는데, 술이 취해서 잠이 들어버렸어요. 아침에 일어나 수습이 되었단 얘기를 듣고 집에 갔는데, 밤늦게인가, 다음 날 새벽인가 임 장군에게서 전화가 왔습니다. 어제의 얘기가 밖으로 나가면 대서특필될 것 같으니 입을 닫아달라고 부탁했습니다. 뒷자리에서 그런 일도 있었다는 것이고, 여하튼 국방 예산을 깎았다 해서 국회의원들을 모아 놓고 장군들이 와서 충돌이 있었던 일입니다. 그리고 국방비에 손을 댄 최초의 사건이 1984년도 사건입니다. 이는 엄청난 사건이었습니다. 그때부터 해마다 국방비가 손질을 당했습니다.

박용수: 사정개혁을 하면서, 고위 공직자 재산을 공개하는 조치를 취했습니다.

박관용: 대통령 출마했을 때, "나는 한 푼의 재산도 늘리지 않겠다. 내

재산이 지금 이렇다." 하고 공개를 했습니다. 그때 모든 공무원들은 재산을 신고하게 되어 있었는데, 사유재산이니까 사유재산 침해라고 해서 그것을 공개하지는 않게 되어 있었습니다. 본인이 공개를 하고 청와대에 들어갔으니까 여러분들도 깨끗한 정치인이 되기 위해서는 재산을 공개해야 된다. 이렇게 얘기하는 과정에서 아예 법을 고치자는 얘기가 나오고 국회에 얘기해서 고치게 됩니다. 막상 고쳐놓고 보니까 공개된 재산을 두고 언론에서 막 일어나는 겁니다. "어떻게 해서 재산이 이렇게 많나?" 그때 제일 큰 문제가 된 것이 김재순 국회의장과 박준규 국회의장이었습니다. 두 사람 다 국회의원 말고는 한 게 없었습니다. 개혁한다는 대통령이 언론에서 저렇게 야단인데 눈감아주기가 어려운 겁니다. 특히 박준규, 김재순은 김영삼 대통령이 대통령 하기 전부터 굉장히 가깝게 지냈던 사람들입니다. 그래서 고민을 하다가 할 수 없이 압력이 들어간 거죠. 검찰이 아니고 저나 혹은 정무수석 같은 사람이 가서 "그만두시는 것이 좋겠습니다."라고 하는 거죠. 여러 사람이 옷을 벗었죠. 김재순 씨가 나가면서 토사구팽이라는 유명한 얘기를 합니다. 김영삼 대표가 당 후보가 될 때 김재순 씨가 많은 노력을 했기 때문에 대통령도 이때 마음 아파했습니다. 제가 나중에 실장을 그만둔 후에 하와이에 일이 있어서 갔다가 김재순을 찾아갔죠. 김 대통령이 그 일 이후 굉장히 마음 아파했다는 것을 전했습니다. 그랬더니 "박 실장의 김 대통령에 대한 충성심에 대해 감명을 받았네. 그러나 제가 김영삼 그 친구는, 내가 성질을 알아." 이렇게 말했습니다.

박용수: 정리해야 될 사람이 선정되어 있던 게 아니라 여론화되면서 생긴 것인가요?

박관용: 그렇죠. 재산을 공개하면서 생긴 파장이에요.

박용수: 한국의 대통령제에 대해서 소위 제왕적 대통령제, 이런 표현이 있습니다. 이러한 개념과 관련해서 실제 대통령의 권한 행사에 대한 구체적인 양상을 알고 싶어서 질문을 드립니다. 기본적으로 대통령이 강력한 권력을 행사할 수 있는 기본적인 동력, 조건과 실제 권한을 행사하려고 하다보면 많은 제약들이 있을 수 있을 텐데요. 실제 대통령의 권한을 행사하는 데 어떤 장애요인이나 제약요인이 있으면 아울러서 말씀해 주십시오.

박관용: 기본적으로 우리나라 헌법이 대통령중심제로 되어있기 때문에 그 용어 자체가 갖던 의미가 '모든 권력이 대통령에게 주어졌다'라고 하는 일반적 개념이 우선 있어요. 또한 막연한 개념이 하나 있는데, 소위 대통령중심제나 내각책임제나 권력분립이 원칙이란 말이죠. 그러니까 입법 사법 행정이 나눠져 있는데 문민정부에 들어오면서 사법부 독립은 완벽하게 됐습니다. 그러나 입법부와 행정부, 다시 말하면 청와대와 국회와의 관계에서는 정리가 안 되는 겁니다. 왜냐하면, 대통령이 여당의 당수를 지녔기 때문에 그렇습니다.

국회의원 공천의 과정을 대통령이 장악하고 있기 때문에 국회는 행정부의 시녀 또는 그 정도의 위상밖에 못 가지는 것이죠. 그리고 한국의 경우 내각책임제적 요소가 더해져서 정치인들을 장관으로 임명할 수 있습니다. 장관의 임명권까지 대통령이 가지고 있기 때문에 자연적으로 입법부는 행정부의 시녀가 될 수밖에 없었습니다. 그러한 관행이 계속해서 이어져 왔기 때문에 입법부 행정부 간의 권력의 분립과 견제가 제대로 이루어지지 못했습니다. 대통령이 소위 제왕적 위치에 앉을 수밖에 없는 것인데 이것은 제도적인 구도입니다. 실질적으로는 국회의원도 그렇고 장관, 총리도 그렇고 모든 사람들이 자기 권한을 행사하기 전에 임명권자의 비위를 맞추는 일이 있습니다. 각자가 헌법적 독립기관으로서의 역할을 할 생각을 안 하고 자꾸 대통령만 쳐다보는 이런 관행이 있어요. 옛날 임금과 신하의 관계처럼 말이죠. 이런 것들이 제왕적 대통령을 만듭니다. 대통령이라는 사람이, 대통령 당선된 사람이 대통령 권한을 어떻게 행사할 것인가의 문제입니다. 다시 말하면 대한민국은 법치국가이고 헌법과 법률이 있고 그 법률의 규정 내에서 대통령의 권한이 작동될 수 있다는 생각을 하는 것이 아니라, '대통령은 모든 것을 다 할 수 있는 사람이다. 대한민국에서 일어나는 일은 내가 책임지고 해결하고 또 안 되면 내가 책임진다'고 생각하는 경향이 있습니다.

요즘 와서는 당정분리라는 것이 생겨서 당권을 가진 사람과 대권을 가진 사람을 분리하는 경향이 있기 때문에 이제는 상당히 달라져 있습니다. 그러나 이런 것들을 보다 더 명확하게 구분 지을 필요가 있어요. 내각책임제의 내용을 지나치게 다수 채택하고 있는데, 국회의원이 장관직에 간다든지 하는 일은 말아야 된다고 생각됩니다. 그리고 대통령에게 국회가 책임을 추궁할 수 있고, 국정에 관해 문의할 수 있고 하는 관계가 돼야 하는데, 대통령중심제에 없는 국무총리라는 제도를 만들어서 그 사람을 대통령 대신에 매일같이 국회에 내 보내고 대통령은 국회에 안 나온다 이거에요. 그러니까 계속해서 대통령은 상징적인 존재처럼, 아무도 접근할 수 없는 존재로 만들어 놓음으로 인해서 소위 제왕적 대통령이 강해지는 이유가 됩니다. 그래서 저는 헌법개정을 통해서 권한을 보다 더 명확히 분류할 필요가 있다고 생각합니다. 지금도 분류는 되어 있습니다. 그런데 실천을 못하니까 보다 명확히 구분할 필요가 있다고 봐요.

박용수: 원래 대통령제의 어떤 정신을 살리자는 의미이신지, 권력분립을 분명히 하는 방향으로 가야 한다는 말씀이신가요?

박관용: 아까 말씀드린 것처럼 국회의 권한을 강화시켜야 됩니다. 현재 국회가 예산심의를 하는 데 제약이 굉장히 많습니다. 정부의 동의 없이는 추가 예산을 만들 수 없다는 등 이상한 조항들이 있습니다. 그런 것들도 손질을 하고, 국회에 보다 더 많은 권한을 부여해서 행정부를 견제할 수 있도록 되어야 해요. 이런 것들이 제왕적 대통령을 방지하고 시정해 나가는데 도움이 된다고 생각합니다.

박용수: 지금 말씀하신 것에 대한 구체적인 사례랄까요?

박관용: 그런데요, 1992년도 대통령선거가 있었는데 알다시피 1987년도에 민주화되고 헌법을 개정하지 않습니까? 지금의 현 체제입니다. 당시 헌법개정은 과거의 권위주의적 체제를 타파하고 민주적인 문민정부로 이양하기 위해 만드는 민주화 입법인데, 대통령중심제를 보다 권력분립의 원칙에 맞게, 새로운 시대 민주화 시대에 맞게 고칠 생각은 하지 않고 전두환 대통령과 김영삼 야당총재와 김대중 야당총재, 세 사람의 합의에 의해서 적당히 만들어 낸 겁니다. 제가 왜 적당히라고 표현을 하느냐면, 김대중 총재는 김대중 총재의 욕심이 있고, 김영삼 총재는 김영삼 총재의 욕심이 있었습니다. 그렇기 때문에 그런 이해관계들이 모두 포함된 내용입니다. 예를 들면, 5년 단임제 대통령은 이승만, 박정희 대통령이 그동안 장기집권을 해서 전두환 대통령이 장기집권을 안 하겠다고 약속을 했기 때문에 단임이라는 것이 들어가게 되었던 이유가 가장 컸지요. 그리고 동시에 여기에는 양 김 씨가 대통령을 누가 먼저 하게 될지는 모르지만 다 같이 해야겠다는 의미가 상당히 포함되어 있습니다.

다른 부분들, 국민의 기본권에 관한 문제나 사회변화 추세에 부응하는 그런 것들이 들어가지 않습니다. 그 이유는 민주화 투쟁을 했던 양 김 씨가 그런 데에 관해서 관심이 없어요. 민주화 투쟁만 한 사람들이기 때문에 관심이 없었다 이거예요. 전두환 씨는 야당과 합의를 해서 뭘 만들어야 되겠고, 두 김 씨는 자기들 이해관계가 포함돼 있으니까 초점이 거기에 맞춰졌기 때문에 다른 문제는 손질을 못 했어요. 대통령 중심이지만은 권력분립을 보다 명확히 할 수 있는 제도들에 대해서 손을 댈 수가 없습니다. 야당들이 늘 독재권력, 권위주의체제에 저항하면서 헌법정신을 강조해 왔기 때문에 헌법재판소와 같이 손 댄 것들이 몇 개가 있습니다만, 헌법재판소의 운영에 관한 문제도 실상 상당히 미흡합니다. 이런 것들이 민주화 과정에서 우리가 그 기회를 놓친 것들이죠.

박용수: 우리의 대통령들이 주로 임기 말에 극심한 레임덕 현상을 경험하잖습니까? 이는 김영삼 대통령뿐만 아니라 민주화 이후의 모든 대통령들에게도 해당됩니다. 이런 것들을 보면 또 한국의 대통령이 항상 제왕적 대통령제와 같은 권한을 지속적으로 유지하지 못했던 것은 아닌가 하는 생각이 듭니다.

박관용: 정권 말기가 되면 더 이상 대통령에게 임명권이나 공천권을 기대할 것이 없습니다. 이렇기 때문에 레임덕 현상이 오는 거죠. 권위주의체제는 법에 의해서 이루어지는 것이 아니라 어떤 관행 내지는 힘, 소위 누구에게 국회의원 공천주고, 누구를 입당시키라는 권한에 넘치는 행사를 통해 작동한다는 말이에요. 예를 들어 이재오, 김문수, 홍준표 이런 분들 모두 김영삼 대통령이 입당시켜라 이래서 입당됐단 말이에요. 이런 식으로 모든 것을 대통령이 다 하기 때문에 초기에는 거기에 모든 초점이 맞춰져 있지만 말기가 되면 '다음 국회의원 임기는, 다음 공천은 당신이 해라' 하는 것들이 잘 안 통해요. 그게 레임덕이에요. 그리고 그동안 일어났던 여러 가지 실정들에 대해서 책임을 묻기 시작했기 때문에 대통령도 힘을 발휘할 수 있는 동력이 떨어지는 것이죠.

박용수: 그런데 임기 초에도 가령 권한이 강하다고 해서 그 행사된 권한이 바라던 효과 또는 결과를 초래하는 것은 아니지 않습니까?

박관용: 효과가 잘 못나왔다, 잘나왔다 라는 것은 사후에 평가를 할 문제지만 우선 모든 권한은 대통령이 행사를 하고 있기 때문에 생기는 것입니다. 그러니까 예를 들어 장관이 임명할 수 있는 권한을 가지고 있는 자리라도 대통령이 다른 생각을 가지고 있는가 싶어서 대통령에게 와서 물어보는 일이 많아요. 제가 비서실장을 하면서 대통령 일정 짜기가 일이 너무 많아요. 왜 그러냐하면, 모든 기관의 장이 대통령에게 와서 보고를 하고 그런단 말이에요. 대통령은 바쁘니까 면담 일정을 줄인단 말이에요. 줄이면 비서실장에게 와요. 제 경우인데, "장관님, 이게 누구 책임하에서 이루어지는, 권한의 소재가 어딥니까?" "장관의 권한입니다." "그러면 장관이 결정하시지 왜 여기 오십니까? 장관이 알아서 하십시오." 그러면 이 사람들이 "역시 비서실장님은 다르십니다." 하고 갑니다. 그렇게 하는 이유가 있어요. 대통령이 알아야만 이 일을 추진하는 데 효과가 있다. 대통령이 절대 권한이 있기 때문에 대통령이 알아야 나중에 책임문제가 나한테 따르지 않을 것이다. 대통령에게 내가 이런 일을 하고 있다는 사실을 자기 자랑, 자화자찬하기 위해서 하는 면이 있습니다. 대통령의 이름을 팔아야만 강력한 추진력이 생긴다 이거에요. 장관이 못나서 그런 겁니다. 자기가 소신껏 하고 잘못하면 나중에 책임지면 되는 일인데 그렇게 오는 거에요. 참 합리적인 분들이신데 다음에 또 오는 거에요. 똑같은 얘기를 또 하는 거죠.

그래서 장관들이 김현철을 그렇게 만든 겁니다. 대통령이 아들 김현철을 원체 좋아하고, 능력, 실력이 있으니까 거기에 간단 말이에요. "아이고, 자리 하나가 비었는데 대통령선거 때 고생하신 분이 없습니까?" 현철이한테 잘 보여야 되니까 물어보죠. 그럼 현철이는 "아, 그렇습니까? 아, 누구 누구 있는데요." 그렇게 되는 거예요. 그러니까 대통령이 정상적인 권한 안에 들어가는 부분에만 대통령한테 맡기고 나머지는 본인들이 해야 할 일을 안 하는 데 문제가 있다 이거지요.

노무현 대통령에게 그 얘기를 다 해줬어요. "당신이 권한을 나눠주면 나눠줄수록, 배분해주면 배분해줄수록 권력이 커지는 겁니다. 대통령 혼자서 권한을 행사하면 그것은 도리어 권력이 적어지는 것입니다." 하는 얘기를 제가 노무현 대통령에게 몇 번 했어요. 우리가 왜 장관을, 전문가를 임명합니까? "장관, 당신은 장관이 가지고 있는 자기 권한을 십분 발휘해서 일을 잘 추진하시오." 그게 임명의 내용입니다. 그런데 대통령한테 계속 온단 말이에요. 따라서 대통령 권한이 원하든 원치 않든 커지는 거예요.

박용수: 제도의 문제만은 아닌...

박관용: 그럼요. 제도보다 운영상의 문제가 더 큰 거죠. 대통령이 일을 하는데 장애요인이 어떤 것이 있느냐 하면요, 일반론적으로, 첫째로 입법부가 있습니다. 행정부를 견제하는 입법부가 있습니다. 입법부 뒤에는 정당이 있습니다. 그 다음에 이를 감시하는 언론이 있습니다. 또 시민단체가 있습니다. 이런 것들이 대통령을 견제하는 겁니다. 견제를 받아야 되죠. 견제받지도 않는 권력은 있을 수 없는 거니까. 그런데 견제를 안 해서 문제가 있는 거란 말이에요. 이명박 정부에 들어와서는 견제로 인해서 대통령이 하고자 하는 일을 못 한 것이 많습니다. 국회에서 만날 싸움하고, 입법파동이 그런 거 아닙니까. 세종시 이전이나 대운하도 마찬가지로 그랬어요. 김영삼 정부 때는 '군정이 종식이 되고 문민정부가 들어섰다. 이제 민주화된 정권이다'라는 기대가 첫 번째고, 두 번째는 김영삼 씨가 당선될 때 "개혁과 변화를 추구하는 대통령이 되겠다. 신한국을 창조하겠다. 한국병을 고치겠다."고 했기 때문에 국민들이 무엇인가 변화하고, 구악으로부

터 탈출할 것이라는 큰 기대가 있기 때문에 대통령이 추진하는 개혁은 걸림돌 없이 척척 진행돼가지고 다 이루어졌습니다.

이루어졌는데..., 지금 지방자치를 하고 있지 않습니까? 지방자치제를 실시하겠다고 공약을 했고 법을 다 만들어 놓았는데, 가만히 실제로 계산을 해보니까 기초자치단체까지 선거제로 가면 엄청난 부작용이 생기겠다는 걱정이 들었어요. 전혀 훈련이 안 된 사람들이 군의원, 시의원 등 기초의원들이 제대로 의회로서 역할을 할 수 있을지 군수, 구청장까지 선거를 해서 제대로 행정을 볼 수 있을지 우려가 있었습니다. 그래서 김영삼 대통령하고 저하고 이 문제에 대해서 여러 차례 얘기를 했습니다. '참 걱정이다. 이렇게 해서는 곤란하겠다. 그래서 안 되겠다'는 것에는 의견을 같이했지만 국민들에게 약속을 하고 법이 있는데, 단계적으로 유보하려고 하니까 이게 참 고민이에요. 국민들에게 약속을 저버리는 일이 되니까요. 현실과 법과의 괴리가 그런 데서 많이 생깁니다. 실질적으로 안 되는데 논리상으로 보면 그럴듯한 논리가 있단 말이에요.

일체 이제 외부에는 안 알리고 결정을 못하고 고민하고 있는데 안기부에서 어떻게 알았는지 여론조사를 한 겁니다. 기초자치단체 선출에 직접선거를 하는 것이 좋겠느냐는 조사였는데, 이건 전혀 알려지지 않은 이야기입니다. 안기부에서 여론조사를 했는데 여론조사에서 '기초자치단체는 안 하는 게 좋다. 단계적으로 하는 게 좋다' 이렇게 나온 거예요. 이것이 새 나가서 당시 야당인 권노갑 씨 손에 들어갔습니다. 권노갑 씨가 김대중 총재에게 보고를 한 거예요. 김대중 총재가 "이건 국회에서 항의해라. 세게 붙어라." 이렇게 된 겁니다. 그래서 권노갑 씨가 정부에서 지금 이런 것을 획책하고 있다고 말한 겁니다. 우리는 아주 깜짝 놀랐죠. 이걸 '한다, 안한다'를 시비하면 이길 수가 없는 거예요. '왜 약속을 저버렸느냐. 왜 법을 만들어 놓고 안하느냐' 그 논리가 앞서가니까. 우리는 할 수 없이 개정안을 만들어 놓은 바도 없고 개정안 논의를 안 했기 때문에 "차질 없이 계획대로 간다."라고 발표하고 가 버렸죠.

　그 다음에 노동법하고 은행법 문제가 있었어요. IMF체제 이전에 우리가 노동법 개정안과 은행법 등 여러 개정안을 만들어서 국회에 냈습니다. 그런데 노동자들이 들고 일어나고 야당에서 반대해서 못했어요. 그때 그것만 통과시켰다면 IMF는 안 왔죠. 그때 도저히 안 되겠어서 은행법 이런 거는 복잡하니까 빼고, '노동법 하나만이라도 건져야겠다' 해서 여당이 일방적으로 새벽에 날치기를 합니다. 그렇게 통과가 되긴 됐는데 정권 말기에 입법을 한 것이라 뒤에 김대중 대통령이 그 법을 무시해버렸죠. 그러니까 정당이나 의회나 언론이나 이런 곳으로부터 협조를 잘 받지 않으면 안 돼요. 그런데 협조를 받는다는 것이 쉽지 않아요. 여소야대일 경우에는 대통령이 국정을 수행하기 어렵습니다. 그게 제일 큰 문제입니다. 대통령중심제하에서, 물론 대통령이 마음대로 하면 안 되지만 소위 이렇게 분점정부하에서는 정부가 일을 못 합니다. 그래서 다음 대통령선거할 때는 대통령선거와 국회의원선거의 주기를 맞춰야 합니다. 1987년도 개헌할 때 저도 기초의원의 한 사람이었으니까, 주기문제가 나왔는데 대통령 임기가 단임인데 4년 하면 너무 짧다고 해서 5년으로 윗분들이 합의한 게 있으니 어쩔 수 없이 따라갔습니다만, 선거 주기가 맞춰지지 않는 문제는 다른 측면에서 국민에게 고통 주는 것이나 마찬가지입니다. 여소야대하에서는 대통령은 아주 죽은 자리입니다. 헌법을 개정해서 주기를 맞춰주는 것이 제일 중요합니다.

　장훈각: 선생님께서 걸어오신 정치 역정에 대해 시기별로 나눠서 질문을 드리고 선생님의 회고를 중심으로 이야기를 해 주셨으면 합니다. 우선, 1967년에 이기택 의원보좌관으로 정치생활을 시작하셨습니다. 1981년 11대 국회에서 2004년 16대 국회까지 국회의원을 역임하셨고, 16대 국회의장을, 또 한국 정치의 가장 큰 기둥 역할을 해 주셨습니다. 먼저 정치에 입문하

게 된 과정과 동기에 관한 말씀부터 부탁드립니다.

박관용: 정치하게 된 동기에 대한 질문을 수 없이 받았는데, 동기가 언제부터 생겼는지 사실 명확하지는 않습니다. 제가 중학교 3학년쯤이었던 것으로 기억이 되는데, 하굣길에 막 난장판이 벌어졌어요. 뛰어가 보니까 진보당 조병옥 박사하고 부통령 박기철 후보 두 사람이 와서 연설을 하려 하고 있고 사람들이 꽤 모였는데, 상이군인들이 와서 그 연대를 때려 부수는 거예요. "이 새끼들, 공산당 놈들, 당신들 이제 못 한다."는 거예요. 저는 "공산당이 뭐냐, 그것보다도 어떻게 정치인들이 연설하는데 상이군인들이 와서 행패를 부리는가."라고 생각했죠. 거기서 상이군인들이 휘젓는 막대기에 저도 좀 맞았고 아주 화가 많이 났어요. 제가 정치를 해서 이런 정치는 안 해야겠다는 생각을 가진 것이 기억이 납니다.

그리고 대학에 진학할 때 막연하게 정치를 해야 되겠다고 생각했어요. 그런 이유 중의 하나가 박순천 할머니가 야당에서 노력을 하실 때 우리 어머니가 민주당 당원이었어요. 박순천 할머니하고 친구예요. 그래서 야당을 제가 많이 쳐다보고 "저분들의 노력이 그야말로 애국적 투쟁이다." 뭐 이런 생각을 가졌어요. 그래서 제가 정치 지망생으로 정치과를 가게 되었습니다. 저는 대학 시험을 제대로 못 쳐본 사람입니다. 집이 원체 가난해서. 어쨌든 지방대학 정치과를 들어갔는데, 4학년 때 4·19가 일어났습니다. 4·19 때 앞장서서 데모를 했어요. 지금 제가 4·19 국가유공자가 되어 있습니다만, 4·19 뒤에 새로운 민주정부를 수립해야 되겠다는 생각으로 통일운동을 주로 많이 했습니다. 이런 것들이 자연스럽게 정당으로, 정치 지망으로 옮겨져 왔지요. 딱 무슨 결정적인 계기가 있던 건 아니었습니다. 제가 지금 생각해보면 조병옥 박사 때, 그때 굉장히 울분을 느꼈고. 우리 집이 못사는 판자촌인데, 그 집을 고치는데 경찰이 와서 때려 부수었어요. 그때의 분노가, 그런 것들이 계기가 아닌가 하고 생각하고 있어요.

장훈각: 이기택 의원님의 보좌관으로 들어가게 된 직접적인 계기나 동기는 무엇이었습니까?

박관용: 제가 대학을 졸업하고, 군에 갔다 와서 민주당에 입당을 했어요. 입당은 했지만 정치를 하려면 중앙으로 진출을 해야 되겠다고 생각했죠. 그런데 지방대학 출신이고, 서울 와 본 적은 없고, 학생 정치학회 모임 때나 서울에 와 봤지 살아본 적도 없고, 이런 상황이었습니다. 서석재 씨가 저하고 친구입니다. 대학을 같이 나왔어요. 당시 서석재 씨가 김영삼 의원의 비서관으로 서울에 있었어요. 그러고 우리하고 청년운동, 학생운동을 같이했던 이기택 씨는 부산중학교 제 선배입니다, 국회의원으로 서울에 있었습니다. 하루는 서석재 씨가 전화로 "이기택 선배가 니한테 할 얘기 있다고 내려갔으니까 만나봐라."라고 해요. 그래서 만났더니 "서울로 가서 국회에서 내하고 일을 같이 하자." 서울로 진출은 해야 되겠는데, 진출 할 기회가 생겼다는 생각이 들어서 이제 올라오게 됐죠.

장훈각: 이기택 의원님하고는 선후배 관계셨군요.

박관용: 네. 선후배였습니다. 그 양반을 대통령을 한번 만들어야 한다는 생각으로 열심히 뛰었습니다.

장훈각: 박정희 대통령 시기에 선생님께서 정치 일선에 계셨다고 알고 있습니다.

박관용: 그럼요. 뭐 투쟁의 실무였죠. 밤새도록 원고 쓰고, 등사판 긁어서 전단 만들고 했어요. 밤새도록 한 장 한 장 밀어서 당원들 불러 나누어 주면, 버스 위에서 날리고 빌딩 위에서 날리고 그런 운동을 매일 했죠. 그

때 이기택 씨 집 2층에서 원고를 제가 쓰고, 다른 당원이 밤새도록 밀고 해서 아침마다 전단을 뿌렸습니다. 용케들 잘 뿌렸는데, 어느 날 두 사람이 붙들려 버렸어요. 그때 제가 원고를 썼다는 것이 밝혀져서 숨어 다니고 고생을 좀 했죠.

장훈각: 그 시절에 가장 기억에 남는 정치 동료가 있다면 어느 분이신지요.

박관용: 최형우 씨를 비롯해서 많지요. 최형우 씨는 그 뒤에 국회의원이 됐습니다만, YH사건이 있었습니다. 여직공들이 마포에 있는 당사를 점거했던 사건인데, 그 참 엄청난 진압을 하고, 김경숙이라는 여직공이 떨어져 죽고 했던 사건입니다. 김영삼 당시 총재가 저를 불러서는 "YH사건을 전 국민에게 알려야 된다. 신문보도도 제대로 안 되고. 김경숙이 죽었다는 것도 얘기는 안 나오고." 경찰들이 병원에 있던 김경숙의 사체를 뒷창문으로 빼내 가져가버렸어요. 제가 시체를 지킨 사람이니까 알죠. 이런 모든 내용들과 YH사건이 도대체 왜 일어났는지에 대해서 국민에게 알려야 되니까 YH사건의 백서를 만들라는 지시를 받았어요. 책자를 내려면 분량이 많은데, 빠른 시일 내에 저 혼자 만들기 어려우니 한 사람하고 더 일을 해야 되겠다고 했습니다. 그래서 조홍규 씨와 그 일을 했습니다. 집에 있으면 잡으러 올까 싶어서 조홍규가 잘 가는 술집 주인의 아파트에서 한 일주일 이상을 밥 해먹으면서 원고를 썼습니다. 다 써서는 제 잠바 속에 원고를 넣어 와서 김덕룡 씨에게 인쇄를 맡겼습니다. 그런데 김덕룡 씨가 인쇄소를 찾다가 잡혀서 형무소에 가버렸어요. 이제 우리도 잡으러 온다고 해서 도망을 갔었지요. 그때 황낙준 씨가 원내총무를 하셨는데 어떻게 교섭을 해서 한 열흘 만에 나왔지요. 그때 참 고생 많이 했죠.

장훈각: 권위주의체제인 박정희 대통령 시기와 전두환 대통령 시기에 야당의 최전선에 계셨었습니다. 두 대통령의 차이는 무엇이라 보시는지요.

박관용: 뭐 그 두 사람의 차이는 별로 모르겠어요. 모르겠는데, 박정희 대통령은 상당한 권위주의적인 카리스마 같은 게 있었어요. 전두환 씨는 '두 번째 쿠데타다, 박정희 아류에 불과하다, 장충당 공원에서 뽑은 대통령이다' 그래가지고 우리가 싸우기가 좀 편했어요. 박정희 대통령 때는 솔직히 무시무시했고요. 전두환 씨 때는 젊은 사람들이 용기를 더 낼 수 있었다는 측면이 있었습니다. 나중에 전두환 씨가 개헌 얘기 못하게 긴급조치 제6호까지인가 발표하게 되는 상황이 벌어졌지만 투쟁은 계속됐죠. 야당입장에서 볼 때는 싸우기가 편했다, 이런 생각이 드네요.

장훈각: 최근 들어서의 박정희 대통령에 대한 재평가 움직임, 전두환 대통령에 대해서도 정치적인 측면과 분리해서, 민주주주의 측면에 있어서는 상당히 부정적인 것은 인정을 하면서도, 경제적, 사회적 변화 측면에 있어서는 평가를 다시 하려는 움직임도 있습니다.

박관용: 전두환 대통령은 1980년대의 봄 이후에 장충체육관에서 총칼의 힘으로 대통령이 됐기 때문에 기본적으로 정통성의 차이가 많았어요. 박정희 대통령도 쿠데타를 했지만 그 양반이 경제를 많이 일으켜 놨기 때문에 국민들 전체가 그렇게 반대하지는 않았단 말이죠. 그런데 전두환 씨는 박정희 시해자를 조사한다는 과정을 통해 정권을 탈취했고, 국민들이 모두가 자유선거를, 국민직접선거를 요구했는데 어느 날 갑작스럽게 장충체육관에서 대통령으로 뽑혔기 때문에 국민들이 대통령으로 인정하기가 좀 어려웠던 시기였습니다. 그렇기 때문에 상당히 정치적으로는 어려운 환경에 있었습니다. 전두환 씨가 잘한 것은 자기가 정치나 경제를 모르니까 전문

가들을 많이 동원했던 점이에요. 그래서 관료들을 잘 기용을 해서 특히 경제를 안정적으로 이끌고 왔다라고 하는, 경제를 중심으로 보는 일부의 사람들의 얘기는 있습니다만, 전두환 정권에 대해서는 어떤 일이 있어도 정당화되기는 어렵다고 봅니다. 그러니까 야당의 주장을 크게 받아주는, 국민의 요구를 다 들어줌으로 해서 포용성 있는 민주화된 새로운 정부를 노태우에게 선물로 주지 않고는 당선되기 어렵다고 보고 추진한 것이 6·29입니다. 그런데 그것은 어디까지나 6월항쟁의 결과인 것이지, 자기들의 민주화 의지나 본심에서 나온 것은 아니기 때문에 6·29라는 것은 6월항쟁의 주체인 국민에게 의미가 있는 것이지, 그들에게는 별로 의미 부여를 하지 않고 있는 게 현실이죠.

장훈각: 6·29선언 같은 경우에 당시에 집권진에 있었던 분들하고 시민운동을 하셨던, 야당에 있던 분들하고 견해 차이가 조금 있는 부분이기도 한 것 같습니다. 당시에 일부 쿠데타 설까지 있었는데요, 정치권에서는 어떻게 생각을 하고 있었는지요.

박관용: 그때 제가 누구로부터 이런 정보를 들었어요. "전두환 씨가 정치권을 확 쓸어버리려고 그런다. 그래서 군을 동원하고 준비 다 하고 있다." 그래서 우리 국회의원들이 상당히 긴장하고 있었습니다. 정호용 씨가 그걸 많이 말렸다느니 그 당시 여러 가지 얘기가 많습니다만 구체적으로 기억이 다 나지는 않습니다. 또 흘러나오는 얘기니까 얼마나 정확성이 있는지는 모르지요. 여하튼 정호용 씨가 그렇게 해서는 안 된다고 많이 말려서 그런 사태를 겨우 모면했다는 소릴 듣고 조금 안도했던 때가 있었죠. 그래서 그때 초강경으로 갈 것이냐, 타협으로 갈 것이냐 하다가 타협으로 바꾼 것이라고 알고 있습니다. 그때 우리 국회의원에게 도망가라는 얘기도 많이 나오고 그랬습니다.

장훈각: 6·29선언과 관련해서는 전두환 대통령 측에 계셨던 분들은 전두환 씨가 주도적으로 했다라고 말씀들 하시고. 노태우 대통령 측에 계셨던 분들은 또 노태우 씨가 주도적으로 한 것이라고 말씀들 하십니다.

박관용: 저도 그 문제에 대해서도 많이 물어봤는데 그 두 가지 말이 다 맞습니다. 전두환 쪽에서도 이렇게 할 수밖에 없다는 분위기가 형성이 됐고, 그런 것들이 노태우 쪽으로 흘러 들어가서 노태우도 그렇게 하는 길밖에 없지 않느냐는, 이렇게 된 것이라 봐요. 선택은 노태우가 했겠지만, 발원지는 저쪽이었다는 얘기였는데 뭐 똑같은 얘기들이지요.

장훈각: 전두환 대통령 시기 경제정책에 대해서는 야당에서는 어떤 입장들을, 예를 들면 부실기업 정리와 같은 정책들에 대해서 어떤 입장을 가지고 계셨습니까?

박관용: 그때는 사실 4년 동안에 저는 3년을 민한당에 있었는데 민한당의 분위기가 얘기를 하면 잘 먹히지 않을 뿐만 아니라 압력이 계속 들어왔어요. 그때 김형규, 서석재, 홍사덕 그리고 제가 의원회관에 모여서 이런 정당하면 뭐하겠느냐, 탈당하자. 그리고 우리가 탈당하는 것을 눈치를 채면 안기부에서 가만히 있지 않을 테니까 은밀하게 모여서 의논해서 정기국회가 끝날 때 탈당하자고 했어요. 그래서 12월 20 며칠인가 한강변에 있는 곳에 가서 여섯 명이 모여 성명서를 만들고, 탈당 서명을 하고 새벽에 우리 여섯 명이 제일 친한 기자 한 사람씩만 책임지고 기자들을 불러 성명을 발표하고 도망갔죠. 그런데 김형규, 홍사덕 씨는 도망가다가 붙들려버렸고 저는 친구 집에 숨었습니다. 정당을 탈당했다는 이유로 잡혀가는 시대였어요, 그때가. 민주당에서 이건 참 용기 있는 사람들이다 해서 우리를 전부 다 공천을 줬어요. 그래서 다음 선거에서 살아나고, 민한당은 백 명

가까웠던 국회의원들이 몇 사람 빼놓고 다 떨어져버렸죠. 탈당한 우리는 당선되고. 당시 전두환 씨가 탈당한 의원들을 잡아갈 정도로 무시무시한 분위기를 조장한 것은 사실입니다.

장훈각: 선생님, 압력이라고 말씀하셨는데 구체적인 예를 들어주세요.

박관용: 당시 사무총장이나 원내총무 등이 발언을 심하게 하면, "야, 너 조심해야 된다. 그러면 안 된다." 하는 압력이었고, 안기부에서는 그때 몇몇 담당 국장들이 있었습니다. 그 밑에 정책과장들, 유명한 사람들이 있어요. 이런 사람들로부터 전화오고 그랬습니다. 보통 그랬어요. 말은 "아이고, 김 의원 왜 그러시오?"라고 하지만 그게 엄청난 압력이었지요.

장훈각: 국회의원들은 독자적 제도이기도 하잖아요, 하나의 개인이지만 기관이기도 하잖아요.

박관용: 그게 이제 폭력 앞이니까 주장할 수가 없지요. 김영삼 씨가 단식투쟁을 하고 있는데 제가 왜 신문에 내지 않느냐 하는 말을 해야 되겠는데, 압력을 받을 것이 뻔하니까. 얘기하기 부끄럽죠. 솔직한 얘기로 우리가 오죽했으면 탈당했겠어요.

장훈각: 하나의 제도로서의 국회의원의 자율성을 전혀 보장해주지 않는 그런 정치적인 풍토 내지는 환경……

박관용: 지금 생각해보면 참 서러운데 '탈당을 하면 내 앞에 어떤 탄압이 올 거냐. 탄압이 오기는 오는데, 출마까지 안 시키느냐. 형무소 넣으면 형무소 안에서 소위 옥중출마를 해야 되느냐' 이런 것까지 저희가 다 고민을

했죠. 그래서 이런 것들을 재밌는 얘기로 어딘가 한번 실어야 하겠다는 생각을 가지고 있습니다. 탈당하기 하루 전날 부산에 있는 제 비서를 올라오라고 했어요. 제가 밤새도록 편지 석 장을 썼어요. "사랑하는 당원 동지 여러분! 전 오늘 여러분과 전혀 상의한 바 없이 혼자 결행할 수밖에 없는 위원장의 심정을 이해해주길 바랍니다. 저는 오늘 새벽 몇 시에 탈당을 합니다. 이 탈당으로 인해 제가 어떻게 박해를 받을지는 모르지만 여러분 저는 이 길밖에 선택할 길이 없기 때문에 여러분! 다 따라 주십시오." 이런 호소문을 적어서 풀로 붙여 뜯어보지 못하게 해서는 제 비서에게 "뜯어보지 말고 가져가서, 내일 아침 8시에 모든 당원, 당 간부들 사무실에 회의한다고 불러라. 위원장이 부른다고 하고 불러라. 불러놓고 10시 정각이 되거들랑 봉투 딱 뜯어가지고 이 글을 읽어라. 그러고 밑에 플랜카드 두 개를 만들어서 밖에 걸어라." 플랜카드 구호까지 만들어서 봉해서 줬어요. 그래서 이 친구가 밤기차 타고 가서 새벽에 사람들 모아놓고 딱 10시 돼서 편지를 읽었습니다. 당원들이 깜짝 놀랐죠. 그때는 민주화 투쟁에 앞장선다는데 야당 당원들이 어디 가겠어요? 박수 치고 이제 플랜카드 걸고. 그때 당원들은 당 간부들도 그렇고, "선거 앞두고 탈당하자는 얘기도 많고 한데 이거 어떡하면 좋겠냐?" 했더니 쓸데없는 짓 한다고 막 그랬거든요. 그래 알았다고, 이러고 만 적이 있거든요. 플랜카드도 경찰이 와서 뜯으라고 해서 뜯었다던데. 그런 생활을 했어요. 말이 국회의원이지 그게 국회의원입니까?

장훈각: 지금의 관점에서 생각할 때는 국회의원의 자율성의 문제는 아쉬운 부분들이 많았음을 알 수 있는 경험을 말씀해주셨습니다. 아까 나왔던 이야기와 관련한 문제입니다. 헌법개정위원을 하셨잖아요? 헌법문제를 얘기할 때 행복추구권 같은 경우에는 전두환 대통령의 의사가 많이 투영된 것이었다고 알고 있습니다. 헌법개정 과정에서 여당에서 밀고자 했던

내용들, 야당에서 견제하고자 했던 내용들과 같이 쟁점이 되는 문제는 어떤 것들이 있었는지요. 아쉬움이 남은 헌법개정이라 하셨는데요, 각 대통령이나 정당이 관철시키고자 했던 그러한 내용들은 어떤 것이 있을까요.

박관용: 관철시키려고 하는 것이 아니라, 그때만 하더라도 우리는 민주화의 주역이었던 양 김의 합의 내용에 사서 역할을 충실히 하는 정도의 역할밖에 안 했죠. 다른 것에 대해서는 상당히 논의는 있었습니다만 별로 관심들을 못 가졌습니다. 그러니까 어떻게 하든지 간에 장기집권을 막아야겠다, 대통령 직선제로 해야 되겠다, 그리고 임기를 단임으로 해야 되겠다는 데에 초점을 맞췄던 것이죠. 1987년 헌법은 개정 목적이 장기집권 타파, 대통령 직선제 두 가지에 초점을 맞춰 만들어진 거예요. 다른 여러 가지, 행복추구권이라든지 환경에 관한 문제라든지 이런 문제들이 나왔지만 관심을 가졌던 내용은 아니었어요.

장훈각: 핵심적인 쟁점으로 삼지는 않았다는 말씀이시군요.

박관용: 체육관 선거에서 직접선거로, 군부독재 타도라는, 이런 몇 가지 그리고 군정종식이라는 분위기 속에서 만들어졌죠. 그렇게 만든 헌법으로 치러진 직선제에서 군부잔재인 노태우가 대통령이 되었다는 것이 우리 민주화세력의 오점입니다. 창피한 사건이에요. 양 김이 갈라섰다는 것은 말입니다. 언젠간 역사 앞에 책임질 문제에요.

장훈각: 대통령 후보단일화가 이루어지지 않은 부분에 대해서는 아쉬움이 많이 남았었습니다.

박관용: 두 분이 대통령의 꿈을 가지고 있었고 민주화는 되었고 출마할

기회가 오니까 서로가 욕심을 부린 겁니다. 당시 현직 총재로 있었던 사람은 김영삼 씨였고, 김대중 씨는 비주류처럼 밖에 있었기 때문에 두 분 중에 한 사람을 후보를 만들려고 하면 전당대회를 열어서 경선을 할 수밖에 없단 말이죠. 그 원칙에는 합의했어요. 합의했는데 대의원을 구성하는 문제를 가지고 총재 권한이니까 총재가 일방적으로 정했단 말이에요. 그러니까 김대중 씨는 김영삼 씨가 만든 룰 속에 들어가서는 못 이길 거 아닙니까. 그러니까 나는 안 들어가겠다고 한 것입니다. 그때 국회의원들은 반으로 쫙 쪼개져 있었어요. DJ계, YS계. YS계가 물론 좀 많았겠지만 말이에요. 저는 물론 YS계로 분류돼 있었는데, 박찬종, 장기욱, 저, 홍사덕, 이실, 이 몇 사람이 모여서 이렇게 가면 당이 쪼개진다. 신구파가 쪼개지듯이 쪼개지니까, 우리가 탈계보선언을 하고 중간에 서서 후보단일화를 위한 노력을 하자 해서 탈계보선언을 합니다. 그때 양 계파에서 우리를 보는 시각은 매우 안 좋았습니다. 그거 해 놓고 참 곤혹스러웠습니다. 그러고는 매일 모여서 어떻게 하면 단일화를 할 것이냐를 논의하는데, 두 분은 이제 연설하러 지방에 다니는 겁니다. 그러니까 부산에 연설하러 갔는데, 부산 의원하고 시민들이 "이 사람은 배반자 아니냐?" 이렇게 되는 거죠. 저쪽도 마찬가지고. 참 외로운 길이었습니다.

그래서 양 김을 우리가 찾아가자. 찾아가서 단일화를 호소하자. 단일화를 하겠다고 약속한 사람에게 우리 모든 힘을 보태주겠다는 결심을 했죠. 그래서 먼저 김대중 씨를 찾아갔어요. 김대중 씨에게는 제가, 김영삼 씨에게는 박찬종 씨가 얘기를 하기로 결정을 하고 갔어요. "김대중 선생님, 우리가 어떻게 싸운 역사입니까. 우리가 정권을 잡아야 될 텐데, 국민 앞에 우리 민주화세력이 갈라지면 이거 어떻게 되는 겁니까. 전당대회에 참여하셔서 경선의 결과에 승복하겠다고 약속하시면 우리가 모든 힘을 보태드리겠습니다." 제가 얘길 했어요. 그때 대답이 "내가 출마하지 않은 경우가 온다면 많은 동지들의 얼굴을 볼 수 없게 될 것입니다." 이러는 거예요. 그 말이 뭐냐면, 그때 주위 사람들이 "선생님이 출마하지 않으면 우리 자살하겠습니다." 하는 말까지 했어요. 저는 그것을 쇼라고 보았지만 그렇게 말하는 사람들도 있었습니다. 그 얘기예요. 깜짝 놀랐어요. 그러면서 김영삼 씨가 대의원을 일방적으로 만들어 나와 경선하자니, 이런 부당한 처사가 어디 있느냐는 등의 말을 해요. 그래서 "틀렸구나."라고 생각했습니다. 한참 얘기하다가 나와서는 김영삼 씨에게 갔죠. 박찬종 씨가 얘기하니까 "오케이. 전당대회 하자." 자기가 만들어 놓은 거니까 그럴 수밖에 없는 것이지요. 자, 우리가 합의한 대로 하면 전부 김영삼 씨 쪽으로 가야 되는데, 그게 한 20일 이상 걸렸을 거예요, 그런데 우리가 참 괴롭더라고요. 국회의원이 다음 선거에 떨어진다고 하면 얼마나 괴로운 일입니까? 그런데 그때 한국일보에 크게 박스 기사가 나왔어요. '용감한 의원들'이라고 우리를 극구 칭찬을 해 줬어요. 이루 말할 수 없이 갈채를 받았죠. 결국은 끝내 갈라지고 말았습니다. 그래도 양 김 중에 한 사람이 될 줄 알았어요. 군부종식이라는 것이 국민 전체의 분위긴데 어떻게 노태우한테 갈 리가 있느냐 말이야. 그랬는데 우리 쪽이 워낙 영호남으로 갈라 서 버리니까 표가 그쪽으로 다 몰려갈 수밖에 없었던 것이지요. 그때 양 김 씨의 표를 합하면 노태우 씨 표보다 월등히 많았죠.

장훈각: 어떤 면에서는, 김대중 씨나 김영삼 씨도 두 분 중에 한 분은 될 것이라고 생각을 하셨던 것이 아닌가 생각하게 됩니다.

박관용: 그렇게 생각을 한 것도 문제가 있지만 두 사람의 민주화운동의 공로에 큰 금이 간 거죠. 당신들이 그동안에 이 나라를 민주화를 시키기 위해서 고생했다고 존경을 하고 있는데, 대통령 하려고 이렇게 하지 않았냐고 욕을 먹었습니다. 두 번째는 민주정부를 수립하는 것을 5년을 지체하게 한 결과를 만들어 냈다는 의미에서 두 사람은 반민주적이다, 오히려 군

부독재를 도운 놈들이다 말이야. 두 분도 그 문제에 관해서는 지금 후회를 하고 있습니다. 그런데 김대중 씨가 더 많이 후회를 하고 있습니다. "그때는 내가 양보하는 것이 옳다. 그동안 쭉 앞장서서 싸운 사람은 김영삼 씨니까, 또 당시 총재가 김영삼 씨였고, 김대중 씨가 어려운 지경에서 벗어나올 수 있도록 많이 도와준 사람이 김영삼 씨고. 김영삼 씨가 국내에서 연금을 당하면서 고생할 때 김대중 씨는 미국에 가 있었고. 여러 정황으로 봐서 김영삼 씨를 먼저 시켜주는 것이 도리였다. 그러나 나는 나이로 봐서 김영삼 씨에게 한번 양보해버리면 영원히 대통령을 못 할 줄 알았다. 그러나 지금 지나고 생각해보니까 제가 잘못했다."라고 자기 글에 나오죠.

장훈각: 김대중 씨가 미국에 가게 되는 과정에 대해서 정치권의 입장은 어땠는지요.

박관용: 김대중 씨가 노태우 대통령에게 편지를 하고, 굴복을 하고 그렇게 형무소 가는 고난의 길을 피해갔지 않았느냐 하는 설과 그래도 미국 가서는 활동을 좀 할 수 있지 않았겠느냐, 그래 가는 게 좋았다는 말이 있습니다. 그때는 정부의 양해 없이는 못 나갔을 때니까, 그때는 이제 중앙정보부에 보낸 편지까지 공개가 되고 그랬습니다. 그것이 김대중 씨의 스타일입니다. 타협할 땐 타협하고 피할 땐 피하고. 이런 사람이고, 김영삼 씨는 이게 불의라 그러면 물이고 불이고 관계없이 돌진하는 사람이고. 그 차이입니다.

장훈각: 노태우 대통령 시기는 남북관계에 있어서 큰 전환점이었다는 생각이 드는데요. 국회의 입장은 어땠었는지요. 국회대표회담도 있었습니다. 실제로 대표회담이 이루어지지는 않았지만 준비 접촉도 수차례 가졌습니다. 국회는 당시 통일문제를 어떻게 바라봤었는지요.

박관용: 전두환 정권 시절에는 그런 게 없었는데, 노태우 대통령 정권에 들어온 후에 북한의 양형섭 최고인민회의 의장이 대한민국 국회의장 이재형 앞으로 대한민국 국회와 조선민주주의인민공화국 대의원대회와 회담을 하자는 편지가 옵니다. 그 편지가 북한이 대한민국이라는 호칭을 사용한 첫 번째 편지입니다. 그것을 국회에서 받아서 당시 운영위원장이 이종찬 씨인데, 그 편지를 받아서 이걸 검토하라고 운영위원회에 보낸 거예요. 운영위원회에서 논의한 결과, 이것은 받아주자 그래서 소위원회를 구성을 했어요. 소위원회 위원으로 제가 들어갔습니다. 소위원회에서 답신을 만들어 썼습니다. 그때 만들었던 답신의 응답으로 좋다는 답장을 쓰는데, 대한민국의 호칭을 사용하면서 조선민주주의인민공화국이라는 공식 호칭을 쓴 최초의 편지를 보내게 되는 겁니다. 그래서 국회회담이 이루어졌죠.

제가 회담을 5년 동안 했어요. 1985년부터 1990년까지 예비 접촉을 열한 번인가 했어요. 제가 당시에 우리 야당의 통일특위 위원장을 맡고 있었어요. 그때까지만 하더라도 제가 굉장히 적극적이고 진보적인 통일론자였습니다. 이홍구 씨가 한민족공동체통일방안을 만들기 전에 제가 민족국가연합제를 만들어서 발표를 했고, 그 안을 김영삼 씨가 통일민주당의 당론으로 관철시키고 이래서 굉장히 적극적인 입장에 있었는데 그 남북회담 5년 하는 동안에 북한 사람들은 전혀 대화의 상대가 될 수가 없다. 북한 사람들은 이 회담을 이용해서 선전을 하는 것이고, 뭔가 상대방을 공격하는 것이고, 상대방을 곤혹스럽게 만드는 것이지, 회담을 할 목적이 아니라는 사실을 인식하게 된 것입니다. 그 회담 이후에 제가 상당히 보수적으로 기울어진 사람입니다. 제 일생을 통틀어 가장 중요한 시기라고 할 수 있는데 5년 동안 내 통일관이 바뀌어버린 겁니다. 우리는 국회회담이라도 열심히 해야 되겠다고 생각했는데 저 사람들 회담할 할 목적이 남북 간에 교류를 하려고 하는 게 아니에요. 우리를 자꾸 분열시키려고 해서 끝나버렸습니다.

노태우 대통령의 북방외교라는 것이 알다시피 소련하고 중국하고 국교 정상화를 하는 겁니다. 다시 말하면 북방세력들과 손을 잡음으로써 북한을 고립시켜야 된다라는 전략으로 한 것인데, 저는 노태우 정권의 큰 성과라고 봅니다. 그러나 그것은 어느 특정 정권의 정책에 의해서 이루어졌다고 하기보다는 국제적 흐름이 어쩔 수 없이 그렇게 될 수밖에 없었어요. 어쩔 수 없는 흐름이었지만 한국 정부가 주도적으로 해냈다는 것에 대해서는 저는 긍정적으로 평가를 합니다. 그러나 남북 간에 실질적인 통일 진전은 전혀 없었어요. 북방외교와 더불어서 남북문제를 정착시키기 위해서 박철언 씨가 무던히도 노력을 했습니다. 서동건 부장도 비공개로 북한을 찾아가고 별 짓을 다 했는데 끝내 아무것도 이루어지지 못했습니다.

여기서 우리가 교훈을 받아야 될 것이 있습니다. 그렇게 수십 차례 만나고 그렇게 하려고 했는데도 불구하고 안 된 이유는, 북한의 남북통일방안, 다시 말하면 고려연방제안을 일부라도 수용한다는 의사가 있어야만 남북정상회담을 할 수 있다는 조건을 노태우 대통령이 받지 않은 데에 있습니다. 안 받아줬기 때문에 안 된 겁니다. 그러면 김대중 대통령 때 와서는 어떻게 정상회담이 이루어졌느냐. 그것을 받아줬기 때문에 된 겁니다. 우리가 말하는 낮은 단계의 연방제가 북의 주장과 비슷하다는 해석 때문에 이루어진 겁니다. 우리가 가지고 있는 통일방안을 일부 양보해서 주었고, 돈 주고 협조하는 것 외에 얻은 것은 하나도 없습니다. 앞으로 누가 대통령이 되던지 남북정상회담이 성공하려면 고려연방제에 대한 부분적 수용 없이는 안 됩니다. 북한이 가지고 있는 목표는 끝까지 유지해 가는 겁니다. 일반적으로 우리가 정상회담을 할 수 있다 또는 없다고 너무 쉽게 생각하는데요. 북한은 그 원칙이 있습니다.

장훈각: 국회회담에서도 그 문제를 먼저 해결...

박관용: 국회회담에서는 통일방안 문제를 얘길 안 하고 남북한 국회의 원끼리 불가침선언은 하자는 겁니다. 그래서 우리는 좋다. 그러나 그것은 정부 대 정부, 힘 있는 당국자 간에 할 일이지, 우리 국회에서 한들 그게 무슨 의미가 있느냐, 군을 실제로 장악하고 있는 정부하고 불가침조약을 맺어야 할 것 아니냐, 두 정부가 하라. 우리는 뒤에서 적극적인 뒷받침을 하자고 했어요. 그런데 정부가 아니라 우리랑 하자는 겁니다. 그건 하지 말자는 얘기와 마찬가집니다. 왜 그렇게 하느냐면 남쪽을 향해서 우리는 침략하지 않는다는 것을 과시하기 위한 전술로써 그렇게 하는 겁니다. 마지막에 우리가 전체 회의 열어서 논의하자 하고 빠져나가 버렸죠.

장훈각: 위원 동수로 하자는 것에 합의한 것으로 알고 있습니다.

박관용: 우리는 뭐 다 찬성했죠. 평양하면 서울하고, 왔다 갔다 하자는 데도 합의하고 북쪽 남쪽 동수로 하자는 데도 합의도 다 했지만 의제문제는 안 됐죠.

장훈각: 북한의 협상태도에 있어서 가장 큰 문제는 무엇이었습니까?

박관용: 협상이라는 것은 거기 앉은 사람들이 정부로부터 어느 선까지는 가능하다는 위임을 받아 하는 것이 소위 '되자협상'이란 말이죠. 그런데 거기서는 우리가 얘기를 하면 쪽지가 자꾸 내려오는 거예요. 안경호가 여기 앉아 있고 전금철이 앉아 있으면 안경호 부위원장한테 쪽지가 내려온단 말이에요. 안경호가 보고 쪽지를 줍니다. '이렇게 하라' 그게 오면 시끌시끌 어떤 사람이 갑자기 경직이 돼가지고 회의를 엎어놓는다고. 위에서 계속 시간을 끌다가 '오늘 끝내라, 아니면 그걸 받아줘라' 하는 게 쪽지로 들어옵니다. 평양에 앉아 있는 사람은 목표가 분명한데, 이 앞에는 허수아

비하고 앉아 있는 거예요. 그러니까 회담 이런 게 안 됩니다.

장훈각: 회담 당사자의 자율성이 없다는 말씀이신가요?

박관용: 전혀 없죠. 우리 무빙 카메라가 쪽지를 찍은 경우도 있고 그랬어요. 그러니까 회담은 뭐냐, 7·4 공동성명 이후에 이산가족을 면담을 할 때 김일성이 북쪽 이산가족 회담 대표를 불러 놓고 한 얘기가 있습니다. 상당한 세월이 흐르고 난 뒤에 외국공관을 통해서 흘러나온 얘기입니다. 김일성은 이때, "회담이라는 것은 무엇을 주고받고 뭐 결과를 만드는 것이 아니라, 우리의 입장을 상대방에게 전달하고, 우리가 시간이 없을 때 시간을 벌기 위한 전략으로서의 회담이고, 상대방의 부조리를 끌어내 공격을 해서 상대방을 곤혹스럽게 만드는 것입니다. 그래서 우리의 입장을 계속해서 관철시키려고 노력하는 것이지, 주고받고 해가지고 뭘 만들어 내는 것이 아닙니다."라는 취지로, 표현이 정확하지는 않습니다만 그런 취지로 얘기한 기록이 남아있습니다. 적십자사 회담을 비롯해서 모든 문제에 대해서 남북 간에 제대로 합의되고 이러는 게 없습니다. 7·4 공동성명 같은 것은 평화적으로, 민족끼리 해낸다고 하는 세 가지 조건이 있죠. 그 사람들이 얘기하는 세 가지 조건이 뭐냐 하면 우리 민족끼리라는 것은 미국을 빼고 하자는 것이지요. 그리고 평화적으로 하자는 것은 대외적으로 하는 소리입니다. 자주적으로 하자는 것도 미군 철수하라는 것입니다. 자주적으로, 민족끼리, 평화적으로 하는 세 가지의 조건만 충족이 되면 그 사람들은 얼마든지 합의문 만들자고 합니다.

장훈각: 노태우 대통령 시기에 총리회담을 통해서 남북 간에 큰 합의가 이루어지잖아요. 합의에 동의했던 가장 큰 이유는 무엇이라고 보시는지요.

박관용: 남북기본합의서는 1991년도였으니까 구라파에 있는 공산국가들이 전부 다 무너지고, 중국은 미국과의 관계를 개선하고, 러시아도 고르바초프가 글라스노스트와 페레스트로이카를 통해 서구 국가들과의 관계를 개선시키려고 하던 때였습니다. 북한이 가만있다가는 큰일나겠단 말이죠. 이럴 때 탈출구를 마련해야 되겠다. 그것을 위해서는 남한하고 만나서 모든 것을 합의하고 위험에서 빠져나와야 되겠다고 하는 다급한 상황에서 이루어진 일입니다. 그런데 뭐 하나도 실천한 게 없잖아요. 완전히 무용지물이 되어버렸어요. 그것이 당시 위험한 시기를 모면하기 위한 하나의 임시방편이었지 본심이 내재된 합의는 아니었습니다. 국제 상황 때문에 그랬던 거죠.

장훈각: 실천 의지를 가지고 있는 것이 아니라 어떤 시점에서 그것을 극복하기 위한 방편이었다는 말씀으로 이해됩니다.

박관용: 국제적인 상황이 급박하게, 불리하게 돌아가기 때문에 그 상황을 모면하기 위한 임시방편으로서의 남북기본합의서였습니다. 남북기본합의서 말도 못 꺼냅니다. 북한에 가서 그 이야기하면 말 안 해요, 대답 안 합니다. 김대중 대통령이 대통령 출마 했을 때, "남북기본합의서를 실천하면 모든 것이 잘 됩니다. 나는 남북기본합의서를 어떤 일이 있어도 실천하겠습니다. 북한을 그렇게 만들겠다."고 이야기를 했어요. 기자들이 제게 김대중 대통령의 이와 같은 약속들이 가능한 얘기냐고 물었습니다. 그래서 가능하다고 했어요. "북한이 하자는 대로 다 들어주면 안 되겠습니까?" 제가 그런 얘기를 한 적이 있습니다. 그런데 김대중 대통령이 정상회담을 하기 위해서 평양에 갔지 않습니까? 김정일에게 남북기본합의서의 '기'자도 못 꺼냈습니다.

어떤 사건이 있었느냐 하면요, 평양에 도착을 했을 때 김정일이 공항에 나왔어요. 김정일이 공항에 나온다는 사실을 모르고 갔습니다. 누가 나오는지 안 가르쳐줬어요. 김대중 씨가 깜짝 놀란 겁니다. 놀란 상황에서 "내 차 타시오."라고 해서 둘이서 차를 타고 갔단 말이에요. 숙소에 도착해서 회담할 때 김정일이 이렇게 애기했어요. "오늘 이렇게 남북한이 대담을 한다 그래서 남쪽의 학생들이 너무 기쁜 나머지 몇 학교에서 인공기를 내 걸었답니다. 그런데 그 인공기를 내 건 애들 전부 다 구속시킨다고 대검 공안부에서 발표를 했는데, 이건 있을 수 없는 일입니다. 여러분 여기 왔지만 태극기 다 달고 왔지 않습니까? 여기 태극기 마크가. 우리 당신들 태극기 달았다고 누구 시비 거는 사람이 있었습니까? 젊은 학생들이 좋아서 인공기 달았는데 이걸 처벌한다니. 이런 분위기속에서는 회담 할 수 없습니다. 김대중 대통령께서 아침에 출발 할 때, 김정일 위원장과 만나는 것이 큰 역사적 의미가 있다고 그랬지 않습니까? 이제 만났지 않습니까? 오늘 편히 주무시고 내일 아침에 돌아가십시오." 그래버렸어요.

김대중 씨가 정상회담 하러 왔지 김정일이랑 악수하려고 갔겠어요. 한잠을 못 잤답니다. 그러면서 계속해서 임동원 씨와 박지원 씨, 이 둘을 계속해서 보내고 답 가져오고 했다는 겁니다. 그때 당시 통일부장관은 박재규 씨에요. 박재규는 심부름을 안 보내는 거예요. 두 사람이 계속 들락날락 하더라는 거예요. 박재규 씨가 이상하단 말이야. 어째서 통일부장관인 나를 심부름을 안 시키고……. 그 이유에 대해서는 이런저런 말이 있어요. 여하튼 다음 날 아침까지 통보가 없는 거예요. 12시가 다 됐는데도 연락이 안 오는 겁니다. 정상회담은 해야 되는데. 6월 14일인데 그날이, 2시가 다 되가지고 연락이 온 겁니다. 정상회담하자고. 김대중 씨가 아침밥을 못 먹었대요. 입이 껄끄러워서. 그렇게 해서 두 차례 정상회담을 한 것입니다. 회담 자리에서 그렇게 국민에게 약속한 기본합의서의 '기'자도 못 꺼냈다는 것 아니에요. 저쪽에서 애기하는 것에 대해서 거의, 사전에 협의는 돼 있었지만은 다 받아주는 것으로 끝나버린 겁니다.

장훈각: 일반적인 외교적 관행에서는 생각하기 어려운 일 아닌가요?

박관용: 있을 수 없죠. 그럼요.

장훈각: 남북대화의 일반적인 경향이나 현상과도 관련시켜 볼 수 있을까요?

박관용: 북한 사람들이 아까 얘기했다시피 회담이라는 것을 통해서 서로가 양보하고 서로 배려하고 의견을 나눠서 공통점을 발견하는 그런 회담은 절대 하지 않습니다. 그런 사람들이 공산주의자들입니다. 우리는 그런 교훈을 분명히 알아야 됩니다.

장훈각: 회담에 대한 개념 자체가 다른 듯 보입니다.

박관용: 회담이라는 개념이 우리가 생각하는 회담하고 기본적으로 개념이 달라요.

장훈각: 노무현 대통령 때는 어떻게 평가할 수 있을까요.

박관용: 노무현 대통령은 자기가 임기를 몇 개월 앞두고 여러 문제에 대한 약속을 하고 왔단 말이에요. 그런데 그것은 본인이 집행하지 못 할 사항이란 말이에요. 왜 그런 회담을 하느냐 이거지요. 선거를 목전에 두고, 임기 말을 목전에 두고 말입니다. 그게 문제입니다. 내용이 문제가 아니라 자기가 합의된 사항을 전혀 실천할 수 있는 권한이 며칠 후면 없어지는데도 불구하고 말이에요. 그게 무슨 의미가 있어요. 북이 받아준 것은 다음 정권에 대해서 압박을 하고 부담을 주기 위해서 그렇게 한 것입니다.

두 정상회담이 남북한의 화해를 위해 도움이 된 게 하나도 없어요. 동서독이 통일되기 전에 동독 수상과 서독 수상이 여러 차례 만납니다. 한번 여기서 만나고 한번 동독에서도 만나는데 만나서 합의문이라는 게 없어요. 만나서 이런 저런 얘기하다가 "우리 또 만납시다." 그러고 헤어집니다. 합의문이 없었어요. 어떻게 그런 엄청난 국가이익과 관련된 문제를 가지고, 국가의 생존과 관련된 문제를 갖고 무슨 회담이 있을 수 있겠냐 이 말입니다. "서로가 신뢰를 구축하자." 그런 겁니다. 그러다가 이제 시간이 가면서 하나하나 실무진을 통해 해결을 합니다. 동서독 간의 방송, 정치. 이산가족 왕래, 이산가족의 교류, 결합, 하나하나 해나갑니다. 해나가는 과정에서 서독이 조건부로 돈도 주고 이렇게 하는데. 우리는 전쟁하고 나고 몇십 년 만에, 간첩이 오가는 가운데 둘이 만나 평화통일이 어떻고 얘기가 되냐 이 말이에요. 서로 신뢰를 구축하기 위한 문화교류를 하겠다, 합창단을 교류하겠다, 축구단을 교류하겠다는 그런 거라도 가볍게 합의하고, "우리 자주 만납시다." 그러고 오는 것이 원칙이에요.

장훈각: 남북 국회회담을 추진하는 과정에서 남북관계에 있어서 보수화되셨다는 그 표현이 상당히 아쉽고 안타까운 느낌이 듭니다. 향후 정치지도자들이나 남북문제에 관심을 가지고 있는 사람들이 남북문제를 어떻게 풀어나가는 것이 보다 더 현실적이고 긍정적인 방향일 수 있을까요?

박관용: 남북관계를 정상화시키거나 진전을 시키려고 하면 손도 마주 대야 소리가 나듯이 북한도 그런 것에 동의를 해 줘야 합니다. 북한은 우리를 공격하는 자료로 곤경에 빠뜨리기로, 남한을 분열시키려고 하는 전략으로만 접근을 하니까 회담이 안 되는 거예요. 안 되는 회담을 남한테는 통일 운운하면서 여론을 등에 업고 자꾸 만나려고 하니까 이용만 당하게 되는 겁니다. 그래서 무언가 하려고 하면 역설적으로 무언가 하려 하지 말

라 이거예요. 가만있어라 이겁니다. 그러면 북이 뭘 원한단 말이에요. 예를 들어서 장마가 왔다, 시멘트가 없단 말이야, 그러면 "시멘트 줄게. 우리 서로 욕하지 말자. 그것이라도 약속하자." 그렇게 하나하나 실질적으로 접근해 나가야 된다 이거예요. 거창한 것 붙들고 회담하려고 하면 안 된다는 얘기에요.

제가 김대중 씨, 김영삼 씨, 노무현 씨, 이명박 씨 등 여러 대통령을 만나 이런 얘기 많이 합니다. 현실적이고 실효성 있게 아주 작은 것부터 점진적으로 해나가야 한다고 말해요. 왜 8월 15일만 되면 북한에게 뭘 제안하는 겁니까? 8월 15일만 되면 이것이 진정한 남북통일, 진정한 광복이다, 그러면서 뭘 한단 말이에요. 북한은 그걸 받기만 하고 또 엉뚱한 짓이나 하고. 그렇게 하지 말고 차분하게 작은 것부터 하나하나 도와주고 협의하면서 나가자 이겁니다. 통일방안처럼 큰 것 만들기 이전에 먼저 탁구처럼 몸이 부딪히지 않는 운동부터 시작해서 하나하나 접근해 나가는, 점진적이고 단계적이고 차분하게 가야 하는 겁니다. 우린 전부 통일의 대원칙 이런 것부터 하는데, 신뢰가 구축되어야 합니다.

개인들이 결혼하려고 하면 믿음이 생겨야 결혼을 하든지 말든지 하는 건데, 만나자마자 결혼이 되느냐 말이에요. 이게 안 되는 것과 같은 논리죠. 저는 이렇게 생각을 가지고 있는데 정부는 국민들한테 통일운동가로, 민족의 대지도자로 비치려는 허황된 꿈을 가지고 있기 때문에 안 되는 거예요. 저는 새 정부에 있어 통일문제는 굉장히 중요하다고 생각합니다. 지금 리영호를 쫓아낸 것도 잘 보고 조금씩 도와주는 쪽으로 가야 한다고 봐요. 적극적으로 많이 도와주고 할 필요는 없어요. 새로운 신호도 자주 보내고 접근하고 하는 겁니다. 중국에게 의사도 전달하고 말입니다. 서서히 접근하면서 서로 신뢰를 쌓아가는 방향으로 가야지 자꾸 무슨 큰 의제를 가지고 하려는데 그건 안 되죠.

장훈각: 이명박 대통령께서 최근에 통일이 머지않았다는 것을 크게 느낀다는 말씀을 하셨습니다.

박관용: 북한이 언제 어떻게 망할지는 아무도 모르죠. 제가 책에 쓴 것처럼 "통일은 산사태처럼 온다." 그렇게 올 겁니다. 그러나 그 산사태가 언제 올지는 아무도 몰라요. 북한에서 리영호와 현영철이 이번에 붙었다. 있을 수 있는 생각이라는 생각이 들어요. 그것이 힘 있는 자에 의해서 제압당했으니 끝났지 크게 번지면 망하는 거죠. 그런데 김정은은 과거와는 많이 다르다고 생각합니다. 김정은이 국민들에게 생활의 질을 높여줘야 된다고 공식석상에서 했다는 얘기는 백성들이 이렇게 굶주리고 있는데 무슨 나라가 되겠느냐는 인식을 했다라는 것입니다. 김정은과 장성택이 사실상 실권을 가지고 있는데 그 사람들이 당 출신들입니다. 그동안에는 선군정치라고 해서 군이 사실상 국가를 장악하고 있었단 말이에요. 국방위원장이 최고의 권력기관이니까. 군은 개혁을 못 해요. 당이 주도를 해야만 개혁을 할 수 있습니다. 그러니까 선군에서 선당으로 옮겨가는 과정이 이용호의 숙청이라고 저는 이해를 하고 있습니다.

다음 단계는 백성들을 배불리 먹여야 된다 이 말이에요. 중국을 통해서 여러 가지 생산기법 같은 것들도 제대로 배우는 겁니다. 중국 화시촌에 가서 농사짓는 방법과 국제호텔 운영기법을 배우고 있다고 하지 않습니까? 제가 예상했던 일이에요. 서서히 갈 것이다. 김정은은 나이도 어립니다. 이 사람이 나이 70, 80까지 국가를 통치하려면 국민들을 배불리 먹이지 않으면 안 된다는 건 누구나 알 수 있는 얘깁니다. 이게 핵을 가지고 있다고 해결되는 문제가 아니에요. 그리고 미국은요, 이게 성급한 생각인지도 모르지만 이제는 북한의 핵문제에 대해서 미국은 지쳐버렸다고 봅니다. 저는 비핵화에 대해서 미국은 사실상 말을 안 해서 그렇지 포기했다고 봅니다. 비확산으로 정책을 바꿨다고 봐요. "지금 좋다. 그건 내가 모른 척 하고 눈감아 줄 테니까 더 이상 이슬람이나 테러집단에 핵무기가 못 나가게만 하면 되겠다. 관리만 하면 되겠다. 그 정도 가지고는 우리 미국을 칠 수 있는 능력이 못되니까. 이것으로 끝나야 되겠다."라는 것이 미국의 내심이란 말입니다. 이걸 북한이 모를 리가 없습니다. 북한이 이때까지 이 전략 가지고 오다가 이긴 거예요. 이겼다기보다 실현시킨 겁니다. 그럼 이제 미국에서 돈을 얻을 수 있게 된 겁니다. 중국에게 개방한다 그래서 협조 얻고, 남한에게 돈 얻어서 북한 경제를 살려나가고. 일본으로부터 대일청구권자금 받아서 본격적으로 개발해 나간다는 이 그림이 눈에 훤하게 보이지 않습니까? 이것까지 가는 과정에서 일본이나 미국이 핵문제에 대해서 계속 꼬투리를 잡거나 하면 그게 이제 문젠데 그 사람들은 끈질기게 추구해갈 거예요. 이것이 우리에게 유리한 조건이냐 아니냐 하는 것은 두고 볼 문제입니다만 저는 그 방향으로, 개선된 방향으로 가고 있다고 나름대로 얘길 합니다. 그러니까 새 정부가 성급하게 달려들지 말고 적당한 선에서 계속해서 신호를 보내고 적대적인 감정을 하나하나 풀어나가는 일을 하면 좋아질 것이라고 저는 그렇게 봅니다.

장훈각: 이번에 숙청된 리영호는 수하라고까지 평가되던 그런 인물이잖아요. 말씀하셨듯이 김정은 지도체제가 공고화 과정 중에 있는 것이 아닌가 하는 생각도 듭니다. 그리고 며칠 전에 대통령께서 사석에서였지만 얼마 남지 않았다는 걸 '정확히' 느낀다는 말씀을 하셨습니다. 북한이 장성택 중심의 당 지도체제로 변화하고 있다고 한다면, 대통령의 말씀은 정부 간에도 어떤 시그널이 오가고 있는 것이라고 봐도 좋을까요?

박관용: 물론이죠. 정부에서도 종합해서 나름대로 평가를 하고 있겠죠. 그러나 이명박 대통령이라고 해서 명확한 정보를 가질 수 있는 상황이 아니니까 그렇게는 못할 겁니다만은. 우리가 좀 유심히 지켜봐야 될 중대한

사건이었다고 봐요. 북한이 워낙 폐쇄된 사회니까 알 수는 없는데 과연 리영호세력들이 지금 그대로 가만히 있는 것인지, 언제 어떤 계기로 폭발하는지. 오늘 낮에도 총격사건이 있었다고 하잖아요? 평양판 12·12사태다 그러기도 하는데요, 그건 어쩔 수 없는 거예요. 저는 충분히 일어날 수 있는 일이라고 생각해요.

장훈각: 장성택 관련해서 간단히 언급하셨는데요, 개인적으로 만난 적이 있으신지요?

박관용: 장성택이 서울 왔다 갔었는데 저는 못 만났어요. 못 만나고 전금철, 안경호 이런 사람하고 평양에서 여러 차례 만났죠.

장훈각: 선생님께서는 장성택을 어떻게 보시는지요? 현재로서는 남북관계에 있어 상당히 중요한 위치에 있다고 보이는데요.

박관용: 장성택은 머리가 아주 좋은 사람입니다. 그리고 개혁, 개방해야 먹고 산다고 생각해서 남한 공장을 시찰한 사람입니다. 김경희와 부부이고. 그런데 김경희는 여자이고 하니까 장성택의 생각이 더 중요하지 않겠어요? 현재는 장성택이 실질적인 권력인데 장성택의 걸림돌이 되는 것은 군부세력이죠. 군부세력만 제거되면 장성택이 알아서 하지 않겠는가 생각해요. 장성택의 성격이나 성향은 분명하게는 모르지만 저는 그가 상당히 지식인으로서 이래서는 안 되겠다, 뭔가 바뀌어져야겠다고 하는 생각은 분명히 가지고 있다고 봅니다. 장성택이 실권자라고 봐야죠.

장훈각: 요즘 보이는 시그널 같은 경우에 남북관계에 긍정적인 가능성이 조금은 있다고 판단은 됩니다.

박관용: 북한은 개혁개방의 길에 남한이 우리를 진정으로 도와줄 것인가, 그렇지 않으면 흡수통일을 하기 위해서 혼란을 야기할 것인가 하는 점에 대한 의심은 어차피 가지고 있을 겁니다. 그렇기 때문에 우리가 섣불리 덤벼드는 것도 안 되고, 예의주시해서 북한의 흐름을 분명히 알고 점진적으로 접근해 가야 된다고 봐요. 예를 들어서 북한은 금강산 관광사업 재개를 굉장히 노리고 있단 말이죠. 그러니까 지금처럼 "사과해라. 문 열어주겠다." 하는 것은 바람직하다고 보지 않아요. 가만히 두고 국내 여론을 통해서 언젠가는 그것이 해결되지 않겠느냐는 입장으로 가야 된다고 생각합니다. 북한 사람들이 자기들이 언젠가는 문을 열 것이라고 생각하고 있다면 우리에 대한 기대를 가지고 있도록 해야 하지 않겠냐는 말이지요.

장훈각: 남북대화 재개 가능성은 어떻게 보시는지요?

박관용: 현재 김정은은 내부 정리나 이런 거 하기 바쁘니까 남북대화를 할 생각은 없을 것이고 또 안 될 겁니다. 그러니까 상당한 시간을 잡아야 할 겁니다. 그리고 김정은의 기본 노선이 생기고 그것이 알려져야 대외적인 접촉도 할 테니까 조금 더 지켜볼 시기가 아닌가 생각합니다.

장훈각: 저희 인터뷰의 큰 주제를 벗어나긴 했지만 매우 흥미로운 문제라 북한의 변화에 대해 조금 더 생각해 볼 시간을 가졌습니다.

박관용: 이건 주제에 관계없는 얘긴데 말이 나오다 보니 그렇게 됐습니다.

장훈각: 3당 합당은 우리 정당사에서 굉장히 중요한 사안입니다. 여당과 야당이 정책연합이나 선거연합과 같은 협력 차원을 넘어 합당을 했다는 것

은 큰 사건이고 평가가 정확하게 이루어져야 하는 부분이라고 봅니다.

박관용: 이 3당 합당이라는 것이, 전에는 그런 얘기를 안 했던 것 같은데 우리 정당사에 있어서 큰 획을 그은 겁니다. 3당 합당이 '군부세력과 문민세력, 민주화세력이 합쳤다'라는 의미보다 그 3당 합당이 어떤 결과를 가져왔느냐 하는 것이 더 중요한 문제입니다. 우리 한국 정당은 분단된 구조하에서 이루어졌기 때문에 이념적 정당은 만들 수가 없었어요. 일반적으로 보수, 일반적으로 진보라고 하는 정당을 만들 수밖에 없었고 정책도 보수의 성격을 기초로 했었단 말이에요. 그런데 김종필, 김영삼, 노태우라고 하는 보수세력이 한데 뭉치고, 보다 진보적인 컬러를 가지고 있는 김대중이 갈라서는 것은 하나는 진보세력이고 하나는 보수세력이다 하는 세력 간의, 다시 말하면 보·혁의 뭉침이었다라고 생각할 수 있습니다. 물론 완벽하게 진보, 보수라고 할 만큼 이념의 차이가 분명한 것은 아니었어요. 그리고 지역주의를 더 악화시켰다라고 평가할 수도 있고, 민주화세력과 군부세력 간의 야합이라는 비판도 있었어요.

그런데 당시에 얼마나 혼란스러웠습니까. 그동안 군부가 사회를 꽉 눌러놓고 있었는데 6·29선언으로 그 억압을 철회해버리니까 억눌렸던 것들이 폭발적으로 일어나는 겁니다. 우리 사회가 엉망이었어요. 그 당시 이기택 씨가 '민사회'라고 하는 조직을 하나 가지고 있었어요. 제가 그 민사회에서 강의를 하나 했습니다. 보수는 뭐며, 진보는 뭐냐? 이제 정치는 보수와 진보가 갈라서서 해야지, 똑같은 보수끼리 서로가 싸우는 것은 과거시대의 이야기다. 그것은 반공정치 시대의 이야기다. 이제는 진전되어야 한다는 내용이었습니다. 지금 생각하면 어설프기 그지없는 강의였지만, 제가 그거 며칠을 책을 보고 보수와 진보의 개념을 정리하고 보수와 진보가 나뉘어 있어야 한다는 내용의 강의를 했습니다. 그런데 이기택 씨가 상도동에 가서 김영삼 씨한테 그 얘기를 했다는 겁니다. 김영삼 대통령이 제게

이 얘기를 했어요. "이기택이가 내한테 와서 그런 얘기를 하더라. 내 생각하고 똑같더라. 그런데 이기택이 이 사람은 자기가 그래 놓고는 안 따라오더라." 이런 얘기를 했어요. 그 이후에 국민들이 김대중 계열은 진보세력이고, 나머지는 보수세력으로 일단은 분류를 했습니다. 양 정파의 내용을 보면 별 차이가 없습니다. 근본적인 차이는 없지만 그렇게 분류할 수 있었습니다. 이런 생각이 3당 합당의 출발점이었습니다.

또 하나는 당시 국회가 여소야대로 구성되어 있어서 여당은 아무것도 못하는 지경이었습니다. 그렇기 때문에 국정을 안정을 시킨다는 의미에서는 어떻게 하든지 소위 연립정부가 아니더라도 정책연합이라도 하지 않으면 안 되는 상황이었어요. 외국에서 흔히 보는 내각책임제에서 연립내각과 같은 성격의 것입니다. 그래서 노태우 정부 안에서는 김영삼세력과 손을 잡느냐 김대중세력과 손을 잡느냐로 두 진영으로 나뉘어 있었습니다. 이종찬 진영은 김대중 쪽이고, 박철언 진영은 김영삼 쪽입니다. 나중에는 또 달라졌지만요. 그렇게 양쪽이 싸우다가 김영삼 씨가 선택이 된 겁니다. 당시 어느 신문의 만평을 보면, 김대중 씨가 깜깜한 창 안을 이렇게 들여다보고 있습니다. 그런데 정문으로 김영삼 씨가 뛰어 들어가 버립니다. 그런 만평이 있었어요.

그래서 3당 합당은 연립정권을 통해서 당시 거의 식물과 같은 정권을 안정시킨다는 의미와 보수와 진보, 다시 말해 보·혁의 관계로 서로 정치세력을 분리한 것이라는 두 가지 의미가 있어요. 3당 합당이라는 것을 여러 측면에서 생각할 수 있지만, 저는 이 두 가지가 가장 중요한 의미가 있다고 생각합니다. 그리고 그때 김영삼 씨가 호랑이를 잡기 위해서 호랑이 굴로 들어간다고 했어요. 그 말은 다른 의미가 아니라 '내가 대통령을 하려면 그렇게 가는 길밖에 없다'라는 얘기죠. 그런데 김대중 씨는 "그동안 군부통치를 종식시키자고 떠들었던 우리였는데 군부와 손을 잡았다?" 이건 도저히 명분상 국민들이 용납을 안 할 것이라고 본 겁니다. 김대중 씨는 이제는 김영삼 씨하고 진짜 승부를 겨룰 때가 됐다고 생각한 거죠. 김영삼 씨는 이렇게 되면 경상도세력을 완전히 하나로 뭉칠 수 있기 때문에 승리할 수 있을 것이라고 본 겁니다. 두 사람이 다 그렇게 생각하는 계기가 됐죠.

장훈각: 3당 합당 당시에는 저도 상당히 비판적이었습니다. 그런데 요즘에는 생각이 많이 바뀌었습니다.

박관용: 민주화세력이 군부세력과 손을 잡았다는 것에 대해서는 누구도 유쾌하게 생각하지는 않았습니다. 그러나 그것이 가져온 결과가, 서로 3당, 4당 이렇게 나뉘어져서 이전투구 하는 것보다는 그런대로 우리 정치를 정리해 나가는 데 도움이 됐다고 생각할 수 있을 겁니다. 또 일부 학자들은 군정을 완벽하게 종식시키는 데 도움이 되었다고 얘기하는 사람도 있습니다.

장훈각: 오늘날의 정치를 보면, 보·혁 갈등, 진보 간의 갈등이 심한 상태라고 할 수 있습니다. 특히 '종북'이라는 말처럼 낙인과도 같은 단어들까지 나오면서 남남갈등이 상당히 심해지고 있습니다. 우리의 정치가 보다 긍정적인 방향으로 나아가려면 무엇이 필요한 것인지에 대해 말씀 부탁드립니다.

박관용: 이 정치가보다 보다 나은 방향으로 가려고 하면 정당의 지나친 규제로부터 국회의원들을 자유롭게 만들어 주어야 합니다. 공천권을 중앙당에서 꽉 쥐고 있는 이상 불가능한 겁니다. 패거리가 되어 버리는 거예요. 그러니까 '대한민국 헌법에 규정된 국회의원은 모두가 독립된 헌법기관이다'라는 인식을 갖게끔 해 주어야 됩니다. 공천권이라는 것, 당직임명

권이라든지, 국회 상임위원회 배정권, 국회 간부임명권이라는 것을 전부 중앙당이 장악하고 있기 때문에 거기에 사람들이 매여 있는 겁니다. 옛날에는 대통령에게 매여 있다가 이제는 중앙당에 그렇게 돼 있어요. 그러니까 중앙당의 지나친 규제로부터 국회의원을 졸업시키고 자유롭게 만들어주어야 합니다. 그렇게 하면 자유로운 토론이 가능합니다. 그리고 조절이 가능합니다. 또 여야의 자유투표가 가능합니다. 그러면 문제가 해결되는 겁니다. 이것이 우리 정치가 한발 앞으로 나아가기 위한 첫 번째 조건이라고 생각합니다.

그리고 정권을 잡기 위해서, 정권을 잡는 수단으로 국회를 자꾸 이용한단 말이에요. 이러한 일이 없었으면 좋겠습니다. 권력을 쟁취하기 위한 도구로써의 국회가 아니라, 좋은 정책을 많은 사람들이 제안하고 만들어 내는 정책 대결의 장이 되도록 분위기를 바꿔야 합니다. 그렇게 하기 위해서는 언론의 역할이 굉장히 중요합니다. 우리 정치에 가장 큰 영향을 미치고 있는 것은 권력이 아니라 언론입니다. 그런데 우리 언론은 보수와 진보로 쫙 갈라져 있어요. 그래서 이 신문을 보다가 저 신문을 보면요. 영 말이 안맞아요. 전혀 상반된 논리가 전개된단 말이에요. 언론이 제대로 된 논평을 해주도록 해야 됩니다. 그리고 대통령선거 때가 되면 유착이 되어버리고 말이죠. 그런데 그 언론을 지금 누가 어떻게 손을 댑니까? 어떻게 개선해야 되느냐의 문제를 가지고 지금 명확한 해답을 하기는 어렵습니다. 언론이 정도를 통해서 걸어 나갈 수 있도록 누가 해야 되느냐면 저는 시민단체가 해야 된다고 봐요. 권력이 언론에 손을 대면 언론탄압일 수밖에 없는 거니까 시민단체가 들고 일어나서 언론을 합니다. 그래서 제가 한때 비판신문을 만드는 것은 어떨까 하는 생각도 해보았어요. 그건 쉽지 않을 거예요. 어디 돈 없이 그게 됩니까?

어쨌든 언론이 달라지고 정당이 달라지고 국회의원 개개인의 양심이 있는 사람을 국회의원을 해야 되는데 그저 돈 좀 벌었다고 정치한다고 하는 사람들이 많으니까 이게 어디 되겠어요? 그리고 공천을 제대로 하려면 하향식이 아니라 상향식으로 바꿔야 하는데 상향식으로 바꿔서는 이게 또 안 된단 말이에요. 제가 정치학회에서 기조연설 해 달라고 해서 그 얘기를 했습니다. "대한민국 정치를 개선하기 위해서는 공천권을 상향식으로 해야 된다고 하는 얘기만 하는데 그건 서구에서 나온 교과서적인 얘기고, 우리 실정에 맞느냐 말이야, 안 맞는 얘기란 말이오. 제가 지역구에서 굉장히 인기가 좋은 사람이오. 그래서 제가 여섯 번을 국회의원이 된 사람이지만 지역구에서 상향식으로 공천하면 저는 공천 못 받소. 부동산 가지고 있는 사람들이 땅 500평만 팔고 들어오면 난 공천 못 받소." 저는 솔직히 그렇게 말했어요. 돈 주고 대의원 하면 다 팔아서 한단 말이에요. 그러니까 학자들이 우리 실정에 맞는 공천제도를 연구를 좀 해봐라, 서양에서 하는 거 그대로 본떠 가지고 그렇게 하지 말라고 제가 기조연설에서 막 뭐라고 그랬어요. 그리고 학자 몇 분에게 연구비를 지원해서 연구도 맡겨봤어요. 그런데 아직 이렇다 할 해답을 못 내줬어요.

결국은 민주정치라는 것은 그 구성원들의 민주의식 수준에 따라서 결정이 되는 것입니다. 그런 결론 아닙니까. 쉽게 말하면 우리가 됐다고 하는 민주화는 절차적 민주화가 됐다는 거지 실질적 민주화가 됐다는 것은 아니란 말이에요. 실질적 민주화가 무엇이냐 하면 국회의원의 수준이 아니라 국민의 수준입니다. 국민의 의식 수준이란 말이죠. 그러니까 제가 "평생교육으로서 민주주의 교육을 시키자. 선진국에는 다 있는 정치교육을 왜 우리는 안하나. 민주주의 교육을 시키자."라고 기회 닿는 대로 이야기했어요. 국민들에게 평생교육을 시켜야 합니다. 직장에서는 직장대로, 대학은 대학에서, 초등학교는 초등학교대로 민주주의라는 것이 무엇인가 하는 것을 말이에요. "내 생각이 있으면 남의 생각도 있다는 것을 존중해 주는 것이란 말이야. 그렇게 토론하는 것이란 말이야. 하나로 만드는 것이다 말이야. 만장일치라는 개념은 민주주의에는 없단 말이야. 다수가 운영하는 게 민주주의다."라는 이런 교육을 시켜야지, 그렇게 하지 않고는 안 된다는 말이지요. 민주주의는 교육의 수준, 경제적 수준이 올라가야 다 가능한 것 아닙니까. 한마디로 뭘 어떻게 하면 대한민국의 정치가 발전해 가느냐. 이게 얘기하기가 무척 어렵습니다. 해답을 찾기가 무척 어려운 거예요.

장훈각: 우리의 지방자치 같은 경우, 위에서 일방적으로 제도를 마련하고, 그것을 그대로 하나의 규칙으로서 시행을 하고 교육하고 있습니다. 선생님께서 말씀하신 것처럼 민주주의에 대한 교육은 위로부터의 교육도 있을 것이지만, 자치, 말 그대로 주민들의 의사의 총합이 위로 이제 상향되는 공통합의 내지는 공통의견, 이러한 것들이 형성이 되는 분위기가 필요하지 않을까 합니다.

박관용: 그래요. 그 나라 정치는 그 나라 국민 수준의 이상도 이하도 아니라는 말이 딱 맞는 거예요. 국민들이 제대로 된 민주적 의식, 시민의식을 가지고 있어야 정치가 오르는 겁니다. 물이 낮은데 배가 높아질 수 없죠. 물이 높아야 배가 높죠. 우리가 민주주의를 제대로 성공시키기 위해서는 우리 국민들의 민주 의식이 발전되어야 한단 말이에요. 그러니까 내 주장보다 더 현명한 주장이 있을 수 있다는 것을 인정해야 한다, 네 주장만을 고집할 것이 아니라는 이런 교육을 계속해서 시켜나가야 합니다. 어릴 때부터 계속 시켜야 돼요. 질서 지키는 것도 민주주의 의식입니다. 그런 식으로 평생교육으로서의 민주주의 교육을 해야 됩니다. 우리나라는 통일교육진흥법은 있습니다. 그런데 민주주의교육진흥법이란 건 없어요.

장훈각: 끝으로 선생님의 정치인생을 간단하게 정리하여 회상하신다면 어떤 말씀을 하고 싶으신지요?

박관용: 야당으로 출발을 해서 민주화 투쟁을 했습니다. 그 다음에 통일 문제에 천착을 해서 남북 국회회담을 하고, 또 국회에서 외교통일위원회 위원장을 두 번이나 했습니다. 민주화 과정에서는 이른바 6 · 29 이후에 민주화 투쟁에서 승리하는 그런 기쁨을 맞이했고, 제가 모신 사람을 대통령에 당선시켜서 청와대에 들어가 대통령비서실장 · 정치특보를 했습니다. 그 후에는 당에 다시 돌아와서 당 사무총장을 하고, 부총재, 총재권한대행을 경험했습니다. 16대 국회에서 국회의장을 하고 이제 은퇴를 했습니다. 그 일련의 과정을 보면 정치인으로 저는 경험하지 않은 것이 거의 없습니다. 여당도 경험하고 야당도 경험하고, 청와대 들어가 정부에서 일을 해봤고, 또 당을 이끌어도 보았고, 평양에도 들락거리면서 이북도 보았습니다. 그러나 우리는 통일도 안 되고, 국민들도 제대로 단합되지도 않고, 지역적으로도 갈라져 있고, 하나도 제대로 된 것이 없습니다. 민주화가 이룩되었지만 실질적인 민주화에는 아직 이르지 못했습니다. 국민들이 무엇이 민주화인지를 잘 모릅니다.

무엇을 어떻게 정리해야 되느냐는 솔직한 말로 저는 막막합니다. 민주주의와 시민의식 교육을 통해서 국민들이 생각을 좀 달리 갖게 하는 방법밖에 없다고 생각합니다. 저는 우리의 민주주의는 지금 위기에 있다고 봅니다. '민주화가 됐는데, 정치는 더 엉터리냐, 더 나빠지느냐'는 얘기들이 나와요. 이것은 민주주의라는 것이 절차적 민주주의만 만들어 놓으면 자연히 실질적 민주화로 갈 것이라는 오해가 그 속에 깔려있는 겁니다. 여기에 대해서 여야가 머리를 맞대고 고민을 해야만 해결이 될 문제라고 봐요. 지금 민주주의를 이 나라에 어떻게 정착시킬 수 있겠느냐는 논의는 하지 않고, 권력 잡는 것만 궁리하고 있어요. 아까도 말씀드렸다시피 시민단체나 언론인이 갈라져서 싸울 것이 아니라, 이 문제를 큰 의지를 가지고 정치권을 압박해야 된다는 말이에요. 지금 솔직하게 말씀드려 제게 해답은 없어요. 해답은 없지만, 여야가 먼저 생각을 하고 국민들에게 이런 문제를 호소하고, 국민들도 '우리가 좀 정확하게 보자'하는 국민각성운동 같은 것이라도 일어나고. 문제를 제대로 제기하고 이렇게 되면 좋겠습니다. 대학에서도 정치권에 들어오기 위해서 정치권에 빌붙어 먹는 어용학자들하고 백로인 내가 저기에 왜 가느냐 하는 양측으로 나뉘어져 둘이 완전히 떨어져 있어요. 이래서는 안 되는 겁니다. 모든 학자들은 현실 정치에 관심을 가지고 관여해야 해요. 조언해야 되고 말이에요. 그러니까 어느 한 곳에서 문제점을 찾을 수가 없는 것이라고 보고 전체가 지혜를 모으는 그런 대 각성의 계기가 필요하리라 봅니다.

개별적인 문제가 아닌 이런 전체적인 문제에 대한 질문에 봉착할 때 마다 어떤 것이 정확한 대답인가, 정치를 했다는 사람인 제가 뭔가 하는 그런 생각이 들어요. 참 어려워요. 그리고 대통령은 통합적 리더십이 제일 중요합니다. 정치라는 것은 통합이 목적 아닙니까? 국민통합이 목적이지요. 그런데 통합은 생각하지 않고 자기 공덕비 세울 생각만 자꾸 한단 말이죠. 그런 것도 문제가 아닌가 하고 생각해봅니다. 저도 골똘하게 지나간 세월을 반추하면서 누가 제게 얘기를 하라 그러면 뭐라고 얘기해야 될지 참 어렵습니다. 강의를 많이 하러 다녔지만 그런 강의는 제가 자신이 없어요. 어디서부터 실마리를 풀어야 될지. 그러니까 국지적으로 설명할 수밖에 없는 거죠.

김덕룡

전 정무1장관 및 국회의원

1. 개요

　김덕룡 전 의원과의 구술인터뷰는 2014년 6월 27일과 2014년 7월 8일 2회에 걸쳐 김덕룡 전 의원의 사무실에서 총 7시간에 걸쳐 이루어졌다. 김덕룡 전 의원은 1941년생으로 서울대 사회학과를 졸업하였다. 서울대 재학 중 문리대 학생회장을 지내는 등 학생운동에 뛰어들었고 6·3항쟁에 참여하여 투옥을 당하기도 하였다. 학생운동 시절 김영삼 당시 국회의원을 만날 기회가 있었고 이를 계기로 김영삼 대통령의 비서진에 합류하였다. 김영삼의 분신으로 불릴 정도로 총재 비서실장 자격으로 김영삼 신민당 총재를 보좌하였다. 이때부터 본격적으로 김영삼 대통령과 정치적 길을 함께 가게 된다. 1970년대 박정희 정권 때 몇 차례 수배와 투옥을 경험하였고 1980년대 처음으로 국회에 진출하게 된다. 그 후 서울 서초구 지역에서 5선의 의원 경력을 갖게 되었다. 5공화국 시기에는 민주산악회를 주도적으로 이끌기도 하였고 군사독재정권에 저항하는 주요 조직이었던 민추협을 탄생시키는 데 큰 기여를 하기도 하였다. 김영삼 정부 시기에는 집권당 사무총장, 정무장관을 역임하였고 신한국당 시기인 1997년에는 대선 후보로 나서기도 하였으며 한나라당 부총재를 역임하기도 하였다. 이명박 정부 시기에는 대통령실 국민통합특별보좌관에 임명되었고 민화협 대표상임의장을 역임하였다. 김덕룡 전 의원은 1970년대부터 김영삼 대통령을 보좌하면서 군사독재정권과 저항하는 민주화운동을 본격적으로 전개하였다. 한국 야당역사의 산증인이자 민주화운동의 주역으로 평가받고 있다. 김덕룡 전 의원은 이번 구술인터뷰를 통해 누구보다도 김영삼 대통령의 정치역정과 길을 상세하게 목격한 인물로서 주요 정치적 사건뿐만 아니라 다양한 인물들과 관련된 일들을 세밀하게 구술하였다. 아래는 구술인터뷰의 주요 내용을 요약한 것이다.

첫째, 김영삼 대통령과 인연을 맺게 된 내용이다. 김 전 의원은 1969년 서울대 문리대 학생회장을 역임하면서 정치권 인사들을 알게 되었고 김영삼 대통령이 신민당 대통령선거 후보에 낙선하면서 본격적으로 김영삼 대통령과 인연을 맺게 되었다. 당시 비서로 활동하면서 박관용, 이원종, 이성헌, 김영철 등 주요 비서들을 추천하고 영입하였다고 진술하였다.

둘째, 5공시절 신군부의 측근들이 학연, 지연을 매개로 회유의 움직임이 있었고 군의 움직임을 알 수 있는 중요한 통로는 없었다고 구술하였다.

셋째, 김영삼 대통령이 단식투쟁을 할 당시 신군부의 권익현 의원이 방문하여 외국에 나가달라는 요청을 하였고 그 사건이 정국을 돌파하고 민주세력을 결집시키는 계기가 되었다고 한다.

넷째, 김 전 의원은 1980년대 민주화운동의 주도적 역할을 했던 민추협과 민주산악회를 결성하는 데 중요한 역할을 수행하였고 민주산악회와 민추협의 상세한 활동 내용을 진술하였다. 당시 민추협을 결성하는 데 자신과 김상현 전 의원이 주도적인 역할을 하였고 김대중 진영은 민추협과 그 후 만들어진 신당 창당에 매우 소극적이었다고 진술하였다. 그리고 김대중 전대통령은 신당 창당보다는 당시 기존 정당인 민한당을 지지하는 모습을 보여주었다고 한다.

다섯째, 전두환 정권 때 논란이 되었던 이민우 구상과 관련된 내용이다. 이민우 구상이 나왔을 당시 전두환 정권의 공작 정치가 있었으며 이민우 총재 주변사람들의 개인적 욕심이 작동하여 야당이 분열될 수도 있었던 상황이었다고 구술하였다.

여섯째, 6·29선언 이후 대통령선거 때 야당이 단일화에 실패한 이유 가운데 하나는 김대중 후보가 사퇴하지 못하도록 한 정치적 공작이 있었다고 진술하였다. 그 공작 중의 하나는 야당의 선거자금을 지원하는 것이었고 김영삼 후보 측은 김종필 후보 측과 차기 대권을 매개로 단일화를 위한 시도를 하였다고 진술하였다. 이러한 구술 내용은 기존에 잘 알려지지 않은 내용이고 단일화 실패에 대한 다양한 평가가 현재까지도 있는 상황에서 이 문제를 새롭게 바라볼 수 있는 구술 내용이라고 할 수 있다.

일곱째, 3당 합당에 관한 일화이다. 통일민주당은 1988년 총선결과 제3당으로 전락하면서 본격적인 정계 변화를 꾀하게 된다. 청와대 측에서 먼저 황병태 의원을 접촉하였고 김영삼 총재는 김덕룡 전 의원에게 민정당과의 통합을 모색하도록 전권을 주었다고 한다. 김대중 총재와 박철언 의원과의 접촉은 그 당시 전혀 인지하지 못하였으며 김대중 총재의 당과의 합당은 모든 원내세력이 합치는 것이었기 때문에 제안되지 못했다고 한다. 3당 합당 초기에는 김영삼 총재에게 모든 전권을 주자는 내용을 서로 공식적인 문서로 작성은 못하였지만 암묵적으로 공감하고 있었다고 진술하였다. 그리고 내각제 개헌에 대해서는 단호하게 반대하였으며 단지 JP를 달래기 위해 형식적으로 내각제로 갈 수도 있다는 입장을 취하였다고 한다. 내각제 문서 유출은 공작이었으며 박철언 의원의 정치적 야심에 의해 그러한 파동이 일어났다고 구술하였다. 또한 문민시대를 열고 군사문화를 청산하기 위해서는 민정계를 끌어안을 수밖에 없었고 불가피하게 3당 합당을 추진하였다고 한다.

여덟째, 김영삼 정부 출범 때 김덕룡 의원은 비서실장을 제안받았지만 거절하고 한완상 교수와 박관용 의원을 추천하였다고 한다. 초대 내각을 구상할 때도 교육부장관, 체신부장관, 국방부차관을 추천하였다고 진술하였다. 이러한 내용을 보면 김영삼 대통령이 초기 내각구성에서 독자적으로 판단했다기보다는 측근들의 다양한 의견을 수렴해 내각구성을 했음을 알 수 있다.

아홉째, 군부독재 척결과 군사문화 청산 시 권영해 장관이 중요한 역할을 하였고 권 장관은 군부로부터 살해 협박 등 위협을 받았다고 한다. 당시 김영삼 대통령도 군부나 안기부로부터 도청의 위험을 느끼고 있었다고 한다. 하나회 척결 등이 성공한 후 권 장관의 위상은 높아졌고, 그 후 안기부책임자로 자리를 이동하게 되었다고 구술하였다.

열 번째, 김현철 씨에 관한 내용이다. 김현철 씨가 당시 세간에서 좋지 않은 평을 받는 상황에서 김덕룡 의원은 외유를 제안하였고 이 때문에 김현철 씨와 사이가 멀어졌다고 한다. 당시 김현철 씨는 군, 검찰, 관료 집단으로부터 이용을 당했다고 볼 수 있다고 평가하였다.

열한 번째, 김기섭 안기부기조실장은 김덕룡 의원이 영입하였으며 김실장은 삼성그룹 출신이어서 과거부터 이병철 회장을 김영삼 대통령이 만날 때 중요한 역할을 하였다고 한다. 김영삼 대통령과 이병철 회장은 대화가 잘되는 사이였고 이병철 회장도 야당에 대해 호의적인 입장을 보여주었다고 한다.

열두 번째, 민정계에서 김윤환 의원의 역할에 관련된 내용이다. 민주계는 김윤환 의원의 활동에 대해 긍정적으로 평가하였고 많은 지원을 했다고 한다. 김윤환 의원은 포용의 정치를 했기 때문에 민정계를 끌어들이기 위해서는 김윤환 의원의 독자적인 활동을 보장해야 했다고 한다.

열세 번째, 이회창 총재에 대한 평가이다. 이회창 총리는 1993년, 1994년 남북문제의 상황이 어려워졌을 때, 주요 회의에 참석하지 못하는 경우 권한을 넘어 자신에게 회의내용을 보고할 것을 요구하였고 이 일로 김영삼 대통령은 좋지 않은 인상을 가졌다고 한다. 이 총리가 반기를 들었을 때 김 대통령이 먼저 사표를 제출할 것을 요구하였지만, 이 총리는 오히려 그 반대로 언론에 설명하는 등 언론플레이를 했다고 한다. 이 총리 본인 자신이 대쪽 이미지를 만들어 내기 위해 본인의 행동을 연출한 측면도 있다고 진술하였다.

열네 번째, 신한국당이 1997년 대선을 앞두고 많은 후보들이 난립할 당시 김영삼 대통령은 이홍구 대표를 대통령 후보로 염두에 두었고 그 후에는 이수성 총리를 후보로 생각했다고 한다. 이인제 의원이 탈당할 때 김 대통령은 이회창 후보가 경직되고 오만에 빠진 사람으로 평가하였기 때문에 선거에 이기는 것을 부정적으로 보았다고 한다. 그렇기 때문에 김 대통령은 이인제 의원의 탈당을 적극적으로 만류하지 않았다고 한다. 그 전에 지방선거에서 이 총리를 서울시장 후보로 내세워 그의 정치적 위상을 낮추고 서울시장 선거도 이기고자 하였으나 최종적으로 이회창 총리가 거부하여 무산되었다고 한다. 이러한 내용들은 언론 등에 알려지지 않은 새로운 사실이라고 볼 수 있다.

열다섯 번째, 김영삼 정부 말기의 상황에 대한 이야기이다. 노동법 파동이 있을 당시 청와대의 이원종 수석이 야당의 반대에도 불구하고 강경한 입장을 취하였다고 한다. 김덕룡 의원이 김영삼 정부 말기에 비서실장으로 거론되었지만 김현철 씨와 이원종 수석이 반대하여 실현되지 못하였다고 한다. 김현철 씨가 구속되기 전까진 많은 힘이 김현철 씨와 이원종 수석에게 몰려있었다고 진술하였다.

2. 구술

>>>>> 1차 구술 _____

윤민재: 안녕하세요. 연세대 국가연구원 연구교수 윤민재라고 합니다. 바쁘신데 시간 내주셔서 감사합니다. 첫 번째 질문 드리겠습니다. 선생님께서 1970년대에 김영삼 대통령을 처음 만나게 된 계기와 그때 있던 주요 사건들에 대해 먼저 말씀해 주십시오.

김덕룡: 저는 1961년도에 대학에 입학했는데, 그해가 바로 5·16쿠데타가 발생한 해였고 그 사건은 충격적이었죠. 그 후 1963년도에 총선이 있었습니다. 서울대학교 학보에 서울대학교 출신 동문들과 교수들 다수가 국회의원에 당선되었다는 보도가 있었습니다. 모처럼 민정이 시작됐는데 우리 대학 선배들과 교수들에게 가서 한번 축하를 하는 게 어떻겠느냐는 의견들이 친구들 사이에 있었습니다. 그래서 당시 야당 당사에 갔어요. 대변인을 하고 있던 김영삼 의원을 만났습니다. 그래서 저희가 "여야 할 것 없이 서울대학교 출신 국회의원이 20여 명 당선되었으니 개원식 날 꽃을 하나씩 달아드리고 싶습니다."라고 말을 전했습니다. 그러니까 김 의원이 영광이라며 반가워했습니다. 그리고 제가 그해에 서울대학교 문리과대학 학생회장에 당선이 되었습니다. 그래서 '학림제'라는 학교 행사에 김영삼 의원 등 여야 국회의원을 불러서 토론하고 이야기도 듣고 대화를 하는 기회가 있었습니다.

그 후 김영삼 의원이 학생들의 의견을 듣기 위해서 가끔 만나자고 제안을 했습니다. 그러면서 자주 만나게 되었습니다. 그 후 1969년, 당시 원내총무였던 김영삼 의원이 40대 기수를 주장하였고 그래서 이철승, 김대중 씨 셋이서 경쟁을 하지 않았습니까? 그때 유진산 총재가 김영삼 의원을 후보로 지명했는데 그 지명이 효력을 발휘하지 못하고 경선을 하게 되었습니다. 경선은 참석 대의원 과반수 득표자가 당선되게 되어있었는데 제가 정확한 기억을 못합니다만, 1차 투표에서 김영삼 후보가 과반수에 21표가 모자라서 대통령 후보가 되지 못 하고 2차 투표를 했습니다. 그래서 최종 투표에서는 김대중 후보와 김영삼 후보가 경쟁을 했는데, 이철승 씨와 김영삼 후보는 서로 밀어주기로 사전 약속을 했습니다. 그런데 나중에 약속 위반이 발생했죠. 이철승 씨가 당권을 약속 받고 김대중 후보를 지지하게 됩니다. 그 당시 모든 언론은 김영삼 후보가 당선될 것이라고 보도를 했었습니다. 중앙일보는 톱기사로 '김영삼 후보 탄생' 이렇게 보도까지 나갈 정도였습니다. 그러나 김영삼 후보가 패배를 했습니다. 그때 김영삼 후보가 연단에 바로 올라가서 "대의원의 결정에 승복 하겠다. 그리고 나는 김대중 후보의 당선을 위해서 무주 구천동에서 거제도에 이르기까지 전국을 누비겠다."고 선언을 했습니다. 그런 이야기를 듣고 가슴이 뭉클했습니다. 왜냐하면 그 전에 김영삼 당시 총무가 저보고 와서 비서 일을 해달라고 몇 차례 제안을 한 적 있었고 그리고 1967년 총선 때는 고향에 나가서 한번 출마를 해보라고 제안도 했습니다. 전 그때 제가 아직 정치인이 될 만큼의 준비가 부족하다고 생각해서 사양을 했습니다.

당시 1969년도 박정희 대통령이 개헌을 한 후였습니다. 그래서 이제 이 나라 민주주의에 더 이상 희망이 없는 게 아니냐는 생각을 했습니다. 그래서 민주주의를 위해서 뭔가 역할을 해야 한다고 생각했습니다. 개인적으로는 김영삼 의원 같은 분을 도와주는 것도 하나의 방법이겠다 생각했습니다. 전당대회에서 패배하고 난 후에도 김영삼 의원은 비서 역할을 해 달라고 했지만 제가 확답은 하지 않았습니다. 그때 김영삼 총무가 약속한 대로 김대중 후보를 위해 지방 유세를 다녔습니다. 그 유세 장소를 한 번 가게 되었습니다. 전남 구례에서 토요일에 유세를 했죠. 학교 운동장에서 하는데 사람들도 많이 안 모였어요. 왜냐하면 김대중 후보의 유세팀은 후보가 직접 다니고 당의 중진들이 많이 나가니까 사람들이 모였는데 여기는 김영삼 의원 혼자 지원 유세를 하는 거니까요. 동네 촌로 몇 사람들이 있고 어린애들 뛰어 다니고 그래요. 황량하단 느낌이 들고 안 됐다는 마음이 들었습니다. 그래서 같이 일을 해보겠다고 말하고 비서팀에 합류하게 되었습니다.

윤민재: 서울대 문리대학에 계실 때 학생운동 차원에서 처음에 만나게 됐고, 1960년대 말쯤에 대통령선거를 전후로 해서 우연찮은 기회에 또 한 번 만나게 된 거군요. 그리고 김영삼 씨가 대통령 후보에서 탈락한 이후에 김대중 대통령을 위해서 선거 유세를 다니는 과정 속에서 인간적으로 친밀감을 느끼게 되시면서 본격적으로 비서진에 합류하게 되신 거죠. 그 당시에도 최형우, 김동영 두 분이 비서진에 계셨습니까?

김덕룡: 아닙니다. 최형우 의원은 그때 정치권에 없었고 김동영 의원은 김영삼 의원이 원내총무로 있을 때 총무실의 전문위원을 하고 있었어요. 제가 갔을 땐 비서가 둘밖에 없었죠. 그때 비서는 정태수란 분하고 김봉조 씨였어요. 그리고 김영삼 후보가 국회의원선거운동을 할 때 서석재 전의원이 참여하였고 문정수 전시장이 그 지역에서 선거운동 때 비서 격으로 참여했죠. 최형우 의원은 1971년 선거 이후에 김영삼 캠프에 참여하게 되었죠.

윤민재: 생각보다 늦게 참여했군요.

김덕룡: 늦게 참여를 했죠. 초기 비서 출신은 아까 이야기한 대로 서석재, 문정수 그런 사람들이죠. 그 다음 1974년에 김영삼 의원이 당 총재가

됐을 때 본격적으로 참여한 사람이 이원종 씨죠. 제가 같이 참여하자 건의해서 이원종 씨가 왔습니다.

윤민재: 선생님께서 이원종 씨를 데려오셨습니까?

김덕룡: 네. 이원종 씨는 학교 1년 선배이고 김명윤 의원의 조카였어요. 제가 언론 담당을 맡고 있었는데 혼자 힘으로는 힘들어서 이원종 씨를 합류시켰습니다. 장학로 씨도 그때 참여했고 박권흠 실장도 언론계에 있다가 나와서 비서실에 합류를 했습니다. 이후 박권흠 씨가 비서실장을 했는데 이를 2기 비서실이라고 할 수 있습니다. 그 다음에 1976년 전당대회에서 당권을 빼앗기고 1979년 전당대회에서 당권을 다시 탈환하지 않습니까. 그때부터 파란만장한 일들이 시작됩니다. 그때 비서실에 참여한 사람이 최기선 전시장, 장세환 전의원, 박종웅 전의원입니다.

윤민재: 많은 분들이 그 후 국회로 진출하게 되는데 박종웅 의원이 막내였겠군요.

김덕룡: 네. 그 이후 1985년에 신민당을 창당하고 본격적인 개헌 투쟁이 시작될 때 비서진이 강화됐습니다. 그때 참여했던 비서가 이성헌 의원, 김영춘 의원이고 그 다음에 1987년쯤 정병국 의원이 참여한 4기체제의 비서가 시작되죠. 이렇게 많은 사람들이 비서실에 참여했고 그 후 정치권에서 활동하는 계기가 됐죠. 그리고 정식 비서실은 아니지만 정책팀 비슷하게도 있었습니다. 1980년 '서울의 봄' 시대에 제가 낙원동에 조그마한 사무실을 만들어서 서울대학교 문리과대학 친구들을 중심으로 모였죠. 그때 모인 게 김도현, 김중태, 홍사덕 이런 사람들이었죠. 거기에 간사로 박종웅 전 의원이 있었고 거기서 정책을 생산하고 언론계 동향을 분석했죠. 언론

계에서는 낙원동팀이라고 이름을 붙였었어요. 1992년 대선 때는 소위 동숭동팀이라고 하는 정책팀 비슷한 것이 있었죠. 거기에는 김현철 소장이 중심이 되어 많은 대학교수들이 참여했습니다.

윤민재: 처음에 비서로 들어가서 일을 담당하실 때 명칭이 뭐였나요?

김덕룡: 그때는 업무를 꼭 분담해서 무슨 담당 비서 이러지 않았고요. 저의 경우는 수행도 직접하고 언론 담당 등 모든 일을 담당했습니다. 새벽 일찍 상도동 김영삼 의원 댁에 갔죠. 당시에는 정치인들 집에 기자들이 새벽같이 몰려올 때입니다. 또 정치인들이 새벽에 리더들의 집을 방문하기 때문에 새벽부터 문전성시를 이뤘죠. 그래서 새벽에 일찍 나가서 전화도 받아야 하고 사람도 안내도 해야 되고 접견도 해야 해서 그런 역할도 했죠. 전천후로 이런 일 저런 일을 다 맡아서 했죠.

윤민재: 특별한 업무가 주어졌기보다는 종합적인 일을 다 하셨군요. 초기 비서 때 언론을 담당하게 된 것은 김영삼 씨의 지시였나요?

김덕룡: 제가 사회학과를 나왔는데 그 당시는 사회학과 출신들이 주요 언론계에 진출을 했습니다. 저희 동기만 해도 주요 일간지, 방송사 편집국장을 동시에 4명이 한 일이 있었어요. 전부 대학교 동기, 선배, 후배 관계였죠. 이러다보니 격의 없는 대화가 가능했죠.

윤민재: 선생님께서 갖고 계셨던 학연을 계기로 해서 언론을 담당하셨고, 그게 어쨌든 중심적인 초창기 비서 활동이 되겠네요?

김덕룡: 그렇죠.

윤민재: 말씀을 듣다보니까 4기체제까지 비서진들이 개편되는데요. 결국 1987년도 대선을 전후로 해서 정책이란 팀이 새롭게 생긴 것 같습니다. 그 전엔 전문화된 팀이 없다가 1987년도 대선부터 정책팀이 생기고 4기 때 본격적으로 동승동팀이 생기면서 김현철 씨가 본격적으로 활동하게 되었죠. 그때 서울대를 중심으로 한 많은 교수분들이 합류하게 되는 거죠. 그 과정은 추후에 질문하도록 하겠습니다.

1979년도를 기점으로 해서 한국 현대사가 요동치게 되잖아요. 또 한번 소위 말하는 대권에 대한 꿈을 당연히 가지게 되셨을 것 같아요. 거기에 대한 준비도 많이 하셨을 것 같습니다. 그 당시 옆에서 지켜봤던 입장에서 정국을 낙관하셨나요?

김덕룡: 1979년은 유신체제가 붕괴된 역사적인 한 해였다고 생각합니다. 1978년에 유신 2기가 시작됩니다. 통대에서 박정희가 다시 대통령으로 추대되고 1978년 12월 유신국회 2기도 출범합니다. 10대 국회의원 총선에서 당시 공화당보다 야당인 신민당이 1.1% 많은 득표를 했습니다. 유신시대 선거법에서 이것은 기적이었습니다. 민심 이반이자 유신독재에 저항하는 민의를 보여준 거죠. 1974년 당권을 잡은 YS는 반유신, 반독재 선명노선으로 당을 이끌다 유신정권의 공작으로 유신 순응세력에게 1976년 당권을 빼앗기지 않습니까? 1978년까지 절치부심하던 YS가 1979년 5·30 전당대회에서 이철승체제에 도전하는 것은 유신체제에 도전하는 것으로 정치적 순교를 각오한 것이었습니다. 민심에 민감한 YS다운 승부였죠.

1979년 당시 권력은 반유신 노선을 천명한 YS를 용납하지 않았습니다. 중앙정보부나 청와대가 앞장서서 노골적으로 경고합니다. 그러면서 이철승체제의 지속을 공작했죠. 당수가 된다기보다 반유신 투쟁의 횃불을 올리고 민심에 부응한다는 정치적 소명감이 YS를 지탱시켜 주었습니다. 기적 같은 YS의 당수 당선 이후에도 권력은 YS제거 공작을 계속하는데 YH

사건, 가처분 사건, 제명 등의 일련의 작업이 그것입니다. 특히 YH사건은 단순한 노동자의 집단 민원이 아니라 유신체제에 인간으로서의 기본 권리를 유린당한 소외된 노동자들이 반유신 노선을 천명한 YS 신민당에 기대감을 보인 사건이었습니다. 1960~70년대에 반독재운동세력은 야당과 연대하거나 교감할 때가 있었으나 사회적 소외와 탄압받는 민중들이 야당과 함께하기를 자청한 최초의 사건이었으니까요. 이에 당황한 유신 권력이 YS 제거 작업에 착수한 것이 바로 당권을 박탈하기 위해 가처분 사건이고, 정치에서 추방하기 위해 제명을 결행하는데 YS가 제명에 즈음한 성명에서와 같이 절두산 순교자와 같은 심정으로 순교를 선택하는 용기 있는 모습이 지금도 선명합니다. "닭 모가지를 비틀어도 새벽은 온다."라는 유명한 말도 이때 남기구요, 정말 이때가 YS와 함께한 시기 중에 제일 어려운 국면이었습니다.

이렇게 YS께서 법원의 가처분 판결로 총재직을 빼앗기고 또 의원직마저 제명되는 정치적 학살극이 전개될 때 저는 서대문형무소의 독방에 있었기 때문에 혼자서 무력감과 울분을 무어라 표현할 길이 없었습니다. 저는 YH사건 백서 발간을 빌미로 9월에 긴급조치 9호로 구속되었기 때문입니다. 당시 중앙정보부와 정치권력은 박정희에 항거하는 YS를 제거하기 위해서는 선제 조치로 저를 먼저 처단하겠다고 계획했다고 합니다.

1976년 YS를 총재직에서 몰아낼 때도 중앙정보부와 권력은 저를 먼저 구속했습니다. YS는 1974년 긴급조치로 독재 권력을 강화하는 박정희 정권에 맞서 선명야당을 표방하여 야당의 총재가 되었습니다. 당시 권력은 YS를 제거하기 위해서는 그 수족인 저를 먼저 제거해야 한다고 중앙정보부가 기획했던 것으로 알고 있습니다. 당시 신상우 전의원이 중앙정보부 조모 국장을 만났는데, 강경 투쟁의 배후와 세력의 중심에 김덕룡이 있다고 말하더라고 신 의원이 걱정하면서 조심하는 것이 좋겠다고 저에게 몇 차례 이야기를 들려주었습니다. 저는 김지하 양심선언을 핑계로 1975년 9

월 긴급조치 9호로 구속되고 YS는 권력이 동원한 각목 전당대회에서 당권을 빼앗긴 전례가 있었기 때문에 이후 저는 YS를 제거하기 위한 정치학살극이 진행됐어도 형무소 독방에서 무력하게 지켜볼 수밖에 없었습니다.

그해 10월 4일 YS 제명을 감행한 정권은 10·16 부마항쟁, 10·26으로 철옹성 같던 유신체제가 붕괴되었잖습니까. YS를 제거하려다 유신독재가 무너진 거죠. 1979년의 각종 유신 말기 증상은 이렇게 비극적인 10·26으로 막을 내립니다. 이런 역사의 흐름을 거역하는 것이 12·12요 5·18이라고 저는 생각합니다. 역사의 비극은 1987년 6월항쟁까지 8년간 지속되고요. 1979년은 우리가 유신체제의 말기적 증상을 온몸으로 느끼고 그 종식에 확신을 가지고 의연하게 투쟁했던 시기였습니다.

어쨌든 군부통치의 핵심인 박정희 대통령이 시해를 당하고 '민주화 시대가 오겠구나'라고 생각했지만 저희로선 그렇다고 낙관하진 않았어요. 시대의 큰 흐름은 민주화로 가고 있었지만 군의 정치적 영향력은 막강했고 야당은 조직, 자금, 정책, 생산 능력이 미비했지요. 분단 상황으로 국민들의 다수가 보수적인 생각을 많이 하고 있었습니다. 군부통치에 대해선 거부하지만 야당에 대해서는 높은 신뢰를 하고 있지 않았기 때문에 사실 우리가 집권하는 게 쉬운 일이라고 생각하지는 않았습니다. 그리고 자칫 잘못하면 정치화 된 군인들이 쿠데타를 또 다시 할 수도 있을지 모른다는 불안감을 항상 가지고 있었죠.

윤민재: 12·12사태 이후에 최규하 대통령이 구 헌법에 의해서 정치적으로 대통령에 취임하게 되잖아요. 그리고 야당에서 3김이 계속적으로 개헌을 요구하고 빨리 정권을 이양할 것을 요구하게 되는데, 그 과정 속에서 갈등도 있었다고 봅니다. 고민이 많았을 것 같아요. 일단 12·12사태 이후에 정계 흐름이 이상하게 흘러간다는 징후를 못 느끼셨나요?

김덕룡: 흔히 우리가 1980년 초를 '서울의 봄'이라고 합니다. 그때 정국을 안개 정국이라고도 얘기했습니다. 유신의 비극적 종말에도 유신세력이 그들의 기득권을 지키기 위해 일으킨 정변이 바로 12·12였습니다. 최규하를 다시 대통령으로 내세우고 그 배후에서 모든 역할을 하고 그랬죠. 불안한 정국을 지켜보던 학생들을 비롯한 민주세력들의 시위가 4월부터 가열되기 시작합니다. 헌법을 개정하고 대통령선거를 실시할 것을 요구할 때 저희는 자칫 잘못하면 군이 또 엉뚱한 일을 저지를지 모른다고 걱정했습니다. 당시 군부가 시위대 속에 폭력단 프락치를 투입하여 혼란을 야기해 민심을 악화시키고 그것을 빌미삼아 군이 서울에 진주하고 또 하나의 쿠데타를 할지도 모른다는 루머들이 퍼지고 있었죠. 그래서 저희가 민중의 힘으로 밀고 가야 함에도 불구하고 자칫 잘못하면 군부 개입에 빌미를 줄 수 있겠다고 생각해서 데모하는 대중들에게 자제를 요청하는 성명도 내고 그랬습니다. 당시 우리는 국민의 힘으로 군이 쿠데타를 할 엄두를 못 내게 해야 하면서도 또 자칫 잘못하면 그들에게 빌미를 줄까하는 것 때문에 고민이 컸습니다.

윤민재: 신 군부와의 대화 통로가 있었나요?

김덕룡: 그 당시 그 쪽에서 회유를 위해 인적 관계를 이용해서 연락하기도 하고 그랬습니다. 예를 들면 누구는 박권흠 씨하고 면담을 하고, 경남고등학교 17기 소위 쓰리 허 중 한 사람은 경남고등학교 인맥을 통해 만나는 움직임이 있었습니다. 그리고 정순덕 씨나 이런 사람이 영남 인맥을 통해 인사하러 온다고 했죠. 일방적으로 일종의 회유의 움직임들이 있었으나 정치적 협상이나 본격적인 접촉은 아니었죠.

윤민재: 그러면 정승화 당시 계엄사령관과는 대화가 있었나요?

김덕룡: 제가 알기로는 계엄사령관하고는 특별히 접촉이 있거나 그러진 않았습니다.

윤민재: 정치적인 문제를 가지고 군세력과 그 당시에 대화를 할 수 있는 통로는 없었네요?

김덕룡: 그렇죠.

윤민재: 군의 움직임에 대해서 어떻게 정보를 얻었습니까?

김덕룡: 군 정보에 정통하다는 몇 사람이 자진해서 와서 정보를 준 것은 있었습니다. 그러나 체계적으로 우리가 정보를 입수한 건 아니었습니다.

윤민재: 그 당시 미 대사관이 중요한 역할을 했다고 생각하는데요. 혹시 미 대사관이나 미국과 관련된 비공식적인 대화 통로는 있었습니까?

김덕룡: 김영삼 대통령이 미국 대사하고 접촉한 적도 있었습니다. 또 저도 정치참사관이라는 직책을 가진 사람을 개별적으로 가끔 만나기도 했습니다. 그렇지만 미국 대사관은 중립적인 입장을 보여주었습니다. 미국은 민주화로 가야 한단 생각은 가지고 있지만 정국이 불안해지고 혼란에 빠지는 것에 대한 두려움도 갖고 있었을 것입니다. 그래서 안정적으로 민주화되는 쪽으로 가야겠단 생각 때문에 미국 입장에선 야권 민주세력을 적극적으로 돕진 않았습니다. 그리고 군부세력을 돕게 되면 자칫 반미적인 국민적 저항이 있을지 모른다는 것 때문에 굉장히 신경 쓰면서 대응을 하지 않았나 하고 저희는 판단했었습니다.

윤민재: 1980년대로 넘어오면서 5월이 정국의 중요한 비중을 차지하게 됩니다. 물론 정계에서는 학생운동이라든지 재야세력들의 저항적인 움직임에 대해서 한편으로 불안해하기도 하지만 그 흐름을 전적으로 비판할 수도 없는 상황에 놓이게 됩니다. 또 최규하 대통령 같은 경우엔 애매모호한 입장을 취하여서 정국의 혼란을 더욱 강화시키게 됩니다. 5월로 들어가게 되면서 신군부가 본격적으로 힘을 쓰게 되잖아요. 최규하 대통령은 5월에 중동 외교를 떠나면서 영향력을 상실하게 됩니다. 그 당시 입장에서 보실 때 5 · 18 이전에 정말로 신군부가 권력을 장악하고 있고 합법적인 개헌에 의해서 국민에 의한 대통령선거가 이뤄지지 않겠다는 것을 감지하셨나요?

김덕룡: 5 · 18이 임박하면서 비관적인 방향으로 가고 있다고 느끼고 있었습니다. 그리고 그 당시 전두환 씨가 중앙정보부장까지 겸하게 되잖습니까? 그렇게 되면서 그 당시 야권은 상당히 불안한 상황 속에 빠지고. 예감이 좋지 않았죠. 그래서 국회에서 강력하게 개헌, 민주화를 요구하는 움직임에 완전히 제동이 걸렸습니다. 그랬기 때문에 문제가 있겠다는 생각들을 많이 하게 됐었죠.

윤민재: 5 · 17 비상계엄이 확대되고 많은 사람들이 구속되고 정치적 감금을 당하게 됩니다. 그날 김영삼 대통령은 자택에서 그 소식을 듣게 된 거죠?

김덕룡: 5월 17일 계엄을 확대하죠. 김대중 씨를 구속하고 김종필 씨도 부정축재로 구속했죠. 그리고 김영삼 총재는 집에 연금을 시켰죠. 세 사람을 전부 구속시키게 되면 전국적으로 저항이 커지게 되니까요. 왜냐하면 그 당시만 해도 지역주의가 상당히 팽배해 있어서 호남에서의 김대중 씨

에 대한 지지, 충청권에선 김종필 씨에 대한 지지, 부산과 경남을 중심으로 한 김영삼 씨에 대한 지지기반이 강했기 때문이죠. 신군부는 김영삼을 중심으로 한 영남 지역에서 큰 저항이 일어나면 안 되겠다고 판단하여 연금시키죠. 17일 밤에 우리가 어떡해야 할까 굉장히 고심을 했죠. 그런데 그 당시에 저희로서는 이에 대처해서 저항할 수 있는 힘 자체가 없었고 언론은 완전히 통제되어 있었습니다. 그리고 광주에서 유혈사태가 난 겁니다. 그런데 그 당시 통신이 다 두절되어 그 사실을 저희가 모르고 있는 상황이었고, 19일이 되어서야 파악을 했죠. 그래서 상도동에서 기자회견을 한 겁니다. 그러니까 외신기자들도 오고 그랬는데 밖에서 못 들어가게 막았죠. 그래도 일부 참석한 외신기자들이 광주 소식을 처음 알게 되고 그 후 국민들에게 서서히 알려지게 되죠.

윤민재: 그때 선생님께선 어디에 있었습니까?

김덕룡: 저는 상도동에서 김영삼 총재와 같이 있었습니다.

윤민재: 그 당시 비서진 가운데 어떤 분들이 계셨습니까?

김덕룡: 이원종 씨나 장학로, 박권흠 씨도 거기 같이 있었죠. 김도 비서도 함께요. 그 당시 2기, 3기 비서진들이 같이 있을 때입니다.

윤민재: 상도동 캠프에선 그 당시 구속되거나 보안사에 끌려가서 수사 받거나 그런 분은 없었습니까?

김덕룡: 저를 포함한 김동영, 최형우 등이 끌려갔죠. 저는 바로 풀려날 수 있었습니다.

윤민재: 어디로 가셨습니까?

김덕룡: 보안사로 갔습니다. 그 당시 보안사 사무실이 서울시의회 맞은 편 쪽 뉴서울 호텔 앞에 있었는데, 거기서 조사를 받았습니다.

윤민재: 어떤 취조가 있었습니까?

김덕룡: 일종의 협박이죠. 정치 활동 하지 말라는 거죠. 며칠씩 잡아놓고 구타도 하고 그랬죠.

윤민재: 며칠 정도 거기에 있었습니까?

김덕룡: 한 보름 정도 있었어요. 많은 사람들이 그때 고생을 많이 했죠.

윤민재: 그 후에 어쨌든 상도동 캠프가 연금을 당하고 한국의 정치가 중지되었죠. 그 이후에 총선을 통해서 민정당, 국민당, 민한당이 출범합니다. 그 당시 정치 활동을 했던 분들이 정치 규제에 의해서 나오지 못하게 되죠. 선생님도 마찬가지고요. 그 후 김영삼 대통령의 단식투쟁 사건이 발생하게 됩니다. 언론엔 간단하게 보도됐지만 대부분의 국민들은 알고 있었거든요. 그게 무슨 사건을 의미하는지요. 또 한편으로는 어떻게 보면 김영삼 대통령과 김대중 동교동계를 또 한번 연결시키고 국민적으로 민주화에 대한 열망을 부각시키는 계기가 되었거든요.

김덕룡: 1980년도에 연금에 들어가서 연금이 풀린 게 1981년 4월 30일인가 됩니다. 연금이 풀렸는데 정치 활동은 규제를 받았죠. 언론도 통제받고 있었고요. YS의 활동이나 동정 자체를 보도를 않는 그런 시기였습니다. 그

런데 1981년도 연금이 풀린 뒤에 저희가 등산을 시작했죠. 처음에는 명륜동에 있는 김동영 의원 집에서 모여 소수의 몇 명이서 산행을 시작했죠. 박희부 전 의원이라든가 백영기, 탁형춘 이런 몇 사람들과 원외 중요한 당직자들이었는데 이런 사람들 하고요. 왜냐하면 저희가 어디 사무실을 구하려고 해도 구할 수가 없었습니다. 임대계약을 하고 입주하려고 하면 어느새 정보를 알고 빌딩이 문을 닫아버리고 그랬죠. 또 우리가 속여서 입주한 경우엔 책상, 걸상을 다 들어냅니다. 그래서 우리가 길에서 농성하기도 하고 그랬어요. 심지어 연말에 전국에 있는 당원들하고 망년회를 하기위해 연락을 비밀리에 다 했습니다. 코리아나 호텔에 예약을 했어요. 요즘은 관광호텔이 많이 있지만 그땐 관광호텔이 몇 개 없을 때가 돼서 외국 관광객이 많이 와있을 때였는데, 저희가 그 장소에서 망년회를 하겠다는 것이 당일에 알려지니까 호텔 자체를 아예 폐쇄했어요. 그러니까 우리가 만날 수 있는 곳도 없고 사무실도 구할 수 없었어요.

그래서 산으로 갈 수밖에 없었던 거죠. 민주산악회 등산이 이때 시작을 합니다. 그런데 민주산악회도 못 가게 하려고 그 가족들이나 친인척 중 공직자가 있다든가 하면 그 사람들을 통해서 막았죠. 때로는 집 앞에서 못 나가도록 경찰이나 중앙정보부 쪽에서 와서 못 가게 막고 이랬습니다. 그런데 그런 산악회 활동을 하는 중에 김영삼 의원과 뉴욕 타임즈 기자가 회견을 했습니다. 이 회견 때문에 또 다시 2차 연금이 시작된 겁니다. 그게 1982년이죠. 연금 중 1983년 5월 18일 날, 광주항쟁 3주년을 맞아 단식을 합니다.

1980년 5월 이후 정국의 흐름을 알아야 YS 단식의 의미를 설명할 수 있습니다. 5·17 계엄 확대 조치와 함께 정당과 국회 해산, 정치인 구속, 감금 등 헌법 유린이 자행됩니다. 정치는 물론 국민의 기본권이 박탈당했죠. YS는 비극적 광주 상황과 군사 폭압 통치가 자행되는 상황에 책임 있는 정치인으로서의 죄의식이 1983년 목숨을 건 단식으로 표출됩니다. YS의 단식 의지는 결연했습니다. 저를 비롯한 소수 몇 분만이 이 계획을 알고 준비했습니다만, 만류를 많이 했죠. 너무나 위험했으니까요. YS는 단식에 즈음한 성명에서 투쟁 의지를 유언처럼 남겼습니다. 그래서 23일이라는 기간 동안 생명을 걸고 단식을 하고, 그 후 강제로 서울대학병원에 압송되었죠.

윤민재: 그게 새로운 정국 돌파구가 되는데, 그 당시 신군부에서도 그 사건을 굉장히 중시했을 것 같아요.

김덕룡: 그 단식을 언론에서는 일체 보도를 못 했습니다. 그래서 아주 은유적으로 표현이 되었죠. 모종의 재야인사 문제라는 식으로 표현되었죠. 그 당시 언론에선 재야의 소식을 전혀 못 썼죠. 문맥을 보고 미루어 추측할 수 있도록 보도를 했죠. 사람들은 이게 무슨 소린가하고 이해를 못했죠.

윤민재: 그 당시 민한당 어떤 의원이 현안으로 표시를 해서 국회에서 발언을 하더라고요.

김덕룡: 네. "YS가 단식을 하고 있다." 이렇게 보도를 못하니까, 전국 현안, 재야인사 문제, 식사문제 이런 식으로 보도를 했죠.

윤민재: 제가 나중에 기록을 보니까 신군부에선 권익현 의원이 비공식적으로 방문하여 대화를 나누었는데요. 어떤 요구를 했나요?

김덕룡: 단식을 중단하면 도와줄 테니 외국에 나가달라는 요구였습니다.

윤민재: 김대중처럼 외국에 나가라고 요구했군요. 당연히 거부했겠죠?

김덕룡: 물론 그렇지요.

윤민재: 그 이후에 민주산악회가 전국적으로 확대 조직되죠?

김덕룡: 민주산악회는 단식 소식을 찌라시 형식으로 배포했죠. 그 당시는 타자로 치지도 못 하고 소위 묵지로 써서 등사해 가지고 몰래 숨어서 배포했어요. 알려지면 다 끌려가고 압수당하니까 조심했죠.

윤민재: 선생님께서는 민주산악회에서 어떤 직책을 맡고 계셨습니까?

김덕룡: 초기 민주산악회는 산악대장이 있었고 연락하는 총무가 있었는데 우리 비서 중 한 사람인 김병환 씨가 총무를 맡았고 그 이후 몇 차례 바뀌었죠. 저는 YS의 비서실장을 했으니까 핵심에서 모든 걸 총괄 지휘를 했죠. 나중에 본격적으로 대선운동을 할 때는 민주산악회가 큰 역할을 했죠. 제가 마지막엔 상임 부회장을 맡았어요. 초기엔 이민우 총재가 회장을 했고 김명윤 씨가 그 다음 회장을 했고 그러다가 나중에 대선 때는 민정계가 당 공식 기구의 선거대책본부를 하고 민주계는 외곽 조직을 담당했었어요. 외곽에 민주산악회란 조직이 있었고 나라사랑운동본부가 있었고 중청이라는 조직이 있었어요. 중앙청년위원회는 제가 이끌었죠. 1992년 대선은 공식 선거운동 조직은 민정계 중심으로 움직였죠. 왜냐하면 합당이 되었고 어쨌든 민정계를 끌어안고 민정계가 운동할 수 있게끔 해야 했기 때문이죠. 우리는 외곽 비선 조직을 장악해서 그런 운동을 했죠. 그리고 1987년도 대선 땐 야당이라는 게 조직도 빈약하고 자금도 없고 하다보니까 산악회는 자발적으로 모여서 자기들이 돈 내서 버스 값도 내고, 점심을 싸가지고 오고 그랬어요. 그랬기 때문에 야당 조직으로서는 산악회가 아주 유용한 조직이었어요. 1987년 대선 때 산악회가 핵심적 운동을 했죠.

1992년 대선 땐 200만 회원이란 얘기가 나올 정도로 강력한 그런 대중조직이었죠. 그러니까 사실상은 정당 조직에 준하는 그런 정치 결사체였습니다.

윤민재: 1985년도 2월 달에 12대 총선이 있게 되는데요. 그 전에 일부 인사들이 정치 규제가 풀리게 되죠. 민한당에서 탈당한 분도 계시고요. 새로운 당을 만들게 되는데 그때 중요한 건 상도동계와 동교동계가 손을 잡게 됩니다. 새로운 당에 대한 구상과 제안은 누가 한 것입니까?

김덕룡: 광주항쟁 3주년을 맞아 김영삼 총재가 단식을 하지 않았습니까. 1980년 신군부의 폭압적 공포정치가 YS 단식으로 변화된 것은 없었습니다. 다만 YS가 연금에서 해제되고 뿔뿔이 흩어졌던 민주세력들을 두려움과 공포로부터 해방시켜 주었다고 생각합니다. 그들을 다시 모으는 계기가 되었지요. 분열된 야당 인사들과 박찬종, 김창근 등 구 여권인사들도 뜻을 모아 결성한 정당형 반체제 단체가 '민주화추진협의회'였습니다. YS가 미국에 있던 DJ와 교감하면서 민추협을 결성하는 과정에서의 어려움은 이루 말할 수 없었습니다. 정보기관의 방해는 물론 참여 대상자들의 번의와 불신으로 우여곡절이 많았지요. 이 민추협이 모체가 되어 신한민주당이라는 신당이 창당되고, 갑론을박 끝에 2·12, 총선에 참여하여 선거 혁명을 주도하게 되었지요. 민추협이 창립되고 1년도 안된 짧은 시기에 이룩한 성과라고 할 수 있습니다.

그런데 민추협이 그 당시 총선에 참여할 당을 만들자 했을 때 '민한당'이라는 사실상 어용 야당이 있었잖습니까? 그런데 그 당시 YS는 직접 정치를 할 수 없었죠. 정치 규제가 묶여있었으니까요. 그 당시 동교동, 상도동은 물론이고 비민추세력, 재야 야당의 사람이 다 뭉치자고 했고, 그래서 민추 대 비민추를 50 대 50으로 통합한 당을 만듭니다. 이것이 2·12 총선에 승리하는 계기가 되는 겁니다. 그래서 그 당시 대립했던 이철승 씨, 신도환 씨, 박용만 씨, 김수환 씨 등의 사람들도 다 함께 모입니다. 그래서 신민당을 창당했지만 창당 뉴스도 거의 안 나왔습니다. 그때 종로, 중구에 이민우 후보를 내세워서 바람을 일으키죠. 그때 민주산악회가 총선에 전부 종로, 중구로 뛰어듭니다. 이민우 씨는 그곳에 기반이 하나도 없던 분이거든요. 거기에 이종찬 씨, 정대철 씨 막강한 두 후보가 있었는데, 여기에 뛰어들었죠. 제가 공식적으로 선거대책위원장을 했습니다. 그때 선거에 참여했던 사람이 이성헌 의원, 김영춘 의원이었고 이 둘은 연세대학교 총학생회장, 고려대학교 총학생회장직을 마치고 난 뒤였습니다. 이 두 학생을 제가 이 민주화운동에 같이 참여하자고 해서 이 두 사람이 자기 동료 학생들을 이끌고 선거 지원에 오게 됩니다. 그래서 청년 학생이 야당 선거전에 합류하게 되었죠.

윤민재: 선생님께서 두 분을 영입하신 거군요.

김덕룡: 그렇죠. 제가 두 학생회장을 설득하고 같이 선거 혁명을 이뤄보자고 했고, 그 사람들이 적극적으로 호응을 했죠.

윤민재: 정치 입문의 계기를 마련해주었다는 점에서 두 의원이 선생님한테 많은 빚을 지고 있는 거군요.

김덕룡: 지금도 제일 가깝게 지내죠.

윤민재: 민주산악회에 대해서 보완해서 하실 말씀 있으면 해주십시오.

김덕룡: 대한민국 현대 민주화운동사에서 꼭 기록되어야 할 조직 중의

하나가 민추협, 그리고 민주산악회라고 생각합니다. 산악회란 이름을 붙였지만 정치인들이 모여서 만든 조직입니다. 즉 당시 소위 제도권 정치에서 추방당한 사람들이 모여서 저항운동을 하기 위해 만든 거죠. 사실상 정당 활동을 못 하니까 산악회를 만들지 않았겠습니까? 그래서 이 산악회가 사실상 1987년 대선 땐 본격적으로 김영삼 후보 조직으로서 활동하고 1992년 대선 때도 역할을 크게 했는데, 산악회가 특별히 다른 산악회와 다른 점은 모두가 산에 가면 제일 먼저 산에 올라서 산행식을 꼭 했습니다. 산행식을 하면서 민주주의가 이뤄지게 해달라는 기도를 했죠. 그중에 장로 되시는 분들이 기도를 이끌었죠. 처음엔 없었습니다만 민주산악회 회가가 만들어졌고 회원들이 나오면 선서를 해야 했고, 헌장을 만들었습니다. 헌장을 낭독하고 그 다음에 YS께서 참석하시거나 아니면 이민우 총재나 김명윤 회장이 말씀을 하고 그랬어요. 그리고 회원들이 필요한 토론도 했어요. 그래서 민주산악회는 민주주의에 대한 의식을 서로 간에 함양하고 북돋아 격려하고 정보를 서로 같이 나누는 조직이었습니다. 정치 훈련 도장 역할 같은 것을 했어요. 서울에만 다닌 게 아니라 지방에도 민주산악회를 만들어서 그 사람들하고 같이 산행을 해서 지방 조직도 만드는 그런 역할을 했습니다. 나중에 민추협을 만들 때 민주산악회가 중심이 돼서 민추협을 만듭니다. 그리고 잘 아시다시피 나중에 또 신한민주당을 만들 땐 민추협이 중심이 되서 하지 않았습니까. 신한민주당 돌풍을 만든 2·12 총선 때도 민주산악회가 결정적 역할을 하거든요. 그러니까 민추협과 민주산악회는 공동보조를 취하면서 민주화운동을 하는 조직이자 대중조직으로 정당과 유사한 조직으로 발전합니다. 민주산악회는 정당 조직처럼 만들진 않았습니다만, 민추협은 완전히 정당과 유사한 조직체를 갖췄죠.

윤민재: 민추협이 민주화운동을 촉진시키고 발전시키는 데 중요한 기여를 했다는 것은 분명한 것 같습니다. 그게 모태가 돼서 신민당이 만들어지

게 되는데 당 만드는 전후 과정에서 동교동계와 상도동계가 연합을 하게 되죠. 그 당시 총선 있기 전에 동교동계에선 김상현 씨를 일종의 직무 대행으로 참여시키는데 그 당시 동교동계에선 총선에 대한 전망을 어떻게 평가했나요?

김덕룡: 당시 총선에 참여해야 할 것이냐 안 해야 할 것이냐가 쟁점이었습니다. 그때는 재야 운동권이 종로 5가를 중심으로 있었죠. 학생운동과 기독교 중심으로 재야 운동권이 큰 세력을 형성하고 있을 때였습니다. 저희 민추협이 과연 총선을 어떡해야 할 것인가 아주 고민을 했습니다. 우선 YS가 총선 참여를 해야 하느냐 안 해야 되느냐 많은 고민을 했습니다. YS는 당시 소위 재야 목사들 박형규 목사라든가 계훈제 씨, 문익환 씨, 강원룡 목사 이런 분들하고 대화를 많이 나누었죠. 재야는 그 당시 총선 참여를 반대했습니다. 총선에 참여하면 군부세력을 정당화시켜주는 거고 참여해봤자 패배가 분명한데 왜 군부세력을 정당화시켜주느냐 하는 이유로 반대했습니다. 당시에 우리는 조직적으로 열악한 상황에 있었고 언론이 전혀 역할을 못할 뿐 아니라 어용 야당이 엄연히 존재하고 권력의 지지를 받고 있는 상황이었습니다. 돈도 없고 인력도 없는 신생 정당이 나왔을 때 어떻게 선거를 제대로 치를 수 있겠는가 하는 고민을 많이 했습니다. 그러나 저는 총선에 참여해야 한다고 우리가 늘 제도권 정치, 의회 중심 정치를 하자고 했는데 이번 선거가 그 기회라고 보았습니다. 지금 민심의 흐름이 말로 표출은 못하지만 국민 가슴 속엔 군사정부에 대한 반감이 크게 자리 잡고 있다고 보았죠. 이 정권에 대한 거부 반응이 있는데, 이때 선거를 치르면 뭔가 새로운 계기를 만들 수 있겠단 생각을 했습니다. YS께 제가 제안을 여러 차례 드렸죠. 그런데 처음에는 거부를 했습니다. 그래서 제가 우선 설득할 사람이 누굴까 고민을 했습니다. 그래서 김상현 씨를 먼저 설득했습니다.

윤민재: 선생님께서는 정치 규제에 묶여있었고 총선과는 관련이 없는 분이었습니다. 총선에 나갈 수도 없는 이해 관련이 없는 분이었죠.

김덕룡: 제가 정치 규제에 묶여 있었기 때문에 제 자신이 국회의원 하고 싶어 선거 참여하라고 하는 것이 아니기 때문에 당당했고 그래서 더 강력히 주장할 수 있었습니다. 김상현 씨도 정치 규제에 묶인 이해관계가 없는 사람이었죠. 그래서 김상현 씨한테 이번이 민주화의 기회가 될 수 있다고 말했습니다. 모처럼 선거운동이라는 방법을 통해 사람들 앞에서 우리 주장을 합법적으로 펼 수 있는 장이 만들어지고 전국 곳곳에 군부통치를 비판하고 우리의 주장을 밝힐 수 있는 투쟁의 장, 무대가 만들어지는데 왜 우리가 이것을 버리느냐는 주장을 했습니다. 그래서 김상현 씨와 함께 YS에게 강력하게 건의 했습니다. 그런데 김상현 씨가 미국에 있는 김대중 전 대통령한테 연락을 했는데 그 쪽에서 반응이 부정적이었어요. 그래서 동교동 사람들은 거의 참여를 꺼려했죠. 제가 알기로는 권노갑 씨도 목포에서 나오려고 준비했다가 아들 김홍일을 만나고 난 이후에 아버님 뜻이 선거에 참여하는 것이 좀 부정적이란 소식을 듣고 접었다고 나중에 들었습니다.

윤민재: 왜 동교동 쪽에선 미온적인 반응을 보였나요?

김덕룡: 그러니까 재야 사람들이 주장하듯이 괜히 부당한 정권을 합법화하고 정당화시켜주는 계기만 되지 않겠는가 하는 입장이었겠죠. 그리고 본인이 미국에 계셨기 때문에 자기가 직접 참여할 입장도 아니었고요. 나중에 선거 2·12 총선 일주일인가 앞두고 김대중 전 대통령이 한국에 왔는데, 일본 공항에서 그 당시에 어용 야당이라는 민한당에 호의적인 발언을 했다는 보도가 있었습니다. 그리고 김포공항에 내려서는 안기부에 의해

바로 동교동 자택으로 그냥 끌려갔기 때문에 기자들하고 만날 기회도 없었어요. 그래서 2·12 총선에 새로운 야당 신민당을 지지한다는 입장 표현이 안 됐어요. 만일에 김대중 후보가 당시 새로운 정당 신민당을 지지하고 지원한다는 입장을 밝힐 수만 있었더라면 달라졌을 텐데 그때만 해도 민한당을 지지하는 것처럼 알려졌죠. 그 어려운 중에도 서울 전 지역에서 신민당 후보가 당선되고 대도시를 거의 석권하면서 제1야당이 되었죠. 소위 그 여파로 해서 마지막 해금이 실시되죠.

윤민재: 동교동 쪽의 직무 대행이 김상현 전의원이었잖아요. 그럼 김 의원은 적극적으로 총선에 참여하자는 입장이었고 동교동 쪽은 미온적이었는데, 어쨌든 김 의원이 동교동계 쪽을 무시할 수 없는 상황이었잖아요.

김덕룡: 김상현 씨는 높이 평가받아야 되는데 평가가 안 되고 있어요. 자기가 참여할 수 없음에도 불구하고 선거 투쟁을 주장했고 나중엔 제가 알기로 김대중 대통령이 정치 활동을 본격적으로 할 때 김상현 씨를 마치 자기 노선을 이탈한 사람으로 봐서 불신을 받았죠.

윤민재: 자기 영역을 독자적으로 정치하려는 거 아니냐 하는 그런 오해였나요?

김덕룡: 그런 것보다도 김대중 씨의 뜻에 맞지 않게 독자적인 정치 활동을 했다고 생각을 했고 또 실제 김영삼, 김대중 씨가 통일민주당을 창당했잖습니까. 그런데 1987년 대선 때 김대중 씨가 통일민주당을 탈당하고 평민당을 만들 때 김상현 씨는 탈당 않고 통일민주당에 잔류를 했습니다. 그래서 사실상 김대중 노선에서 이탈한 것도 사실이었죠. 그 이후로 다시 동교동에 갔지만 그런 면에서 신뢰를 못 받았죠. 그러나 김상현 씨는 정말

애국심을 갖고 있을 뿐 아니라 혜안을 가진 분이었다고 봅니다. 정치인으로서 크게 성공한 것은 아니지만 훌륭한 정치인이라고 생각합니다.

윤민재: 총선 때도 종로, 중구 지역이 대표적입니다. 이민우 총재를 그 지역구로 내보내자는 것을 누가 결정했습니까?

김덕룡: 김상현 씨하고 YS가 후보를 정하는데 끝까지 정하지 못 한 곳이 종로, 중구하고 성북구였습니다. 여기 후보자를 끝까지 결정하지 못 하고 거의 한 달 전까지도 결정 못 했어요. 그런데 종로, 중구가 핵심지역이죠. 여기에서 승리하기 위해 모든 노력을 집중해야 한다고 생각했어요. 그래서 책임지고 종로, 중구는 YS가 후보를 만들었고, 성북은 김상현 의원이 추천하기로 했어요. 그래서 이철 의원을 추천하게 되었고 종로, 중구는 이민우 총재가 추천되었죠. 그런데 이민우 총재는 '하루도 종로 중구에 잠을 자 본 일 없는 사람인데 내가 어떻게 하느냐'며 거절했습니다. 그때 이민우 총재가 김동영 지역 선거구에 지원을 하러 갔는데 그때 제가 서울에서 거창으로 내려갔습니다. 그날 눈이 내려 차가 움직이지 못할 정도로 힘들었는데 밤늦게 이민우 총재를 만나서 밤새도록 설득했습니다. "민주주의를 위해서 몸을 던지십시오." 애걸복걸했죠. 그래서 어느 정도 이야기가 먹힐 수가 있겠다 싶어서 제가 서울의 김영삼 전 대통령에게 연락을 했습니다. "내일 이민우 총재가 부산에 가는데 부산 내려와서 마지막으로 설득을 하십시오."라고 말씀드렸습니다. 그래서 YS께서 직접 부산으로 가서 이민우 총재를 만나고 마주왕 몇 병을 같이 드시면서 설득을 밤새 한 겁니다. 그 래서 이민우 총재가 결심을 했지요.

윤민재: 그럼 자금 지원을 포함한 모든 지원을 하게 된 건가요?

김덕룡: 그렇죠. 제가 민주산악회 전 회원들을 거기다 다 투입했죠. 일화인데 그 당시만 해도 운동 방법이 별거 없었습니다. 창신동 주변 쪽을 집집마다 우리 산악회 회원들이 방문하였습니다. 그 당시는 전화도 별로 없을 때입니다. 은행에 가서 10원짜리 동전을 하루에 몇만 원씩 바꿔가지고 회원들을 전화운동원으로 만들어 공중전화를 돌리게 했죠. 전화번호부에 나와 있는 종로, 중구 가정에는 전부 전화를 하는 겁니다. 그리고 집집마다 방문을 했어요. 수백 명이 온몸으로 뛰었습니다. 그리고 유세장엔 청년 학생들이 와서 소리 지르고 그랬죠. '군부 통치 종식, 개헌해야 한다'고 소리치고 박수치고 연호하고 그랬죠. 그 당시는 합동 유세가 있을 때였으니까요. 여당 후보가 나오면 막 비난하고 소리치고 그랬어요. 그냥 분위기를 띄웠죠. 그런 소식이 점점 시내에 퍼지고 이것이 인천이나 서울 외곽도시에도 퍼져 내려갔죠. 이렇게 되니까 점점 분위기가 확산되기 시작했습니다.

윤민재: 그럼 그 당시에 지역구 공천을 할 때, 상도동과 동교동의 지분은 똑같이 나누었나요?

김덕룡: 지분으로서가 아니라 책임지고 할 사람이 없으니까 후보를 만들어야 된다고 생각했습니다. 이철이라고 사회학과 후배가 있는데 사람들이 성북구에는 사형수 이철을 공천하자고 했어요. 그래서 제가 김상현 씨와 동교동 쪽에서 특별히 공천하기로 한 곳이니까 김상현 씨에게 연락을 했죠. 이철이란 사람이 나온다면 여러 가지로 유망한 후보가 되는 것 같으니까 접촉을 해달라고 부탁을 했습니다. 우여곡절 끝에 제가 제안을 했죠. 처음엔 이철 의원이 갑작스런 일이어서 몇 차례 사양했다고 해요. 마지막 등록 임박해서 막판에 결정해서 나왔죠.

윤민재: 그 당시 총선 때 사용된 비용도 만만치 않을 것 같은데요. 물론 자원봉사나 자발적으로 참여한 것도 있지만 그럼에도 불구하고 많은 돈이 필요했을 것 같은데요. 동교동계와 상도동계가 똑같이 자금조달을 했나요?

김덕룡: 대부분 후보자들이 각자 조달을 했고요. 왜냐하면 YS도 정치 활동 않는 상황에서 그리고 그 당시에 중앙정보부나 권력이 얼마나 야당을 탄압했습니까? 기업인이 지원한다는 건 상상하기 어려웠죠. 당시의 선거제도, 언론 상황, 선거자금 등의 열악한 환경에서 군중집회 등을 통한 바람 선거에 집중했죠. 학생운동세력 등과 공동전선을 펴는 등 선택과 집중 전략을 구사, 우리의 선거 역량을 극대화하여 선거 혁명에 성공했다고 자부합니다.

윤민재: 그 당시에 창당 이후에 동교동계에 일정한 당직을 분배하게 되죠?

김덕룡: 그렇죠. 어쨌거나 50 대 50 원칙은 지켰어요. 그리고 이민우 총재나 YS가 당대표를 하게 되면 그 당시에 제일 중요한 자리인 사무총장은 동교동계에 주었습니다.

윤민재: 사무총장을 왜 동교동에 내준 겁니까?

김덕룡: 예. 사무총장은 정당에서 제일 중요한 자리니까요. 이쪽 상도동 계에서 당대표를 하니까 제일 중요한 자리인 사무총장은 동교동계에 준 것이죠. 일대일 원칙을 지키기 위해서였어요.

윤민재: 신민당이 본격적으로 출발하게 되면서 민한당에서 많은 사람들이 이탈하게 되죠?

김덕룡: 그렇죠. 신민당이 창당되면서 홍사덕, 김현규, 서석재, 박관용 이런 사람들이 1차 탈당을 하죠. 그리고 나서 2·12 총선에 승리를 하니까 거의 다 탈당해서 민한당이 무너지게 되었죠.

윤민재: 결국 나중에 참여하신 분들보다 처음에 탈당하신 분들이 굉장히 큰 각오와 용기를 갖고 하셨을 텐데요.

김덕룡: 그럼요. 김현규, 홍사덕, 박관용, 서석재 이런 사람들이죠.

윤민재: 주로 경상도 지역의 의원 분들이었죠?

김덕룡: 네.

윤민재: 여기에도 일종의 물밑 작업이 있었나요?

김덕룡: 김영삼 총재와 주변인들과 다 친분이 있었던 분들이죠. 서석재 의원은 비서도 했거든요. 박관용 의원은 당의 전문 의원도 했을 거예요. 홍사덕 의원도 저나 김영삼 총재하고 친분이 있었고, 김현규 의원도 학교 선후배 이런 친분이 있었죠.

윤민재: 주로 상도동계와 인연이 있던 분들이 많은 탈당을 하게 됐네요. 그러면서 신민당이 거대 야당으로 만들어지게 되고 민정당과 집권세력을 비판할 수 있는 거대 정당으로 발전하게 되는데요. 그러나 1987년도로 넘

어오게 되면서 정국이 또 한번 요동치게 되고 그 이후에 어떻게 보면 민주화가 어느 정도 달성된 이후에 본격적으로 야당이 분열되잖아요.

김덕룡: 이민우 총재가 민주화 5개항을 정부가 받아들이면 내각제 개헌을 할 수도 있다는 아주 모호한 이야기를 했습니다. 그 당시 야권의 정치적 목표는 직선제 개헌입니다. 체육관 선거가 아니라 대통령을 내손으로 직접 뽑는 그런 직선제 개헌을 해야 민주화가 이루어진다고 생각했기 때문에 대통령 직선제 개헌이 야당의 목표인데, 내각제 개헌을 이야기하는 것은 이치에 맞지 않는 일이죠. 그래서 김대중 전 대통령이 YS에게 '이거 안 되겠다 당신이 직접 당을 맡아서 해야 한다. 이민우 씨를 총재로 만들었는데 우리가 당에 들어가서 이전투구를 하고 이렇게 되면 문제가 생긴다'라고 했죠. 그때 이택돈 등이 왜 민추협이 신민당 일에 관여하고, 고문이 왜 그렇게 관여하느냐고 주장했어요. 그래서 그들이 고문 직무정지 가처분 신청도 냈어요. 그러니까 그 싸움에 끼어들면 국민들에게 큰 실망을 주게 되니까 우리가 다 빠져 나가서 따로 새 당을 만들자고 주장했습니다. 그래서 만든 게 통일민주당입니다. 그래서 김영삼, 김대중 두 분이 드디어 정당을 함께 창당하게 됐죠.

윤민재: 이민우 구상이 나왔을 때 개인적으로 찾아가서 왜 그런 구상이 나왔고 이 구상이 왜 잘못됐는지 거론을 하셨나요?

김덕룡: 그럼요. 제가 홍사덕 씨하고 가까운 친구인데 홍사덕 씨가 이민우 총재의 최측근으로 대변인을 했습니다. 그래서 홍사덕 의원이 많은 오해도 받고 그랬죠. 홍사덕을 설득해서 "어쨌든 이민우 총재가 그렇게 가선 안 된다. 이건 시대의 흐름과 대세에도 어긋날 뿐 아니라 정치적으로도 그건 있을 수 없는 일이다. 어쨌든 빨리 민주화 시대를 열어야 되는데 지금

내각제 개헌은 말도 안 되는 소리고 직선제가 아니면 안 된다. 두 분이 화해하도록 조정하자.”고 말했습니다. 저하고 홍사덕하고 두 분이 만나는 자리를 몇 번 만들었습니다. 그런데 끝내 그게 잘 되지 않았어요. 일부에서는 이민우 총재가 개인적인 집안 이야기로 오해가 있었다고 해요. 그런데 사실 주변에서 공작 정치가 작용하기도 했어요. 이민우 총재 주변 사람들도 자기들 욕심이 있었고 오해도 좀 있었고요.

윤민재: 주변 사람들은 누구를 말하는 거죠?

김덕룡: 측근들이란 게 있기 마련이죠. 원외 사람들이지만 비서나 그 외 다른 사람들이 있을 거고요. 그래서 결국은 우리가 민한당을 나와서 통일민주당을 창당하게 되죠.

윤민재: 그 당시에 많은 사람들은 그게 홍사덕 대변인의 작품 아니냐는 설도 있었는데요.

김덕룡: 그런 오해를 홍사덕 의원이 많이 받았죠.

윤민재: 그게 오해였나요?

김덕룡: 홍사덕 의원은 어쨌든 이민우 총재를 모셔야 되는 입장이니까 총재를 감싸고 보호하고 뒷받침할 수밖에 없었죠. 이민우 총재가 다른 길로 가려고 하다보니까 어차피 그런 비난을 받을 수밖에 없는 위치였죠.

윤민재: 이민우 총재가 혹시 자기세력을 확대해서 새로운 정당을 만들든지 아니면 누구로부터 개입 받지 않고 정치세력을 구축하겠다는 본인만

의 의식 같은 것이 있었나요?

김덕룡: 그런 생각도 가지고 있었다고 봅니다.

윤민재: 그러려면 많은 정치자금도 필요했을 텐데요?

김덕룡: 그건 권력이 도와줄 수 있다고 생각을 했겠죠. 왜냐하면 그것은 권력이 원하는 바였으니까요.

윤민재: 그때 당연히 중간 역할을 한 분이 이택돈, 이택희 이런 분들이죠.

김덕룡: 그렇죠. 그런 사람들이 중심이 됐죠.

윤민재: 어떻게 보면 당연히 장세동 안기부장 등의 공작도 있었을 것이고요.

김덕룡: 비민추협 사람들이 거기에 상당히 있었으니까요. 신민당을 만들 때 민추와 비민추를 50 대 50으로 했으니까. 거기에 그런 사람들이 많이 있었죠. 공작을 받을 수 있었겠죠.

윤민재: 그러면서 통일민주당이 만들어질 땐 상도동계, 동교동계 지분은 어떻게 나뉘어졌나요?

김덕룡: 50 대 50이었습니다.

윤민재: 당 이름만 바뀐 거지 사실은 똑같은 당이죠. 강령과 정책도 차이가 없었다고 봅니다. 그런데 6 · 10항쟁을 거치게 되면서 분열이 되잖아요.

김덕룡: 통일민주당이 만들어졌기 때문에 직선제 개헌운동을 하게 되었고 그 과정에서 6 · 10항쟁이 있었고 그리고 6 · 29를 만들어냈기 때문에 드디어 개헌이 이뤄지죠. 그 후 소위 제도적인 민주화가 이뤄지게 된 거죠.

윤민재: 10월 말, 11월 초가 되면서 당이 쪼개지고 분열이 되잖아요.

김덕룡: 그렇죠. 11월 초에 김영삼, 김대중이 각각 통일민주당, 평화민주당 대통령 후보로 선출이 되죠. 12월 19일 선거인데. 불과 한 달 조금 전이죠.

윤민재: 재야세력들도 양분되죠. 단일화세력도 있고 김대중을 지지하는 세력도 있고 비판적 세력도 있고요. 그럼 옆에서 지켜보셨던 분 입장에서 김영삼 전 대통령이 굉장히 고민이 많았을 것 같은데요. 김영삼 전 대통령도 이건 안 될 거다, 이거 도저히 단일화 안 될 거라고 예상하셨나요?

김덕룡: YS는 특유의 낙관적인 성격을 가지고 있죠. 두 분이서 여러 차례 만났거든요. 그럴 때마다 김대중 후보는 자기가 양보할 수 있을 것 같은 그런 류의 발언을 자주 하셨나 봐요. 김영삼 총재는 저한테 언제나 회담 끝나고 나오면 저한테 잘 된다, 걱정 하지 말라는 이야기를 김영삼 총재는 했습니다. 그리고 김대중 씨가 '나도 우리 주변 사람들 설득할 시간이 필요하지 않습니까? 그러니까 시간을 주셔야 합니다'라고 이야기했기 때문에 결국 양보하지 않겠는가하고 생각했습니다. 왜냐하면 그 당시 사회적 분위기가 소위 '비토세력'이라는 게 있었거든요. 4대 비토세력이 있었

어요. 첫째 군부가 비토하고 관료가 비토하고 영남세력이 비토하고 그리고 기업인들이 비토 한다고 했으니까요. 그리고 김대중 씨가 집권하면 쿠데타가 있을지도 모른다는 류의 소리도 있었기 때문에 과연 끝까지 나올 수 있겠는가 YS는 이런 생각을 하셨을 거라 저는 생각합니다. 그래서 저보고도 잘 될 것이라고 말하면서 50 대 50 이상을 달라고 하는데도 불구하고 후보전당대회를 하자고 했어요. 그쪽이 처음보다 더 많이 요구를 했고 우리는 요구대로 주겠다고 했는데도 그쪽에선 그걸 받아들이지 않았어요. 저는 "아니다. 김대중은 사실상 양보하지 않고 독자 후보로 나오려고 한다." 전 그렇게 생각했는데 김영삼 대통령께선 양보하리라고 믿었어요. 그리고 DJ 주변에서는 4자필승론이란 걸 주장한 사람이 많았어요. 주변에서 4자필승론을 주장하는 사람들과 측근이 많이 있으니까 김대중 후보가 절대 양보해선 안 된다는 사람도 있었겠죠. 그래서 결국 분열돼서 패배의 길로 가게 되죠.

윤민재: 김상현 의원 같은 경우 잔류하게 되잖아요. 잔류하게 된 건 김상현 의원이 김대중과 멀어졌기 때문에 그런 것도 있겠죠. 아니면 정치적인 시각으로 보았을 때 김상현 의원이 김영삼을 지지하는 게 맞다 해서 잔류하게 된 겁니까?

김덕룡: 김상현 의원은 김대중 쪽 사람이지만 누구보다도 정치적 동지였거든요. 그런데 김대중 후보가 탈당하는 것은 단일화를 깨고 나가는 것은 옳지 않다 그렇게 생각했겠죠. 명분상 옳지 않다고 생각했어요. 또 YS에 대해서도 호의를 가졌겠죠. 그동안 민추협을 만들고 활동하는 동안 김영삼의 남다른 지도력이랄까 인간적인 면에서의 김영삼에 대한 호감을 가지게 되지 않았나 생각합니다.

윤민재: 결국엔 단일화가 실패하게 되고 선거가 치러지게 되는데요. 정책캠프가 만들어지고, 많은 교수분들을 상도동에서 영입하게 되죠. 그때 김현철 씨가 나이는 어렸지만 어떠한 역할을 했나요?

김덕룡: 1987년 대선 땐 그렇게 많은 역할은 안 했고, 1991년 대선 땐 그런 역할을 했어요.

윤민재: 요즘엔 여론조사도 많이 하잖아요. 정당도 많이 하고 캠프에서 많이 하는데 그 당시도 그런 것이 있었나요?

김덕룡: 그런 건 많이 없었습니다. 그 당시는 사회적 분위기가 두려움 때문에 주변을 둘러보고 귓속말하던 시대입니다. 어느 정당 비판하거나 정부 비판하거나 그런 얘긴 감히 못 하던 시기입니다. 귓속말하고 서로 눈치 보고 그런 시대였죠. 예를 들면 2·12 총선 때 아침에 신민당이 돌풍을 일으켜서 승리하지 않습니까? 선거 다음 날 아침에 새벽에 출근하는 사람들이 버스, 전철을 타고 서로 눈 맞춰보면서 '저 사람도 나하고 똑같은 생각을 가지고 있었구나' 이렇게 생각했던 시대였어요. 서로 말을 못 하니까요. 그리고 서로 모르는 사람끼리 그날 아침 눈으로 인사를 했단 거 아닙니까. 가까운 사람들하고도 귓속말하던 그런 아주 험악한 시절이었는데 여론조사를 하기는 어렵죠. 인터뷰를 하게 되면 자기 신분이 드러나는데요. 여론조사란 기관도 별로 없었고요. 그런 것을 할 만큼 정당이 발전되지도 않았겠지만 사회 분위기상 여론조사가 어려웠죠.

윤민재: 그렇다면 김영삼 입장에선 분열되더라도 이길 수 있다는 전망을 가졌던 건 아닙니까?

김덕룡: 저희는 이길 수 있다 이렇게 생각을 했는데, 우선 이기기 위해서 우리가 우선 꼭 해야 했던 게 뭐냐면 민주화세력이라는 정통성을 확보하자는 것이었습니다. 그리고 무엇보다도 우리 약점 중 하나가 영남세력이 분열되어있기 때문에 부산, 경남 중심으로 붐을 일으키자는 것이 목표였습니다. 그 당시만 해도 야당은 조직으로서는 안 되고 자금도 없었지요. 그러니까 홍보전이 중요했어요. 그래서 대규모 유세를 준비했죠.

윤민재: 그때 민주산악회가 큰 역할을 하게 되었군요.

김덕룡: 네. 그래서 소위 부산 해운대에서 백만을 모으는 유세를 하지 않았습니까? 그리고 마지막에 서울 여의도에서 12월 12일 날 대규모 유세를 했죠. 왜냐하면 그 당시 세력은 12·12세력인데, 이 세력을 응징해야 한다고 본거죠. 그리고 당시 12·12세력의 최고 희생자였던 정승화 장군을 우리가 영입했기 때문에 열기가 대단했죠. 민주화세력의 정통세력, 반군부 투쟁의 정통세력, 이렇게 함께 간다면 시대의 큰 흐름이 민주화였기 때문에 우리가 승리를 할 수 있을 것이라고 보았죠. 우리가 자금이나 조직면에선 열악하지만 승리할 것이라는 기대를 했죠. 왜냐하면 12대 총선 때 그 험악한 사회적 분위기 속에서도 우리가 승리를 했으니까요. 당시는 그때보다 상황이 더 좋아졌으니, 이 선거에서도 승리할 수 있다고 보았죠.

윤민재: 정승화 장군을 영입하면서 더 낙관하셨겠네요. 그 당시 정승화란 분이 상당히 중요한 비중을 차지하는 분이었는데 영입하게 되면서 더 낙관하게 되셨겠네요?

김덕룡: 그렇죠.

윤민재: 사실상 김종필 씨를 제외하고는 후보 세분이 낙관하셨겠네요. 결과는 그렇게 안 됐지만요. 그런데 그 대규모 유세가 어마어마하게 컸죠. 여당은 당시 위기로 보았을 거 같은데요.

김덕룡: 1987년 대선에서 우리 측은 군정 종식이란 메인 슬로건을 선점하고 정승화 장군을 비롯한 반5공세력을 영입하는 등 기선을 제압하고 있었습니다. 제가 듣기로는 정승화 씨가 우리한테 오게 되니까 노태우 후보 측에선 진짜 충격이었다고 합니다. 그리고 실제 그 사람들이 여론조사를 했다고 합니다. 여론이 확 바뀌어서 뒤집혔다는 거예요. 그리고 우리가 대규모 유세에 성공하니까 여기에 지지 않으려면 자기들도 대규모 유세가 필요하다고 보았죠. 거기는 조직도 있고 돈도 있고 권력이 있으니까요. 그들이 제일 두려워했던 게 김대중, 김영삼이 중간에 사퇴를 하고 단일화할지도 모른다는 것이었습니다. 그래서 김대중 쪽이 사퇴하지 않게끔 모든 공작을 가했단 거죠. 그 이야기를 자세히 말할 상황은 아니지만 그러한 공작이 있었다고 봅니다.

윤민재: 공작이란 건 자금지원을 말씀하시는 거죠?

김덕룡: 그 당시 선거자금을 모금하는데 여러 가지 방법으로 지원했어요. 그리고 절대 단일화되지 않을 분위기를 만들도록 했고요. 한때는 저희가 사실 JP쪽과 단일화하려고 선거 도중에도 그런 시도를 했습니다.

윤민재: 그걸 누가 주도했나요?

김덕룡: 그때 그렇게 비중 있는 정치인이 시도한 것은 아니었습니다. 온양에서 만나려다 실패했어요. 그 다음 서울에서 한 번 만나려다 실패했는

데, 만약 이뤄졌더라면 변화가 있었을 텐데 아쉽죠.

윤민재: 상도동계에서는 JP 쪽에 무엇을 제안했나요?

김덕룡: 그 당시는 차기 대권에 관한 문제일 수밖에 없죠.

윤민재: 김영삼 대통령도 그런 생각에 거의 동의했나요?

김덕룡: 그렇죠. 단일화를 이루려고 했죠.

윤민재: 결국 안 됐군요. 제가 이각범 전 수석과 인터뷰했거든요. 이런 이야기를 들었습니다. 평민당이 만들어지고 통일민주당이 만들어진 다음에 문익환 목사의 제안으로 통합에 대한 제안이 있었다고요. 그게 어떤 내용인지요?

김덕룡: 대선이 끝난 뒤에 총선을 치렀잖습니까? 그 당시에 총선은 그 전까진 2인 1선거구였는데 여야가 협상해서 1, 2, 3 선거구 안이 만들어졌어요. 주로 2인 1선거구가 주가 되고 특별한 경우에 1인 1선거구와 소수의 1구 3인 선거구제의 협상을 해놨습니다. 그런데 갑자기 김대중 씨가 소선거구제 제안을 했습니다. 그때 대선이 끝난 직후에서 YS도 총재직을 사퇴하고 설악산에 들어가 계셨고요. 저도 비서실장에 대한 책임 때문에 사표를 내고 서울에 있었습니다. 그런데 김대중 씨가 소선거구제를 제안했는데 갑자기 YS가 소선거구제가 좋다고 하시는 거에요. 저는 정말 충격이었어요.

윤민재: 그러한 사정이 있었는지 몰랐나요?

김덕룡: 전 몰랐어요. 아니 어떻게 이런 일이 일어질 수 있는지 의심했어요. YS가 잘못된 판단을 한다는 게 있을 수 없는 일이라고 생각했습니다. 제가 주변에 있었다면 그걸 막았을 겁니다. 그런데 YS가 속리산으로 갔습니다. 제가 속리산으로 한달음에 가서 "이거 무슨 말씀입니까. 이거 안 됩니다. 절대 그래선 안 됩니다."라고 말씀드렸습니다. 저는 대선에서는 전국적으로 YS가 거의 지역에서 2등을 한 건 사실입니다. 호남에서도 2등하고 영남에서도 2등하고요. 그렇지만 우리 당이 1등한 건 드뭅니다. 소선거구제는 1등만 한 사람이 되는 거 아닙니까? 소선거구제를 한단 것은 야당이 분열돼서도 불리하지만 우리 입장에선 DJ보다도 더 불리한 겁니다. 절대 선택해선 안 되는데 왜 했을까 궁금해 했죠. 나중에 얘기 들어보니까 DJ가 문익환 목사를 통해 메시지를 전달했다는 거죠. 그것을 이각범 씨를 통해서 전달했다고 해요. YS는 이걸 받아들이면 야당이 통합할 수 있다고 보고 했단 거예요. YS는 통합을 한다면 승리할 수 있으리라 생각해서 받아들였다고 봅니다. 대체 왜 YS가 그런 오판을 했는지 이해가 안 되었습니다. 여태까지 사실 제가 의문을 풀지 못하고 있습니다.

윤민재: 이각범 교수는 본인이 직접 전달했다고 했습니다.

김덕룡: 그럼 이각범 씨가 진짜 잘못된 우편배달부 노릇을 한 거였죠. 그래서 결국 대통령선거에서 YS가 차점했지만 총선에서 제3당으로 전락해버리는 결과가 됐죠. 노태우 씨도 자기가 대승할 줄 알았는데 여소야대가 되었죠.

윤민재: 결국 득을 본 건 동교동 쪽이군요.

김덕룡: 그렇게 된 셈이죠.

윤민재: 그렇게 보면 김영삼 대통령도 통합이라는 그것 때문에 그런 제안을 받아들인 거군요?

김덕룡: 나중에 그렇게 들었는데 전 확인을 못 했습니다.

윤민재: 소선거구제가 채택되면서 여소야대가 이어지고 제1야당이 평민당이 되고 통일민주당은 제2야당으로 전락됐는데요. 일종의 4당 구도가 형성 됩니다. 여소야대 결과가 나왔을 때 김영삼 대통령의 반응은 어땠습니까?

김덕룡: 충격이었죠. 일종의 수모 같은 것이었죠. 그래서 어쨌든 뭔가 새로운 전환이 필요하다 이런 생각을 가지지 않을 수가 없었죠. 더구나 1988년 총선 치르고 1989년 영등포와 동해에서 보궐선거를 했어요. 영등포에서 우리가 3등을 했어요. 동해, 삼척에선 우리가 당선될 수 있는 좋은 후보를 냈고 민정당은 문제가 많은 후보를 냈습니다. 거기에 당력을 집중했습니다. 당시 서석재 사무총장을 투입했는데 거기서 부정선거 문제로 구속이 되는 그런 사태가 발생했죠. 그러니까 YS로서는 그런 수모가 없었죠. 그래서 뭔가 바꿔야겠단 생각을 했는데 아마 노태우 대통령 입장도 자기들이 소선거구제로 야권 분열 상태에선 대승할 걸로 생각했는데 도리어 여소야대로 되어버리니 어려움을 겪었죠. 그리고 노태우 대통령도 그 당시 대통령선거 때 막바지 궁지에 몰리니까 2년 후에 재평가 받겠다는 중간평가 공약을 했죠. 그러니까 노태우도 뭔가 변화가 필요했죠. 그 당시 DJ가 중간평가는 하지 않을 수도 있다는 발언을 했어요.

그래서 YS로서는 '김대중이 노태우랑 야합하려고 하는 게 아닌가' 하는 의구심도 가졌죠. 그래서 우리는 4당체제의 변화를 만들어야 되겠다는 생각을 했어요. JP 측과 접촉을 해서 한때 JP와 골프 회동도 하는 등 분위기를 조성하고 있는 중이었습니다. 그런 중에 노태우 대통령 측에서 우리 측에 접촉을 해왔어요. 나중에 알려졌는데 김대중 쪽에도 접촉하고 우리에게도 접촉하고 JP도 접촉한 것 같았습니다. 정책연합이니 연정이니 합당이니 그런 이야기들이 차츰 언론에 보도가 되고 4당체제에 뭔가 변화가 있을 것 같은 분위기가 있었습니다. 청와대 측에서 황병태 의원을 접촉한 걸로 알고 있어요. 근데 YS 입장에선 이건 자칫 잘못하면 엄청난 도박이 될 수도 있는 거였죠. 고민하다가 저한테 '황병태가 지금 접촉이 와서 이런 저런 이야기를 하는데, 같이 만나보라. 그리고 이건 누구한테도 얘기하지 마라. 제일 가까웠던 김동영 의원에게도 이야기하지 마라'고 저에게 얘기하더라고요. 그래서 황병태 의원하고 제가 박철언 의원을 만나고 그때 민정당 사무총장 박준병 씨도 같이 만났죠.

윤민재: 그때 박철언 의원 같은 경우에 이런 얘길 하더라고요. 원래 구상한 게 보수와 혁신의 구도였고 원래 4당은 다 보수세력이기 때문에 재야세력과 평민당 일부 세력이 혁신이라고 보았다는 거죠. 이렇게 나눈 게 자기의 구상이었던 4당 통합은 가능할 것이라고 보고 일을 진행했다고 했습니다. 근데 황병태 의원 같은 경우 원래 비서진 출신도 아니었고 정통 정치인 출신도 아닌데 왜 그분이 중요한 협상에 참여하게 되었나요?

김덕룡: 황병태 의원은 대학교수를 하다가 왔는데, 그분이 아주 말을 시원시원하게 잘합니다. YS 주변에는 말하자면 전문 정치인들이 많아도 학자 출신이나 그런 사람은 별로 없었어요. 어쨌든 YS는 신선하게 황병태를 봤습니다. 그리고 황병태 의원은 당시 민주화 투쟁을 하거나 그런 사람이 아니어서 구 민정세력들에게도 신뢰를 줄 뿐 아니라 거부감이 없었죠. 같이 싸우고 투쟁한 일이 없으니까요. 도리어 그 사람들하고 그전부터 서로 같은 생각을 가졌던 사람이니까요. 그리고 저 쪽에서 볼 땐 황병태 의원이

YS의 신임도 상당히 받고 있다고 보았죠.

윤민재: 거기다가 선생님이 합류해 두 분이 민정당, 청와대와 대화할 수 있는 통로가 되신 거군요. 대화를 하시면서 결국 DJ와 박철언 의원이 따로 만나서 협상도 하고 그랬다던데 그 당시에 알고 있었나요?

김덕룡: 나중에 알게 됐죠. 처음엔 그냥 통일민주당과 민정당이 합당을 하자고 했어요. 거의 다 합의가 다 이루어졌는데 JP문제가 나왔죠. 민정당 자기들도 이미 접촉을 하고 있었다고 했어요. 또 우리도 한때 JP와 연대해서 해볼까 생각이 있어서 골프 회동도 하고 이랬기 때문에 받아들이게 된 거죠. 그래서 통합으로 갈 거면 같이 해버리는 것도 좋겠다고 결론을 냈죠.

윤민재: 그러면서 당연히 DJ 쪽은 배제가 된 거죠.

김덕룡: 그럼요. 단일 정당을 만들 수는 없는 거니까요. 그렇게 되면 북한같이 일당체제가 되는데 불가능한 일이었죠.

윤민재: 1988년 9월 달에 박철언 씨하고 김영삼 대통령이 직접 만나더라고요. 기록을 보면 상도동에서 만났다고 하더라고요. 박철언 씨가 직접 찾아온 거죠. 그때 김영삼 대통령의 회고록을 보면 이런 말씀하셨다고 하더라고요. "김대중은 신뢰할 수 없는 사람이다. 그리고 좌경화되어 있다." 그런 얘길 했다 그래요. 그리고 또 하나는 그 다음에 그게 출발점이 되어서 지속적으로 박철언 의원을 대표로 하는 여당과 상도동이 만나게 되는데 결정적으로 1989년도 3월 달에 중간평가 유보를 합의하게 된 거죠. 상도동 계에서도 처음부터 중간평가는 안 된다고 생각하셨나요?

김덕룡: 아니요. 우리는 중간 평가해야 한다는 입장이었죠. 김대중 쪽에서는 중간 평가를 꼭 할 필요가 없지 않느냐는 입장이었고요. 저쪽에 일종의 정치적인 제안을 한 셈이죠. 우리로선 야합을 하는 거라는 인상을 받았죠. 우리가 제1야당의 자리를 빼앗겼는데 자기들끼리 밀어준다고 의심을 가질 수밖에 없었죠.

윤민재: 완전히 통일민주당을 고립화시켜버리는 야합이 있다는 의심을 계속했다는 말씀이군요.

김덕룡: 네. 그래서 우리가 JP하고 연대할 수 있는 것도 방법이라고 보았죠. 그래서 골프 회동도 한 거였고요.

윤민재: 그러다가 1989년도 3월 달에 기록을 보니까 중간 평가 유보를 합의하더라고요. 김영삼 대통령하고 청와대 쪽하고요. 지금도 논란이 많은데 금품수수에 관한 이야기가 나와요. 박철언 의원이 정치자금을 줬는데 거기에 대한 기록을 갖고 있다는 거죠. 본인도 사진을 찍어서 책에 남겼잖아요.

김덕룡: 정치자금은 통합한 뒤에 정치자금 말하는 거 아니에요? 통합 전입니까?

윤민재: 1989년도 3월 달에 중간 평가를 합의하게 되면서 정치자금을 줬다는 거죠.

김덕룡: 제가 알기로는 통합한 뒤에 노태우 대통령이 당 총재였으니까 당연히 당 운영 경비를 총재가 주는 그런 거였죠. 그런 것으로 박철언 의

원이 일종의 배달부 역할을 했을 거라 생각해요. 그러한 내용에 대해서는 잘 모르겠습니다.

윤민재: 그 과정에서 상도동계와 동교동계가 서로 의심하였지만 양측의 대화 통로가 없었나요?

김덕룡: 그 당시는 그런 대화의 채널은 별로 없었어요. 이미 갈라져서 싸웠기 때문에 상당히 적대적인 관계였죠. 의원들 간에 개인적으로야 접촉도 하고 친한 인간적인 관계를 가지고 있었지만 정치적인 면에선 대척적인 입장에 있었죠.

윤민재: 결국 대화 통로가 없이 그렇게 된 거군요. 그리고 1990년 1월 달에 합당되죠. 합당하기 이전에 3자가 합의를 본 구체적인 내용들이 뭔가요? 언론에 공식적으로 발표된 거 말고요. 정말 큰 줄기에서 서로 합의를 본 게 어떤 건가요? 내각제 문제 말고요.

김덕룡: 문서로 합의한 건 아니지만 어쨌든 정국 안정을 위해서 합당을 하고 그리고 정권 운영과 다음 대권을 함께 공유를 할 수 있다는 거죠. 말은 하지 않았지만 차기 대권은 YS에게 주고 당 운영할 수 있는 당권도 실제적으로 넘겨준다는 거죠. 서로 공감대가 형성되었죠.

윤민재: 거기에 대해서 박철언 씨도 암묵적으로 동의했나요? 그런 이야기도 했고요?

김덕룡: 그렇죠. 그런 이야기를 했고요. 박철언 의원은 대신 내각제로 개헌하게 되면 그걸 자기가 뒤집을 수 있다고 생각했겠죠. 그래서 JP를 팔

아서 자꾸 내각제 이야기를 했어요.

윤민재: 본인도 하고 싶었는데 그 얘길 못 하니까 김종필 씨를 동원해서 한 거군요.

김덕룡: 네. 내각제로 가면 자기가 집권할 수 있다고 생각했겠죠.

윤민재: 그런 생각에 대해서도 상도동에선 간파했나요?

김덕룡: 그럼 물론이죠. 우리는 내각제는 절대 안 된다는 입장이었어요. 만일 내각제를 한다면 그것은 완전히 우리를 파산시키는 것이라고 보았죠.

윤민재: 처음부터 박철언 의원의 의도를 간파하고 있었나요?

김덕룡: 그럼요. 박철언 의원이 제일 처음에 내각제 이야기해서 나는 "더 이상 협상은 끝났다. 그냥 가자. 헤어지자." 신라호텔에서 만나서 그렇게 이야기했어요. 그리고 "무슨 내각제, 말도 안 되는 소릴 하고 있느냐? 그런 이야기하려면 더 이상 이런 자리 필요 없다." 단호하게 했죠. 그랬더니 황병태 의원이 저보고 더 이야기하자고 자꾸 붙들었어요. 그래서 제가 노발대발했죠. 무슨 소리냐고 내각제가 말이 되느냐고 소리쳤죠.

윤민재: 그걸 김영삼 대통령도 알고 있었나요?

김덕룡: 물론이죠. 김영삼 대통령도 당연히 내각제는 말도 안 된다고 생각했죠.

윤민재: 진노하셨나요?

김덕룡: 그렇죠. 내각제는 있을 수 없는 일이라고 분명히 말씀했습니다. 그래서 황병태 의원을 불러서 내각제는 안 된다고 YS가 이야기했죠.

윤민재: 근데 결국 문서로 유출되면서 사건이 커졌죠?

김덕룡: 그때 만들어진 것이 아니었고요. 나중에 통합한 이후 전당대회, 통합 전당대회가 5월에 있었는데 그때 형식으로 써낸 거고 JP가 자꾸 해달라고 하니까 대표직을 선출해야 되는데 할 수 없이 그렇게 된 거죠. YS가 당대표로 선출돼야 하지 않습니까?

윤민재: 없는 것으로 할 테니까 형식적으로만 하자는 입장이었군요.

김덕룡: JP를 달래기 위해서 전당대회를 치러야 하니까 그렇게 하자는 것이었죠.

윤민재: 그럼 박철언 의원과 김영삼 대통령도 형식적으로 쓰는 거니까 하자는 거였군요. 전당대회를 무사히 끝내야 되니까요. 그런 차원에서도 청와대나 박철언 의원은 이해하고 있었나요?

김덕룡: 아니죠. 박철언 의원은 나중에 어쨌든 내각제로 가려고 했어요.

윤민재: 김영삼 대통령은 형식적으로 일단 전당대회를 끝내야 된다는 입장이었군요. 그런 차원에서만 생각을 하신거구요.

김덕룡: 그렇죠. 통합은 이미 해놨고요.

윤민재: 서로 너무나 시각이 다른 거였네요. 막상 썼지만요. 근데 이게 유출이 돼 버리잖아요. 그럼 상도동 쪽에선 의도적인 노출로 해석을 했나요?

김덕룡: 그렇죠. 공작이다 생각했죠. 그래서 YS가 당무를 거부하고 마산으로 갔어요. 그리고 공세를 취하고 당을 깨겠다는 식으로 나가니까 노태우 대통령이 회담을 하자고 했어요. 다 없었던 걸로 하겠다는 말을 했었죠.

윤민재: 그 진실은 뭔가요?

김덕룡: 노태우도 그걸 원치 않았다는 거죠. 그건 노태우 대통령도 박철언 의원한테 속은 거죠. 박철언 의원은 권력을 잡겠단 야심이 있었겠죠.

윤민재: 이런 말도 있습니다. 내각제 문서는 박준병 사무총장 서랍에서 나왔다는 거죠. 근데 그건 있을 수 없는 일이라는 말도 있습니다. 그건 누군가가 허위 사실을 흘린 거지 민정당 측은 의도도 없었고 그렇게 하지도 않았다는 겁니다. 그 사무실에 그런 게 있을 수 없었다는 이야기도 많습니다.

김덕룡: 저도 그런 각서가 있으리라고 상상도 안 했죠. 저는 내각제 문제를 끝까지 거부했으니까요. YS도 분명히 내각제 절대로 안 된다는 입장이었고 저도 그런 생각을 가지고 있었고요. 통합 협상 땐 더 이상 그 이야기는 일체 없기로 하고 더 이상 나온 일이 없었거든요.

윤민재: 형식적으로 하셨잖아요.

김덕룡: 난 그것도 몰랐죠. 그것이 언론에 보도 되고야 안 거고 저도 깜짝 놀란 거죠.

윤민재: 그럼 그 당시 서명한 거에 대해 아주 극히 소수의 사람만 알고 있었다는 건가요.

김덕룡: 황병태 의원도 몰랐을 거예요.

윤민재: 어떻게 보면 김영삼 대통령이 조금 낙관적으로 생각하고 이거 별거 아니라고 그냥 하실 수도 있겠네요.

김덕룡: 그렇다고 생각합니다.

윤민재: 문제의 심각성을 못 느끼신 거죠?

김덕룡: 우리 주변 모두가 놀랐죠. 놀랐지만 이건 정치 공작이라고 생각했어요.

윤민재: 그때부터 어떻게 보면 박철언 의원과 상도동계가 같은 당이지만 돌아올 수 없는 다리를 건너게 되죠. 그러면 오랜 시간 동안 소중한 말씀 감사합니다.

윤민재: 오늘은 지난번에 이어 김덕룡 전 장관님을 모시고 두 번째 구술 인터뷰 시간을 갖도록 하겠습니다. 그 당시 기록에 보면 1990년 2월 달에 황병태 의원, 박철언 의원, 김영삼 대통령이 만나서 본격적으로 3당 합당에 관한 이야기를 나누었다고 하는데, 그 가운데 소련 방문 이야기가 있습니다. 김영삼 대통령께서 박철언 의원한테 동행을 제안했다는 것인데요. 그런데 그 당시 이것이 큰 논란이 되었다고 합니다. 왜 이것이 당시에 큰 갈등의 원인이 되었는지요?

김덕룡: YS가 당의 대표 최고위원이고 박철언 의원은 정무장관이었습니다. 그런데 소련을 방문하는 것은 수행원의 일인데 박 의원은 수행이 아니고 동행이라고 했어요. 말하자면 김영삼 대표와 자신을 동격으로 본거죠. 그러한 발언 때문에 오만성의 문제가 제기된 거죠. YS는 민정계의 오만함을 꺾어야 된다고 생각했고 그 일환으로 박철언을 응징하는 발언들이 나오면서 갈등이 빚어진 겁니다.

윤민재: 그럼 사전에 노태우 대통령하고 조율이나 양해의 이야기는 없었나요?

김덕룡: 소련 방문과 관련해선 물론 대통령하고 사전 양해가 됐죠. 왜냐하면 그전에 YS가 야당 총재 자격으로 러시아 지도부를 만나는 기회를 주었거든요. 야당 총재로선 큰 역할을 한 것이었죠.

윤민재: 이 사건 이후에 박철언 장관이 사퇴를 하게 되고 그 다음 김윤환 의원이 정무장관으로 임명되더라고요. 어떻게 보면 굉장히 중요한 자

리가 교체가 되는 사건이 되죠. 김윤환 의원이 새로 정무장관이 됐을 때 김영삼 대표께서도 김윤환 의원이 합리적으로 정치를 하고 자신을 보좌할 것이라고 생각했나요?

김덕룡: 당시 민자당의 정무장관은 특별한 자리였습니다. 정부에선 장관이 당에선 중요 4역의 한 사람입니다. 당시 대표최고위원하고 사무총장, 원내대표, 정책의장 그리고 정무장관이 매주 당에서 두 번씩 회의 했습니다. 그러니까 정무장관은 굉장히 중요한 자리였지요. 박철언 장관이 노태우 대통령의 측근으로서 그러한 내용의 당헌도 자기가 고친 겁니다. 이전에 정무장관은 그냥 정부 장관 중의 한 사람이었는데 자기 위치를 높이기 위해서 정무장관의 위상을 강화시켜 놓았죠. 그런데 그 당시 박철언 장관이 야심을 가지고 있으니까 다른 세력들은 반발을 했어요. 그래서 마침 수행·동행 문제가 나오니까 김윤환 의원 등의 반월계수계 사람들이 YS의 편을 들고 박 장관을 견제하기 시작한 거죠.

윤민재: 민정계가 분열되기 시작한 거군요.

김덕룡: 그렇죠. 신민주계를 표방하는 계기가 되었고 김윤환 의원이 신민주계의 대표 주자로 나오면서 바로 정무장관 자리에 오르게 되었죠.

윤민재: 어떻게 보면 박철언 의원이 초반기에 권력의 자리에서 조금씩 멀어지고 당으로부터 소외되는 그러한 과정이군요.

김덕룡: 너무 지나친 과욕으로 혼자 달리다가 결국은 스스로 무너지는 그런 계기가 된 거죠.

윤민재: 동행이나 수행이나 어떻게 보면 큰 차이가 없을 수도 있지만, 수행이라고 인정했으면 큰 변화는 없었을 거 같습니다.

김덕룡: 그렇죠.

윤민재: 민자당 내부가 월계수회와 반월계수회로 갈라지게 되면서 새로운 신민주계가 등장하게 되었습니다. 그런데 민자당 내부에서도 강력한 반YS세력들이 더 확산되잖아요. 그들이 그러한 입장을 표명한 나름의 이유가 있을 거라고 생각됩니다.

김덕룡: 그 당시 구민정계가 다수이고 민주계는 소수에 불과한 상황이었는데 다음 대통령 후보가 민주계 김영삼이라는 분위기가 확산되었죠. 그래서 자기들이 주류인데 어떻게 민주계에 다음 대권을 물려줄 수 있겠느냐는 문제가 있었죠. 민정계가 결집해 다음 대권을 우리 쪽에서 가져야하지 않겠냐고 생각했을 겁니다. 그래서 이종찬 의원이나 박태준 의원 등을 중심으로 세력을 결집하고 있었습니다. 그들이 YS에 대해 부정적이었죠.

윤민재: 대세를 몰고 가는데 물론 상도동계의 역할도 매우 중요했겠지만 김윤환 의원이 중요한 역할을 했다고 생각합니다. 김윤환 의원이 막강한 권한을 갖고 있었나요?

김덕룡: 거기에는 민주화 쪽으로 가지 않을 수 없다는 시대의 큰 흐름이 영향을 미쳤습니다. 그리고 국민들의 YS에 대한 지지도 커지니까 더 이상 민정계가 대통령을 한다는 것은 국민정서나 시대적 흐름에 맞지 않는다는 생각도 있었습니다. 또 김윤환 씨는 포용하는 성격의 소유자이죠. 또 노태우 대통령하고 동기 동창이면서 노태우 대통령이 신뢰하는 인물이어서 노

태우 대통령에게 편안하게 자기 생각을 이야기할 수 있는 정치적 위상이 있었기 때문에, 김윤환 씨의 판단이 큰 영향을 주었습니다.

윤민재: 그렇다면 노태우 대통령도 3당 합당 이후에 YS를 차기 후보로 염두에 뒀단 말씀이신가요?

김덕룡: 여소야대의 정국에서 정국의 안정이 매우 중요했다고 생각을 했을 겁니다. 정권의 안정을 위해 노태우 대통령은 YS가 대통령이 되어야 한다고도 생각을 했다고 봅니다.

윤민재: 그 당시 일설에 의하면 노재봉, 노신영 같은 분들도 후보자로 부상되기도 했는데요.

김덕룡: 그렇게 생각했을 겁니다. 가능하면 민정계에서 다음 정권 승계자를 내고 싶었겠죠.

윤민재: 김영삼 대통령께서 그런 공작이나 공격이 있었을 때 직접 노태우 대통령을 찾아가서 담판을 짓는 일이 많았죠?

김덕룡: YS가 특유의 공격적인 방법으로 선언을 했습니다. YS 책임하에 치른 1996년 총선에서 크게 승리하지 못한 이유는 후보를 가시화하지 않았기 때문이었다고 주장했죠. 누구든지 경쟁할 사람 있으면 같이 경쟁해도 좋으니 빨리 후보를 선출하라고 선언을 했죠. 그러니까 YS가 선제공격을 먼저 한 셈이에요.

윤민재: 1992년 선거를 앞두고 박철언 의원이 탈당의 움직임을 보이기

시작했습니다. 그때 기록을 보니까 최형우 의원이 직접 만나서 탈당하지 말고 도와 달라고 말했고, 김영삼 대통령께서도 직접 만나서 그런 제안을 했는데 거절하고 탈당을 하게 되죠. 그때 구체적으로 제안한 내용이 무엇인지요?

김덕룡: 어쨌든 우리로선 민정계를 다독거려서라도 잘 데리고 가야 다음에 집권을 할 수 있다고 보았습니다. YS는 포옹의 정치를 하겠단 생각을 가지고 있었거든요.

윤민재: 박철언 의원의 회고록을 보면 그 당시 탈당을 막으려 애기가 진행되는 중에 김영삼 대통령께서 '다음에 당신이 나오면 될 가능성이 높으니 탈당하지 말라'는 이야기도 했다고 기록되어 있더라고요. 사실입니까?

김덕룡: 열심히 하면 당신에게도 기회가 올 수도 있는 것인데 그렇게 조급하게 극단적인 결정을 해선 안 되는 거라고 말했겠죠.

윤민재: 그 당시 선생님도 직접 만나본 적 있나요?

김덕룡: 저도 업무상 만난 일이 있죠.

윤민재: 그때 박철언 의원은 단호하게 거절하던가요?

김덕룡: 기억이 확실치는 않은데, 더 이상 여당에 있기가 어려웠어요. 우리는 박철언 의원의 주변세력을 차단해서 혼자 떠나게 하고 나머지를 잔류시키고자 했죠. 그래서 가장 측근인 강재섭 의원을 설득을 했죠.

윤민재: 박철언 의원은 강재섭 의원이 당연히 따라올 줄 알았을 텐데, 굉장히 충격을 받았겠네요.

김덕룡: 그렇죠. 박철언 의원에게는 큰 타격이었죠.

윤민재: 이종찬 의원도 나왔지만 결국 압도적으로 김영삼 대선 후보가 후보자로서 당선 됐습니다. 그런데 그 당시에 민자당 내에서 유수호, 장경우 같은 분들이 탈당했거든요. 근데 재밌는 건 그분들이 대부분 정주영 회장이 창당한 국민당으로 가게 되죠. 그러한 현상들을 당시 예상하셨나요?

김덕룡: 그때 탈당한 민정계 세력들은 정주영과 합쳐 당을 만들었죠. 당시 DJ는 안 된다는 사회적 분위기가 있었어요. 비토세력은 첫째가 군인이고 그 다음으로 관료, 영남, 기업인이었기 때문에 김대중 후보는 안 된다고 보았습니다. 그리고 YS 하고 싸울 수 있는 사람을 찾아야 되는데, 자기들이 정권을 만들 수도 있지 않겠느냐는 생각을 영남 사람 중심으로 하고 있었던 거 같아요. 그중에 정주영 씨가 그런 야심을 가지고 정치계에 뛰어들어서 당을 만들게 됐죠.

윤민재: 박철언 의원도 그쪽에 가담하게 되잖아요. 선거에선 300만 표가 넘는 표를 획득했더라고요. 근데 그 표가 만약 김대중 후보에게 갔으면 역전되는 거죠.

김덕룡: 그곳으로는 갈 수 없는 표들이었죠.

윤민재: 보수적인 표고 영남 수가 많았기 때문에 그렇게 됐겠죠. 그래도 국민당이 그 당시에 돌풍을 일으켰잖아요. 그때 초원복집 사건이 터지게

되죠. 그게 굉장한 위기였는데요.

김덕룡: 지금 비서실장을 맡고 있는 김기춘 실장이 법무부장관을 그만 두고 선거가 10일도 안 남았는데 부산에 가서 기관장들 모아 대책회의를 했습니다. 김기춘 씨는 YS와 같은 거제 출신이고 경남고 후배입니다. 경남 고 입학에 YS의 아버지가 도움을 주신 것으로 알고 있죠. 그런데 YS가 야 당에 있을 때 김기춘 씨는 검찰에 있으면서 중앙정보부 국장을 지냈어요. 그때가 YS가 중앙정보부로부터 많은 탄압을 받던 시기였어요. 그래서 YS 는 자신의 도움에도 불구하고 자신을 탄압하는 쪽에 선 김기춘 씨에 대해 부정적인 생각을 가지고 있었어요. 그걸 왜 김기춘 씨가 몰랐겠습니까. 그 래서 다음 대통령은 YS인데 YS하고 화해할 길이 없겠나 생각을 했겠죠. 그래서 YS 선거를 도와주는 일을 해야겠다고 생각을 해서 그런 회의가 열 린 겁니다. 대책회의를 했다는 것은 여당 후보로서는 불리한 일인데 거꾸 로 그걸 불법 도청사건으로 만들어서 공작 정치를 비판하게 되죠. 결국 여 론이 역전되고 선거의 승기를 잡게 되었죠.

윤민재: 불법 도청 시각으로 전환시킨 것은 누구의 아이디어인가요?

김덕룡: 우리 측 참모들이 그렇게 바꾸었죠. 처음엔 큰 걱정이었죠. 그 래서 결국 불법 도청사건 성격을 부각시켜 유리한 부분으로 이끌어가는 전략을 세우게 된 겁니다.

윤민재: 당시 언론들도 선거 개입보다는 불법 도청에 더 초점을 맞추었 던 것 같습니다. 어떻게 보면 언론도 선거의 대세를 읽고 그 흐름에 편승 한 거 아닌가요?

김덕룡: 언론도 불법 도청인 것을 아니까 하나의 흥미로운 기사가 된다고 본거죠.

윤민재: 그런데 관권 개입은 분명한 거죠.

김덕룡: 근데 김기춘 씨는 공식 선거운동원도 아니었고 당시에 YS가 대통령이 되어야 한다고 보고 자발적으로 뛰어든 겁니다.

윤민재: 일종의 과잉 충성인가요?

김덕룡: 과잉 반응을 한 거죠. 저희는 불법 도청과 정주영 씨가 주장한 반값 아파트 건설을 공격했어요. 그것을 일종의 포퓰리즘으로 규정한거죠. 정주영 씨를 찍게 되면 DJ를 당선시키는 거라고 주장했죠. 반DJ 정서를 이용해 '정주영을 찍으면 DJ를 도와주는 것'이라고 이야기했습니다. 그리고 정치와 경제는 분리되어야 하지 않느냐는 논리를 강화시켜 나갔죠.

윤민재: 한편으로 보면 선거 전략의 일환이었을 수도 있지만, 그 당시에 국민들 사이에서 유행된 말 중 하나가 '우리가 남이가'라는 것이었죠. 한국 사회의 병폐인 지역주의가 전형적으로 녹아든 상징적 표현인데요. 김영삼 대통령이 최초의 문민대통령이자 민주화의 대장정을 이끈 분으로 현대사에서 중요한 의미를 갖지만, 3당 합당이나 1992년 대선 과정에선 지역주의를 이용한 거죠.

김덕룡: '우리가 남이가'라는 것은 원래 노태우 대통령 시절에 집권세력이 YS를 지지하는 PK세력을 끌어들이기 위해서 말한 거였어요. 저희는 지역주의는 아니었고 문민시대를 열고 민주화 시대로 가기 위해서는 소위

박정희, 전두환, 노태우의 영남세력을 끌어들이지 않고는 불가능하다고 본 겁니다. 이미 지역주의는 그전에 박정희 시절 김대중 후보와 싸운 대통령 선거 때 나온 겁니다. 그 당시 TK를 중심으로 한 민정세력이 너무 강했기 때문에 민주화로 가기 위해서는 민정계를 끌어들여야 했습니다. 문민시대를 만들기 위해선 통합이 필요했죠. 물론 그것이 YS의 대통령 욕심이라고도 하겠지만 그렇지 않으면 소위 군부 추종세력이 또는 이종찬이든 박태준이든 등이 나와서 3파전, 4파전으로 싸우게 되면 또 민정계가 정권을 가져가게 되는 거죠. 그래서 3당 합당을 했죠.

윤민재: 그러한 우려 때문에 불가피하게 3당 합당을 했다는 말씀이군요. 그러나 3당 합당이 한국 사회에 남긴 병폐와 문제는 쉽게 간과될 수 없는 문제입니다. 당시 정치에 참여했던 당사자들이 반성해야 할 문제라고 봅니다.

김덕룡: 군부정권의 고리를 끊기 위해서는 3당 통합을 하지 않을 수 없었습니다. 이것을 호남을 고립시키는 일이라고만 생각하면 안 됩니다. 우리는 호랑이를 잡기 위해서 호랑이 굴로 뛰어 들 수밖에 없었습니다. YS는 반독재 민주화 투쟁을 한 의회정치인입니다. 혁명가가 아닌 의회주의자로서 군사정변으로 점철된 정치지형에 종지부를 찍기 위해서는 분열된 야당으론 불가능하다고 생각해 왔습니다. 비정상적인 정치 구도를 깨뜨리고 의회주의적 방식으로 선거에 의한 군정시대를 종식시키기 위한 최후의 수단으로 3당 합당을 선택한 것으로 봐야 합니다. 이런 YS 특유의 승부수로 문민시대를 열었고요. 결과적으로 YS가 3당 통합을 했기 때문에 민주화 시대가 개막된 것입니다. 그런 3당 통합의 의미를 일부 학자들은 논리적으로 잘못 생각해서 지역주의를 심화시켰다고 하는데 지역주의는 그전에 이미 존재 했던 것입니다. 도리어 지역주의를 깰 수 있는 계기를 만든 것인

데 그걸 일부 학자들이 잘못 판단하고 평가하고 있다고 봅니다.

윤민재: 그런데 3당 합당이 결정되었을 때, 나중에 꼬마 민주당으로 남게 되는 분들도 반대해서 탈당했지요.

김덕룡: 사실 3당 합당에 반발해서 탈당했던 사람은 노무현, 김정길 정도의 사람들이었습니다. 그러다가 이기택 씨가 나중에 탈당했죠. 그런데 이기택 씨는 각 정파에서 다섯 명씩 뽑은 사람들로 구성된 15인 추진위원회에서 자신이 민주계 간사가 되지 못한 것에 반발해서 나갔던 겁니다. 최형우 의원은 초기에 좀 섭섭히 생각을 했습니다. 3당 합당 같은 중요한 일을 하는데 자기가 제외됐다는 것에 대해 반발한 거죠.

윤민재: 그러면 왜 최형우 의원이 몰랐던 건가요? 일종의 보안인가요?

김덕룡: 거의 다 몰랐죠. 제가 먼저 이야기했지만 YS계선 황병태와 저 외에는 누구한테도 이야기하지 말라고 했어요. 제일 가깝다는 김동영 의원에게도 이야기하지 말 것을 지시했어요.

윤민재: 약속 지키셨어요?

김덕룡: 물론이죠. 근데 김동영 의원은 전날 YS가 이야기했고 최형우 의원에게는 이야기를 안 했던 걸로 알고 있어요.

윤민재: 최형우, 김동영 의원은 측근 중의 측근인데 YS가 비밀로 한 것은 3당 합당에 대해 강하게 반대할 것이라고 예상했기 때문인가요?

김덕룡: 아닙니다. 따라올 거라고 생각했죠. 비밀이 새면 작업 자체가 어려워진다고 본 겁니다. 그 사람들을 믿지 못한다는 것이 아니었죠. YS는 오랜 야당 생활을 하면서 비밀주의가 몸에 밴 사람입니다. 우리가 야당일 땐 전화번호 하나 제대로 적지 않고 다 외워야했습니다. 언제 끌려가서 조사 받을지 모르는데 누구 전화번호라도 나오면 그 사람들에게 피해를 줄지 모른다고 생각했죠. 우리가 만나는 공직자라든가 기업인에 대해서는 절대 기록을 남기지 않았습니다.

윤민재: 그럼 그 반발이 약간의 섭섭함 그 정도였단 말씀이군요. 초기에 대통령이 되고 나서 첫 내각을 구성 하는데요. 뜻밖으로 호남 출신의 황인성 총리가 지명되었습니다. 그리고 더 뜻밖에 이기택계라고 알고 있는 박관용 의원이 비서실장이 됐더라고요.

김덕룡: 네 그렇죠. 그때 다들 제가 비서실장을 한다고 생각했습니다. 그런데 저는 절대 비서실장을 안 하겠단 생각을 갖고 있었어요.

윤민재: 왜 그런 생각을 하신 거죠?

김덕룡: 저는 의회정치인으로 활동하고 싶어 간곡하게 사양하고, 두 사람 추천을 했습니다. 한완상 교수하고 박관용 씨를 추천했죠.

윤민재: 그렇게 두 분을 추천하신 이유가 있나요?

김덕룡: 한완상 교수는 민주화운동 과정에서 가끔 연설문을 쓰는 일을 도왔죠. 제가 YS와의 사이에서 중간 역할을 했었죠. 그리고 박관용 씨는 YH사건 때 당의 전문 의원으로 YH 백서를 만드는 등의 일을 같이했었어

요. 그러면서 이분의 성품이라든가 식견, 인품이 비서실장을 하면 모나지 않게 잘할 것 같다고 판단했습니다.

윤민재: 대통령께서 결국 박관용 의원을 낙점 하시고, 한완상 교수님은 부총리로 임명되시죠.

김덕룡: 처음에 한완상 부총리한테 비서실장을 하라고 김 대통령이 말했어요. 그런데 중간에 주변에서 한 교수를 통일부장관을 하면 좋겠다고 했죠. 그래서 결국 박관용 의원이 비서실장으로 임명되었죠.

윤민재: 그러면 신한국 창조의 아이디어를 본격적으로 제안한 것은 누구인가요?

김덕룡: 한완상, 김정남, 이경재 이런 분들이 취임사를 쓰면서 노력을 했죠. 신한국 창조가 문민시대, 민주시대를 만드는 거라고 보았어요. 그 당시 신한국 창조란 개념과 함께 캐치프레이즈는 변화와 개혁이었어요. 그래서 문민시대, 민주시대의 개막, 군사문화의 청산, 신한국 창조라는 큰 틀에서 변화와 개혁을 통해 새로운 시대를 만들어야 한다는 것이 정부의 방향이고 목표였죠.

윤민재: 신한국 건설 등 세부적으로 대표적인 정책을 만들어내는 브레인들 중에서 박세일 교수나 이각범 교수가 많은 역할을 했습니까?

김덕룡: 박세일, 이각범 그리고 전병민 등도 역할을 했죠. 전병민을 중심으로 한 동숭동팀과 또 몇 개 팀이 있었습니다.

윤민재: 초대 정부 조각이 어느 정도 진행된 후 선생님은 어떤 준비를 하고 계셨나요?

김덕룡: 저는 제 나름대로 재충전의 시간을 가지고 싶어 산에 들어갔어요. 오대산으로 극기 훈련 들어갔죠. 거기서 2주 동안 얼음 깨고 물속에 들어가고 밤에 산행하고. 이런 극기 훈련을 하는데 갑자기 대통령이 부르는 겁니다. 그래서 제가 서울로 다시 오게 되었죠. 대통령이 교육부장관으로 호남 출신의 적당한 사람 있으면 추천을 해보라고 했어요. 그런데 저는 교육계는 잘 알지 못 했거든요. 그래서 여러 사람들에게 수소문을 했습니다. 그랬더니 사람들이 오병문 씨를 추천했어요. 그래서 제가 오병문 씨는 만나보지도 않고 오병문 씨란 분이 있는데 호남인 출신으로서 인품과 능력을 가졌다고 보고했습니다. 그 후 또 한 번 저를 불렀을 땐 호남 출신으로 체신부장관을 할 만한 사람이 없는가 알아보라고 했습니다. 그래서 알아보니까 전직 차관이었던 신윤식 씨가 괜찮다고 해서 신윤식 씨를 만났어요. 근데 발표할 때 보니까 신윤식 씨가 아니고 윤동윤 장관으로 바뀌었더라고요. 왜 그런가 봤더니 박 실장이 신 차관보다는 윤 장관이 낫다고 추천해서 바뀌게 되었죠.

윤민재: 그 사례가 유일하게 대통령이 결정한 게 바뀐 케이스군요.

김덕룡: 네. 그리고 제가 추천했던 사람은 국방부차관이었습니다. 그때 군개혁에 대해서 관심들이 많지 않았습니까. 우리는 군사문화 청산이 제일이었고 쿠데타세력은 영원히 군에선 제거돼야 한다고 생각했어요. 민주화운동 할 때부터 쿠데타에 대한 콤플렉스, 공포심이 있었거든요. 어느 날 사단장이던 제 친구가 저에게 장문의 편지를 보냈어요. 군 선배 중 참 훌륭한 분이 있는데 군을 바로잡을 수 있는 그런 역할을 할 수 있는 사람이

라고 적혀있었습니다. 그래서 추천을 했죠. DJ 정부에서 국정원장을 한 천용택 씨인데요. 그런데 그분은 차관이 아니라 장관급인 비상기획위원장이 됐습니다.

윤민재: 그런데 국방부장관은 권영해 씨가 임명되었습니다. 누가 추천했는지요?

김덕룡: 누가 추천했는지 저도 정확하게 모르겠습니다. 군부통치를 종식시키기 위해서는 군의 정치 개입을 막아야 한다고 보았고 이걸 막지 않고는 희망이 없다고 생각했습니다. 그 당시 군개혁 문제 때문에 고심을 많이 했죠. 그 당시 군의 주류라고 하는 소위 하나회 멤버가 아니면서 용기가 있는 사람이 돼야 된다고 생각했습니다. 바로 그런 사람이 권영해 씨라고 YS는 생각하신 겁니다.

윤민재: 당도 개편되면서 최형우 의원이 사무총장이 됐습니다. 자발적인 뜻이었나요?

김덕룡: YS가 집권을 한 후 민정계의 일부 세력은 이미 탈당해서 나가지 않았습니까. 그러니까 이제는 민자당은 YS당이 되어야 했습니다. 그런데 사실 그 당시의 당은 사무총장 중심의 정당입니다. 그래서 YS당이 되려면 사무총장을 민주계가 담당해야 했죠. 자연스럽게 최형우 씨가 사무총장으로 갈 수 있었고 그래서 조각하기 전에 당부터 개편을 먼저 했어요. 그렇지만 민정계와 안배한다는 큰 틀은 바꾸지 않았습니다. 그래서 대표 최고의원도 JP가 됐고 정책의장도 원내총무도 민정계가 했습니다.

윤민재: 그런데 최형우 사무총장과 JP 간에 갈등이 빚어지죠. 결국 김종

필 씨가 탈당하게 되는데, 이게 단순히 두 분의 성품과 성향의 문제였나요 아니면 본격적으로 당 노선을 둘러싼 권력 싸움이었나요?

김덕룡: 두 분의 성격 차이에서 오는 갈등도 있었고 최형우 씨 나름대로 야심도 있었겠죠.

윤민재: 어떤 야심을 말하는 건가요? 상도동계 내에서 독자적인 세력으로서 공천권도 갖는 그런 것을 의미하나요?

김덕룡: 그렇죠. 최형우 총장이 YS 문민시대에 JP가 당대표를 하는 게 옳은지 JP에게 정권을 넘겨줄 건지 하는 이야기들이 나온 거죠. 그런 이야기들이 JP 귀에도 들어가지 않았겠습니까. 그러면서 JP도 기분 나빠지고 여러 가지 갈등이 커져 갔다고 볼 수 있죠.

윤민재: 그런 이야기와 갈등에 대해서 김영삼 대통령은 알고 있었겠죠. 그런데 김영삼 대통령 입장에선 당이 안정되는 것을 원했을 텐데요.

김덕룡: 그 갈등이 밖으로 표출되거나 크게 소란이 되진 않았어요. 왜냐하면 집권을 한 직후였고, 또 YS에 대한 국민적 지지도 높았기 때문에 그런 불만을 감히 의도적으로 표출할 상황이 아니었죠.

윤민재: 그럼 그러한 갈등에 대해 상도동계 내부에서는 어떠한 입장을 가지고 있었나요?

김덕룡: JP가 탈당할 때 당시 사무총장이 문정수 의원이었는데 문 총장은 물론 저도 "JP가 탈당하면 안 되며 최형우 의원이 뒤에서 그런 갈등을

만들었는데 그건 안 된다."고 YS에게 직언했죠. JP가 그 당시 사표를 내겠다고 한 때가 YS가 시드니 선언을 통해 소위 세계화를 선언한 시기입니다. 그런데 JP는 새로운 시대, 세계화를 강조하면서 결국 자기를 용도폐기하려고 하는 게 아니냐고 의심했어요. 그래서 YS한테 은근히 대표 최고위원을 관두겠다는 뜻을 전달했는데 YS가 강력하게 만류하지 않았던 거죠. 그래서 JP는 '아 내가 용도폐기 됐다고 나를 배척하는가보다' 하고 생각했겠죠. YS가 나중에 그때 만류하지 않은 걸 후회했습니다. 훗날 JP를 만나서 사과도 하고 그런 후에 두 분 사이가 회복되었죠.

윤민재: 그러한 분란 이후 지방선거에서 사실상 패배를 하게 되지요.

김덕룡: 그렇죠. 제가 사무총장으로 지방선거를 총괄했는데 사정이 어려웠어요. 왜냐하면 JP가 탈당해서 정주영세력까지 묶어 새로운 정당을 만들었죠. 사실상 지방선거에서 승리하기가 어려웠습니다.

윤민재: 역사바로세우기 과정 속에서 나온 문제 중 하나가 하나회 척결 문제죠. 하나회가 정리되는 과정을 보면, 군 전체 사령관 60% 이상이 갈리고 사단장급이 거의 40%가량이 바뀌었다고 그래요. 어떻게 보면 어마어마한 사건인데 여기에 대한 반발도 있었겠죠. 그러한 반발을 예상하셨나요.

김덕룡: 정권을 잡으면 쿠데타의 위험이 없는 그런 시대를 만들어야 된다고 평소 생각했습니다. 이를 위해서는 군에서 정치군인을 몰아내야 하고 정치군인의 중심이 하나회였기 때문에 하나회를 척결하는 것이 순서였습니다. 소위 말해서 쿠데타세력을 척결하고 정치군인을 몰아내는 거였었죠. 그 당시 가장 상징적인 자리가 육군참모총장과 기무사령관 두 자리였죠. YS께서 권영해 장관에게 아침에 조찬 같이하자고 청와대로 들어오라

고 했다고 해요. 권영해 장관은 인사와 관련될지도 모른다 해서 군 장성 명단을 가지고 들어갔단 거죠. 들어갔더니 참모총장하고 기무사령관을 바꿔야겠다는 이야기를 들었다고 합니다. 아마 권영해 씨는 군을 알기 때문에 굉장히 당황했겠죠. 하나회의 반발이 무척 클 것이라고 예상했고 실제 권영해 장관이 협박도 많이 받고 위기감도 많이 느꼈던 것 같아요. 그리고 저희가 가끔 청와대 앞에 있는 향원이란 밥집에서 많이 모였는데 집권세력인데도 권영해 장관은 도청 장치가 있을지도 모른다는 걱정을 했어요. 실제 우리들도 그런 걱정을 했죠. 군 정보기관에 대한 불신도 컸고 그 외 다른 세력들도 그런 짓을 할 수도 있다고 생각을 했어요.

윤민재: 결국 기무사 사령관도 경질되고 육군참모총장도 경질되고 그 후 기무사 사령관이 소장급이 되더라고요.

김덕룡: 대통령이 그 조직을 약화시킨 거죠.

윤민재: 그리고 청와대 경호실도 축소되더라고요. 이게 단순히 하나회 척결의 문제가 아니라 군 조직 전체가 축소가 되는 문제지요.

김덕룡: 일종의 군사문화를 청산하는 거죠.

윤민재: 근데 군사문화 청산이란 게 인적 청산, 조직 청산 등 다양한 것들이 있는데 군 조직 지위가 낮아지게 되면 하나회세력뿐 아니라 비하나회세력도 반발할 수 있는 문제 아닌가요?

김덕룡: 그렇죠. 그렇지만 군부가 그 당시까지 우리 사회 전반을 지배했는데 그것을 줄이는 방법은 그렇게 하는 방법밖에 없었죠. 정치뿐만 아니

라 사회 전반에 군이 개입을 하니까 그러한 조직을 축소시키는 것도 필요했죠.

윤민재: 권영해 장관이 어쨌든 총대를 메고 주요 역할을 했는데 반대로 결과적으로 보면 권영해 장관이 자기의 권력을 강화시키고 위상을 높일 수 있는 또 하나의 계기가 됐다고 봅니다. 그 후 안기부장까지 오르게 되잖아요.

김덕룡: 권영해 씨가 군개혁을 하면서 자기세력을 확대해 그 힘으로 안기부장에 갔다고 생각하지 않습니다. 하나회 척결하는 일을 잘 해냈기 때문에 대통령의 신뢰가 높아지면서 발탁이 되었다고 봐요.

윤민재: 권영해 장관이 초기에 김현철 씨를 통해서 끈을 만들어 놨다는 설도 있더라고요. 그러한 말들에 대해서는 어떻게 생각하시나요?

김덕룡: 그런 설이 있다고 들은 일은 있습니다. 아무래도 자식 이야기는 귀담아 듣게 돼 있으니까 영향력을 행사할 수 있었다고 생각합니다.

윤민재: 나중에 언론에 실린 걸 보면 일부 장성들이 김현철 씨를 찾아와서 거의 상관 모시듯이 무릎을 꿇고 부탁하고 이야기하는 장면들도 있더라고요.

김덕룡: 네 사실 저도 그런 이야기를 그 당시에 들었습니다.

윤민재: 선생님도 많이 염려하셨겠어요?

김덕룡: 인사문제와 관련해서 뒤로 인사운동을 가장 많이 하는 그룹이 군, 경찰, 검찰, 그리고 관료 집단이라고 생각해요. 김현철 소장이 영향력이 있다고 하니까 거기에 여러 가지 줄을 댔을 거라 생각합니다. 나무가 가만히 있고 싶어도 바람이 흔들면 흔들리지 않을 수 없는 게 이치입니다. 이런 사람들이 자기 살아남고 출세하기 위해서 나이도 얼마 안 된 김 소장에게 몰려 들어간다면 김 소장이 결국 그런 사람들에게 이용당할 수도 있겠다고 생각했습니다. 그래서 YS에게 김 소장에게 큰일을 시키려면 유학을 보내는 게 좋겠다고 말씀을 드린 적이 있습니다.

윤민재: 그 이야기를 듣고 어떤 반응을 보이셨나요?

김덕룡: 그 당시에 상당히 수긍하는 입장이었어요. 그런데 나중에 제가 듣기로는 김현철 씨가 굉장히 반발했던 것 같아요. 김현철 소장이 안 가겠다고 하니 보낼 순 없었고, 그 이후로 제가 하는 일에 제동이 걸리고 그런 게 있었습니다. 아마 제가 유학 건의를 해서 불쾌했을 것이고 자기를 견제하는 것으로 생각했기 때문이 아닌가 생각했습니다. 사실 주위의 관료들, 정치인들이 김 소장을 이용해 이익만 취하고 권력이 사라지면 그를 멀리하는 일이 벌어질 것은 뻔한 일이죠. 결국 김현철 소장 혼자 희생양이 될 수도 있다는 이야기를 한 일이 있었어요.

윤민재: 결과적으로 희생양이 된 거죠. 어떻게 보세요? 지금은 오해 푸셨어요?

김덕룡: 제가 김현철 소장을 초등학교 다닐 때부터 봐왔기 때문에 어리다는 생각을 갖고 있었어요. 그리고 김현철 소장에게 저는 함부로 말하기 어려운 사람이었겠죠. 그러다 보니까 그 당시에 터놓고 대화하고 그런 상

황이 못 됐어요. 경우에 따라서 오해의 소지도 있고. 지금이야 서로가 다 나이 들고 그랬으니까 서로 이해하고 걱정하는 그런 사이가 됐죠.

윤민재: 지금은 멘토 역할을 하시나요?

김덕룡: 자주 연락을 하고 의논도 자주 합니다.

윤민재: 근데 그 당시의 김현철 소장이 그런 상황이 있었을 때 김현철 소장 측근 중 한 분이 김기섭 안기부 실장이었나요? 그분이 그렇게 부각된 이유는 뭔가요?

김덕룡: 안기부 김기섭 실장을 소개한 건 저였어요. 김기섭 씨가 제 대학교 후배입니다. 나이는 저보다 한 살인가 많아요. 근데 이분이 서울대학교 정치학과를 가겠다고 4수를 했어요. 4수를 했지만 정치학과를 못 가고 중문과를 가서 전과해서 갔어요.

윤민재: 대단하네요.

김덕룡: 그 다음 삼성이란 회사에 가서 정말 열심히 일했다고 해요. 제일 먼저 출근해서 제일 늦게 퇴근하고. 그렇게 열심히 일을 하니까 CEO 눈에 띄었죠. 그 후 신라호텔의 상무까지 됐어요. 신라호텔은 그 당시의 이병철 씨 딸 이인희 씨가 오너를 할 때인데 저희가 신라호텔에 자주 가고 그랬죠. YS가 이병철 회장을 그곳에서 가끔 만나고 했어요.

윤민재: 그럼 언제부터 김기섭 실장은 같이 일을 하게 된 건가요?

김덕룡: 대통령선거 때 와서 기여를 했고 김현철 소장과 알게 되었죠. 그 친구도 그때 참 머리가 빨리 돌아갔어요.

윤민재: 아무리 개인적인 능력이 뛰어나신 분이라도 기업에 계셨고 안기부는 특수한 조직인데 거기로 가기엔 무리 아니었나요?

김덕룡: 김기섭 실장의 자리는 기획관리실장이었어요. 그 자리는 정보를 관리하는 전문직이아니라 운영을 맡아 하는 자리죠. 운영을 하는 거니까 기업인이 가기에 맞는 자리였죠. 김기섭 실장과 가까운 사람은 저하고 김현철 씨였어요. 김기섭 실장은 늘 김 소장을 국회의원 만드는 게 꿈이라고 이야기했어요. 가끔 저에게 '김 소장님 좀 도와주시면 어때요'라고 말하곤 했죠.

윤민재: 정부 출범 때 전병민 수석이 임명되면서 세상의 주목을 받게 되고 장인 문제로 결국 낙마를 하게 되는데요. 이분은 어떠한 경위로 청와대에 들어오게 되었나요?

김덕룡: 김현철 소장을 통해 들어 왔어요. 동숭동 쪽에 자기 나름대로 팀을 하나 만들어서 일일 정보 보고를 하는데 전병민 씨가 보고 능력이 뛰어났어요. 간결하게 브리핑을 아주 잘 했죠. 그래서 그런 것이 YS한테 돋보이기도 했고요.

윤민재: 그런데 장인 문제로 여론이 악화됐죠.

김덕룡: 그래서 취임도 못 하게 됐고, 김정남 씨가 후임으로 가게 되었죠.

윤민재: 그러면 그 당시 YS 정부의 출범에 대한 여론의 비판적인 흐름도 있었나보네요?

김덕룡: 아니죠. YS는 여론을 중시하는 정책을 폈습니다. 그게 YS 통치의 비결이라고 할 수도 있고 YS 특유의 정치 성향, 리더십이라고 할 수 있죠.

윤민재: 어쨌든 김기섭 안기부기조실장이 가게 된 것도 선생님 의견이 많이 반영된 거네요.

김덕룡: 네.

윤민재: 하나회 척결문제가 본격적으로 진행 되면서 많은 사람들이 교체가 되었습니다. 한편으로 보면 국내문제이지만 사실은 신한국당으로 출범하기 이전에 민자당에서 민정계가 위축될 수밖에 없는 그런 사건이 되기도 하죠.

김덕룡: 민정계란 것은 사실상 군부세력의 일부였으니까 그럴 수 있었겠죠. 그런데 우리가 김윤환 씨를 중심으로 민정계를 가능한 한 많이 포용하고 노력을 했어요. 왜냐하면 대통령이 국정운영을 하려면 안정세력을 유지해야 하니까요. 민정계가 다수였으니 그럴 수밖에 없죠.

윤민재: 김윤환 씨가 킹메이커 역할을 한 것뿐만 아니라 독자적으로 '김윤환계'라는 계보가 형성되잖아요. 독자적인 하나의 계파를 형성해 관리하려면 상당한 물적, 인적자원이 필요했을 텐데요. 민주계는 독자적 계보에 대해 견제했습니까?

김덕룡: 김윤환 씨를 견제할 생각은 전혀 없었어요. 뒷받침해주려고 했었죠. 왜냐하면 김윤환 씨가 민정계를 이끄는 중심 역할을 했기 때문이죠. 원만하게 사람들 포용하는 면에선 아주 덕이 있는 분이었어요.

윤민재: 또 하나 역사바로세우기와 비슷한 차원에서 전개된 게 공직자 재산 공개문제인데요. 그때 박준규, 김재순 씨 등이 낙마하게 되죠. 그리고 또 하나 재산 공개 관련 없지만 박철언 씨가 구속이 되잖아요. 뇌물수수죄로요. 좋은 의미에서 보면 투명한 정치, 깨끗한 정치, 좋은 정치를 만들어 나가는 단계로 볼 수도 있고 또 다른 반대 시각에서 보면 일종의 정치적 보복, 구세력을 의도적으로 물러나게 하기 위한 정치 공작으로도 보기도 합니다.

김덕룡: YS께서 대통령이 된 뒤 앞으로 한 푼의 정치자금을 안 받는다고 선언했어요. 그리고 자기 스스로 재산을 먼저 공개했어요. 그렇게 하고 장관들에게 "여러분도 가능하면 공개를 하시오." 하고 권고했어요. 그러다 보니까 진전이 되고 이걸 법제화해야 옳지 않느냐는 여론이 형성 됐어요. YS가 처음부터 법제화까지는 생각 안 했는데 자신이 먼저 공개하고 장관들이 공개하게 되면 깨끗한 정치가 이루어질 수 있다고 생각하셨어요. 그 당시 국회의장이 박준규 씨였는데 박준규 씨가 150채의 아파트를 가지고 있다는 기사가 나오고 여론이 들끓기 시작한 겁니다. 김재순 씨는 토사구팽이라고 말했죠. 왜냐하면 김재순 씨가 YS 대통령 후보 추대위원회 위원장을 했거든요. 개인적으로도 가까웠고 박준규 씨하고도 대학 친구고 가까웠는데 YS 입장에서도 솔직히 그런 결과가 나올 것이라고는 생각도 못했죠. 나중에 김재순 씨 일에 대해서는 YS께서 가슴 아파했어요. 왜냐하면 인간적인 호의를 갖고 있었거든요. 김재순 씨를 개인적으로도 굉장히 존경하고 호의를 가지고 있었어요. 그런데 그렇게 불명예스럽게 물러나니까

굉장히 가슴 아파했어요.

윤민재: 그게 중요한 기초가 돼서 공직자 재산공개법이 만들어지게 되고 한국의 정치문화를 발전시키는 데 기여한 건 분명한 것 같아요. 그런데 그 와중에 박철언 의원 사건이 터지게 되죠.

김덕룡: 박철언 의원이 당을 떠난 뒤였는데 마침 슬롯머신 사건이 사회적인 문제가 됐어요. 지금도 그렇고 과거도 그런데 권력기관에 있는 사람은 항시 최고 권력자가 뭘 생각하고 있을까 비위를 맞추려고 하지 않습니까. 그러다 보니까 당시 검찰은 박철언 의원이 예전에 YS한테 잘못 보인 게 있는데 잡아야겠다는 생각을 했겠죠. YS는 대담합니다. 야당할 때도 자기랑 제일 가깝고 친한 친구였는데 이런 사람들이 당권 경쟁할 때 자신을 안 밀어주고 반대편에 서는 경우도 많았어요. 그러나 나중에 그 사람들이 돌아오면 포용했어요. 그 일에 대해 주변 측근들이 불평을 하면 YS는 "지나간 이야기하지 마라 어쨌든 하나가 돼야 한다."라고 했죠. 항시 포용하는 정치를 하려고 했지 보복의 정치를 하실 분이 아니에요.

윤민재: 김영삼 정부의 정말 획기적인 사건 중 하나가 금융실명제 실시입니다. 이 일에 대한 당시의 배경, 사정을 간단히 말씀해주십시오.

김덕룡: 저도 몰랐어요. 제가 그 당시 정무장관이었잖습니까. 당시 8월 15일 파라과이 대통령 취임식이 있었어요. 제가 파라과이에 대통령 특사로 가게 되어있었어요. 그래서 8월 11일쯤 대통령께 인사를 하러 갔어요. 8월 13일에 금융실명제 발표가 되었는데 그때 대통령께서 "아 그럼 소식을 외국에서 들어야 되겠구나."라고 하셨죠. 무슨 소식이냐고 물으니 나중에 들어보라고 하셔서 아주 궁금했어요. 저한테까지 비밀로 해야 될 일이 도

대체 뭘까 궁금했죠.

윤민재: 그러한 기밀주의가 김영삼 대통령 특유의 스타일 같습니다.

김덕룡: 그래요.

윤민재: 1993년 이회창 총리가 새 총리로 임명되고 내무부장관에 최형우 의원이 임명됩니다. 그런데 이회창 총리가 감사원장으로서 역할을 잘 했기 때문에 총리로 임명됐다고 볼 수 있습니다. 그분한테는 또 하나의 기회죠. 이회창 총리가 임명된 배경은 무엇인가요?

김덕룡: 꼿꼿한 사람으로 인기가 있었습니다. YS는 아까도 이야기했지만 여론을 중시했습니다. 국민적 지지도 받고 여론이 좋은 사람을 총리 시키면 정국에 도움이 되겠다고 생각을 했습니다. 그 사람을 다음 후계자로 생각한 것은 아닙니다. 대통령으로서 국정운영을 하는 데 도움이 될 수 있다고 판단해 임명한 것이죠. 최형우 장관은 사무총장을 관두고 쉬고 있었고 본인도 정부에서 일을 하고 싶어 했습니다.

윤민재: 내무부장관이 굉장히 비중 있는 자리잖아요. 최형우 의원 본인한테는 자기 스펙을 쌓을 수 있는 좋은 기회이고 YS도 흔쾌히 동의했고요. 최 의원 본인이 원해서 입각했다고 볼 수 있겠군요.

김덕룡: 네 그렇습니다.

윤민재: 낙마하게 되죠. 이회창 총리가 임명되고, 그 후에 이회창 총리가 책임총리를 주장하게 됩니다. 권한을 가지고 총리로서 역할 하겠다고

강조하면서 대통령과 조금씩 갈등을 빚게 됩니다. 이 과정을 설명 부탁드립니다.

김덕룡: 1993~1994년도에는 남북관계가 어려웠던 시기입니다. 남북관계가 어려워지니까 남북문제를 다루는 회의가 많았습니다. 당시 총리인 이회창 씨가 회의에 직접 참여 못 하니까 총리실의 사람이 참여하게 돼있었어요. 그래서 비서실장보고 그 회의 결과를 대통령한테 보고하기 전에 자기한테 보고 해 달라고 요구했어요. 그러니까 YS가 '아니 대통령한테 보고 해야지 자기한테 먼저 보고해 달라'고 노발대발 하신 거예요. 그래서 이 총리를 불러 나무랐던 겁니다.

윤민재: 거기에 대해서 이회창 총리도 반기를 들었나요?

김덕룡: 거기에 반기를 드니까 그렇다면 총리를 관두라고 한 거죠. 그런데 이회창 씨가 YS가 자신을 나가지 말라고 만류했지만 사표 제출했다고 언론 플레이를 한 거죠. 이에 대해 YS가 대노했죠.

윤민재: 그 사건 때문에 이회창 총리가 인기가 올라간 측면이 있는 것 같습니다.

김덕룡: 그렇죠. 왜냐하면 아무도 대통령께 대드는 사람이 없었는데, 이회창 씨는 대통령한테 대들은 사람으로 인식되었죠. 일종의 대쪽 이미지가 생긴 거죠.

윤민재: 그런 배경이 있었군요. 시드니에 다녀오고 세계화 구상을 밝히시고 본격적으로 우리나라가 OECD에 가입하고 1995년도에 WTO체제가 출

범을 합니다. 세계의 경제 질서에 우리나라가 본격적으로 뛰어들게 된 거죠. 세계를 무대로 한 한국 사회의 경쟁이 강화되기 시작합니다. 그런데 그 당시 삼성 이건희 회장이 이런 말을 해요. "한국은 다 잘 돌아가고 있는데 정치인들이 하는 건 4류다, 최하급이다." 어떻게 보면 정치계를 아주 우습게 본 거잖아요. 지금까지 재계 모습들을 보면 사실 안 좋은 모습들이 많았음에도 불구하고 이건희 회장이 공개적으로 그런 얘길 했거든요. 그때 김영삼 대통령도 기분 안 좋았을 것 같아요.

김덕룡: 노발대발했죠.

윤민재: 직접 들으셨어요?

김덕룡: "건방진 놈이야, 그놈 말이야 개인적으로 문제가 많은 놈인데." 이런 말씀을 하셨죠. 이병철 회장과는 참 사이가 좋았어요. 아버님 이병철 씨 하고는 세상 돌아가는 이야기도 같이 나누기도 하고 그 당시 야당 총재 만났다고 하면 얼마나 위태로운 짓입니까. 그런데도 불구하고 김 대통령을 만나곤 했죠.

윤민재: 경제적 지원도 많이 하셨어요?

김덕룡: 제가 알기로는 크게는 아니지만 그래도 재벌급 중에선 유일하게 지원을 했던 분으로 알고 있어요.

윤민재: 두 분 간에 어느 정도 대화가 되는 상황이었나요?

김덕룡: 대화도 되고 이병철 씨는 여러 가지로 생각이 깊은 분이었어요.

그 당시 모든 대기업 총수들이 YS 만나는 걸 독극물 피하듯이 피할 때였죠. 그런데 이병철 회장은 만났어요. 그 과정에서 김기섭 씨가 중요한 심부름을 했죠.

윤민재: 시드니 구상 발표 후 2년 정도 지나 외환위기가 발생하게 됩니다. 그 부분이 김영삼 정부가 역사적으로 평가받을 때 가장 지적을 많이 받는 부분 중 하나입니다. 이에 대한 입장을 말씀해주십시오.

김덕룡: 그때 강경식 씨 주장은 자기가 IMF 하고 이미 교섭을 해서 아주 부드러운 조건으로 타결을 했다고 했습니다. 갑자기 강 부총리가 경질되고 임창렬 씨가 임명되었죠. 임창렬 씨는 IMF와의 협상을 무효화하는 듯 한 발언을 했죠. 임창렬 씨는 혹독한 IMF에 들어가면 경제 타격이 클 테니까 안 들어가고 일본 등으로부터 지원을 받을 수 있다고 생각했단 거죠. 그래서 바로 일본 대장성에 갔습니다. IMF는 한국을 이상한 나라고 본거죠. 그 당시 상황이 아주 급하다보니까 말하자면 개각을 했는데 그 선택에 대해 제가 객관적으로 판단하기는 힘듭니다.

윤민재: 강경식 부총리나 김인호 수석 모두 외환 전문가가 아니기 때문에 급박한 상황 속에서 임창렬 씨란 인물이 부각된 거군요.

김덕룡: 그렇죠. 임창렬 씨는 IMF도 알고 있는 사람이기도 하구요.

윤민재: 그런데 취임하자마자 엉뚱한 발언을 하니까 그게 오히려 더 국제 신뢰를 떨어트리게 된 거죠.

김덕룡: IMF 쪽도 의아하게 생각했고 YS로서는 IMF를 알고 금융시장과

외환을 아는 사람이 하면 더 좋겠다고 생각하신 거죠. 그 과정에서 임창렬과 강경식 둘이 소위 말해서 배턴(baton) 터치를 잘못한 거죠.

윤민재: 그러니까 임무 교대를 잘못한 거라는 지적이시군요.

김덕룡: 진행 상황을 강경식 씨가 임창렬 씨한테 인계하고 임창렬 씨는 그걸 알고 파악했어야 했는데 그게 안 된 거죠. 근데 나중에 말을 들어보면 강경식 씨는 IMF와 했던 협상 내용을 임창렬 씨가 알고 있었다고 하고 임창렬 씨는 아니라고 주장하고 있죠.

윤민재: 다시 앞으로 돌아가겠습니다. 역사바로세우기 가운데 5·18 특별법이 만들어지고 전두환, 노태우 전 대통령이 구속됩니다. 그 측근들도 구속하게 되는데, 하나의 계기가 된 게 박계동 의원이 노태우 대통령 비자금을 폭로한 사건이거든요. 사전에 혹시 알고 계셨나요?

김덕룡: 박계동 의원이 폭로하는 내용은 사전에 몰랐고, 시중에 소위 노태우 비자금이 있다는 이야기는 들었죠. 그리고 총무처장관이었던 서석재 씨가 기자들한테 오프더레코드를 전제로 그런 이야기를 했죠.

윤민재: 금융실명제 때문에 드러난 거죠.

김덕룡: 네 그러니까 그런 수사를 하지 않을 수 없는 상황이 됐죠. 그게 나중에 노태우 대통령만 비자금이 있는 것이 아니라 전두환 씨는 더 많았다고 하는 소문이 돌았죠. 이런 소문이 퍼지면서 이야기가 번져서 소위 쿠데타세력 전반에 대한 수사 요구가 커졌죠. 그래서 국회에서 특별법을 만들었죠. 그런데 전두환 씨가 조사 거부하고 골목 선언하고 합천으로 가버

렸죠. 그러니까 YS가 그것도 전격적으로 압송하라고 지시를 내렸어요. 아침에 기자회견하고 떠났는데 바로 압송하라고 했죠. YS 본인이 직감적인 판단을 한 거죠.

윤민재: 신한국당이 새롭게 만들어지죠. 신한국당의 출범은 김영삼 대통령의 당이 출범한다는 의미가 있습니다. 그때 15대 총선이 있거든요. 결국엔 YS 당이 만들어지게 되면서 김영삼 대통령이 본격적으로 공천을 하게 되죠. 소위 말해 김영삼 대통령의 정책 노선과 부합되는 그런 분들이 많은 공천을 받게 되는데요. 그 과정에서 이원종 정무수석과 강삼재 총장이 공천 과정에서 많은 힘을 발휘했을 것 같거든요.

김덕룡: 맞습니다. 그 당시에 많은 역할을 했죠.

윤민재: 강삼재 사무총장이 나이가 좀 어렸잖아요. 그럼에도 불구하고 집권여당에서 중요한 역할을 하게 된 이유는 뭔가요?

김덕룡: 강삼재 총장은 민추협을 만들 때 영남 사람인데도 불구하고 김상현 씨가 추천해서 들어온 분입니다.

윤민재: 그러니까 동교동 지분으로 들어온 거죠.

김덕룡: 네 그렇죠. 그런데 국회의원이 된 후 지역적인 정서도 그렇겠지만 YS를 존경하고 그래서 YS 쪽으로 온 겁니다. 그런데 강삼재 총장이 나이는 젊지만 굉장히 다부지고 일의 추진력이 좋고 판단력도 굉장히 빠른 분이었죠. 그리고 또 그 당시에 YS 아버님 되시는 분을 잘 모시고 그래서 인간적으로도 호감을 갖게 됐어요. 그래서 당의 사무총장을 맡겼는데 일

을 아주 잘 해냈어요. 그래서 신뢰를 많이 했죠. 그래서 그 당시 총선 준비를 하는 과정에서 김현철 소장, 이원종 씨, 국정원 출신의 오정소 차장, 강삼재 총장 이런 사람들이 서로 협력하고 인적 정보를 교환하고 그랬던 걸로 알고 있어요.

윤민재: 이원종 수석하고 오정소, 김현철 소장이 고등학교 동문 아닌가요?

김덕룡: 맞습니다.

윤민재: 학연으로 뭉친 거 아닌가요?

김덕룡: 그렇게 된 셈이죠. 저까지도 동문이죠.

윤민재: 어떻게 보면 오정소 그분도 사실은 어떻게 보면 동문회의 힘이 있었던 거 아닌가요.

김덕룡: 전혀 없다고 말할 순 없죠. 어쨌든 동문이었기 때문에 인간적 신뢰가 바탕이 되니까 모든 걸 서로 자연스럽게 이야기할 수가 있었던 건 사실이죠.

윤민재: 그때 전국구 의원으로서 이회창, 이홍구 두 분이 영입되거든요. 이 영입 과정에 대해 말씀해주십시오.

김덕룡: 제가 1995년 2월에 사무총장이 돼서 지방선거를 치르게 됐잖습니까. 그때 YS가 이회창 씨를 인간적으로 좋아하진 않았거든요. 왜냐하면

떠날 때도 그냥 안 좋게 떠나고 그런데 저는 이회창 씨가 정치적 야심을 가지고 있다고 봤어요. 언젠가는 YS에게 저항할 사람이다 판단했어요.

윤민재: 근데 그렇게 판단하시려면 그분이 독자적으로 세력을 구축해야지 맘속은 모르잖아요. 그분이 그 당시 독자적 세력을 구축하셨어요?

김덕룡: 세력은 구축하지 않았지만 저분이 언젠가는 정치적으로 뭔가 한 번 일을 저지를 것이라고 보았죠. 그래서 그러한 위험이 발생하는 것을 막기 위해서 이회창 씨를 서울시장 후보로 내세우자고 대통령에게 말했죠. 그 당시는 서울시장이 대통령 후보와 큰 관련이 없었고, 임기의 시차라든가 또 국민적인 관심 대상이 아니었거든요. 그런데 YS가 펄펄 뛰는 거였어요.

윤민재: 왜 그런 거죠?

김덕룡: YS가 "그런 친구를 내가 서울시장 후보로 만들어서 안 된다." 그렇게 말씀하셨어요. 제가 몇 번 건의했더니 한번 가서 이야기를 해보라고 그래요. 그래서 제가 이회창 씨 집에 가서 만났죠. 서울시장 나가시라고 했는데 처음엔 거절하더라고요. 그런데 나중에 또 만나서 이야기하니까 "아, 한번 생각해보겠다."고 해서 거의 승낙 단계에 오게 되었죠. 이회창 씨가 그것이 YS 뜻이냐고 묻고 어떻게 확인을 하느냐고 하더라고요. 당시의 국무총리가 이홍구 씨였습니다. 이홍구 씨는 이회창 씨와 경기 선후배 아닙니까. 그러면 이홍구 총리 공간으로 가 있으면 YS가 총리 공간으로 오셔서 저녁식사를 한번 하자고 했어요. 그런데 갑자기 이회창 씨가 생각이 변했어요. 그래서 이홍구 씨를 동원해서 설득하려고 했는데 끝까지 잘 안 됐어요. 저는 이회창 씨를 서울시장 후보로 내세워 서울시장 선거도 이기

고 정치적 부담도 덜어 내자고 생각했죠.

윤민재: 결국 일석이조의 효과를 노리신 거군요.

김덕룡: 네. 나중에 YS가 여러 가지 실정과 정치적 상황이 악화되면서 그땐 별수 없이 이회창 씨가 싫은데도 불구하고 총선 때 비례대표 1번으로 영입했습니다. 이회창 씨가 좋아서가 아니라 정치적 돌파구로 이회창 씨에 대한 지지를 이용한 거죠. YS가 어쩔 수 없이 이회창 씨를 영입해서 선거 대책위원장을 맡겼죠. 그래서 선거에서 우리가 승리했죠. 대승은 아니지만 그때부터 이회창 씨 대세론이 형성되기 시작한 겁니다.

윤민재: 그런데 그분이 왜 서울시장 후보를 거부한 거죠?

김덕룡: 자기를 그렇게 한번 이용하고 그 후 버릴 것이라고 본거죠. 그러니까 이회창 씨가 그때도 이미 야심을 갖고 있었기 때문에 거절을 한 거죠.

윤민재: 그 후 여당 후보는 정원식 총리가 하게 되죠.

김덕룡: 제가 사무총장을 하면서 정원식 씨를 내세워서는 야당을 이기기 어렵다고 보았습니다. 조순 씨를 김대중 씨가 발탁을 했는데 정원식 씨가 경쟁력이 있으려면 경선을 시키자고 제안했죠. 제가 대통령께 이야기했어요 그랬더니 YS가 정원식 씨를 불러서 경선을 하자고 했지만 정원석 씨가 끝까지 거부했죠. 그래서 제가 정원식 총리를 만나서 경선을 해야 경쟁력이 생기지 경선을 하지 않고는 안 된다고 강조했습니다. 그리고 경선 절대 걱정하지 말고 제가 후보 만들겠다고 약속했습니다.
그런데 YS가 경선을 누구하고 시키려고 그러냐고 묻더라고요. 그래서 제

가 할 사람 없으면 이명박이라도 시키자고 했어요. 하지만 끝까지 정원석 씨가 거부해서 경선이 이뤄지지 않았고 경기지사는 경선 과정을 거치게 했죠. 그때 임사빈 씨라고 민정계에 아주 막강한 후보가 있었죠. 많은 사람들이 임사빈 씨가 반드시 될 것이라고 믿었고 이인제 후보는 경쟁상대가 되지 않는 상황이었어요. YS도 이인제가 이기리라고는 보지 않았어요. 그러나 제가 민주정당이 모처럼 지방선거 치르는데 경선도 없이 지명해서 되겠느냐고 주장했죠. 그래서 경선을 실시했는데 이인제 후보가 아주 연설을 잘했어요. 이인제 의원에게 경기지사 경선에 나가겠느냐고 물었더니 "기회만 주시면 감사하지요. 그 대신 한 가지 형님께 부탁을 해야겠어요." 하더라고요. 합동 연설을 할 기회를 많이 만들어달라는 부탁이었습니다. 그래서 제가 합동 연설을 많이 만들어줬어요. 그랬더니 가면 갈수록 이인제 인기가 올라가더라고요. 저도 이길 거라 생각하지 않았는데 결국 이기더라고요. 그러니까 이인제 씨가 그렇게 해서 인기를 모아갔기 때문에 본선에서도 이길 수 있었다고 생각을 해요. 정원식 총리는 정치를 모르는 분이었고 관료적인 사람이었어요.

윤민재: 그 당시 선거 때 일화가 있더군요. 이주일 의원이 서울시장에 출마하려고 했나요?

김덕룡: 했었죠. 이주일 씨가 아주 배우치고는 정치적인 패기도 있고 야심도 있고 그런 사람이었어요. 뭐든지 나오면 해보겠다는 생각이 있었죠.

윤민재: 그때 선생님께서 말리지 않았어요?

김덕룡: 사람이 아주 시원시원하고 대담한 데가 있더라고요. 그냥 코미디언이니까 처음엔 무슨 농담을 하는 이야긴가 했는데 사람이 만나보니까

아주 호감이 가는 그런 면이 있더라고요.

윤민재: 야당의 정대철 의원을 국무총리로 영입하자는 그러한 일이 있었나요?

김덕룡: 정대철 의원에 대해서는 YS가 호감을 가지고 있었고 정대철 의원도 YS에 대해서 굉장히 호감을 가지고 있었어요. 어떻게 보면 정대철 의원은 DJ보다도 YS를 인간적으로 가깝게 생각을 했어요. 어쨌든 자기 아버지, 어머니 관계 때문에 동교동계, 소위 DJ계를 떠나지 못 했지만 한때 파격적으로 야권 인사를 우리가 쓰면 어떠냐는 그런 논의를 했던 건 사실이에요.

윤민재: 그런 제안을 했었나요?

김덕룡: 구체적으로 총리직을 제안한 것은 아니고 이쪽에 와서 같이 일하자고 공식으로 제안을 한 것으로 알고 있어요.

윤민재: 제안으로만 그친 거죠? 그 와중에 김대중 대통령이 정계 복귀하고 새정치국민회의가 만들어지거든요. 그것 때문에 강력한 야당이 출범을 하게 되는데, 정계 복귀가 어떻게 보면 그 다음 대선의 신호탄이잖아요. 물론 신한국당이 1996년도에 총선에서 과반은 아니지만 그래도 승리를 하게 되었죠. 김대중 대통령이 개인적으로 그 당시 정계 복귀하고 다음 대선 나올 것이라는 것을 예측하고 계셨나요?

김덕룡: 그럼요. 원래 김대중 씨는 오뚝이 정치인이고 본인이 모든 일을 결정하고 또 집착과 대권욕이 아주 강한 분이었기 때문에 언젠가는 복귀

할 것이라고 보았죠.

윤민재: 김영삼 대통령도 정계 은퇴하고 영국으로 갔고, 이기택 총재가 대행 역할을 하고 있음에도 불구하고 그러한 예상을 하고 있었나요?

김덕룡: 네. 김대중 대통령이 YS가 당선된 이후에 영국으로 가지 않습니까. 그때 이런 일이 있었어요. YS께서 DJ 쪽에 조각을 할 때 추천하고 싶은 인사가 있으면 사람을 천거를 해달라고 특사로 저를 보냈어요. 그때 DJ께서 YS께 참 고맙다고 전해 달라 하면서 후에 연락하겠다고 했어요. 나중에 연락이 왔는데 YS가 하고 싶은 정치를 해야 되니까 자신이 사람 추천하는 것은 맞지 않는 것 같다고 말씀하였어요. 정계 은퇴하고 영국으로 가는데 제가 그때 정무장관이었기 때문에 특사를 갔던 일도 있어서 공항에 배웅하고 오겠다고 YS 대통령께 보고했습니다. 그랬더니 대통령이 처음에는 "배웅까지 해야 하나." 그러더라고요. "그래도 갔다 오는 게 좋겠습니다."라고 말씀드렸죠. "알아서 해." 그러더라고요. 그래서 제가 공항에 가서 배웅을 했는데 DJ가 수많은 사람이 있는데 다 뿌리치고 저보고 옆자리에 앉으라 하더니 "YS께 고맙다고 전하고 나는 이제 정치계 다 떠났으니까 YS께서 잘 하시라."고 이야기를 전하라고 했어요. 그래서 그 이야기를 YS에게 했더니 대통령이 "떠나긴 뭘 떠나 또 올 것이다."라고 했어요. 정계 복귀를 예언한 거죠.

윤민재: 그때 그랬어요?

김덕룡: 뭐라 그러냐면 "내가 보복할까봐 무서워서 도망가는 거다."라고 했죠.

윤민재: 그걸 다 예상하셨어요?

김덕룡: "외국 가는 거 다 기만이다 기만." 그랬어요. 정계 복귀 후 YS는 당연히 그럴 줄 알았다고 보았죠. 은퇴 자체가 일종의 보복당할까봐 두려워서 도피한 기만적인 것이었지 진짜로 은퇴라고 생각하지 않았어요. 그리고 아까 4·12 총선 이야기했지만 그때 정계에 신한국당에서 왔던 인물들이 지금도 정치권에서 중요한 역할하는 사람들이 많아요. 김기춘 씨도 그때 처음 들어왔고 김문수 씨도 그때 처음 들어왔고 이재오 씨도 마찬가지죠.

윤민재: 그 당시 민중당 출신 등 새로운 분들이 많이 들어오게 되죠. 그 과정에서 어떠한 역할을 하셨나요?

김덕룡: 그전에 3당 통합 한 뒤에 당의 총재 비서실장이라는 자리가 있었어요. 그런데 어느 날 YS가 노태우 대통령과 주례 회동을 일주일에 한 번 씩 할 때인데, 하고 나와서 저보고 당 총재 비서실장을 하란 거예요. 그래서 "아니 총재님 내가 어떻게 노태우 비서실장을 합니까. 아무리 통합을 했지만 난 노태우 비서실장은 안 합니다 내가 비서실장 전문직도 아니고요." 그랬죠. 제가 신경식 의원에게 YS 비서실장을 양보한 뒤였거든요. 그런데 나보고 노태우 총재의 당 비서실장을 하란 거예요. "아니 노태우랑 싸웠던 사람인데 아무리 3당 통합 했어도 난 못 합니다." 그랬더니 YS가 화도 내고 달래기도 하고 그래서 별수 없이 YS 대통령 만들려면 어쩔 수 없다고 해서 제가 노태우 총재 당 비서실장을 했습니다.

청와대에서 외부인사 초청할 때 제가 비서실장으로서 노태우 대통령께 그랬어요. "민중당이 있는데 이 민중당이 진보정당 혁신정당 하나입니다. 우리가 이제 정치를 제대로 하려면 한국 정치에 혁신정당도 있어야 하지 않습니까. 이 사람들을 청와대에 초청을 합시다." 제안을 했더니 노태우 대통령이 승낙을 했어요. 그 후 이우재 씨를 만났어요. 연초에 초청을 할 테니까 참여하라고 했죠. 앞으로 제도권 정당에서 활동을 하고 의회도 진출하고 그런 기회를 가져야 하지 않느냐 그랬더니 그 사람들이 받아들였어요. 그때부터 저하고 그 사람들이 접촉을 했는데 그 후 4 · 12 총선 때 들어와라 했더니 이우재, 김문수 씨는 들어오겠다고 했어요. 이재오 씨는 제가 직접 못 만났어요. 이재오 씨가 사무총장이었는데 내가 "왜 그 사람은 안 데리고 들어오냐." 그랬더니 그 사람은 들어오면 늘 말썽을 일으켜서 그 사람 빼고 가야겠다고 하더라고요. 그래서 제가 그래도 사무총장이라는 사람인데 데리고 들어오라 하니까 어쩔 수 없이 데리고 들어왔어요. 이우재 씨가 이재오 씨를 제외하려고 했어요. 제가 함께 들어올 것을 이야기해서 참여를 하게 되었고 이재오 씨는 나중에 그걸 알았지요.

윤민재: 안 들어왔음 큰일 날 뻔 했네요. 선생님이 다리 역할을 하신 거네요.

김덕룡: 네.

윤민재: 근데 결과적으로 민중당분들이 다 잘됐잖아요. 김대중 대통령이 정계에 복귀하면서 신한국당 내부에서는 많은 대선 후보들이 등장하게 됩니다. 대선이 가까워지면서 이회창 씨를 필두로 여러분들이 많은 준비를 하게 됩니다. 그때 이회창 씨가 어쨌든 당내에선 가장 많은 지지세력이 있었던 것 같아요. 그 매개 역할을 한 게 김윤환 씨죠. 그렇게 보면 결국엔 힘에 의해서 상도동계가 밀리게 되잖아요. 그걸 견제하기 위해서 정발협이 출범하게 되죠. 정발협이 만들어지게 된 배경을 말씀해주십시오.

김덕룡: 정발협은 민주계 중심의 사람들이 만들었는데 저는 정발협 자체를 그렇게 탐탁하게 생각하지 않았습니다. 왜냐하면 그 당시 YS가 대통령 후보로 당대표인 이홍구 씨를 생각했죠. 제일 처음에 이홍구 씨를 지지하려고 했어요. 일설에 의하면 그 당시에 김현철 소장이나 이원종 씨 등이 이홍구 씨를 밀려고 한다는 소문들이 있었어요. 그런데 이홍구 씨가 정치적인 카리스마가 부족하니까 이홍구 씨를 제외하게 됐죠. 이회창 대세론이 커지고 김윤환 씨를 중심해서 민정계가 이회창 씨를 미니까 그 다음에 이수성 씨를 지지하라고 그랬어요. 그런데 이수성 씨 지지도가 안 올라가니까 나중에는 이인제를 밀면 어떠냐는 기류가 새로 생긴 거죠. 이회창 씨가 후보가 된 뒤에 아들 병역문제 때문에 지지도가 급락하니까 정발협에서 이회창 씨 후보 사퇴를 요구하게 되었죠. 나중에 김윤환 씨가 YS보고 정발협을 해체시키라고 요구했죠. 제가 민주계인데도 호남 출신이라는 것 때문에 절 안 밀고 이홍구, 이수성 씨를 지지했기 때문에 정발협에 대해서도 동지들이지만 기분 나쁘게 생각했었죠. 저도 정발협은 해체되어야 한다고 보았어요. 해체되고 나중에 이인제 씨가 탈당하고 이런 과정에서 정발협에 있는 몇 사람들이 같이 탈당을 했죠.

윤민재: 정발협의 간사가 서청원 의원이었나요?

김덕룡: 그렇죠. 이재오, 서청원, 서석재 이런 사람들이 중심이 됐어요.

윤민재: 이회창 씨를 거부한 이유는 본질적으로 무엇이었나요?

김덕룡: 이회창 씨 개인에 대한 거부도 있었고 YS가 이회창 씨를 싫어했죠. 그러나 나중엔 이회창 씨라도 데리고 선거에서 이겨야겠단 생각을 했죠. 그 당시에 박찬종 씨가 먼저 탈당을 했는데 YS가 이회창 씨 보고 가서

적극적으로 만류를 하라고 했죠. 그런데 이회창 씨가 그걸 적극적으로 안 했어요. 이회창 씨가 좀 오만에 빠져가지고 경직된 분이었죠. 그때부터는 YS가 '저 사람 가지곤 안 되겠다' 이런 생각을 하신 것 같아요. 그래서 솔직히 이인제 후보가 탈당할 땐 크게 만류하진 않았어요.

윤민재: 그럼 김영삼 대통령이 본인의 마음속에선 이회창 후보의 지지도도 떨어지고 그리고 야당이 집권해선 안 되기 때문에 이인제 후보가 탈당했음에도 불구하고 적극적으로 만류 안 했단 얘긴가요?

김덕룡: YS는 이회창도 안 될 것 같고 좋아하지도 않았고, 그런 상황에서 '이인제가 될 수만 있다면 좋겠다'라고 생각했겠죠.

윤민재: 그 말은 결국 김대중 후보는 절대 당선되면 안 된다는 뜻인가요?

김덕룡: 나중엔 김대중 후보가 되도 괜찮다고는 생각했다고 봅니다. 왜냐하면 그 당시 이회창 후보가 강삼재 총장을 시켜서 DJ 비자금 폭로를 하게 되지 않습니까. 그 당시 이회창 측에선 비자금 폭로가 비장의 카드고 이것이 결정적으로 선거에 영향을 줄 수 있을 것이라고 보았어요. 이것을 YS에 요구했는데 그걸 거부했죠. 선거에 임박해서 야당 후보 수사를 한다는 건 이건 도저히 있을 수 없다는 논리였습니다. 자칫 잘못하면 내란이 날 수도 있다는 표현을 했어요.

윤민재: 내란이란 말을 쓰셨어요?

김덕룡: 네. 그럴 수도 있는데 그걸 거부했죠. 거부를 하고 그 당시에 선거 관리 내각을 만들어서 저보고 정무장관은 누가 좋겠느냐고 물으시더라

고요. 당시는 중립적 선거 관리 내각이기 때문에 신한국당 사람들을 시킬 수 없단 말이에요. 그래서 고민을 하다 제가 홍사덕 의원을 추천했어요.

윤민재: 그러한 상황 속에서 야당 의원을 추천하신 거군요.

김덕룡: 당시에는 홍사덕 의원이 DJ와 함께 안 하고 있을 때였어요. 그 땐 거기서 나와 있었어요. 그래서 제가 야권하고도 연결이 되고 신한국당 출신이 아닌 사람이 좋겠다고 했죠. 그래서 홍사덕 의원을 추천했어요. 그 랬더니 홍사덕 의원을 통해서 YS가 DJ 쪽에 선거에서 절대적 중립을 지킬 것이라는 메시지를 전달했다고 해요.

윤민재: 홍사덕 의원이 그런 메신저 역할을 한 거군요.

김덕룡: 대통령으로서 중립적인 선거 관리를 하겠다는 의지를 DJ 쪽에 도 전달했죠. 그래서 YS는 김대중 대통령이 탄생한 것이 첫째, 비토세력인 하나회를 척결했기 때문에 가능했고 둘째, DJ 비자금 수사를 거부했기 때문에 가능했고 셋째, 중립내각을 구성해 선 중립을 지켰기 때문에 가능했다고 이야기합니다. DJ 정권을 만든 결정적 역할을 한 고마움을 모르고 나중에 대통령 된 뒤에 자기를 재판정에 세우려고 하고 탄압을 하려했다고 섭섭히 생각했었어요. 그런데 나중에 저희 참모들이 두 분이 화해를 해야 한다고 권유했죠. 두 분이 경쟁함으로써 영호남 갈등도 심화됐고, 역사에서 두 분이 책임이 있으니까 돌아가시기 전에 화해를 해야 한다고 말씀드렸죠. 그래서 저희가 그런 화해 프로그램을 만들었어요. 그 후 김대중 대통령이 입원했을 때, YS 대통령을 모시고 문병을 간 겁니다. 불완전한 화해지만 최종적으로는 화해를 하게 됐죠.

윤민재: 비자금 문제인데요. 그때 강삼재 사무총장이 언론에서 발표하고 중간 평가 유보 대가로 20억을 수수했다는 말을 했는데, 이런 중요한 정보는 결국 안기부에서 나올 수밖에 없는 소스인데요. 그렇다면 안기부에서 누군가가 정보를 줬겠죠. 근데 그것에 대해서 김영삼 대통령도 다 알고 있지 않았나요?

김덕룡: 그 당시 그런 고급 정보를 가질 수 있는 건 정보기관밖에 없다고 짐작하고 있었겠죠. 무슨 보고를 받고 그랬다고 생각하진 않고요.

윤민재: 그게 결국 이회창 총재의 당선을 돕는 일인데, 그렇게 본다면 권력기관의 힘도 차기 권력으로 다 쏠렸다고 볼 수 있나요?

김덕룡: 그렇죠. 권력의 속성상 그럴 수도 있겠지요.

윤민재: 김영삼 대통령도 다 알고 있었나요?

김덕룡: YS는 검찰이 DJ쪽으로 기울어 있다고 생각하지는 않았을 것입니다. 다만 자기로서는 정치적 중립을 지켜 선거 관리를 하겠다는 생각이 확고했습니다.

윤민재: 대선 전 신한국당 내부에서 대통령의 탈당을 요구하는 목소리가 커집니다. 심지어 탈당을 요구한 것뿐 아니라 화형식까지도 있었습니다. 당시 상황에 대해 말씀해주십시오.

김덕룡: 맞아요. 이회창계파의 한나라당 당원들이 지방에 다니면서 YS 인형을 만들어서 두들겨 패고 화형식하고 그랬죠.

윤민재: 강삼재 사무총장이 이회창 후보 옆에서 보조 역할을 많이 했는데 상도동 측과 어떤 소통이나 의견 교환이 있었습니까?

김덕룡: YS는 이회창 씨가 싫기도 하고 이회창 씨 인기가 떨어져서 당선되기 힘들다고 보았죠. 그래서 다른 대안이라도 있어야 되지 않느냐 생각했어요. 이인제라도 당선되면 좋겠다는 생각을 가졌지만 공개적으로 이를 주장하거나 표현하지 않았어요. 저는 물론이고 강삼재 사무총장도 이인제 탈당에 대해서는 반대했고 또한 이인제를 지원하는 것도 반대했어요. 저는 이회창 씨가 YS를 공격하는 것은 잘못된 일이고 그것은 선거에 이길 수 없는 방법이라고 주장했습니다.

윤민재: 강삼재 의원도 그런 생각이었나요?

김덕룡: 강삼재 의원도 그런 생각을 가지고 있었죠. 선거 막바지에 이회창 씨 인기가 다시 오르니까 당에서 반대로 YS가 국민들로부터 인기가 없다고 생각하고 공격을 많이 했죠. 그게 실책이죠. 왜냐하면 PK 지역에서 YS에 대한 애정이 많이 있었는데, 그 사람들을 적으로 돌리는 일이었으니 그것이 화가 됐죠. 이 때문에 PK에서 표 이탈이 많았죠. 이 지역에서 표를 못얻은 것이 실패의 원인이었고, 결국 YS에 대한 대책을 잘못 세운 셈이죠.

윤민재: 1997년도 이원종 정무수석이 청와대에서 큰 역할을 하게 되고 상대적으로 대통령비서실장의 힘은 크게 안보였는데, 당시에 현실적으로 이원종 수석에게 힘이 쏠린 건 사실 아닌가요?

김덕룡: 네 그렇습니다.

윤민재: 김영삼 정부가 위기를 맞게 되는 또 하나의 사건이 노동법 파동이거든요. 노동법이 몇 차례 개정되고 결국 여야 합의를 보지 못하고 통과되었죠. 물론 김영삼 대통령과 그 주위 분들은 노동법 파동이 결국 야당의 비협조에서 시작되었다고 주장합니다. 야당의 비협조가 결국 IMF체제를 몰고 온 하나의 원인이 됐고 정리해고가 유보되는 등 문제가 많았다고 여당 측은 주장했습니다. 물론 노동법이 중요한 법이었지만 야당의 협조 없이 물리적으로 통과시킨 것도 문제였잖아요.

김덕룡: 노동법 파동이 1996년 12월 24일 크리스마스이브 때 있었는데, 직전까지 제가 두 번째 정무장관을 하고 있었습니다. 그 며칠 전 제가 정무장관에서 물러났는데 저는 노동법은 통과되어야 하지만 그렇게 우격다짐으로 밀어붙여선 안 된단 생각을 가지고 있었어요. 제가 정무장관을 하던 당시 대책회의를 여러 번 했어요. 그 당시 한은법 개정, 노동법 개정, 금융관련법 개정, 기아자동차 처리문제 등 많은 쟁점이 있었습니다. 그러나 야당 측은 이 모든 것에 대해 여러 가지 이유를 들어 반대했습니다. 만약 그 당시 법을 개정했다면 세계시장에서 한국이 신뢰를 얻어서 절대로 금융위기는 오지 않았을 것이라고 믿습니다. 그런데 야당이 이걸 반대했기 때문에 통과를 못 시켜서 정리해고도 안되고 결국 금융위기가 왔다고 생각했습니다. 근데 그때 노동법 강제 통과에 대해 반대하니까 YS가 저한테 화를 내더라고요. 그래서 제가 사표를 내버렸습니다.

윤민재: 어떠한 의견 충돌이 있었는지요?

김덕룡: 다른 사람들은 다 된다고 하는데 혼자 반대한다는 거죠. 그렇게 밀어붙이면 안 된다고 주장했는데 제 이야기가 대통령에게 들어갔나 봐요. 그래서 저한테 화를 내시더라고요. 그래서 제가 관뒀습니다. 12월 24일

밤 12시에 버스를 동원해서 국회에 여당 의원들이 들어가 일방 통과시켰는데 그때 대쪽 같다던 이회창 씨도 버스 타고 한밤중에 가서 투표했죠. 그런 상황이었기 때문에 YS는 자신감을 가졌죠.

윤민재: 노동법을 무리하게 통과시킬 때 이원종 정무수석이 청와대 내에서 그러한 의견들을 만들어 가는 데 당연히 중요 역할을 했을 것 같거든요. 이원종 수석도 강경한 입장이었나요?

김덕룡: 제가 알기로 이원종 수석 중심으로 청와대가 꼭 통과시켜야겠다고 그런 생각 갖고 있던 걸로 알고 있습니다.

윤민재: 당보다 청와대가 강경한 입장이었나요?

김덕룡: 그럼요. 당은 그냥 청와대 뜻에 수동적으로 따라갔던 거죠.

윤민재: 그럼 어쨌든 노동법 통과시키는 데 이원종 수석이 강하게 밀어붙인 건가요?

김덕룡: 전 그랬다고 생각합니다. 저는 반대했었으니까요. 덧붙여 한 가지 이야기를 하겠습니다. 1995년 지방선거가 끝나고 사무총장 사표를 냈습니다. 그 당시에 YS가 곤란한 입장에 빠졌어요. 그런데 절 부르더니 비서실장을 하라는 거예요. 그래서 "각하 제가 정권 출발 때도 이야기했지만 저는 비서실장은 안하겠다고 말씀드렸습니다. 저는 의회정치인으로 남겠습니다. 내년 4월이 선거입니다. 근데 지금 제가 어떻게 비서실장으로 들어갑니까. 저는 안 됩니다."라고 말했습니다. YS는 저를 세 번씩이나 불렀어요. 저는 YS가 저렇게 어려운데 고집 피우면 안 되겠다고 생각했죠. 그

래서 어쩔 수 없어 다음 총선에 나올 수 있다면 하겠다고 말씀드렸습니다. 그랬더니 YS가 승낙했어요. 나중에 들었는데 제가 비서실장 한다는 이야기를 이원종 수석이 듣고 김현철 소장하고 몇 사람이 의논해서 제가 들어가는 걸 반대했다고 그래요. 그래서 결과적으로 난 구출을 받은 셈이죠.

윤민재: 집권 말기엔 내부적으로 보면 주요 결정사항이라든지 많은 권력이 김현철 소장, 이원종 씨에게 많이 가있었다고 볼 수 있는 거네요?

김덕룡: 그렇죠. 대통령하고 저하고는 개인적으로 대화하고 그랬지만 그런 중요한 논의 구조 속에 제가 들어가지는 못했습니다.

윤민재: 이원종 수석이 의원님 학교 선배가 되죠?

김덕룡: 원래 이원종 수석을 제가 데리고 왔어요. 이원종 수석이 김명윤 의원의 조카이고 그 보좌관을 했어요. YS가 재야에 있을 때 저 혼자는 어려워요. 그래서 이원종 선배한테 YS팀에 와서 일해 달라고 부탁했어요. 선배지만 저를 비서실장으로 잘 도와주면서 열심히 같이했습니다. 형제같이 일했죠. 정무수석 초반기 때까지 서로 손발이 잘 맞았죠. 그런데 이원종 수석이 자기 권력도 커지고 세력도 커지면서 좀 멀어졌죠.

윤민재: 김대중 대통령이 당선된 후 인수위가 구성됩니다. 김영삼 대통령은 퇴임을 준비하게 되는데 상도동에 돌아가서 전직 대통령으로서 향후 어떠한 일을 하고 싶다는 계획이 있었습니까?

김덕룡: YS는 임기가 끝나면 모든 게 끝나는 거라고 생각했던 것 같아요. 제가 정무 장관할 때 제안을 하나 했어요. 미국에 있는 정치인 한 사람

으로부터 들었던 내용입니다. '미국엔 대통령 도서관이란 제도가 있다. 이걸 법으로 만들어서 한다. 대통령 도서관법을' 그래서 YS에게 말씀드렸습니다. "임기가 끝나면 대통령 도서관에서 그동안 집권기간에 있었던 일들을 정리하고 그 기록을 역사에 남기고 그리고 재임기간 동안의 경험 같은 것을 국정에 참고할 수 있도록 그런 역할을 하는 것이 좋겠습니다."라고 말씀드렸습니다. 그랬더니 YS는 "정치에 관여하거나 그런 입장이 아니고, 좋은 의견이다. 한번 그 법을 만들어보라."고 하셨습니다. 그래서 제가 만들려는 도중에 청와대하고도 자꾸 갈등이 있고 그래서 제가 그걸 추진 못 했어요. 지금도 그때 그걸 못 했던 게 후회가 됩니다. 대통령이 퇴임 후 대통령 도서관법에 의해서 그런 기록을 역사에 남기고 그리고 전직 대통령은 재임 중에 만났던 외국의 인사들하고 교류도 하고 그렇게 하면 좋지 않겠는가 생각했습니다. 그래서 최근에 우리가 YS 민주센터를 만들어서 그러한 일들을 시도해보고 있습니다.

윤민재: 정무장관을 오래 하셨습니다. 정무장관이 요즘엔 당정협의 아니면 야당과의 관계문제 등에 초점을 맞추어 일을 합니다. 박근혜 정부 때 보면 비정치인이 돼서 문제가 많았는데요. 직접 담당하신 분으로서 한국 정치에서 정무장관이 갖고 있는 중요한 기능이 뭐라고 생각하십니까?

김덕룡: 정무장관의 역할은 첫째, 정부와 국회를 연결하는 통로 역할을 하는 거였어요. 그래서 예를 들면 입법을 하려면 국회가 최종적으로 통과해야 되는데 대부분 법이 국회의원이 발의한 것보다도 정부발의가 대부분이잖습니까. 그러면 적기에 하려면 정부에서 법을 기초해서 본회의에 부의합니다. 그런 역할 통로를 하고 예산을 심의하려면 언제까지 보내야 한다든가 그런 것을 시기에 맞게끔 조절을 해줘야 합니다. 그래서 정무장관은 국무회의 때 '지금 국회가 이렇게 돌아가니까 국무위원들이 준비해야

될 일이 이런 이런 일이다. 그걸 좀 빨리 그 시기에 늦지 않도록 준비하고 사전 준비를 해 달라' 요청하죠.

그 다음에 청와대나 집권 정당하고 정부하고 그런 의사소통의 통로를 만들죠. 정무장관이 당 4역 중 한 사람이기 때문에 일주일에 두 번씩 당 회의를 참석하니까 거기서 정부가 돌아가는 방향, 청와대가 생각하고 있는 것, 당에서 협조해야 될 상황, 또 당에서 요구사항 등을 정부나 국회에 전달해야 합니다. 여야 간에 갈등이 있을 때 야당 대표들도 만나서 설득도 하고 사정도 해야죠. 또한 국무위원들에게 국회와 야당을 이해시키고 정부, 여당을 이해시키는 역할을 해야 합니다.

그래서 지금 우리나라 같이 대화와 타협과 협상이 없는 정치 환경에선 정무장관이 해야 할 그런 역할들이 꼭 필요하다고 봅니다. 지금은 정무장관이라는 자리도 없을뿐더러 정무수석이 있는데 정무수석도 정치인들이 좀 대화가 되려면 정치인이 해야 하는데 최근에 보면 그렇지 못 하거든요. 여성이기 때문에 역할에 한계가 있습니다. 술도 한 잔씩 하고 경우에 따라서 민원도 받아서 처리할 것도 처리해주고 그래야 하는데 여자 정무수석한테 그런 이야기를 할 수 있겠습니까?

윤민재: 선생님께선 한국 사회의 정치구조의 문제 해결, 정치문화의 발전을 위해서 과거에 있던 정무장관 제도가 부활되어야 한다고 보시는 거죠.

김덕룡: 지금 현재와 같은 정치 환경 속에선 그게 꼭 필요하다고 느끼고 있습니다. 왜냐하면 우리 정치가 대화와 타협의 풍토가 안 되어 있기 때문에 더 필요하죠. 미국 같은 정치사회는 필요 없죠. 우린 그런 역할을 누군가는 해야 한다고 봐요.

윤민재: 기존의 현 정부의 정무수석은 전혀 그런 걸 못 하고 있고 개인

적 인맥도 좀 부족하다고 보시는 겁니까?

김덕룡: 그렇죠. 문제가 있다고 생각해요.

윤민재: 마지막 한 가지 여쭙겠습니다. 김영삼 대통령은 오랜 정치 역정과 길을 걸었기 때문에 지금까지 집권 전후 과정을 물어봤습니다. 김영삼 대통령이 갖고 있는 한국의 역대 대통령과 다른 특유의 리더십과 장점이 무엇이라고 생각하십니까?

김덕룡: 김영삼 대통령은 민주화운동을 하면서 정치 규제에 묶여 있었지만 의회민주주의자이고 정당정치주의자였어요. 그리고 투쟁의 정치보다는 대화와 타협의 정치를 하겠다는 의지가 강했죠. 그래서 의회 중심의 정치, 정당 중심의 정치를 하겠다는 생각을 기본적으로 가지고 있었습니다. 그리고 모든 걸 대화, 타협으로 하는 정치를 하겠단 생각을 확고하게 가지고 있었습니다. 또 무엇보다도 인간 자체를 기본적으로 신뢰하는 사람이었어요. 누굴 의심하고 보복하고 응징하고 이런 것보다는 선한 인간성 자체를 인정하고 추구하는 그런 분이었습니다. 개인적으로 보면 참 효자였어요. 그 바쁜 와중에도 아버지께 매일 아침 전화를 하셨죠. 또 하나장점은 시간 약속을 철저하게 지켰습니다. 옛날에 야당은 9시에 회의한다고 하면 10시가 되어야 제대로 시작했어요. 그런데 YS께서 당 총재가 된 뒤에는 아무리 늦어도 정시에 시작을 했어요. 시간 약속 같은 걸 아주 철저하게 지키고 남의 호의를 인정해서 먼저 의심하고 이런 것이 없었어요. 다른 사람의 이야기 믿어주고, 특히 남들을 배려하는 굉장히 인간적인 장점이 많은 분이었습니다.

여기서는 YS의 정치적 공과에 대하여 강조하고 싶은 것은 YS의 정치적 역점은 바로 굴곡의 한국 민주화 역사라고 생각합니다. 야당 시절에는 헌정

질서의 파행을 온몸으로 저항한 정치인으로 초산 테러, 의원 제명 등의 고난에 찬 투쟁을 통해 유신체제를 종식시켰고, 1980년 이후 장기간 연금 속에서 단식, 민추협 창립, 2·12 총선 투쟁, 직선제 개헌 투쟁으로 5공의 항복을 받아 내는 등 비정상 헌정 질서를 정상적, 민주적인 헌정 질서로 회복시키는 데 헌신했습니다. 이 공로는 역사에 기록되어질 것으로 확신합니다.

집권하여서는 하나회 척결 등 군사문화 청산과 실명제 실시와 공직자 재산 공개로 정경유착 근절, 부패 구조 척결, 사회적 투명성 제고에 기초를 마련하였고 지방자치제 전면 실시와 선거제도 혁신으로 제반 민주제도를 정착시키는 등 오늘날 우리가 당연하게 생각하며 누리고 있는 민주적제 질서를 제도화 하는 데 YS 문민정부가 크게 기여했다는 점은 평가되어야 한다고 봅니다. 다만 권력 주변 관리에서의 소홀함이나 일부 개혁에 실기하거나 미흡함으로 인해서 외환위기를 초래한 것 등에 대하여는 비판과 책임을 피하기 어렵다고 생각하고 YS도 사과에 인색하지 않았습니다. YS는 자신의 잘못을 인정하는 것에 인색하지 않았습니다. YS는 집권 시 쌀 수입문제 등 여러 차례에 걸쳐 잘못을 시인하고 사과했습니다. 잘못을 인정하고 사과하는 것이야 말로 바로 용기라고 생각했습니다.

윤민재: 그런 면에선 김대중 대통령하고 개인적 성향이 많이 다르잖아요. 일반적으로 정치세력들을 이끌려면 많은 자금이 필요합니다. 김영삼 대통령은 자금 관리를 어떻게 하셨는지요?

김덕룡: 야당 정치인 YS의 자금 사정은 참으로 어려웠습니다. 유신에 저항하며 집권을 꿈꾸는 YS에게 권력의 감시와 공작이 난무하는데 YS의 결벽증이 더해져서 그 어려움은 일반의 상상을 초월합니다. 주변 친지의 도움, 일부 지인들의 용기 있는 지원으로 지탱했지요. 제일 큰 후원자는 아버지였습니다. 제가 비서실장을 오래 했지만 나의 활동비도 거의 제가 조

달해서 썼을 정도입니다.

제가 빚과 외상값을 이야기하면 YS는 자세히 묻지도 않고 돈을 맡겨버려요. YS에게는 돈이 그저 통과하는 정거장에 불과하다고 생각했어요. 돈에 대해 낙관적이었고, 실제 돈에 대한 집착을 안했어요. 지금도 집밖에 없고 그것도 퇴임 이후에 YS 센터에 기부했습니다. 집권해서도 대통령 자신이 제일 먼저 재산을 공개하고 본인은 단 한 푼의 정치자금도 안 받겠노라고 국민 앞에 약속하고 그것을 끝까지 지켰습니다. 이는 YS를 비판하는 사람들까지도 모두가 인정하는 사실이고요.

윤민재: 두 번에 걸쳐 장시간 동안 소중한 말씀 감사합니다. 이것으로 인터뷰를 마치도록 하겠습니다.

이원종

전 청와대 정무수석

1. 개요

　김영삼 대통령 시기에 정무수석비서관을 지낸 이원종 (사) 동안 이승휴 사상 선양회 이사장과의 인터뷰는 연세대학교 국가관리연구원 사료실에서 2012년 7월 3일에 제1차 구술이 이루어졌으며 제2차에서 제4차까지 구술은 7월 7일에 채록되었다.

　이원종 (전) 정무수석은 1960년대 ㈜ 삼양기계제작소 대표이사를 거쳐 1976년 신민당 김영삼 총재 공보비서, 1987년 통일민주당 김영삼 총재 공보특별보좌역, 1991년부터 1993년까지 민자당 부대변인을 역임하였다. 김영삼 정부 출범 후 1993년에는 제3대 공보처차관, 1993년부터 1997년까지는 대통령비서실 정무수석을 지냈다. 그는 김영삼 정부 출범 이전부터 대통령을 최측근에서 보좌한 인물로 김영삼 정부 시기의 역사적 증언을 담는데 있어 매우 중요한 위치에 있었음은 두말할 나위 없다.

　제1차 구술에서는 1970년대 이후 우리나라 정당의 흐름에 대해 주로 말씀하셨다. 1970년대 신민당, 1979년 김영삼 총재 제명사건, 12·12사건 전후 김영삼 당대표의 활동 정지, 1987년 통일민주당 창당, 대통령 직선제 개헌 시위, 제13대 대통령선거, 1990년 민주자유당으로 합당, 1991년 제14대 대통령 후보 지명, 1992년 제14대 대통령선거에 대해 말씀하셨다. 제2차 구술에서는 김영삼 정부출범에 대한 내용이 담겨졌다. 당면과제로 신한국 창조와 세계화, 청와대 및 각 부처 인사, 권위주의 청산, 금융실명제 및 부동산실명제 실시에 대해 말씀하셨다. 제3차 구술에서는 통합선거법 제정, 국회제도 개선, 정부조직 개편, WTO체제 출범, OECD 가입, 노동법 개정, 병역법 개정, 부정부패 척결로 동화은행 사건, 슬롯머신 사건, 율곡사업 비리, 지방자치제도 실시, 역사바로세우기로 5·18 광주사태와 전두환, 노태우 전 대통령의 비자금조성에 대한 심판, 신한국당 창당에 대해 구체적인 설명이 있었다. 제4차에서는 남북관계 및 북한에 쌀 지원, 김일성 주석과의 정상회담 추진 및 무기한 연기, 황장엽 서기의 망명, 대미관계, 러시아와의 관계, 교육개혁, 성수대교 붕괴, 김현철의 구속, IMF 외환위기에 대해 구술하였다.

　이원종 (전) 정무수석은 1971년 박정희 대통령의 유신헌법 제정을 계기로 민주화 투쟁을 위해 당시 신민당에 가입하면서 정치인생을 걷게 되었다. 김영삼 대통령과의 인연은 1974년 신민당 총재로 당선된 김영삼의 공보비서관을 맡으면서 시작되었다. 1979년 김영삼 총재 제명사건 때부터 최측근에서 보좌한 것이 문민정부에서 가장 오랫동안 청와대에서 대통령을 보좌하게 되는 기록으로 이어진다. 이에 이원종 (전) 정무수석의 시각과 당시 국정업무에 대한 설명은 그 어떠한 사람의 증언보다 정확하다고 볼 수 있으며, 김영삼 대통령의 심중에 대한 분석은 그 누구보다 명중하다고 볼 수 있다. 그에 따르면 김영삼 대통령은 본인의 바른 방향이 국민에게 전달되면 국민들이 민주적으로 따를 것이라는 국민에 대한 믿음을 평생 지니고 있었다고 한다. 또한, 의사결정 방식은 여러 사람의 의견을 청취하여 정책을 결정하는 분권적 스타일이며, 일단 결정이 된 이후에는 밀어붙이는 카리스마적 리더십을 발휘하였다고 평가하였다. 문민정부의 성격에 적합하게, 대통령 스스로가 국민의 뜻을 읽고 국민에 대한 믿음을 바탕으로 국정에 임하였다는 것을 최측근 보좌관의 증언으로부터 들으니 진솔함이 느껴졌다. 김영삼 정부는 기존의 군사정권이 정권을 장악하면서 나타난 한국병을 치유하자는 의미에서 신한국 창조를 내세웠으며, 세계화, 정보화를 주창하여 우리나라의 발전에 큰 기여를 하였다. 그러나 IMF 외환위기를 맞게 되는 과오를 범한 것이 결국 많은 공적을 덮어버리고 저평가 받게 됨을 애석해 하셨다.

　전반적으로 1970년대부터 2010년 현재까지 약 50년간 우리나라의 정치 흐름과 김영삼 정부 국정운영의 주요 사건에 대해 소상하게 구술하였다.

인터뷰 기록 중에서 주목할 만한 주요 내용을 간략하게 소개하면 다음과 같다.

첫째, 김영삼 대통령의 의원직 제명사건에 대한 구술이다. 1979년에도 김영삼 총재가 반유신 투쟁을 계속하자 박정희 대통령은 당시 원내 최다선의원이었던 김영삼 의원을 제명하기에 이른다. 이 사건은 김영삼 총재가 『New York Times』와의 인터뷰에서 "미국은 맹방인 한국의 민주주의에 보다 적극적인 관심을 가져야 한다."라고 주장한 것을 박정희 대통령을 중심으로 공화당이 김영삼 총재를 사대주의자로 몰아 결국 그의 의원직을 제명한 것이었다. "나는 오늘을 살기 위해 영원히 죽는 일은 할 수 없다."고 하면서 끝내 의원직을 박탈당했다는 것이다.

둘째, 1980년 5·17사태로 전두환을 중심으로 한 신군부는 기존의 모든 정당을 해체함과 동시에 김영삼의 가택연금, 김대중의 구속 및 사형선고, 기성 정치인들의 정치 활동을 규제한다. 1983년 5월 18일에 김영삼은 광주민주항쟁 3주년을 기념하여 본격적인 민주화 투쟁을 선언하면서 23일간의 단식 투쟁에 들어갔으나 당시 철통같은 언론통제로 알려지지 않았다가 김영삼 총재의 비서들과 민주화 투쟁을 같이 한 이들이 필사로 유인물을 배포하면서 알려지게 되었다고 한다.

셋째, 1987년 5월 김영삼과 김대중의 통일민주당 창당 과정에 대해 들려주었다. 신한민주당이 민자당과 대결되는 구도가 되자 필연적으로 직선제 개헌정국으로 발전하게 된다. 이에 당황한 전두환은 급기야는 4·13호헌조치를 선포하게 되는데, "전두환 대통령이 그가 약속한 대로 단임제를 확실히 지킨다면 내각제 개헌도 받아들이겠다."는 '이민우 구상'에 반기를 들며 김영삼과 김대중은 함께 통일민주당을 창당하게 되었다고 하였다.

넷째, 1987년 제13대 대통령선거를 앞두고 신한민주당의 김영삼 총재와 김대중 고문은 후보단일화에 실패하고 분열되어 김영삼 후보는 통일민주당 후보, 김대중 후보는 평화민주당 후보로 각기 출마하게 된다. 결국 민주정의당의 노태우 후보가 제13대 대통령으로 당선되고 만다. 양 김의 후보단 일화 실패는 두 사람의 의견과는 상관없이 두 사람을 지지하는 지지층에서 합의가 이뤄지기 어려운 상황이었기 때문에 불가피한 것으로 평가하였다.

다섯째, 1990년 초 노태우 대통령, 김영삼 통일민주당 총재, 신민주공화당 김종필 총재가 3당 합당을 선언함으로써 민주자유당이 창당된 과정에 대해 언급하였다. 3당 합당 과정에서 실상은 노태우 대통령은 김대중 총재에게 먼저 합당 제의를 하였지만 김대중 총재가 정책연합으로 가자며 합당 제의를 거부했다는 것이다. 서로의 필요에 의해 3당이 합당하여 민주자유당이라는 거대한 여당을 만들었지만 하나로 완전한 통합을 이루지 못하면서 계파 간 갈등의 골은 깊었던 것으로 드러났다.

여섯째, 1992년 12월 제14대 대통령선거 후보로 민주자유당에서 김영삼 후보가 당선된 과정에 대해 설명하였다. 당시 민자당의 전당대회 대의원은 민정계와 공화계가 80%에 가까웠기 때문에 통일민주당 출신의 김영삼이 대통령 후보로 선출된다는 것은 조직 구성으로만 보면 불가능한 것이었다. 그 와중에 김영삼 대표가 "나는 언제나 국민을 보고 정치를 했지 어떤 특정한 사람이나 세력을 믿고 정치를 하지 않았다."고 선언한 것이 '김영삼 완전경선 수용'으로 보도되어 민자당의 강고한 당의 대의원들도 시대의 흐름과 국민의 뜻을 받아들여 결국 김영삼이 민주자유당의 대통령 후보로 선출되었다고 전한다.

일곱째, 김영삼 대통령은 재임기간 동안 사적인 관계를 거의 만들지 않으려고 노력하였고 아무리 가까운 사람에게라도 공사를 분명히 하셨다고 진술했다. 김 대통령께서 둘째아들 현철의 영향력이 절대적이었던 것으로 알려져 있지만 상당 부분 잘못 되었다는 것이다. 현철이 한보로부터 막대한 리베이트를 받은 점과 기아의 부도사태와 관련한 특혜로비 의혹이 사실상 무혐의로 검찰의 수사 결과 밝혀졌음에도 불구하고 김 대통령은 아들을 정치자금에 대한 증여세 탈세로 구속시킬 것을 지시하셨다고 한다.

사실 김현철 씨는 김 대통령의 국정운영에 대해 바른 말을 주로 하고 내부적으로 야당 역할을 하는 등 긍정적인 역할을 하였다고 전했다.

여덟 번째, 금융실명제 실시 과정에 대해 증언하였다. 김영삼 대통령은 처음에는 긴급명령권을 발동하여 금융실명제를 전격적으로 시행하다가 이후 제대로 법률적 요건을 갖추어야 된다는 요청에 따라 국회에서 정상적인 법률로서의 입법절차를 밟게 된다. 최종적으로 국회에서의 법률심의 과정에는 모든 이해관계자들이 개입하게 되었고 김 대통령이 추구했던 이상과 명분이 결국 상당 부분 변질되었다고 한다.

아홉 번째, '세계화' 이행을 위한 국정운영에 대해 설명하였다. 김영삼 대통령은 당시의 시대흐름에 적응하기 위해서는 WTO체제 참여는 필수적이고 더 나아가 다소 무리를 해서라도 OECD에 가입해야 한다고 판단했다. 후보 시절 공약으로 외국의 쌀을 한 톨도 수입하지 않겠다고 강력하게 공약했음에도 불구하고, 대통령이 되어서 결국 쌀을 수입하지 않을 수 없는 사정을 국민에게 설명하면서 국민과의 약속을 지키지 못한 잘못을 크게 사과하였다. 이에 김 대통령은 청와대에 '농수산수석'을 신설하고, '농어촌 특별세(일명 농특세)'를 5년간 한시법으로 만들어 쌀 개방으로 어려움에 처한 농민들을 보호하는 대책을 강구했다.

열 번째, 정보화 구축에 대해 설명하였다. 김영삼 정부는 세계화와 더불어 정보화시대에 참여하기 위한 정보인프라를 구축하는데 과감한 투자를 하였다. 우리나라가 디지털 방식의 CDMA 기술을 도입하여 세계에서 제일 먼저 상용화를 시도하려고 하자 그 기술을 소유한 미국은 별로 달가워하지 않았다. 당시 미국은 우리에게 팔 수 있는 아날로그 기술을 많이 가지고 있었기 때문이었다. 미국의 압력에도 불구하고 김영삼 대통령은 강하게 밀어붙여 결국 디지털 CDMA 방식으로 휴대전화 상용화를 시행했고 이로써 우리나라는 선진적 정보화시대의 기반을 다질 수 있었다고 자랑했다.

열한 번째, 노동법 개정에 대해 증언하였다. OECD에 가입하면서 우리가 넘어야 할 마지막 장애물은 소위 선진적 노동법 도입이었다. 김영삼 대통령은 당의 견해에 동의하여 국회에서 노동법 개정안을 전격 통과시켰다. 노동법이 개정되자 야당과 일반 여론은 물론 집권세력 내에서도 엄청난 반대가 있어 결국 노동법은 재심의되었고, 처음의 개정안과는 상반되는 안이 확정되고 말았다. 이러한 우여곡절을 거쳐 노동법은 김 대통령의 의도와는 다르게 개정된 것이다. 만약 그때 노동법이 원래 개정안대로 되었으면 IMF 금융위기가 오지 않았을 것이라고 이원종 수석은 안타까워하셨다.

열두 번째, 문민정부의 업적 가운데 민주화라는 차원에서 가장 두드러진 업적으로 지방자치의 전면실시를 꼽았다. 김 대통령의 지방자치제 시행은 기득권자(대통령)가 자신이 가지고 있는 기득권(임명권)을 국민에게 돌려줌으로써 성공이 가능했다고 볼 수 있다. 지방자치제도의 전면실시는 전국 시, 도지사와 시장, 군수, 구청장에 대한 대통령의 임명권을 선거를 통해 국민에게 완벽하게 돌려준 개혁으로 역대 어느 대통령도 할 수 없는 개혁의 전형이라고 평가하였다.

열세 번째, 역사바로세우기는 노태우 대통령의 비자금이 드러나면서 시작되었다. 김 대통령이 유엔을 공식 방문한 사이 박계동 의원이 노태우 전 대통령의 비자금을 국회에서 계좌번호까지 밝히면서 폭로하자 정국은 매우 시끄럽게 되었고 신군부의 역사를 바로 세워야겠다며 시작한 것이 바로 '역사바로세우기'이다. 이를 위해 그때까지 소급입법을 적용해서는 안 된다는 여론을 설득하여 "광주민주화특별법"을 국회에서 통과시켜 이법에 의해 광주항쟁을 민주화운동으로 규정하고, 광주지역을 민주 성지로 선언, 피해자들에게 보상금까지 주게 된다.

열네 번째, 문민정부는 인도적 차원에서 최초로 남·북 정상회담을 추진하였고 실질적인 대북지원이 이루어졌다. 김일성이 김영삼 대통령과 만나게 해달라며 카터 대통령이 주선할 것을 부탁했고, 이에 남북정상회담 개최까지 발전하게 되었다. 그러나 남북정상회담 2주를 앞두고 불행하게도 김일성이 갑자기 사망함으로써 남북정상회담은 무산되고 말았다. 황장엽 북한 서기의 한국 망명과 관련하여, 김영삼 대통령은 절친인 필리핀의 라모스 대통령에게 황장엽을 잠시만 데리고 있어달라고 부탁하여 결국 필리핀을 통해 한국에 성공적으로 입국할 수 있었다고 한다.

열다섯 번째, 1997년 11월 21일 IMF에 구제금융을 신청하여 결국 한국은 IMF 관리체제에 편입됨으로써 김영삼 대통령은 임기 말에 최악의 상황에 빠져 리더십의 결정적인 위기를 맞게 된다. 실제로 그 1년 전부터 외환보유고에 경고 신호를 간파할 수 있었음에도 불구하고 이것이 드러내는 위험이 어떤 것인지 당시의 경제 관료는 물론 기업이나 심지어 금융경제 전공의 학자들 누구도 IMF문제를 거론하는 사람은 없었다는 것이다.

이상에서 이원종 (전) 정무수석의 구술을 종합하여 보면, 김영삼 대통령은 군사정권에서 문민정부로 넘어가는 개혁을 추진하였으며, 세계화와 정보화 추진으로 우리나라를 세계적 수준으로 끌어올리는데 혁신적인 역할을 담당한 대통령으로 볼 수 있다. 사과전문 대통령이라고 불릴 정도로 스스로 권위를 낮추었고, 지방자치제도를 실시함으로써 대통령으로서의 특권을 모두 내려놓은 과감한 개혁성을 보여주었다. 그러나 임기 말 IMF 외환위기를 맞은 것은 김영삼 대통령의 수많은 공적에도 불구하고 현재까지도 저평가 받고 있는 구실이 되고 있다. IMF 외환위기를 극복하는 경험을 통해 우리나라가 더욱 단단해 질 수 있었듯이 김영삼 대통령의 공적에 대해 재조명할 필요가 있다. 또한, 대통령의 직분 이전에 대한민국 헌정사의 중요한 순간마다 민주화를 위해 정치적 역할을 담당한 인생 여정을 걸어오신 분으로서 김영삼 대통령은 시대의 흐름을 탄 것이 아니라 흐름을 만든 사람이라는 구술 대목에 주목할 필요가 있다.

2. 구술

>>>>> 1차 구술 _____

권자경: 연세대학교 국가관리연구원은 '대통령 리더십과 국가관리'라는 연구 과제를 진행 중에 있습니다. 2012년, 제3차년도 연구에서는 김영삼 대통령 시기와 관련된 구술채록입니다. 오늘은 그 시기의 구술을 위해 김영삼 정부에서 당시 정무수석을 지내신 이원종 (전) 수석을 모셨습니다. 1차 구술의 일시는 2012년 7월 3일 화요일 오후 2시입니다. 장소는 연세대학교 국가관리연구원 사료실입니다. 수석님, 안녕하십니까?

이원종: 네, 반갑습니다.

권자경: 수석님과 김영삼 대통령의 인연이 언제 어떻게 시작되었습니까?

이원종: 제가 김영삼 대통령님을 만난 것은 어떤 극적인 이벤트가 있었던 것은 아닙니다. 저는 소위 4·19 세대의 한 사람으로서 시대적으로 한국 정치에 대해 관심을 갖지 않을 수 없었습니다. 박정희 대통령께서 1971년도에 유신을 선포하는 것을 보고, 저는 '이 사람이 쿠데타를 두 번이나 일으키나'하는 생각이 들었어요. '한 번도 아니고 두 번은 용서할 수 없다'는 생각에 하던 사업을 팽개치고 민주화 투쟁에 뛰어들었습니다. 당시 제 주변에 신민당과 인연이 있는 사람들이 많았어요. 특히 중요한 인물로 저의 이모부인 김영윤 의원, 그리고 제 육촌형인 엄명달 의원이 있었는데, 저는 신민당에 입당하여 김명윤 의원 지구당(강릉·명주·삼척)의 중앙상무로 추천되어 제대로 된 정당원으로서 민주화 투쟁을 통해 본격적인 정치 활

동을 하게 되었지요. 제가 신민당에 입당하여 정당 활동을 하는 과정에 마침 제 고등학교 후배였던 김덕룡 씨가 김영삼 총재의 공보비서와 비서실장을 겸하고 있었는데 그 친구가 저의 활동을 보고 총재의 공보비서를 맡아 해 볼 의향이 없느냐고 저의 의사를 타진해 왔습니다. 그것이 제가 김영삼 대통령을 가까이 모시게 된 계기가 되었지요. 당시 공보비서의 역할에 대해 잘 알지 못했지만 김영삼 총재를 지근에서 모시고 민주화 투쟁을 하게 된 것만으로 저로서는 큰 영광이라고 생각했습니다.

권자경: 1972년에 신민당 중앙상무위원으로 일하십니다. 어떻게 맡게 되셨고, 또 몇 년간 일하셨나요?

이원종: 중앙상무위원이라는 것은 전당대회가 없을 때, 전당대회가 위임한 사람들을 결성하는 중요한 의결기관입니다. 최종 의결기관은 전당대회고, 그 이전의 의결기관이라고 볼 수 있습니다. 김명윤 의원이 강원도 삼척지구당을 맡았는데, 그 지구당의 초청으로 저는 중앙상무위원이 되었고, 3당 합당할 때까지 상무위원 자격을 계속 가지고 있으면서 당의 부대변인, 지구당위원장 등 중요 당직을 수행하게 되었습니다. 제9대 국회가 성립되었을 때 저는 중앙상무위원이었습니다. 그러다가 1974년 당시 신민당 총재였던 유진산 씨가 급서하자 곧 이어 있었던 신민당 임시 전당대회에서 김영삼 씨가 유신체제*의 긴급조치 1, 2호가 발동된 상태에서 신민당 총

---

* 유신체제(維新體制) : 1972년 10월 17일 박정희 대통령이 전국에 비상계엄령을 선포하고 수립한 체제를 일컬어 10월 유신이라고 하며, 이는 사실상 1979년 10월 26일 박정희 대통령이 서거를 당하시며 해체될 때까지의 전 시간을 말한다. 유신이란 새로 고친다는 유교용어로, 1972년 박정희 대통령이 당시 권력을 계속 지속시키기 위해 '통일주체국민회의'라는 단체를 구성해 새로운 유신헌법을 제정하여 이 단체가 12월 15일 박정희 대통령을 계속 대통령으로 선출하여 제4공화국이 출범한다. 유신헌법하에 입법, 사법, 행정부의 삼권이 대통령에게 집중되게 되었다. 이로써 새마을

재가 됩니다. 저는 그때 정식으로 당 총재의 공보비서관이 되었지요.

권자경: 1979년 10월 부산과 마산 지역을 중심으로 박정희 유신체제에 반대한 시위인 부마사건이 있었습니다. 그때 상황을 설명해 주십시오.

이원종: 1979년 5월 30일, 신민당 전당대회에서 반 유신투쟁의 강경파요 당내 절대소수파인 김영삼이 박정희 정권의 강력한 탄압에도 불구하고 당 총재로 당선되었습니다. 이는 신민당 내의 강경파와 온건파 간의 단순한 당내 경선이 아니고 유신체제에 반대하는 민주화세력과 박정희 사이에 벌어진 민주화 투쟁이라고 할 수 있었습니다. 이 싸움에서 신민당이 유신철폐를 바라는 국민의 편에 서서 박정희와 투쟁한 것이었습니다. 신민당의 5·30전당대회는 당시 신민당이 국민의 편에 서서 국민의 강력한 반 유신투쟁의 여망을 앞장서서 실현한 위대한 민주화 투쟁의 결과라고 할 수 있습니다. 이러한 신민당의 5·30전당대회의 결과를 박정희가 그냥 둘 수 있겠습니까? 정국은 살벌하게 돌아가게 되었고 여야가 정면으로 충돌하게 되었습니다. 그 와중에 8월 9일 YH사건*이 터지면서 YH 여공들이 신민당에서 농성투쟁을 하게 되면서 신민당 당사는 반 유신투쟁의 본거지가 되

운동 추진, 경제개발5개년계획 실현, 수출 증가 등의 경제발전을 이룩하였지만, 그 이면에는 독재정권이라는 비난을 면하지 못하게 되었다.

* YH사건: 1979년 8월 9일 YH무역(당시 최대 가발수출업체) 여성노동자 170여 명이 회사운영 정상화와 근로자 생존권보장을 요구하며 신민당사에서 농성을 벌인 사건이다. 1966년에 회사가 설립된 후 급성장하였지만 1970년대 중반부터 수출이 둔화, 무리한 기업 확장 등으로 경영난에 빠지자 1979년 3월 폐업을 공고하였다. 그러나 노조가 사측과 박정희 정부의 무성의한 태도에 반기를 들어 장기농성에 들어갔다. 8월 9일 '도시산업선교회'의 알선으로 노조는 신민당사에 들어가 농성을 하였는데, 8월 11일 박정희 정권은 새벽 2시에 이른바 101호 작전하에 경찰 1천여 명이 신민당사에 진입하여 농성노동자들을 강제해산시키고 신민당 의원들을 폭행하였다. 이 사건 직후 신민당 의원들은 8·11진압을 규탄하여 반유신체제를 외치며 18일간의 항의농성에 돌입하게 된다. 이 사건으로 김영삼 신민당 총재는 제명되었다.

어 결국 당국은 신민당 당사에 물리력을 투입하여 강제 진압하는 불행한 사태가 벌어졌어요. 뿐만 아니라 박정희 정권은 5·30전당대회에서 당원의 뜻에 따라 정당한 민주적 절차에 의해 선출된 김영삼 총재의 총재직을 법원을 시켜 가처분 조치를 하고, 이어 당시 국회 최다선의원이었던 김영삼 의원의 의원직을 불법 제명하는, 우리 헌정사의 치욕적인 사건을 저지르고 말았어요. 김영삼 총재의 위원직 제명은 1979년 10월 4일에 있었는데 당시 김덕룡 비서실장은 긴급조치 위반으로 형무소에 가 있는 상태였기 때문에, 제가 실장대행으로 당시 총재님을 제일 가까이에서 모시면서 김영삼 총재 제명의 현장을 처음부터 끝까지 지켜볼 수 있었습니다. 당시 박정희 정권이 김영삼 총재를 제명하기로 결정하고 그 구실로 미국을 향한 사대주의자로 몰아붙였습니다. 그 즈음 김영삼 총재는 『New York Times』와 인터뷰를 하면서 "미국은 한국의 최고의 맹방이자, 한국에 민주주의를 심어준 국가로서 한국의 민주주의에 관심을 가져야 한다. 그렇기 때문에 미국은 내정간섭 차원을 벗어나 한국에서 민주주의가 제대로 자리를 잡을 수 있도록 관심을 가지고 민주주의가 계속 지속될 수 있도록 지켜주어야 한다."라고 주장했습니다. 이 인터뷰를 박정희 정권은 김영삼 총재를 미국에 대한 사대주의자라고 비방하면서, 자기네들이 정권 보위를 위해 만들어 놓은 수많은 어용단체들을 동원하여 이를 '해명하고 사과, 취소하라'고 협박을 했습니다. 그런데 김 총재는 해명을 거부하다가 결국 제명까지 당했습니다. 저는 나중에 알게 되었지만, 이 과정에서 당시 김재규 중앙정보부장이 김 총재를 찾아왔다고 합니다. 김재규는 김영삼 대통령과 같은 김영김씨 문중으로 일가라는 말을 저는 들은 적이 있습니다. 물론 김재규가 김총재를 찾아 해명할 것을 요구한 것은 이런 인연 때문은 아니었고, 박정희 대통령 측근 실세로서 김영삼 총재의 뉴욕타임즈 기사 사건을 나름대로 해결해보고 싶어서 찾아왔겠죠. 당시 김재규 중앙정보부장이 김영삼 총재에게 "뉴욕타임즈 기자가 잘못 기사를 썼다. 내 뜻은 그게 아니다."라고 한

마디만 해달라는 것이었습니다. "이 이야기를 직접 하기가 힘들면 국회 기자실을 한 바퀴 휙 돌아보고 나가라. 그렇게만 한다면 기자들이 알아서 기사를 쓸 것이고, 당신이 더 이상 피해보지 않도록 해 주겠다."고 말했다고 합니다. 그런데 김영삼 총재가 이를 거절하신 겁니다. "나는 내 신념에 따라 얘기했을 뿐이고, 지금도 나는 미국이 한국의 민주주의에 대해 관심을 가져야 한다고 생각한다."고 말하고는 헤어졌다고 합니다. 당시 박정희의 공포정치는 야당인 신민당 간부를 비롯한 의원들에게까지도 상당히 주눅이 들게 했어요. "국회부의장, 원내총무, 당 간부 등이 총재께 무슨 짓을 할지 모르는데, 적당히 타협하고 후일을 기하는 것이 하나의 방법이 될 수 있을 것이다."는 것이 다수의 분위기라고 저는 총재께 말씀드렸습니다. 그러나 총재께서는 그냥 듣기만 하시고 웃으시고는 동의는 안하셨습니다. 그래서 그날 저녁 공화당 국회의원들과 유신정우회(維新政友會)* 의원들이 결국 김영삼 총재를 제명하기로 불법 의결하였습니다. 신민당 의원들은 그 회의장에 들어가지도 못하게 물리력을 동원하여 저지하였는데 결국 신민당 의원들은 회의장 밖에서 발을 동동 구를 수밖에 없는 상태로 속수무책이었습니다. 자신의 의원직이 불법 박탈되는 그 상황에서 김영삼 총재가 하신 말씀은 "나는 오늘을 살기위해, 영원히 죽는 일은 할 수 없다."고 하시면서, 나는 지금 죽음으로써 영원히 사는 길을 택하겠다."고 하셨어요. 저는 총재께서 하신 그 말씀을 영원히 잊을 수 없습니다. 당시 사실상 중앙정보부가 신민당 간부들뿐만 아니라 평의원들, 당의 실무 간부들까지도 개별 약점을 잡고 공작을 하고 있어서 김영삼 총재를 위해서라기보다 자신들의 정치생명을 유지하기 위해서라도 김영삼 총재에게 그렇게 강력하게 권유했는데도, 당시 김 총재는 자기 원칙이 있었고, 그 원칙을 죽

---

* 유신정우회(維新政友會): 줄인 말로 유정회라고도 한다. 유신헌법에 따라 박정희 대통령의 추천으로 통일주체국민회의에서 선출된 전국구 국회의원들로 구성된 원내 교섭단체이다.

음으로 지키는 것이 자신의 정치생명과 당을 살리는 길이라고 생각하셨던 것 같아요. 불법하게 의원직을 박탈당하고 국회를 당당하게 떠나시는 뒷모습이 당시 동아일보에 사진으로 실렸어요. 그 사진은 원래의 키보다 그림자가 몇 배는 길게 찍힌 사진이었습니다. 그날 그렇게 걸어 나가셔서 아무렇지 않은 듯 남산 헬스클럽으로 운동을 하러 가시데요. 당시 김영삼 총재의 결연한 행동은 제 인생에서 잊을 수 없는 사건이 되었고, 평생 총재님을 모셔야 되겠다고 다짐한 계기가 되었습니다. 이 사건으로 인해 결국 10월 16일 부마항쟁*이 일어난 게 아닙니까? 그리고 열흘 뒤에는 박정희 대통령이 김재규 중앙정보부장의 손에 의해 저격을 당하고 말지요.

권자경: 당시 박정희 대통령께서 김영삼 총재를 암살하려고 했던 음모가 있었다는 얘기가 있던데요?

이원종: 글쎄요. 당시 박정희 대통령과 그 주변 강경파들이 당시의 극심한 민심 이탈 상황을 매우 심각하게 생각하고 강경하게 대응했던 것은 1978년 12월 12일, 제10대 국회의원선거 결과에 나타난 민심의 향배 때문이라고 생각합니다. 그 선거의 결과는 유신체제 선거법상으로는 있을 수 없는 기적이 일어났습니다. 선거결과에서 민주공화당이 31.7%의 득표율을 보인 반면, 신민당이 32.8%를 득표함으로써 신민당이 오히려 1.1% 앞서는 국민의 지지를 받은 것입니다.** 이는 유권자인 국민의 뜻입니다. 박정희 대통

---

* 부마항쟁(釜馬抗爭): 1979년 10월 부산과 마산일대에서 박정희 대통령의 유신체제에 반대한 시위운동이다. 10월 15일 부산에서 민주선언문이 배포되고, 16일에는 5,000여 명의 부산대학교 학생들이 시위에 참여, 시민들이 합세하여 유신체제 타도와 정치탄압 중단을 외치며 반정부 시위를 벌인다. 18일과 19일에는 마산과 창원으로 시위가 확산되었다. 10월 20일 박정희 정부는 마산과 창원 일원에 위수령을 발동하여 505명을 연행하고, 59명을 군사재판에 회부하였다. 10월 26일 김재규는 차지철 대통령경호실장과 박정희 대통령을 권총으로 저격하는 10·26사건으로 이어진다.

령이 5·16을 통해 집권하였을 때 양당체제가 좋겠다고 하여 무소속 출마를 못하도록 막았고, 국회의원에 당선되었지만 탈당을 하게 되면 의원자격을 박탈하게 법으로 규제하였습니다. 그런데 유신체제에 돌입하면서 아무리 약한 야당이라고 하더라도, 여야가 1 : 1의 대치구도도 불안하다고 하여 한 구역에 둘을 뽑는 중선거구제를 실시하고, 무소속 출마를 허용토록 법을 변경했어요. 이렇게 되면 선거구도상 신민당이 아무리 잘 해도 국회에 1/3 의석이라는 개헌정족수는 물론 개헌저지선(의원정수의 1/3)을 확보할 수 없습니다. 1976년 전당대회에서 김영삼 총재가 당권을 빼앗겨 비주류가 되었습니다. 그래서 제10대 국회의원선거 때 신민당에서 선거를 주관했던 주 세력은 이철승 씨를 비롯한 소위 중도통합파가 당권을 장악하여 사실상 박정희와 동거하겠다는 세력이 당의 주도권을 장악하여 당연히 선거도 그들이 중심이 되어 치렀던 것이었습니다. 이러한 상황에서도 국민들은 신민당을 민주공화당보다 더 지지를 한 것이었습니다. 그러나 10대 선거를 통해 보여준 국민의 강력한 여망을 야당인 신민당은 제대로 그 뜻

** 제10대 국회의원선거 시 정당별 득표 현황(단위: 명)

구분(시도)	민주공화당	신민당	민주통일당	무소속
서울	819,137	1,528,279	278,971	402,338
부산	348,730	464,539	145,308	213,255
경기	643,850	594,871	90,138	474,041
강원	301,503	183,340	22,149	264,333
충북	233,775	214,283	82,179	110,952
충남	495,342	286,878	104,226	348,502
전북	286,024	301,349	80,796	303,603
전남	525,508	370,203	197,160	440,212
경북	564,171	478,025	60,192	926,207
경남	433,726	373,143	33,938	552,551
제주	44,229	16,294		124,193
계	4,695,995	4,861,204	1,095,057	4,160,187
비율(%)	31.7	32.8	7.4	28.1

자료 : 중앙선거관리위원회, 『역대국회의원선거상황(제1~11대)』, p.1075.

을 알지 못했지만, 오히려 권력을 잡고 국민을 우습게 알고 독재정치를 마음대로 하던 집권여당은 충격에 빠진 것이지요. 전혀 예상치 못한 결과가 펼쳐졌으니까요. 선거결과가 이렇게 나오자 집권층 내부에서 강경파와 온건파로 나뉘어 서로 책임을 미루고 다투면서 대책을 수립하는 문제로 강·온파로 나뉘어 분란이 일어났습니다. 유신정우회는 크게 의견이 없는 집단이었고, 강경파는 청와대 차지철 경호실장을 중심으로 그 밑에 조정을 받은 박준규 의장 등이 중심이 되어 대야 내지는 대 국민 강경책을 쓰게 됩니다. 강경파들이 중심이 되어 대야 강경조치를 단행하게 되었습니다. 이들 강경파들은 우선 김영삼 총재를 굴복시켜야겠다는 의도로 우선 YH사건, 당수직 가처분 신청, 결국 외신기자 인터뷰 사건들을 빌미삼아 김영삼 신민당 총재를 국회의원에서 제명하는 조치를 자행했습니다. 박정희 대통령과 강경파들이 당시 왜 이렇게 속 좁은 선택을 했었냐고 돌이켜 보면, 제 생각에는 박 정권에 대한 국민과 야당의 도전에 두려움을 느꼈던 것 같습니다. 그래서 강경조치 외에는 선택이 없었다고 판단했던 걸로 보입니다. 제10대 국회의원선거에서 신민당의 승리는 결국 유신체제의 종지부를 찍겠다는 국민의 강경한 뜻이 결국 부·마 민주항쟁을 불러 일으켰고 결국 박정희 대통령이 저격당하는 종말을 가져온 발단이지 않았나 싶습니다. 김영삼 총재에 대한 공작은 박정희 대통령의 정권 초기에도 있었습니다. 김영삼 총재가 원내총무 시절에 초산 테러를 당했는데, 자동차 장금장치가 안에서 잘 잠겨있었기에 다행이었지, 그렇지 않았으면 초산 맞고 벌써 저 세상으로 갔을 것입니다.

권자경: 12·12사건 당시 상황과 김영삼 대표의 반응에 대해 말씀해 주십시오.

이원종: 12·12 이후에 신군부의 영향이 자꾸 커지니까, 김영삼 총재도

꽹장히 걱정스러워 하셨습니다. 제가 그래서 여쭤보았지요. "그냥 이대로 지켜보다가는 무슨 큰 일이 벌어질 것 같습니다."라고요. 그러니까 김영삼 총재가 "참 걱정스럽다. 지금의 사태는 극히 비정상적인 것으로 이를테면 지금 명동에서 수많은 사람들이 오고가는 큰 길에 커다란 다이아몬드가 떨어져 있다고 치자. 그것을 잡고 있는 사람이 공교롭게도 무장한 사람이 잡고 있다고 치자, 많은 사람들이 저 무장한 사람이 다이아몬드를 가져갈까 안 가져 갈까하고 지켜보고 있을 것이다. 어떤 사람은 가져 갈 것이라고 하고 또 다른 사람들은 저 사람도 양심이 있을 것인데 자기 것도 아닌데 가져가기야 하겠느냐고 할 것이다. 상황은 아무도 예측할 수 없는 처지인데 지금 처한 상황을 해결하려면 선의를 가진 다른 사람이 일거에 무장한 사람을 제압해서 상황을 풀거나 그럴 수 없으면 무장한 사람의 양심에 실낱같은 기대를 걸어 볼 수밖에 없지 않겠느냐. 참 답답한 상황이로구나." 하시면서 꾀장히 힘들어 하셨습니다. 당시 신군부가 이렇게 막무가내로 나오는 것의 이면에는 미국이 있는 것이 아니냐 하는 주장도 있었지만 당시 김 대통령께서는 그 문제에 대해서는 특별히 말씀을 하시는 것을 저는 듣지 못했습니다. 다만 그분은 미국은 현실적인 국가이고, 미국 입장에서 봤을 때 당시 대한민국은 안전이 매우 중요한 과제이기 때문에 매우 신중하게 대처할 것으로 보시는 것 같았습니다. 5·18 이후에 소위 반미세력이 늘어난 것이 현재까지도 지속되고 있지 않습니까? 앞에서 말했지만 5·18 신군부가 광주 민주항쟁을 무자비하게 폭력 진압하여 수많은 희생자를 낸 것을 보고 많은 국민들은 미국이 뒤에 있거나 적어도 미국의 양해 없이는 우리 군이 저런 짓을 할 수 없다고 생각하면서, 미국이 우리에게 이렇게 할 수 있느냐하면서 미국에 대해 실망과 함께 분노를 갖게 되지 않았습니까? 이것이 급기야는 반미감정으로 발전되었으며 이것이 한·미관계의 상처가 되어 그 치유에 상당한 시간이 걸리고 있습니다. 5·18 신군부 쿠데타 성공의 이면에는 박정희 대통령의 서거 후 우리나라가 18년간 안정적으로 이어지던 정치리더십의 갑작스러운 붕괴로 엄청난 혼란 상태에 빠졌는데 이때 박정희 서거 후 대행으로 들어선 최규하의 인간성과 리더십의 문제도 우리나라의 안정에 중대한 결격 사유가 되었다고 저는 생각합니다. 당시 최규하 대통령 대행과 관련된 일화를 하나 소개하면, 최규하 씨가 외무부장관 시절에 외무부에 재직하고 있는 자기의 경기고 후배들에게 가끔 회식을 열어 주었던 모양입니다. 최규하 대통령이 그 후배들을 보고 "자네들은 엘리트들이니까 가만히 있어도 장관이 될 수 있어. 그러니 실수만 하지마라. 그 실수란 회의 때 말 많이 하지 말고 아이디어도 너무 많이 내놓지 말아라. 일도 남이 시기하지 않을 정도로 적당히 하라고 충고해라. 자네들 정도의 능력이면 적당히 조용히 지낸다면 나같이 외무부장관도 할 수 있다."고 어드바이스를 했다는 얘기가 있었습니다. 물론 어느 정도 진실인지는 몰라도 이렇게 소극적인 사람이 그 중대한 시절에 대통령 노릇을 했으니 우리나라가 그나마 지금 이렇게 존재하는 것도 기적 같은 일 아닙니까? 당시 실질적으로 이 나라를 끌고 간 민간인은 TK의 대부인 신현확 총리였다고 저는 생각합니다. 그분은 전통 관리 출신으로 민주화세력에 대한 이해가 부족했을 뿐만 아니라 철저히 믿음이 가지 않는 양반이라고 저는 생각합니다. 이 양반은 자기 나름대로 정권이 안정되어 시국이 안정되었을 때 국가를 안정적으로 관리할 수 있는 세력이 들어서야 한다고 생각하여 최규하 대통령으로 하여금 하루라도 천천히 정권을 물려줘야 한다고 생각하도록 유도했을 것으로 저는 생각합니다. 그래서 김영삼 총재가 당시 최규하 대통령을 만나서 "당신들은 심판으로서 하루 빨리 새 정부가 들어서도록 룰을 만들고 경기장을 정비하고 물러서는 일밖에 남은 것이 없다. 서둘러 룰을 만들고 시합을 붙여라."라고 말씀했다고 해요. 최규하 대통령은 대통령 권한대행으로서 과도정부의 책임자였을 뿐입니다. 그래서 김영삼 총재는 가급적 빨리 새로운 정부를 세우도록 노력했으면 하고 바랐습니다. 그런데 최규하 대통령께서 자꾸 일을 지연시키는 조치만 했습니다. 예를 들면, 중동에 원유수입 차 중동 출장을 가는 등, 가급적 새 정부 수립을 늦추려고 민주화 조치를 진행시키지 않았습니다. 그러나 김영삼 총재는 강력한 리더십을 행사해 온 박정희 대통령이 갑작스럽게 죽음을 당하시고 국가가 상당히 혼란해 지자, 민주정부를 수립하는 것이 중요하다고 생각했습니다. 안정적인 새 정부를 수립하자고 주장했지요. 그런데 최규하 대통령이 하는 식으로 계속 시간만 끌면 오히려 부작용을 낳는다고 보았습니다. 그러다가 결국 전두환 일파가 12·12사건을 일으켜 한발자국한발자국 집권을 위해 착착 전진하게 됩니다. 최규하 대통령이 그렇게 시간만 끌지 않았더라도 전두환 군사정권이 들어올 틈이 없지 않았나 생각해봅니다.

권자경: 김영삼 총재 암살과 같은 위기는 12·12 이후에 전두환 정권에서도 계속 이어집니다. 전두환 정권이 들어서고 1980년 5·17조치가 이뤄지고, 10월 27일 제5공화국 헌법제정으로 당시 김영삼 총재와 김대중 총재가 자동 해산됩니다. 김영삼 총재가 활동정지를 당하는데요?

이원종: 전두환을 중심으로 하는 신군부세력은 5·17 쿠데타를 일으키면서 기존 정치 시스템이나 기존 정치세력에 대한 정치활동금지 조치가 일제히 내려졌습니다. 박정희 대통령이 5·16 쿠데타를 일으킨 이후에도 그런 일이 일어난 것과 마찬가집니다. 김영삼 총재는 가택연금 되었고, 김대중 총재는 구속되어 나중에 사형선고까지 받습니다. 김영삼 총재는 계속 가택연금된 상태가 지속되었고요, 김대중 총재는 탄원서를 내서 전두환 대통령이 소위 유화정책의 일환으로 미국으로 보내집니다. 김영삼 총재는 가택연금이 잠깐 풀렸다가 다시 연금되어 1983년 5·18 기념일에 23일간의 단식에 들어갑니다. 그리고 단식 열흘 만에 서울대학교병원에 강제 이송됩니다. 전두환 정권은 김영삼 총재가 정말 단식을 하는지 의심을

했던 모양입니다. 김영삼 총재의 이미지는 부잣집 아들이라 고생 안하고 자란 모습이고, 머리도 길고 신발 굽도 높고 해서 고생을 모르는 사람이라 정말 단식을 할 사람이 아니라는 겁니다. 그래서 서울대학교에서 전면 통제하고 대소변 검사 등 모든 검사를 다 실시하는 겁니다. 그리고는 특실에 입원시켜 놓고 계속 맛있는 음식을 들여와 드시라고 유혹하는 겁니다. 음식 냄새 맡으면 보통 사람들이 먹게 마련이니까요. 그런데 실제 해보니까 아무것도 안 드셨던 거예요. 전두환 정권 때 민주정의당(민정당) 권익현 대표가 서울대학교병원으로 김영삼 총재를 찾아와서 "외국으로 나가겠다면 외국으로 보내주겠다."며 갖은 회유책을 썼지만, 결국 김영삼 총재는 끝까지 단식투쟁을 했습니다. 후에 김수환 추기경이 찾아오셔서 "죽으면 뭘 할 수 있겠느냐, 싸우더라도 살아서 싸워야지, 죽어서 무슨 싸움이 되겠느냐."라고 말씀하셨어요. 결국 23일 뒤 단식을 풀면서 김 총재가 "민주화 투쟁을 계속 하겠다."고 선언하셨습니다. 그렇게 5·17세력에게는 강력하게 대응을 하셨고, 김영삼 총재의 23일간의 단식은 전 세계에 한국의 민주세력이 살아있다는 것을 알리게 된 사건이 되었습니다. 그런데 당시 우리나라 언론이 김영삼 대표의 단식사건을 국내 언론에는 전혀 보도하지 못했습니다. 넌센스죠. 그것이 바로 한국의 언론 상황이었습니다. 지금 방송 3사가 언론통제한다고 파업하고 그러는데, 그건 박정희 정권과 5공화국의 언론통제에 비하면 통제가 아닙니다. 5·18 광주항쟁도 독일의 방송기자들에 의해 알려진 것 아닙니까? 제가 요즘 대학생들에게 정치학 강의를 하고 있는데, 5·18 관련 동영상을 보여준 적이 있습니다. 저는 지금도 그 영상을 보면 가슴이 먹먹한데, 지금의 대학생들은 별 반응이 없는 것 같습니다. 당시 우리나라에서 일어나고 있는 일들이 지독하게 통제되어 국민들은 정말 세상 돌아가는 일을 몰랐어요. 그 정도였습니다. 지금 북한에서 일어나고 있는 일들을 북한 주민들이 모르듯이, 김영삼 야당 총재가 단식을 하고 있는데도 국민들은 전혀 모르는 아주 극단적인 상황이었습니다.

그런데 김영삼 총재의 단식사건은 어떻게 국민들에게 알려졌느냐 하면요, 총재의 비서나 추종자들이 유인물을 만들어서 등사판에 등사해서 돌렸습니다.

권자경: 1987년 5월에 김영삼 대표와 김대중 대표가 통일민주당을 창당합니다. 신당을 창당하게 된 과정을 상세히 들을 수 있을까요? 그리고 통일민주당 총재로 김영삼 대표가 맡게 되고, 김대중 대표는 어떤 역할을 맡게 되나요?

이원종: 통일민주당 창당 준비는 1985년부터 시작됩니다. 통일민주당이 창당되기 이전에 1985년 신한민주당(新韓民主黨: 신민당)* 창당이 상당히 중요한 얘기입니다. 1985년 2월 12일에 제12대 국회의원선거가 있었는데, 그 선거 20일 전에 신한민주당이 창당되었습니다. 1985년 1월 18일 정치 활동이 금지되었던 당시 많은 구 정치인들이 해금되었고, 저도 2차에 정치 활동 금지가 해제되어 늦게 참여하게 되었어요. 당시 이십여 명의 핵심 정당 지도자들 빼고 나머지 인사들이 대부분 해금되었습니다. 그래서 선거 20일 앞두고 신한민주당이 창당될 수 있었습니다. 그런데 2월 12일 선거에서 그야말로 대승을 거둔 겁니다.** 신한민주당 창당 과정에서 창당 전인 1984년 5월 18일에 김영삼, 김대중의 8·15공동선언 발표를 계기로 양 진영이 결집하여 민주화운동을 위해 민주화추진협의회(民主化推進協議會)를 구성합니다. 약칭 민추협이 만들어질 당시 김대중 씨는 미국에 망명 중이어서, 김

---

* 신한민주당(新韓民主黨): 1985년 창당된 신한민주당의 약칭으로 신민당을 사용하기도 한다. 그런데 신민당의 정식명칭은 1967년 제6대 대통령선거와 제7대 국회의원 총선거를 앞두고, 보수야당세력이 합세하여 1967년 2월 7일에 창당된 신민당(新民黨)이다. 따라서 신한민주당과 신민당은 용어의 구분이 필요하다.
** 제12대 국회의원선거 결과, 신한민주당은 지역구와 전국구를 합쳐 84석을 확보하고, 제1야당으로 부상하게 되었다.

대중 대행으로 김상현 씨가 참여하였습니다. 공동의장에 김영삼과 김상현이 추대된 겁니다. 민추협이 만들어진 계기는 김영삼 대표의 23일간의 단식입니다. 오랜 시간 대결상태에 있던 김영삼, 김대중 양 세력이 비로소 합해지는 계기가 됩니다. 1985년 제12대 국회의원선거 결과, 수도권뿐만 아니라 전국 주요 도시에서 승리를 휩쓸어 버렸어요. 물론 당시 1선거구에 2인을 선출하는 선거법에 따라 한 석은 민정당(민주정의당 民主正義黨)이 가져갔지만요. 전두환 정권이 집권하면서 만든 정당체제가 다당체제입니다. 패권적 정당체제라고 할 수 있죠. 박정희 대통령이 5·16을 하면서 양당체제를 만든 이유는 다당체제인 유럽제국, 특히 프랑스에서는 1년에 두 번씩이나 내각이 바뀌니 정치 안정이 안된다고 본 것입니다. 5·16 이후 초기 박정희 정권은 양당체제가 정치 안정에 보다 유익한 정당체제라고 생각하여 무소속 출마를 금하고 1구1인 선출의 소선구제를 실시했으나 그것도 강한 야당의 출현으로 정치가 자기네들 마음대로 되질 않자, 유신체제에서는 돌연 양당체제를 다당체제로 바꾸고, 무소속도 출마하게 했을 뿐만 아니라 1구2인 선출의 선거제로 바꿨어요. 전두환 대통령 집권 이후, 박정희 대통령시절의 양당체제는 문제가 있다고 보고, 다당체제를 만들지만, 제가 볼 때는 패권적 정당체제입니다. 패권적 정당체제로 만들어 야당은 여당과 대결하여 정권교체를 할 수 있는 대체정당으로서의 야당이 아니라, 충성스러운 협력자로서 야당을 만들었습니다. 이때의 정당구조는 모든 정당이 서로 정권을 놓고 국민을 상대로 경쟁하거나 서로 견제할 수 있는 정당구조가 아닙니다. 이러한 상황에서 김영삼 대표의 단식투쟁으로 김대중 진영과 합세하여 민주화추진협의회가 만들어졌습니다. 이 민추협은 후에 제12대 국회의원선거를 앞두고 신한민주당을 창당한 것이지요. 그런데 이 신한민주당에는 민추협 멤버가 아닌 분들도 참여하게 되었습니다. 구 정치인 중에 일부 해금되신 분들이 민추협 멤버는 아니었지만, 후에 창당에 함께 하게 되었어요. 즉, 신한민주당 창립 멤버에는 민추협 5명,

구 정치인 5명으로 구성되어 5 : 5로 공천권을 나누어 구성되었습니다. 민추협 중에서도 YS계와 DJ계가 있잖아요. 결과적으로 YS계가 25%, DJ계가 25%, 구 정치인이 50%의 공천을 나눠 가진 셈입니다. 물론, 정당운영의 주도권이나 정당을 이끌어 나가는 투쟁노선은 두 분이 지휘하여 제12대 총선 결과 67석(24.3%)을 차지하게 되었습니다.* 전두환 대통령이 만든 민주정의당은 148석(53.6%)을 얻는 데 그쳤습니다. 민정당이 완전히 무너져 내렸다고 볼 수 있지 않습니까? 선거가 끝나자마자 민주한국당 의원들이 신한민주당으로 모조리 몰려왔습니다. 이 선거결과는 '전두환체제가 붕괴된 것이나 마찬가지다'라며 이것이 국민의 선택이라는 거죠. 전두환 정권 출범 이후, 야당을 만들려면 여당의 보안서나 중앙정부의 허가가 있어야했고요, 야당의 선거 공천도 여당이 관여해서 공천권을 행사하고 있었습니다. 이러한 구도 속에 선거 결과, 신한민주당으로 민주한국당이 흡수되었습니다. 그 이후에 야권통합이 가속화되었어요. 민주한국당의 조윤형 총재는 4월

* 제12대 국회 진출 정당

구분 (시도)	민주 정의당	신한 민주당	민주 한국당	한국 국민당	신정 사회당	신민주당	무소속	계
서울	13	14	1					28
부산	3	6	2	1				12
대구	2	2	1	1				6
인천	2	2						4
경기	10	4	3	3				20
강원	6		1	4			1	12
충북	4	2	1	1				8
충남	8	4	4					16
전북	7	2	1	3		1		14
전남	11	5	5		1			22
경북	10	4	3	1			2	20
경남	10	5	4	1				20
제주	1						1	2
전국구	61	17	9	5				92
계	148	67	35	20	1	1	4	276
비율	53.6	24.3	12.7	7.2	0.4	0.4	1.4	100

자료 : 중앙선거관리위원회, 『제12대 국회의원선거총람』, p.100.

3일 "민주한국당을 신한민주당에 조건 없이 합당시키고자 한다."고 선언했고, 민주한국당 의원 30명이 신한민주당에 입당했어요. 그 외에도 한국국민당 3명, 신민주당과 신정사회당에서 각 1명, 무소속에서 1명이 입당함으로써 재적의원 1/3이 넘는 103석의 의석을 확보하게 되었어요. 단독으로 국회를 소집할 수 있는 거대 야당으로 변신한 셈이죠. 이렇게 하여 다당 구조가 하루아침에 붕괴되었습니다. 그 흡수 과정에서 당 내부에서도 이건 너무 혹독하다는 평가가 있었고, 언론마저도 너무 혹독하다, 씨도 남기지 않고 다 없애려고 하느냐고 비판이 일었어요. 그래서 저도 김영삼 대표께 여쭤봤지요. "너무 혹독하다고 주변에서 난리가 났습니다."라고요. 그러니까 김 대표께서 웃으시면서 "자네도 그렇게 생각하나?"고 되물었어요. 그래서 제가 "저도 그렇게 생각합니다."라고 했더니, "대통령 직선제 개헌을 관철하려면 야당 둘 가지고는 절대 안 된다."라고 하시는 겁니다. 저는 그때 그게 무슨 소리인지 몰랐습니다. 그리고 얼마 안 있어서 직선제 개헌운동이 벌어졌어요. 직선제 개헌운동이 대대적으로 펼쳐지자 전두환 대통령이 4·13호헌조치*를 단행합니다. 이 호헌조치는 당연히 투쟁의 대상이지 협상이 대상이 아니지 않습니까? 이와 관련해서 그때 신한민주당 대변인인 홍사덕 의원과 이민우 총재가 '이민우 구상'을 발표합니다. 요지는 '대통령 단임제를 확실히 지키고, 우리가 요구하는 것을 받아들이면 내각제 개헌이라도 받아들이겠다'는 식으로 민주화 7개 조항을 내걸었어요. YS와 DJ가 볼 때 말도 안 되는 배신이었죠. 그래서 김영삼, 김대중 두 당고문이 이민

---

* 4·13호헌조치(護憲措置): 1987년 4월 13일 전두환 대통령이 대통령 직선제 개헌논의를 중단시킨 조치이다. 1985년 2월 12일 총선 이후 야당과 재야세력이 대통령 직선제 개헌을 주장함에 따라, 정권유지에 불안을 느낀 전두환 대통령이 1987년 4월 13일 모든 개헌논의를 금지하는 조치를 단행하였다. 이에 개헌을 요구하는 시위가 전국적으로 끊이지 않았고, 1987년 6월 10일 전국 18개 도시에서 민주헌법쟁취국민운동본부가 주최하는 대규모 가두집회가 열렸다. 26일에는 전국 37개 도시로 확산되자 전두환 대통령은 4·13호헌조치를 철회하고, 29일에는 민정당 노태우 대표가 직선제 개헌 요구를 받아들인다는 6·29선언을 하게 된다.

우 총재와 홍사덕 대변인을 아무리 설득해도 안 되어서 결국 당을 나와 만든 것이 통일민주당입니다. 1984년 민추협 때는 두 분이 공동의장을 맡았지만, 1987년 5월 통일민주당이 창당되어 총재로 김영삼, 김대중은 고문으로 선출하였습니다. 그때 당시 광경이 재미있었어요. 두 분이 의자를 나란히 똑같이 놓고 있었거든요.

권자경: 통일민주당 창당 후, 대통령 직선제 개헌을 위해서 김영삼 총재가 각종 집회와 '민주헌법쟁취 국민평화대행진' 같은 시위를 계속 벌입니다. 6월항쟁에서 주도적인 역할을 하시는데요...그런데 정작 6·29선언은 민주정의당의 대통령 후보인 노태우 대표가 하게 됩니다...

이원종: 6월항쟁의 성격은 말이죠, 제도정치권의 선명한 민주화세력과 직선제 개헌으로 국민의 기본권을 찾겠다는 재야운동권이 민주화라는 하나의 목표를 위해 연합하여 일으킨 거대한 국민적 운동이라고 규정할 수 있을 것입니다. 기성 정치인 그룹과 시민운동 사회, 운동권 학생까지 포함해서 하나의 지도부를 만들었거든요. 그래서 국민운동본부라는 하나의 통합된 지도부를 만들고 그 지도부에서 민주화를 위한 현실적인 목표를 설정하였습니다. 그 지휘부에서 정치, 경제, 사회, 문화 등 모든 분야에서 민주주의의 본질적인 문제를 한꺼번에 달성하기보다는 우선 절차적인 민주주의, 즉 직선제 개헌부터 달성하기로 합의하여, 소위 1987년 6·29선언의 기본이 만들어 질 수 있었던 거예요. 1987년 6·10민주항쟁은 직선제 개헌의 기반을 만들어서 여타의 민주주의 완성은 절차적 민주주의의 기반 위에서 단계적으로 이루어가자는 합의하에서 탄생되었다고 볼 수 있죠. 물론 6·29선언 자체는 민주정의당에 의해 선언되었지만 그 선언을 누가 무어라 해도 신군부가 국민에게 항복한 것이지요. 그 과정에서 양 김 씨가 지도하는 통일민주당이 그 발판을 마련했다고 할 수 있습니다. 전두환, 노태

우가 중심이 된 5공화국으로부터 6·29선언이라는 항복을 우리 국민들은 모두 환호하면서 전, 노 두 사람에 대한 미움 같은 것은 잠시 접어 둘 수 있었습니다. 다방이나 음식점에서 공짜로 음식을 내어주는 등 완전히 전국이 축제 분위기가 되었어요. 그동안의 갈등들이 다 해소되는 대단한 사건이었습니다. 그것을 주도한 것은 결국 우리나라 국민이었습니다. 6·29선언은 5공화국의 국민에 대한 항복입니다. 전두환, 노태우 간에 6·29선언이 서로 자기 작품이라며 싸움이 있었다고 합니다. 핵심에 제가 아는 후배가 끼어 있었는데, 당시 역할관계를 따지고 보면 전두환 대통령의 동의 없이 노태우 후보가 단독으로 선언을 할 수 없었다는 것만은 분명합니다.

권자경: 1987년 제13대 대통령선거를 앞두고, 김영삼 총재와 김대중 고문은 후보단일화에 실패하고, 분열되어 김대중이 그 해 10월말 통일민주당을 탈당하여 12월에 평화민주당(평민당)을 창당합니다. 김영삼 후보는 통일민주당에서 대통령 후보로 출마하시고, 김대중 후보는 평화민주당에서 출마하셨지만, 결국 민주정의당 노태우 후보가 제13대 대통령으로 당선되십니다. 결국, 두 양 김의 후보단일화가 성사되지 못한 것은 무엇 때문이었습니까?

이원종: 지나고 보니 두 분사이의 후보단일화는 현실적으로 불가능한 일이었던 것 같습니다. 두 분이 대승적 견지에서 후보단일화에 합의가 되었다 하더라도, 두 분을 지지하는 지지층의 합의가 이뤄지기가 대단히 어려웠던 상황이라고 봅니다. 우리의 역사발전 과정에서 어쩔 수 없이 한 번은 거쳐야 할 질곡이 아니었나 싶어요. 저도 당시에는 상당히 아쉬워했습니다. 그러나 지나고 보니 이런 생각이 듭니다. 노태우 후보가 대통령으로 당선된 것도 어찌 보면 우리 정치체제가 안정적으로 세팅되는 과정에서 만족스럽지는 않지만 반드시 거쳐야 할 필연적 과정이 아니었나 하는 생각

이 듭니다. 결국 그 책임을 양 김이 다 지게 되지만요. 그러면 그 책임이 모두 양 김에게만 있느냐? 어쩌면 그것도 저는 국민의 선택이라고 봅니다. 예를 들면, 히틀러가 1차 대전 패망으로 참담한 처지에 빠져 있는 독일국민의 분노에 불을 붙이는 나치운동을 펴 정권을 장악하여 마침내 전 세계를 비극으로 이끌어가게 된 2차 대전을 일으키지 않았습니까? 물론 2차 대전의 패전 책임은 히틀러를 비롯한 나치의 책임자들이 졌습니다만 그들이 그런 만행을 할 수 있게 한 당시의 독일은 책임이 없느냐라는 문제를 제기하는 사람들이 많이 있습니다. 이런 주장에 일부 독일국민들도 동의하는 것 같더라고요. '대중독재론'의 논리에 따르면, 박정희 대통령 시대에 독재가 가능했던 것은 박정희 혼자 독재를 주도해서가 아니라, 우리 국민들의 동의와 협조가 있었기 때문에 가능할 수 있었다는 주장과 맥을 같이 하지요. 그러니까 1987년 대선에서 노태우가 당선 된 것에 대해 '노태우는 12·12와 5·18쿠데타를 일으키면서 수많은 사람을 죽이고 정권을 잡은 사람인데 어떻게 대통령에 당선될 수 있느냐라고 개탄하는 사람들이 절대다수이지만 결국 그를 대통령으로 선출한 것도 우리 국민의 선택이 아닙니까? 우리 국민 가운데는 전두환 시절에는 물가안정의 업적을 가장 높이 평가하는 사람들이 지금도 여전히 많습니다. 또한, 노태우가 대통령에 당선되었다고 하여 전두환 대통령이 광주민주항쟁을 폭력으로 짓밟은 사건에 역사적 책임을 면할 수는 없지 않아요? 노태우 대통령도 양 김이 후보단일화를 하지 않았기 때문에 당선되었다고 많이들 비판하고 있지만, 과연 당시의 현실이 양 김이 단일화를 이루어 대선에 임했다면 단일후보가 대통령선거에서 승리할 수 있었겠느냐 하는 의문이 듭니다. 저는 그렇게 되지 않을 수도 있다는 생각이 듭니다.

권자경: 1988년 제13대 대통령으로 노태우 대통령이 취임하시고, 1988년 4월 25일에 실시된 제13대 국회의원선거에서 16년 만에 소선거구제가 부

활되었습니다. 선거결과 집권여당인 민주정의당이 과반수 의석확보에 실패하여 여소야대의 정국이 형성되었습니다.* 그러나 1990년 1월 22일 노태우 대통령, 김영삼 총재, 김종필 총재가 3당 합당에 합의하여 민주자유당이 탄생하여, 여소야대 구도가 무너졌습니다. 김영삼 총재께서 민자당**으로 합당할 때 고민을 상당히 많이 하셨을 것 같습니다. 3당 합당은 어떻게 결정하셨을까요? 그리고 민자당이 탄생을 했지만 내부적으로는 계파 간 공천문제, 당직 배분의 문제 등 매우 이해관계가 복잡했을 것 같은데요?

이원종: 물론이죠. 당시 김영삼 대통령은 일생일대의 모험이랄까, 투기랄까 그런 걸 하셨습니다. 김영삼 총재를 곁에서 모시고 있는 제가 느끼기에도 김 총재께서 표현은 안 하셨지만 고민을 무척하시는 것을 느낄 수 있

---

* 제13대 국회의원선거 결과: 지역구 224석, 전국구 75석을 합쳐 총 299석 중 민정당이 125석(전국구 38석), 평민당이 70석(전국구 16석), 민주당이 59석(전국구 13석), 공화당이 35석(전국구 8석), 한겨레민주당이 1석(총선 직후 평민당에 입당), 무소속이 9석을 각각 차지. 집권여당이 과반수 의석확보에 실패하여 여소야대(與小野大)의 정국이 형성되었다. 제13대 총선은 역대 평균투표율 79.6%보다 낮은 75.8%의 저조한 투표율을 보였으며, 민정당 33.9%, 민주당 23.8%, 평민당 19.3%, 공화당 15.6%, 기타 정당 2.6%, 무소속 4.8%의 순으로 득표했다(중앙선거관리위원회 제13대 국회의원선거 총람).

** 민주자유당(民主自由黨): 1988년 제13대 국회의원선거 결과 여소야대 정국이 형성되자, 1990년 1월 22일 민정당의 노태우 대통령, 통일민주당의 김영삼 총재, 신민주공화당의 김종필 총재가 3당 합당을 선언함으로써 거대 보수여당인 민주자유당이 탄생하였다. 3당 합당으로 민자당은 국회에서 개헌선인 2/3를 넘는 218석을 확보하고, 당 구조를 양당구조로 바뀌게 되었다. 총재 1인(노태우)과 대표위원 3인(김영삼·김종필·박태준)의 집단지도체제를 구성하였다. 그러나 계파 간 이해관계에 따른 공천 및 당직배분으로 당내 갈등이 지속되고, 1992년 제14대 국회의원선거에서 총 299석 중 149석을 얻어 과반수 확보에 실패하였다. 1992년 5월 19일 전당대회에서 김영삼 대표를 대통령 후보로 선출, 12월 18일 제14대 대통령선거에서 김영삼 후보가 41.4%의 득표율을 얻어 당선됨으로써 민자당은 재집권에 성공하였다. 그러나 민정계, 민주계, 공화계 3계파 간의 갈등은 계속되었고, 공화계 김종필 대표 등 계속된 탈당이 이어졌다. 민자당은 결국 1995년 6월 27일 지방선거에서 참패하여, 그 결과 내분이 증폭되었다. 1995년 11월에 전두환, 노태우 대통령이 구속되면서 김영삼 대통령은 1996년 2월 신한국당으로 당명을 바꾸었다.

을 정도였으니까요. 그분의 논리는 아주 간단합니다. 1988년 제13대 국회의원 거를 포함하여 당시의 선거들이 4당구조(민정당 노태우 대통령, 통일민주당의 김영삼 총재, 신민주공화당의 김종필 총재, 평화민주당*의 김대중 총재)로 4당 대결구도로 계속 가다보면 '자신은 영원히 정권을 잡을 수 없겠다'하는 판단을 하신 겁니다. 즉, 자신이 대통령을 못 할 수도 있다는 생각을 하신 거죠. 사실, 여소야대 시대에 대통령은 노태우고, 여당은 민정당이지만 실제 국정을 이끌어가는 것은 평화민주당의 김대중이었습니다. 평화민주당이 사실상 정권의 주도권을 장악하게 되자 노태우 대통령, 김영삼 총재, 김종필 총재가 조바심이 났던 것 같아요. 당시 민정당은 여당이었지만 식물정당이나 마찬가지였습니다. 5공화국 청문회, 5·18 광주항쟁 청문회가 열리면서 급기야는, 전두환이 백담사로 보내지게 된 것에 이어 마침 대법원장 지명후보인 정기승 씨에 대한 국회 인증동의안이 헌정사상 최초로 부결되었습니다. 이처럼 당시의 정국상황은 여당인 민정당이 할 수 있는 일이 아무것도 없는 상태가 되어버렸어요. 그리고 야당은 야당끼리 겉으로는 힘을 합쳐야 한다는 야당으로서의 소임은 있었지만 현실적으로는 각 당의 이해관계는 서로 다르니 오월이 동주하듯 부자연스러웠어요. 이런 상황에서 김영삼 총재가 볼 때 '이런 정국으로는 자기는 영원히 정권을 못 잡을 수도 있겠구나' 하는 생각하게 된 거예요. 김종필 총재도 4당구도하에서 제4당으로는 할 수 있는 일이 없었고, 평생 여당만 해 온 분이니, 별 힘이 없는 야당을 계속 지탱하기는 힘들다는 판단을 한 것 같아요. 이러한 상황은 동병상련하는 3당으로서는 이해관계가 딱 맞아 떨어졌다고

---

* 평화민주당(平和民主黨): 1987년 5월 1일 김영삼과 함께 신민당을 와해하고 통일민주당을 창당한 김대중은 후보단일화에 합의를 하지 못하고, 제13대 대통령후보 출마를 결심하면서 10월 29일 민주당내 동교동계 의원들을 모아 분당을 선언하고, 11월 12일 평화민주당 창당대회를 열고 출범하였다. 민주자유당 출범으로 여대야소의 원내 구도 속에 어려운 국면을 맞자, 1991년 4월 신민주연합당(신민당)으로 개칭하였다가, 9월 10일 민주당과 합당하여 '민주당'을 출범시키고 해체되었다.

봅니다. 처음에는 노태우 대통령이 먼저 김대중 총재에게 합당을 제의를 했지만, 김대중 총재는 당시의 상황이 매우 좋았기 때문에 양당의 합당은 아무 실리가 없고 오히려 국민적 명분만 상실한다고 판단하고 양당 합당 제의를 거부했다고 합니다. 상황이 여기에 이르자 노태우는 김영삼에게 처음에는 정책연합을 제의했는데 김영삼 총재는 정책연합보다는 합당을 하자고 제의했습니다. 이로 인해 3당 합당이 이루어지게 되었는데 처음에는 각 당의 입장이 너무 달라 매우 복잡하여 시작은 어려웠지만 당시 각 당의 처지가 원체 곤궁하여 합의는 비교적 쉽게 이루어졌습니다. 합당의 경우 '당권을 어떻게 나누느냐'하는 문제 역시, 당세에 따라 민정계 5, 통일민주당계 3, 신민주공화당계 2로 하기로 합의 되었습니다.

권자경: 수석님께서는 1988년 제13대 총선 때 신민당 서울 강서 갑 지구당에 출마하셨는데요, 민자당이 합당이 될 당시에는 어떤 일을 보셨습니까?

이원종: 1987년 대통령선거가 끝나고, 국회의원선거 제도를 놓고 여야 간 상당한 다툼이 있었으나 결국 소선거주제를 채택하기로 여야 간에 합의를 하였습니다. 그래서 1988년 제13대 국회의원선거를 위한 당 공천심사위원회에서 저를 강서 갑 지구에 공천하였습니다. 사실 저는 강서 갑 지구가 어디인지도 몰랐지만 당에서 명령을 내렸기 때문에 그 지역에 출마하여 근소한 표차이로 낙선하였습니다. 3당 합당이 되고 지구당위원장을 선출할 때 13대 총선에서 다수 득표한 사람이 위원장이 된다는 규정에 따라 저는 당연히 강서 갑 지구당 위원장이 되었습니다. 당시 저는 처음부터 정치할 생각이 없었기 때문에 국회의원선거에 별 관심이 없었지만 선거구가 어디가 되었든 당의 명령을 거부할 수 없었습니다.

권자경: 1991년부터 1993년 3월까지는 민자당 부대변인으로 활동을 하셨

습니다. 어떤 임무를 주로 하셨는지요? 당시 대변인으로서 방송 출연도 하셨습니까? 외국에서는 정당대변인 제도가 없는데 우리나라에만 있다는 말씀을 하신 적이 있습니다. 우리나라에서 대변인 제도가 만들어진 특별한 이유가 있습니까?

이원종: 당시에는 각 정당마다 당파를 대표하는 부대변인들을 다 두었습니다. 민정계에서는 박범진이라는 제 고등학교 후배가, 통일민주당계에서는 제가 맡고요, 신민주공화당에서는 조영진이라는 친구가 각각 맡았습니다. 말이 당의 부대변인이지, 모두 계파의 이해관계를 대변하였기 때문에 사실은 계파 대변이었죠. 당으로는 부대변인이고, 계파 입장에서는 대변인 역할을 했습니다. 우리나라에서 대변인 제도가 만들어진 것은 당별로 정쟁을 하려니까 논리를 일관성 있게 들고 나오기 위해 만들어진 것이죠. 그런데 우리나라 대변인은 대화를 하고 당의 입장을 잘 표현하기 위한 대변인이 아니라, 민주대 반민주 대결구도로 싸움을 하기 위한 싸움꾼으로서 대변인이라고 봅니다. 정당정책 홍보는 정당별로 정책담당자들이 있고 이들이 정책을 가장 잘 설명하기 때문에 대변인들이 정책을 설명할 수가 없고, 상대방과 싸울 때 싸움꾼으로서의 역할밖에 할 수 있는 일이 없었죠. 그때 일본 정당도 방문했는데 일본의 모든 정당에 대변인이 없기 때문에 저의 파트너로서 대변인이 없어 일본 정당의 홍보국장이 저의 파트너가 되었습니다. 민자당 합당된 후 박희태 씨가 민자당 대변인이었습니다. 제가 부대변인이었고요. 박희태 씨는 대변인 자리만 가지고 있고 대통령선거 때 남해 하동의 자기 지역구에서 80% 이상 지지를 받아야 김영삼 대통령이 당선될 때 본인이 장관을 할 수 있다면서 지역에 내려가 대통령선거운동만 했기 때문에 실질적으로 대변인 역할은 제가 했지요. 저 말고도 부대변인들이 여럿 있었는데, 저만큼 대통령선거에 관심을 가지고 속이타서 열심히 하는 분은 없었던 것 같아요. 각종 코멘트가 당 부대원들을

통해 방송되었지만 모든 서명은 거의 제가 작성했습니다. 선거 때마다 대변인의 역할이 참 큽니다. 할 일이 많습니다. 당시 제가 논평도 썼어요. 다른 부대변인들도 그런 일을 했습니다. 조금 민감한 부분은 당의 허가를 받지만 대략적인 준비는 제가 우리 당의 입장을 아니까 정리를 거의 모두 제가 했습니다.

권자경: 수석님께서 말씀해주셨듯이, 민자당 합작 후 내부적으로는 민정계, 통일민주당계, 신민주공화당계의 3개 파가 존재했는데요, 1991년 10월 19일 전당대회에서 김영삼 대표가 대통령 후보로 민자당에서 선출이 됩니다. 당시 김영삼 대표가 대통령 후보로 당선되었던 정황은 어떠했습니까?

이원종: 당에서 대통령 후보 선출은 당원 선거인단과 대의원들에 의해 내정이 됩니다. 당시 민자당 대의원들의 구성을 보면 80%가 민정계나 공화당계였습니다. 나머지가 통일민주당과 기타 출신입니다. 따라서 당시 소속과 계파 구성으로 보면 김영삼이 후보가 될 수 있는 여건은 절대 되지 못했죠. 민정당에서 박철언 같은 분은 YS가 합당에 동의하고 내각책임제에 동의한다는 각서도 썼으면서 약속을 지키지 않는다고 비난했지만 이 어른은 국민을 믿고 국민만을 상대로 정치한다는 신념을 가지신 분입니다. 전당대회 전에 민자당의 중진인 김윤환 씨를 비롯한 여러 민정계 중진들이 제주도에 가서 세미나를 하면서 과거 이승만 정권 때의 신민당이나 야당들이 했던 것과 같이 민정당도 이제는 '완전경선제로 대통령후보를 선출해야 한다'면서 김영삼 견제의 바람을 잡았죠. 그렇게 되면 김영삼이 조직 구조상 후보로 당선될 수가 없다고 판단을 한 모양이에요. 그 세미나 다음 날 김영삼 대표가 제주도 신라호텔에 묵었습니다. 저도 휴가를 얻어 가족들과 제주도로 내려가 서귀포 KAL 호텔에 투숙하고, 당시 김영삼 대표가 투숙하고 계신 신라호텔로 건너갔습니다. 김기수 비서가 저더러 "총재가

기다리고 계신데 왜 이제야 오십니까?"라고 해요. 저는 가족들과 놀러갔는데 신문에는 제가 중요한 임무를 띠고 제주도로 내려갔다고 기사가 났습니다. 그래서 제가 "저는 그냥 휴가로 제주도로 왔는데 왜 신문에 그런 기사가 났는지 저는 잘 모르겠습니다."라고 말씀 드렸지요. 그랬더니 김영삼 대표께서 "내가 언제 어떤 특정한 사람보고 정치하는 거 봤느냐? 나는 과거에도 국민들 보고 정치를 했고, 지금도 국민을 보고하고 있고, 앞으로도 국민만을 보고 정치를 할 거다."라고 딱 잘라 말씀하셨어요. 그때 제가 이 어른이 저한테 시킬 일이 있다는 것을 눈치를 챘습니다. 바로, "국민, 국민, 국민." 이 세 마디가 무엇을 의미하는지 저는 대충 알지요. 당시에는 여당에서는 정치역학에 따라 후보가 결정되던 시절이었는데, 경선을 통해 대통령 후보가 결정되기는 내부적으로 어려운 환경이었지만 대통령께서는 경선을 통해 후보가 되는 정면 돌파를 선택하시겠다고 하셨어요. 쉽게 말하면 경선을 수용하겠다는 말씀이셨습니다. 그래서 제가 기자들과 점심을 먹으면서 김영삼 대표가 하신 말씀을 그대로 전했습니다. 처음에는 기자들이 무슨 얘기인지 이해를 못했습니다. 그래서 제가 풀이를 해주었지요. "당원보다 국민을 상대하고, 당 간부들보다 국민을 상대하겠다는 것이 무슨 뜻인지를 생각해보시오. 그분은 정치철학이 국민 외에 다른 것은 상대를 안 하시는 분이다."라고 전달했습니다. 그랬더니 조선일보가 '김영삼 경선 전면수용'으로 제목을 달아 기사로 싣고, 중앙일보가 사이드 톱으로 기사를 내보냈습니다. 한국일보는 3면 해설에 한줄 인용구를 집어넣었습니다. 제가 점심 먹고 나오는데 신형식 비서실장과 골프 치러 갔던 많은 기자들이 김영삼 대표가 무슨 말씀을 하셨냐고 저에게 물어봐서 저는 저와 점심을 했던 기자들에게 한 말을 그대로 다시 해 주었죠. 기자들이 다시 저에게 경선수용으로 받아들여도 되느냐고 물어 보기에 그것은 당신들 마음대로 하라고 했죠. 그런데 그 다음 날 신문에 그 기사가 난 것입니다. 노태우 대통령을 비롯하여 민정당계 의원들도 깜짝 놀랐고, 여권에서도 제

이름을 처음으로 알게 된 것 같아요. 김영삼 캠프에 이원종이라는 인물이 있는데 맹랑한 인물이라는 소문이 돌았습니다. 정당의 의사결정은 당심이 결정하지만, 그 당심은 절대 민심과 같이 가야 합니다. 당심과 민심이 분리된 당은 능력을 상실한 겁니다. 1979년 신민당 5·30 전당대회에서도 61명의 통일민주당계 국회의원들이 있었는데, 그중에 김영삼 대표를 지지하는 사람은 다섯 명뿐이었던 걸로 기억합니다. 당시 신민당은 철저한 계보 정당이 되어 있었습니다. 보수와 계보원의 관계는 부자관계보다 철저하고 단단한 관계로, 만약 계보의 룰을 깨면 계보 원으로서 살아갈 수 없을 정도로 그 관계는 엄격하고 철저했습니다. 그러니까 당시 신민당의 계보 구성 요건으로만 김영삼이 당수가 될 수 없었던 구조였습니다. 그런데 전당대회를 하니까 철저하게 계보의식에 싸여있던 당원들이 민심을 받아들여 김영삼을 당 총재로 뽑은 겁니다. 1991년도 대통령 후보 선출을 앞두고, 민자당으로 조직적으로는 같은 한솥밥을 먹지만, 평생 살아온 환경이 다르기 때문에 융합될 수 없는 사람들임에도 불구하고 결국 민자당 내에서 김영삼밖에 대통령 후보로 내세울 사람이 없다는 국민적 판단을 받아들인 것이라고 봅니다. 어떤 특정인이 공작하고, 어떤 음모가 있어서가 아니라 정치는 국민의 민심과 흐름을 잘 읽어야 한다는 메시지입니다.

권자경: 민자당에서 김영삼 대표가 대통령 후보로 선출이 되자 여기에 동의하지 못한 박태준, 이종찬, 박철언을 비롯한 국회의원 20명이 탈당을 하고, 이종찬을 중심으로 새한국당*이 만들어졌는데요.

이원종: 이종찬은 경선에 나왔었는데, 경선 과정에서 마지막에 경선 무

---

* 새한국당: 1992년에 창당된 정당이다. 1992년 11월 당시 집권당인 민주자유당 대통령 후보지명에서 김영삼이 당선되자 경선에 패배한 이종찬과 주변 지지자들이 민주자유당을 탈당하여 새한국당을 창당하였다.

효선언을 하고 나갔어요. 그런데 경선 결과 그 이종찬에게도 약 30%의 지지표가 나왔어요. 그러니까 정당이라는 것이 참 재미있지 않습니까? 이질적인 집단들이 야합되어 하나의 방향으로 갈 수 있다는 게, 그것이 리더십이고 정당의 영향이죠.

권자경: 그렇게 많은 반대파를 무릅쓰고 김영삼 대표가 민자당에서 제14대 대통령 후보로 선출이 되셨는데, 선거운동은 어떻게 이루어졌습니까?

이원종: 수많은 선거운동이 있었지만, 그 전에 1987년 제13대 대통령선거* 얘기를 먼저 할게요. 1987년 선거는 우리 선거운동사상 아주 특이한 선거입니다. 그때는 선거유세장에 몇십만 명씩 인파가 동원되던 시절이었습니다. 이는 제3대 대통령선거** 때 한강 백사장에 모였던 인구의 몇 배에 해당하는 수치였습니다. 부산 수영만에 모인 인파는 전 세계가 깜짝 놀랄 정도였으니까요. 뉴욕 타임즈에서 정치집회에 이렇게 많은 사람들이 모이느냐며 기사화하기도 했습니다. 선거유세장을 거의 축제 분위기로 만들어서 돈도 많이 들었지만 돈만으로 할 수 없는 것이 사람 동원입니다.

---

* 제13대 대통령선거: 1987년 12월 16일 국민의 직접선거로 치러진 대통령선거이다. 전국 평균 투표율은 89.2%이고, 선거결과 득표율은 노태우 36.6%, 김영삼 28%, 김대중 27%, 김종필 8%로 집계되었다. 김영삼 후보와 김대중 후보가 후보단일화에 합의를 하지 못하고, 김종필 후보가 출마함으로써 사상 유례없는 지역대결 구도가 형성되었고, 이때부터 '3김' 구도라는 말이 생겨났다.

** 제3대 대통령선거: 제1공화국 때인 1956년 5월 15일에 실시된 대통령선거이다. 제2대 대통령선거와 마찬가지로 국민이 직접 선거에 참여하여 최다수 득표자를 당선인으로 선출하는 직접선거 방식이었다. 후보자는 2선 대통령인 자유당의 이승만, 민주당 신익희, 무소속 조봉암이 출마하였다. 전국 평균 투표율은 94.4%였지만, 선거운동 기간 중 민주당 신익희 후보가 뇌출혈로 갑작스럽게 죽는 바람에 유효투표가 투표자 총수의 79.5%에 지나지 않아 비교적 낮게 나타났다. 선거결과, 이승만 대통령은 70.0%(5,046,437표)를 득표하여 당선되었고, 조봉암 후보는 2,163,808표, 무효표가 1,856,818표, 기권은 539,807표로 집계되었다.

1987년 대통령선거 때 김대중 후보가 충북, 대전, 전라도를 돌면서 사람들을 몇십 명씩 모아왔는데 후보 출마 명분을 쌓기 위해 그렇게 했습니다. 그래서 김영삼 후보는 아무것도 못하고 앉아서 있다가 한 번에 보여줘야겠다는 생각에 부산 유세를 결정하셨어요. 지금의 부산 수영구는 부산 내에서도 도심에 해당하고 개발이 되어 화려하지만, 당시에 수영구는 참 볼품없이 개발도 안 된 허허벌판이었습니다. 그런 허허벌판인 수영구를 당시 김영삼 후보는 집회 장소로 지목한 거예요. 그래서 주변 우리들은 처음엔 이해가 안 되었어요. 어떻게 사람들을 거기로 동원을 할지 막막하고 절대 불가능하다는 분위기였지요. 돈도 없었고, 우리는 걱정을 하고 있는데 김영삼 후보가 '나는 부산 시민을 믿는다'라고 하면서 밀어 붙이셨어요. 우리는 로고송도 만들고, 무대 세팅도 해놓았는데, 몇 시간이 지나도 사람들이 없더니, 슬슬 오기 시작했어요. 정작 김영삼 후보가 들어서기 약 1시간 전쯤 무대에 가서 내려다보니 어마어마한 인파가 몰려있는 게 아니겠어요. 사람인지 무슨 무리인지 구분이 안 가더라구요. 김 후보가 무대에 올랐을 때는 유세장이 꽉 차서 후보가 무슨 소리를 하던지 열광의 도가니였습니다. 후보가 손을 들기만 하면 '와' 하는 함성소리가 쩌렁쩌렁하게 울렸어요. 후보가 말을 잘 하는지 못하는지는 상관없이 말이에요. 나중에 여의도 행사도 그렇게 치러집니다. 정치에 많은 돈이 필요하지만 돈만으로는 절대 이길 수 없는 것이 정치와 선거라는 것을 그때 깨닫게 되었지요. 1992년 12월 13일 제14대 대통령선거가 치러지는데 1991년도에 민자당 대통령 후보 선출 시에 김영삼 후보가 지명되자 반대하는 박태준을 설득하기 위해 김영삼 후보가 광양의 포항제철까지 내려가서 하루종일 기다렸던 적도 있어요. 이종찬 캠프 사무실이 광화문에 있었는데 간다는 말씀도 없이 이 어른이 이종찬 사무실을 찾아간 적도 있어요. 박태준 씨가 광양에서 하루종일 이 양반을 고생시키고는 일본을 갔다 돌아오면서 김대중 씨를 지지한다고 선언했었죠. 당에서 전반적으로 선거운동을 기획한다고 보시면 됩니다. 제일 중요한 것은 선거의 아젠다입니다. 1987년 선거운동 때 김영삼 후보가 직접 내놓은 것으로 '군정종식 김영삼'이었어요. 1992년 선거운동 때는 '한국병 치유해서 신한국 창조하자' 였어요. 신한국 건설은 김영삼 후보가 대통령선거운동을 할 때부터 나온 아젠다입니다. 문민시대의 핵심이랑 같은 맥락이에요. 바로 이런 비전과 아젠다를 제시했기 때문에 표를 얻은 거라고 봅니다. 수많은 이해관계자들이 있는데 그 이해관계를 어떻게 다 따지고 선거를 치루겠어요. 예를 들면, 서울대학을 없애자는 주장이 나오려면 왜 없애야 하는지 그 철학이 밑바탕에 제시되어야 하는데, 막무가내로 수많은 사람들이 싫어하니까 없앤다는 것은 말도 안 되는 것이죠. 정치는 미움을 푸는 것이 아니라 함께 가도록 유도하는 것이 정치의 핵심입니다. 저는 남의 미운 감정을 동원해서 내가 뭘 얻으려는 것은 정치가 아니라고 봅니다. 1992년 대통령선거운동에서 신한국을 창조하기 위해 한국병이 무엇이냐를 따져야 하지요. 바로 한국병은 근본적으로 근 30여 년을 이어온 군사문화와 그 가치라는 거예요. 군사정치로 생기는 각종 부정과 비리, 비민주성이라는 한국병을 치유하자는 거지요. 그래서 새로운 한국으로 탈바꿈하기 전에는 선진국으로 도약할 수 없다는 비전을 국민들에게 제시하고 국민들의 협조를 구했던 것입니다. 그 이상 좋은 선거 아젠다는 없다고 봅니다. 이 아젠다는 여러 번의 토의와 논의를 거쳐 만들어진 것인데 결국 결정은 김영삼 후보가 하신 것이죠. 핵심은 신한국 창조였습니다. 그분의 시국인식과 시대적 소명이 만들어낸 슬로건으로 국민에게 호소한 것입니다.

권자경: 당시 김영삼 후보가 대통령으로 당선되었다는 것에 헌정사상 최초로 선거관리에 중립내각이 형성되었다는 평가가 내려졌습니다. 이는 무슨 의미인가요?

이원종: 그건 노태우 대통령이 대통령선거를 앞두고 느닷없이 탈당을

한 거예요. 우리나라처럼 정당정치하는 나라에서 대통령이 소속 정당을 탈당하는 것은 너무 무책임한 행위입니다. 선거를 앞두고 대통령이 왜 탈당합니까? 엄정한 중립내각을 구성하겠다고 해서 자기만 피해가겠다는 건데, 제가 보기에 그것은 김영삼 후보에 대해 좋지 않은 감정과 시선 때문에 탈당한 것이 아닌가하고 유추해봅니다. 우리나라처럼 정당정치하는 나라에서 노태우 대통령 본인도 민정당 후보로 당선되었고 민자당 출신의 대통령이면서 차기 대통령선거에서 탈당을 한 것입니다. 민자당이 없었으면 노태우 후보가 어떻게 대통령으로 당선될 수 있었겠습니까? 그 이후에 김영삼 대통령, 김대중 대통령이 대통령 집권 때 탈당한 것은 노태우 대통령이 대통령 재임 중에 탈당한 것과는 성격이 다릅니다. 김영삼 대통령은 IMF 외환위기를 맞고 전국에서 비난이 쇄도하니까 당에서 쫓겨난 것과 마찬가지고 김대중 대통령은 대통령 시절에 아들들 비리와 부정으로 리더십 행사가 불가능해졌기 때문에 당에서 쫓겨난 것이지요.

권자경: 마침 탈당과 관련하여 양 대통령을 비교해서 말씀해 주셔서 여쭙겠습니다. 김영삼 대통령의 리더십과 김대중 대통령의 리더십은 학계, 정계 등 다방면에서 비교가 많이 되고 있습니다. 두 분의 리더십에 대해 단적으로 비교하여 설명할 수 있을까요?

이원종: 제가 김영삼 대통령을 옆에서 모시면서 느낀 것은 한마디로 무서운 분이라는 생각을 했습니다. 그분이 중요한 상황에 처했을 경우 해결 방향을 정하면 좌고우면하지 않고 정면 돌파하시기 때문입니다. 김대중 대통령은 너무 고생을 많이 하셔서 그런지 좋게 말하면 매우 신중하고 나쁘게 말하면 겁이 너무 많습니다. 그래서 김대중 대통령은 말씀하시는 것부터 사람을 다루는 것까지 기교를 부리는 경우가 많습니다. 그런데 김영삼 대통령은 이게 내가 할 일이라고 생각되면 그냥 밀어 붙이세요. 앞에서 김영

삼 대통령의 국회 제명사건을 말씀드렸지요. 수많은 국회의원들이 적당히 타협하면 좋겠다고 설득을 했지만, '오늘 살기 위해 영원히 죽는 일은 안 하겠다'고 끝까지 고집을 피웠습니다. 국민들이 보기에는 이러한 행태가 산만하게 보일 수 있지만 사실은 굉장히 치밀하게 계획하고 준비한 후에 나온 결론입니다. 김영삼 대통령이 사람을 쓰는 일도 주변에서 보면 엉성한 것 같지만 사실은 상당히 절묘합니다. 김대중 대통령이 인재 고용을 어떻게 하는지 잘 모르겠지만요. 김영삼 대통령에게 누구나 최고 측근이라고 딱 꼬집어 얘기할 수 있는 사람이 없습니다. 3당 합당 시에 박철언과 싸울 때는 김덕룡을 쓰고, 박철언과 협력이 필요할 때는 황병태 대사를 썼습니다. 황병태와 박철언은 같은 경북 출신으로 황병태 대사는 공무원 생활을 오래 했기 때문에 투쟁적이지 않은 성품이에요. 김영삼 대통령이 대통령 임기시절에 아들 김현철의 말을 다 들었다고 하는데 그렇지 않아요. 김현철이 자기 고등학교 선후배들이 모아 준 정치자금 70억 원을 관리해서 썼는데 증여세를 내지 않았다는 이유로 처벌을 받은 것이지요. 정치인에게 증여세 미납의 이유로 처벌한 것은 아마 그게 첫 번째 사건일 겁니다.

⟫⟫⟫⟫ 2차 구술

권자경: 연세대학교 국가관리연구원은 '대통령 리더십과 국가관리'라는 연구 과제를 진행 중에 있습니다. 2012년은 김영삼 대통령 시기와 관련된 구술채록입니다. 지난 시간 제1차 구술채록에 이어, 김영삼 정부에서 당시 정무수석을 지내신 이원종 (전) 수석을 모시고 제2차 구술을 시작하겠습니다. 2차 구술의 일시는 2012년 7월 7일 토요일 오전 9시입니다. 장소는 연세대학교 국가관리연구원 사료실입니다.

권자경: 1993년 2월 25일 제14대 대통령으로 김영삼 대통령이 취임하십니다. 취임사에서 부정부패 척결, 경제회복, 국가기강 확립, 이 세 가지를 당면 과제로 제시하셨습니다. 이 당면과제가 지닌 의미는 무엇이었습니까?

이원종: 대통령선거운동 때 내놓은 '한국병 치유해서 신한국 창조하자'라는 슬로건에서 보듯이 오랫동안 군사독재 때문에 국가가 구조적으로 부패했다고 생각을 했고 이러한 구조적 부패를 척결하기 위해 장기간의 군사 통치로 깊이 뿌리박힌 군사문화나 의식, 그리고 관행과 제도 등을 적극적으로 개혁하여 국가의 새로운 변화를 이루겠다는 의미입니다. 그래서 김영삼 대통령은 취임하면서 '변화와 개혁'이라는 확고하고 새로운 국정목표를 국민들에게 제시하였습니다. 이는 군사적 관행들이 한국병이라고 원인을 규명하고 지금까지와는 다른 새로운 한국을 만들자는 것이죠. 그래야 세계적인 경쟁력을 갖춘 나라가 된다는 것이지요. 군사문화와 군사적 가치를 말소하고 문민의 가치와 문민의 문화를 심어야 된다는 것입니다. 바로 취임사에는 그러한 의미가 담겨져 있었습니다.

권자경: 김영삼 대통령이 '세계화'라는 단어를 처음 쓰신 대통령으로 기록되고 있습니다.

이원종: 세계화를 처음부터 내놓은 것은 아닙니다. 김 대통령은 취임사에서 '작지만 강한 정부'의 구축과 통일을 추구하는 기본적인 인식으로 '민족이상 우선되는 가치는 없다'는 이념을 제시하셨습니다. 김 대통령이 취임사에서 제시하신 이 같은 민족 우선, 민족 중심의 김 대통령의 통일관은 당시 보수적인 많은 국민들에게는 상당히 충격적인 선언이었습니다. 이러한 김 대통령의 선언은 북한에 대한 매우 개방적인 제안으로서 그 구체적인 후속 조치로 비전향 장기수인 이인모를 북한에 보냈던 것입니다.

소위 북한과의 화해 분위기를 끌고 가기 위해 했던 것입니다. 그런데 북한에서 이인모를 데려가고서는 나머지 비전향 장기수도 보내달라고 요구해왔을 뿐만 아니라 한 발 나아가 NPT* 탈퇴를 하면서 우리의 의도와는 달리 엉뚱한 주장을 해왔기 때문에 남북관계가 경직되어 갔습니다. 김영삼 대통령이 '민족 이상 우선되는 가치는 없다'고 했을 때 미국 같은 우방 국가들이 상당히 우려했습니다. 한국이 자주적 노선을 가는 것이 아니냐는 우려인데 국내에서도 보수기득권 층에서 이러한 김영삼 정부의 움직임을 우려하기도 했습니다. 또 김영삼 대통령이 제시한 '작지만 강한 정부'라는 것은 소위 군사정부와 대치되는 개념이었습니다. 군사정부는 사회 전반을 정부가 통제하는 체제입니다. 민주주의적 가치는 국민이 주인이고, 주권자이지만 군인들의 사고는 상명하복을 기본으로 하는 반민주적인 하향통제적인 정부입니다. 민주주의와는 전혀 맞지 않습니다. 군사정부는 중앙집권적이고 강력한 정부잖아요. 그래서 이와 대치되는 말로 '작지만 강한 정부, 작은 것이 보다 아름답고 효율적이다'라는 국정방침을 정한 것입니다. 이것이 문민정부의 소명이라고 생각했습니다.

권자경: 김영삼 대통령 취임 때부터 정확하게 1993년 3월부터 12월까지 수석님께서는 공보처차관으로 재직하셨습니다. 공보처차관은 어떤 업무를 보는 자리인가요? 대통령선거 당시 가장 측근에서 도와드렸는데 김영삼 대통령께서 청와대로 안 부르시고 공보처에 수석님을 두셨을까요?

---

* NPT(Nuclear Nonproliferation treaty): 핵확산금지조약이다. 1966년 후반부터 핵무기 확산방지에 관하여 미국과 소련의 타협이 진전되어 1967년 미·소 간 합의가 이루어졌고, 1969년 6월 12일 국제연합(United Nation), 총회에서 조약이 채택되었다. 한국은 1975년 4월 23일 정식 비준국이 되었으며, 북한은 1985년 12월 12일에 가입하였으나 1993년 3월 12일 탈퇴를 선언하였다.

이원종: 글쎄요. 왜 저를 청와대에 자리를 주시지 않고 공보처차관으로 쓰셨는지는 잘 모르겠습니다. 그건 쓰시는 분의 의도이지요. 사실 저도 공직 경험이 전혀 없는 상태여서 김영삼 대통령께서 취임하고 나서 저도 어느 부서에 가서 무슨 일을 할 수 있을지 저 스스로 확신이 없었어요. 저는 아무 경험도 없이 처음부터 국정의 핵심인 청와대에 들어가는 것이 상당히 두려웠습니다. 대통령이 시켜주셔야 하는 것이지 제가 하고 싶다고 하는 것이 아니니까요. 초창기에 공보처차관으로 임명하셨어요. 뭐 어떻게 해보라는 말씀도 전혀 없으셨고요. 초기 공보처장관으로 오인환 씨가 임명되었어요. 1992년 대선 때 오인환 씨는 한국일보의 주필이었는데 제가 그를 만나 김영삼 후보를 도와달라고 부탁을 했더니 그는 '도와 드리겠다'고 흔쾌히 대답하였습니다. 그래서 저는 오 주필이 도와 줄 의사가 있다고 말씀드렸더니 어른께서 즉시 '그 사람을 쓰자'고 말씀하시어 오인환 씨가 우리 선거캠프에 참여하여 공보특보로 일하게 되었습니다. 그런데 대통령 선거 말기에 오 특보가 능력보다는 결점이 많이 드러났고 참모들 간에도 경쟁과 다툼이 있어 좀 밀리면서 약간 소외되는 것 같았습니다. 오 특보도 자신의 그런 처지를 어느 정도 인식하였기 때문에 입각에 대한 기대를 거의 하지 못했을 것입니다. 그런데 오인환 씨가 공보처장관이 되었습니다. 공보처는 국정홍보를 주관하는 부처인데요, 거기에 오인환 장관이, 제가 차관으로 임명되었습니다. 국정홍보는 잘못된 국정을 국민들을 속여서 홍보하는 게 아니라 대통령의 국정 의지와 철학을 국민들에게 소상히 알려 국민의 협조를 구하기 위해 존립하는 조직인데요, 국정홍보가 잘 되어야 국정이 성공적으로 이뤄질 수 있다는 생각에서 어른이 공보처차관으로 저를 임명하신 것이라고 생각합니다. 그 이전까지는 공보처가 주로 하는 일은 언론 기사나 보도의 방향을 잡아주고, 기사나 보도에 개입하는 일이었습니다. 그런데 김영삼 정부에서는 우리가 국정홍보처의 기능을 제대로 자리 잡아야겠다고 생각했습니다. 그래서 제일 먼저 실시한 것이 지역방

송의 부활이었어요. 전파는 모든 국민의 재산으로 그 혜택은 모든 국민이 누려야 하는데 당시 방송은 수도권에만 집중적으로 혜택이 주어지고 지방에는 방송 서비스가 되지 않았어요. 박정희 대통령 시절 초기에는 준공영의 지방방송이 있었지만, 5공화국에서 언론통폐합을 하면서 그나마 있던 지방방송을 모두 없애 버렸지요. 그래서 저희 때 지방에 민영방송을 허가해 주고, 세계화와 정보화 시대에 맞춰 케이블 텔레비전을 도입하였습니다. 케이블 텔레비전을 실시할 때에는 많은 반대가 있었습니다. 그것은 전 세계에서 케이블 방송이 성공한 나라는 미국밖에 없는데 아무런 준비가 되지 않은 우리나라에서 성공할 수 있겠느냐며 자원의 낭비라고 비난했습니다. 그러나 당시 저희들은 우리나라에서 휘발유를 담았던 헌 드럼통으로 자동차라도 만들지 않았으면 당시의 자동차공업이라도 있을 수 있겠느냐면서, 이제 세계가 정보화 시대에 들어서는데 이를 대비해야 된다는 판단에서 많은 반대에도 불구하고 케이블 방송을 시작했습니다. 결국 이때 케이블 방송의 시행이 우리나라가 IT 선진국이 되는 인프라를 만드는데 결정적인 기여를 했다고 봅니다. 저는 이 부분에는 매우 큰 자부심을 갖고 있으며 이와 관련해서는 국정홍보처가 상당히 중요한 역할을 했다고 생각합니다.

권자경: 수석님께서 1993년 4월부터는 사이비언론대책위원회 위원장을 겸하시는데요. 어떻게 그 위원회가 만들어졌나요?

이원종: 김영삼 대통령의 기본적인 대언론 인식은요, '언론의 자유가 모든 자유를 자유케 한다'는 생각에서, 민주주의가 제대로 발전하려면 확고한 언론의 자유 보장이 필수적이라는 철학을 갖고 계셨습니다. 1983년도에 1980년 광주민주화항쟁 3주년을 기해 김영삼 대통령께서 23일간에 걸친 단식투쟁할 때에도 국내 언론에서는 일체 보도를 못하지 않았어요? 문민정

부에서는 언론의 자유가 없으면 모든 국민이 자유롭고 광범위하게 정보에 접근할 수 없고 국가의 균형발전을 이룰 수 없기 때문에 결과적으로 우리나라가 선진국으로 발전할 수 없다고 봤습니다. 언론의 건강한 발전을 위해서 정부의 노력에 더해 언론 스스로의 준비와 협조도 절대적으로 필요한 것입니다. 정부가 언론을 탄압하는 이유는 탄압을 통해 언론의 협조를 구하려는 겁니다. 요즘 같은 시장자본주의 시대에는 언론도 결국 하나의 기업이기 때문에 과거 언론의 소명으로서 '사회의 소금이나 거울로서의 기능'보다는 때로는 회사 이익이 우선되어 정부와 유착하여 자사의 이익을 먼저 생각하기도 합니다. 이러한 우리 언론 상황을 바로잡아 언론이 제 기능을 하려면 언론이 개혁되어야 합니다. 언론개혁을 위해서는 정부의 강제력만으로는 불가능하고, 또 강제력을 통해 언론을 개혁하려면 많은 사회적 부작용이 야기될 수 있습니다. 그래서 진정하고 원숙한 언론개혁은 언론 스스로에 의해 주도되어야 한다고 생각합니다. 당시 우리 정부에서는 중앙, 지방 할 것 없이 여러 가지 문제점이 있었지만 중앙언론은 그래도 우리나라의 민주화 과정에서 막중한 기여를 했을 정도로 그 역량과 의식은 어느 정도 수준이 있다고 평가할 수 있었습니다. 그러나 지방언론은 상황이 매우 열악했습니다. 즉, 지방언론들은 지방자치단체장이나 지방기관들을 상대로 협박하고 청탁하는 식으로 해서 언론의 원래 기능보다 이권을 챙기려는데 급급하면서 여러 가지 탈법 행위가 많아 정부가 법치차원에서 개입하여 바로 잡을 필요가 있었습니다. 솔직히 말해서, 중앙언론도 전혀 문제가 없는 것은 아니었지만, 그래도 중앙언론은 스스로 자체 정화할 수 있는 능력이 있다고 기대를 한 점과 함께, 사실 중앙언론을 정부 공권력에 의해 정비한다는 것은 보통 힘든 작업이 아니니까 사이비 언론이라는 큰 틀을 만들어서 먼저 지방언론의 잘못된 관행을 정비해야겠다는 생각을 했습니다. 지방언론의 문제점에 대한 우려는 김영삼 정부 때 처음 나온 얘기는 아닙니다. 그래서 문민정부 출범 후 '이 문제는 우리가 반드시 해결해야겠다. 우리가 정비해보자'고 강력하게 시행한 것이죠. 그래서 사이비언론대책위원회를 만들어서 언론을 장악하자는 것이 아니라 언론이 제 기능을 회복할 수 있도록 환경을 만들어주자는 취지에서 시행되었습니다. 지방언론 쇄신작업은 범정부 차원이 아니라 공보처 차원에서 추진하였는데 외부 전문가들도 참여시켜서 시행했죠. 저는 언론을 상대로 큰 문제가 없으면 그 정부는 성공이라고 봅니다. 지금은 청와대에 출입하는 기자들, 인터넷미디어 기자들까지 포함해서 그 수가 어마어마하지만 그 당시에는 청와대 기자 출입이 엄격히 제한되어 있었고, 그 제한된 기자들만이 비서동에 마음대로 드나들었어요. 그런데 김대중, 노무현 정부에서는 청와대 출입기자들이라도 비서동 출입이 제한되어 있어 청와대에서 발표가 있을 때에는 대변인이나 대통령 수석들이 발표할 때 춘추관에서 나와 기자들과 만난다고 그럽디다. 우리 때는 기자들이 비서동의 모든 수석실에 마음대로 출입하면서 수석들과 만나 자유롭게 토론을 하거나 취재할 수 있었죠. 물론 수석이나 비서관들의 사정에 따라 만나기 쉬운 경우도 있고 어려운 경우도 있었습니다. 저는 기자들이 보자고 하면 저의 형편만 괜찮으면 언제든지 만났습니다. 그러나 저는 기자들과 자주 만났지만 효과적인 소통은 어려웠습니다. 물론 기자들도 불만이 많았겠죠. 저는 기자들한테 야단도 치고 그랬어요. '기사가 그게 뭐냐', '텔레비전 프로그램이 그게 뭐냐', 일례로 아시아나 비행기가 전남 목포 앞바다에서 추락한 적이 있어요. 수많은 사상자가 발생했는데, 바다에서 시체를 건지는 현장을 생방송으로 내 보냈습니다. 여성 사망자를 끌어올리는 과정에서 여성들의 속치마가 다 보이는데 어떤 피해를 입은 부인은 그로 인해 정신질환이 오고 난리도 아니었어요. 이게 국가적인 망신 아닙니까? 당시에 파리 국제영화제에 나가 있던 어떤 사람이 저한테 전화를 걸어서 '내가 대한민국 사람인 것이 창피해서 못 견디겠다'라고 말합니다. '도대체 시체 인양하는데 왜 생방송으로 보내느냐?'는 겁니다. 그래서 제가 KBS 보도본부장에게 전화를 걸었지요. "우리나라가 미얀마냐? 도대체 방송이 왜 이러느냐?"라고 했지요. 그랬더니 보도본부장이 하는 말이, "KBS는 국민의 시청료로 방송되는 건데 다른 방송국도 모두 인양하는 장면을 생방송으로 내보내는데 우리만 안 보낼 수 없다."고 합디다. 많은 사람들이 정부가 언론을 통제한다고 생각하는데 지금은 사정이 다릅니다. 오히려 지금은 언론에 의해 정부가 통제되는 것 같습니다.

권자경 : 1993년 12월부터 1996년 8월까지 대통령비서실 정무수석비서관 차관급으로 근무를 하셨고, 1996년 8월부터 1997년 3월까지 장관급으로 정무수석비서관으로 일하셨습니다. 종합 3년 4개월을 수석비서관으로서 일하십니다. 공보처에서 일한 10개월을 합하면 도합 김영삼 정부에서 4년 2개월 장수하십니다.

이원종 : 박정희 대통령 시절 때 유혁인 씨가 상당히 오랜 기간 동안 정무수석을 하셨는데 그분이 정확히 얼마나 오래 근무하셨는지는 잘 모르겠으나 사람들이 정무수석만으로는 제가 역대 최장기간 봉직하였다고 합디다. 박정희 대통령 때 유혁인 정무수석은 대통령이 원체 강력하고 장기간 정권을 잡고 있었기 때문에 청와대 참모도 상당히 힘이 있어 주변사람들에게 나름대로 혜택을 줄 수 있었다고 했고 실제로 유혁인 수석의 신세를 진 사람들이 많아 그분에 대한 평가는 대단히 좋았습니다. 그런데 박정희로 시작하여 30여 년간 군인이 정권을 쥐고 있었기 때문에 민주적으로 선출되어 임기도 5년 단임의 순수 민간정부인 김영삼 대통령 시대의 권력문화는 군사정권 시대의 그것과는 사뭇 달랐습니다. 현실적으로 통치행위를 하자면 언제나 당근과 채찍이 필요한데 김영삼 대통령은 취임하시면서 돈은 일전도 받지 않겠다고 선언하시면서 실제로 말씀대로 실천하셨습니다. 그래서 권력을 운영하는데 필요한 수단인 당근을 던져버림으로써 굉장히

힘들게 대통령직을 수행하셨습니다. 이전 대통령들은 청와대에 기업인 등 유력한 이사들을 초청해 밥만 먹는 게 아니라 그 뒤에 무엇을 요구했고, 그게 통했습니다. 김영삼 대통령은 청와대 초청한 사람들에게 칼국수 한 그릇 대접하고는 대통령이 하시는 말씀만 듣고 나갔습니다. 겨우 칼국수 하나 먹여놓고 보낸다고 불만이 많았습니다. 그러니까 그 사람들이 김영삼 대통령을 무서워하지 않으니까 권력 장악력이 떨어지죠. 정무수석도 솔직히 기자들에게 가끔 술도 사주고, 지금은 없어졌다고 하는데 전과 같이 촌지 같은 것도 좀 쥐어주고 해야 하는데 전혀 그렇게 못하니까 권력 장악력이 서서히 떨어졌습니다. 우리 때 초대 정무수석은 주돈식* 씨라고 조선일보 편집국장을 지낸 분입니다. 그분은 정치부 기자를 오래 동안하고 정치부장을 거쳐 조선일보 편집국장을 지냈기 때문에 정무수석으로 적임일 것으로 판단하시고 김영삼 대통령께서 정무수석으로 지명하셨지만 정치를 언론인의 입장에서 보는 것과 실제 정치를 주관하는 것과는 많이 다르지요. 김영삼 대통령이 주돈식 정무수석과 일해보고는 불만이 있으셔서 안 되겠다 싶어서 저로 교체하셨어요. 그리고 비서실장으로 박관용** 씨를 임용했구요. 이분은 국회의원이셨죠. 이 박관용 비서실장도 능력은 많으신 분이지만 김영삼 대통령을 모시고 함께 정치를 오래 해보지 못했기 때문에 김 대통령의 정치철학과 행동 패턴은 잘 몰랐어요. 주돈식 정무수석 때 정무의 중요한 핵심적인 일은 박관용 비서실장이 대신 했는데 김 대통령은 그것도 좀 성에 차지 않아하신 것 같아요. 청와대 비서실 직급은 비서실장만 장관급이고, 나머지 수석들은 모두 차관급입니다. 그래서 저도 임명 때는 차관급이었는데 나중에 저를 장관급으로 올려주셨어요. 저 입장에서는 차관급이든 장관급이든 똑같은 비서업무니까 별로 차이가 없

---

* 주돈식 정무수석(재직기간: 93.2.25~93.12.22)
** 박관용 비서실장(재직기간: 93.2.25~94.12.23)

었지만 주변 사람들이 저더러 '이 장관, 이 장관' 하거든요. 그냥 주변에서 저를 기분 좋게 하려고 부른 것 같아요. 그런데 제 입장에서는 급이 문제가 아니잖아요. 사사로운 일인데 저 고향인 강원도 삼척에 제가 장관급 수석이 됐다고 현수막이 무척 많이 걸렸다는 거예요. 삼척 사람들, 기관장, 단체장, 지역유지들이 저한테 아부하려고 아마 그렇게 한 모양이에요. 그래서 제가 삼척시장한테 전화를 걸어서 "무슨 현수막을 얼마나 많이 걸었는데 그렇게 난리가 났느냐?"라고 했더니 한 50여 개가 골목골목마다 붙여진 것 같아요. 그런데 정무수석자리가 터가 센 자리인지 제 후임들은 아주 단명했지요. 제 다음에 정무수석을 지낸 사람이 강인섭*이라는 분이 약 2개월 했고, 그 다음으로 경남고등학교 후배로 조홍래**라는 분이 했는데 대통령 잔여임기가 얼마 남지 않아 결국 단명했지요.

박용수: 정무수석 일을 보실 때 대통령께 보고는 어떤 식으로 이루어졌습니까? 필요할 때마다 보고가 바로 가능했습니까?

이원종: 우리 때는 대통령께 보고는 아주 자유로웠어요. 다른 수석들은 가서 일정을 받아서 언제든지 할 수 있었어요. 그렇지만, 정무라는 업무가 미리 서류를 만들어 보고할만한 일보다는 수시로 사안이 생기면 대통령께 보고해야 되고 대통령께서도 정치의 달인이시기 때문에 수시로 특별한 사안이 있으시면 인터폰이나 직접 저를 불러서 보고를 받거나 지시하셨습니다. 저는 대통령을 오래 모셨기 때문에 대통령의 얼굴만 봐도 저분의 기분이 어떤지 알 수 있었고 말씀의 첫마디만 들어도 이게 무슨 뜻인지 알아듣는 경우도 많았습니다. 저한테는 말씀도 아주 간결하고 함축적인 레토릭

---

* 강인섭 정무수석(재직기간: 97.2.28~97.7.11)
** 조홍래 정무수석(재직기간: 97.7.11~98.2.24)

(rhetoric)으로 말씀하셨어요. 서로 대화가 길어질 상황은 별로 없었습니다. 저는 대통령이 수족이나 마찬가지였어요. 저는 대통령께 아부해야 될 일이 별로 없었습니다. 대통령이 국정통치자로서 저 같은 수석을 일대일로 상대하는 그런 관계가 아니라는 말입니다. 상호 의사소통상의 문제는 별로 없었습니다. 인터폰으로 매일 수시로 연락을 취했습니다. 정무라는 것이 바로 국정통치 전반을 돌보는 자리입니다. 외교안보는 외교안보관계를 다루는 등, 딱 정해져 있지만 정무수석은 분야가 딱 정해진 것이 아닙니다. 저는 당시 대통령의 통치행위가 바로 정무행위라고 생각하고 국정전반의 일들을 항상 정무적인 관점에서 관찰했습니다. 그렇다고 국정전반에 걸쳐 개입하는 것은 아니었습니다. 각 분야마다 소관 하는 장관이 있고 수석이 있기 때문에 그들이 소관업무를 책임지지 않습니까? 그러나 정무수석은 전반적으로 다 돌봅니다. 제가 대통령을 모시면서 저는 대통령께 개인적인 소망이나 요구를 한 적이 거의 없었는데 딱 한 번 있습니다. 이 얘기는 사실상 처음 하는 것으로 저로서는 대통령과의 관계에서 남에게 쉽게 말 할 수 없는 비밀입니다. 그것은 미국의 카터 전 대통령이 주선해서 북한의 김일성과 남북정상회담을 갖게 된 일이 있지 않았습니까? 그 정상회담을 위해 남북한 양쪽 실무자들이 접촉하여 어렵게 정상회담 개최와 관련한 실무적 사안들이 거의 합의가 이루어져 정상회담만 남은 상황이었습니다. 그런데 정상회담에 대통령을 모시고 갈 수행원이 발표가 되지 않았어요. 그래서 제가 대통령을 뵙고 "각하, 이번에 평양가실 때 수행원은 결정되었습니까?"라고 당돌하게 직접 여쭈어 봤습니다. 그랬더니 '그건 자

---

* 남북한 정상회담 시도: 1993년 6월부터 북한의 핵개발 문제를 둘러싸고 남북 간 고위급회담이 합의를 보지 못하고 있던 차에 전 미국 대통령인 카터가 평양을 방문하여 김일성과 회담을 통해 남북한 정상회담에 합의하였다. 이후 남북한은 부총리급의 실무 접촉을 통해 실무적인 문제에 합의하였으나, 1994년 7월 8일 김일성이 심근경색으로 사망함에 따라 남북정상회담은 무기한 연기되고 말았다.

네가 왜?라고 말씀하셨어요. 그때 제 느낌은 제가 수행원 명단에 들지 않았던 것 같아요. 그래서 저는 당돌하게 "남북 간 문제는 단순히 타국과의 외교관계가 아니라 국가체제의 문제이기 때문에 당연히 정무수석이 가야 된다고 저는 생각합니다."라고 말씀드렸죠. 그 이전에는 제가 한 번도 나서서 무엇을 달라고 요청한 적이 없습니다. 모두 그분이 필요할 때 저를 불렀지요. 그랬더니 허허 웃으시더니 결국 답변을 안 하셨어요. 저는 만약 김일성이 사망하지 않았더라면 제가 반드시 각하를 수행해서 갔을 거라고 봅니다. 정무수석은 대통령이 보지 못한 부분까지 챙겨 봐야하고 그것을 대통령께 보고하고 대통령이 차마 하지 못하는 얘기를 밖에다 대신 얘기해야 하고 그래서 대통령 대신 욕을 먹는 자리라고 생각합니다.

권자경: 오랫동안 정무수석으로서 장수하신 비결은 어디에 있다고 보십니까?

이원종: 저는 정무수석 일을 오래도록 하고 싶지도 않았지만 그렇게 오래 할 것으로 생각지도 못했어요. 얼마나 힘든 자리인데요. 김영삼 대통령이 마지막까지 저를 놓기 싫어하셨습니다. 하지만 제가 그만둘 수밖에 없는 대외적인 이유는 노동법이었습니다. 내부적인 이유는 권력 내부에 갈등이 있었습니다. 청와대 내부적으로 저는 상당히 귀찮은 존재였을 겁니다. 저와 상도동 비서실 출신들은 오랜 동안 김 대통령을 모시고 민주화 투쟁을 같이 한 피로 맺어진 동지로서 생사고락을 함께 했습니다. 민주화를 위해 힘을 합해 투쟁할 때는 목표가 같고 아직 목표가 달성되지 않았기 때문에 서로 이해관계가 다를 수 없습니다. 그러나 정권을 잡고나면 동지들도 서로 다른 목표가 생길 게 아니겠어요. 저는 대통령을 모시는 것 이외에는 다른 목표가 없기 때문에 그들과의 입장을 달리 할 때가 많아 그들이 보기에는 더러는 마땅치 않을 수도 있었겠지요. 권력 내의 사정은 때로

는 매우 비인간적일 수도 있습니다. 그들이 저를 볼 때 옛날의 제가 많이 변했다고 느낄 수 있을 것입니다. 왜냐하면 전과 같다면 자기 일을 봐 주었을 것인데 제가 안 봐주니까 불만이 많았던 것이지요. 대통령 임기 1년 앞두고 제가 정무수석직을 그만두게 됩니다. 저는 정말 대통령께 감사했어요. 저의 어려움도 우리 집사람도 잘 압니다. 우리 집사람도 그만두길 잘 했다고 해요. 김 대통령은 어떨 때는 새벽 4~5시에도 전화를 걸어오십니다. "이렇게 해라."라고 지시하시는 게 아니라 "왜 이걸 안했느냐."고 다짜고짜 야단치십니다. 예를 들면, 하루는 저로서는 매우 황당한 일이 있었어요. 육군중장 출신의 이병태 국방부장관*이 국회 상임위에서 의원들이 아마 험하게 질문을 했는데 본인 입장에서는 열심히 하고 있는데 억울한 질문을 하니까 답답했던 모양이지요. 이분이 느닷없이 구두를 벗고 구멍난 양말을 보여주면서 이렇게 열심히 하는데 억울하다고 항변했지요. 얼마나 우스운 일입니까? 그런데 김영삼 대통령이 저한테 새벽에 전화를 걸어서 "이병태 장관, 그 친구를 좀 훈련을 시켜라."고 화를 내십니다. 나중에 알고 보니까 대통령께서 박관용 비서실장한테 '이병태 장관이 좀 세련되지 못하니까 국회 같은 공식석상에 나갈 때 사전에 교육을 좀 시켜라'고 말씀을 하셨답니다. 그래서 박관용 실장이 불러다가 교육을 했다고 합니다. 그런데도 이병태 장관 천성이 그러니 결국 실수를 해버린 겁니다. 이 장관도 꼴이 우습게 되었지만 임명권자인 대통령이 우습게 됐잖아요. 김영삼 대통령이 새벽에 조깅하러 나갔다가 저한테 전화를 건겁니다. 저는 "네, 네." 하고 대답을 했죠. 그렇게 김영삼 대통령은 생각나면 전화를 걸어오시고, 생각나면 말씀을 하십니다. 우리 집사람이 "당신이 어렵게 일하는 줄 알았지만, 이렇게 어려운 줄은 몰랐다."면서 얘기를 해요. 제가 저녁에 한 달에 한번 부부동반 모임에 나가 저녁을 먹고 있는데, 대통령이 두

* 이병태 국방부장관(재직기간: 1993.12.22~1994.12.24)

서너 번 잇따라 계속 전화를 걸어옵니다. 같이 있는 친구들이 오히려 불안해합니다. 일반인들에게 대통령이 얼마나 무서운 존재예요. 주변에서 저한테 세게 야단을 치는 걸 봐도 저한테는 그게 야단이 아니고 별로 무서워하지 않는 것 같다는 거예요. 김영삼 대통령이 '원종아, 원종아'라고 이름을 부르는 사람이 딱 두 사람 있어요. 저하고, 청와대 1부속실장 장학로라는 후배입니다. 제가 정무수석으로 나이 54세에 기용이 되었는데, 계속 제 이름을 부르니까, 주변에서 "이원종을 대통령이 매우 신임하나보다."라고 수근거렸다고 해요. 지금도 왜 대통령께서 그렇게 늦게까지 저한테 이름만 부르셨는지 모르겠어요. 김영삼 대통령은 아무리 가까운 사람에게도 정치를 하십니다. 대통령 재임 중에 하루는 저더러 "현철이하고 너무 가까이 하지 말라."고 하십니다. 김영삼 대통령 차남인 현철 씨가 그때 여러 가지로 국정에 개입하고 있다고 세상에서 말이 많았습니다. 제는 현철 씨를 어렸을 때부터 알고지낸 터라 무서워할 이유는 없습니다만 대통령이 아들을 두고도 그렇게 말씀하시는 것을 보고 속으로 '아, 이 어른이 참 무서운 분이로구나. 아들을 두고도 정치를 하시는구나'라고 생각했지요. 아들 현철이 말이 곧 대통령 본인의 생각은 아니라는 것을 말씀하시는 건지, 아니면 현철이 얘기를 듣게 되면 사람들로부터 오해를 받는다는 말씀을 하신 것인지 지금도 그 속뜻은 모르겠어요. 사실 제가 비서로서 대통령께 말씀드리기가 어려운 얘기가 있으면 저는 가끔 주일에 대통령과 함께 예배를 드리는 현철 씨를 시켜서 대통령께 듣기 싫은 얘기를 전달해 달라고 했지요. 그런 점으로 보면 현철 씨가 긍정적인 기여를 했다고 봅니다. 박정희 대통령에게 육영수 여사가 청와대 내 야당역할을 했다고 하잖아요. 현철 씨가 바로 그런 긍정적인 기여를 많이 했습니다. 아는 사람들은 다 압니다. 그런데 밖에서 볼 때는 현철 씨가 대통령을 다 쥐고 흔든다고 소문이 난겁니다. 사실은 그렇지가 않은데 말입니다.

권자경: 청와대 인사와 장차관들 인사는 대통령께서 직접 단행하셨습니까? 특별한 기준이 있었나요?

이원종: 인사는 기본적으로 대통령의 고유 권한이지요. 그런 차원에서 모든 인사는 당신의 판단이죠. 그 판단을 보좌하는 데는 여러 기관이 있어요. 때로는 사적 채널도 이용하셨고, 지금같이 인사 청문회가 일반화된 때도 아니니까 비교적 인사는 대통령 중심으로 했습니다. 당시 '인사가 만사'라고 시작했다가 결국 나중에 '인사가 망사'라는 소리까지 들었지만 대통령의 인사는 결국 대통령이 최종 책임지는 것이었어요. 노태우 대통령 때는 박철언 씨가 인사에 영향을 많이 미쳤다고 하고, 서동권이라는 안기부장관, 하다못해 김옥숙 여사도 영향을 미치는 등 사적 채널을 많이 이용했다고 합니다. 그러나 김영삼 대통령은 사적 채널을 별로 이용하지 않으셨어요. 김영삼 대통령의 경우 아들 현철이 인사에 많은 영향력을 미쳤다고 사람들이 얘기하는데, 사실은 그렇지 않아요. 대통령께 아들 둘이 있는데 큰 아들은 거의 정치에 관심이 없었어요. 지금도 첫째 아들이 있는지 없는지 사람들이 모르잖아요. 저도 큰 아들하고는 인사가 없어요. 마산 할아버지도 제 이름과 제 얼굴을 따로 아실 정도로 저는 대통령 집안사람들과 연이 없었어요. 제가 김영삼 대통령을 못 떠난 이유는 사적 관계를 하나도 맺지 않았는데도 불구하고 저를 그렇게 중용해주신 것에 대한 감사함 때문입니다. 남자는 자기를 알아주는 사람을 위해 목숨을 바친다고 하지 않습니까? 누가 아부할 줄 모르는 저를 믿고 중용하겠습니까. 현철 씨는 아버지가 정치 활동을 하는데 아들로서 나름대로 여론조사도 하는 등 참모 역할을 참 많이 했습니다. 그런데 아들이라 공직을 줄 수가 없습니다.

권자경: 김영삼 대통령께서 취임하시고 처음 하신 일이 권위주의 청산이었습니다.

이원종: 박정희 대통령의 안가를 헐고 그 자리에 공원을 조성해서 시민들이 휴식 공간을 갖도록 하셨어요. 또, 청와대 주변 인왕산을 1993년 2월 25일에 등산로로 개방했습니다. 그런데 우리나라는 청와대가 구조적, 입지적으로 국민들이 가까이 다가갈 수가 없어요. 미국 워싱턴 백악관은 누구든지 가까이 갈 수 있잖아요. 자유당 이승만 대통령도 생일이나 특별한 날에 청와대를 시민들에게 개방했습니다. 그런데 군사정부 들어서서 경무대를 청와대로 바꾸고 개방을 하지 않았습니다. 그런데 김영삼 대통령이 박정희 대통령의 안가를 없애고 인왕산도 등산로로 개방을 했습니다. 롯데호텔 38층에 올라가면 청와대 앞마당이 보이거든요. 그 이전에는 군사나 경호 입장에서 그렇게 못 짓게 통제를 했습니다. 청와대 주변 서울 근방에 헬리콥터도 못 뜨게 했으니까요. 요즘은 청와대 뒷산도 개방하지 않습니까? 문민화 될수록 대통령 관저는 국민과 가까이 있게 마련입니다. 그런데 오히려 정부각료나 관계자들, 수석이 회의할 장소도 없이 너무 없애버린 게 아닌가 싶어요. 박정희 대통령 안가가 휴식 공간이기도 했지만 당시에 안가에서 청와대는 특혜를 주고 불러들인 자로부터는 뇌물을 받는 등 부정부패의 장소였기에 안가를 철거함으로써 부패의 소지를 없앴다는 의미를 부여하고 있습니다. 김영삼 대통령이 청와대 들어갔을 때 대통령 집무실에 엄청 큰 금고가 있었습니다. 무게가 엄청 났습니다. 그것을 처리하는데도 힘들었어요. 청와대 금고를 없앤다고 했더니 당시에 노태우 대통령이 금고 안에 얼마를 두고 나왔느니 소문이 돌았어요. 당시에 돈은 들어있지 않았습니다. 정무수석실인 제 방에도 금고가 있었어요. 그 이전에는 정무수석이 당의 운영자금을 쥐고 있었거든요. 노태우 대통령 때까지 정당운영자금을 국고보조금이나 당 후원금으로 하는 것이 아니라 청와대에서 마련했거든요. 그래서 정무수석실에 금고가 큰 것이 있었던 겁니다. 저는 그게 필요 없어서 없앴지요. 그 이전에는 정무수석실에 자는 공간도 있었는데 제가 들어가 그 공간을 없앴어요.

권자경: 김영삼 대통령께서 1993년 8월 9일에는 민족이 자존심을 지키고 정기를 회복하기 위해서 조선총독부 건물을 해체시키고 그 자리에 국립중앙박물관을 건립하도록 지시했습니다. 8월 11일에는 청와대 내에 총독 관저를 철거하도록 지시하셨고요. 경복궁을 복원하셨습니다.

이원종: 모든 일련의 사항들이 대통령이 되기 이전부터 결심하신 것이었어요. 그 일로 일본과의 관계가 틀어지거나 하진 않았어요. 국가 간 관계가 좋았다가도 나빠지는 것이고 이해관계에 따라 달라지니까요. 국립중앙박물관이 일본 것으로 대리석으로 지어졌지만 잘못된 역사의 흔적을 지우는 것이 문제가 있다는 지적도 있었어요. 반대가 극심했습니다. 조선일보는 거의 결사적으로 반대했어요. 그런데 겉만 대리석이지 뜯어보니 대리석만으로 지어진 건물이 아니었어요.

권자경: 문민정부 개혁법안 1호라는 명칭으로 잘 알려져 있는데, '공직자 윤리법' 개정안을 제출하시고 1993년 5월에 임시국회에서 통과되어 김영삼 대통령께서 직접 재산을 자진 공개하십니다. 그리고 1993년 7월부터 공직자 윤리법이 시행에 들어가죠. 주된 내용이 '공직자 재산등록 의무화'입니다. 부정축재를 했던 이전 공직자들의 반발이 심했을 것 같은데요.

이원종: 기득권들은 투명하게 하라고 하니까 다 반발하죠. 우리같이 평생 재산이 없던 사람은 아무 문제가 없는데 많은 공직자들이 음성적으로 재산을 모아 왔던 사람들 입장에서 보면 당시 공무원의 급여가 너무 형편이 없어 식구들과 생활하고 공직자로서 품위 있는 생활을 하려면 그동안의 관행에 특별히 양심의 가책을 느끼지 않고 살아왔기 때문에 특별히 부정의식이라던가 범죄의식이 없어요. 공무원 생활을 오래 한 사람들은 다 자기네들이 기본적으로 이 정도의 생활은 해야 되고 이 정도의 재산은 가져

야 된다고 생각하기 때문이에요. 그들 입장에서 느닷없이 재산을 등록하고 공개하라고 하니까 굉장히 불편하죠. 어디까지 해야 되고, 어떻게, 가격은 어떻게 쥐야 되는지 소동이 있었겠지요. 게다가 '금융실명제'에 이어 '부동산실명제'까지 시행되었으니 더욱 난감했겠죠. 한국병 중에 대표적인 것이 부정부패인데 이것의 결정적인 문제는 권력을 가진 사람들이 관련되어 문제지요. 김영삼 대통령은 권력을 가진 사람이 그 권력을 이용하여 돈까지 갖는 것은 용납할 수 없다는 확실한 생각을 가지고 계셨습니다.

권자경: 김영삼 대통령 시기에 금융실명제가 실시됩니다. 어떻게 도입이 되었는지 말씀해 주십시오.

이원종: 김영삼 대통령은 금융실명제를 실시하겠다는 의지를 가지고 당시 박재윤 경제수석*에게 의견을 물었는데 박 수석이 "지금은 경제상황이 좋지 않으니까 경제상황이 좋을 때 하자."고 대답했다고 합니다. 그래서 김 대통령께서는 '박 수석은 안 되겠구나'라고 판단하시고 경제수석 몰래 그 일을 추진했습니다. 대통령이 홍재형 재무부장관에게만 지시하셔서 아무도 모르게 금융실명제를 준비하셨지요. 구체적으로 어떻게 해야 되느냐 하는 것까지도 대통령이 다 일러주었습니다. 홍 장관이 재무부의 소위 세제 전문가들을 중심으로 실무자를 뽑아서 그들의 가족들에게도 일본으로 출장 간 것으로 위장시키고 강남의 모처에 작업장을 구해 작업을 시작했습니다. 쥐도 새도 모르게요. 조선일보의 정치부장을 지내고 지금은 논설위원을 하고 있는 양상훈이라는 기자가 있어요. 그 사람은 경제부 기자를 하다가 김영삼 대통령 당선 때 정치부로 와서 민자당에 출입을 하게 되었는데 하루는 부대변인 제 방에 오더니 다짜고짜 저더러 예금통장이 몇 개

* 박재윤 경제수석(재직기간: 93.2.25~94.10.5)

냐고 물어보더군요. 그래서 "나는 통장이 없다. 우리는 있으면 쓰고 없으면 못쓰는데 은행에 예금해 놓고 쓸 돈이 어디 있느냐, 혹시 우리 집사람에게는 있는지 모르겠다."고 대답했죠. 그러면 "재무부 주요 국장들이 통장이 몇 개 인줄 아세요?"라고 물어요. "내가 어찌 아느냐."라고 했더니 "80~90개 된다."는 거예요. 저더러 "그런 사정도 모른다면 금융실명제는 못합니다."라고 해요. 금융실명제를 하려면 세제 전문가들을 써야 하는데 그들의 행태를 모르고 어떻게 그 작업을 성공적으로 준비할 수 있겠느냐고 하면서 핵심 실무자들의 이해관계가 있는데 어떻게 기밀을 지켜가면서 실명제를 준비할 수 있겠느냐는 겁니다. 결국 김영삼 정부는 금융실명제를 못할 것이라는 주장인 것이죠. 불가능하다는 얘기죠. 그러나 김영삼 대통령은 기적적으로 금융실명제를 성공시켰지요. 물론 대부분의 재무부 공무원들이 상당한 자기 재산을 가지고 있고 자기 재산들을 차명으로 관리하면서 필요에 따라 활용하고 있다는 것을 저도 나중에 알게 되었어요. 당시 금융실명제를 만든 핵심 실무자 중 한 사람도 자기의 리조트 회원권을 기업의 사장으로 있는 친구 이름으로 만들어 필요하면 활용하는 사람이 있었습니다. 그 사람이 금융실명제법 입법 과정에 자기 재산들을 어떻게 처리했는지는 모르겠어요. 바깥에 소문을 안내고 처리한 것 같아요. 또 김영삼 대통령은 금융실명제를 법으로 만들려면 국회에서 통과해야 하는데 국회에 법안이 가면 실명제는 물 건너갈 것을 예상하고 결국 대통령의 긴급 재정경제명령권으로 시행했어요. 이 법과 관련하여 대통령은 법제처장관한테 자문을 구한 결과 대통령령으로 시행이 가능하다는 해답을 얻어 대통령 긴급명령으로 시행했습니다. 나중에 국회에서 금융실명제법으로 만들어지면서 실명제의 핵심적인 골자들이 상당부분 망가져버렸어요. 금융실명제 실시는 문민시대에 새로운 인프라를 깔았다는 점에서 의미를 부여하고 싶어요. 그러나 명령이 법으로 제정되면서 이해관계자들, 힘 있는 사람들이 결국 중요한 내용들을 다 빼버려서 결국 원래 취지대로 잘 살려지지 않

앉아요. 그래서 당시 권력이 계속 유지되는 거라고 봅니다. 금융실명제를 시행할 당시에 가장 큰 피해를 보는 사람들은 돈을 많이 소유한 사람들이 될 줄 알았는데 결국 서민들만 피해를 보는 결과를 초래했어요. 그 피해는 선의의 피해지만 금융실명제의 가장 핵심기능이 세원을 투명하게 찾아내는 것인데 이 기능은 결국 돈 많은 사람들보다는 일반 서민들인 남대문시장, 동대문시장, 각종 시장 상인들에게 고통을 주는 결과를 가져왔습니다. 남대문, 동대문의 소상인들은 그전까지는 과세특례자로 면세대상이었는데 그들의 소득이 밝혀지면서 세금을 내지 않았던 과세특례자들이 세금을 내지 않을 수 없게 되었어요. 그래서 처음에는 금융실명제 실시한다니까 재벌들 혼내는 줄 알고 좋아했다가 결국 자기들이 세금내지 않다가 세금을 내게 되니까 문민정부에 대한 반감이 일기 시작했어요. 김영삼 대통령에 대한 인기가 하루아침에 돌아서더라고요. 개혁이라는 게 그런 겁니다. 금융실명제는 공적인 입장에서는 금융거래를 건전화하고 경제 질서를 바로잡는 긍정적인 효과가 있지만 사적인 입장에서 보면 소상공인들에게 원성을 받았지요. 유권자 또는 국민의 지지는 국민 개개인의 이해관계에 따라 나타나게 되기 때문입니다.

권자경: 1995년도에 부동산실명제가 실시됩니다. 조세포탈, 은닉자금 등이 속속 드러나면서 정부 세입이 증가하는 등의 가시적인 성과가 있었나요?

이원종: 금융실명제를 실시하면 부동산실명제는 당연히 함께 시행이 되어야지요. 당시는 충격이 구체적으로 나타나지 않았지만 저도 나중에 들었는데 실제로 부동산실명제 때문에 손해 본 사람이 많아요. 제가 비공식적으로 들은 얘기지만 대우 김우중 회장 부인이 자기 소유의 부동산을 믿을 수 있는 사람 이름으로 등기를 해 두었는데 그 사람이 안돌려준다는 거예요. 차명계좌로 돌려놨는데 다들 안 돌려준다는 거예요. 자기는 자기재

산을 불법하게 처리해 놓고 자기가 믿고 맡긴 사람이 돌려주지 않는다고 믿을 사람 없다고 하나요? 금융실명제, 부동산실명제 하면서 음성적인 돈들이 양성화되었다고 봅니다. 이제는 탈세를 하는 것에 대해 대놓고 하는 사람이 줄었다고 봅니다. 기업이나 개인들도 기술적으로 절세하는 것에 대해서는 생각을 해도 세금을 내는 것에 대해 이상하게 생각하지 않는 자세가 정착이 되어가지 않나 생각합니다. 오히려 국세청이 개인이나 기업들의 소득을 더 잘 파악하고 있으니까 빼지 못하는 세상이 되었죠.

박용수: 금융실명제나 부동산실명제를 추진하면서 재벌개혁에 대한 분위기가 있었던 것 같습니다. 그런데 오히려 금융실명제 이후에 재벌들이 문어발식 확장을 하는 사례가 늘었다고 하던데요?

이원종: 금융실명제가 그것은 막을 수는 없다고 봅니다. 경제발전을 하기 위한 방법은 크게 두 가지로 나눌 수 있습니다. 하나는 대기업을 집중적으로 지원함으로써 빠른 시일 내에 경제발전을 이룩하는 방법입니다. 일본과 우리나라가 이러한 방식이죠. 다른 하나는 중소기업을 지원해서 느리고 안정적으로 하는 방식인데 대표적으로 독일과 대만이 이 방법을 채택했죠. 우리나라는 대기업을 지원해서 국가 전체의 경제를 끌어올리고 있는데 긍정적인 효과와 부정적인 효과가 나타납니다. 대만 같은 나라는 굉장히 안정적인데 아직도 재벌이 없습니다. 우리나라는 경제발전을 이뤄냈는데 재벌들이 가지고 있는 의식은 참 전근대적인 것 같아요. 제가 어떤 모임에 가서 삼성그룹더러 북한의 3대 세습과 별반 다를 것이 없다는 의견을 냈습니다. 재산상속, 경영권상속이 글로벌 기업에서 맞는 얘기입니까? 우리나라 경제발전은 박정희 대통령의 리더십과 국민들의 헌신이 있었지만 재벌들도 큰 기여를 했다는 사실을 부정할 수 없습니다. 그러나 재벌들도 기업에 손해가 되는데도 국가나 국민을 위해 희생만 한 것이 아니라 이

익이 생기니까 달려든 것이지요. 요즘 경제민주화 논란이 일고 있어요. 경제민주화가 재벌을 해체하자는 얘기입니까? 김종인 씨 같은 경우에는 독일에서 공부를 해서 그런지, 정부가 시장에 강력하게 개입하여 지도해야 된다는 주장을 강하게 하고 있어요. 경제민주화는 있는 사람들의 것을 빼앗아서 없는 사람들에게 주는 게 아닙니다. 대기업 중심으로 국가경제가 이뤄지다보니 발생하는 부작용을 어떻게 하면 최소화할 수 있는지, 불공정한 부의 분배를 보다 공평하게 하자는 것이 취지가 아닐까 생각합니다. 그 역할을 정부가 해야 하고요. 자본주의체제에서 부작용을 완벽히 제거할수는 없다고 봅니다. 금융실명제도 빈부격차를 줄여서 시장 질서를 정상화하기 위해 한 것이지 재벌을 없애기 위해 한 것은 아닙니다. 미국의 금본위제도는 없어지고 세계화 시대가 도래함에 따라 세계의 흐름에 따라가도록 압력을 받습니다. 뉴욕타임즈 칼럼니스트 토마스 프리드먼이 쓴 『렉서스와 올리브나무(The Lexus and the Olive Tree)』라는 책에서 '세계화는 전 세계를 수평적으로 만든다. 따라서 구체제를 고수할 것이냐, 아니면 세계화 속에 참여할 것이냐?'라는 질문을 가지고 이야기를 풀어쓰고 있습니다. 세계화에 따른 부작용도 많고 세계의 양극화가 날로 심각해지고 있어 모두들 걱정하고 있지만 세계화는 어찌 보면 이제는 하나의 큰 흐름이 되고 있습니다. 세계화로 인해 정치적 국경도 점점 낮아지고 있지 않습니까. 대한민국 국회에서 국내 모든 문제를 해결할 수 없어요. 문민정부가 할 수 있는 일은 문민화의 토대를 만드는 것이라고 보았습니다. 저는 문민정부 개혁의 목표를 10년, 20년 후에 나타날 수 있는 사법개혁이나 교육개혁까지 과욕은 부리지 말고 우리가 할 수 있는 시급하고 근본적인 문민화 개혁만 하는 것으로 만족해야 한다고 생각했습니다. 물론 문민정부의 핵심인 청와대나 내각에는 김영삼 대통령 같은 개혁적인 대통령이 재임할 때 할 수 있는 개혁을 해야 한다는 주장도 많이 있었습니다. 즉, 문민정부가 할 수 있는 기초적인 개혁인 금융실명제 도입 등 시장영역에서만 개혁을 하자고 주장을 했지요. 일부 개혁파 박세일 같은 사람은 "이렇게 개혁적인 대통령이 다시 나오겠느냐? 김영삼 대통령 임기 안에 사법개혁, 교육개혁 다 해야 한다."고 주장하곤 했습니다. 하지만 거기까지 개혁을 추진하기에는 무리였습니다. 김영삼 정부는 시장을 토대로 개혁을 추진한 것으로 대단한 역할을 했다고 자부합니다.

〉〉〉〉〉 3차 구술

권자경: 연세대학교 국가관리연구원은 '대통령 리더십과 국가관리'라는 연구 과제를 진행 중에 있습니다. 2012년은 김영삼 대통령 시기와 관련된 구술채록입니다. 지난 시간 제1차와 제2차 구술채록에 이어, 김영삼 정부에서 당시 정무수석을 지내신 이원종 (전) 수석을 모시고 제3차 구술을 시작하겠습니다. 3차 구술의 일시는 2012년 7월 7일 토요일 오후 1시입니다. 장소는 연세대학교 국가관리연구원 사료실입니다.

권자경: 김영삼 문민정부는 정치개혁의 제1목표로 '돈 안 드는 선거'를 제시했습니다. 이 목표를 달성하기 위해서 『통합선거법』을 제정하였습니다. 그 주요 내용은 첫째, '선거운동 기간을 단축하면 비용이 줄어들 것이다. 유급선거사무원을 최소화해서 선거비용을 줄이자'라는 것이었습니다. 둘째, 선거비용 제한액을 설정해서 1/200을 초과하는 자는 처벌하는 것으로 규정을 신설했습니다. 셋째, 피선거권 연령을 낮췄습니다. 대통령선거는 40세 이상이면 출마할 수 있고, 기타 선거는 25세 이상에게 정치참여의 기회를 주어 정치참여기회를 확대하는 규정을 만들었습니다. 넷째, 후보 등록은 반드시 재산 신고를 의무화했고, 선거일을 법정화해 문민정부는

목요일로 정했습니다. 참고로, 최근 선거법은 법정으로 수요일로 지정하고 있습니다. 제가 조사한 바가 맞습니까? 어떠한 취지가 담겨져 있는지, 또 어떻게 통합선거법을 제정하게 되었는지요?

이원종: 문민정부 정치개혁 핵심의 첫째는 '저효율, 고비용 정치를 타파하자'는 겁니다. 둘째, 국민의 주권을 더 분명하게 실현할 수 있도록 하자는 거고요. 이 과정에서 정치자금을 좀 투명하게 하자는 거였습니다. 따라서 우선적으로 각종 선거의 날들이 모두 달라 선거의 경제성이나 정치의 효율성이 떨어지고 있으니 각종 선거를 모두 같은 날에 투표할 수 있도록 선거일을 같이 하자고 만든 것이 『통합선거법』이었어요. 통합선거법의 또 다른 핵심은 당시 모든 선거마다 선거법이 다른 상황에서 선거를 기본적으로 규정하는 룰을 동일 원칙으로 하자는 취지였습니다. 첫째는 선거운동 방식의 변경이었습니다. 기존 선거법은 포지티브(positive) 방식이었습니다. 이는 즉 포괄제한 방식 또는 선별허용 방식이라고도 합니다. 선거운동 기간 동안 이루어질 수 있는 선거운동 방식과 내용을 미리 정해 놓고 이 범위 내에서만 활동을 허용하는 제도지요. 그런데 통합선거법을 기점으로 네거티브(negative) 방식으로 개정했지요. 이는 개별제한 방식 또는 선별금지 방식이라고도 하는데 허용하지 않는 선거운동을 특정하고 규정된 것 이외의 모든 활동을 허용하는 방식을 말합니다. 완전히 네거티브 방식을 도입한 것은 아니고요. 둘째는 정치자금의 양성화입니다. 과거에는 정치자금을 모으는데 있어서 투명하지도 않고 합리적이지도 않았습니다. 정치자금을 양성화하기 위해 첫째, 국고보조금을 늘린 겁니다. 정당에게 지급하는 국고보조금을 늘렸는데, 국고보조금을 과거보다 늘려 국민 1인당 600원인가 800원인가로 하고, 선거 때는 좀 더 늘려서 정당의 정치자금을 될 수 있으면 국민 부담으로 하여 정당의 정치자금을 국가가 지원하여 정치자금과 관련한 비리를 줄인다는 원칙을 만들었어요. 정당에 대한 국

가의 지원 방식은 국가마다 다릅니다. 이처럼 정치자금을 국고에서 보조하는 것은 독일식 방법이라고 할 수 있겠죠. 정당이 일정한 의석을 가지면 국고보조금만으로도 정당운영이 가능하도록 만들어 주어야 한다고 보았습니다. 사적으로 운영되고, 음성적으로 조달하는 정치자금을 최소화하자는 의미였지요. 국고보조금에 추가적으로 당원의 당비, 후원금만 가지고 충분히 정당을 운영할 수 있도록 하자는 것이 핵심이었습니다. '지정기탁제(指定寄託制)*'라는 것이 있습니다. 기부자가 누구를 위해, 어느 정당에 기탁하겠다고 지정하는 것이지요. 그런데 과거에는 기탁자를 실명화하지 않았습니다. 요즘도 선거에서도 지정기탁제가 운영되는데, 지정기탁을 하더라도 기탁자의 실명을 공개하지 않게 되어있지 않습니까? 따라서 누가 어느 정당에 얼마의 후원을 했는지 잘 모릅니다. 야당에게 후원금이 불평등하게 갔었지만 이제는 그런 차별 지원이 많이 완화되었다고 봅니다. 이렇게 하여 문민정부는 정치자금 문제를 상당히 정상화했다고 볼 수 있습니다. 물론 그럼에도 불구하고 여러 가지 문제점은 있습니다. 그런데 실제 운영해보니까 우리나라 정당 시스템이 소프트웨어 중심이 아니라 하드웨어 중심이라는 것을 알게 되었어요. 정치자금의 대부분이 당 조직을 관리하고 당을 운영하는 하드웨어를 움직이는데 다 쓰이고 있습니다. 정책을 개발하는 등의 소프트웨어에는 거의 돈을 쓰지 않아요. 정당이 가진 제일 중요한 역할이 정책개발인데 거기에는 비용을 거의 쓰지 않고 있단 말입니다. 지구당도 마찬가지입니다. 지구당 위원장이 자금동원 능력이 어느 정도인가에 따라 지구당의 활동이 활발하게 되거나 그렇지 못한 것으로 평가되는 것이 문제입니다.

---

* 지정기탁제(指定寄託制): 기부자가 지원 대상과 지역 등을 지정해서 기부하는 방식을 말한다. 모금 기관에 모든 것을 맡겨 놓는 방식이 아니라 후원금의 분배 과정까지 기부자가 적극 참여하는 제도이다. 성금이 투명하고 유용하게 쓰이게 하는 장점이 있다.

권자경: 1993년 12월 23일 국회의장 자문기구로 '국회제도개선위원회'를 설치했습니다. 그 다음해인 1994년 6월 25일 '6·25 국회법'을 개정해서 국회제도를 개선하게 됩니다. 요즘 '국회선진화법'으로 국회의원들의 법안 날치기 행태라든가 국회에서의 폭력행사 등에 대해 규제하자는 논의가 진행되고 있습니다. 김영삼 정부에서도 '6·25 국회법'을 통해 국회쇄신을 꾀하였던 것인가요? 당시 정당의 문제는 무엇이었고, 국회법의 주요 내용은 무엇이었습니까?

이원종: 국회법은 사실상 정부가 주도할 법이 아닙니다. 국회 스스로가 개정할 법이지요. 그때만 해도 정부 주도로 국회가 운영되었기 때문에 그렇게 한 것이지요. 바람직한 것은 아니지요. 김영삼 대통령이 문민화 개혁의 일환으로 국회도 개방적 국회가 되고 다수결 원칙이 지켜지고 민주적인 국회가 되어야겠다는 의지에서 아이디어를 내어 당에다 지시를 한 것이 그렇게 된 것입니다. 시작은 그렇게 되었습니다만 지금까지도 제대로 고쳐지지 않고 있는 것이 문제지요. 지금 진통을 겪고 있는 국회선진화법도 국회의원 2/3 이상의 동의가 있어야 국회의장에게 넘겨질 수 있는데 제적의원 2/3의 동의가 있어야 하는 조건이 있습니다. 미국도 비슷한 규정이 있지만 아마 출석의원 2/3의 동의라는 조건이 붙여져 있는 걸로 압니다. 우리나라 국회처럼 제적의원 2/3의 단서는 국회를 운영하지 말자는 얘기 아닙니까? 현실적으로 국회 제적의원 2/3의 동의를 받아 통과될 수 있는 것이 가능합니까? 이것은 과거 관행을 그대로 고수하겠다는 얘기밖에 안 된다고 봅니다. 이렇게 국회를 개혁하기가 힘듭니다. 원칙적으로 국회개혁은 국회의원들이 하는 것이지요. 당시만 하더라도 당과 국회는 정무수석의 소관이고 대통령이 정치권을 통제할 수 있는 상황이었습니다. 김영삼 대통령이 당을 어느 정도 장악하고 있으니까 가능했던 것이지요. 대통령과 정무수석비서실에서 의견을 내놓았지만 정치자금법과 정치개혁과 관

련된 법은 최종적으로 여야의 합의가 있어야 합니다. 그것도 김대중 대통령 때까지 가능했습니다만, 지금 우리나라에 세를 가지고 있는 정당으로서는 불가능하지요. 이제는 대통령이 정당과 국회에 관여할 수 없게 되어 있습니다. 그때도 정부 입김대로 안 되는 것이 많았어요. 예를 들면, 정당법에 의거하면 정당에 있다가 정무직 등 공직으로 옮기면 당을 떠나게 되어 있습니다. 저는 그것도 모르고 청와대 정무수석, 공보처차관 재직 시에 당적을 계속 가지고 있었어요. 나중에 보니까 박희태, 박상천 의원이 당시 원내총무로서 합의를 하는데 박상천 원내총무가 이 사안을 끼워 넣었던 겁니다. 결국 제가 당적을 가지고 있으면서 청와대에서 일을 보는 것이 정당법 위반이 되었어요. 당시 박희태 의원도 몰랐던 것이 아닌가라고 추측됩니다. 알고는 그렇게 못했겠지요. 그래서 개정된 정당법에서는 정무직 공무원들이 당적을 가지면 안 되는 것으로 개정되었습니다.

권자경: 정부조직 개편에 대해 여쭤보겠습니다. 정부부처 통폐합 작업이 이루어졌습니다. 동력자원부와 상공부를 합쳐서 산업자원부를 만들고, 그 이후에 통상산업부라는 명칭으로 다시 개명을 하였습니다. WTO체제 출범에 따라 대외경제 활동지원, 대외통상무역, 통상규섭수행 기능을 강화하기 위해서 산업자원부를 통상산업부로 명칭을 바꾸었습니다.

이원종: 정부조직을 과감하게 개편한 것은 제가 볼 때, 산업자원부를 만들고 후에 통상자원부로 바꾼 것은 아주 실무적인 부분입니다. 김영삼 전 대통령께서 정책 의지와 비전을 가지고 조직개편을 한 것은 정보통신부와 해양수산부를 만든 것입니다. 세계화 시대와 정보화 시대에 맞춰 해양수산부하고 정보통신부를 만든 것이지요. 그때 체신부를 정보통신부로 개편했지요. 1993년 7월에『정보화촉진기본법』을 제안한 것이 그 다음해 1994년 12월 정보통신부 신설을 가져왔고, 1995년 8월 4일에『정보화촉진기본법』

이 제정됩니다. 『정보화촉진기본법』이 만들어졌기 때문에 우리나라에 초고속 국가정보통신망이 구축되고, 그것이 오늘날 우리나라가 전자정부 시스템을 수출하는데 전 세계 1위로 자리매김하는데 기반이 되었습니다. 김영삼 정부 때 케이블 텔레비전, 민영방송, 디지털 CDMA(Code Division Multiple Access)같은 것이 들어왔습니다. CDMA 들어올 때도 굉장히 어려웠어요. 전화기에 CDMA, 디지털 전화기기를 상용화하는 것이 우리나라가 전 세계에서 최초입니다. 그런데 디지털 전화기의 기술은 미국이 가지고 있었거든요. 그런데 우리가 CDMA를 하겠다고 하니까 미국에서 굉장히 반대를 했습니다. 미국이 우리한테 팔아먹을 아날로그 기술이 아직도 많이 있는데 우리나라가 최초 CDMA를 받아들여서 한다고 하니까 미국 정부와 관료들이 반대를 걸어왔습니다. 그렇지만, 김영삼 대통령이 정보화의 의지가 강했기 때문에 미국의 반대를 무릅쓰고 과감하게 들여왔습니다. 현재 삼성전자 수익의 대부분이 핸드폰에서 나오는 거 아닙니까? 당시 김영삼 정부가 핸드폰과 이동통신을 재빨리 자리 잡도록 해 놓았기 때문입니다. 우리나라가 IT 강국이 된 이상 정보통신부 같은 부처가 주관이 되어 더욱 강화시켜야 한다고 봅니다. 그런데 정부가 통제권을 장악하면 할수록 민간 분야의 창의성을 제대로 발휘될 수 있도록 도와주는 것이 아니라 정보 관료, 테크놀로지 시장이나 민간 분야를 장악하게 되고 개방과 창의 보다는 규제와 통제를 강화하는 쪽으로 틀게 되는 것 같아요. 영미법은 법이 먼저 생기는 것이 아니라 산업과 관행이 먼저 생기고 법이 뒤따라가 보호하고 진흥시키는 역할을 하지 않습니까? 우리는 일본법제도를 받아들여서 대륙법 체계 속으로 들어가 있잖아요. 대륙법 체계는 법이 산업과 관행을 규제하고 장악하게 돼 있어요. 정보통신 시대가 열려 그것을 가이드 할 법을 만들어내고자 하는데 그 법을 만들 능력이 없잖아요. 그런데 영미법은 영국이 헌법도 없이 국회 상위법, 국가운영이 잘 되잖아요. 요즘과 같이 새로운 기술이 개발되고 발달하는데 대륙법 체계에서는 한계가 있다고 봅니다. 정부 기능을 자꾸 강화하자는 것은 대륙법 체계를 더욱 강화하자는 주장이 아니냐는 것이 제 개인적인 생각입니다.

권자경: 정보통신부가 만들어진 배경과 과정에 대해 잘 들었습니다. 그럼, 해양수산부는 어떠한 취지에서 만들어졌습니까?

이원종: 해양은 단순히 바다가 아닙니다. 바다에 자원이 있고, 유통 인프라가 거기 있지요. 바로 바다는 국력이라고 볼 수 있어요. 그래서 김영삼 정부 때 해저자원 개발을 시작했습니다. 노태우 정부 때 남극개발이 이루어졌고, 김영삼 정부에서는 해저자원 개발을 시작했지요. 이어도에 우리나라 안테나를 세웠습니다. 1995년부터 해양수산부가 해양연구, 기상관측, 어업 활동을 위해 해저지형 파악과 조류관측 등 현장조사를 실시해 왔습니다. 지금 이어도를 두고 중국과 분쟁 중에 있잖아요. 해양수산부 설치에는 이러한 의지가 담겨져 있었습니다. 1996년에 유엔 해양법 협약이 발효가 됐고, 유엔 해양법 때문에 배타적 경제수역이라는 것이 그어지지요. 해양이 중요하게 되니까 국제적으로도 해양에 대한 관심들이 많고 해양질서에 대한 합의를 만들어내려고 노력하니까 우리나라도 거기에 대비해서 해양수산부를 만들게 된 것이지요. 김영삼 대통령이 사람들은 감이 있다고 하는데, 저는 감이라기보다 시대정신을 찾아내는 탁월한 능력을 가진 분이라고 생각합니다. 김영삼 대통령이 시대정신을 찾아내시는 능력은 탁월하시지요. 감만 가지고 절대 그렇게 맞춰 나갈 수 없습니다. 해양수산부 신설에서 끝나는 것이 아니라 1996년에 신항만건설촉진법을 제정, 신항만이 건설됐고, 1997년에는 신항만건설과 관련해서 예산이 실제 증액됐습니다. 문민정부 초기에는 세계화, 개방화는 고려하지 않고 내부의 민주화를 생각했던 것인데, 시대가 바뀌니까 세계화, 정보화를 받아들여서 우리가 대륙국가에 머물러있던 것을 해양 쪽으로 관심을 갖고 지상의 자원보다는

해양의 자원에 관심을 갖게 되어 해양수산부를 만들었던 것이지요. 대통령의 통치의지와 정부구조는 연관이 있는 것이지요.

권자경: 세계화에 대한 질문을 드리겠습니다. WTO(World Trade Organization, 세계무역기구)가 1995년 1월 1일 출범합니다. 다자간 자유무역의 확대를 통해 경제 활동의 세계화가 더욱 촉진됩니다. 그런데 내수시장의 경쟁력을 갖추지 못한 우리 정부는 상품, 서비스시장, 농업, 투자, 기술, 지적재산권 등에서 통상이익을 얻지 못하는 것이 아니냐라는 위기의식이 돌았었습니다. 당시 우리나라가 WTO체제에 대처할 역량을 갖추었다고 보셨습니까?

이원종: 글쎄요. OECD 가입과 같은 논리가 아닐까 봅니다. 급변하는 사회, 국제적 변화에 정부가 모든 역량을 갖춘 후 변화에 대응하겠다는 것은 이미 늦었다고 봅니다. WTO체제에 들어가서 우리나라 경제가 어려워졌습니까? 오히려 17년 전에 WTO체제에 가입이 안 되었으면 오히려 우리나라 경제는 더욱 어려워졌을 것입니다.

권자경: 농어촌발전특별세 신설은 어떻게 만들어진 것입니까? 김영삼 대통령께서 의도하신 바인가요?

이원종: 김영삼 대통령이 후보 시절에 쌀 한 톨도 수입하지 않겠다고 강력하게 국민에게 공약을 하셨지요. 그런데 대통령이 되고 보니 세계는 점점 개방되어 우리가 우리 상품을 팔려면 개방하지 않을 수 없었어요. 여기에 쌀이라고 예외가 될 수 없지요. 우리는 무역으로 살아가는 나라 아닙니까? 대통령은 국민에게는 송구스럽지만 쌀을 수입할 수밖에 없겠다고 국민에게 이실직고를 하였지요. 그런데 쌀 수입은 단순히 쌀을 수입하는 것이 아

니라 우리 정신을 팔아먹는 짓이라고 비난이 엄청 났었지요. 그래서 부랴 부랴 농민의 피해를 최소화하기 위해 농어촌발전특별세, 줄여서 농특세를 만들겠다고 하고 청와대에 농수산수석을 만들었지요. 주요골자는 5년 동안 농촌에만 쓰여질 재정을 마련하기 위해 별도의 세금을 징수하여 쌀 수입으로 생기는 농어민의 피해를 보상하겠다는 것이었지요. 당시 농어촌특별세 형식으로 5년간의 한시법으로 만들었는데, 지금도 그 농특세가 살아 있지요? 당시 굉장히 많은 돈이 농촌에 들어갔는데 한 번 생긴 기득권은 다시 없애기가 어려운가 봅니다. 농어촌발전특별세가 농촌발전에 상당한 기여도 했지만, 농촌사회를 부패하게 만든 요인도 된 것 같아요. 후보 시절에는 생각 못했던 것들이나 공약들이 대통령이 되어 수정되거나 바뀌는 경우가 더러 있습니다. 처음에 세계화도 얼마나 비난을 많이 받았습니까? OECD(Organization for Economic Co-operation and Development, 경제협력개발기구)에 너무 빨리 가입했다고 난리였지요. 이에 대해 저는 이렇게 말씀드리고 싶어요. 예를 들어, 우리가 장기나 바둑을 둘 때, 상수하고 둬야 실력이 늘지 하수하고 둬서 무슨 발전이 있겠느냐 말입니다. 우리나라가 국제사회에서 경쟁력을 갖추기 위해서는 우리나라보다 역량이 높은 나라들과 경쟁을 해야 국가발전이 있단 말입니다. 그때 OECD에 가입을 안 했으면 우리나라가 몇 년 후에 OECD 들어가기 굉장히 힘들었을 것 같아요. 우리나라가 OECD에 들어간 이후에, 중국이 가입하는데 우리가 협조를 해주었습니다. 그래서 중국의 장택민이 매우 고마워했습니다. 중국의 OECD 가입에 김영삼 대통령의 공이 제일 큽니다. 당시 OECD 가입이라는 건 국제화 시대, 세계화 시대를 주도적으로 맞이하겠다는 의미였습니다. 대통령의 의지가 아니고서는 힘든 일입니다.

권자경: OECD가입에 대해 먼저 말씀을 해주셔서, 그럼 그 주제로 넘어가도록 하겠습니다. 김영삼 대통령께서 1993년 4월에 OECD 가입 준비를

위한 실무대책위원회를 설치하고 대통령께서 준비 작업에 착수하라고 지시를 하셨다고 하는데요. 상당한 의지를 가지고 계셨다고 해석해도 되는 건가요? 그런데 가입하기까지 진통이 많았다고 들었습니다. CIME(Committee on International Investment and Multinational Enterprises, 자본 이동 및 경상무역외거래위원회) 심사 때, 외국자본의 유입과 외국과의 실거래에서 우리나라가 당시 준비가 안 된 상태여서 심사받을 때 긴장을 많이 했다고 들었습니다. 다행히 통과가 됐습니다만, 또 하나의 난관이 노동법과 관련되어 있었습니다. OECD에 맞는 노동기준과 노동환경이 만들어지지 않은 상황에서 OECD 심사를 받았기 때문이라고 합니다.* 이 두 가지 가장 큰 관문이 있었는데요, 심사받을 당시 준비 과정들에 대해 말씀해 주십시오.

이원종: 실무적인 것에 대해 구체적으로 저는 잘 모르겠어요. 그렇지만 원칙은 하나입니다. 그러나 세상 일이란 완벽한 준비를 하고 무엇을 하기

---

* 〈한국의 OECD가입 관련 경과〉

96.2.26	금융시장위원회 1차 심사
96.3.18	경제동향 검토위원회 정책 검토
96.4.11~12	CIME/CMIT(자본이동 및 경상무역외거래위원회) 1차 심사
96.4.16	고용, 노동, 사회위원회 정책 검토
96.4.21~23	존스턴 OECD 사무총장 내정자 방한
96.5.3	무역위원회 정책 검토
96.5.10	환경위원회 심사
96.6.9	보험위원회 2차 심사
96.6.19	금융시장위원회 2차 심사
96.6.26	재정위원회 심사
96.7.4~5	CIME/CMIT(자본이동 및 경상무역외거래위원회) 2차 심사
96.9.6	CIME/CMI 심사통과확정
96.9.26	OECD 이사회(최종심사)
96.10.11	OECD 이사회, 한국가입초청 결정
96.10.25	공로명 외무부장관 OECD 가입 문서 서명
96.11.26	국회, OECD 가입 동의
96.12.12	한국가입 발효

는 매우 어렵습니다. 쉽게 말하면 젊은이들이 어디 완전한 준비를 해서 결혼합니까? 함께 살겠다는 의지만 있으면 대게 먼저 결혼부터 하고 보는 것 아닙니까? 모든 것을 완벽하게 준비하여 하라고 하면 못하죠. 국가 간 관계도 마찬가지라고 봅니다. 우리에게 유리한 것이 상대방한테 불리하고, 상대방에게 유리한 것이 우리한테 불리할 수 있어요. 상대방한테 맞춰가지고 해야지. ASEAN도 그래요. 판단이 일단 서면, 이런저런 작은 문제는 안고 가기도 하고 극복해 나가야 하지 않나 생각합니다.

박용수: 김영삼 정부의 OECD 가입 추진에 대해 가시적인 성과에 집착함으로 인해서 오히려 위기가 오고, 환율도 정부가 조장했다는 비판적 시각도 있습니다.

이원종: 국민소득 1만 불과 OECD 가입에 대한 의지가 확실했다는 것만은 분명합니다. 그런데 우리나라가 당시 소득 1만 불 달성도 굉장히 힘든 상황이었습니다. OECD에 가입을 했어도 국민소득 1만 불 달성은 힘든 목표였습니다. 어떤 정책이나 조치가 있으면 그 결과는 긍정적인 효과도 있고 부정적인 효과도 나타나기 마련입니다. 약도 과하게 쓰면 독이 되지 않겠어요? 환율조정으로 인한 부작용이 많지요. 가지고 있는 역량이 적은데 외국과 직접 상대하려니까 힘들었어요. 중요한 것은 우리나라 같은 국가들이 국제기구에 가입하고 국제조약을 맺고 싶어도, 우리나라에 유리하다고 할 수 있고, 불리하다고 안 할 수 있는 환경이 아니라는 것입니다. 세계화, 정보화 모두 과감하게 일찍 시행하기에는 분명 여러 가지 부작용이 있었을 겁니다. 농수산물수입 개방해서 현재 우리나라는 다양한 쌀을 접할 수 있게 되었고, 소고기수입 개방해서 지금은 우리나라 소비자들도 1급 한우를 먹을 수 있게 되었지요. 오히려 농민들은 우리 쌀을 보통 쌀보다 몇 배 비싼 가격으로 판매하고 있어 농가소득이 향상된 것 같아요. 신품종, 기

술개발로 우리나라 사람들한테도 윤택하게 돌아가고 해외수출도 늘어났습니다. KT에서 아이폰 수입해서 들여오니까 처음에는 삼성이 얼마나 KT를 비난했습니까? 그런데 이제는 삼성이 스마트폰을 개발해서 애플과 경쟁하고 있지 않습니까? 외국과의 수입 개방은 양면성을 지닌다고 봅니다.

권자경: OECD 가입 당시에 우리나라가 선진국 지위였다면 많은 회비를 내도록 규정화되어 있었지만 개발도상국 지위를 계속 유지함에 따라서 거기에 준한 회비를 내고 가입하였습니다. 그 과정에서 OECD 가입이 어려웠다죠? 아시아에서는 일본 다음으로 두 번째, 전체 회원국들 중에서는 스물아홉 번째로 들어갔습니다.

이원종: 그게 힘들었죠. 명분이 없었습니다. 당시 우리나라가 OECD 가입조건에 부담이 되는 부분에서는 개발도상국으로 봐달라고 했고, 부담이 없을 때는 선진국으로 봐달라고 부탁을 했습니다. 그것도 국가 역량입니다. OECD 회원국들에게 우리나라가 별로 필요가 없었다면 우리를 받아줬겠습니까? 모든 것이 국가의 역량이라고 봅니다. 요즘과 같은 그리스 처지였다면 당시 회원국들이 받아줄리 없을 겁니다. 또한, 중국이 OECD에 가입되어 있는데 중국이 국제기준에 맞는 노동법을 가지고 있지 않거든요. 중국이 OECD 회원국들에게 필요하다고 판단되니까 받아들였다고 봅니다. 한국도 OECD 회원국들에게 이익이 되니까 받아들여진 것이라고 봅니다.

권자경: 우리나라가 OECD 가입 이후에 국제노동기구(ILO: International Labor Organization)의 국제기준에 부합하도록 노동법을 개정하게 됩니다. 노동법 개정은 어떻게 착수가 됐습니까? 또한, '노동법개정파문'이라는 사건이 일어났는데요?

이원종: 시작은 노동법 개정의 필요성을 느끼는 사람들이 대통령을 설득하고, 대통령의 동의를 받아 착수하게 됐습니다. 그런데 노동법 개정에 대한 합의가 노동법개정위원회(노개위)에서 잘 이루어지지 못했어요. 노개위에는 기업, 노조, 정부, 민간의 4부문에 참여하여 구성되었는데 그러다 보니 합의 보기가 참 어려웠습니다. 서로에 대한 사고와 인식이 너무 다릅니다. 저는 개인적으로 노동법 개정에 반대했습니다. 하지만 대통령께서 의지를 가지고 하시겠다는데 정무수석인 제가 반대하는 것도 한계가 있었습니다. 김영삼 대통령께서 1996년 11월 9일까지인가 시한을 정해서 노개위에서 노동법 개정안이 합의가 되든 안 되든 보고를 하라고 하셨죠. 그때까지도 저는 소극적이고 반대 입장이었습니다. 그런데 대통령께서 시간을 정해서 재촉하시는 걸 보고 대통령의 노동법 개정에 관한 강한 의지를 가지고 계시다는 것을 알게 되었습니다. 대통령께서는 "우리나라가 선진국 반열에 들어서려면 노동법을 반드시 개정해야 한다."고 확고한 의지를 보이셨습니다. 제일 중요한 것은 노동시장의 유연성입니다. 즉, 경기가 좋을 때는 노동자들을 많이 고용하고, 경기가 좋지 못할 때는 노동자들을 해고할 수 있는 노동시장의 유연성이 확보되어야 하는 것이 OECD가 요구한 조건이었는데, 당시 우리나라는 이것이 성립이 되지 않은 상태였어요. 이것을 해결하는 것이 가장 큰 문제였습니다. 김영삼 대통령께서는 영국 대처 수상에 대해 굉장히 좋은 인상을 가지고 계세요. 1976년에 수상에 오른 대처는 영국병을 반드시 고쳐야 되겠는데, 이 과정에서 생길 수 있는 여러 가지 문제를 알고 있으면서도 그 문제를 극복하지 못하면 영국은 구제할 수 없는 수렁에 빠질 수밖에 없다는 것으로 판단하고 정면 돌파를 하였던 것입니다. 당시 영국의 철도파업이 났을 때 노조와의 대결에서 정부가 엄청난 저항으로 일어난 극심한 사회적 비극들을 극복하면서 당시 영국이 처한 어려움을 극복했습니다. 제가 김 대통령께 "노동법 개정은 일대 전쟁을 치러야하는 것인데 괜찮으시겠어요?"라고 여쭈었는데, 대통령께서 "내

가 대통령이 되어 이것을 안 하고 넘어가면 대통령으로서 할 일을 안 한 것이나 마찬가지다.”라고 말씀하셨어요. 이렇게 강력한 대통령의 의지를 확인하고는 저는 입장을 바꿨습니다. 노동법 개정에 대해 강경하게 들어선 겁니다. 노개위 회의에 정부 내 수석들이 참여하는 자리라면 저는 적극적으로 노동법을 개정하자는 쪽이 되었습니다. 하루는 회의석상에서 이석채 경제수석*이 ‘형님이 경제수석입니까, 제가 경제수석입니까’ 하고 농담을 할 정도였습니다. 저는 경제는 잘 모르지만, “대통령의 의지가 매우 강하니까 노동법 개정을 밀고 나가겠다.”라고 주장했습니다. 그래서 정부는 국회와 당에 노동법 개정을 언제까지 통과시켜달라고 요청했고, 당에서는 노동법 개정에 대한 골격을 가져와서 대통령께 허가를 받았습니다. 그때 신한국당 당대표가 이홍구 의원이었고, 정책의장이 이상득 의원이었습니다. 이상득 의원이 그때 주장했던 바는, ‘세 가지 여건, 즉 정리해고 즉시 이행, 복수노조 3년 유예, 노조 전임자 임금지급 즉시 금지, 이 세 가지 조건을 노동법 개정안에 넣어 주면 당에서 책임지고 통과시키겠다’는 것이었습니다. 이에 대해 김 대통령께서 오케이를 했습니다. 이 두 분이 대통령을 방문하고 갔다는 것을 저는 정무수석이니까 눈치를 챘지만 박세일 수석**은 몰랐습니다. 노동법 개정날짜를 새벽으로 정하고 1996년 12월 26일에 통과시켰습니다. 지금도 마찬가지지만 당시는 국회가 다수결의 원칙에 의해서 운영되는 게 아니라 소위 자기논리에 따라서, 힘의 논리에 따라 운영되는 국회였습니다. 정상적인 의사소통이 불가능해요. 야당이 몇 명이라도 반대하면 그 안은 통과되기가 불가능했습니다. 그래서 의사진행 과정에서 있었던 일에 관해서 대통령께서 잘 했다 또는 잘못했다는 말씀은 없으셨고 통과 자체가 잘 된 걸로 보니까 잘 되었다고 말씀하셨죠. 박세일

---

* 이석채 경제수석(재직기간: 96.8.9~97.2.28)
** 박세일 정책기획수석(재직기간: 94.12.24~95.12.21)

수석이나 노동법이 선진적으로 개정되어야 한다고 주장한 수석들은 자기들이 주장한 안을 통과시킨 줄 알고 있었어요. 그런데 자기들이 주장한 것과는 반대로 법안이 통과된 거예요. 그들의 주장은 국회에서 통과된 안과는 달리 정리해고 3년 유예, 복수노조 즉시 시행, 노조 전임자 임금지급 등이었거든요. 그런데 그들의 주장과는 거꾸로 통과되었으니 내부에서 반란이 일어났습니다. '국제적인 품격에 맞지 않는 노동법이다. 노동시장의 유연성 확보는 미국 같은 나라에서 회사 경기가 좋지 않으면 직원들을 다 해고시키는 것이 아니냐' 등의 반발을 마구 쏟아 내었습니다. 그런데 불경기에 해고를 못하면 경기가 좋을 때 채용을 못합니다. 결국, 비정규직을 늘리는 규율을 통과시킨 겁니다. 이 와중에 야당에서는 내용도 모르면서 자기들 모르게 법안을 통과시켰다고 난리가 났습니다. 이 상황에서 청와대 내부에서도 반론이 일어났습니다. 제가 청와대를 나오고 난 다음에 야당의 요구에 의해, 청와대 내에서의 반란에 의해 재심의에 들어갔습니다. 재심의 결과, 최종적으로 다시 원상태로 돌아갔습니다. 만약 그때 원안대로 노동법이 개정되었다면 IMF(International Monetary Fund, 국제통화기금)는 우리에게 오지 않을 수도 있다고 주장하는 사람들도 상당히 있었습니다. 역사를 가정으로 볼 수는 없지만 과연 개정노동법이 재심하여 다시 개정되지 않았으면 과연 우리나라에서 IMF 외환위기를 비켜 갈수 있었는지 저는 모르겠습니다. 우리나라에 IMF 관리체제가 왜 오게 되었는지에 대한 논의는 매우 복잡한 경제, 국제정치적 요인들의 분석은 매우 다각적이고 종합적으로 해 봐야겠지만, 제가 청와대를 나오고 나서 김 대통령께 직접 들은 얘기가 있습니다. IMF 관리체제에 들어가면서 김대중 정부에서는 원래 우리가 통과시킨 안과 비슷한 안으로 다시 노동법이 돌아갑니다. 저는 노동법 개정 과정에서 청와대를 나와야했는데, 결과적으로 원래 우리가 추진했던 법안으로 다시 돌아갔단 말입니다. 주변 사람들은 제가 청와대에 계속 남아 있었더라면 IMF 외환위기를 맞지 않았을 거라고 얘기하는 사람도 있습니다.

박용수: 김영삼 대통령의 의사는 어떤 것이었습니까? 노동법 개정 관련해서는 처음에는 김 대통령께서 박세일 수석 쪽으로 신임을 줬다고 하더라구요. 그런데 신한국당 안으로 통과되고 난 뒤로 1997년 신년사에서는 통과된 안에 대해 바꿀 수 없다는 입장을 표명하셨어요.

이원종: 법안이 이미 통과되었기 때문에 바꿀 수 없다는 말씀을 신년사에서 하신 겁니다. 처음에는 노동법 개정의 필요가 있어서 박세일 수석 안을 구체적으로 논의해보자고 기구까지 만들었습니다. 그런데 박세일 수석이 생각하는 노동법과 대통령께서 생각하는 노동법은 좀 차이가 있었던 거예요. 그래서 대통령께서는 당을 활용해서 당의 노동법 개정안으로 당이 통과시킨 거지요. 아까도 말씀드렸지만, 1996년 12월에 통과된 개정법은 최종적으로 대통령의 생각과 일치한다기보다 대통령께서 노동법 개정에 대한 의지가 너무 강하시니까 신한국당에서 만든 안으로 당이 스스로 통과시킨 겁니다. 여론은 매우 좋지 못했어요. 월급쟁이들은 정리해고라는 단어가 기분이 나쁘다는 겁니다. 다 겁을 내고 거의 반대하는 겁니다.

권자경: 우리나라가 IMF 외환위기를 맞은 여러 가지 이유 중에 우리나라가 당시 세계화의 대세에 맞춰 OECD에 가입을 하긴 했지만 경제자유화를 실시할 준비가 되지 않은 상태에서 무리하게 OECD에 가입했고 너무 일찍 폭죽을 터트려서 외환위기를 불러왔다는 평가가 있습니다. OECD 가입이 IMF 외환위기를 초래했다는 주장에 대해 어떻게 생각하십니까?

이원종: 그 주장에 대해 제가 반론을 할 능력은 없습니다. 역사에서 '만약 이런 일이 없었으면 어떻게 되었을 것이다'라는 식의 질문에 대해 답변

을 할 능력은 못됩니다. 하지만 저는 확실히 믿습니다. 당시 우리나라가 OECD에 가입하지 못했으면 오늘날 대한민국이 존재하겠느냐는 말입니다. 북한 같은 나라가 IMF와 같은 국제금융기구의 관리가 가능하겠습니까? 적어도 1970년대 영국 수준은 와야 IMF 관리체제가 가능합니다. 금융이 확실히 경제를 이끌어갈 환경이 되고 제조업이 어느 정도 기반이 되어야 금융업에 대한 국제적인 제재도 가능한 겁니다. 어떤 변화든 새로운 변화는 부작용이 있기 마련입니다.

박용수: OECD 규정에 따르면, 금융 개방뿐만 아니라 금융에 대한 감독도 철저히 해야 한다는 권고도 있었습니다. 또한, 한국에서 민주노총을 인정해야 한다는 것도 OECD의 기본입장임을 확인했습니다. 그런데 한국 정부는 이런 것들을 챙기지 못했던 것 같습니다.

이원종: 챙기지도 못했지만 무시하고 넘어간 거죠. OECD 회원국들 간 완벽한 합의는 기본적으로 없다고 봅니다. 저는 OECD 회원국들이 긍정적으로 활동할 수 있도록 서로 부적격한 부분이 있어도 서로 합의해 나가는 것이지 회원국이 반드시 완벽한 조건을 갖춰야 되는 것은 아니라고 봅니다.

박용수: 'OECD에 가입을 안 했으면 어땠을까?'라는 것보다도 OECD 가입을 하면서도 '금융에 대한 감독을 철저히 강화하는 방향으로 제도개선이 됐으면 IMF 외환위기까지는 맞지 않았을까?'라고 가상해봅니다.

이원종: 우리나라가 IMF 외환위기 당시에 국내 금융이자가 매우 비쌌습니다. 국제 사회가 요구하는 것은 금융이자를 2~3%대로 하는 거였어요. 그런데 당시 우리나라 금융이자가 8~9%대였거든요. 바로 그것이 우리 한국경제의 체질이라고 봅니다. 대통령의 명령 한마디에 하루아침에 금융이

자를 낮출 수 없습니다. 제가 정무수석으로 있을 때 한 대기업의 기조실장이 정무수석인 저한테 금융이자를 3%대로 낮춰달라고 부탁을 해왔습니다. 그런데 그것이 당시 정부의 의지나 마음대로 될 수 있는 상황이 못 되었습니다. 정부가 하겠다고 할 수 있는 환경이 아니었습니다. 결과적으로 7~8%대로 낮추는 것으로 최종 결론이 난 것으로 알고 있습니다. 국가정책이 지도자 의지대로 바로 시행되지는 못합니다. 비슷한 경우를 예를 들면, 박정희 대통령이 중화학공업 육성정책을 하는 과정에서 많은 사람들이 반대를 했습니다. 경부고속도로 건설시 많은 사람들이 고속도로가 와우아파트처럼 무너질 것이라고 반대 많이 했습니다. 그렇지만 당시에 경부고속도로가 건설되지 못했다면 우리나라의 경제발전이 이루어졌겠습니까? 완벽하게 조건과 환경을 갖춰서 변화를 수용하기 위해 우리가 first-mover라면 모를까 second-mover인데 어떻게 first-mover의 여건을 다 갖춰서 합니까?

권자경: 계속해서, 김영삼 정부의 업적에 대해 여쭙겠습니다. 전두환, 노태우 정권에서는 하나회 인맥이 청와대와 중앙정부의 장차관을 많이 차지한 것으로 분석되고 있습니다. 문민정부에서는 하나회 인맥을 숙정하고 민간 엘리트들로 정부 인적자원을 충원한 것으로 대전환이 이루어졌다고 볼수 있습니다. 전두환, 노태우 정권에서는 청와대 대통령경호실, 국가안전기획부, 국군기무사 등에 주로 하나회 위주로 배치를 했지만 문민정부에서 경호실장은 민간인 출신이었습니다. 김영삼 정부의 관료 인적자원 구성은 어떻게 이루어졌습니까?

이원종: 하나회는 군의 사조직이고 그분들이 군복 벗고 무엇을 하느냐는 별개 문제입니다. 하나회 사람들이 전두환, 노태우 정권 때 대사, 국영기업체 기관장, 감사 등으로 많이 진출했지만, 김영삼 정부 들어서는 군이 그런 자리를 차지하는 일은 극히 드물었어요. 김영삼 정부 때 예비역장군

이 중요한 자리를 차지한 적이 한번 있습니다. 지금 KT가 된 전기공사가 1990년도 중반에 격렬한 노조파업을 한 적이 있는데 군인 출신의 강력한 리더십을 가진 사장이 들어서야 이 문제를 해결할 수 있다고 하여 이준이라는 육군준장 출신을 임용을 했지요. 그런데 지켜보니 결국 그분도 강력한 노조를 이길 의지를 갖지 못한 보통 월급쟁이 사장이 되더군요. 당시 오랫동안 군인들이 하나회 중심으로 조직이 형성되어 있어서 진급을 하려면 인맥, 돈 등이 필요한, 그런 환경 속에 살아온 사람들이라 별수 없더군요. 사실 군이 민간인 사회보다 더 부패했다는 것을 느꼈습니다. 하나회를 정리하는 것은 한국 정치권력 안에 군의 영향을 제거하는 것과 같습니다. 문민정부가 하나회를 정리하는 과정에서 엄청난 비난을 받았습니다. 군대 내 하나회 인물들은 군내에서는 굉장히 똑똑한 사람들이었습니다. 김영삼 정부에서 하나회 소속 인물들을 제외한 나머지에서 인사를 단행하려고 하니까 군을 잘 아는 사람들이 보기에는 시원치 않은 사람들에게 자리를 주는 것으로 보이지요. 그러한 비판 속에서도 정부 인사는 자리를 조금씩 잡아갔습니다. 박정희 정권부터 노태우 정부까지 근 30년 동안 우리나라를 장악해온 군의 헤게모니를 제거하지 못하고서는 문민시대를 열 수 없었습니다. 군사문화를 제거하는 것은 어떤 조직사회 문제가 아니라 가치의 문제였습니다.

권자경: 군사문화 제거와 관계된 질문을 계속 드리겠습니다. 병역법을 개정하였습니다. 주요 내용은 해군, 공군, 현역병 복무기간을 3년에서 2년 6개월로 감축하고, 상근예비역 제도를 신설, 공익근무 제도가 처음으로 만들어졌습니다. 독자보충역 제도는 폐지됐고, 예비군 복무기간도 33세에서 군복무 종료 후 8년으로 단축시켰습니다. 군사보호시설도 축소 또는 완화시켰습니다. 군사기밀보호법을 개정하여 홍보가 필요할 때 국방부장관에 요청해서 군사기밀도 국민에게 정보를 공개토록 했습니다. 이러한 개

정들은 국가안보를 위태롭게 했다는 비난이 있는데요, 어떻게 생각하십니까?

이원종: 글쎄요. 저는 그렇게 생각하지 않습니다. 우리나라의 가장 큰 문제가 군인이 군인답지 못하다는 것입니다. 너무 오랫동안 전쟁이 없으니까 군인들 중에 실전경험이 있는 장군이 없습니다. 그래서 앞으로 우리나라 병역문제를 어떻게 해결하느냐가 중요합니다. 국가안보가 가장 우선이지만 국가안보를 구실로 군사적 가치가 우리나라를 비민주적으로 지배해온 수단이 됐다는 것입니다. 그리고 국가의 중요한 재산을 쓸모도 없이 군이 장악하는 경우도 많습니다. 국가안보를 위해서라며 민주주의를 희생시키는 경우가 너무 허다합니다. 지금 북한의 해킹이 우리나라의 중요한 정보를 다 파악하고 있습니다. 북한이 저번에 비행기 교란사건도 일으키지 않았습니까? 시대가 변화하는데, 시대에 맞지 않는 안보관을 가지고 계속 지키라고 요구하는 것은 넌센스입니다. 구체적인 병역법 개정 내용까지 저는 모르겠습니다만, 국민개병 제도의 개선이나, 병역의 의무문제와 같은 근본적인 문제를 가지고 논의를 한다면 모를까 국민의 부담을 조금씩 줄여나가기 위한 작은 규모의 제도개선을 가지고 시비하는 것에는 별관심이 없습니다.

권자경: 대통령 취임사에서 부정부패 척결을 당면과제로 제시했습니다. 실제 1993년 4월에 부정부패 척결의 첫 사례로 동화은행 부정부패 사건이 발생합니다. 동화은행에 특혜를 준 것과 대출 관련하여 금품수수를 건넨 건에 대해 문민정부가 척결을 추진했습니다.

이원종: 저는 그것에 대해 구체적으로 잘 모릅니다. 동화은행 비자금 사건인데, 노태우 정부의 김종인 경제수석*이 동화은행에 특혜를 준 대가로

3억인가를 받았다고 구속되었습니다. 의도를 가지고 했던 것은 아니라고 알고 있습니다. 자연스럽게 발생한 사건이라고 할 수 있어요. 동화은행을 겨냥해서 한 것은 아니고 사회적 부패가 눈에 띄게 보이면 해결을 하려고 했던 것입니다.

권자경: 두 번째 부정부패 사건은 슬롯머신 사건입니다. 정덕진 슬롯머신 대표가 수천억 원의 돈을 모으는 과정에서 승률조작, 탈세, 외화도피, 뇌물제공, 범죄단체조작 등 부정비리를 저질렀습니다. 그럼에도 불구하고 비호를 받았던 것은 전두환, 노태우 정권에 정치자금과 로비자금을 조직적으로 제공해왔기 때문으로 드러났습니다. 어떻게 처단이 이루어졌습니까?

이원종: 슬롯머신은 보통 서민들을 울리는 게 아닙니다. 우리나라 슬롯머신은 허가 자체가 커다란 이권이었고, 승률은 상상할 수 없는 폭리를 취하게 되어 있습니다. 마침 들통이 나서 문민정부에서는 처리를 했던 것이죠. 그 와중에 박철언이 관계되어 있다는 것을 발견하게 된 것이고요. 박철언 씨가 슬롯머신 사건으로 결국 구속됐습니다.

권자경: 율곡사업 비리사건은 어떤 사건이었습니까? 또, 어떻게 비리척결이 이루어졌습니까?

이원종: 율곡사업은 당시 최대 규모의 방위력 증강사업이었습니다. 전투기 기종을 선정하는 과정에서 공군이 최초 F18을 선정했다가 F16으로 기종이 변경되어 의혹이 불거진 것입니다. 미국 제너럴다이내믹사의 조직적 로비가 방위산업 관계자와 무기거래상들의 뇌물수수로 이루어졌음이

---

* 김종인 경제수석(재직기간: 노태우 정부 90.3.19~92.3.30)

파헤쳐진 것이지요. 지금도 무기수입, 방위산업에 대해 문제가 많잖아요. 그때 감사원 원장이 이회창 씨였습니다. 감사하다가 비리를 적발해서 문제 삼은 것이지요. 그 과정에 대해 저는 잘 모릅니다. 노태우 대통령 시기에 린다 김이라는 미국의 로비스트가 우리 정부에 군수물품 구매를 요구한 것이지요. 한국과의 거래에서 미국의 국가영향력이 많이 작용했습니다. 미국 사람들은 비행기에 돈 가방 들고 다니면서 로비를 한다고 하잖아요. 저는 정무수석이었기 때문에 저한테 직접 로비가 들어오지는 않았습니다. 외교안보 담당하는 사람들에게 미국이 로비를 했겠죠.

권자경: 문민정부가 민주화를 달성한 큰 업적 중 하나로 지방자치제도 실시를 꼽을 수 있습니다. 당시 지방자치제도 실시에 대한 반대의견이 매우 거센 와중에도 이를 극복하고 실시하게 됩니다. 김영삼 대통령께서 공약사항으로도 말씀하시던 건데요. 여러 난항 속에 어떻게 실시가 되었는지 말씀해 주십시오.

이원종: 우리 헌법에 지방자치를 실시한다고 명시되어 있습니다. 제 생각에는 지방자치를 하는 것이 정상이지 안 하는 것이 정상은 아니라고 봅니다. 그런데 노태우 대통령은 상황을 참작하여 결국 실시하지 않았습니다. 우리 문민정부는 '헌법에 명시되어 있으면 해야 한다'는 주의입니다. 김영삼 대통령은 원리원칙대로 헌법에 명시되어 있기 때문에 미련하게 밀어붙였습니다. 지방자치제도를 전면 실시한다는 것은 대통령의 기득권을 내려놓는 것을 말합니다. 지방자치제도를 전면 실시하지 않으면 전국의 시, 도지사를 대통령이 직접 임명하는 겁니다. 그런데 김영삼 대통령이 전면 실시해서 1995년 전국동시 지방선거에서 여당인 신한국당이 참패를 당했습니다. 김 대통령께서는 이런 상황을 예측 못했을까요? 아니요, 다 예측하고 계셨습니다. 그래서 저는 문민정부인 김영삼 대통령이 제대로 개혁

다운 개혁을 했다고 봅니다. 금융실명제 실시, 하나회 척결은 당연히 해야 하는 시대의 소명이고, 김 대통령께서도 정치자금을 안 받는 것이 불편했 겠죠. 그럼에도 불구하고 정치자금을 안 받겠다고 선언하셨지요. 그런데 그것은 대통령 본인의 기득권을 포기하는 것은 아닙니다. 그러나 지방자 치의 전면 실시는 정말 대통령의 기득권을 모두 내려놓는 처사였습니다. 그래서 저는 이것을 최고의 개혁이라고 생각합니다.

권자경: 개혁이라는 용어가 적합하겠네요. 최초의 지방자치제도 설계가 현재까지 경로를 결정했다고 봐도 과언이 아닌데요. 그 이후에 2006년도에 정당공천제, 의원 유급제 실시 등 여러 번 제도변경이 있었습니다만 최초 제도설계가 그만큼 중요한 의미를 가지고 있습니다. 제도설계에 직접 관 여하셨습니까?

이원종: 선거는 정당을 중심으로 설계가 이루어집니다. 제가 관심을 가 진 분야는 기초지방자치에서는 당에서 공천을 하지 않았으면 좋겠다는 것 이 제 생각이었습니다. 그런데 당에서는 공천권을 놓고 싶지 않아했습니 다. 당시 민자당 사무총장이 김덕룡 씨였습니다. 저의 고등학교 후배인데, 당에서는 기초단체나 의회선거에서 정당이 공천했으면 한다는 강력한 주 장을 했어요. 그러나 나는 대통령께서는 기초선거는 정당공천을 안 하였 으면 한다는 의견을 제시하여 서로 의견이 맞지 않았습니다. 당에서는 공 천을 하는 것이 기득권을 쥐고 있는 것이기 때문에 안 놓으려고 했습니다. 결과적으로, 기초단체장은 하기로 하고 기초의원들은 정당공천을 안하는 것으로 결론이 났죠. 당의 굉장한 반발에도 불구하는 저는 그것을 관철시 켰습니다. 그러던 것이 2005년도에 당 공천이 도입되었고 2006년 지방선거 에서부터 적용이 되었지요. 지금은 또 정당공천제 폐지 논란이 일고 있지 요. 또, 지방의회 의원들에게 최초는 무급제로 제도설계를 했습니다. 김영

삼 정부에서는 기초의회는 봉사하는 자리라고 본 것입니다. 그러던 것이 2006년에 유급제로 전환이 된 것이죠. 기초의회에서 조례로 의원수당, 활동비 등을 제정하고 있습니다.

권자경: 지방자치제도 실시함으로 인해서 지방에 사무를 이양해야 하는데 국가사무 대 지방사무의 비율이 현재 약 7 : 3입니다. 국가사무를 지방에 이양을 하고 그에 맞게 자율권을 주는 것이 지방자치의 시작점이 아닌가 싶습니다. 예산권 차원에서는 국세 대 지방세의 비율이 8 : 2입니다. 국세로 먼저 8을 가져갔다가 지방에 국고보조금, 지방교부세 등으로 내려 보내줌으로써 지방자치단체의 자율성과 독립성을 제한하고 있습니다. 초기 이러한 제도설계가 오늘날 완전한 지방자치제도를 실시하는데 걸림돌이 되고 있는데요, 이렇게 불안정한 상태에서 실시할 수밖에 없었는지요?

이원종: 우리나라는 한 번도 봉건적 제도를 해본 경험이 없습니다. 심지어 조선에서도 지방이란 개념이 없었습니다. 그런데 일본의 예를 봅시다. 도, 도, 부, 현이 전부 독립적이고 오랜 역사와 전통을 가지고 있습니다. 도, 도, 부, 현을 이끌어가는 지배세력도 있습니다. 하지만 우리나라는 그런 것들이 없어요. 전부 중앙으로 집결되어 있습니다. 오랫동안 지방자치를 시행할만한 환경과 여건이 조성되어 있지 않았습니다. 유럽의 예를 봐도 중세시대에 장원제도하에서 봉건영주들이 자체조달 능력이 있었습니다. 우리나라는 모든 물자와 자원에 대해 전부 중앙이 권한을 가지고 있었습니다. 1995년에 지방자치제도를 전면 실시할 당시에 세원을 중앙정부가 거두어서 지방정부에 배분해줘야지 지방자치가 실시될 수 있었지, 지방자치단체들이 재정을 만들 수 있는 독자적인 역량을 가지고 있지 못했다고 보았습니다. 서울특별시만 하더라도 25개 자치구의 재정력이 서로 다릅니다. 재정구조가 바뀌지 않는 한 중앙정부가 관여를 안 할 수가 없는 것입

니다. 그리고 우리나라에서는 중앙집권제도에 오랜 동안 익숙해져있었기 때문에 지방정부가 독립능력이 없었습니다. 훈련된 지방공무원도 없구요. 용인시청을 호화롭고 근사하게 건설했는데 관리능력이 안 되는 거 아닙니까? 중앙에서 관여하지 않을 수 없어요. 지방정부가 인정을 받으려면 자치능력을 길러야 한다고 봅니다. 김영삼 정부에서 지방자치제도를 전면 실시할 초기에는 지방자치단체가 자체 능력이 전혀 없었고 독립적인 준비가 전혀 되어 있지 않은 상황이었습니다. 제도만 실시한다고 선언하고, 지방선거만 실시했을 뿐입니다. 그 이후에 제도를 하나씩 보완해 나가기로 하고 무조건 실시하게 된 것이죠. 그래서 김대중 정부에서 처음에 부단체장은 중앙에서 임명하려고 했어요. 지방자치단체가 자치능력이 없으니까 부단체장은 중앙에서 내려 보내려고 했습니다. 그런데 반발이 심해서 비난만 받고 후퇴시키고 말았지요. 지방정부는 지방대로 어려움을 토로하지만 중앙정부도 중앙대로 어려움이 있어요. 국회의원이 단체장과 다른 것이 무엇입니까? 바로, 국회의원들은 지역에서 선출되지만 국민대표입니다. 국회의원들이 지역에서 이러저러한 일을 해냈다라고 한다면 지역에서 직접 뽑힌 시장, 군수들이 웃습니다. 그렇지만 단체장 공천권은 국회의원들이 가지고 있거든요. 국회의원들의 지역대표성도 무시할 수 없는 겁니다. 그래서 국회의원들에게 지역과 국가이익이 배치될 때 입장이 난처해지는 것입니다. 마찬가지로, 지역사람들이 지방분권을 요구하려면 지역의 재정 상태나 자치능력을 어느 정도 신장시켜 요구해야 한다고 봅니다. 서양에서 수백, 수천 년의 역사를 가지고 지방자치를 실시한 것을 우리나라는 이제 20여 년 하고 외국과 똑같이 지방자치를 하자고 요구하는 것은 무리라는 것이 제 소견입니다. 분권에는 자치능력이 수반되어야 합니다. 세계화가 되려면 지방이 커져야 합니다. 국가능력은 축소되고 지방능력이 확대되어야 하는 것입니다. 지방자치단체마다 경쟁력을 갖춘 다음에 권한을 요구해야 한다고 봅니다.

권자경: 김영삼 대통령께서 임기 초기에 과거 정부의 주요사건에 대해 역사적 재평가 작업을 단행하셨습니다.

이원종: 임기 초기에 하신 게 아닙니다. 역사바로세우기는 노태우 대통령의 비자금이 확실하게 증거를 드러내기 시작한 시점부터 실시하게 되었습니다. 처음에는 역사와 국민의 평가에 맡기자고 했어요. 광주민주항쟁, 5·16쿠데타, 12·12쿠데타. 이 세 가지에 대한 역사적 평가를 처음에는 김영삼 대통령 생각에 정리를 하고 넘어가고 싶어 했습니다. 하지만 당시 관행이 성공한 쿠데타에 대해서는 법률적으로 처벌을 할 수 없게 되어 있었습니다. 그래서 다루기가 굉장히 힘들었습니다. 그런데 노태우 대통령의 비자금 계좌번호가 명백하게 드러남에 따라 그것을 구실로 해서 역사바로세우기를 하지 않으면 안 되겠다는 결심을 하시게 된 것이지요.

권자경: 김영삼 대통령이 외국에 나가계신 상태에서 박계동 의원이 국회에서 노태우 대통령이 300억 원의 돈이 든 계좌를 가지고 있다고 국회에서 폭탄발언을 합니다. 이에 대해 당시 대학생들이 김 대통령이 이를 파헤쳐야 한다며 연희동 앞에서 시위를 벌이고 장기투쟁에 들어갑니다. 군사정권의 비자금 축적문제를 대학생 시위가 끊이지 않아서 대통령이 결단을 하게 되었다는 기록이 있던데요. 전후관계는 어떻게 됩니까?

이원종: 사실입니다. 그 이면의 이야기가 있습니다. 자금흐름을 추적하다보니 노태우 대통령 측근들의 자금들에서 이상한 면들이 발견되었어요. 처음에는 비자금과 관련 없이 수사를 조금씩 했습니다. 그런데 노태우 대통령의 비자금까지 파헤치면 어떻게 하냐고 해서 덮어두었습니다. 김영삼 대통령이 그냥 덮는 것으로 결론을 내고 유엔으로 나가신 것이지요. 그런데 박계동 의원이 국회에서 폭로를 해버렸습니다. 계좌번호까지 밝힌 것

이지요. 제가 알아보았더니 박계동 의원이 보성고등학교 출신인데 총동창회에서 후배가 하는 말이, 우리 아버지 이름으로 이런 돈이 들어와 있는데 세금이 나와서 힘들어죽겠다는 말을 했다는 겁니다. 박계동 의원은 이게 찬스다 싶었던 거지요. 국회 본회의에서 폭로해 버린 겁니다. 제가 박계동하고 고려대 선후배입니다. 정의로운 일에는 비겁하게 접근을 안 하는 스타일입니다. 우리가 직접 하면 하지, 남을 시켜서는 하지 않습니다. 이 폭로를 계기로 대학생들의 시위가 격렬해졌습니다. 그래서 제가 김 대통령께서 유엔에 계신데 보고를 했습니다. 그랬더니, 대통령께서 한숨을 쉬시면서 "드디어 터졌구나. 관리를 잘 해야지."라고 말씀하셨습니다. 그래서 수사를 시작하지 않을 수 없었어요. 연희동 일대에 대학생들이 몰려와 전두환, 노태우 대통령을 죽이겠다고 난리를 부렸어요. 김영삼 정부가 개입해서 막아줬으니 망정이지, 우리가 방어해주지 못했다면 전두환, 노태우 대통령은 아마 대학생들, 시민들 손에 맞아죽었을지도 모릅니다. 이뿐만 아니라, 문민정부에서 역사바로세우기를 하기 위해 많은 고생을 했습니다. 차제에 역사를 다시 정립하고 넘어가야겠다는 결심에서 시작한 것입니다. 첫째, 광주사태를 민주화운동으로 규정하고 광주지역을 민주성지로 선언했습니다. 둘째, 4·19사건에 대해서도 국립묘지로 만들었고 상무대를 민주화성지로 지정하고 해당자들에게 보상금까지 주었습니다. 보상금이 보통 2, 3억 원 나왔어요. 이렇게 하자, 일제 광복운동, 6·25전쟁, 베트남전쟁의 상이군인들이 광주민주화운동, 4·19의거에 비해 자기들의 보상금이 쥐꼬리만큼 작다고 난리가 났습니다. 그때 정부는 너무 힘들었습니다. 그럼에도 불구하고, 두 사건에 대해 2, 3억 원씩 보상금을 쥐어주었습니다. 요즘에는 민주화 주장한 사람도 청구하면 다 보상금을 쉽게 내어주지요. 이렇게 해서 광주 사람들의 명예만 회복하면 될 줄 알았는데, 전두환, 노태우 대통령의 비자금 문제가 터진 것입니다. 이렇게 되니까 광주민주화운동에 대한 원성이 본질을 건드려버렸습니다. 그래서 김영삼 정부가 만든 것이 『5·18민주화운동 등에 대한 특별법』입니다. 지금도 법률적 논란이 많이 되고 있는 법률이지요.

권자경: 광주사태를 민주화운동이라고 규정하는 것이 맞느냐라는 논란과 특별법을 제정하면서까지 보상을 해야 하는가에 대한 논란을 말씀하시는 것이지요?

이원종: 네. 아직 논란이 있습니다. 부산 사람들 입장에서 보면 약이 오른 것이지요. 부마항쟁도 있는데, 이에 대해서는 민주화운동이라고 규정하거나 보상금을 주거나 하지 못했거든요. 김영삼 대통령이 부산, 경남 사람이기 때문에 광주민주화운동에 대해 과감하게 결정을 하게 된 것이지요. 김대중 대통령이라면 그렇게 못했을 겁니다.

권자경: 5·18 광주사태와 비자금조성으로 인해 1995년 12월 21일 전두환 대통령은 반란수괴 등의 죄로, 노태우 대통령은 반란중요임무종사 등의 죄로 구속기소 됩니다. 3심 재판 후 전두환 대통령은 사형, 추징금 2,223억, 노태우 대통령은 무기징역에 추징금 2,838억 원을 선고 받습니다. 이어 1996년 유학성, 황시영, 박준병, 최세창, 장세동, 허화평, 허삼수, 이학봉, 정호용 등 11명은 반란중요임무종사 등의 죄로 구속기소됩니다.* 당시 전직 대통령이 사형과 무기징역을 선고받은 것에 대해 국민들이 매우 충격에 빠지게 됩니다. 김영삼 대통령께서는 이러한 판결에 대해 어떤 입장이셨습니까?

---

* 3심 재판 후 전두환 대통령은 사형, 추징금 2,223억 원. 노태우 대통령은 무기징역, 추징금 2,838억 원, 유학성 징역 15년, 황영시 무기징역, 차규헌 징역 15년, 박준병 징역 10년, 최세창 징역 15년, 장세동 징역 12년, 허화평 징역 15년, 허삼수 징역 15년, 이학봉 징역 15년, 박종규 징역 10년, 신윤희 징역 10년, 이희성 징역 15년, 주영복 징역 15년, 정호용 무기징역을 선고받게 된다.

이원종: 판결은 사법부에서 하는 것이기 때문에 대통령이나 정부에서는 어쩔 수가 없는 것입니다. 그 문제를 사법적으로 다뤄야겠다는 결심은 김영삼 대통령이 하신 것이지요. 사법적 근거가 약하니까 특별법을 만들었는데, 소급입법이라 해서 논란이 있기는 했지요.

권자경: 사면복권은 어느 대통령이 주었습니까?

이원종: 사면복권은 김대중 대통령이 했지만, 복권의 근거는 문민정부, 김영삼 대통령이 만들었습니다. 우리는 사면복권에 대한 근거를 만들어주었고, 김대중 정부가 시행하도록 넘겨주었습니다. 만약 김대중 대통령이 시행을 하지 않았다면 야박한 사람이 될 거예요. 김영삼 대통령이 할 수 있는 것이지만 김대중 대통령이 하라며 넘겨준 것으로 알고 있습니다. 그래서 전두환 대통령이 김영삼 대통령보다 김대중 대통령이 훨씬 좋다고 말씀하신다잖아요.

권자경: 전두환, 노태우 대통령에 대한 사형 및 무기징역, 추징금 판결과 동시에 1996년 1월 『공무원범죄에 관한 몰수특례법』이 제정되었습니다. 이 법률은 공무원이 범죄행위를 통해 취득한 불법수익과 재산을 추적하여 환수하는 근거가 됩니다. 이 법률의 제정은 5, 6공의 부정부패 척결을 위해 제정된 것입니까?

이원종: 제가 정무수석으로서 법 제정에는 관여하지 않았습니다. 공무원이 횡령하여 처벌을 받으면 벌금형식이 되든 죄의 값을 치뤄야지요. 공무원이 부당하게 수익을 취하면 몰수해야 한다고 봅니다. 그런데 그것이 꼭 특별법으로 제정되어야 하는지는 회의적입니다. 일반 법령으로 해도 되는데 말이죠. 법은 적으면 적을수록 좋다고 생각합니다. 우리나라에는 수천,

수만 개의 법 내용들이 서로 상충되는 것이 많습니다.

권자경: 김영삼 대통령께서는 '민주자유당(민자당)' 대표로 계시다가 1996년 2월 '신한국당*'으로 당명을 바꾸고 창당합니다. 김영삼 정부의 집권당이라고 볼 수 있는데요, 군이 당명을 바꾸신 이유가 있습니까?

이원종: 김영삼 대통령은 민자당에 대한 콤플렉스가 있었습니다. 좋게 얘기해서 민자당의 탄생은 산업화 세대와 민주화 세대가 합한 것이라고 의의를 붙이기도 하지만, 민자당의 3당 합당이 야합이라는 비판이 끊이지 않았습니다. 김영삼 대통령이 당선되기 위해 3당 합당을 하긴 했지만, 여러모로 콤플렉스가 있었던 것이지요. 당 이름부터 처음엔 순자당이다, 민자당이다 등 말들이 많았습니다. 민자당은 민정당, 통일민주당, 신민주공화당이 합해서 만들어진 것이고, 그 이후 김영삼 대통령이 당선이 되었으니 하나의 정당이라는 것을 강조하기 위해 선거 당시의 국가비전을 바탕으로 신한국당을 만들었습니다. 정당 이름은 공모를 했어요. 저는 당시 우리당으로 하고 싶었어요. 제가 대통령께 '우리당으로 하면 어떻겠습니까?'라고 했더니, '그건 아니잖아'라고 하셔서 '그럼, 신한국당은 어떠세요?'라고 말씀드렸지요. 나중에 열린우리당도 생기지 않았습니까? 저는 우리당

---

* 신한국당(新韓國黨): 1990년 1월 22일 민정당의 노태우 대통령, 통일민주당의 김영삼 총재, 신민주공화당의 김종필 총재가 3당 합당을 선언함으로써 거대 보수여당인 민주자유당이 탄생하였지만, 거듭된 당내 계파 간 갈등으로 김종필 대표가 탈당, 민자당은 결국 1995년 6월 27일 지방선거에서 참패하여, 그 결과 내분이 증폭되었다. 1995년 11월에 전두환, 노태우 대통령이 구속되면서 김영삼 대통령은 1996년 2월 신한국당으로 당명을 바꾸었다. 신한국당은 1996년 4월 제15대 국회의원 총선거에서 139석(득표율 34.5%)을 차지하는데 그쳤다. 1997년 2월 당대표로 이회창이 지명되었으며, 1997년 7월의 전당대회에서 민정계의 지지로 신한국당의 대통령 후보로 선출되었다. 이회창은 뒤이어 당총재로 추대되었다. 이회창 아들의 병력비리 문제로 당은 다시 내분에 휩싸이면서, 이인제가 탈당, 이회창은 민주당 조순과 합의하여, 신한국당과 민주당이 합당하여 한나라당을 창당하게 되었다.

이라는 말이 참 좋았습니다. 하여간 공모 끝에 '신한국당'이라는 이름이 제일 많이 나와서 당명을 그렇게 정하게 된 것입니다. 3당 합당으로 민자당 내에서는 계속적으로 세 분이서 정치적 노선과 이념이 맞지 않았어요. 이를 구실로 최영호 등 옛 신민당 출신들이 '새 술은 새 부대에 담아야 된다'는 말에 김종필 대표가 스스로 탈당을 선택합니다. 김영삼 대통령이 퇴임 후에도 두 분이 가끔 만나기도 했습니다. 김 대통령이 제일 마음 아파하는 것은 탈당할 당시에 직접 자택에 찾아가서 붙잡지 못했던 것입니다. 김종필 대표는 김영삼 대통령이 대통령 당선되는데 결정적인 기여를 했습니다. 과거에는 서로 붉히면서 싸웠더라도, 대통령 당선에 많은 기여를 한 것으로 알고 있어요.

〉〉〉〉〉 4차 구술

권자경: 연세대학교 국가관리연구원은 '대통령 리더십과 국가관리'라는 연구 과제를 진행 중에 있습니다. 2012년은 김영삼 대통령 시기와 관련된 구술채록입니다. 지난 시간 제1차, 제2차, 제3차 구술채록에 이어, 김영삼 정부에서 당시 정무수석을 지내신 이원종 (전) 수석을 모시고 제4차 구술을 시작하겠습니다. 4차 구술의 일시는 2012년 7월 7일 토요일 오후 4시입니다. 장소는 연세대학교 국가관리연구원 사료실입니다.

권자경: 남북관계에 대해 질문 드리겠습니다. 김영삼 정부에서 실질적으로 최초로 대북지원이 이루어집니다. 인도적 차원에서 최초의 정부 간 대북지원이라는 평가를 받고 있습니다. 김영삼 대통령께서 1995년 3월 7일 독일 베를린 방문 중, '북한에 곡물을 비롯해 필요한 원료와 물자를 장기저

리로 제공할 용의가 있다'고* 선언한 것이 계기가 되어 북한에 대한 지원이 이루어졌다고 알려져 있습니다. 그런데 당시 미국이나 유럽 등 선진국들이 북한에 식량을 지원하고 있었는데 자국내 경제 상황이 좋지 않자 대북지원에 대한 책임이 한국에 있다는 것을 강조하면서 한국에 대북지원에 대한 압력을 행사했다고 들었습니다.

이원종: 글쎄요. 미국이 그걸 원했는지는 저는 잘 모릅니다. 그러나 그 결정은 결국 김영삼 대통령이 했다는 것이죠. 대북 쌀 지원협의를 위해 우리 정부 대표로는 이석채 재경부 차관이 갔습니다. 당시 북한 대표와 만났는데 요구가 굉장히 많더래요. 그 회담에서 쌀 20만 톤을 3차에 걸쳐 보내주기로 약속하고 돌아왔습니다. 그런데 공교롭게도 타이밍이 우리의 전면적인 지방자치선거와 맞물려서 야당과 일부 국민들은 대북 쌀 지원을 선거에 이용하려 한다는 비판도 일부 있었습니다. 또 일부에서는 김영삼 대통령의 대북지원을 미국과 우방들의 압력에 의한 것이라는 주장도 있었지만 그것은 김 대통령의 케릭터를 잘 모르는 데서 온 것이라고 생각합니다. 제가 알고 있는 김영삼 대통령은 미국이나 어떤 우방이 아무리 압력을 넣는다고 해도 본인이 국익에 맞지 않는다고 생각하면 절대로 움직이지 않는 성격이십니다. 김영삼 대통령도 그동안 남북 간 긴장이 계속되는 상황에서 대북관계를 개선할 수 있는 물꼬를 트고 싶으셨을 겁니다. 그래서 식량난으로 고생하는 북한에 쌀을 보냄으로써 북한의 태도변화가 있을 것으로 기대하셨을 거예요. 그래서 북한에 쌀 지원을 하겠다고 결심하고 쌀을 지원하기로 하고 1차분의 쌀을 보냈습니다. 그런데 1차 지원분의 쌀을 싣고 가던 우리 배의 선장을 북한이 억류한 것이었습니다. 이유는 선장이 카메라를 들고 북한 풍경을 찍었다는 거였어요. 그래서 북한이 우리 선장을

* 이석채 경제수석(재임기간: 96.8.9~97.2.28)

이틀인가 사흘인가 북한에 억류시켰어요. 이 때문에 오히려 남북한 갈등
이 불거졌고 결국 약속한 대로 지원을 다 하지 못했습니다.

권자경: 1995년 6월 26일, 북한에 첫 쌀 지원을 위해 수송선 씨아펙스호
가 청진항에 입항할 때 인공기를 강제로 게양하게 했다는데요?

이원종: 그건 우리 정부가 안 된다고 해서 그렇게 하지는 않았습니다.
인공기를 강제로 게양하게 해서 수송 작업이 중단되었다는 것은 잘못된
정보입니다.

권자경: 1993년으로 돌아가면, 김영삼 대통령 임기가 시작됐을 당시 취
임하자마자 북한이 NPT(Nuclear nonproliferation treaty, 핵확산 금지조약)를
탈퇴해서 곤혹스러웠겠습니다. 미국과 북한이 1994년 9월 북한의 NPT 탈
퇴 잠정유보조건으로 북한에 경수로 도입을 지원한다는 제네바 기본합의
를 채택합니다. 1995년 3월 북한의 경수로건설 지원과 관련하여 한, 미, 일
은 북한에 건설될 경수로의 재정과 공급을 담당할 국제기구인 'KEDO(Korean
Peninsula Energy Development Organization, 한반도에너지개발기구)'를 설립
합니다. 그러나 한국은 그 협상에 참여도 못하고 경수로건설에 대한 비용
만 지불했습니다. 우리 정부에 실질적인 의사결정권이 없었던 것으로 나
타났습니다.

이원종: 글쎄요. 그게 모양이 우습게 됐습니다. 우리가 정전협정 당사자
가 아니잖아요. 정전협정을 할 때의 당사자는 북한과 미국이지요. 북핵문
제만 하더라도 북한은 미국을 협상 당사자로 하고 우리를 그 협상에 끼지
도 못하게 했습니다. 미국도 대북협상을 위해 우리의 참여를 적극 주장하
지 않아 우리는 그 협상에 참여하지 못하고 밖에서 구경만 하게 되었습니

다. 그런데 북한이 핵을 갖게 되면 그로인해 가장 직접적으로 피해를 보는 나라는 우리나라지요. 그러니까 협상에 전혀 관여하지 못하는 어설픈 상황이 되어 협상의 결과를 미국의 협상대표들이 전하는 말을 듣고 협상의 진행결과를 확인할 수밖에 없는 딱한 입장이 되었지요. 미·북 간 협상에서 미국이 경수로건설을 책임지고 지원한다면 북한은 핵개발을 하지 않겠다고 하니까 미국은 이에 동의하여 결국, 북한의 경수로건설을 위한 지원을 우리 정부가 전적으로 담당하겠다고 약속하게 된 것이지요. 그래서 우리는 북한경수로지원단을 만들어 북한경수로건설을 지원을 하게 된 것이지요. 미·북 간 협상 과정과 결과만을 보자면 우리로서는 굉장히 자존심이 상하는 일이지만 실제로 북한이 핵을 포기하면 그것은 우리 국민들한테 안전을 보장하는 것이니까 비용이 어느 정도 들더라도 우리로서는 받아들이는 것이 현실적으로 유리하다고 판단한 것입니다. 그런데 그마저도 북한이 결국 약속을 이행하지 않았습니다.

권자경: 북한이 NPT(핵확산금지조약) 탈퇴 1년 뒤에는 IAEA(International Atomic Energy Agency, 국제원자력기구)를 탈퇴해서 국제사회를 위협하여 미국 전 카터 대통령이 방북을 하게 됩니다. 방북 전에 한국을 들렀다가 방북을 하시죠? 그리고 방북 후 한국을 재방문하여 김영삼 대통령을 만나셨구요?

이원종: 예, 그렇습니다. 카터 전 미국 대통령이 김일성을 만나기 위해 평양을 다녀오겠다면서 김영삼 대통령에게 편의를 제공해달라면서, 김일성을 만난 결과를 서울에 돌아와 김 대통령에게 상세히 설명하겠다는 제안을 했습니다. 미국의 전직 대통령이 남북관계의 안정을 위해 도움이 될 만한 일을 하겠다는데 우리로서는 마다할 수는 없어 우리가 할 수 있는 편의를 제공했습니다. 카터 전 대통령은 서울에서 김영삼 대통령을 만나서 자

기의 방북 목적을 설명하고 김일성을 만나고 서울로 돌아와 김일성과의 회담 결과를 자세히 설명하겠다고 약속했죠. 그렇게 해서 카터는 평양에서 김일성을 만나고 서울로 돌아와 약속대로 김 대통령에게 그 결과를 자세히 알려주었습니다. 카터와 회담에서 김일성이 제안한 핵심적이고 결정적인 것은 '남북정상회담'의 제안이었습니다. 카터 전 미국 대통령이 김일성과 만난 결과를 우리 김 대통령에게 전한 내용의 핵심은 김일성이 미국의 대북공격에 대한 두려움이 공포의 수준이라는 겁니다. 카터의 전언에 의하면 '김일성이 미국이 북한의 핵발전소를 실제로 공격할 것으로 생각하고 굉장한 두려움을 가지고 있었다'는 거에요. 김일성은 카터 대통령에게 미국에 돌아가서 클린턴 대통령에게 "북한은 결코 미국을 공격하기 위해 핵개발을 하는 것이 아니라고 잘 설명해 달라."고 말했다고 합니다. 이에 대해 카터는 "이 문제는 클린턴 대통령도 마음대로 할 수 없다. 이것을 막을 수 있는 사람은 한국의 김영삼 대통령밖에 없다."라고 대답했다고 합니다. 그러니까 김일성이 "내가 김영삼 대통령을 만나면 안 되겠습니까?"라고 제의를 했다고 해요. 이에 카터 대통령이 "당신이 정말 김영삼 대통령을 만날 의지가 있느냐? 내가 서울로 돌아가면 김영삼 대통령을 만나기로 했는데 그때 내가 김영삼 대통령에게 당신이 김 대통령을 만나고 싶다고 공식적으로 제안했다고 전해서 '남북정상회담'을 공식화해도 되겠느냐."고 했는데, 김일성이 "그렇게 해 주면 고맙겠다."고 했다는 것입니다. 그래서 카터 대통령이 방북 후 김영삼 대통령을 다시 만났고, 일련의 김일성과의 대화내용을 전달했습니다. 그 이후로 남북정상회담이 성사되어 구체적으로 추진된 것입니다. 결론적으로, 카터 대통령을 통해 이 문제는 김영삼 대통령이 열쇠를 쥐고 있다는 메시지가 김일성에게 전달되어 성사된 것입니다. 저는 남북정상회담 성사와 관련된 경위를 김영삼 대통령께 들었습니다. 그래서 남북정상회담을 위한 준비가 일사천리로 진행되었습니다. 구체적으로 실무자들 접촉이 있었습니다. 먼저 양 정상의 경호실장들이 만났고 회담 실무준비를 위해 실무대표팀이 구성되었고 우리 측 실무대표 책임자로 이홍구가 임명되었습니다. 이어 양측 실무대표회담이 판문점에 열렸습니다. 이 회담에서 북한에서는 김영호를 실무대표로 보내 남북정상회담을 위한 준비 작업을 했습니다. 남북정상회담의 성공을 위한 김영삼 대통령의 열정은 대단했습니다. 그래서 판문점에서 열리고 있는 실무자들의 회담 진행 과정을 김 대통령은 직접 청와대에서 영상으로 일일이 챙겨보시면서 문제가 있으면 일일이 지시하셨습니다. 김 대통령은 작은 일에서 지나치게 우리 주장을 고집하지 말고 북한의 주장을 웬만하면 수용하라고 지시하셨습니다. 실무협상에서는 정상회담 날짜는 확실히 하고 나머지는 북한의 요구를 받아들이라면서 '김일성이 남한에 오기는 힘 들것이니 내가 북한으로 갈 것이다. 그리 알고 남북교환방문조건을 지나치게 강조하지 말라'고 지시하셨습니다. 김영삼 대통령이 북한에 가는 날짜만 받아왔습니다. 그래서 김영삼 대통령이 북한으로 건너가는 것으로 결정이 났지요. 김 대통령의 통 큰 결단으로 실무회담에서는 일사천리로 합의가 되어 남북정상회담이 개최되는 날만 기다리고 있는데 불행하게도 정상회담을 2주 앞두고 김일성이 갑자기 사망하였지요. 그래서 역사적인 김영삼 · 김일성 간의 남북정상회담은 무기한 연기될 수밖에 없었으며 이로서 사실상 영원히 무산되고 말았습니다. 김영삼 대통령이 북한을 결국 방문하지 못했어요. 2000년도에 어른께서는 중국 국방성 초청으로 중국의 6개성을 방문하셨는데 이때 저도 수행했습니다. 2000년 6월 15일에는 저희 일행이 하남성을 방문 중이었는데, 그날은 마침 하남성 공산당 서기와 성장 리거창의 초청만찬이 있었는데 그 만찬자리에서 김대중 대통령과 김정일 국방위원장의 남북정상회담 결과를 들었습니다. 중국 사람들이 김 대통령에게 축하한다고 말 했습니다. 그 말씀을 들은 김영삼 대통령께서 그들의 축하를 감사하게 받아들였습니다만 제가 보기에는 그분의 기분은 매우 착잡하셨을 것입니다. 이어 김 대통령께서는 '김대중 · 김정일 간 남북정상회담은 매우 축하할 일이다'라고 말씀하시며 '만약 김일성 주석이 갑자기 죽지 않고, 나와 김일성 주석 간 정상회담에서 만났더라면 통일을 포함한 남북 간 모든 문제들이 매우 광범위하고 장기적으로 해결책을 마련했을 텐데'라고 말씀하시면서 갑작스러운 김일성의 죽음을 안타까워 하셨습니다. 김대중 대통령과 김정일 위원장 간 정상회담에 대해 '양쪽이 상호 방문하기로 합의를 했다'고 그 자리에 참석했던 하남성의 간부가 보고했습니다. 그랬더니 김 대통령이 "김정일 국방위원장은 남한에는 못 올 것이다."라고 말씀을 하셔요. 그래서 나중에 호텔에 돌아와서 제가 "왜 김정일이 남한에 못 올 것이라고 단정적으로 중국 사람들에게 말씀하셨습니까?"라고 여쭈었지요. "남한 국민들이 김정일을 그렇게 환영할 정도는 아니다."라고 말씀하셔요. 그래서 제가 "무슨 확신을 가지고 그렇게 말씀하십니까?"라고 질문했지요. 김 대통령의 말씀은 "어떻게 김정일이 남한을 방문할 수가 있나? 한국의 6 · 25전쟁 때 얼마나 많은 사람들이 죽음을 당했나? 그리고 아웅산 테러사건, KAL기 폭파사건 등 계속해서 북한이 남한을 침략하려고 일을 벌였는데 어떻게 남한을 방문할 수가 있나? 우리 국민들이 그렇게 호락호락하게 그들 부자들의 죄를 용납하거나 잊지는 못할 것이다. 제주도에 몰래 잠깐 왔다가면서 남한을 방문했다고 하면 몰라도."라고 대답하셨습니다. 그런데 정말 김 대통령의 예측이 맞았어요. 결국, 김일성 주석은 우리나라를 방문하지 못했습니다. 김영삼 대통령은 우리나라 국민에 대한 믿음이 있어요. 이것을 그분의 감이라고 하기에는 좀 그래요. 국민에 대한 믿음이라는 표현이 더 적절하다고 봅니다. 제가 보기에 김영삼 대통령이 가지고 있는 판단력은 대단합니다. 김영삼 대통령께서 김정일 주석이 우리나라를 방문 못할 것이라는 예측을 하셨다는 것에 대해, 언젠가 장항로 비서가 "어쩌다 보니까 예측이 맞은 것이지 다음에도 맞는다는 보장이 없어요."라며 김영삼 대통령 주변 사람들까지도 김 대통령의 말씀을 잘 안 믿는 경우도 많아요. 그렇지만 제가 보았을 때 김 대통령의 판단력과 예측력은 대단합니다. 1차 구술에서도 제가 말씀드렸듯이 1987년 대통령선거 때 부산시 수영만에 대통령선거 유세장을 만들어 놓고 시민들이 유세장으로 올 것을 기대하는 것은 당시 주변 사람들 대부분이 불가능할 것이라고 낙담하고 있을 때 김영삼 대통령께서는 반드시 사람들이 몰려올 것이라고 확신했습니다. 정말 100만 명의 인파가 몰려들었어요. 김 후보가 부산 시민에 대한 믿음이 확실했습니다. "확실히 부산 시민들이 나를 그냥 내버려두지는 않을 것이다. 김대중이 호남지방에서 저렇게 울고불고 당선을 도와달라고 호소하는데 부산시민들이 날 절대로 외롭게 내버려두지는 않을 것이다."라고 확신하셨어요. 저는 그때부터 김영삼 대통령의 확신을 믿은 것이지요.

권자경: 그렇게 김일성 주석과 김영삼 대통령의 정상회담이 무기한 연기되고 김정일체제가 들어섭니다. 1996년 9월, 북한 무장잠수함이 강릉 앞바다에 침투하는 일명 잠수함침투 사건이 발생하여 전 국민을 공포에 떨게 했고 동해안 일대 주민들은 전쟁이 난 것이 아닌가 하고 매우 소란스러웠습니다. 이렇게 김정일체제가 들어서자마자 무장잠수함을 보내는 정권에 대해서 김영삼 대통령은 어떻게 반응을 하셨습니까?

이원종: 용납이 안 되죠. 처음엔 김정일은 북한이 저지른 일이 아니라고 발표했습니다. 그러나 미국과 세계 주요국들이 함께 진실을 규명하고 비판을 하니까 경우 없는 김정일도 세계적 여론을 거부하지 못하고 드디어 자신들의 소행임을 시인하게 됐습니다. 그리고 재발방지 약속까지 받아냈지요. 지금도 강원도 강릉 정동진에 가면 당시 침투했던 잠수함이 전시되어 있습니다.

권자경: 대북문제와 관련해서 1997년 6월 12일에는 황장엽 북한 서기가

망명하였습니다. 황 서기라면 북한에서 상위 권력자 9명 중 한 명이라고 볼 수 있습니다. 황장엽 서기의 망명 과정에 대해 설명해 주십시오.

이원종: 황장엽 서기가 처음 중국에 있는 우리 영사관에 피신했다가 비밀리에 필리핀에 한 달 체류했는데 그때 김영삼 대통령께서 한국으로 입국을 권유하면서 현재는 위험할 수 있다며 당분간 한국으로 들어오지 말라고 하셨습니다. 그것이 김영삼 대통령의 판단이었습니다. 황장엽 북한 서기가 제3국을 경유해서 한국에 입국하는 것이 안전하다고 말씀하셨습니다. 당시 필리핀 대통령은 라모스였어요. 김 대통령께서 라모스 대통령과는 매우 가까운 관계였어요. 필리핀에서 황장엽 서기를 잠시만 데리고 있으면 가급적 빠른 시기에 한국으로 입국시키겠다고 하였습니다. 그러나 라모스는 그로 인해 자국이 위험에 빠질 수 있다며 반대하면서 무리지만 잠시만 데리고 있겠다고 했어요. 그래서 우리 측에서 원하는 기간만큼 필리핀에서 머무르지 못했습니다. 라모스 대통령이 도저히 안 되겠다면서 계속 데려가라고 독촉을 해서 결국 황장엽 씨를 우리나라로 입국시켰습니다. 황장엽 서기는 한국에 들어오기 오래 전에 이미 한국에 망명의사를 전한 상태였습니다. 황장엽 서기는 글을 매우 잘 쓰는 사람입니다. 그는 북한체제를 주체사상으로 정리한 사상가 아닙니까? 김일성 주체사상의 이론적 체계를 만든 사람이니까요. 저는 황장엽 서기가 한국에 망명을 원한다며 보내온 글을 직접 본 일이 있습니다. 당시 저도 핵심자리에 있었으니까요. 아마 수석 중에 저밖에 그 글을 본 사람은 없을 겁니다. 그 글의 내용 중에 기억에 남는 핵심적인 주장은 '남한은 정말 한심하다. 북한의 의도를 이렇게 모르고 있느냐?'는 질타였습니다. 장문의 글이었어요. 그 망명서는 우리 대한민국 정부에 직접 보내온 것이 아니라 우리 국정원이 은밀하게 입수를 했습니다. 그 글을 제가 직접 봤는데 정말 글을 잘 썼더군요. 제가 보기에 황장엽 서기도 남한의 실정을 잘 모르는 부분이 많았지만

글은 정말 기가 막히게 잘 썼습니다. 우리 정부는 황장엽 서기를 필리핀에서 당초 계획보다 일찍 한국으로 입국시켰어요. 김영삼 대통령께서는 황장엽 서기를 직접 만나지는 않으셨어요. 항간에는 김영삼 대통령이 황장엽을 망명시켰다는 둥, 황장엽이 김영삼 대통령을 믿고 망명을 했다는 둥의 얘기가 돌고 있는데, 두 분이 직접 만나지는 않았고 김 대통령도 황장엽 서기를 찾아가지는 않았습니다. 김 대통령이 대북관계가 악화되는 것을 고려해서 그렇게 했던 것 같아요. 황장엽이 가지고 있는 남북관계의 미묘함 때문에 황장엽 쪽에서 결정적인 구실을 주기 전에는 안 만나는 게 좋겠다고 판단하셨던 것 같아요. 대통령으로 퇴임하시고도 아주 후에야 두 분이 만났습니다.

권자경: 문민정부의 대미관계는 어땠습니까? 1993년 7월 12일 토요일, 미국 클린턴 대통령 내외가 1박2일로 방한을 했습니다. 클린턴 대통령 취임 이후 외국 방문 중 처음으로 한국을 선택했다는데요.

이원종: 미국이 그만큼 우리나라를 중요하게 생각한다는 뜻이겠지요. 우리나라가 자부심을 가질만하다는 의미지요.

권자경: 클린턴 대통령의 한국 일정이 판문점 방문, 공동경비구역 JSA 방문, 미국기지 방문으로 미군들을 독려하시고 남북 대치상황과 경비상황을 직접 들으셨다고 합니다. 오바마 미국 현 정권의 힐러리 국방장관이 한국문제에 대해서 관심을 갖고 계속 지원할 수 있었던 것도 김영삼 대통령 시기 1993년에 판문점을 클린턴 대통령 내외가 방문하고 현장을 직접 봤었던 것이 도움이 되지 않았나 생각이 듭니다.

이원종: 클린턴 대통령과 김영삼 대통령은 굉장히 가까운 사이였습니다.

그렇지만 젊은 미국의 대통령하고 나이 많은 한국의 대통령하고 가까우면 얼마나 가깝겠어요. 아무래도 국가 간 위상이나 수준 차이도 있었으니까요. 그런데 평상시에도 우리나라의 안보문제나 경제문제 등 우리의 국익과 관계된 문제로 김영삼 대통령이 클린턴 대통령을 많이 괴롭혔습니다. 북한문제가 복잡하게 돌아가면 밤낮없이 전화를 하셨거든요. 김영삼 대통령 때 처음으로 미국 백악관에 직통전화가 연결됐습니다. 김 대통령께서는 한반도에서 전쟁은 막아야했기에, '미국이 북한을 공격한다고 해도 대한민국의 군통수권자인 본인은 대한민국 군인 한 명도 움직일 수 없다'는 식으로 매우 공격적으로 나갔어요. 그래서 두 대통령은 매우 가까운 사이가 되었습니다. 사적으로 클린턴이 청와대 왔을 때나 김 대통령이 미국에 갔을 때 같이 조깅을 했습니다. 그런데 클린턴은 원래 매일 조깅을 하지 않는 사람이었고, 김 대통령은 매일같이 조깅을 해왔습니다. 그래서 조깅 실력은 클린턴이 못 따라 왔어요. 나이 차이가 근 20년 났는데, 클린턴이 청와대 조깅트랙에서 조깅을 하고는 힐러리가 청와대 조깅트랙이 너무 좋다는 거예요. 그래서 클린턴이 조깅할 수 있도록 우리 청와대 조깅트랙을 대사관에 설치해 주었습니다. 그랬더니 클린턴이 '매우 고맙다'고 사적으로 인사를 해왔습니다. 김 대통령이 연세가 20세 이상 많아도 조깅에서 클린턴 대통령한테 절대 지지 않으려고 했어요. 김 대통령이 보폭을 크게 하여 빨리 가면 클린턴이 쫓아오는 것이 재미있다고 어린아이처럼 이겼다며 좋아하셨어요. 장난기가 심하셨어요. 업무상 양국 간 갈등이 심했어도 사적으로는 매우 친했습니다. 힐러리 여사가 클린턴과 연애하던 얘기를 다 해주었대요. 클린턴이 대학시절 도서관에서 힐러리 옆자리에 와서 매일 공부를 하더래요. 힐러리는 그때 사귀던 애인이 있었는데, "당신, 공부하러 도서관 와서는 왜 매일 나만 쳐다보냐?"고 했더니 우물쭈물 하더래요. 그래서 "당신, 나한테 마음이 있느냐?"고 물었더니, "그렇다."라고 해요. "그럼, 말을 해야지."라고 해서 둘이 연애하여 결혼을 했다고 해요. 국가원수들 간

딱딱한 얘기만 하는 것 같아도 격의 없는 사담들을 건네곤 합니다.

박용수: 사적으로는 가까웠을지 몰라도, 실제 양국 간 마찰은 상당했습니다. 우리나라가 IMF 외환위기를 맞을 때 사실상 미국이 매정하게 협조를 거부한 측면이 있잖아요.

이원종: 아무리 한국과 미국이 맹방이라 할지라도 양국 간 마찰은 없을 수 없잖아요. 특히 대북문제와 관련해서는 의견 차이가 매우 컸지요. 어쩔 수 없는 양국 간 국익의 차이 때문이죠. 클린턴이 미국의 대통령이라 할지라도 민간분야, 특히 경제나 금융시장 문제는 국제적이나 정치적 이유로 마음대로 개입할 수 없지요. 특히 IMF문제는 미국 특히 클린턴 대통령도 어쩔 수가 없었던 것이죠. IMF는 결국 장사꾼 속성이 있습니다. 그래도, 미국이 한국을 잃으면 손해가 아니겠어요? 이명박 대통령이 G20을 유치했는데 우리나라가 아직 그럴 형편이 못되는데 오바마 대통령이 도와주었다는 설이 있잖아요. 물론 오바마 대통령이 G20을 서울로 유치하는 것을 도와주었다면, 이명박 대통령을 개인적으로 좋아한다는 측면도 있겠지만 그가 우리나라의 교육제도뿐만 아니라 우리에게 배울 점이 많다고 생각한다는 것입니다. 근본적으로는 미국도 대한민국이 필요한 나라이기에 결국 미국 국민도 우리 국민을 무시하지 못한다는 것이 근본적인 이유일 것입니다. 지금 한일 간 한일정보보호협정이 체결되었는데 이것도 미국의 요청에 의해 이루어졌다고 해요. 강대국이라고 해서 한국을 무시할 수 있는 것은 아니고, 우리나라가 그렇게 간단하지가 않습니다. 미국과 일본도 우리나라와 잘 지내야 자기들에게도 이득이 될 수 있으니까요.

권자경: 러시아와의 관계는 어떠했습니까? 1994년 6월 2일, 김영삼 대통령과 러시아 옐친 대통령의 정상회담이 이루어졌습니다. 그 성과는 옐친

대통령께서 러시아가 그동안 북한에 무기, 부속품을 공급하고 판매해왔는데 더 이상 대북 무기 판매 및 공급을 중단하겠다는 것에 합의를 한 것입니다.

이원종: 구소련 말부터 소련은 김영삼이라는 정치인에 대해서 관심이 많았어요. 고르바초프 집권 때인 1989년, 김영삼 당시 신민당 총재가 소련의 극동문제연구소에 초청을 받아 소련을 방문했습니다. 저도 같이 수행했었죠. 당시 우리는 야당이었고, 게다가 제3당이었어요. 김대중 씨가 소련을 방문하려고 여러 가지로 애를 썼지만 실패했거든요. 그런데 김영삼 총재를 오라고 한 거예요. 그때는 소련이 고르바초프의 주도하에 개혁(페레스트로이카)과 개방(그라스노스트) 바람이 휘몰아쳐 소련의 변화가 눈부실 때였었습니다. 당시 김영삼 총재를 초청한 소련의 극동문제연구소는 이러한 개혁과 개방을 이끌어 가는 연구소일 뿐만 아니라 그 연구소의 소장인 프리마코프라는 사람이 소련 최고인민회의 의장도 겸하고 있었어요. 그래서 마르티네프라는 부소장이 김영삼 총재를 맞았어요. 회의장에서 마르티네프 부소장의 환영사를 듣고 저는 깜짝 놀랐습니다. 그는 몇 년 전에 독일의 사회당 총재인 빌리 브란트를 초청해서 그의 동방정책에 대한 연설을 들었다고 하면서 빌리 브란트 총재가 극동문제연구소를 다녀간 3년 후에 독일 수상이 되었다고 하면서 자기네들이 이번에 한국의 김영삼 총재를 초청한 것도 당시 독일 야당이었던 빌리 브란트 사회당 총재를 초청한 것과 같은 이유에서라고 분명히 밝혔습니다. 당시 김영삼 총재는 한국 제3당의 총재이고 당시의 환경으로서는 어느 누구도 그가 대통령이 되리라고 기대하지 못하는 상태였습니다. 그런데 김영삼 총재는 3년 후인 1992년에 대한민국의 대통령이 되셨어요. 참으로 놀라운 예측 능력이었어요. 저는 당시 소련에 대한 지식이 전혀 없는 사람이었는데 1992년 대통령선거에서 어른이 대통령으로 당선되셨을 때 1989년 소련의 극동문제연구소의 마르

티네프 소장의 환영사가 생각이 나더군요. 나는 1979년 신민당 5·30 전당대회가 있은 후에 소련의 지적 저력에 대한 얘기를 들은 적이 있습니다. 신민당 전당대회 후에 모스크바에서 국제정치학회에 참석했던 어떤 대학 교수를 만났는데 이 교수가 자기가 소련에 가서 신민당 전당대회 때문에 망신을 당했다고 얘기하더라고요. 그래서 제가 무슨 일이 있었느냐고 물었더니 그 교수가 소련의 국제정치학회에서 소련의 어떤 교수가 자기에게 '이번에 한국의 5·30 신민당 전당대회에서 김영삼 씨가 어떻게 해서 이겼느냐'고 물어 보더래요. 그 교수는 사실 자기는 신민당 전당대회에 대해서는 별관심이 없었기 때문에 이 사람이 별걸 다 물어보는구나 생각하면서 그냥 상식적인 답변을 해주었다는 군요. 그랬더니 소련의 학자가 당시 한국 신민당의 전당대회 대의원의 개인적인 성향을 완전히 분석하여 표로 만들었을 뿐만 아니라 당시 한국의 정치상황도 함께 정리하여 한국의 정치학 교수인 자기에게 제시하면서 분석결과를 설명하면서 저의 동의를 구하더래요. 그러면서 저를 만난 그 교수는 정말 창피하더라고 솔직히 고백하더군요. 그런 일이 있은 후 저는 그 사실을 잊고 지냈습니다. 그러다가 1992년 대선에서 우리 어른이 감격적으로 당선되시자 그동안 제가 의식하지 못하고 지나쳐 버린 일들이 주마등 같이 지나갑디다. 이제 우리나라도 국제사회에서 상당한 지위를 가지고 있어 우리의 외교역량이 매우 중요한 경쟁력이 됩니다. 1989년 제가 소련에 가보고 느낀 것은 우리는 소련에 대해 아무것도 알지 못한 상태에서 소련을 상대하여 외교를 하고 있었다는 것입니다. 소련은 우리의 모든 것을 다 알고 우리를 상대로 외교를 하니 우리가 어떻게 이길 수 있겠어요. 김영삼 대통령은 3당 합당 후 민자당 대표로 소련을 다시 방문하여 고르바초프 대통령을 만났는데 그때 매우 우호적으로 대해 주더라는 얘기를 들었습니다. 그 후 고르바초프와 김영삼 대통령은 개인적으로 매우 가깝게 지내고 있습니다. 소련의 정권이 바뀌어 옐친이 대통령이 되었지만 소련은 김영삼 대통령에 대해서는 매우 우호적이었습니다. 우리나라는 노태우 대통령이 소련과 우호적인 관계를 맺기 위해 18억 불을 차관으로 주었는데, 옐친 대통령이 그 18억 불을 탕감받기 위해 김영삼 대통령께 북한과의 관계를 끊겠다고 말했어요. 그런데 완전히 끊을 수가 있겠어요? 우리나라가 결국 탕감은 못해주었고 이자를 안 받는 대신 소련제 헬리콥터를 받겠다고 했죠. 그랬더니 옐친 대통령이 만족스럽지 못했나 봐요. 그래서 옐친이 북한과의 관계를 다시 회복하는 방향으로 나가더군요. 그리고 고르바초프가 김영삼 대통령을 만나기 위해 한국을 방문했는데, 옐친이 주한 소련 대사에게 '두 사람이 절대 만나게 해서는 안 된다'고 지시를 했습니다. 그래서 주한 소련 대사가 김영삼 대통령이 고르바초프를 만나지 말아 달라고 부탁하게 되었지요. 김영삼 대통령을 만나기 위해 한국에 온 고르바초프는 옐친 대통령이 절대 못 만나게 해서 결국 만나지 못했습니다. 2011년에 고르바초프 부인 묘지에서 같이 만나기로 했는데 고르바초프가 병이 나서 못 오는 바람에 김영삼 대통령만 부인 묘소에 들렸다가 그냥 돌아오셨습니다. 그 정도로 김영삼 대통령은 소련과 굉장히 인연이 깊어요. 소련만 해도 정치가 민주주의적으로 운영되지 않기 때문에 정치인들 간 권력 싸움이 상당히 좀 유치했습니다. 그런데 김영삼 총재가 야당 시절 독일을 방문하여 콜 수상더러 브란트를 좀 만나게 해 달라고 요청했습니다. 콜은 브란트를 만나게 연결해 주었어요. 어떻습니까? 독일과 소련의 정치적 수준 차이를 느낄 수 있죠. 독일 콜 수상의 배려로 김 대통령은 브란트와의 좋은 관계를 만들 수 있어 브란트가 1990년도에 한국을 방문하여 김 총재와 만났습니다. 1990년도에 브란트가 한국에 왔을 때 브란트 수상은 자기가 동방정책을 강력히 추진해 통일 독일의 기반을 만들었음에도 불구하고 당시 독일의 통일을 전혀 예상하지 못하고 있었습니다. 그때 브란트는 김영삼 대통령을 만나 '한국이 독일보다 통일이 빠를 것이다. 독일은 주변에서 통일을 반대하는 국가들이 많아서 힘들 것이다'라고 독일 통일을 예견했습니다. 그렇게 독일 통일에 좀 비관적인 예측을 하던 브란트가 독일로 돌아간 지 2달만인 1990년 10월 3일 독일은 통일을 하게 되었습니다. 그처럼 독일의 통일을 위해 평생 애를 썼던 브란트마저 독일 통일을 전혀 예상하지 못했습니다.

박용수: 문민정부의 교육개혁에 대해 말씀해주십시오.

이원종: 김영삼 대통령은 세계화 시대의 도래에 맞추어 필요한 인력을 기르기 위해 원칙적으로 대학의 정원을 확대해야 하겠다는 인식을 가지고 계셨던 것은 사실입니다. 그러나 대학 정원을 늘리는 것이 그렇게 간단한 것은 아닙니다. 의과대학의 정원을 늘리면 의사나 의사협회가 난리가 납니다. 또 법대의 정원을 늘리고 사법시험 합격자를 늘리면 법조계가 난리법석을 떱니다. 이처럼 사회 각계각층의 기득권층은 자기들의 이해에 따라 변화를 용서할 수가 없습니다. 이처럼 변화에 대한 저항은 극심하지만 세계는 변화하고 그 변화는 우리만 부정하거나 모르는 척할 수 없지 않은 가요? 세상의 변화는 모든 것이 긍정적인 것은 아니지만 세계적인 변화의 흐름은 수용하면서 적응해야지 부정하거나 저항만 할 수는 없을 것입니다. 기업이나 사회는 변화하는 시장 환경 속의 경쟁에서 이기기 위해 인력과 기술을 필요로 합니다. 이러한 사회적 수요에 적극적으로 대처해야 하기 때문에 문민정부는 대학의 학과와 정원을 늘릴 수밖에 없었지요. 우리나라의 교육제도는 정부가 바뀔 때나 교육부장관이 바뀔 때 마다 정신이 어지러울 정도로 많이 바뀝니다. 이럴 때 우리가 말하는 교육정책은 사실상 대학입시 정책을 말하는 것이 우리의 현실입니다. 그러나 대학입시 정책이 우리나라 교육정책의 전부가 되어서야 되겠습니까? 교육은 국가의 백년지대계의 기본입니다. 따라서 국가의 교육정책은 국가에 필요한 인물을 육성하는 것은 물론, 개인적으로도 성숙하고 인격적인 인물을 길러내는데 기본을 두어야 할 것입니다. 지금의 시대는 세계화와 정보화 시대라고 정

의됩니다. 이러한 시대에 필요한 인제를 육성하기 위한 교육정책은 이상과 현실적 요구를 조화롭게 실현되도록 만들어져야 합니다. 이러한 시대적 요구를 충족시키기 위해서 문민정부는 대학의 문호를 개방하고 대학 설립을 용이하게 할 수밖에 없었습니다. 이러한 문민정부의 교육정책, 특히 대학정책은 시행되면서 긍정적인 효과와 더불어 부정적인 현상도 많이 나타난 것이 사실이지요.

권자경: 1994년 10월 21일 한강 성수대교가 붕괴했습니다. 등굣길에 어린 학생들을 포함해서 32명이 사망하고 17명이 부상을 당하는 등 아주 참혹한 사고였습니다. 박정희 정권 때 급하게 건설된 다리가 결국은 부실공사로 드러났습니다. 성수대교 붕괴 이후 김영삼 대통령은 안전재난방지 부분에 신경을 쓰게 되었지요?

이원종: 김영삼 대통령이 성수대교 참사와 관련하여 대국민 사과도 하고 신경도 많이 쓰셨지요. MBC 고발 프로그램에서 무너져 내린 한강의 시멘트 교각 아래 부분의 영상을 보시고 즉시 이원종 서울시장에게 전화를 하셔서 어째서 그 문제를 제대로 점검하지 않았는지를 지적하시고 이 시장을 즉각 해임 하실 정도로 모든 구조물의 안전문제에 많은 신경을 쓰셨습니다. 성수대교, 삼풍백화점이 모두 박정희 대통령 시절에 건설된 구조물로서 이는 압축 성장 과정에서 생긴 부작용이라고 할 수 있습니다. 김 대통령은 그런 사고들이 압축 성장 과정에서 생길 수밖에 없는 부작용으로서 엄격히 책임문제를 따지셨습니다. 김 대통령에게 그 책임이 직접적으로 있는 것은 아니지만 그러한 사고로 인해 겪어야 하는 국민의 고통을 가슴 아프게 생각하시면서 사고가 날 때마다 김영삼 대통령은 대국민 사과를 하셨어요. 매번 사과하시는 대통령의 모습을 가까이에서 보는 참모 입장에는 너무 답답했습니다. 또 한번은 아시아나 항공이 운행 중에 목포

앞산과 충돌했습니다. 그때도 또 대국민 사과를 하셨답니다. 사고가 있으면 항상 원인이 어디에 있는지를 제대로 따지지 않고 사과하시겠다고 하셔서 제가 '각하, 사과 좀 그만하시지요. 각하께서 사과할 일이 뭐 있습니까?'라고 만류를 드려도 대통령께서는 그냥 사과하셨습니다. 이처럼 사고가 날 때마다 대통령이 직접 국민들에게 사과하시는 것은 옛날 왕조시대에 가뭄이 들거나 홍수가 오는 등 각종 자연재해가 일어나면 모든 것이 임금의 덕이 부족해서 그렇다고 생각하는 왕조시대의 사고방식으로 김영삼 대통령은 항상 국민에게 송구스럽게 생각하셨습니다. 김 대통령은 '원인이 어디에 있든 대통령인 내가 책임이 있는 것으로 생각이 들어 항상 국민에게 미안한 생각이 든다'고 항상 말씀하셨습니다. 그것을 요즘말로 인기영합주의, 포퓰리즘(populism)이라고 할 수도 있겠지만 김 대통령은 진심으로 국민들에게 사과를 하셨어요.

권자경: 수석님께서 청와대를 나오시고 김영삼 대통령과는 어느 정도 만나셨습니까?

이원종: 제가 청와대를 떠나고 나서 한 두어 달이 될 때까지는 저를 한 번도 부르시지 않으셨어요. 두 달 정도 지난 다음에는 저를 자주 불러서 세상 돌아가는 얘기도 들으시면서 제 의견도 물어보시고 하셨어요. 하루는 당시 반기문 외교안보수석이 저더러 "김 대통령께서 이원종 수석을 하도 걱정하셔서 미국 헤리티지재단에 펀드를 하나 마련해 놓았어요."라고 해요. 각하께서 미국의 헤리티지에 가도록 배려해주신 거예요. 헤리티지에 가려면 펀드가 있어야 하거든요. 그래서 1997년 대통령선거 전에 저는 미국으로 가려고 했는데 결국 못 갔습니다. 제가 청와대를 떠난 후 대통령의 둘째 아들 현철 씨가 구속되었잖아요. 그로인해 대통령의 리더십은 사실상 무너졌고 경제적으로는 기아산업이 부도위기를 맞게 된 것과 함께 외

환사정이 매우 어렵게 되어 대통령의 인기가 바닥을 쳤습니다. 그때까지는 IMF 관리체제가 들어선 것은 아니었지만 상황은 매우 어려웠습니다. 그래서 제가 대통령을 뵙고 "국가 상황이 좋지 않으니, 각하께서 재임 중은 물론 퇴임 후에도 편안한 날을 보내시기는 어려우실 것 같습니다. 각하께서 한국에서 불편하게 보내시는데 제가 어떻게 미국에 가서 편안하게 지낼 수 있겠습니까? 각하께서 저를 위해 애써 만들어 주신 헤리티지 유학을 포기하고 한국에 남아서 각하를 모시겠습니다. 제가 미국에 안가고 한국에 있다고 하여 각하께 얼마나 힘이 되겠습니까만은 저는 미국에 가질 않겠습니다."라고 말씀드렸습니다. 이에 한 2~3분 가만히 생각하시더니, "자네가 안 가면 내게 위로가 되지, 힘이 되지."라고 말씀하시더라구요. 제가 먼저 말씀을 잘 드렸다고 생각했어요. 그런데 미국에 가지 않겠다는 제 결심에 친구들, 후배들이 모두 저러러 정신 나갔다고 했지요. 그렇지만 당시는 정말 대통령께서는 무척 외롭고 힘드셨어요.

권자경: 김영삼 대통령의 차남 김현철 사건은 어떻게 된 것인가요? 구속까지 되었는데요.

이원종: 김 대통령이 현철이를 구속하면 영부인의 마음이 너무 아파 그냥 무너지는 것 같으셨을 겁니다. 현철이를 구속하면 마산 할아버지의 마음은 어떠실까요? 그러한 주변상황인데 김영삼 대통령은 최종적으로 아들 구속을 명령하셨거든요. 대통령께서 정치자금의 이자소득을 탈세했다는 죄로 아들을 구속 시켰어요. 죄명이 한보 뇌물이나 리베이트가 아니고 증여세 탈루라는 것이었어요. 경북 선후배 기업인들이 70억 정도를 만들어서 정치자금에 보태라고 현철 씨에게 건넸나 봅니다. 그런데 그 정치자금에 대해 증여세를 내지 않았다는 것이 현철 구속의 이유가 된 것이지요. 정치자금을 받았을 때 증여세를 내지 않아 처벌을 받은 것은 김현철 씨가 우리

나라에서 초유의 경우입니다. 당시 현철이를 조사한 결과를 검찰총장이 대통령께 '현철이를 조사한 결과 특별한 혐의는 없고, 굳이 있다면 증여세를 탈세했다는 것으로는 할 수 있는데 아직까지 우리나라에서는 정치자금을 탈세했다는 이유로 처벌한 전례가 없습니다. 만약 이번에 현철 씨를 처벌하면 우리나라에서 최초의 처벌 사례가 될 것입니다'라고 보고 드렸답니다. 그랬더니 김 대통령께서 "그럼, 그거라도 해."라고 해서 잡아넣었다고 합니다. 마산에 계신 할아버지도, 청와대 영부인도 그걸 보고 가만히 계셨겠어요? 할아버지와 영부인이 손자, 아들 잡아가는데 면회가겠다고 난리를 치지, 그 마음이 보통 아픈 게 아니었어요.

권자경: 아들 김현철 씨의 구속으로 김영삼 대통령께서는 국정운영의 위기를 맞게 되네요. 국정에 대해 거의 손을 못 대는 수준까지 내려간 것인가요?

이원종: 전혀 포기는 안 하셨겠지만, 당시 제가 각하를 뵈었을 때에는 대통령께서는 무척 괴로워하셔서 뵙는 제가 너무나 힘들었습니다. 이처럼 힘드셨을 때 IMF 관리체제가 들어서게 되자 더욱 괴로워하셨고 비록 임기가 끝나지 않았지만 대통령으로서 국가가 흔들리는 난국을 수습하기에는 어려운 환경이었습니다. 그래서 당시 대통령 당선자인 김대중 씨에게 사태수습을 위임하고 당신의 잔여 임기를 포기하지 않을 수 없었지요. 현직 대통령이 잔여 임기를 포기하고 후임자에게 모든 권한을 넘겼다고 그 책임을 피할 수는 없지 않아요? 결국 IMF에 대한 모든 책임은 김영삼 대통령이 지고 수습의 업적과 영광은 김대중 당선자에게 돌아갔지요. 그 시기에는 김대중 당선자가 청와대에 일주일에 한 번씩 와서 서로 상의하고 국정운영을 같이 했습니다. 당시에는 그렇게 두 분이 오순도순 함께 난국을 극복해 나갔는데, 김영삼 대통령께서 퇴임하니까 김대중 대통령이 IMF 청문

회에 김영삼 대통령을 증인으로 세우려 했지요. 김대중 대통령이 무슨 이유로 그렇게 했는지는 모르겠지만 이러한 일을 당하는 김영삼 대통령께서는 너무 섭섭해 하셨습니다.

권자경: 한보부도와 기아자동차 부도사태가 터집니다. 한보부도로 IMF 외환위기가 도래되었다는 보고가 있습니다.

이원종: 한보부도는 국제사회에서 그렇게 대단히 큰 사건은 아니었어요. 그런데 한보부도를 내고 그보다 10배나 더 큰 기아산업에 대해 부도를 내지 않았기 때문에 한국이 국제사회에서의 신뢰가 크게 떨어지게 되었지요. 한보의 부도는 제가 청와대에 있을 때 처리되었고 기아사태는 제가 정무수석직을 그만둔 뒤에 벌어진 일이라 그와 관련하여 저는 기아의 처리과정에 대해서는 잘 모릅니다. 다만, 회사 경영이 어려우면 부도를 내고 안 내고 하는 것은 회사의 판단에 의해 결정되는 것이지 기업의 문제를 정부가 개입하여 일일이 해결하는 것은 제대로 된 자본주의 시장경제 국가에서는 보통 없는 일인데 당시 우리나라의 정부와 기업의식은 그 정도밖에 되지 못한 상태였지요. 그때 기아사태의 해결방법을 누가 저에게 물었으면 부도를 내는 것이 맞겠다고 대답했을 겁니다.

권자경: 제가 조사한 바에 따르면, 1997년 1월 발생한 한보철강의 부도와 이에 관련된 권력형 금융부정 및 특혜 대출비리 사건인 한보사태에 김영삼 대통령의 차남 김현철 씨가 부정 대출에 연루되어 구속되었다고 나와 있습니다.

이원종: 김현철 씨는 부정 대출과 상관이 없습니다. 예를 들어, 영장 청구시 2천만 불짜리 독일 기계를 사오는데 천만 불 정도의 리베이트를 받기

로 했다는 겁니다. 국제사회에서 사업비의 50%를 리베이트로 주는 공사가 어디 있겠습니까? 그것은 상식 밖의 얘기죠. 그런데 당시 언론에서는 김현철 씨가 그렇게 많은 리베이트를 받았다고 나와 있어요. 제가 검찰의 영장 청구문을 언론을 통해 볼 수 있었는데 상식 밖의 얘기를 보도했더라구요. 정말 검찰, 언론이 사건을 이런 식으로 조사하고 보도해도 되는지 분노를 느꼈습니다. 수주금액의 50%를 리베이트로 주는 것은 어느 시대, 어느 나라에서도 없는 일이 아닙니까? 설령 받았다고 해도 전체 사업비의 2, 3, 5% 정도 받았다고 조사결과를 발표하면 몰라도요. 상식이 없는 검사들인지, 일부러 그렇게 국민들에게 김현철을 나쁜 사람으로 몰기 위해 그런 상식 밖의 수사결과를 발표했는지는 모르겠지만 정말 한심한 '마녀 사냥식'이 아닐 수 없습니다. 결국 김현철 씨는 검찰의 초기 범죄혐의와는 전혀 다른 정치자금과 관련한 증여세 탈세로 처벌되었습니다. 이는 김현철 씨가 한보사태의 불법 대출과 관련이 없다는 것이 검찰의 기소와 법원의 판결에서 분명히 밝혀졌는데도, 지금까지 많은 그의 범죄와 관련하여 만들어진 모든 문서와 언론보도에 허위, 조작된 조사결과가 그대로 남아있다는 것이 무서운 현실이지요.

권자경: 김영삼 대통령은 아들 김현철 씨의 구속, 한보부도, 기아부도 등으로 레임덕이 발생합니다. 임기 말에는 더 이상 대통령이 손을 쓸 수가 없을 정도에 치달아 여러 건이 겹친 가운데 IMF 외환위기를 맞습니다. 수석님께서는 IMF 외환위기의 원인을 무엇이라고 보시는지요? 수석님 개인 소견을 들어보고 싶습니다. 관련 문서에 의하면, 노동법 개정 실패, 금융개혁법 개정의 미통과 등 여러 원인을 꼽고 있습니다.

이원종: 노동법이나 금융개혁이 원인이라면 야당에도 책임이 있습니다. 김영삼 정부에서는 노동법 개정을 국제 기준에 맞춰 개정해 두었는데 야

당이 통과시키지 않았으며, 금융개혁도 시도하였지만 야당의 방해가 있어 결국 실현되지 못했습니다. 결국 김대중 정부도 김영삼 정부가 국제기준에 맞춰 통과시켰던 노동법을 기본 바탕으로 IMF기준에 맞춰 IMF 극복했잖아요.

박용수: 대통령 리더십과 관련하여 강경식* 당시 재정경제원장관의 회고록에 따르면, 김영삼 대통령의 레임덕이 오히려 자신이 소신 있게 금융개혁이나 경제정책을 추진하는데 좋은 기회로 작용하였다고 기술되어 있습니다. 김영삼 대통령이 계속 강하게 영향력을 행사했더라면 개혁을 하지 못했을 텐데, 레임덕이 발생하여 오히려 국민들이 적극적으로 자율성을 행사할 수 있는 계기가 만들어졌다고 표현하고 있습니다.

이원종: 글쎄요. 제가 청와대에서 퇴임 이후에 강경식 재정경제원장관 및 경제부총리가 임명되어 저는 그 사람을 잘 모릅니다. 그러나 제가 청와대 현직에 있을 때도 한 일 년 전부터 우리나라의 외환사정이 어렵다는 얘기만 알고 있었습니다. 우리나라의 외환 달러문제가 상당히 어렵다는 것을 알게 된 것은 매월 한 번씩 저의 주관으로 정부 각 부처의 차관들이 참석하여 국정홍보회의를 하는데, 이 자리에서 외환문제가 중요한 논의의 주제가 되었어요. 그런데 그 회의에서도 우리나라가 IMF 관리체제에 편입될 수 있다고 걱정하는 사람은 별로 없었어요. 제가 퇴임한 이후에도 우리나라의 외환을 걱정하고 경기가 어렵다고 걱정하는 기업, 경제학자, 정부관

---

* 강경식(1936.5~현재): 우리나라 대표적인 경제 관료로, 1977.12~1982.1 경제기획원 차관보, 1982.1~1982.6 재무부차관, 1982.6~1983.10 재무부장관, 12 · 14 · 15대 국회의원을 역임하였다. 김영삼 정부에서 1997.3~1997.11.19. 재정경제원장관 및 경제부총리로 재직하면서 기아 부도사태의 처리, 금융개혁법안 통과를 주도적으로 지휘하였지만 모두 실패하였고 결국 1997년 IMF 구제금융사태를 맞이하게 되었다.

리들 중에도 IMF를 얘기하는 사람이 없었어요. 실제 우리나라가 외환보유고가 거의 바닥이 난 상태였는데도 말입니다. 1997년 3월부터 11월까지 강경식 씨가 재정경제원장관 및 부총리를 맡아 당시 외환위기를 극복하려고 애를 썼는데, 제 기억으로는 IMF 관리체제가 들어서기 전 그 직에서 물러났지요. 임창열* 씨가 후임으로 1997년 11월부터 1998년 3월까지 IMF 관련 업무를 맡아요. 임창열 씨는 제가 보기에는 머리는 좋아 똑똑한 사람이지만 인간적인 신뢰가 가는 사람은 아니었어요. 강경식 씨로서는 끝까지 자기를 믿고 맡겨주지 않았던 것에 대해 김영삼 대통령께 불만이 있을 겁니다. 김영삼 대통께서 강경식 씨에서 임창열 씨로 교체할 때는 임창열을 좋아해서 교체한 것은 아니라고 봅니다. 여러 가지 사항을 고려해서 교체카드를 쓰셨을 겁니다. 제가 듣기로는 외환위기의 해결을 위해서는 김영삼 대통령은 IMF에 우리나라의 구제를 부탁하는 길밖에 없을 것 같다고 생각하셨는데 강경식 부총리의 생각은 좀 달라 대통령이 원하는 방향으로 적극적으로 그 일을 처리하지 않았다고 들었습니다. 제가 당사자가 아니니까 잘 모르고 하는 무책임한 주장인지는 모르겠지만, 오늘날과 같이 세계경제가 국제화되고 또 달러를 중심으로 하는 금융 중심의 경제체제하에서는 어느 나라라도 일정 수준의 경제발전 단계에 이르면 외환과 연계된 문제가 생길 수 있다고 봅니다. 영국도 1970년대 후반에 1997년도의 우리와 같은 IMF 위기를 겪지 않았습니까?** 저는 무식한 소리인지 모르겠지만 1997년

---

* 임창열: 1994~1995 조달청장, 1997 통상산업부장관, 1997.11~1998.3 부총리 겸 재정경제원장관으로 김영삼 정부 말기에 IMF 관련 업무를 담당하였지만 실패로 돌아가 결국 외환위기를 맞는다. 이후 새정치국민회의에 입당하여 민선 제2대 경기도지사를 역임하였지만 1999년 금융인 서이석 등으로부터 불법 로비자금을 받은 혐의로 경기도지사 재직 중 구속, 최초로 교도소에서 도지사 업무를 수행하게 된다.

** 영국은 1970년대부터 시작된 과도한 사회복지, 노조의 막강한 영향력으로 인해 지속적인 임금상승이 있었지만 생산성 저하로 경제가 전반적으로 침체하였다. 고복지·고비용·저효율을 특징으로 하는 만성적인 영국병에 시달렸으며 급기야는 1976년에 IMF의 금융지원을 받는 상황에 몰리게 되었다.

에 우리가 치른 홍역은 우리나라의 당시 경제상황으로 봐서는 한번은 치러야 할 것이라고 생각합니다. 물론 문제가 생겼을 때 얼마나 피해를 줄이면서 지나가느냐 하는 것은 당사국의 능력이나 대책에 따라 달라질 수 있다고 봅니다. 우리나라가 아랍권이나 화상(華商, 화교상인)권 같이 단단한 부의 배경을 가지고 있었다면 사정은 많이 달랐겠죠. 그 실례로 비슷한 시기에 말레이시아도 우리와 비슷한 위기를 겪었지만 단단한 화상들의 배경을 가지고 있던 그들은 잘 극복하지 않았어요? 그런데 우리나라는 그러한 돈이 없었어요. 우리는 그동안 세계가 놀랄 정도로 빠른 경제성장을 이루었기에 이런저런 곤욕을 치른 것이 아닌가 생각됩니다. 제가 하고 싶은 말은 '누구의 책임이다'라고 따지는 것은 중요하지 않다고 봅니다. 그래도 우리 국민들이 지혜롭게 그 커다란 위기를 잘 극복한 것에 대해 긍지를 갖고 앞으로도 부딪칠 수 있는 여러 가지 위기를 국민 모두가 힘을 합쳐 극복하겠다는 의지를 다지는 것이 더욱 중요하다고 생각합니다. 우리는 IMF 관리체제를 세계가 부러워할 정도로 조기에 극복했습니다. 그때 우리는 전 국민이 똘똘 뭉쳐 금모으기운동을 하면서 그 엄청난 위기를 이겨냈습니다. 이런 민족이나 국민이 전 세계에 어디 있습니까? 2008년 미국 발 세계 금융위기 극복도 이명박 대통령이 잘 해서 해결되었다는 평가가 있지만 기본적으로 우리 국민들이 위기를 극복하고자 하는 강한 의지가 있었기 때문에 가능했다고 봅니다. 물론 대통령이 가지고 있는 리더십도 중요하지만 우리 국민이 가지고 있는 잠재력이 대단하다고 봅니다. 우리 국민의 강력한 의지가 결국 이뤄낸 것입니다. 위기 과정을 겪어서 더욱 단단하게 되듯이, 아이들이 홍역을 치르고 성장 통을 겪으면 더욱 강해지듯이, 우리나라도 IMF 구제금융이라는 힘든 일을 겪으면서 더욱 강해졌다고 볼 수는 없을까요? 아무리 어려운 일을 당해도 결코 비관하지 말고 희망을 가지고 긍정적으로 생각해야 한다고 봅니다. 누구의 책임만 운운한다면 발전이 없습니다.

박용수: 대통령의 리더십이 발휘되었더라도 IMF 외환위기를 막는데 크게 기여하지 못했을 것이라는 말씀이신가요?

이원종: 아닙니다. 국가가 위기에 처했을 때 '그 원인이 무엇이냐'라고 분석·판하고 규명하는 것보다 현실을 받아들이고 먼저 극복대책을 강구하려는 의지가 중요하다는 얘기입니다. 그것은 '달걀이 먼저냐 닭이 먼저냐'라는 질문과 같다고 봅니다. IMF 외환위기가 왔기 때문에 대통령 리더십이 약화되었는지, 대통령 리더십이 약했기 때문에 IMF 외환위기가 왔는지를 분석하는 것도 중요하지만 그 위기를 극복하는데 모두가 힘을 모아 사태를 극복하는 것이 더 중요합니다. 또 위기를 극복하는 과정에서 누가 주체가 되었느냐 하는 문제도 아무리 대통령의 리더십이 확고하더라도 깨어 있는 국민의 협조가 없으면 위기극복은 어렵다고 생각합니다. 위기극복이나 도약은 지도자의 능력만으로는 가능하지 않다는 것이 저의 생각입니다. 1997년 우리가 겪은 IMF 관리체제는 아시아의 신흥 개도국 즉 태국, 인도네시아, 그리고 한국이 주요 대상 국가가 되었지요. 아시아 국가들 중에서 일본은 원체 경제력이 탄탄한 나라라 그 굴레를 벗어날 수 있었고, 말레이시아는 강력한 경제력을 가진 화상들의 지원이 있어 비교적 피해가 적을 수 있었다고 생각합니다. 세계에서 가장 큰 돈을 가지고 있는 집단은 가톨릭, 아랍인들, 유태인, 화교들인데 이들과의 연대가 확고하면 국제금융위기 같은 것을 치명적으로 맞지 않을 수 있다고 합니다. 국가마다 자체적인 문제가 있겠지만 우리나라는 급속한 경제성장으로 인한 부작용과 함께 세계의 돈을 장악하고 있는 집단이 우리와 연관이 없었기 때문에 당한 고통이 아니었나 하고 저는 생각합니다.

박용수: IMF 외환위기를 맞을 때 그런 한국의 취약성을 대통령이나 참모, 혹은 관료들이 제대로 인식 못하셨던 것으로 볼 수 있습니까?

이원종: 당시 외국에 나가있던 홍재형* 초대 재무부장관이 우리나라의 경제상황, 특히 외환상황이 매우 심각한데 이런 상황을 대통령께서 알고 계신지 모르겠다고 하면서, 경제수석비서관실의 경제비서관 윤진식에게 보고하라고 연락해서 윤 비서관이 김영삼 대통령께 특별보고를 했다는군요. 그래서 그 어른이 사태의 심각성을 그때에야 비로소 아셨다는 겁니다. 이때가 1997년 11월쯤 되었습니다. 사실 외환보유고가 바닥이 난 것을 제가 알게 된 것은 정무수석으로 봉직하던 약 1년 전쯤 됩니다. 이러한 심각한 사실을 너무 늦게 안 것보다는 이 상황이 무엇을 의미하는지 제대로 인식하지 못한 것이 문제였지요. 그러던 사람들이 IMF 관리체제가 들어서자 서로들 책임을 회피하고 학자들을 비롯하여 모든 경제 전문가들은 있는 대로 그 사태가 오게 된 것을 비판하기에 바빴습니다. 중요한 것은 위기상황을 사전에 대비할 수 있는 역량을 가진 사람이 없었다는 것입니다. 기업인도 현실을 제대로 인식하지 못했던 것 같아요. 외환이 바닥 난 현상은 이미 1년 전부터 나타났었는데 IMF 위기가 닥칠 것이라는 것은 아무도 예측을 못한 것이지요.

권자경: 수석님께서 생각하시는 김영삼 대통령의 리더십을 한마디로 정리해 주신다면 어떻게 표현할 수 있을까요?

이원종: 리더십의 힘은 국민에 대한 믿음에서부터 나올 수 있다고 생각합니다. 지도자는 자기가 가지고 있는 국가 비전을 국민에게 소상히 설명함으로써 다수 국민의 동의를 얻을 때 제대로 된 리더십을 발휘할 수 있습

---

* 홍재형: 1993~1994 김영삼 정부에서 재무부장관, 1994.12.23~1995.12.20. 경제부총리 겸 초대 재정경제원 장관을 지냈다. 민주당 3선 국회의원이자 전 18대 후반기 국회 부의장을 역임하고, 2012년 19대 총선에서 충청북도지사 출신의 정우택 전 지사에게 낙선을 했다.

니다. 사실 저는 정치인의 정치력은 자기의 생각을 알고 지지하는 국민이 처음에는 소수일 수 있지만 이 소수를 다수로 만들어 국민을 이끌어 가는 데서 나온다고 생각합니다. 김영삼 대통령은 자기의 비전을 갖춘 다음에는 이를 국민에게 설명하고 성심성의껏 설득하면 국민의 지지를 얻을 수 있다고 생각하는 민주적 신념을 가진 분입니다. 그런데 그분은 자기의 비전을 결정할 때까지는 다수의 사람들로부터 많은 얘기를 들으십니다. 의사결정의 큰 틀이나 프레임은 많은 사람들의 의견을 청취하고 최종적으로는 당신이 결정을 내립니다. 저는 김영삼 대통령을 모시면서 많은 것을 배웠습니다만 그중에서도 그분의 선거관에 많은 감동을 받았습니다. 그분의 선거관은 전적으로 포지티브 선거(positive campaign)입니다. 그분에게는 네거티브 선거(negative campaign)는 용납되지 않습니다. 저는 그분 옆에서 당내선거는 물론 국가선거에서도 상대를 비방하는 네거티브 선거를 하시는 것을 보지 못했습니다. 그분이 치른 대표적인 선거의 예를 들어보면 첫째, 1987년 대통령선거에서는 그는 '군정종식 김영삼'이라는 비전을 내세워 자기가 수행해야 할 시대적 소명을 정하여 국민들에게 천명하고 이를 국민에게 제시하면서 지지를 호소하였습니다. 두 번째로 1992년 대선에서 그분은 '한국병을 치유하여 신한국 창조하자'를 비전으로 내세워 자기가 대통령이 되면 오랜 군사독재로 굳어진 한국병, 즉 구조적 부패를 척결할 것을 시대적 소명으로 내세웠습니다. 그분은 우리 국민들은 어쩔 수 없이 30여 년의 군사정권하에서 자기도 모르는 사이에 군사가치를 갖게 되었고 그로인해 군사문화가 체질화되어 부정과 부패가 구조화되었다고 보고 군사문화를 청산하여 문민화시대를 여는 것이 자기가 수행해야 할 시대적 소명이라고 생각하여 그런 비전을 국민에게 제시하고 지지를 호소하셨어요. 그래서 그분은 대통령에 당선되자 정부를 '문민정부'라고 명명했습니다. 선거에서 그분이 보여 준 이러한 캠페인 형태는 기본적으로 민주적 리더십을 가지고 있다고 볼 수 있을 것입니다. 그분이 대통령이 되어서도 세계화

시대 또는 정보화 시대 같은 용어도 처음에는 많은 국민들은 생소하게 생각했지만 결국 그의 시대 규정은 전 세계가 보편적인 개념으로 받아들이고 있지 않은가요? 리더십에 대해 연구하는 많은 학자들은 그의 리더십을 민주적, 수평적 리더십이라고 규정하기보다는 카리스마적 리더십이라고 표현하고 있습니다. 김 대통령은 민주화 투쟁 과정에서는 어쩔 수 없이 오랫동안 독재정권과 싸우다 보니 '전쟁에서 가장 효과적인 전투방법은 의견을 단순화하는 것이다'라고 생각하고 내부 논의보다는 철저하게 투쟁전략을 비밀리에 수립하여 전력의 낭비를 막기 위해 어쩔 수 없이 적과 같은 카리스마적인 리더십을 행사할 수밖에 없었습니다. 그러나 대통령이 되고 나서 그분의 리더십은 주변과 항상 상의하고 논의하는 민주적 리더십을 행사하셨습니다. 그분은 모든 사안에 대하여 많은 사람들로부터 광범위하게 의견을 듣지만 결론은 항상 당신 책임하에 내리십니다. 이러한 최종 의사결정 방법에 대해서 잘못 보면 카리스마적이라고 볼 수 있지만, 아마 그분은 모든 사안의 결론까지 모두가 민주적으로 함께 결론을 내리는 경우 발생할 수 있는 여러 가지 부작용을 고려하셨을 것으로 저는 이해합니다. 그분을 모시면서 제가 느낀 것은 많은 사람들이 그분을 만나 도와주겠다는 생각에서 자기가 들은 여러 가지 정보를 전합니다. 그럴 때 그분은 말씀하시는 분의 얘기를 아주 경청하십니다. 이런 김 대통령의 경청하시는 모습을 보고 많은 사람들은 저 사람은 나의 도움이 필요한 사람이라고 생각하고 도와주려고 김 대통령께 다가가기에 김 대통령 주변에는 항상 사람들이 모입니다. 그러나 직접 모시는 참모인 우리들이 설익은 정보나 설익은 대안을 가지고 가면 형편없다고 야단을 치십니다. 실제 김영삼 대통령은 꿩장히 치밀하십니다. 예를 들어, 장거리 여행을 가신다면 본인이 일주일 전부터 하나하나 가져가실 물건들을 직접 챙겨 여행 가방을 쌉니다. 겉보기에는 빈 구멍투성이처럼 보이지만 실제는 아주 치밀하세요. 이 실체를 아는 사람은 별로 없습니다.

권자경: 임기 말에는 레임덕 현상도 나타나고 초기의 카리스마적 리더십이 잘 발휘가 되지 못하셨는데요.

이원종: 임기 말에는 힘이 떨어져 제대로 권위가 서질 않았습니다. 이럴 때에는 제대로 된 리더십이 행사되기가 매우 힘듭니다. 거기다 김영삼 대통령은 임기 말에 차남을 구속하였고, 게다가 IMF 관리체제까지 들어서 모든 국민들에게 고통을 주신 장본인이 되고 말았어요. 거기에 더해 당신이 만든 당이 새로운 대통령 후보를 뽑자 자기네 당 총재이자 현직 대통령을 부담스럽게 생각하고 구체적으로 거부하는 행동을 거침없이 보여주면서 결국 탈당까지 강요당하는 처지에 이르게 되셨어요. 이런 상황에서 무슨 일을 할 수 있겠어요? 5년제 대통령체제에서 임기 말 레임덕 현상은 어쩔 수 없는 당연한 현상일 것으로 봅니다. 특히 우리나라는 오랫동안 군인들이 권력의 실세였기 때문에 권력은 항상 힘이 있었지만 1987년 이후 5년마다 정권이 교체되어 권력 무서운 줄 모르는 경향이 있기에 권력누수현상은 당연한지도 모릅니다. 이 현상은 분명 고쳐져야 할 문제들이지만 이는 제도나 의식이 함께 갖추어져야 변할 수 있는 문제라고 생각합니다. 우리나라는 민주화 이후 몇 번의 정권교체로 여러 정권이 들어섰고 정권 나름대로의 공과 과가 있을 것입니다. 그런데 어떤 정권도 긍정적인 평가를 받지 못하고 있습니다. 임기 말 레임덕 현상은 한 개인의 역량으로 해결될 수 있는 문제가 아니라 내가 뽑은 대통령이 임기를 잘 마칠 수 있도록 국민적 합의가 필요하다고 봅니다. 그것이 국민에게 결국 이익이 된다는 것을 확신해야 합니다. 대통령이 잘 못하면 결국 국민들에게 손해가 옵니다. President라는 개인을 믿는 것이 아니라, Presidency라는 대통령직에 대한 기대, 국민의 신뢰가 생겨야 대통령의 책임이 다해집니다. Presidency에 대한 의식이 중요하다고 생각합니다.

권자경: 김영삼 대통령께서 인터뷰하실 때 주로 동문서답하시는 경향이 있다고 기자들이 얘기를 합니다. 이를 어떻게 보아야 할까요?

이원종: 기자들을 만나 인터뷰를 했을 때 대통령은 자기의 생각을 국민들에게 제대로 전달해야 정책효과가 명확히 나타나는 겁니다. 그런데 기자들은 자기들 기사 욕심 때문에 김영삼 대통령께서 원하는 질문을 안 하거든요. 김 대통령이 보았을 때 원하는 질문이 기자들 사이에서 나오지 않으면 무슨 질문이 나오든 본인이 하고 싶은 말을 하는 겁니다. 그러니까 기자들이 느끼기에 동문서답이라고 생각하는 것이지요. 김 대통령도 기자들의 인터뷰에 응했을 때는 목적이 있단 말이에요. 기자들의 질문에 취지를 몰라서 동문서답을 하는 것은 아닙니다. 기자회견은 본인의 목적을 위해서 하는 것이지 언론사, 기자를 위해 하는 것이 아니라고 보시기 때문입니다.

권자경: 김영삼 대통령의 민주화 여정에 대해서 종합적으로 평가해 주십시오. 지방자치제도 실시, 정치개혁법과 선거개혁법 제정, 부정부패 척결 등의 업적을 남기셨고, 걸어오신 여정 자체가 민주화 투쟁이셨는데요.

이원종: 질문하신 지방자치제도 실시, 부정부패 척결 등은 대통령 임기 시의 민주화 달성 성과가 되겠지요. 그러나 우리나라의 민주화를 위해 걸어온 여정은 아주 오랜 시간동안 이루어졌습니다. 김영삼 대통령이 1954년 26세에 국회의원으로는 당시 최연소로 당선되어 정치인생이 시작되었는데 우리 헌정사에 중요한 순간마다 김영삼이라는 정치인은 흐름을 탄 것이 아니라, 흐름을 만든 분이라고 봅니다. 국회의원 초선 때 이승만 대통령의 삼선개헌을 반대했습니다. 이기붕 씨가 주선해서 경무대에서 이승만 대통령을 만나셨는데 이 자리에서 김 대통령은 "각하, 삼선하지 마시고, 영원히 국민들 속에 남는 위대한 대통령이 되십시요."라고 하자, 이승만 대통령은

얼굴색이 달라지면서 그대로 돌아서 나가셨다고 해요. 이때 이기붕 씨가 자유당의 젊은 초선 의원들을 데리고 경무대를 방문한 것은 이들 젊은 의원들이 이승만 대통령의 기분을 좀 좋게 해줄 것이라고 기대했는데 김영삼 의원의 발언으로 이것이 완전히 잘못되고 말았지요. 이 사건으로 그때 경무대에 갔던 6명의 자유당의원이 모두 탈당했대요. 김영삼 대통령은 5 · 16이 났을 때도 과감히 정치에 참여하셨어요. 당시 박준규, 민관식 등이 다 끌려가 공화당에 입당하게 되었는데 김영삼이라고 왜 주변의 유혹이 없었겠어요. 그 다음 유신체제가 들어섰을 때도 김영삼은 항거했습니다. 그리고 1971년 제7대 대통령선거 후보지명에서 '40대 기수론'*을 주장하셨습니다. 이미 대통령 후보로 신민당 내에서 윤보선 씨가 이미 두 번이나 대통령선거에 출마한 상태였기 때문에 후보로 거의 확정된 상태였습니다. 그런 상황에서 당시 44세였던 김영삼이 40대 기수론을 들고 나왔단 말입니다. 신민당은 아주 보수 중에 극보수들이 모여 만든 보수정당이라고 할 수 있습니다. 오히려 공화당이 5 · 16쿠데타를 일으켜 혁명적인 사람들로 구성된 진보적 성격이 있었습니다. 공화당은 군에서 대위를 하다가도 장관을 하는 파격을 보여주었지만, 신민당은 당시 매우 보수적이었어요. 그런데 40대가 무엇을 보여주겠다고 덤비는지 신민당의 노장들은 김영삼을 보고 구상유치(口尙乳臭)다, 아이들 젖비린내가 난다고 본 것이지요. 김영삼의 40대 기수론에 가세하여 김대중(45세) 의원과 이철승(48세) 의원도 대통령 후보에 출마함에 따라 40대 기수들의 3파전이 되었어요. 1차 투표에서는 김영삼 후보가 당연히 1등을 했지만 과반수를 얻지 못해, 결국 제2차 투표에서

---

* 40대기수론(四十代旗手論): 1971년 제7대 대통령선거 후보지명전에서 당시 44세인 김영삼 국회의원이 야당 대통령 후보의 조건과 자격에 관해 주창한 논리이다. 이의 주요 골자는 과거 야당이 나이 많은 후보를 지명한 점을 비판하면서 신민당이 국민에게 활기 있는 이미지를 심어주기 위해서는 40대기수에게 리더십을 넘겨줘야 한다는 주장이다.

김대중이 신민당에서 대통령 후보가 되었습니다. 이로써 당시 야당이고 보수당이었던 신민당에도 세대교체가 일어나 새 정당으로 새롭게 태어났습니다. 이렇게 김영삼은 한국헌정사에서 언제나 새로운 변화를 만들어갔습니다. 1974년 5월에 열린 신민당 전당대회에서 유진산 총재가 병이 들어, 김영삼은 신민당 총재로 나갔습니다. 우리나라 의정사상 중요한 변화의 순간에 김영삼은 항상 핵심에 있었습니다. 김대중 대통령과 비교해서 좀 그렇지만, 김대중은 탄압을 받으면서 그 탄압으로 인해 성장했지만 김영삼은 항상 새로운 흐름을 만들면서 자기 입지를 만들었습니다. 그렇기 때문에 김영삼의 정치적 흔적은 스스로 자기역량을 만들어 간 것입니다.

권자경: 문민정부의 공과 과에 대해 대표적인 것을 말씀해 주십시오.

이원종: 김영삼 정부의 공은 문민화의 기반을 튼튼히 하였다는 것을 가장 큰 업적으로 꼽고 싶어요. 즉, 오늘날 대한민국의 국가적 품격과 경쟁력을 높이는데 기반을 쌓았다고 볼 수 있습니다. 과오에 대해서는 임기 중에 IMF 외환위기를 막지 못한 책임에서 면할 수가 없다는 점이지요. IMF 구제금융체제에 들어간 것은 한국경제를 엉망으로 만들고 경제적으로 예속시켰다는 것을 의미하는 것으로 해석하는 것은 지나친 자학적 해석입니다. 다만 IMF체제로 인해 우리 국민 개개인들에게 씻을 수 없는 상처를 준 것은 큰 과오가 될 것입니다. 즉, 국민 개개인이 자기들의 실패를 전부 IMF체제로 돌려도 문민정부의 과오요, 책임이라고 해도 어쩔 수 없이 된 것이 가장 가슴 아픕니다. 그리고 과에 대해 하나 더 말씀드리면, 문민개혁을 하는 과정에서 피해자가 최소화하도록 여러 가지로 세심한 배려와 대책이 있었어야 했는데 그렇지 못한 아쉬움이 있습니다. 그렇지만 전반적으로 공과 과에 대한 저의 입장은 이렇습니다. 등소평의 말인데, 모택동이 공이 7이고 과가 3이라고 평가하여 중국 국민들이 그들의 역사에 긍지를 가질 수

있도록 규정하여 국가의 정체성을 확립하고 체제 안정을 가져왔다는 것입니다. 등소평 개인적인 입장에서 보면 모택동이 과가 7, 공이 3이라고 규정하고 싶지만 국민들은 모택동의 공을 더 많이 인정하여 국민적 자존심을 살리고 오늘날 중국을 만들었다고 합니다. 지금은 연산군이 나오는 시대는 아니잖아요. 국민이 뽑은 대통령이 모두 공만 세울 수 없습니다. 국민들은 대통령을 잘못 뽑지 않았다는 자존심을 가져야 합니다. 어떻게 대통령이 다 좋은 사람만 있겠어요. 미국도 46명의 대통령이 모두 공만 남기지 않았습니다. 제가 보기에 김영삼 대통령은 너무 억울하게 저평가되어 있습니다.

권자경: 수석님께서는 문민정부에서 가장 오랫동안 정무수석을 하셨습니다. 참모의 역할이 무엇이라고 생각하십니까?

이원종 : 기본적으로 참모는 공은 보스에게, 과는 내가 질 각오를 해야 됩니다. 우리나라에서 대통령 참모는 시대에 따라 다르고 대통령에 따라 다를 겁니다. 김영삼 대통령 같은 분의 대통령 참모는 대통령을 믿고 자기의 의견과 주변의 의견을 잘 전달하고 대통령의 뜻을 꼭 알아야 될 주변인들한테 잘 전달하는 것입니다. 또한, 자기 생각을 너무 내세우지 말아야 합니다. 자기 생각은 대통령의 생각으로 녹아 나와 남한테 전달되든가 해야지 절대 자기 의견을 앞세워서는 안 됩니다. 이것은 내 상표가 붙은 아이디어라고 하면 안 된다는 얘기입니다. 그렇다고 아무 역할이 없고 시키는 것만 하는 게 비서는 아닙니다. 대통령 참모는 여러 형태의 참모가 있을 텐데요, 저 같은 참모도 필요하고 바른 말로 바락바락 대들면서 하는 참모도 필요합니다. 상식에서 벗어난 것 같은 의견이라도 그것이 옳다고 주장하는 참모도 필요합니다. 그런데 중요한 것은 그러한 다양한 참모를 쓰는 사람이 어떻게 받아들이고 어떻게 사용하느냐에 따라 국정운영이 달라진다

는 것입니다.

권자경: 수석님께서 정무수석에서 물러나시고, 2000년부터 뒤늦게 공부를 시작하셨습니다.

이원종: 제가 정무수석을 나오면서 하고 싶은 일이었습니다. '한국 정치가 이제 새로운 시대를 맞아서 새로운 정치로 바뀌어야 한다. 한국 정치가 바로 되려면 좋은 정당이 만들어져야 된다. 시대에 맞는 정당을 만들기 위해 내가 기여를 해야겠다'는 것이 저의 생각이었습니다. 그래서 4년간 야생화 사진을 찍으러 다니면서 그게 종착점이 아니라 한국 정치발전을 위해서 무엇인가 해야겠다는 결심이 서서 공부와 연구를 하기로 결정했지요. 정치학 석사와 박사학위를 위해서 환갑이 넘어서 새롭게 공부하면서 제가 그동안 몸담고 활동해왔던 한국 정치에 대해 객관적으로 다시 관찰할 수 있었고 그것을 기반으로 나름대로 한국 정당과 정치에 대한 연구를 했지요. 박사학위의 주제가 '정당 민주화'입니다. 구체적으로 말하면, 정당 중에서 가장 민주적으로 이루어져야 하는 것이 공천제도라고 봅니다. 정당이 정당 내 사람들 중에서 후보를 보내고 당선이 되면 정권을 잡는 원리를 가지고 있는데 정당이 자기네 사람이 아니라 외부 사람을 모셔다가 공천심사를 하는 것은 말이 되지 않는다고 보았습니다. 과거에 사람 중심 정당에서부터 이제는 당원 중심, 국민 중심의 정당이 되어야 한다는 것이 저의 주장이죠. 그렇게 하기 위해서 정당 민주화밖에 길이 없다는 거예요. 그렇다면, 민주화의 길이란 미국식의 열린 국회(oepn parliament), 열린 정당(open party)이 되어야 한다는 것입니다. 이념적으로 치우친 정당이 되어서는 안된다는 것이 제가 주장하는 바입니다. 과거 우리의 사람 중심, 지도자 중심의 정당에서 벗어나서 앞으로는 국민 중심의 정당으로 가야합니다. 정당이 기본적으로 색깔이나 이념을 가지고 있더라도 국가적 쟁점사안에 대

해서는 이슈를 관리하고 이슈에 대해 정당 나름대로 당의 입장을 국민에게 밝혀서 국민의 심판을 받아야 합니다. 지금 우리나라의 정당들은 자기들이 추구하는 이념과 대표하는 이익 집단을 표방하는 이념정당이 존재해야합니다. 뿐만 아니라 현재 우리나라의 정당체제는 전국정당체제인데 이것은 바뀌어야 한다고 주장하였습니다. 그래서 지역정당이나 특수한 소수집단의 이익을 대변하는 정당까지 허용되는 개방적인 정당체제가 되어야 한다고 봅니다. 또 나아가 우리 국민의 성향으로 봐서는 현실적으로 포괄적 정당이 되어야 집권이 가능하다는 주장도 했습니다. 이 말은 이념적 대중정당이나 계급정당이 필요 없거나 존재할 수 없다는 것이 아니라 지금같이 다원적인 국가사회에서 오히려 더더욱 필요한 정당이라고 생각합니다. 저의 이런 생각을 엮어서 저는 『국민참여시대 한국정당』이라는 책을 2006년에 출판했고, 그 책이 감사하게도 2007년도에는 문화관광부 지정 우수학술도서로 선정되었습니다.

권자경: 마지막으로 한국 사회 우리 국민들에게 당부하고 싶은 말씀이 있으시다면 들려주십시오.

이원종: 저는 우리 국민들에게 당부하고 싶은 얘기는 별도로 없습니다. 다만 정치인들에게 당부하고 싶어요. 국민을 위해 자기의 역할을 철저히 했으면 좋겠다는 것입니다. 정치를 왜 하는지 정확하게 알고 했으면 좋겠습니다. 정치를 자기 출세의 발판으로 삼아서는 안 됩니다. 우리나라 국민들은 전 세계 어디에 내놔도 빠지지 않는, 능력 있는 국민들입니다. 잠재력이 뛰어난 우리 국민들이 신바람 나서 자기 일을 열심히 할 수 있도록 정치인들이 만들어 주어야하는데 정치권이 오히려 국민을 짜증나게 하고 있습니다. 우리 사회의 분열과 갈등, 균열을 봉합할 수 있는 길을 정치가 만들어야 하는데 오히려 정치가 분열과 갈등을 조장하고 있습니다. 남의

잘못만 지적하고 자기주장이 없는 이런 정치에 국민들이 어떻게 만족하겠습니까? 정당과 정치인 스스로의 개혁이 필요합니다. 정치는 원래 도덕적인 것이 아니지만 도덕을 완전히 배제시킬 수도 없습니다. 정치는 현실을 바탕으로 이상을 지향하는 힘든 일입니다. 그런데 오늘의 한국 정치는 이상을 포기함으로써 그 동력을 잃어가고 있습니다. 정치가 이룰 수 없는 이상을 얘기하면 국민들 입장에서 보면 거짓말이 됩니다. 정치가는 국민을 위해 공익적 가치를 실현하여 국민의 삶을 보다 윤택하게 하겠다는 위대한 십자가를 졌음을 인지하면 좋겠고 또 우리 국민들도 내가 오늘의 대한민국을 만들었고 지금도 만들고 있다는 당당한 긍지를 가졌으면 합니다.

권자경: 장시간에 걸친 소중한 말씀에 감사드립니다.

이각범

전 청와대 정책수석

1. 개요

　서울대 사회학과 교수와 청와대 정책기획수석을 역임한 이각범 현 한국과학기술원 교수와의 구술인터뷰는 2회에 걸쳐 실시되었다. 2012년 2월 23일 강남구 소재 미래연구원에서 1차 인터뷰가 실시되었고 2012년 3월 15일 동일 장소에서 2차 인터뷰가 실시되었다. 총 7시간이 소요된 인터뷰에서 이각범 전 수석은 김영삼 대통령과의 인연, 1992년 대선 과정, 1993년 문민정부 출범 전 집권구상 준비 과정, '신한국 건설' 의제의 등장 배경, 노동법 개정 과정, 세계화 정책 추진 배경, 금융위기의 내막, 김현철과 얽힌 비사 등을 들려주었다.

　이각범 전 수석은 경기고등학교, 서울대 사회학과를 졸업하였고 독일 빌레펠트 대학에서 사회학 박사학위를 취득하였다. 독일에서 귀국 후 동국대 사회학과 교수와 서울대 사회학과 교수를 역임하였고 한국방송공사 이사, 경제정의실천시민연합 상임집행위원회 부위원장, IT전략연구원 원장, 국가정보화전략위원회 위원장을 역임하였다. 대학에서는 사회발전론 전공을 살려 강의와 집필 등 활발한 학문 활동을 전개하였고 직접 시민운동에도 뛰어들어 경제정의실천시민연합의 주요 멤버로 참여하기도 하였다. 평소 온건한 개혁적 입장에서 학문뿐만 아니라 시민운동에서도 실천적인 모습을 보여주기도 하였다. 1987년 김영삼 전 대통령과 인연을 맺기 시작한 이각범 전 수석은 1995년 김영삼 전 대통령의 권유로 청와대 수석으로 들어가면서 정치 현장에서 직접 활동하기도 하였다.

　이각범 전 수석은 문민정부가 내세운 대표적 정책이자 의제인 '신한국 건설', '세계화 추진'에 중요한 이론적 공헌을 하였고 신한국 건설을 위한 구체적인 프로그램을 준비하는 데 큰 기여를 하였다. 문민정부 이후에는 평소 관심이 많았던 IT 분야에서 교수와 실무책임자의 역할을 수행하였다.

한국 사회의 정보사회화의 발전을 위해 여러 조직에서 활동하면서 큰 기여를 하였으며 이명박 정부 시기에는 국가정보화전략위원회 위원장을 맡기도 하였고 본인이 운영하는 미래연구원을 창립하기도 하였다.

2회에 걸쳐 총 7시간 동안 진행된 인터뷰의 주요 내용들을 요약, 정리하면 아래와 같다.

첫 번째 김영삼 전 대통령과의 인연이다. 1987년 민주화 열기가 뜨거웠던 당시 야당 지도자로 활동하던 김영삼 전 대통령과 만나게 되었고 당시 본인은 민주헌법쟁취를 위한 교수들의 서명운동에 참여하였다고 한다. 당시 서명 교수 중 박세일, 한완상, 이각범 교수 등 세 분이 김영삼 선거캠프에 참여하였고 1992년도에는 더 많은 인원이 참여했다고 한다. 당시 김영삼 전 대통령을 만나 대통령선거 전에 반드시 집권 프로그램을 마련해야 하며 '경제정의와 사회 발전'을 강조했다고 한다. 그리고 개인적으로는 영세민과 저소득층을 위한 임대주택 건설을 건의했다고 한다. 김영삼 전 대통령은 개인적으로 만나 대화를 하면 매우 집중하는 스타일이었고 어떤 건의를 받으면 가능한 한 바로 승낙하고 수용하는 자세를 취했기 때문에 많은 사람들이 만남의 과정에서 보람을 느꼈다고 한다.

두 번째 정치적 사건과 관련한 비사이다. 1988년 국회의원선거를 앞두고 평화민주당과 통일민주당이 야당으로 견제와 공조를 하고 있었는데 당시 김대중 총재가 국회의원선거구를 소선거구제로 바꾸면 평화민주당을 해체하고 통일민주당과 통합을 하겠다는 메시지를 문익환 목사를 통해 보냈다고 한다. 제안을 받은 김영삼 전 대통령은 다음 대통령선거에서의 야당의 승리를 위해 그 안을 받아들이고 통합을 선언했지만 국회에서 소선거구제가 통과되자마자 통합은 무산되었다고 한다. 그 결과 통일민주당은 의석수에 뒤져 제2야당으로 전락하게 되었다.

세 번째 1992년 대통령선거 과정에 대한 이야기이다. 이각범 전 수석은 김영삼 대통령 후보로부터 사회 부문과 관련된 정책 설계의 부탁을 받고

'부정부패 척결'과 관련된 정책을 마련했고 사회분과팀장을 맡았다고 한다. 당시 경제팀장은 박재윤 교수, 정치팀장은 김덕 교수가 맡았다. 당시 선거의 큰 의제는 '신한국 건설'이었고 이와 관련되어 가장 먼저 제안을 한 사람은 김영삼 대통령 후보였다고 한다. 신한국은 군사독재 청산, 공정한 사회, 합리적 사회, 정상적 사회를 만드는 것이 목표였고 이를 위해 무엇보다도 부정부패 척결을 강조했다고 한다. 집권 후 당명도 신한국당으로 고쳤지만 후에 이회창 후보 세력에 의해 화형식이라는 사건이 벌어지고 신한국당 간판이 내려지는 것을 보고 개인적으로 충격을 받았다고 한다.

네 번째 노동법 파동과 관련된 이야기이다. 1996년 박세일 전 청와대 사회복지수석은 노동법 개정에 관한 지시를 김영삼 대통령으로부터 받고 '신노사관계'라는 구상 속에서 많은 전문가들을 동원하여 개정안을 만들었다고 한다. 개정안에서는 복수노조 도입, 노조 전임자 지원 철폐, 노사문제에 대한 사회적 타협 등을 강조하였다. 청와대 경제수석실과 사회복지수석실 간에 이견이 있었고 복수노조 도입에 대해 경제수석실은 유예를 주장하고 노조 전임자에 대한 처우는 즉각 실시하는 것으로 안이 최종적으로 마련되었다고 한다. 그런데 이 안이 결국 국회에서 날치기 통과되었고 사실은 박세일 수석의 안이 야당으로부터도 묵시적으로 동의를 받는 안이었다고 한다. 이각범 전 수석은 박세일 안이 그대로 관철되었으면 1997년 노사분규가 발생하지 않았을지도 모르며 정국이 안정이 되었을지도 모른다고 예상하였다.

다섯 번째 금융위기와 외환위기에 관한 내용이다. 이각범 전 수석은 외환위기는 금융개혁법이 좌절된 것이 큰 원인이었고 당시 여야 대통령 후보들이 득표를 위해 금융개혁법을 좌초시킨 것이 큰 문제였다고 한다. 당시 한국 경제의 위기는 1997년에 시작된 것이 아니라 1996년부터 반도체 가격이 하락되면서 거품의 위기가 나타나면서 시작되었다고 한다. 외환위기의 원인에는 첫째 기업의 부채 위기, 둘째 한국의 무역수지 악화, 셋째 노동문제 등을 들 수 있다고 이각범 전 수석은 주장하였다. 위기와 관련해서는 기아를 부도처리하지 못하게 막은 여야 정치인의 책임이 크며 김대중 대통령후보가 IMF 재협상을 주장한 것이 결정적 원인이 되었다고 보았다. 또한 반 IMF 정서가 강한 임창열 부총리로 교체한 것도 큰 문제였다고 보았다. 그리고 한국사회의 경제 전문가를 비롯한 언론은 1997년 상황을 외환위기로 설명하는데, 이것은 잘못된 것이며 금융위기가 더 적합한 표현이라고 주장하였다. 당시 김영삼 전 대통령은 알려진 것과는 달리 김영삼 전 대통령은 경제수석을 자주 만났고 경제문제에 대해 많은 관심을 가졌다고 한다.

여섯 번째 문민정부에 대한 평가문제이다. 문민정부는 금융실명제 실시, 하나회 해체, 청렴 정치 강조, 여성발전기본법 마련 등 중요한 공헌을 했지만 여전히 저평가 받고 있다고 이각범 전 수석은 보았다. 특히 부정부패척결을 문민정부는 강조했고 과거 어느 정부보다도 투명하고 깨끗한 통치를 했다고 평가하였다. 그럼에도 불구하고 문민정부는 저평가 받고 있기 때문에 당시 문민정부에 참여한 인사들이 올바른 평가를 받을 수 있도록 앞으로 더 많은 노력을 해야 한다고 주장하였다.

일곱 번째 김현철 씨에 대한 평가이다. 김현철 씨와는 개인적으로 직접 만나 이야기를 나눈 인연을 없으며 당시 김현철 씨한테 줄선 인물들이 매우 많았다고 한다. 이각범 전 수석은 1997년 봄 김현철 씨를 구속시킬 것을 김영삼 전 대통령에게 건의하기도 하였으며 당시 문제가 된 비자금은 대선 잔금을 안기부에 맡긴 것이며 그것이 이자로 불어나 문제가 된 것으로 설명하였다.

2. 구술

>>>>> 1차 구술 _____

윤민재: 오늘은 당시 정책 기획 수석을 역임한 전 서울대 사회학과 교수이자 현재 한국과학기술원 교수로 계시는 이각범 선생님을 모시고 말씀을 듣고자 합니다. 저는 구술인터뷰 진행을 맡고 있는 국가관리연구원 연구교수 윤민재입니다. 선생님 먼저 시간을 내주셔서 감사합니다. 첫 번째 질문 드리겠습니다. 선생님께서 김영삼 대통령을 처음으로 만난 시기와 만나게 된 계기를 먼저 말씀해 주시면 감사하겠습니다.

이각범: 김영삼 대통령을 처음 만난 때는 1987년 5월이었습니다. 그 당시는 야당이었던 신한민주당이 김영삼, 김대중 두 지도자를 배제하고 이민우 총재가 대행 역할을 하고 있었고, 이민우 총재가 민정당의 내각책임제 개헌에 합의하고자 했습니다. 그래서 두 김 선생님이 "그럴 수 없다."시며 당을 깨버리고 통일민주당이라는 새로운 당을 만들었습니다. 그런데 통일민주당이 당사조차 구하지 못해서 당사 없이 민추협 의장 사무실을 통일민주당 총재실로 사용했습니다. 통일민주당 총재는 김영삼 대통령이 되었죠. 그 시절 민주화운동이 거세게 일어나면서 민주헌법쟁취가 있었는데 제가 서명교수로 참여했습니다. 그래서 김영삼 대통령이 그때 민주헌법쟁취 서명교수들을 몇 사람 지목해서 만날 때 처음 만난 것 같습니다. 그 후 저하고 박세일 교수가 김영삼 총재 가장 가까이에서 조언하는 교수가 되었습니다. 박세일 교수와 제 입장은 '정부나 여당 사람과는 만나면서 왜 야당 지도자를 만나는 것은 꺼려하는가, 그것은 공평하지 못하다. 우리나라 야당이 정책에 대한 준비를 하나도 못했는데 국민들은 정책 능력과

상관없이 지금 이 정권으로는 안 되겠다고 한다. 그렇다면 야당 지도자에게 정책에 대해 식견을 가지게 하는 것이 옳지 않느냐'라는 의견을 제시했습니다. 요즘은 감시체제가 아니기 때문에 대선캠프가 있으면 막 달려가는 상황이지만, 그때는 자기에게 오는 불이익을 생각해서 가지 않는 그런 풍조였죠. 저하고 박세일 교수는 그럴수록 그 사람들하고 만나서 얘기를 해야 한다는 입장이었습니다.

윤민재: 그러면 선생님께서 박세일 교수님을 추천하셨나요?

이각범: 네.

윤민재: 서울대 교수님들 중에서 두 분만 가신 건가요?

이각범: 1987년에는 우리 두 사람하고 한완상 선생님 정도가 참여했고, 1992년 선거가 되면서 김영삼 총재가 여당 후보가 되니까 많은 사람이 들어왔죠. 야당 총재를 만나는 일은 상당한 위험부담이 따랐습니다. 제가 서명하던 당시에 안전기획부에서 사람이 오고 그랬어요. 그런 위험부담이 있었지만 '앞으로 정책에 대해서 야당 지도자가 식견을 갖추도록 해야지 그냥 이대로 정치투쟁이나 하는 야당으로 두어서는 안 된다'고 생각했어요.

윤민재: 김영삼 총재를 만나서 어떤 얘길 나누셨나요?

이각범: 먼저 집권 프로그램이 있어야 한다는 점을 강조했습니다. 집권 프로그램이 없이 민주화되었다고 해서 대통령이 된다는 것은 아주 무책임한 일이라고 얘기했죠. 근데 거기에 대해서 김영삼 총재가 보여주신 태도가 다른 정치지도자하고 매우 달랐습니다. 김영삼 총재와 이야기를 30분

동안 했는데 거의 얘기를 안 하고 경청만 하시더라고요. 맨 마지막에 '오늘 너무 중요한 얘기를 했기 때문에 이 얘기는 한번으로 끝나면 안 될 것 같으니 가장 가까운 시일 내에 점심을 같이 먹자' 하셨습니다.

윤민재: 그 당시 김영삼 총재의 비서실장이 누구였던가요?

이각범: 최기선 전 인천시장이죠. 그때 통일민주당 총재 비서실장이었어요.

윤민재: 굉장히 바쁜 시기였을 것 같고 전국이 요동치는 시기였는데도 불구하고 어쨌든 만나셨고 2시간 얘기를 하셨네요.

이각범: 물론 만나자고 제안한 것은 김영삼 대통령이었죠.

윤민재: 그럼 아까 말씀하신 집권 프로그램에 대해 설명해주십시오.

이각범: 얘기한 것 중 가장 핵심이 되는 것이 "Economic Justice and Social Development", 즉 경제정의와 사회발전입니다. 사회발전이라는 것은 사실상 사회학적 발전이라는 이름으로 보면 국가발전이죠. 경실련 이념에 해당되는 거죠. 서울대학교에서 제가 그 내용에 대해 학부 등에서 강의했는데 학생들은 거의 관심이 없었어요. 학생들은 당시 사회구성체 논쟁에 빠져 있었죠.

윤민재: 김영삼 대통령의 반응은 어떠했나요.

이각범: 듣고 나서 처음 반응이 "참 어렵다." 였습니다. 그래서 제가 가

만 생각하니까 30대 교수인 제가 필드에서 뛰는 정치인들한테 언론 기사처럼 쉽게 설명해야 했어요. 너무 아카데믹하게 설명했기 때문에 무엇이 중요하다는 것은 알았지만 그렇게 피부에 와 닿지는 않으신 것 같았어요.

윤민재: 그게 이후의 만남의 계기가 된 거죠?

이각범: 만남의 계기가 됐고, 이후에 민주헌법이 쟁취가 됐고, 단일 후보의 과정이 남게 됩니다.

윤민재: 단일 후보 과정에 선생님도 참여를 하셨나요?

이각범: 단일 후보 과정에서는 논의를 안했는데, 6·29선언이 나오고 난 다음에 헌법에 어떤 내용이 들어가야 하느냐를 논의한 국민운동본부가 있었어요. 그 국민운동본부의 상임집행위원 분들하고는 정기적으로 얘기를 했죠. 그때 상임집행위원으로 있던 사람이 김영삼 정부에 7일간 서울시장을 한 김상철 변호사, 그리고 그 후 민중당을 만들었던 이재오 장관, 최열 환경운동 대표 등 열 명 정도 있었죠. 그때 그 사람들이 두 패로 갈라졌어요. 후보단일화세력과 김대중 총재 비판적 지지세력이 있었죠.

윤민재: 선생님께서는 단일화 입장이셨나요?

이각범: 그렇죠.

윤민재: 선거가 끝나고 그 후 계속 만나셨나요?

이각범: 선거 과정에서 정책캠프가 만들어지고 거기에 참여하게 되죠.

지금 생각하면 정책캠프가 여러 군데 있었을 거라고 생각해요. 아는 사람들의 범위가 엄청나게 넓으니까요. 김영삼 대통령의 특징 중 하나가 만나는 사람한테 굉장히 집중하고, 만나는 사람이 만난 보람이 있다는 것을 느끼게 한다는 겁니다. 이거다 싶으면 그 자리에서 바로 액션을 취하기 때문에 건의한 사람에게 본인이 생각한 것이 금방 실현된다고 하는 이루 말할 수 없는 만족감을 준다는 거죠. 그런 상황을 몇 번 경험하게 되면 '김영삼 대통령은 나 없이는 참 어려우시겠다'라고 생각을 하죠. 그런데 나중에 보니까 저 정도의 거리에서 건의했던 사람들이 한두 명이 아니더라고요.

윤민재: 그 당시에 정책캠프가 만들어지면서 경실련과 유사한 프로그램을 준비하셨나요?

이각범: 그렇죠. 대통령선거하기 전에 우리나라 저소득층에 대한 사회조사를 했거든요. 그때 저소득층에게 제일 갖고 싶은 게 뭐냐 했더니 전부 주택이래요. 가계부를 한 달 동안 적어서 주면 얼마를 주겠다고 하고 가계부를 받아서 그걸 보고 조사했죠. 나처럼 그렇게 조사한 건 그 이후로도 못 본 것 같은데, 저소득층 조사에는 그게 참 유용했던 것 같아요. 한 달 동안 그 사람들은 얼마를 벌어서 얼마를 어떻게 쓰는가를 추적했죠. 역시 주택에 대한 비용이 참 많더라고요. 실제 먹고 입는 의식의 비중도 크지만 주라고 하는 것은 생활 직접비용이 아니라 간접비용처럼 고정적으로 들어가는 건데, 그 비용이 참 크더라고요. 그래서 주택문제 해결을 중요한 정책 아젠다로 만들었죠. 그러한 내용을 바탕으로 노태우 대통령이 당선되고 나서 분당, 일산, 산본, 평촌, 중동 등 신도시를 개발하게 되죠.

윤민재: 선생님께서 그때 기획하신 것도 유사한 아이디어였습니까?

이각범: 저는 중산층이나 이런 사람들을 위한 주택은 아니었고 오히려 영세민이나 저소득층을 위한 임대주택 위주의 주택을 건설해서 사람들에게 분양하자는 아이디어를 냈죠. 주택 건설이 해야 되는 사업임에도 불구하고 너무 한꺼번에 해서 임금도 갑자기 오르고 건축 자재도 오르는 현상이 나타나죠.

윤민재: 주택정책을 강조한 건 같지만, 세부 강론은 큰 차이가 있네요. 선생님께서 제시한 건 영세 저소득층을 위한 거고 노태우 쪽은 중산층을 위한 것이고요.

이각범: 서울의 주택 가격이 너무 비싸니까 부동산 가격을 낮추어야 한다는 입장이었죠.

윤민재: 선거가 끝난 다음에 계속 그런 정책을 입안하고 준비했나요.

이각범: 1987년부터 1992년 사이에 정기적으로 대통령을 만났죠. 김영삼 대통령은 김대중 대통령 지지자들의 매우 조직적인 노력에 의해서 역사적으로 가장 많이 폄훼당하였습니다. 김현철 씨의 비리라고 하는 것은 김대중 대통령의 세 아들의 비리에 비하면 아무것도 아니거든요. 그런데 김대중 대통령의 세 아들 비리에 대해서는 별로 얘기를 안 하면서 김현철 씨의 비리에 대해서는 아주 크게 강조했죠.

그리고 김영삼 총재가 통일민주당 총재를 버리고 '내가 단일화를 못한 것에 대한 책임이 크다'고 말씀하시고 잠정적인 정계 은퇴 선언을 하고 산에 가 계셨을 때가 있습니다. 그래서 속리산으로 문익환 목사가 친서를 보냈는데 그 친서를 제가 전달했어요.

윤민재: 어떤 내용이었나요?

이각범: 김대중 총재가 앞으로 국회의원선거구를 소선거구제로 바꿔주면 평화민주당을 해체하고 통일민주당과 평화민주당이 일대일로 통합을 해서 이번 국회에서도 다수당이 되도록 하자는 것이었습니다. 그리고 다음 대통령선거에서 우리 통합야당이 대통령 후보를 내자는 것이었어요.

윤민재: 선거구제 안에 대해서 합의를 해서 왔나요?

이각범: 네. 국회의원선거 방식에 대해서 당시 야당과 여당이 합의를 했는데 김영삼 당시 통일민주당 고문이 일언지하에 거절해버리고 다시 협상하라고 했죠. 김 고문은 소선구제를 요구하고 며칠 후 서울에서 김대중 총재를 만나서 두 당은 일대일 방식으로 통합하고 하나가 된다는 선언을 했죠.
　그런데 나중에 보니까 야당을 통합해서 다음번에는 반드시 이겨야 된다는 것이 김영삼 총재의 목적이고, 김대중 총재의 목적은 평화민주당을 원내 제일야당으로 만들어야 된다 하는 것이었어요. 그래서 국회에서 소선거구제 안이 통과되자마자 통합은 없던 걸로 됐어요. 그리고 1988년 선거부터 완전히 지역선거가 돼버렸죠. 평화민주당은 일등 하는 곳은 확실히 일등이고 일등 못하는 곳에서는 꼴찌예요. 그러니까 통일민주당은 굉장히 많은 이등을 했지만 의석수는 평화민주당보다 떨어지게 되죠.

윤민재: 왜 그런 결과를 예상을 했음에도 불구하고 김영삼 그 당시 총재는 소선거구제를 주장했나요?

이각범: 김대중 총재가 소선거구제를 받아주면 당을 통합하겠다고 해서

그랬지요. 김대중 대통령의 목적은 소선구제를 통해서 제일야당이 돼야 되겠다는 것이 목적이었지만 그냥 '소선거구제를 하자' 그러면 통일야당 측에서 받아 들일리가 만무하니까 '우리 두 당이 합하면 원내 과반수가 되니 소선거구제 합시다' 이렇게 한 거죠. 김영삼, 김대중 두 분이 게임하면 늘 김영삼 대통령이 져요.

윤민재: 왜 그렇죠?

이각범: 김대중 총재 측은 김영삼 총재의 목적을 너무나 잘 아니까 그거를 명분으로 내걸었기 때문이죠.

윤민재: 선거 후에 민주당은 제3당이 되었습니다. 그리고 3당 합당이 이루어집니다. 그 배경은 무엇입니까?

이각범: 김영삼 대통령은 야권 통합이라는 것은 도저히 불가능하다고 판단하고, 그렇다면 '내가 대통령이 되려면 호랑이굴로 들어갈 수밖에 없다'고 생각해서 통합한 거죠. 3당 통합을 안했으면 대통령이 못됐죠. 그리고 김대중 대통령도 안돼요. 야당이 둘로 갈라지면 늘 안 되게 돼있어요.

윤민재: 선생님께서는 3당 합당으로 가는 1년 반의 과정에서 김영삼 총재와 비슷한 생각을 하셨나요?

이각범: 저는 충분히 이해를 하는 게, 모든 선거는 지역선거였어요. 호남이라는 고정표가 25%를 차지했죠. 민주세력의 입장에서는 이쪽하고 합하든지 저쪽하고 합하든지 둘 중 하난데, 이쪽은 절대로 안 합하겠다고 봤어요. 왜냐하면 자기 텃밭이 있으니까 할 필요가 없단 말이죠. 그러니까

남은 선택은 저쪽하고 합하는 수밖에 없죠.

윤민재: 결국엔 산술적인 계산이 기본적인 바탕이 된 거였나요.

이각범: 실제로 모든 선거에서 이렇게 나타나요. 다 몇 퍼센트 득표에서 결정이 되니까 모든 것이 산술적인 계산이죠.

윤민재: 1987년도 대선 결과가 일종의 학습효과가 된 거네요?

이각범: 그렇죠. 그냥 그대로 이 구도로 가면 민주세력은 양분이 돼서 영구히 집권을 못하죠.

윤민재: 3당 통합 과정을 어떻게 지켜보셨나요?

이각범: 전 그전에 미국 버클리로 연구를 하러 가게 되었어요. 거기서 '뉴욕타임즈' 1면 주간 톱으로 나온 걸 보고, 한국에 3당 합당이 이루어졌 다는 것을 알았죠.

윤민재: 그럼 버클리 계시다가 돌아오셔서 김영삼 총재와 다시 만나게 되었군요?

이각범: 그렇죠.

윤민재: 돌아오셨을 때 김영삼 총재가 그 당시에 민자당 최고 위원이었 나요?

이각범: 네. 요새로 말하면 대표죠.

윤민재: 만났을 때 김영삼 대표께서는 차기 구상을 하셨겠죠? 구체적인 말씀이 있었나요?

이각범: 그런 구체적인 말씀은 없었고 러시아 등이 매우 중요하다는 말씀을 했죠. 그리고 정치하면서 제일 힘들었던 때가 전두환 대통령 밑에서 3년 간 가택연금 당했을 때였다는 말씀도 하셨습니다. 그 다음으로 힘들었던 때가 3당 통합을 하고 난 후 당 안의 적들과 싸우는 것이었다는 말씀도요.

윤민재: 김영삼 대표가 집권당 후보가 되기 전 캠프가 차려집니다. 캠프에 언제 참여하셨나요?

이각범: 캠프가 차려진 건 1992년 8월, 9월경입니다. 그때 김영삼 대통령 후보는 선거는 전문가들이 있으니까 저 같은 사람은 집권 후에 정책 분야에 쓰겠다고 말씀했죠. 제 전공은 정치경제학, 사회학이니까 사회 부문과 관련된 정책을 짜라고 그러셨어요. 그래서 사회 부문 정책에 제일 중요한 것은 '부정부패를 척결하는 일'이라고 말씀드렸죠. 김영삼 당시 후보께서 다니는 곳마다 부패 척결이 우리나라에서 가장 중요한 문제라고 말씀하셨어요. 그런 면에서 밑에서 일하는 사람이 신명나게 일할 수 있는 분위기를 만들어주셨어요.

윤민재: 그때 박세일 교수도 참여했나요.

이각범: 박세일 교수가 그해 2학기 때 미국으로 안식년을 갔어요. 그래

서 정책캠프엔 저만 참여했죠. 이명현 선생, 한완상 선생님하고 다른 별도의 모임에 참여했고, 우리 쪽에는 고건 전 총리가 참여했죠. 각 분과팀장을 따로 정하지는 않고 제가 사회팀장을 했고, 경제팀장을 박재윤 선생이 했고 정치팀장을 김덕 선생이 맡았죠.

윤민재: 모임과 조사 등을 위한 비용도 상당히 들었을 것으로 예측되는데요.

이각범: 조사 등의 작업은 또 다른 데서 했던 것 같아요.

윤민재: 그 팀하고는 교류나 접촉은 없었습니까?

이각범: 그 팀하고 교류나 접촉은 없었는데, 조사 결과에 대한 자료가 오기는 했죠. 그러면 조사 결과를 분석해야 하는데 가끔 정반대로 판독을 하는 거예요. 예를 들면 김영삼 대통령의 어떤 부분을 좋아하느냐 묻고, 이 부분을 좋아한다고 하면, 그럼 이 부분을 강화하라고 말해요. 그래서 전 "아니 그게 말이 되느냐? 그건 김영삼 대통령을 이미 찍겠다는 사람들인데. 선거라는 건 안 찍겠다는 사람들을 우리 편으로 모으는 건데."라고 반론을 제기했죠.

그때 한창 안정이냐, 개혁이냐를 둘러싸고 논쟁을 했어요. 민정계의 안정 기조로는 국민의 지지를 못 받아 김영삼이란 사람을 외부에서 초빙해 온 만큼, 3당 합당을 통해 여당의 체질을 바꾸는 것이 중요했다고 봅니다. 민정당이 갖고 있던 안정이라는 이름으로 그냥 가면 국민이 지지를 하겠느냐는 것이죠. 김영삼 후보의 큰 장점은 개혁이에요. 그리고 지금까지의 군인 출신이 하던 것과 구별하는 것이 중요했죠.

윤민재: 나중에 신한국이라는 패러다임으로 간 거죠? 아까 말씀 중에서 러시아 등 사회주의 국가에 대한 관심도 컸다고 하셨죠.

이각범: 김영삼 대통령의 관심은 국가의 안정에 있었어요. 국가의 안보를 철저히 하기 위해서는 러시아라든지 중국 등 다른 나라들과 제대로 교섭을 해야 하며, 또 그 나라들하고 경제적으로도 관계를 돈독히 하는 것이 중요하다고 생각하셨죠.

윤민재: 선생님 말씀 중에서 대표로 마지막에 선출되기까지 민정계 등의 견제로 어려움이 있으셨다고 했는데, 그 가운데 중심에 선 인물이 박철언 전 장관이었나요?

이각범: 그렇죠.

윤민재: 그 시기에 김영삼 대통령이 그분 때문에 어렵다는 말씀을 많이 하셨습니까?

이각범: 김영삼 대통령은 말씀이 별로 없고 듣고 질문하시죠. 그리고 정치 9단이셔서 우리 같은 서생들을 데리고 정치 얘기를 안 합니다. 우리는 박철언 같은 사람들 때문에 힘들다는 사실을 신문 보고 아는 정도죠.

윤민재: 그야말로 정책과 관련해서만 자문을 한 거군요.

이각범: 정책에 대해서만 했죠.

윤민재: 그러면 1992년 대선 때 큰 아젠다가 무엇이었나요?

이각범: 신한국 건설이었죠. 당에서 저한테 신한국 건설의 내용을 만들어달라고 요청했어요.

윤민재: 신한국이란 말은 누가 제일 처음 사용했나요?

이각범: 누가 처음에 사용했는지는 모르겠어요. 어찌 됐든 제일 먼저 말을 한 분은 김영삼 후보 자신이에요. '나는 군사독재와 구분이 되는 신한국을 건설할 것이다'라고 말씀하셨죠.

윤민재: 주요 내용은 선생님 등 캠프에서 작성한 것이 되는 거죠?

이각범: 그때 언론사 두 군데에 고정 칼럼을 썼었죠. 그곳에서 그 내용을 설명했죠.

윤민재: 어떤 내용의 칼럼이었나요.

이각범: 신한국이라 함은 낡은 군사독재의 잔재를 뿌리 뽑고 공정한 사회, 합리적인 사회, 그리고 정상적인 사회로 만들어가는 것이 신한국 국가라고 했죠. 그리고 이 과정에서 부정부패가 척결이 되는 투명한 사회를 만들자고 주장했죠. 신한국의 세 가지 요점은 정상화, 투명화, 합리화에 있으며, 그렇게 해야지만 어려운 상황을 타파하고 새로운 21세기를 향한 도약의 발판을 마련할 수 있다고 보았습니다.

윤민재: 당내에서 반발이 없었나요?

이각범: 신한국당은 결국은 민정당하고 민주당이 합해서 만든 당이죠.

공화당은 떨어져나갔으니까요. 그 결과 민정당에서 김영삼 대통령을 지지하는 세력과 민주당에서 김영삼 대통령을 추종하던 세력이 합해져서 신한국당이 된 것이고, 민정당에서 김영삼 대통령 후보하고는 같이하지 못하겠다는 박철언 등등은 김종필 총재와 함께 자민련으로 분리되었죠. 그러니까 신한국당은 주류가 민정당이지만 김영삼당입니다. 신한국당이 이회창 대통령 후보를 만들면서 김영삼 대통령 화형식까지 하지 않았어요? 그 화형식한 이유가 뭔지 알아요?

윤민재: 그쪽에서는 당내에서 김영삼 대통령의 색깔을 없애기 위해서 그런 것 아닌가요?

이각범: 그때에 뭐가 있었냐 하면 이회창 후보 측에서 김대중 대통령의 2백 몇십억 원의 불법 정치자금 수수를 문제 삼았어요. 불법 정치자금 수수에 대해서 당연히 검찰 수사를 의뢰해야 하는데, 현직 대통령이 대통령 선거를 앞두고 야당 탄압이 될 수 있기 때문에 검찰에 수사 중지 명령을 내렸잖아요. 그랬더니 화형식을 한 거죠.

윤민재: 그런데 김영삼 대통령이 회고록을 보면 '자신이 정당했고, 그래야지만 선거 질서가 파괴되지 않고 선거를 할 수 있었으며 시스템을 봤을 때 당연한 결정이었다'라고 했습니다.

이각범: 신한국당은 김영삼 대통령이 만든 당입니다. 이회창 씨는 신한국당을 만드는 데 무슨 기여를 했습니까? 아무것도 기여한 것이 없었잖아요. 그런데 전직 총리가 화형식을 했다고요. 그러면 민주자유당 대통령 후보인 김영삼 후보가 과거를 청산하고 군부의 잔재를 씻어 내고 새로운 한국을 만들겠다고 했을 때 누가 반발하느냐 이거죠. 대통령 후보가 일단 되

면 당을 완전히 장악을 해요. 하나회의 가장 큰 핵심이자 군사 통치할 때 실세로 있던 사람이 육군참모총장이 되었죠. 그분이 하나회 척결하는 날 광주에 내려가서 신한국 건설의 길에 대해 연설을 하고 계셨어요. 그리고 바로 옷을 벗었죠.

이런 것이 정치에요. '다음 집권자는 신한국을 하겠단다. 그러면 우리 다 같이 신한국 건설의 주역이 되자', 이것이 정치하는 사람들의 생리입니다.

윤민재: 충격받으셨겠네요. 그런 정치인들의 모습에 대해서요.

이각범: 충격받았다고 할 순 없지만 '정치하는 사람들은 저렇구나' 생각했죠.

윤민재: 그 당시에 대중들에게 신한국이라는 캐치프레이즈가 어느 정도로 설득력 있게 받아들여졌다고 보십니까?

이각범: 신한국이란 구호만 중요한 건 아니고, 정상화, 투명화, 합리화라고 하는 신한국당의 길이 철학적으로 아주 중요하죠. 적어도 그런 철학적인 체계를 갖추고서 집권한 사례가 다른 나라에도 별로 없어요. 자유 민주 국가에서 정치란 삼권분립의 원칙, 법에 의해서 통치를 하는 것이 순리입니다. 군의 인맥에 의해서 인치를 하는 것이 아니라 법치를 하겠다는 것이 신한국의 제일 첫 번째 개념인 정상화에요. 투명화는 만연해 있는 부정부패를 뿌리 뽑고 금융실명제를 실시하는 거죠. 모두 집권 프로그램에서 구상한 코스 그대로 나간 겁니다.

윤민재: 선거 후에 선생님께서 입각하시거나 청와대에 들어가시지는 않았나요?

이각범: 김영삼 대통령 주변에서 인사를 담당하는 사람들이 저를 잘 몰랐어요.

윤민재: 어찌됐든 직접 제안을 받지 않으셨어요?

이각범: 제안을 받지 않았어요. 전병민 씨가 정책기획수석에서 나갔을 때 정책기획수석으로 제가 어떠냐는 말은 들었어요. 비서실에서 전화가 왔지만 그 전화에 대해서 신빙성을 두지도 않았어요. 나이도 어리고 서울대 교수를 버리고 가기에는 어렵다고 얘기를 했죠. 제가 그때 선뜻 가겠다고 했어도 원래 그런 루트로 들어가게 되는 것 같지는 않아요. 청와대 들어가서 보니까 김영삼 대통령이 직접 전화를 해서 들어오라고 하지, 가운데서 지금 검토를 하는데 오지 않겠냐고 이렇게 묻지는 않더라고요.
대통령이 되시고 난 다음에는 김영삼 대통령과 연락할 길이 없다는 것을 느꼈죠. 청와대에 전화를 걸어서 대통령하고 통화하겠다고 하면 누가 바꿔주겠어요? 후보로 계실 때하고 대통령으로 계실 때하고 다르구나 생각했죠.

윤민재: 그러면 대통령이 되시고 나서 접촉이나 교류가 없었겠네요.

이각범: 거의 일 년 반 동안 접촉이 없었어요. 1993년도에 KBS 이사를 하라고 방송위원회 부위원장이시고 서울대 사회학과 선배님이신 유재천 교수가 전화를 하셔서 말씀하셨죠. 그러나 그때 부정방지 대책위원회를 만들어서 일을 하는데 너무 바빠서 못한다고 했죠.

윤민재: 부정부패 방지에 대해 큰 관심을 가지시고, 정치인들의 청렴문제도 매우 비중 있게 다루었다고 봅니다. 김영삼 대통령 본인은 청렴문제

에서 어떠했다고 생각하십니까?

이각범: 대통령 재임 중에 정말로 청렴한 분이었죠. 김영삼 대통령 때 큰 국가 프로젝트들 있었잖아요? 그것에 대해서 야당에서 요새 4대강 반대하듯이 다 반대를 했던 PCS 사업, KTX, 인천공항 등 큰 사업들이 있었죠. 문민정부가 끝나고 아주 샅샅이 뒤졌는데 대통령이 돈 안 먹은 건 물론이고 그와 관련해서 돈 먹은 사람들이 하나도 안 나왔잖아요. 우리도 다 계좌 추적당하고 그랬어요.

윤민재: 신한국 구호에서 첫 번째로 내세우는 부정부패 척결이 완벽하게 실현된 것으로 보시나요? 신문 기사나 정치인들의 회고록들을 보면, 김영삼 대통령이 당대표를 할 때 박철언 전 의원이 돈을 줬고 수표도 사진을 찍어 갖고 있다는 내용이 있습니다. 김영삼 대통령의 회고록을 보면 그 부분에 대해서는 별로 말씀이 없으시더라고요.

이각범: 김영삼 대통령이 전두환, 노태우 두 대통령에 대해서 역사적으로 단죄를 해야 하겠다는 의지를 가지고 있었습니다. 전두환 대통령에 대해서는 천 몇백억의 추징금을 하고 노태우 대통령에 대해서도 4백 몇억 추징을 했죠. 그런데 그때 국민 여론이 굉장히 비등했어요. 본인은 깨끗하냐는 거죠. '본인이 그동안에 받았던 정치자금에 대해서 공개하라'라고 야당이 들고 나온 거예요. 그때 '내가 대통령이 되기 전까지는 이곳저곳으로부터 적고 많은 돈을 수 없이 받았지만 대통령이 되고 난 다음부터는 단 1원 한 장도 받은 적이 없다'고 했죠. 그거는 사실이에요.

노무현 대통령조차 역대 대통령 중에서 김영삼 대통령이 참 깨끗하고 돈문제에 관한 한 대인이라고 기자 간담회에서 얘기를 했습니다. 신문에도 보도가 됐고요. YS는 참 통 큰 인물입니다. 대선 자금으로 들어오는 돈은 내 돈이 아니니까 당에서 알아서 쓰라 하고 선뜻 천억 원이 넘는 돈을 줄 수가 있느냐는 거죠. 그게 그 유명한 안기부 돈이겠죠. 그러니까 김현철 씨도 개인적으로 착복한 것이 뭐냐 하고 조사를 받았죠. 아마 그 대선 잔금을 갖고 있는 과정에서 이자가 발생했는데 그 이자 부분에 대해서 세금을 안내서 조세포탈 혐의가 되었죠. 검찰에서는 명목을 잡아야 되는데 혐의가 없다고 하면 국민들의 여론을 잠재울 수가 없으니까 조세포탈범으로 구속했죠.

윤민재: 선생님께서 정책기획수석으로 들어가신 게 1995년도입니다. 그 전에는 박세일 수석께서 그 자리를 맡고 계셨죠. 그 제안을 김영삼 대통령이 직접 전화로 하셨나요?

이각범: 김영삼 대통령이 유엔 환경총회 일로 1995년 10월에 뉴욕에 오셨습니다. 저는 그때 조지 워싱턴대학에 연구 객원 교수로 나가 있었어요. 그때 뉴욕에 있는 호텔에서 뵈었죠. 제가 여기 미국에 온 지 두 달밖에 안 돼서 한창 연구 중이라 들어갈 수 없다고 말씀을 드렸죠. 그 후 수시로 전화를 하셨어요. 연말에 재각이 있는데 여기서 빠지면 더 이상 없다고 꼭 들어오라고 했어요. 그 말씀 듣고 한국에 가서 도저히 들어올 수 없는 이유를 직접 설명 드리는 것이 좋겠다고 생각했어요. 아무 준비 없이 트렁크에 와이셔츠 두 장만 넣어서 갔죠.

그리고는 청와대 가서 수석을 할 수 없는 이유를 설명했습니다. 첫째는 대통령께서는 아주 건강하신 분이고 밑에 있는 참모는 대통령보다 더 건강해야 되는데 저는 그렇게 에너지가 많은 사람이 못 된다고 말씀드렸죠. 그랬더니 김영삼 대통령께서, '맞아 대통령은 정말로 건강해야 돼! 몸이 별로 안 좋으면서도 대통령 하겠다는 사람을 보면 참 이상하다'고 하셨죠. 그게 아마 DJ를 겨냥해서 하신 말씀 같아요. 두 번째는 만약 한다면 정보화를 본격적으로 해야 되고 우리나라의 도시 기반을 완전히 새롭게 꾸미는 새로운 개념의 도시 계획체계를 만들고 싶다는 말을 했습니다. 이런 것들을 수행하려면 손발이 필요한데 정책기획수석이란 자리는 이런 일을 할 체제가 아닌 것 같다고 했죠. 그랬더니 '아 그거는 비서관 새로 만들면 된다'고 하세요. 그리고 마지막으로 그 말씀을 하셨어요. "우리가 최루탄이 난무하던 때에 무교동에 있는 민추협에서 만나가지고 이 교수로부터 수없이 많은 얘기를 듣고 실천을 한 것도 있고, 내가 상당히 그런 조언들을 중요하게 생각했는데 나한테는 조언을 하면서 왜 그거를 본인이 와서 하라 그러는데 못하겠다고 하느냐. 나한테 말만 하지 말고 본인이 직접 하라는 얘기다." 그러세요. 그 말씀을 들으니까 말이 막히더라고요. 그래서 제가 그 얘길 했죠. "전 대학 교수 봉급으로만 사는 사람이고 아무 돈이 없는 사람입니다. 제가 직업이 없으면 가계가 어렵습니다."라는 이야기를 했어요. 세 번째로 안 되겠다는 조건으로 말씀을 드렸을 때, '옛날 말에도 산입에 거미줄 치느냐 그렇게 얘기를 하는데 이 교수 아직 앞길이 구만리 같은 사람이 무슨 그런 걱정을 하느냐' 하고 '이 교수 능력에 밥벌이 못할 그런 걱정을 해야 되는 사람은 아니지 않느냐'고 말씀하셨죠. 딱 손을 잡으면서 걱정하지 말라고 잘 할 거라고 말씀하셨어요. 그 다음 날 정책수석으로 발표가 났죠. 와이셔츠 두 장 들고 왔다가 그렇게 된 거에요.

윤민재: 정책기획수석실 산하에 직원들이 몇 명이나 됐나요?

이각범: 정확하게 27명 있었습니다. 굉장히 많았죠.

윤민재: 그 당시에 비서실장이 김광일 비서실장이었죠?

이각범: 네. 김광일 비서실장은 아주 계획적인 사람이었어요.

윤민재: 성향은 선생님하고 거의 일치했죠.

이각범: 아주 일치했어요.

윤민재: 박세일 선생님도 마찬가지였나요?

이각범: 김광일 비서실장하고 박세일 수석하고 나하고 셋이서 팀워크가 아주 좋았어요. 우리는 개혁하자는 사람들이니까 아무래도 현상 유지는 싫어했죠. 반면에 정치하는 사람들은 우리를 불편해하죠. 왜냐하면 우리가 주장하는 것은 장기적인 국가이익을 보면 옳은데 단기적으로 보면 표가 안 된다고 반발이 있었죠.

21세기 도시도 서울시 같은 경우에 전체적으로 용적률을 낮추고 그러자는 건데 어느 건설업자가 그걸 좋아하겠어요? 싫어하죠. 너무 난개발이 되면 그것 때문에 일반 국민들이 지불해야 할 교통비용, 환경비용이 너무 많고, 또 어린이들의 안전이라든지 이런 것들도 다 문제가 되고요. 학교라든지 병원이라든지 꼭 있어야 될 시설, 공원 이런 것들이 사전에 미리 계획되지 않고 일단 땅이 나뉘면 자기 땅에 공공 목적을 위한 것들을 세우려하지 않게 되죠. 그래서 계획된 도시에서 낮은 용적률을 가지고 친환경적이고 교통이 원활하게 돼서 사람들의 일상생활의 비용을 줄이고 안전하고 편리하고 경제적이면서 문화적인 도시를 만들려고 했죠. 그런데 결국 실패했지요.

윤민재: 관료들의 반대도 많았을 거로 예상되는데요.

이각범: 김영삼 대통령이 하지 말라고 했다는 것이 TV 톱뉴스로 나오고 그랬어요. 이렇게 황당한 안을 만들어내는 수석이 있느냐 이렇게 되었죠.

건설교통부하고 한 7개월 동안 작업을 했어요. 그래서 안을 다 마련하고 권오규 비서관을 시켜서 그 안들을 건교부하고 합의해서 했죠. 권오규 비서관이 관료 출신이었고 그 안이 좀 과격하다는 건 알았지만 나름대로 충실하게 안을 만들었어요. 개인적으로 상의를 하고 또 내가 청와대 쪽에 카운트파트가 돼서 건설교통부의 차관하고 같이 팀을 이끌고 같이 회의한 것만 해도 상당히 많았죠. 그런데 일단 대통령한테 보고하고 올라갈 때는, 부처하고 한마디 상의도 없었고 수석이 소신대로 혼자 생각한 걸 가지고 언론에다 공표를 하려고 한다는 말들이 있었죠. 또한 경제수석이 수도권에 신도시 40개 내지 50개를 만든다는 왜곡된 보고를 했죠. 박재윤 수석은 오래 전에 나갔고 돌아가신 구본영 수석이라고 있어요. 결국 그 계획은 좌절되었습니다.

윤민재: 장시간 소중한 말씀 감사합니다.

⟩⟩⟩⟩⟩ 2차 구술

윤민재: 안녕하십니까. 오늘은 이각범 선생님을 모시고 두 번째 구술인터뷰를 진행하겠습니다. 당시 문민개혁에 대해 부정적인 여론도 많았다고 생각합니다. 그렇지만 기존 언론들은 대체적으로 지지하지 않았나요?

이각범: YS 장학생이라고들 말하는 게 있는데, 사실 YS 장학생이 생길 수가 없죠. 통치 자금이 없는데요. DJ 장학생은 전주 출신 언론인 전언회가 가장 핵심이죠. 이분들은 자기 돈 내서 김대중 대통령에 대해서 요만큼이라도 잘못 보도하면 벌떼처럼 달려들어서 공격하잖아요. YS가 집권하고

난 다음 부산, 경남 쪽 출신들은 아주 홀대받았어요. 처음에는 자기 출신 고등학교인 경남고등학교 출신들이 들어오지도 못하게 했어요. 대신 득본 게 부산고등학교 출신들이죠. 정종욱 외교안보수석, 박재윤 경제수석 모두 부산고등학교 출신이었어요. 경남고등학교 출신들이 처음에 못 들어왔으니까요. 역차별을 당했죠. 그런 면에서 우리나라에 오랫동안 정언유착이 있었고 정경유착이 있었는데, 문민정부에서 그것이 깨졌습니다. 문민정부가 청렴 정치를 표방했고 통치자금 안 받고 정치자금 없이 정치를 하려고 했으니까요.

그리고 참 재밌는 게 서울대학교에 같이 있던 동료 교수들도 옛날에는 청와대에서 부르면 기꺼이 갔어요. 첫째는 자기 정책이 정부 정책에 반영된다는 보람이 크죠. 두 번째는 그 전 정권은 청와대에서 회의를 한번 하면 거마비를 상당한 수준으로 줬어요. 그런데 문민정부에서는 거마비 한 번도 없이 그냥 와서 칼국수 먹고 갔습니다. 한두 번은 청와대에 자기 정책을 편다고 가지만, 생각한 것을 얘기해주는 순간 과제가 떨어집니다. 그것에 대해서 구체적으로 작업을 해 줘야 하는데 어떠한 구체적인 재정적 뒷받침 없이 일만 시키니, 청와대까지 왔다 갔다 하라고 하면 교수들로서는 그건 굉장한 부담이 되거든요. 한두 번 왔던 교수들이 그 다음에 그 주제를 가지고 더 진행을 하자고 하면 오지 않았어요. 그런 면에서 그 전의 패턴과 너무나 달랐죠.

윤민재: 오늘은 큰 두 가지 주제를 가지고 여쭤보려고 하는데요. 하나는 노동법 개정문제이고, 두 번째는 IMF 전후의 그 당시 위기 상황과 그에 어떻게 대처했는지를 중심으로 여쭤보겠습니다. 먼저 노동법 개정 과정에 관한 자료를 보았습니다. 1996년도에 박세일 사회복지수석한테 김영삼 대통령이 직접 '현재 노동법이 문제가 있고 노사문제가 심각하다, 한국 사회가 앞으로 선진화가 되기 위해서는 일단은 노동법을 개정해야겠다. 노사관계

를 좀 개혁적으로 바꿀 수 있는 틀을 마련해라', 이렇게 지시했다고 기록이 나오더라고요. 그 당시에 신 노사관계 구상이라는 큰 타이틀을 걸고 전문적인 분들을 초청해서 다양한 회의를 열었습니다. 그리고 그 후 5월에 노사관계개혁위원회가 발족을 했습니다. 현승종 전 총장께서 위원장을 하시고 30명 정도가 참여했습니다. 선생님께서는 여기에 직접 참여는 안하셨지만 많은 관여를 하셨죠?

이각범: 노동 비서관은 바로 제 옆 사무실이었어요. 그래서 옆에서 어떻게 개혁하는가를 들어서 아는 정도지요. 저는 박사논문을 노동시장으로 썼지 노사관계로 쓰진 않았거든요. 노사관계를 전공하는 학자들이 관여할 문제라서 저는 크게 관여를 안했습니다. 그러나 전체적인 방향은 알았죠. 세 가지 방향이 있었습니다. 하나는 복수 노동조합을 하면 노-노 갈등이 일어나기 때문에 그것이 노동자들의 장기적인 권익을 약화시킨다 해서 단수 노동조합을 조직했습니다. 기업의 입장에 있어서는 노동조합의 대표성이 희미해져서 어느 측하고 단체협약과 임금협약을 맺을 수 있는가 하는 어려움이 있었습니다. 그런 점에서 노사 양쪽이 모두 복수 노동조합에 대해서는 반대를 했습니다. 특히 한국노총이 유일하게 인정받고 있는 합법 노조고, 민주노총은 그런 의미에서 제일 늦게 나왔기 때문에 단일노조원칙에 의해서 인정을 못 받고 있었거든요. 그런데 민주노총이라는 존재가 법외 노조이긴 하지만, 현실적인 노조이기 때문에, 복수노조를 도입해서 현재 실질적으로 노동조합 활동을 하는 노조가 법 안의 테두리에서 같이 활동하도록 해야 된다는 것도 중요했습니다. 두 번째는 노조 전임자에 대해서 기업이 임금을 주고 노조 사무실을 기업에서 무료로 사용하게 공간을 주고 했는데, 선진국에는 이런 사례가 없습니다. 그래서 노동조합이 제대로 활동을 하려면 전임자는 노동조합 스스로가 고용하고, 회사는 노조 전임자라는 것에 대해서 노조 활동을 하기 때문에 회사에서의 작업을 하

지 못한다는 불이익을 주지 않고 노조 전임자로서의 현실을 인정해줘야 됩니다. 그 정도가 노사관계에서 가져야 될 기본적인 기초가 되는데 한국에서는 1987~1989년 3년 동안에 대규모 노사분규를 겪는 과정에서 노동조합이 요구하는 것은 무엇이든지 들어주어야 하는 것처럼 되어있었죠. 세번째가 노사관계를 노사에게만 맡기게 되면 끊임없는 투쟁이 되니까, 사회 공익 차원에서 커다란 사회적 합의를 이끌어내는 장이 돼야 된다고 봅니다. 노사 조정을 할 때 공익위원회의 역할이 강화돼야 된다는 점입니다. 즉 복수노조제 도입, 노조 전임자 제도의 정상화, 그리고 사회적 대타협 이렇게 세 가지 원칙을 가지고 했습니다. 그런데 경제수석실이 주가 되어 이대로 통과되면 안 된다고 해서 사회복지수석실과 경제수석실 사이에 의견 대립이 있기도 했었습니다. 복수노조 도입은 경제수석실에서 유예를 했죠. 그리고 전임자에 대한 처우는 즉각 실시하는 것으로 하고 노동법이 날치기로 통과가 되었죠. 결국 노동 분규가 되어 버렸죠.

윤민재: 복수노조 도입, 노사의 사회적 타협, 노조 전임자에 대한 지원 철폐를 기반으로 한 노동법이 결국 여야 합의를 보지 못하게 됩니다. 당시 문제는 무엇이었습니까?

이각범: 그런데 사실은 박세일 수석의 원래 안에 대해서는 야당도 묵시적 동의를 했어요.

윤민재: 묵시적 동의를 했는데 표면적으로만 반대를 했다는 말씀이신지요?

이각범: 여야 합의가 안됐는데 더 큰 문제는 그것을 통과시킬 때 앞에서 말씀드린 것처럼 복수노조는 즉각 도입하되 3년 간 유예를 하고, 노조 전

임자에 대한 임금 지급은 즉각 금지를 하는 거였죠. 이것은 타협에서 어긋나는 거죠. 여담이지만 지금 한미 FTA 다시 하자고 그러는데, 한미 FTA가 양 쪽에서 자동차가 두 갈래 길에서 오면 하나씩 하나씩 통과하잖아요. 그런 식으로 민노총하고 청와대가 서로 하나씩 양보해서 협상해서 대타협을 이룬 것입니다. 그러나 그중에서 자신에게 유리한 것은 놔두고 반대 측에 불리한 것은 빼버리면, 반대 측은 당연히 반대하고 결국 분란이 되겠지요. 야당은 무조건 반대하는 거였죠.

윤민재: 결국 날치기가 정국의 발목을 잡는 사건이 되고 말았습니다. 당시 청와대는 이 문제를 어떻게 돌파하고자 했나요. 혹시 이원종 정무수석이 밀어붙이신 건가요?

이각범: 저도 그건 잘 모르겠어요. 정무 사안은 우리한테 알려주질 않았어요. 같이 수석실에 있어도 국회의원 누구를 공천하는지 하는 정무 사안은 우리한테 안 알려줬어요.

윤민재: 그 정도로 업무에 대한 역할 분담이 확실하게 구분되었습니까?

이각범: 정무하고 정책 분야는 확실하게 구분했어요.

윤민재: 나중에 보니까 1997년 2월에 여야 합의에 의해서 복수노조가 허용이 되고 정리해고가 유예가 되더라고요. 그러니까 일단 노동법이 마련이 되고요. 나중에 김영삼 회고록을 읽어 보면 '그 당시에 안타까운 결과였다, 이렇게 여야 합의가 됐지만 결국에는 복수노조 허용과 정리해고 유예가 IMF를 가져 온 또 하나의 원인이었다'라고 적혀 있었습니다.

이각범: 박세일 수석의 원래 안대로 했으면 1997년 1월에 대규모 노사 분규가 안 일어났을 것이고, 노동법 반대 투쟁이 전국적으로 일어나지 않았을 것이며 정국이 훨씬 더 안정이 됐겠죠. 정리해고란 말이 김영삼 대통령에 있었다면 그 또한 노동조합과 정부의 타협, 민노총과의 타협에 의해서 정리해고를 도입한다는 게 있었을지 모르죠. 예를 들어서 복수노조를 즉각 허용한다는 이런 것들을 몇 년간 유예한다 한 거죠. 그래서 아마 여야 합의에 의해서 복수노조가 도입이 되었다면 상급 단위에 있어서의 복수노조, 민노총을 합법 노조화하는 선에서 타협이 됐을 거고요. 기업 단위에 있어서 복수노조와 노조 전임자에 대한 임금 지급 금지는 몇 년간 유예한다고 타결이 됐겠죠.

윤민재: 그 다음에 김영삼 정부의 개혁 정치 중 또 하나가 금융개혁에 대한 문제인 거 같습니다. 금융개혁 위원회를 직접 설치했지요.

이각범: 네. 1997년 2월인가요?

윤민재: 맞습니다. 한국은행을 중심으로 은행, 금융감독 질서에 대한 체계적인 방식을 개편하겠다는 내용입니다. 그 다음에 한국은행에게 금융 전반에 대한 감독권 권한을 부여하자는 겁니다. 이런 내용들이 지시가 된 걸로 알고 있습니다. 여기에 대해서 야당이 다 반대를 했더라고요. 이것이 어떻게 보면 궁극적으로는 IMF로 가는 과정에서 한국에 대한 금융 평가가 저평가될 수 있는 하나의 요인이 되지 않았나 하는 시각도 있는 것 같습니다.

이각범: 맞습니다. 금융 부문이 이대로라면 위기에 들어간다 하는 인식이 1996년 때부터 아주 심각하게 있었어요. 문민정부에서 금융 부문을 개

혁하려면 어떻게 해야 하겠느냐는 고민이 있었습니다. 1996년도만 하더라도 반도체 가격이 국제적으로 하락합니다. 그래서 반도체 가격이 거품을 일으켜서 우리나라가 예전에 생산하던 방식으로는 무역 적자를 겪을 수밖에 없었죠. 왜냐하면 계속 진행되는 임금의 고 상승이 주원인이 되어서 부실기업이 많이 생기게 됐으니까요. 부실기업이 많이 생긴다는 것은 곧 부실 채권이 많이 생긴다는 거고, 부실 채권이 많이 생기게 되면 금융기관이 위험해지는데, 당시 금융기관이 이렇게 합리적으로 구조조정을 하고 금융기관 스스로가 금융시장 내에서 윤활유 역할을 할 능력이 없었어요. 그래서 금융개혁을 위해서 1997년 2월에 금융개혁 위원회를 만들어서 금융개혁을 하려고 하죠. 그런데 거기에서 핵심 중의 하나가 금융에 대한 일사불란한 지휘와 무절제한 금융행위에 대해서 감독하는 기능이 일원화돼야 된다는 거죠. 그래서 은행감독 위원회, 보험감독 위원회, 증권감독 위원회 이렇게 나눠져 있고, 은행감독 위원장을 한국은행 총재가 정하게 되어 있었던 것을 별도의 금융 위원회를 만들어서 그 밑에 금융감독원을 두고 하나의 일관된 금융 일원 컨트롤 파워를 만들어야 된다는 것이 금융개혁안의 골자거든요. 거기에 대해서 한국은행 노조가 심각하게 반대를 했죠. 왜냐하면 한국은행이 금융기관 위의 상위의 개념으로 있으니까요. 외국에도 중앙은행이 그렇게 하는 데가 없거든요. 미국에서도 모든 은행이 하는 업무에 대해서 감독하고 그러지 않잖아요? 그래서 중앙은행은 어디까지나 주요한 재정과 금융의 주체로서 역할을 하는 것이지, 거기서 보험 직권 감독까지 하는 데가 아니거든요. 그래도 어쨌든 그렇게 함으로써 국제적 신인도를 갖자 했는데 결과적으로는 10월에 국회에서 부결이 되었어요. IMF가 오는 마지막까지 희망을 걸었어요. 청와대 강경식, 김인호팀은 금융개혁법이라도 통과가 되면 좋겠다고 생각했어요.

윤민재: 그 당시 기록을 보니까 야당도 반대했지만 신한국당 내의 대권

주자 이회창 씨도 반대를 하고 협조를 안했다는 내용이 있습니다. 어떻게 생각하시는지요.

이각범: 야당은 처음부터 반대를 했고, 그분은 대통령 후보가 되고 난 다음에 이렇게 conflict issue에 본인이 개입할 필요가 없다며 반대보다는 일종의 방관이었죠. 그리고 사실은 야당도 그것이 필요하다는 것에 대해선 인정을 했어요. 인정은 하지만 야당이 통과시키는 데에 협조를 안 한 거죠.

윤민재: 대선이 눈앞에 다가와서 그런 거 아닌가요?

이각범: 네. 그리고 한국은행 노조가 강력하게 반대를 하니까 그랬겠죠. 어느 한 편을 들어서 표를 잃고 싶지 않다는 거죠. 그 사이에 나라는 좌초를 한 거죠.

윤민재: 다른 주제로 넘어가겠습니다. IMF문제인데요. 김영삼 후보가 등장하면서 신경제 5개년 계획이라는 큰 모토를 내세웠죠. 그 가운데에 금리자유와 시장개방 계획에 초점을 맞춰서 실시했다고 하더라고요. 그리고 중간에 OECD도 가입했죠. 그런데 어떤 분들은 특히 이러한 개혁문제도 중요했고 잘 다뤘지만, 한편으로는 시장 개방화가 좀 더 우선시됐고 여기에 좀 더 집중하다 보니까 개혁이 좀 밀린 게 아니냐고 보는 분들도 있더라고요. 그리고 개혁이 여야 간의 갈등의 문제 때문에 뒤쳐진 부분도 있지만 좀 겉돈 것이 아니었느냐 이렇게 보는 학자들도 있었습니다. 실제로 이런 것들이 같이 가야 된다고 보시는지요?

이각범: 나는 이렇게 생각해요. 하늘이 있다면, 하늘은 우리나라에서 진보 편이라고 생각합니다. 보수정권이 집권하는 첫해에 세계적인 wave를

가져와서 시련을 줍니다. 김영삼 정부 첫해에 우루과이라운드를 종결하고 WTO를 도입했죠. 그래서 우루과이라운드의 최종 타결을 해야 되는데 그 주된 내용이 개방이었어요. 그런데 그 개방에는 금융 개방이 있고 농산물 개방이 있습니다. WTO체제에서 요구하는 금융 개방 수준을 맞추려면 우리나라가 많이 부족했어요. 그런데 일반 국민의 여론 그리고 언론의 초점은, 지금 한미 FTA에서 ISD를 하느냐 안하느냐 같은 거죠. ISD는 한미 FTA라는 큰 조직이 돌아가는 데에 센서 같은 것입니다. 서로 투자를 자유롭게 하자고 해 놓고서 그 투자에 대해서 관계 당국이 기존에 있던 법령이 아니라 상대편의 투자를 한 회사에 대해서 불리하게 만들기 위해서 법령을 새로 만드는 경우에는 제3국에 가서 제소하도록 하자 하는 조항인데, 그것은 한국이나 미국이나 똑같습니다. 그리고 한국이 미국에 더 투자를 많이 하니까 한국에 오히려 유리한 거죠. WTO라고 하는 굉장히 큰 wave가 있는데 한국의 관심은 한미 FTA하면서 쌀을 어느 정도 개방할 것이냐 말 것이냐에 있었어요. 농민이 정치에 차지하는 비중이 크니까 그렇겠죠. 우루과이라운드에 농민들이 와서 시위하고 결국엔 경찰 버스가 몇 대 불에 타고 그러지 않았습니까, 거의 폭동 수준으로요. 금융 개방에 대해서는 국제적인 요구에 양보할 수밖에 없었습니다. 그 당시 WTO 협상 대표가 재무부장관이 아니고 농림부장관이었어요. 그러니까 시장 개방이라는 것을 우리가 원해서 한 것이 아니고 WTO체제라고 하는 커다란 개방의 물결에서 거기에 순응하지 않을 수 없는 상태에서 한 거죠.

그래서 그 다음에 나온 것이 세계화입니다. 세계화 정책이라는 것을, 우리 문을 열어서 세계에 개방해준다 이렇게 이해하는 사람들이 많은데 사실은 그게 아니죠. 세계화란 세계적인 개방의 압력이 너무 거세서 우리도 이제는 세계적으로 경쟁할 수밖에 없는데, 세계의 표준 다시 말하면 'global standard에 우리나라의 산업과 교육과 복지와 환경과 이 중요한 모든 여러 부분을 맞추도록 한다', 이게 세계화에요. 우물 안 개구리 식으로 우리가 쳐놓은 보호벽 안에서 우리끼리 살던 시대는 지나갔다는 거죠. 그래서 그런 의미에서 우리가 개방의 압력에 대처할 수밖에 없었던 거죠. 그런데 당시엔 몇 톤까지 외국에다가 쌀 시장을 개방하느냐에 집중이 되고, WTO 회의에는 집중이 안 됐어요.

윤민재: 아주 지엽적인 문제에만 집중했고 그것이 정말 중요한 문제인 것처럼 오해했다는 말씀이시군요. WTO체제에서는 불가피했다는 면도 있었을 거라고 생각합니다.

이각범: 온 나라의 여론이 그러니까 그런 거죠. 지금 한미 FTA 보면 똑같아요. 야당에서 거기에 집중하고, 전농이 올라와서 연일 서울 시내를 다니면서 시위하고요. 나도 그 당시에 보고서 '아 폭동이 일어났구나' 그렇게 생각했죠.

윤민재: 세계화가 Globalization이지만 김영삼 정부에서는 세계화라고 표현을 했더라고요. 어떻게 보면 한국적 세계화라고 생각할 수 있는 건지요?

이각범: 그렇죠. 그래서 우리가 그냥 세계화라고 하자고 했죠.

윤민재: 선생님께서는 그 당시에 청와대 들어가기 전인데요. 그러한 정책을 만들고 방향을 만들 때 선생님께서 직접 참여하셨나요?

이각범: 했어요. 세계화가 어떤 방향으로 돼야 되는가 하는 기조 논문을 제가 썼어요.

윤민재: 그걸 어디에 발표하셨나요?

이각범: 세계화 추진 위원회에서 발행한 '세계화가 나아가야 될 길인가'라는 책이 있습니다.

윤민재: 그러면 다른 분들도 핵심적인 문제를 논의하는 데에 참여하셨나요?

이각범: 제가 세계화 추진 위원이었고, 서울대 하영선 교수의 도움도 받았지요. 세계화라는 말씀을 대통령께서 하시니까 기업에서는 이것은 규제를 완화하자는 것으로 몰고 갔어요. 그래서 제가 세계화란 그것이 아니라 우리가 세계적 수준에 부족한 부분이 있는데 그것을 채우기 위해서 네 가지 부문에 있어서 개혁해야 한다는 점을 강조했죠. 세계화는 개혁 과제지, 현재 있는 규제를 완화한다는 얘기가 아니죠. 그렇다면 제일 중요한 계획은 무엇인가 하는가. 첫째 산업사회로부터 정보사회로 가야 되니까, 정보통신을 이용한 개혁을 해야겠다는 점입니다. 두 번째로는 행정이 산업을 정부가 관장해서 육성하고 지도하고 그런 행정이 아니라, 이제는 국민에게 서비스하는 그리고 정부는 정부 스스로가 기업가 행위를 하는 정부(enterprising government)가 되어야 한다는 것입니다. 그 다음에 세계화에 대해서 우리가 선도적으로 대처해야 된다는 것이기 때문에 우리가 선도적으로 환경개혁을 한다는 것입니다. 그 다음에 네 번째가 교육개혁입니다. 세계화가 되면 세계 일류만 살아남고, 세계 일류의 창조적 인재를 기르려면 현재의 이런 주입식 교육을 앞으로는 안 되기 때문에 창조형 인재교육 형태로 바꿔야 된다는 점을 강조했습니다. 이렇게 교육개혁, 행정개혁, 환경개혁, 정보통신 이용 등 핵심적 사항 4가지를 강조했습니다.

윤민재: 대기업이나 노동계 쪽에서 관심을 가졌던 문제보다도 정보, 환경, 교육, 행정 이런 분야에 초점을 맞추셨군요.

이각범: 네. 세계화 추진 위원회에서 제가 정보통신 팀장을 맡아서 정보화촉진기본법, 초고속정보통신망 설치 등을 추진했죠. 그렇게 해서 인터넷 선진국으로 만들자는 게 저의 주장이었습니다.

윤민재: 그러면 그 당시에 인터넷 보급, 초고속망 보급의 기틀을 어느 정도 마련하신 거네요?

이각범: 그렇죠. 그게 1994년도에 시작되었죠. 1995년도에 제가 청와대에 들어가서 정보화 추진체계를 만들었고요.

윤민재: 정통부가 언제 만들어졌나요?

이각범: 정통부는 1995년도에 세워졌어요. 정보화촉진기본법에 의해서 세워진 거죠.

윤민재: 선생님께서 반도체 가격의 하락도 한국 경제에 큰 부담이 됐다고 말씀하셨는데요.

이각범: 반도체가 거품을 일으켰어요. 1996년에 반도체 가격의 하락된 것이 문제가 아니라, 그 전에 삼성 반도체가 너무 잘 팔려서 문제가 된 거죠. 삼성 반도체가 너무 잘 팔리는 바람에 사실은 무역수지가 심각한 적자여야 했는데 균형 있게 나타나니까 '아 우리가 국제 경쟁력이 있네' 이렇게 됐거든요. 그런데 우리는 반도체 의존 국가였어요. 그러다 1996년에 세계적인 반도체 공급이 과잉 돼서 반도체 가격이 대폭 하락했거든요. 그래서 그해에 200억 달러 무역수지 적자를 기록합니다. 그런데 내 생각에는 200억 달러 무역수지 적자라고 하는 것은 너무 늦게 왔다는 거죠. 반도체가

만들어 낸 거품 때문에요. 그래서 1996년에 무역 적자가 아주 심각하게 되니까 김영삼 대통령도 1995년 12월에 임명했던 구본영 수석을 이석채 수석으로 바꾸었죠. 이석채 수석도 그 다음 4월에 바뀌고요. 경제에 대한 큰 위기감을 느끼면서, 어떻게 돌파를 해야 되나 골몰했죠. 우선 노사관계의 문제가 심각하다는 의견이 많았습니다. 그래서 김영삼 대통령은 노동개혁을 박세일 수석한테 지시하셨죠. 그리고 금융개혁에 대해서는 이석채 수석한테 지시하셨고요. 1997년 초에 그 위기가 금융으로 온다고 생각했던 진단은 맞았던 것 같아요.

윤민재: 위기는 1996년도부터 나타난 거군요.

이각범: 네. 반도체 거품이 걷히면서 위기가 나타났죠.

윤민재: 대기업들의 그 당시 상황이 삼성 반도체뿐만 아니라 대부분 어려웠다고 하던데 어떠했는지요.

이각범: 어려웠죠, 이윤을 내는 기업이 없었어요. 부채에 의해서 경영을 했거든요. 제일 큰 문제는 역시 노사문제입니다. 노사합의가 안 되는 경우에는 사회적 대타협, 즉 네덜란드식 모델로 나가야죠. 그래서 공익 위원회에서 합리적인 대안을 마련해서 노사분규까지 가지 않도록 하는 그런 제도가 1996년에도 마련이 되었죠. 한국이 더 이상 노동조합에 끌려가는 경제가 아니라는 인상을 세계에 심어 줄 수 있었다면 괜찮았을 겁니다. 그런데 한국에 투자했던 기업들이 다 빠져나가고 없게 되었죠.

윤민재: 대기업도 경제적인 상황이 안 좋으니까 부실기업이 되었습니다. 그런 것들이 결국에는 부채비율을 높이는 데에 결정적인 기여를 한 것으

로 생각하십니까?

이각범: 네 그렇습니다. 자기자본 대비 부채비율이 엄청나게 높아졌죠. 800%까지 넘었어요. 대우가 1200%인가 그랬어요. 그건 말도 안 되는 거죠. 대우를 다 해체해 봤자 그 부채의 12분의 1밖에 못 건지니까요.

윤민재: 그 점이 외환위기로 가는 원인이었나요?

이각범: 기본적으론 그거였어요. 외환위기에는 세 가지 원인이 있습니다. 기본적으로는 기업의 재산상 악화가 문제였죠. 그리고 한국의 근본적인 무역수지 악화, 이 두 가지가 구조적으로 있었고요. 그리고 1997년 상황에서 외환위기에 결정적으로 촉발한 노동문제가 있었죠. 여기에는 세부적으로 세 가지가 있습니다. 하나가 노동법의 좌초, 노동법 파동이라고 그러죠. 두 번째가 1997년 8월에 오랫동안 논쟁을 하던 기아 자동차를 부도를 내지 않고 work-out을 시켰어요. 그래서 외국에서는 '기아자동차는 이미 자본금이 완전히 잠식된 paper company인데, 저런 기업을 정부가 떠안고 work-out을 시킨다면 저런 나라의 기업에 어떻게 투자를 하느냐' 하는 의심을 가졌죠. 그런 면을 보면 김인호 수석이나 강경식 부총리 같은 경우는 너무 억울하게 죄인 취급을 받은 거죠. 김인호 수석이 수석회의에서도 부도처리를 몇 번 강조했거든요. 그런데 기아자동차에서는 '기아를 삼성에 보내려고 한다', 혹은 '김선홍 회장이 전라도 출신이니까 호남 기업을 영남 출신의 삼성에게 준다'고 흑색 선전했죠. 그러니까 김대중 후보, 이회창 후보 모두 '기아자동차를 우리가 살릴 테니까 걱정하지 말라'고 연설을 하고 그랬죠. 결국 그 압력에 굴복해서 정부에서도 work-out을 하고, work-out 되자마자 홍콩 증시에서 한국 관련 주들은 폭락했어요. 그때부터 revolving이 멈추기 시작했어요. 우리나라가 근본적으로 그 많은 부채들을 주로 외채

로 다 갖고 있었는데, 이 외채들이 카드 돌려 막기 하는 식으로 이쪽에서 빌린 돈을 이 쪽 새 카드에서 갚고 이쪽에서 빌린 돈을 이쪽 카드로 막고 그런 거죠. 그런데 한 군데에서 돈을 못 준다고 하니까 다른 카드에서도 연체가 되는 거고, 다른 곳에서도 안 되는 거죠. 결국 외환이 순식간에 고갈이 된 거죠. 그러니까 외환위기가 오게 해서 문민정부가 잘못 된 것이 아니라, 외환위기가 6개월 뒤에 일어났으면 김대중 대통령 집권 초기에 큰 일이 벌어지는 거예요.

그리고 2008년 금융위기도 6개월만 먼저 일어나으면 꼭 외환위기처럼 되는 거였죠. 노무현 정부 말기 때 그랬죠. 아마 그렇게 대통령 임기 말에 왔으면 이명박 정부가 했던 것처럼 그렇게 좋지는 못했을 겁니다. 임기 말에 어느 나라도 그런 대통령하고 협상 안하거든요.

윤민재: 캉드쉬 IMF 총재가 한국에 왔는데 그분이 각서를 요구하였습니다. 야권뿐만 아니라 여권의 대선 주자들한테도 각서를 요구하고 그랬죠. 그 당시 상황에 대해 말씀해주십시오.

이각범: 세 대통령 후보로부터 각서를 받겠다는 건데 거기서 제일 중요한 것은 김대중 대통령 후보였어요. 왜냐하면 김대중 대통령 후보는 'IMF하고 협상은 무효이며 그대로 말을 들어주면 IMF의 식민지가 되는 것이다. 내가 대통령이 되면 IMF하고 재협상을 한다'고 얘기했었습니다. 그래서 캉드쉬가 '그 조건이라면 IMF는 bailout을 못 준다, 제 금융을 못 해주니까 대선 주자들로부터 각서를 받겠다' 했는데, 그는 다른 사람들보다도 김대중 후보한테 관심이 있었어요.

윤민재: 대선 주자들이나 김대중 후보가 그렇게 했을 때 청와대의 반응은 어땠습니까?

이각범: 청와대는 하루가 지날수록 조건이 실제로 굉장히 나빠진다고 생각했죠. 한국 관련 채권 금리가 엄청나게 뛰었거든요. 김대중 대통령이 사인하지 않은 이틀 사이에 그런 일이 있었죠.

윤민재: 과잉투자, 중복투자가 지금도 좀 문제가 되고 있는데, 그 당시에는 더 심각한 문제였다고 하더라고요. 물론 개혁과 개방화가 일방적인 정부의 시장문제 개입이라든지 기업에 대한 규제를 완화하는 것 또한 중요한 문제인데요. 또 한편으로는 그 문제가 잘못됐다거나 혹은 시각이 문제가 돼서 이러한 문제들을 놓치지 않았나 하는 생각을 합니다. 이에 대해서는 어떻게 생각하시는지요?

이각범: 그 당시 제일 크게 쟁점이 됐던 과잉투자라고 한다면 문제는 여기에 있을 수 있죠. 삼성 자동차를 허용해야 된다고 앞장서서 뛴 사람이 강철규 심사위원장입니다. 김대중 정부 때는 규제개혁 위원장을 지냈고, 카드를 거리에서 남발하는 것을 막아야 된다는 조항을 강철규 규제개혁 위원장이 풀었죠. 규제개혁 차원에서 했는데, 김영삼 정부에서는 끝까지 삼성이 기아 자동차를 매입하는 것을 막았죠. 삼성의 자동차 산업 진출에 대해서 여러 가지 조건을 달았죠. 그래서 삼성 자동차가 처음에 의도했던 대로 기아 자동차를 매입하고 투자를 했더라면 기아 자동차는 망하지 않았을 것이고, 그렇다면 IMF도 안 오지 않았을까 그런 생각이 듭니다.

자동차 업계에서 이것은 과잉 중복투자라고 생각했죠. 또 학자들이 진입의 자유와 퇴출의 자유를 열어 놔야 하는데, 한국에는 왜 기업들이 새로운 업종으로 진입하는 데 정부가 이렇게 강력하게 막느냐고 보는 시각이 있었고요. 진입-퇴출의 자유라는 것을 강철규 위원장이 그때 강력하게 내걸었습니다. 그래서 정부가 앞장서서 개혁을 하면서 중복투자에 대해서 못 하게 하는 것을 포기한 것이 아니고 말하자면 일종의 경제개혁의 과도

기로서 양측 세력이 아주 팽팽하게 맞섰죠. 그런데 이론상 진입, 퇴출의 자유가 있어야 한다는 말이 맞죠. 퇴출의 자유가 왜 없느냐면, 그때부터 세무감사가 진행되기 때문이죠.

기업을 열어 놓고 노동자들을 해고를 해야 되는데, 노동자들이 기업가들의 집까지 쳐들어가서는 자살한다고 하는 식이니까 기업이 일단 한번 열면 문을 닫지 못하죠. 전체 국가자원의 효율적 관리라고 생각한다면, 군사정부 시절에 국가가 일일이 개입하는 국가독점자본주의 형태가 있죠. 1980년대 후반과 1990년대 초반에는 국가독점자본주의냐 주변부자본주의냐 그런 논쟁이 있었죠. 전 그때도 왜 우리나라를 주변부자본주의라 그럴까 하는 의심이 있었습니다. 이미 주변부자본주의는 훨씬 넘어섰는데 말이죠. WTO에 가입할 수밖에 없는 나라잖아요.

윤민재: 또 다른 문제인데요. 예를 들어 기업들이 어쨌든 그 당시에 부채비율이 높고 경제도 안 좋으니 그럴수록 돈을 더 끌어 들여야만 되는 처지에 있습니다. 결국 금융기관으로부터 돈을 차입하는 문제입니다. 그 금융계좌 돈이 결국 외화겠죠. 이것을 정부나 금융 당국이 규제나 심사를 까다롭게 하거나 강경하게 했으면, 1996~1997년도에 상황이 악화되는 것을 조금은 막을 수 있지 않았나 하는 문제도 있을 것 같은데요.

이각범: 정부가 그렇지 않아도 외환 채권을 들여올 때 지나치게 규제하고 간섭한다고 기업 쪽에서는 굉장히 불만이 많았거든요. 대표적인 사례가 현대건설이 홍콩에서 1억 7천만 불짜린가 공사를 따냈는데, '정부가 지급 보증을 못 해준다, 현대건설의 부채비율이 너무 높다'라고 해서 그 공사를 놓쳤습니다. 그러니까 현대건설에서 문민정부는 반기업적이라며 불만이 많았고, 메이저 언론에서는 공격했죠. 농민들이 서울에 올라와서 경찰차 불태우고 있는데, 누가 그걸 할 수 있습니까? 농민들 너희들의 주장은

국익 전체로 보면 이만큼도 안 되는데 그걸 가지고 너무 떠들지 마라 그럴 수 없죠. 지금 강정마을 폭파한 바위가 굉장히 예쁘다 그럴 수도 없죠. 그런데 해군에 또 물어봤더니, 거기 외에는 제주도에 군항 건설할 데가 없다는 거죠. 그 정도의 자연을 훼손하지 않을 다른 데가 없다는 거죠. 강정마을은 원래 주민들의 찬성 숫자가 더 많았잖아요, 기지 건설에 대해서. 이어도를 중국에 그냥 뺏기는 것은 사실 독도에 못지않은 건데, 그것에 대해서는 다들 별로 신경을 안 쓰잖아요. 중국 해군이 해역에서 주도권을 행사하게 되면 우리 해군이나 해경이 불법 조업 중국 어선에 대해서 어떻게 대처를 할 수 있나요? 중국 해군이 옆에서 버티고 있는데요.

윤민재: IMF체제가 확정되면서 11월에 임창렬 장관이 임명되었습니다. 그런데 임창렬 장관이 원래 정부에서 계획했던 의도와 다른 발언을 해서 혼선을 야기했다는 말도 있습니다. 그 배경이 무엇인지요.

이각범: 결과적으론 잘못된 거였죠. 강물을 건널 때 말을 바꿔 타지 말라 그러잖아요. 그런데 강경식, 김인호 수석이 캉드쉬 총재하고 그 전에도 몇 번씩 만나서 한국이 IMF 구제금융을 받아야 할지 모른다고 했으나 캉드쉬 총재가 괜찮을 것이라고 낙관적으로 말했습니다. 사실은 임창렬 부총리가 들어와서 IMF하고 협상하기 전에 이미 한국이 구제금융을 받을 때 IMF하고 협상했던 안이 있습니다. 그런데 임창렬 부총리가 들어와서 했던 그 협상안은 김인호 수석이 했던 협상보다도 상당히 후퇴한 안이었어요. 그 배경에는 임창렬 부총리가 처음에는 IMF 구제금융을 받는 것에 대해서 굉장히 부정적이었던 면이 있습니다. 그런데 아이러니컬하게도, 김영삼 대통령이 김인호 수석을 교체한 것은 이러한 IMF의 구제금융까지 받아야 될 사안에 대해서 경제팀에 책임이 있다고 생각한 측면이 있습니다. 돌이켜 생각해보니까 이게 구조적으로 일어났고 어쩔 수 없는 일이었는데도

온 국민이 그랬듯이 김영삼 대통령도 경제팀에 책임이 있으니까 바꿔야 된다고 생각한 거죠. 누구로 바꿔야할까 생각하다가, IMF에서 이사로서 재직한 경험이 있는 경제 관료였던 임창렬 부총리가 떠오른 거죠. 임창렬 부총리는 브레이튼우즈에 가서 IMF에 대해서 사사건건 주류에 반대하고 돌출 행동했던 것으로 아주 유명했어요. 반IMF 정서가 굉장히 많은 분이죠. 그런 분을 IMF하고 협조를 해야 되는 경제부총리로 임명을 했다는 것은 아주 잘못된 거죠.

윤민재: 누군가가 김영삼 대통령에게 추천을 한 것인데 누군지 아시나요?

이각범: 어떤 장관이 임창렬 장관이 IMF에 3년 있다 왔다는 말을 했겠죠.

윤민재: 임창렬 부총리의 발언이 국가신인도에 부정적으로 영향을 미쳤다고 보십니까?

이각범: 그때 외환이 빠지는 게, 모래시계의 맨 마지막의 모래 빠지듯이 막 빠졌어요. 그때 굉장히 긴박하고 심각했습니다.

윤민재: 1997년 3월에도 외환보유액이 200억 달러 정도밖에 안 됐다는 통계가 있더라고요. 심각한 상태 아니었나요.

이각범: 지금으로 보면 적죠. 그 당시로서는 우리 외환보유고가 몇백억 달러였어요. 왜냐하면 외환위기라는 것이 일어나지 않고, 우리는 항상 외환은 빌려 쓰는 나라라고 생각했으니까요. 그리고 외환을 지금처럼 3천억

불씩 보유하면, 관리라든지 돈을 보유하고 있는 비용이 있잖아요. 외채로 그만큼 많이 가져왔어야 되는데 외채 이자를 어떻게 감당하겠어요. 그러니까 최소한의 외환만을 가지고 있었죠. 200억 불만 있으면 사실 됐죠. 그런데 200억 불이 아니고 맨 마지막엔 20억 불로 내려갔으니까 그게 외환위기가 된 거지요. 김영삼 대통령이 퇴임할 때 150억 불 수준으로 회복되었죠.

윤민재: 캉드쉬 총재의 긴급 지원 결정이 어느 정도 한국 경제의 숨통이 트이는 데 기여했다고 보시나요?

이각범: 국제신인도가 중요하거든요. 왜냐하면 저 나라에 돈을 줘서 떼일 것이냐 안 떼일 것이냐 그것을 결정하는 데 매우 중요하기 때문입니다. IMF가 지원에 나섰다 하면 돈 200억 불이 중요한 게 아니라 IMF가 지원에 나섰으니까 보증을 서는 것이라는 면이 중요하죠. 그래서 돈이 다시 들어오는 거죠. 긴급한 것은 막을 수 있고요.

윤민재: IMF를 둘러싼 해석과 평가가 다양합니다. 선생님께서는 국내법의 문제, 기업의 처리 문제 그런 것들이 중요한 원인이라고 제시하셨는데요. 반대로 김대중 정부에 있는 분들의 입장은 또 다른 것이 원인이라고 생각할 수 있습니다. 1996년도부터 그런 징후들이 있었는데 거기에 대해서 김영삼 정부가 대책을 못했거나 혹은 잘못된 시각을 가지고 있었다는 시각이죠. 상반된 시각이 팽팽하게 나눠져 있거든요. 그런데 상대적으로 언론을 제외하고, 학자들은 김대중 정부의 입장을 많이 받아들이는 측면도 있습니다.

이각범: 언론은 말할 것도 없고 학자들도 그렇게 얘기를 하죠. 전 그래서 경제학자들이 공부를 제대로 해야 된다고 생각합니다. 그게 그때 일어

났다는 것에 대해서 왜 구조적으로 보지 못하는지 모르겠습니다. 외환위기가 일어났을 때 이건 금융위기다 그랬거든요. 아시아 금융위기의 한 축인 금융위기로 본거죠. 그런데 이걸 외환위기라 그러더라고요. 그럼 외환만 있으면 아무 상관없나요? 외환이 그때 가령 200억 불이 있었으면 아무 상관이 없나요? 이게 외환위기가 아니거든요. 그런데 참 많은 학자들이 정직하지 않거나 편향돼 있어요.

윤민재: 김영삼 정부에 참여하신 분들이나 그 사정을 잘 아시는 관료 분들이 그러한 현장의 증거들을 가지고 반박할 수 있는, 즉 역사적인 자료들을 동원해서 그런 것들을 쓰면 좋은 기록으로 남을 텐데요. 그런데 상대적으로 김영삼 정부에서 그런 입장들을 나온 글들이나 자료들이 부족하지 않나요?

이각범: 네 그렇죠. 예를 들면 이석채 KT 회장만 하더라도, 거기에 대해서 나름대로 방대한 자료를 모아서 나한테 보라고 한 적도 있어요. 김대중 대통령이 안 한다 그랬을 때 우리나라에 오는 외채의 조건이 얼마나 나빠졌고 채권 금리가 얼마나 올라갔고 시장의 자금이 어떻게 빠져나갔는지 통계를 보라고 하면서 나한테 그래프를 보여주더라고요. 이런 자료를 좀 활용하자고 제안했죠. 그런데 거기에 대해서 문민정부에 참여한 사람들이 겁을 내는 것 같아요.

그리고 문민정부에 참여했던 사람들이 강경식, 김인호 씨가 잘못해서 이렇게 된 거지 우리랑은 상관없다는 태도에요. 그런데 강경식, 김인호 씨는 진짜 억울한 사람들입니다. 1997년 4월에 들어왔는데, 그때 들어와서 뭐하겠어요? 한번 강봉균이라는 이름으로 구글에서 찾아보세요. 강봉균 장관이 1997년 4월에 그런 인터뷰를 한 적 있어요. 내가 만약 1997년 4월에 경제 수장이었다면, 외환위기를 방지하기 위해서 무엇을 할 수 있었을까?

아무것도 할 수 없었을 것 같다는 이야기를 하거든요. 그런데 김대중 대통령이나 이런 사람들은 예를 들어서 천안함은 북한의 어뢰 공격이 아니다 하듯이, 그 며칠 동안에 대통령이 외환이 빠진다는 것만 제대로 알았어도 외환위기는 안 오지 않았겠느냐는 말을 해요. 김대중 대통령 때 1997년 위기에 대해서 조사한 내용을 보면 '김영삼 대통령은 무지했음으로 무죄다'라는 말이 있어요. 그게 말이 돼요? 무지했다면 그게 직무유기죠. 그건 아주 김영삼 대통령에 대해서 '머리가 비었다, 저 사람은 아무것도 모른다'라고 말한 거죠. 우리 수석들 중에서 하루에 제일 많이 불려간 게 경제수석이거든요. 하루에 경제수석은 보통 다섯 번 정도 불려 갑니다. 외교안보수석이 그 다음으로 불려 가는데 한 세 번 불려가요. 그 정도로 김영삼 대통령은 경제문제에 대해 관심을 가지고 있었습니다.

윤민재: 일반적으로 알고 있는 사실과 많이 다른 것 같습니다.

이각범: 굉장히 다르죠. 의도적으로 조작된 루머들이 돌아다녔죠. 김영삼 대통령의 1997년 최대의 실책은 강경식, 김인호팀을 10월에 교체한 거죠. 임창렬 부총리는 부총리 되자마자 바로 대통령한테는 보고 안 하고 김대중 대통령한테 갔죠.

윤민재: 그걸 알고 있었나요?

이각범: 모르고 있었죠.

윤민재: 나중에 굉장히 인간적인 배신감을 느끼셨나요?

이각범: 그렇죠.

윤민재: 김대중 후보의 비자금 사건이 터진 적이 있습니다. 그 당시 이 사안을 두고 청와대 내에서 논란이 많았을 거라고 생각됩니다.

이각범: 아니에요. 김태정 검찰총장이 본인이 부산 출신이고 본인이 해야 된다고 했어요. 본인이 의도적으로 김대중 후보에 대해서 조사했습니다. 조사하지 말라고 말한 것은 김영삼 대통령이었습니다. 김영삼 대통령의 입장은 야당의 유력한 대선 후보를 조사하게 되면, 광주에서 제2의 항쟁이 일어나 정국이 완전히 파국으로 가는 것을 우려한 거죠.

윤민재: 비자금 문제 같은 건 김영삼 대통령의 결단에 의해서 풀릴 수 있다는 건가요?

이각범: 그건 김영삼 대통령 결단이에요. 그리고 김영삼 대통령이 아니면 그런 결단을 할 사람이 없죠. 그리고 검찰총장이 수사 여부를 결정 못해요. 그때 김태정 검찰총장은 아주 용기 백배였지만요.

김영삼 대통령이 정치를 오래 한 분이라서, 정치적 판단에 의해서 이거는 못 한다고 한 거죠. 신한국당에서 이 일 때문에 김영삼 대통령 허수아비를 만들어 놓고 화형식을 했어요. 허수아비의 목에 밧줄을 걸어 놓고 화형식을 했잖아요. 두 번 죽인 거죠, 목 졸라 죽이고 화형식을 하구요. 그러고서는 이회창 총재가 탈당을 요구해서, 결국 출당 조치를 당한 거죠.

윤민재: 그 당시에 경제도 어려웠지만 대선을 앞두고 청와대 분위기가 아주 안 좋았을 것으로 예상됩니다.

이각범: 아주 안 좋았죠.

윤민재: 청와대 내에서 누가 대통령이 될 것 같다는 예측을 어느 정도 하고 있었나요? 여론 동향이라든지 여러 가지 상황을 볼 때요.

이각범: 청와대 내에서는 김영삼 대통령이 이번 대선에 대해서는 철저하게 중립을 지키라고 엄명을 했기 때문에 대선 예측한다는 것조차도 금지가 돼 있었어요. 아시겠지만 김대중 대통령도 그것은 고맙게 생각한다고 얘기를 했죠. 대통령이 끝까지 정치적 중립을 지켜 줘서 고맙다고 한 거죠. 대통령이 그렇게 얘기하는데 누가 감히 누구한테 편을 들고 그러겠어요?

윤민재: 대통령선거 결과가 나오고 김대중 대통령 후보가 당선이 됐는데, 그 다음에는 청와대 내에서는 특별한 반응이 없었나요?

이각범: 김대중 대통령이 당선됐을 때 김영삼 대통령 첫 반응이, "우리나라는 민주화운동을 했던 사람이 대통령이 되어야 민주화의 전통이 살아난다." 이렇게 이야기를 했어요. 문민정부 다음에 더 민주화운동을 할 수 있는 사람이 돼야 된다는 거죠. 그럼 그게 누구겠어요?

윤민재: 김영삼 대통령 회고록을 보면 이인제 후보가 탈당하고 새로운 당을 만들었을 때 강력하게 당이 말렸고, 사실은 출마를 안 하겠다고 했는데 다음 날 출마 선언을 해서 김영삼 대통령은 배신감을 느꼈다는 말이 있습니다.

이각범: 그랬을 거예요. 그런데 그것은 이인제를 아끼기 위해서 그런 것이지 이회창 씨를 위해서는 아니죠. 김영삼 대통령은 항상 "정치는 항상 주류에 서야 된다, 주류에서 경쟁을 해야지, 군소 정당으로 가면 그것은 자

멸하는 길이다."라고 했죠. 이인제 후보를 상당히 아꼈거든요.

윤민재: 김영삼 대통령 퇴임 후 개인적으로 정치 입문 같은 걸 권유 하시지 않으셨나요?

이각범: 김영삼 대통령은 안 했고, 김대중 대통령 때 청와대에서 중간에 참여하지 않겠냐고 요청이 왔어요. 그러나 안 된다고 그랬죠.

윤민재: 전 정권에 참여했기 때문에 거절하신건가요?

이각범: 그렇죠. 김대중 대통령이 김영삼 대통령에 대해서 IMF 외환위기라고 이름 붙여서 일으킨 책임자라고 매도하는 것에 대해서 굉장히 부도덕하고, 사실에 입각하지 않았다고 생각을 했어요. 그리고 그 밑에 있는 사람을 빼가는 것은 안 되지 않느냐 그러한 이야기를 했죠.

윤민재: 어떤 통로로 그 이야기를 전했나요?

이각범: 누구라고 말할 수 없지만 청와대 수석 중 한사람에게 전했죠.

윤민재: 요즘도 김영삼 대통령을 가끔 만나시나요?

이각범: 그렇죠. 매년 양력 1월 1일에는 정기적으로 만나죠. 마지막 임기를 같이 했던 수석들하고 1월 1일 날 점심을 드시죠. 그리고 또 수석들을 바깥에서 일 년에 한두 번 모이게 하시죠.

윤민재: 정치적인 문제에 대해서 많이 말씀을 나누시나요?

이각범: 여러 가지 문제에 대해서 얘길 하는데, 최근에는 거의 말씀 안 하세요. 몇 년 전까지만 해도 좀 말씀하셨는데, 최근에는 정치적인 말씀은 굉장히 줄었어요.

윤민재: 김영삼 대통령이 민주주의를 발전시키는 큰 공헌을 한 분이라는 것에 대해 많은 사람들이 공감하고 있습니다. 김영삼 대통령이 한국 정치에 어떠한 업적을 남기셨다고 보시는지요?

이각범: 그렇죠. 김영삼 대통령이 이철승 신민당 대표가 집단지도체제를 하면서 늘 유신정권하고 야합하면서 낮에는 야당, 밤에는 여당, 그런 반쪽짜리 야당을 하던 것을 투쟁으로 뜯어 고쳤죠. 또 유신반대 투쟁을 치열하게 했죠. 10·26이 일어나기 전에는 부마사태가 일어났는데 부마사태 때 군 2개 사단이 내려와서야 진압을 했어요. 알려진 것보다는 부마사태가 굉장히 큰 사태였죠.

윤민재: 그러한 난관을 뚫고 최고 권력에 올랐고, 여러 가지 개혁정책을 실시했습니다. 여러 가지 오해, 잘못된 해석 때문에 상대적으로 역대 대통령 중에서 저평가 받고 있다고 보십니까?

이각범: 아주 저평가 받고 있죠. 예를 들면 금융실명제, 하나회 해체 등을 들 수 있죠. 하나회 해체가 갖는 의미는 우리나라 헌법 정신을 정상화시킨 겁니다. 그리고 청렴 정치의 모범을 보여주었죠. 그리고 여성발전기본법도 문민정부에서 만들었죠. 그리고 그린벨트에 대해서 철저하게 한 평도 풀지 않았어요. 그린벨트를 풀어야 할 이유가 없으니까요. 그것이 청렴 정치하고 관련이 있습니다. 누구도 뇌물을 못 쓰게 되어 있었으니까요. 그리고 그 전에는 교통순경도 걸핏하면 길목에서 돈 받고 그랬는데 문

민정부 이후로 그런 게 없어졌잖아요. 부패 척결이 갖는 경제적 의미는 굉장히 큰 겁니다. 왜냐하면 정상적인 발전의 길목을 막고 있는 것이 부패라고 봤거든요. 이 부패의 코스를 없애지 않으면 우리가 정상적으로 발전할 수 없다는 거죠. 재벌들이 IMF가 올 때까지 일방적으로 차입을 한 것도 바로 부패 구조 때문이죠. 정치권력이 금융기관의 융자문제 등을 결정했으니까요. 인천공항이나 KTX도 그것을 시공하는 과정에 대해 김대중 정부에서 문민정부 4대 의혹사건이라고 해서 조사했는데, 단 일 푼도 부정한 사례가 없었습니다. 그만큼 깨끗하게 일을 처리한 거죠.

윤민재: 대통령에 대한 객관적인 평가를 위해서는 저평가된 부분을 새롭게 평가받을 수 있는 그런 장을 만들고 노력들이 있어야 된다고 보는데요.

이각범: 그렇습니다. 그게 너무 없어요.

윤민재: 김영삼 민주센터가 발족이 됐고 도서관도 건립되고 있습니다. 그런데 실제로 눈에 뜨일만한 성과들이 없는 것 같습니다.

이각범: 네, 없어요. 문민정부에 대해서 새로이 평가하는 세미나라도 하자고 제의를 했는데, 김영삼 대통령 모시던 사람들도 돈을 안 내놔요. MB 정부 들어선 후 박정희 기념관을 만들었는데, 김영삼 대통령하고 달리 박정희 정부 때는 얼마나 많은 사람들이 박정희 대통령 때문에 부자가 됐습니까? 그럼 그 사람들이 얼마는 내놔야죠. 특히 박정희 대통령 밑에서 부총리도 지내고 그룹회장이 되고 이런 사람들은 박정희 대통령 덕에 돈을 벌었는데 본인이 10억이라도 내놓아야죠.

윤민재: 한국 현대사의 중요한 교훈을 남기고 대통령들의 업적으로 잘 보여줄 수 있는 시설도 중요하고 소프트웨어의 개발도 중요하다고 봅니다. 그것은 일정 부분 선생님처럼 정부에 참여했던 분들의 몫이라고 생각합니다.

이각범: 그렇죠. 맞습니다. 제가 얘길 하면 사람들이 왜 일방적으로 김영삼 대통령 편을 드느냐 그래요. 그러나 제 생각은 김영삼 대통령의 명예를 회복할 수 있는 계기가 마련되어야 한다고 생각합니다. 김대중, 노무현이 두 대통령 쪽 사람들이 언론의 주력을 장악하고 있습니다. 그리고 조중동은 김영삼 대통령 집권 때도 굉장히 부정적이었어요. 문민정부가 했던 개혁 때문에 피해를 보았다고 본거죠. 김영삼 정부가 등장했던 첫해부터 조선일보는 개혁이 경제를 망친다고 계속 그랬어요. 지금도 조선일보나 중앙일보에서는 문민정부가 IMF를 만들었다는 논조로 계속 나가고 있죠. 김영삼 대통령이 아주 불운했던 게 후계자를 육성했어야 되는데, 후계자가 엉뚱하게도 반YS 정서를 갖고 있는 이회창이 후계자가 돼서 말이죠. 통합민주당은 김대중, 노무현 정신을 계승한다고 선언하지 않습니까? 그런데 김영삼 대통령은 본인이 만들었던 당이 없어졌잖아요. 3당 통합이 안 되고 문익환 목사가 제시했던 대로 다시 야당이 통합이 돼서 그 다음 대선에서는 김영삼 후보가 하고 그 다음에 김대중 대통령이 하고 그랬어야죠. 지난번 1992년 선거하고 1997년 선거는 민주세력이 반쪽짜리 정권을 갖다가 잡은 거거든요. 그런 면에서 민주세력이 완전히 정권을 장악하고 개혁을 하고 통합이 되었다면 우리나라가 더 발전했겠죠.

윤민재: 김영삼 대통령의 어려운 문제 가운데 하나가 김현철 씨 문제인데요. 실제로 옆에서 보기에 그 문제에 대해 김영삼 대통령은 어떤 입장을 보여주셨나요?

이각범: 김현철 씨는 잘 몰랐어요. 1987년 대선에서 김영삼 대통령이 패배하고 1988년 초에 김영삼 총재가 총재직 사퇴 후 다시 야당 총재로 복귀하시고 난 다음에 김현철 씨가 통일민주당에 국회의원 한 사람하고 함께 서울대 연구실로 왔어요. 연구실에서 만났었는데, '제가 조사연구소를 만들려고 하는데 도와 달라' 하더군요. 사회조사에 관한 한 저는 전체적인 디자인을 하고, 기술적으로 SPSS 돌리고 하는 것은 대학원생들이 저보다 잘하니까 대학원생 두 명을 보내겠다고 했죠. 그랬더니 김현철 씨가 아주 기분 나빠 하더래요. 교수한테 오라 그랬는데 대학원생을 보냈느냐는 거죠. 사실 김영삼 총재의 업적을 보고 김대중 대통령보다는 훨씬 더 한국의 민주화 과정의 주역 중의 주역이라고 생각해서 도와드린 거지, 내가 그 아들을 위해서 봉사하는 거는 아니잖아요? 1992년도에 대통령선거 캠프에서 김현철 씨가 나타났어요. 캠프 전체 회의를 하는데 앉아있더라고요. 5년 전 생각이 나서, '제가 시간이 없어서 자주 못 봐서 미안하고 너무 오래간만이다'라고 그랬어요. 내가 얼마나 세상을 몰랐냐면, 그때도 김현철 씨가 '굉장한 사람이다' 그랬죠. 사람들이 김현철 씨 앞에 줄 서느라고 정신이 없었는데 나는 그걸 전혀 몰랐어요.

윤민재: 선생님께서는 정무적 판단이 좀 약하신 거군요.

이각범: 정치적 판단이 너무 무딘 거죠. 김영삼 대통령 모시고 이런 나라를 만들고 싶다 한 거지, 권력이 어떻게 되고 움직이는지 몰랐죠. 아까도 말씀드렸지만 김영삼 대통령은 정무 쪽하고 정책하고는 분리해서 일을 시켰죠. 김현철 씨도 정책 파트에는 나타나지도 않고 그랬죠.

윤민재: 선생님하고 김현철 씨 두 분이 접촉할 기회는 거의 없었던 거죠?

이각범: 없었죠.

윤민재: 김현철 씨한테 줄 선 사람이 많았나요?

이각범: 김현철 씨한테 줄 선 사람이 많았다고 해요. 그 사람들이 성공했는지 안 했는지 난 잘 모르겠지만요. 나도 김현철 씨 앞에 줄 선 사람이 많다는 얘기는 청와대 들어가고 난 다음에 알았어요. 인사 부탁도 한다고 얘기가 들리던데, 나한테는 전혀 인사 부탁한 적도 없었죠. 이런 저런 부탁한 적도 한 번도 없거든요. 누가 김현철 씨를 등에 업고 자기 이권 챙기려 그랬는지 그건 또 모르는 일이죠. 그러니까 대통령 아들이 되면 처신을 잘해야 한다고 생각합니다.

윤민재: 김대중 씨 자제 분들도 그렇다고 보십니까?

이각범: 그분들은 노골적으로 이권에 개입을 해서 치부를 했죠. 김현철 씨 문제에 대해서는 1997년 4월에 시중 여론이 안 좋으니 자제분을 구속시켜야 한다고 대통령께 건의하기도 했습니다. 그랬더니 대통령께서 이야기를 듣고 눈을 꼭 감은 채 고개 숙이고 끝까지 아무 말씀 안 하시더라고요. 그런데 그때 구속시키라고 지시한 분은 김영삼 대통령입니다. 검찰에서 처음에는 이권 개입으로 구속하려고 했는데 증거를 못 찾았어요. 김영삼 대통령이 비자금, 일종의 대선 잔금을 안기부에다 주지 않았거든요. 1998년 이종찬 국정원장이 나 보고 그러더라고요. "국정원이 그런 돈을 어디다가 숨겨? 국정원 예산에서 그걸 어떻게 빼돌려? 그냥 국정원이 받아서 보관했던 거지."라고요. 국정원에서 보면 그것은 너무나 명백한 일인데, 시중에서는 국민 예산을 국정원에서 빼돌려서 줬다는 말들이 많았죠. 상도동 앞에 가서 1인 시위도 하고 그랬잖아요. 정확히 말하면 안기부 잔금이 아니

고 대선 잔금이었죠.

윤민재: 이종찬 당시 국정원장이 직접 그렇게 말을 했습니까?

이각범: 네. 이종찬 원장은 그 전에도 가깝게 알고 지내는 사이거든요. 1992년 그때도 후보로 나가겠다고 했고, 1991년에 김영삼 대표 최고위원을 비판하고 그랬죠. 그래서 제가 "선배님, 죄송하지만 이번은 김영삼 대표 최고위원 차례니까 선배님은 다음에 하십쇼. 저도 이번엔 못 도와드립니다." 라고 말씀드렸죠.

이종찬 선배는 정말 아까운 사람이에요. 그분이 가만히 있었으면 이회창, 김대중 싸움이 아니고 이종찬, 김대중 싸움이 됐을 거예요. 1992년 선거 때 도왔으면 그렇게 되었을 거예요. 이렇게 보면 대통령 임기 말이 되면 순리를 거역을 못 하더라고요. 김영삼 대통령이 이회창 대표를 별로 좋아하지 않았거든요. 총리 시킬 때도 감사원장 하면서 '아 저 사람 정말 너무 돌출적이다'라고 생각했죠. 좋아하지 않았지만, 국민들이 좋아하니까 임명한 거죠.

윤민재: 본인의 개인적인 이념이나 그런 것보다도 여러 가지 흐름들을 봐서 선택을 했다는 말씀이시군요.

이각범: 문민정부의 인사정책이 제일 높게 평가받고 있죠. 인재라고 하는 사람들을 골라서 많이 썼으니까요.

윤민재: 혹시 문민정부에 대한 평가와 관련된 저서를 쓰실 계획이 있으신가요?

이각범: 책을 쓸 계획보다는 포럼 같은 걸 조직할 필요가 있다고 생각해요. 주기적으로 문민정부에 참여했던 분들을 모시고 공개적으로 행사를 하고, 그 행사에서 나온 결과를 책으로 엮어 내야 한다고 생각해요. 박세일 교수는 서울대 교수직도 사퇴했고 이번에 정계에 나갔죠. 사실 본인의 정치도 중요하지만 김영삼 대통령을 모셨던 사람들로서, 누구를 위해서가 아니라 역사를 객관적으로 쓰기 위해서 힘을 합할 필요가 있겠죠. 우리가 목소리를 내면 너무 작은 목소리고 목소리를 작게 내면 너무나 큰 목소리가 반대편에서 덮어버리기 때문에 제대로 활동을 못 해왔는데, 앞으로는 그런 활동을 제대로 해야 되겠죠.

윤민재: 대통령 리더십을 연구하는 연구자 입장에서 많은 기대를 갖도록 하겠습니다.

이각범: 그 말씀 아주 고맙습니다.

윤민재: 장시간 시간 내주셔서 감사합니다.

정종욱

전 청와대 외교안보수석 및

주중 대사

1. 개요

정종욱 전 청와대 외교안보수석의 구술인터뷰는 2014년 5월 9일과 15일 두 차례에 걸쳐 진행되었다. 1차 인터뷰 장소는 인천대학교 정종욱 교수의 연구실이었고, 2차 인터뷰 장소는 연세대학교 학술정보관 705호였다. 그는 김영삼 정부 시기 청와대 외교안보수석과 주중 대사를 역임했으며, 현재 인천대학교 중국학술원 원장과 박근혜 정부 통일준비위원회 부위원장을 맡고 있다. 그는 서울대 외교학과를 졸업하고, 미국 예일대에서 중국정치학으로 박사학위를 받았으며, 귀국 후 서울대 외교학과 교수가 되었다. 1998년 공직에서 물러난 이후 그는 서울대 국제대학원 초빙교수, 동아대학교 석좌교수를 거쳐, 현재 인천대학교 중국학술원 원장을 맡고 있다.

그의 김영삼 대통령과의 관계는 대선 후보 시기 자문단에 참여하면서 시작되었다. 이를 계기로 그는 2003년 2월 17일부터 2004년 12월 23일까지 청와대 외교안보수석을 역임했다. 이 시기는 제1차 북핵위기가 발생하고 북한과 미국의 1994년 10월 제네바합의가 체결된 전 과정을 포함한다. 그 기간 동안 한반도의 안보 위기와 해소 기회가 급격하게 교차했다. 정종욱 외교안보수석은 이 시기 대외정책결정에 핵심 인물 중 한 사람이었다. 이 인터뷰는 주로 청와대 외교안보수석 시기 주요 사안을 중심으로 다루었으며, 뒷부분에 주중 대사 시기 황장엽 망명 과정에 대한 진술이 포함되어 있다. 김영삼 정부는 제1차 북핵위기가 시작된 시점에서 임기를 시작했다.

정종욱 수석은 인수인계가 없는 청와대 업무부터 시작하여 김영삼 정부의 대외정책 기조를 북핵문제를 중심으로 일관성있게 설명했다. 그는 김영삼 정부의 대외정책 기조와 민감한 상황에서 기본 방향은 김영삼 대통령이 주도했다고 설명했다. 이것은 구체적인 정책 사안에 대한 이해 수준이 낮았다는 김영삼 대통령에 대한 기존 평가가 단편적인 것일 수 있음을 보여주는 것이다. 물론 그것은 정무적 판단을 중요시한 김영삼 대통령의 리더십과 관련되어 있다. 그의 구술 내용에는 한미정상회담의 진행 과정에 대한 생생한 묘사 등 주요 시점의 김영삼 정부의 대응에 대한 자세한 내용이 담겨 있다.

그의 구술 내용을 요약하면 다음과 같다. 우선 김영삼 정부는 당선 직후 북핵위기의 발생 가능성을 예상하거나 대비하지 못했다. 2월 중순에 임명된 정종욱 수석은 이에 대해 검토할 시간이 더욱 없었다. 기본적으로 취임 당시 김영삼 정부는 노태우 정부의 대북관계 진전을 기반으로 여기에 보다 전향적인 김영삼 대통령의 대북정책 의사 표명에 기초하여 북한문제를 낙관하는 분위기였던 것이다. 이에 대한 구체적 대안으로는 조건없는 이인모 북송 이외에 구체적인 것이 준비되지 않은 상태였다. 그런 만큼 북한의 NPT 탈퇴 선언은 김영삼 정부에게 충격이었던 것이다.

북핵문제가 대두된 이후 김영삼 대통령은 다시 본래 갖고 있던 북한에 대한 보수적 관점을 견지했고, 북한에 대한 강경한 여론에 민감하게 반응했다. 실제로 김영삼 대통령은 북핵문제를 둘러싼 미국의 북한과의 협상 전략이나 결과가 불만스러웠고, 특히 그에게 한국이 배제되는 협상 방식이 문제로 보였다. 기본적으로 대북정책 기조는 이러한 요인들에 기초하여 김영삼 대통령이 결정했다. 당시 대북정책에 대해 정무적으로 보인 관점에서 김영삼 대통령에게 보좌를 한 것은 박관용 비서실장으로 보인다. 정종욱 수석은 김영삼 대통령의 대북정책 기조의 실현을 위해 노력했으며 외교안보수석의 역할을 대통령의 판단에 영향을 줄 수 있는 직책으로 규정하지는 않았다.

김영삼 대통령의 미국과 북한의 협상에 대한 불만은 1993년 11월 워싱턴에서 열린 한미정상회담에서 폭발했다. 표면적으로 이 회담의 결과는 한미 간에 북핵문제 해결 방식이 일괄 타결의 패키지 딜에서 '철저하고 광범한' 방식으로 표현을 바꾼 것이었다. 이것은 한미 정부 간 실무 합의 내용이 정상회담을 통해 바뀐 것으로, 실무진들의 합의를 추인하는 정상회담의 관례에 반하는 것이었다. 이 과정에서 김영삼 대통령은 상황 돌파적 특성과 일상적인 정책결정 방식에 구애받지 않는 성향을 드러냈다. 더구나 정상회담 직전 준비회의에서 외교부장관이나 외교안보수석 모르게 추진한 김영삼 대통령의 대응은 그의 판단에 적극 호응하지 않는 담당자를 배제하는 방식 보여주는 사례였다.

그는 당시 언론에서 거론되었던 외교부장관과 외교안보수석 간의 관계에 대해서 다음과 같이 설명했다. 기본적으로 그 문제는 소통의 문제가 아니었다. 그것은 국제전략 관점에서 북핵문제로 접근하는 미국을 상대해야 하는 외교부의 특성과 당시 남북관계의 관점에서 바라보는 북핵문제라는 김영삼 대통령의 인식을 전달하고 관철시켜야 하는 외교안보수석의 입장 차이에 기인한다는 점이다. 그는 김영삼 대통령이 미북 협상에서 남한이 배제된다는 언론의 비판에 예민했다고 구술했다. 특히 그는 김영삼 대통령에게 미북 간의 일괄 타결은 한국의 입지가 완전히 배제되는 수용할 수 없는 합의안으로 보았다고 강조했다. 외교안보수석은 이러한 대통령의 뜻을 부처에 정확히 전달하는 것이 가장 중요한 임무라는 것이 그의 주장이었다.

그리고 그의 구술에서 1994년 김영삼 대통령의 방중 과정에서 발생했던 황병태 주중 대사의 해프닝과 당시 북핵문제에 대한 중국의 위상 등에 대해 상세하게 확인할 수 있다.

이외에 그의 구술을 통해 1994년 6월의 상황을 자세히 알 수 있다. 그것은 미국 정부의 군사조치 고려와 이에 대한 주한 미 대사의 공식 발표 준비, 이를 급박히 막았던 청와대, 그리고 카터의 방북과 남북정상회담 합의의 과정이다. 그리고 그는 제네바 미북 합의까지의 한국 정부의 입장과 대응을 자세히 설명했다. 그 이후 1997년 그가 주중 대사로 재임 중에 있었던 황장엽 망명사건에 대해 그가 직접 황장엽을 만났던 일들을 설명했다.

그는 당시의 급격한 변화와 복잡한 과정을 현장에서 직접 경험하고 목격했던 당사자이자, 대외관계 전문가로서 일관된 관점에서 설명했다.

2. 구술

>>>>> 1차 구술 ──────────────────────────

박용수: 지금부터 연세대학교 국가관리연구원 중점사업 일환으로 김영삼 대통령 관련 인터뷰를 시작하겠습니다. 오늘은 김영삼 대통령의 외교안보수석으로 활동하였던 정종욱 선생님을 모셨습니다.

정종욱: 반갑습니다.

박용수: 네. 선생님 감사합니다. 먼저 김영삼 대통령과 어떤 인연으로 청와대에 들어가셨는지 설명을 부탁드립니다.

정종욱: 네, 그렇죠. 김영삼 대통령을 개인적으로 잘 몰랐습니다. 김영삼 대통령이 공식 대통령 후보로 선출되기 전에, 비공식적으로 출마를 위한 캠프를 꾸렸습니다. 그래서 학자들 중심으로 자문단이 있었는데 그때 자문관으로 제가 6개월 정도 활동을 했습니다. 그러다 대통령 후보로 선출된 다음 당에서 대통령 후보로 공식적으로 지원이 나오는데 저에게는 외교안보특보 이런 거로 해서 공식적으로 활동을 하든지 아니면 돌아가도 좋다고 해서, 저는 그냥 서울대학교로 와서 교수를 하다가 미국조지워싱턴대학에 안식년으로 1년 나가 있기로 계약이 되어 있었습니다. 그래서 12월 초에 출국하여 1월 초부터 미국 대학에서 강의를 준비를 했었습니다. 그런데 2월 중순 즈음 서울에서 전화가 왔습니다. 그때 당선자가 좀 만나고 싶어 한다고 해서, 내 상황을 설명했지만, 잠깐 귀국을 했으면 한다고 해서 일시 귀국 형식으로 잠깐 들어왔죠. 토요일에 비행기를 타고 일요일에

도착하고 월요일 아침 상도동에서 아침을 먹을 때 김영삼 대통령을 처음 만났습니다. 그전에는 유명한 분이니까 알긴 알지만, 일대일로 만난 건 처음이었죠. 김 대통령과 이것저것 얘기를 하였지만, 요지는 '청와대의 수석 비서관들을 오늘 발표를 해야 하는데 마지막으로 당신과 결정을 하면 인선이 끝난다'는 것이었습니다. 나는 "김영삼 대통령이 얘기를 해야겠다고 하셔서 급하게 일시귀국으로 온 거라 짐도 다 미국에 있다."고 했더니, 그분은 "그런 건 나중에 해결하면 된다."고 하셨죠. 그때 대통령 당선자 비서실장이 들어왔습니다. 당시 최창윤 박사라는 분이셨는데 저하고 개인적으로 미국 유학을 같이 가서 아는 사이였습니다. 비서실장이 방으로 들어오니까 명단을 주면서 "마지막으로 외교안보수석 하기로 했으니까 발표해."라고 했습니다. 저는 마음의 준비가 제대로 안 된 상태에서 정부에 들어가서 일을 하게 되었다고 볼 수 있죠.

그러면 준비 안 된 상태에서 왜 들어갔느냐? 아침을 먹으면서 한 시간 반쯤 얘기했나 하는데, 김영삼 대통령이 '문민대통령으로서 한국 정치사에서 새로운 전기를 열어 가는데 남북관계에 있어 임기 중에 획기적인 돌파구가 생길 것이라고 믿고 있고 그렇게 하기 위해 노력한다. 그러니까 남북관계를 획기적으로 개선시키는데 함께하자'는 얘기를 강력하게 하셨습니다. 나는 평소부터 대학에 뜻이 있었지만 남북관계에 대한 관심이 많았기 때문에, "대통령 임기 중에 통일까지는 아니라도 의미있는 일이 일어날 수 있겠구나." 하는 기대를 가지고 들어갔죠.

박용수: 신문 기사에서 나왔던 것 중에 선생님께서 김영삼 대통령의 야당 총재 시절부터 자문을 했다는 내용은 사실과 다른 것인가요?

정종욱: 야당 총재 때 대통령 후보로 공식 선출되기 전에 몇 달 동안 자문그룹에 끼어있었던 것 외에는 그렇게 한 적이 없습니다.

박용수: 김영삼 대통령이 취임사에서 남북관계에 대해 강한 메시지를 던지셨는데 자문그룹에서 활동을 하시는 과정에서 그러한 메시지를 던질 수 있도록 선거캠프에서 준비가 되어 있었습니까?

정종욱: 제가 알기로는 대통령선거하기 전에 김영삼 대통령 후보를 도우는 자문단이 몇 팀 있었습니다. 그중에 하나는 나중에 당선된 다음에 취임사 준비하는 팀이었고, 저는 당시에 미국에 나가 있었기 때문에 그것과 저는 관계가 없습니다.

박용수: 후보캠프 시절에 자문하신 내용 중에 기억나시는 부분이 있으십니까?

정종욱: 캠프에는 여러분들이 있었죠. 거의 다들 대학교수들입니다. 특히 외교안보, 정치 분야의 교수들이었는데, 여러 가지 문제를 논의했죠. 그중에 앞으로 당선되면 남북관계를 어떻게 풀어갈 것이냐 하는 일반적인 얘기가 있었고, 구체적인 현안문제에 대한 입장 정리하는 문제도 있었죠. 제가 있는 동안은 외교안보 파트에서 좌장 비슷한 역할을 했습니다만, 제가 오래 안 했기 때문에 지금 말씀하시는 어떤 방향으로, 어떤 이슈를 어떻게 정립했는지 말씀드리기는 좀 어렵습니다. 다만 전반적으로 얘기해서 김영삼 대통령 때 남북관계가 크게 개선될 것이라는 전제가 있었습니다. 그 이유로서는 노태우 대통령 때 남북관계에 상당히 진전이 있지 않았습니까? 한반도비핵화선언, 고위급회담, 총리회담도 여러 번 있었고, 기본 합의도 있었고, 핵문제도 남북 간의 핵통제 공동위원회가 열리지 않았습니까? 노태우 정부 시기는 남북관계가 굉장히 좋았던 시기입니다. 그래서 새로운 대통령 임기 5년 중에는 상당한 전환점이 이뤄질 수 있을 것이라는 생각을 했었습니다. 비관적인 시나리오를 가지지 않고, 비교적 낙관적 시

나리오를 전제하고 준비했던 기억이 납니다.

박용수: 그러면 크게 노태우 정부의 북방정책 기조가 지속되면서, 거기에 남북관계가 더 진전되는 방향으로 준비가 진행되었다는 말씀이시죠?

정종욱: 이미 노태우 정부 시기에 한반도비핵화공동선언을 했고, 남북관계에 기본 합의가 이뤄지지 않았습니까? 그리고 핵문제에 대해서도 실무 핵통제 공동위원회가 열리고 있었고요. 그런 걸 전제해서 남북관계가 통일까지는 안 가지만, 그때만 해도 3단계 통일방안이 우리의 입장이었으니까. 연방까지는 안 가지만, 적어도 남북 간의 동질성 회복이라는 차원에서 상당한 교류 협력이 이뤄질 거라는 예상은 했었습니다.

박용수: 노태우 정부 시기 남북관계의 큰 진전이 있었지만, 임기 말 팀스피리트 훈련과 관련해서 북한이 반발하고, 남북관계가 경색되었다는 주장에 대해서는 어떻게 생각하십니까?

정종욱: 남북관계를 후퇴했다고 하는 평가는 주류가 아니고, 주류는 노태우 정부 때 남북관계가 상당히 의미 있는 진전을 이루었다는 것이었습니다. 북한이 남북대화를 할 때는 팀스피리트 문제를 굉장히 강하게 이야기했습니다. 북한의 입장에서 거기에는 두 가지 측면이 있습니다. 팀스피리트는 일단 하게 되면 북한의 모든 지휘부가 땅 속으로 들어가게 됩니다. 소위 대기 상태, 비상 상태에 들어가기 때문에 북한에게 굉장히 고통스러운 겁니다. 그리고 두 번째는 팀스피리트가 한미 군사협력의 상징적인 것으로 북한에 군사적 위협을 하는 가장 심각한 한미동맹의 전례로 인식이 되어왔기 때문에, 북한은 계기가 있을 때마다 취소하거나 완전히 폐기하라는 입장을 여러 번 전달해 왔습니다. 그러나 노태우 정부 때에는 그렇게

나쁜 상황은 아니었습니다.

내각 구성은 대통령 취임 전에 총리가 재청을 해서 대통령이 임명을 하고 또 국회 절차를 밟는 단계가 있기 때문에 취임식이 끝나고 나서 완료가 됩니다. 그런데 청와대 수석 비서실은 대통령의 참모니까 그런 절차가 필요 없습니다. 대개 대통령 취임 전에 수석들은 인선이 완료되고 일을 시작하게 됩니다. 그래서 당시에 저희가 대통령 당선자를 만나 면담을 해보면, 대통령은 남북관계에 대해 뭔가를 해보고자 하는 의욕이 있다는 것을 알 수 있었습니다. 취임사에서 대통령이 제기한 민족우선론은 아마 대통령의 생각이었을 겁니다. 남북관계에 있어서 본인이 뭔가를 이루어 보겠다는 그런 가능성을 전망하고 있었겠죠.

그런데 우리가 취임 직후 우선 해결해야 할 문제는 이인모 노인 북송문제였습니다. 이인모 노인에 대해 북한이 계속해서 송환을 요구를 했었는데, 내부에서는 송환을 반대하지 않는 경향이 강했고 대통령도 적극적으로 검토하라는 지시를 내렸습니다. 통일부총리, 외무부장관, 안기부장, 외교안보수석, 국방장관 이 다섯 사람이 안보관계장관회의 창설 멤버였습니다. 논의가 조금 지연되었던 이유는 무조건 송환과 조건부 송환의 의견 충돌 때문이었습니다. 그때 우리 어선이 납북되었던 적이 있었는데, 동진호 어선이라도 돌려받고 송환을 하자는 의견이 있었습니다. 그것을 조정하고 있는데 이인모 노인이 부산대학에 입원 상태에서 졸도를 했습니다. 나이가 많고 오랫동안 그런 생활을 해서 건강이 안 좋았죠. 그래서 우리가 급히 서둘렀습니다. 대통령도 복잡한 조건 달 것 없이 무조건 송환하라는 지시를 내려 바로 조치를 했습니다. 만약 일을 당하게 되면 남북관계가 상당히 나빠질 거라 예상했기 때문입니다. 결국 우리가 부산에서 헬리콥터로 판문점으로 데려와서, 북한은 김일성 지시로 판문점에서 넘겨받았습니다.

본의 아니게 무조건 북송을 하게 되었지만 상당히 기대를 많이 했어요. 북한이 남북관계에서 큰 물꼬를 틀 거라는 기대를 했는데, 3월 12일 북한이 갑자기 NPT 탈퇴 선언을 했습니다. NPT 탈퇴는 전혀 우리가 상상을 못했던 것입니다. 행정부처는 인수인계가 있어도 청와대는 인수인계가 없는 것이 전통인데, 그 이유는 직원이 다 바뀌기 때문입니다. 그래도 나는 전임 외교안보수석을 두어 번 만나긴 했는데 NPT 탈퇴에 관한 건 한마디도 없었어요. 1993년 3월 12일 오후 2시부터 해군사관학교 졸업식이 있었고, 옥포조선소에서 우리가 만든 최초의 잠수함 진수식이 있었습니다. 진수식을 마치고 해군사관학교 쪽으로 향하는데 서울에서 연락이 왔어요. 북한이 NPT 탈퇴 발표를 했다고 해서 대통령한테 바로 보고를 했죠. 대통령 본인도 깜짝 놀랐어요. 이런 일은 상상도 못했는데 뒤통수를 얻어맞은 것 같은 상당히 충격적으로 받아들였다는 느낌을 받았습니다. 그래서 대통령에게 "제가 먼저 서울에 올라가서 필요한 조치를 건의를 드리겠습니다."라고 말씀드렸더니, 대통령께서는 비상국무회의를 소집하라고 하셨습니다. 그래서 서울에서 상황을 알아보고, 안보관계장관회의를 먼저하고, 비상국무회의를 했습니다. NPT 탈퇴에 대한 상황 분석을 급히 만들어서 보고를 했었습니다. 비상국무회의에서 김 대통령은 북한이 뜻밖에 NPT 탈퇴 선언을 했는데 남북관계가 걱정스러우니 관련 부서는 비상대기하라고 지시했죠. 외교안보 관련 부서는 비상근무체제에 들어가야 된다는 입장이었습니다. 우리가 볼 때는 굉장히 기대가 높았는데 생각도 못했던 사태가 터지는 바람에 상당히 충격적이었습니다. 결국에는 1994년에 제네바합의를 하면서 일단락되는데, 그때까지 여러 가지 고비가 많았죠.

박용수: 북한의 NPT 탈퇴 선언이 3월 12일이었고, 3일 전에 팀스피리트 훈련이 시작이 됐다고 알고 있습니다. 이 훈련 전에 북한이 경고나 그런 건 없었습니까?

정종욱: 아니요. NPT 탈퇴하고 팀스피리트 훈련과는 전혀 상관이 없는

것 같습니다. 왜냐하면 팀스피리트는 연례 군사훈련이었고, 그 당시 상황으로 볼 때는 우리가 그걸 구태여 취소하거나 연기할 수 있는 상황이 아니었으며, 무엇보다도 팀스피리트 훈련을 하려면 몇 달 전부터 준비를 합니다. 미국 본토에서 미군이 오고 뭐 이런 과정이 굉장히 복잡하죠. 물론 취소할 수 있지만 특별한 일이 아니면 취소가 안 됩니다. 그 당시로 볼 때는 취소할 수 있는 급박한 상황이 아니었고 그래서 계획대로 진행을 했던 걸로 기억을 합니다.

박용수: 조금 자세하게 알고 싶은 것이 당시에 미리 북한의 변화에 대한 한국 정부의 인식 여부입니다.

정종욱: 그 당시로 볼 때는 인식을 못했다고 하면 못한 거죠. 그러나 왜 북한이 3월 12일에 탈퇴를 했느냐 하는 건 팀스피리트와 관련이 있는 게 아니고 그 전부터 쭉 쌓여왔던 일련의 과정 때문에 그런 겁니다. 1985년에 북한이 NPT에 가입을 하거든요. 근데 가입을 하게 되면 반드시 안전조치에 합의를 해서 사찰을 받아야 하는데 북한이 시간을 오래 끌었어요. 그래서 1986년이나 1987년쯤이면 사찰이 시작되어야 하는데, 북한이 처음에 보낸 보고서 형식 잘못으로 서류를 반려되어 시간이 1~2년 더 걸렸습니다. 서류가 정비가 된 후 비엔나에 있는 IAEA 사찰팀들이 북한에 들어가서 봅니다. 1차 사찰의 목적은 북한이 신고한 핵관련 모든 시설이 제대로 신고가 되었는지 그걸 확인하는 겁니다. 그리고 사찰하는 거에 대한 서명을 하게 됩니다.

그 당시 IAEA 사무총장이 한스 블릭스라는 사람입니다. 아주 오랫동안 IAEA에 몸담았던 사람이고 사찰의 전문가입니다. 이분이 북한에 다녀왔는데 보고를 보니까 북한이 제출했던 보고서뿐만 아니라 자기가 볼 때 뭔가 이상한 부분이 있더라는 겁니다. 첫째는 핵시설 문제인데, 이것이 실험용이라면 그렇게 클 필요가 없다는 것이었습니다. 북한이 계속해서 이것이 실험용이고 실험이 끝나고 나면 산업용으로 전력용으로 경제발전을 위해 쓰겠다고 주장을 하는데, 그 주장과 달리 전깃줄이 없었어요. 그러니까 연료를 생산할 때 필요한 송전선이 없었다는 거죠.

그리고 결정적으로 문제가 되었던 것은 위성사진에 얼마 전에는 보이지 않았던 것들이 나오기 시작한단 말이에요. 그래서 IAEA에서는 핵폐기물을 숨기기 위한 시설이라고 얘기를 하고 장갑을 끼고 훑어봤어요. 샘플을 채취하는 거지. 북한이 이걸 몰랐는데, 무엇인가 장갑에 묻었을 것 아니에요? 그걸 가지고 가서 샘플을 분석해보니까 북한은 재처리를 한 번 했다고 했는데 세 번 정도 했다는 분석이 나오는 겁니다. 북한의 실수는 미국의 기술적 측면을 과소평가한 것입니다. 실험 결과와 말이 안 맞아, 북한한테 그 시설을 보여 달라하니, 갑자기 군사 트럭도 가져다놓고 군사시설로 위장을 하는 겁니다. 북한은 군사권을 침해받을 수 없다고 하면서 강하게 반대를 하고, 사찰팀은 봐야한다고 주장하니 IAEA 이사회가 열리고 이 사건을 유엔안보리에 넘깁니다. 유엔으로 이 사안을 넘기면서 언제까지 사찰을 허용하라고 합니다. 그 시한이 3개월 정도였고, 그 시간이 다가오니까 북한이 탈퇴를 한 것입니다. 우리가 팀스피리트 훈련을 해서 북한이 NPT를 탈퇴했다고 보긴 어렵습니다.

박용수: 예, 알겠습니다. 그럼 IAEA 사찰이 순조롭지 않다는 거는 한국 정부도 알고 있었나요?

정종욱: 알고 있었죠.

박용수: 그럼 그 상황이 북한이 NPT 탈퇴할 만큼 심각한 걸로 보진 않았던 겁니까?

정종욱: NPT 탈퇴는 마지막 카든데 그걸 끄집어낼 거라곤 생각을 못했죠. 그 당시만 하더라도 우리가 북한이 핵개발에 대한 집념의 강도를 과소평가했죠. 또 다른 요인은 노태우 시기에 너무 남북관계가 좋았고 취임 초기에 약간 들떠있는 분위기가 있지 않습니까? 그런 낙관적인 분위기 때문에 북한이 NPT 탈퇴라는 극단적인 조치에 대한 준비가 부족했던 것 같아요.

박용수: 그러면 조금 다른 측면에서 김영삼 대통령이 일단 말로서 취임사에서 표현했지만 민족우선론을 제기한 실질적인 조치로 이인모 북송 이외에 어떤 것들이 준비되어 있었는지 알고 싶습니다.

정종욱: 이인모 사안은 김일성이 직접 몇 번 얘기했고, 노태우 대통령때 남북대화를 한 기록을 보면 북한 사람들은 주석이 직접적으로 관심을 가지고 있기 때문에 반드시 관철시켜야 한다고 누누이 주장했습니다. 사실 우리가 이인모 노인을 돌려보낸다는 거는 북한 입장에서는 굉장히 큰 걸 돌려받는 것이었습니다. 그리고 2월 25일 취임을 해서 아직 내각도 구성이 안 된 상황에서 3월 12일이라고 하면 뭐 3주도 안 되는 기간이죠. 그 시간 동안 취임사에 나왔던 것에 대해 구체화시킬 시간이 없었죠.

박용수: 예, 그럼 김영삼 대통령과 관련된 질문을 드리고 싶습니다. 처음에 만났을 때의 인상이나 NPT 탈퇴 소식을 들었을 때 모습을 말씀해 주셨는데, 기본적으로 김영삼 대통령이 가지고 있었던 인식, 외교관계, 한중관계, 한미관계, 남북관계 이런 부분에 대한 김영삼 대통령의 인식과 감각에 대해 어떻게 느끼셨는지요? 언론에 나와 있는 자료를 보면 한소수교에 대해서는 큰 자부심을 가지고 있었고, 클린턴 대통령과 할 때는 정치 선배로서는 말씀을 많이 했던 것처럼 외교에 대한 낙관적인 생각을 가지고 계

셨던 것으로 볼 수 있나요?

정종욱: 본인의 외교 철학에 대해서 저하고 애기할 그런 시간은 없었습니다. 다만 공식, 비공식 자리에서 수석들과 많이 만났을 때 내가 느꼈던 게 공산주의에 대한 거부감이었어요. 적대점이라고 하기엔 뭐하지만 불신이라든지. 성장 과정에서 특히 어머님을 잃어버리는 경험을 통해서 공산주의에 대해 믿기 어렵다는 점과 그동안의 남북관계가 대단히 어려웠죠. 그런데 다른 한편 그는 평생 정치를 해 오신 분 아닙니까? 본인이 대통령을 한다는 꿈을 이루었고, 문민대통령이 되었다는 거에 대해 굉장히 자랑스럽게 생각을 했었어요. 그래서 김일성하고 둘이 만나서 민족문제를 얘기를 할 수 있겠다는 그런 기대감을 상당히 가지고 있었던 것 같아요. 사석에서 얘기할 때 "김일성도 계속 저렇게는 나올 순 없을 겁니다. 뭔가 변해야 되고 나하고도 만나게 될 겁니다." 하는 강한 생각을 가지고 있었어요. 취임사에서도 얘기를 했지만 김일성과의 남북정상회담에 대한 본인의 생각이 강했습니다. 역시 북한은 김일성 주석의 나라이기 때문에 김일성 주석과의 정상회담을 통해서 남북관계에서 결정적인 돌파구를 마련하겠다는 얘기를 했던 것으로 기억을 합니다.

박용수: 예, 그리고 김영삼 대통령에 대한 평가로 정책의 구체적인 내용에 대해 좀 취약하다는 점이 거론됩니다. 그렇다면 외교안보 측면에서 김영삼 대통령이 가지고 있던 생각이나 의지가 어느 정도 관철된 것인지, 아니면 주로 외교안보부처나 보좌진들 의견을 수용을 해서 결정하는지, 어느 쪽이 더 크다고 보십니까?

정종욱: 제가 느끼는 것은 대통령 경선 과정에서 정책 패키지를 준비하지 않습니까? 그런데 선거하는 과정에서는 열기 속에 빠져서 대통령은 정

책에 관해서는 본인이 생각하는 거나 하지 자세하게 다른 거는 생각을 못 하죠. 대개 취임한 지 6개월 내지 1년 정도 하면서 본인이 생각했던 정리도 하고 참모들이 건의를 해서 구체적으로 정책이 나오기 시작하는데, 문제는 핵문제가 너무 빨리 왔다는 점입니다. 취임 2주 정도 후에 핵문제가 터졌으니까요. 일단 핵문제가 생기고 나서는 외교안보 문제 차원에서 볼 때는 대통령이 어떤 큰 외교문제에 있어서 정책이나 철학을 논의하고 할 그런 상황이 아니었습니다.

물론 김 대통령이 금융실명제는 미리 가지고 들어갔던 거죠. 북한, 남북 관계에 있어서는 구체적으로 뭘 하겠다는 막연한 생각은 했을 겁니다. 노태우 대통령 때 불가침선언이 있었지만, 그런 것에 대한 본인의 생각도 있었을 겁니다. 그렇지만 구체화 될 수 있는 시간이 너무 없었어요. 3월 12일 이후 핵협상도 미국과 북한의 양자 협상으로 진행되지 않았습니까? 일단 핵문제라는 것이 북한의 NPT 복귀가 처음 단계였고, 그 다음 단계는 북한 핵에 대한 의혹들을 해소하는 것이고, 마지막으로 핵을 완전히 해체시키는 그런 단계가 있지 않겠습니까? 그런데 첫 단계에서 북한이 미국하고 하겠다고 강하게 주장했고, NPT 탈퇴를 선언하면서 3개월 시간이 있었습니다. 3월 12일 탈퇴 선언을 한 이후 3개월이 지나면 자기 맘대로 빠져나갈 수 있는 것이죠.

당시 우리는 시한부에 걸려 있었던 겁니다. 급박한 상황이었기 때문에 일단 미국하고 북한이 접촉을 해서 탈퇴문제를 해소하고, 그 다음 단계로 넘어갈 필요가 있었고, 그 데드라인이 6월이었습니다. 우리가 미북 양자 접촉을 허용한 것도 그래서였습니다. 이후 6월에 갈루치와 강석주가 만나서 협의를 하거든요. 그러면서 북한은 IAEA에게 다시 사찰받게 되죠. 그러다가 몇 번 고비를 거치면서 1994년 봄에 서울 불바다 얘기가 나왔고, 그래서 카터가 북한에 갔습니다. 그 이후 10월에 제네바합의가 이루어 진 거구요.

박용수: 일단 정리를 하자면 임기 시작 시기에는 대통령이 기본적인 남북관계를 개선시켜 보겠다는 의지나 인식은 있었지만, 그것을 구체화할 수 있는 조건이 아니었고 상황이 워낙 급박하게 흘러갔기 때문에 거기에 대응하는 것이 중요했다. 그리고 그 대응하는 과정에서는 당연히 전문가들의 조언이나 정책결정이 중요했으며 대통령의 의지는 큰 방향을 결정하는 정도로 이해를 하면 되나요?

정종욱: 네. 대통령이나 대통령을 도와주는 분들이 남북관계에 대한 구체적인 방안을 가지고 있었을 수도 있어요. 제가 아니라고 할 입장도 아니고 그래서도 안 되는 거죠. 제가 알고 있는 한은 적어도 임기가 시작된 후 조금 시간을 가지고 구체화되고 정제된 정책을 대통령이 발표도 하고 집행해 나갈 수 있는 시나리오를 가지고 있었는데, NPT 탈퇴라는 것이 취임 2주 만에 터져서 그럴 상황이 아니었다는 말이죠.

박용수: 정책결정 시스템을 보면 청와대뿐만 아니라 안보관계 부처가 관계되어 언론에서 보도되는 걸 보면 여러 회의체들이 많더라고요. 그것이 1994년도 4월에 통일안보정책조정회의가 있는데요. 그런 회의체가 그 이전부터 유지되어 왔었던 건가요? 외교안보회의체로 대통령이 주재하는 안보관계장관회의가 있고, 총리 주재의 고위전략회의가 있고, 부총리 주재의 통일관계장관전략회의 이런 식으로 3~4개의 회의가 있었던 것 같은데, 당시 안보관련 회의들이 어떤 식으로 이루어진 것인지 알고 싶습니다.

정종욱: 크게 두 가지가 있었습니다. 총리 주재하는 회의는 한 번도 한 적이 없습니다. 외교안보 쪽은 대통령의 고유 권한이기 때문에 총리가 나설 수 없는 상황이었고요. 중요한 것은 대통령이 주재하는 국가안보회의가 있습니다. 근데 그게 지금은 달라졌는데 규정상 비상대책위원회가 주

관하기로 되어 있어요.

　가장 중요한 것은 안보관계장관회의, 그러니까 조정회의죠. 핵심 부서인 통일부총리, 외교부, 국방부, 안기부, 청와대 이렇게 5명 정도가 수시로 만납니다. 그게 가장 중요한 정책협의체였고 그 외에는 대통령이 장관을 불러서 회의하는 것이 있습니다. 그게 아마 헌법에 규정되어있을 겁니다. 그런데 그 회의는 너무 많은 장관, 내무부, 국가 비상시에 관계되는 모든 각료가 들어와 있기 때문에 국가의 전략문제를 논의하는 도구로서는 별로 효용성이 없었습니다. 대외적으로 상징성도 있고 또한 각료 간의 정보를 수용한다는 차원에서 그것을 대통령이 몇 번 한 적은 있지만, 가장 중요한 정책조정은 안보관계장관회의에서 주로 이루어졌죠.

박용수: 회의는 주로 누가 주재로 했나요?

정종욱: 그건 통일부장관이 할 수도 있고 외교부장관이 할 수도 있는 부분인데 당시 통일부총리가 부총리였고 나머지 각료는 장관이었습니다. 그러니 자연히 좌장이 통일부총리가 될 수밖에 없죠.

박용수: 그러면 그때 당시에 상황이 급박한 요인 때문에 그랬겠지만, 정부 부처 간의 이견이 나타난다는 점을 언론은 불안한 것으로 기사화하기도 했습니다. 혹시 통일부총리가 충분히 조율하기 힘든 경우가 많았나요?

정종욱: 사실은 비서실장이 들어왔죠. 그전에도 비서실장이기 때문에 박관용 의장을 만나보면 자세한 얘기가 나오겠지만 그분이 비서실장이지만 국회에서 남북국회회담을 오래 했었고 원래 남북문제에 관심이 많아요. 그리고 김영삼 대통령을 모시고 모스크바에 갔었고, 그런 여러 가지 일을 했었기 때문에 비서실장이 안보관계조정회의의 정식 멤버는 아니었지만

본인이 워낙 관심이 많다보니 그렇게 된 겁니다. 신문에 의견 조정이 안된다고 나왔었지만, 그렇기보다는 안건 자체가 워낙 복잡한 것이 많았기 때문에 쉽게 우리 입장이 결정되거나 또한 특히 중요한 것은 미국과 북한이 협상하는데 그것을 우리 정책으로 반영하기 어려웠습니다. 그리고 1994년에 서울 불바다 얘기가 나오며 상황이 어려워지니까, 사실은 그런 조직이 원래 있던 것인데 좀 더 공식화되었죠. 그렇지만 비서실장이 대통령 지시를 받아가지고 안보관계조정회의에 의견을 낸 적은 없었습니다.

박용수: 비서실장이 회의에서 의사를 직접 표현하지는 않았습니까?

정종욱: 예. 원래부터 그렇게 되어있는 것이기 때문이죠. 이건 라인 조직이니까 그렇고, 다만 비서실장은 매일 아침에 대통령이 출근을 하면 비서실장이 영접을 하는데, 그러면서 30분에서 한 시간 동안 국내외의 여러 가지 현안문제에 대해서 보고를 하고 대통령 지시를 받습니다. 그 과정에서 자연히 북한문제가 가장 현안문제다 보니 비서실장에 대한 보고가 대통령께 얘기가 올라가고 대통령하고 비서실장이 얘기를 많이 할 수 있는 그런 상황이었지요. 그렇지만 비서실장이 대통령으로부터 지시를 받아 안보관계장관회의에 전달하지는 않았습니다.

박용수: 비서실장이 특히 남북관계에 관심이 많다고 하면 외교안보 상황과 관계해서 외교안보수석과 비서실장은 평상시에 의견을 조율하고 대통령께 보고가 올라가나요?

정종욱: 비서실장과 외교안보수석 관계가 중요한 것은 아니고, 비서실장은 개인적인 의견이고 전반적인 국정 관리를 책임지고 있는 비서실장으로서 얘기를 하는 겁니다. 이를테면 "북한문제에 대해서 국내 민심은 이렇습

니다." 하는 것들을 알려 주는 것이죠. 라인이라고 하는 것은 조직상으로 볼 때 비서실장 밑에 수석들이 있지만 수석은 대통령의 직접 비서들입니다. 자기들 맡은 분야에서는 대통령에게 직접 보고를 드리는 것이고, 수석이 각 부처의 의견을 종합해서 대통령에 보고를 하는 것이기 때문에, 비서실장이 바로 보고를 받고 하는 그런 것은 아니에요. 비서실장은 밑에 뭐 비서관이 없잖아요. 수석 밑에는 비서관이 있지만 비서실장은 그런 것은 아니죠. 물론 실장과 수석이 상의는 하죠. 하지만 내가 보기엔 이견은 별로 없었습니다. 그리고 수석이나 실장은 비서입니다. 정책은 장관들이 세우는 것이고 또 필요하면 대통령에게 직접 보고할 수도 있는 것이죠. 그래서 수석과 실장이 서로 의견이 달랐다거나 그런 것은 있을 수가 없었고요. 오히려 정무적인 판단이 필요할 때가 있죠. 그럴 때에는 특히 비서실장이 정치적 감각이 탁월한 사람일 경우, 박 실장이 그런 경우인데, 대통령한테 여러 가지로 조언도 하고 건의도 하고, 도움이 되었어요. 서로 보완적인 성격이 강했지 비서실장과 수석 간에 갈등이 있지는 않았습니다.

박용수: 당시 외교부나 통일부 같은 외교안보 부처 간의 관계를 간단히 설명해 주시겠습니까?

정종욱: 제가 정부 일을 해보니까 지금 안보실장이 있지 않습니까? 우리 있을 때에는 통일부총리가 있었고, 관계 장관들이 외교, 국방, 안기부도 장관급으로 되어있지 않았습니까? 그런데 통일부가 가진 게 별로 없어요. 그러니까 예산이 있습니까? 정보가 있습니까? 사람이 있습니까? 정보는 국정원이 가지고 있고, 외교부는 외국공관에서 올라오는 굉장히 자료가 많고, 또 그 자료가 중요합니다. 특히 우리가 핵문제가 군사적인 문제가 아니라 협상 차원이기 때문에 미국으로부터 듣는 협상 내용을 우리가 전달 받아서 논의하는 것이니까 외교부 역할이 컸죠. 통일부는 그런 것이 없잖아요.

사실 사람이 있지만 안기부 사람들이 오랫동안 남북관계를 해왔었죠. 안기부 사람들은 통일부를 자기의 한 파트로 보니까요. 부서 간의 장은 통일부인데 밑에 있는 멤버들이 정보를 안 주면 그만이니까. 거기다가 개인적인 철학이라든지 정책관이 달랐죠. 이를테면 한완상 통일부총리는 제가 서울대학교 때부터 잘 알던 교수인데, 상당히 리버럴했어요. 거기에 비해서 다른 부서, 국방, 안기부에 있는 부장은 상당히 보수적인 생각을 가지고 있으니까 회의하게 되면 이견이 좀 많죠. 그게 대외적으로 보도되는 과정에서 과장된 것도 있습니다.

박용수: 김영삼 정부 초기에 청와대 들어가셨을 때, 같이 입각했던 한승주 외무부장관도 같은 학교 출신이시더라고요. 그래서 외교안보수석하고 외무부장관은 상당히 손발이 잘 맞아야 하는데 두 분 관계는 어떠셨습니까?

정종욱: 그걸 많은 사람들이 얘기를 하죠. 한승주 장관은 지금도 자주 만나요. 대학선배입니다. 학교에 있을 때에도 둘이서 국제회의를 자주 다녔어요. 그분은 뛰어난 분이기도 하고요. 사실 외보의 인시과 같이 외무부장관과 안보수석 간의 개인적인 의견 충돌로 보기 어렵습니다. 의견충돌이라기보다는 외무부에는 천 명 넘는 직원이 있고, 외무부가 가지고 있는 조직적인 속성 예를 들어 '문제는 외교로 해결해야 한다'는 경향이 있습니다. 이것은 마치 국방부가 힘으로 해야 한다는 조직문화와 비슷합니다. 외무부장관은 외무부의 수장으로서 외무부 조직문화를 대표해야 하는 그런 부분도 있었고, 특히 그 당시에 북한 핵문제를 둘러싸고는 외교부에 있는 사람들에게 미국과 북한의 양자회담과 또한 남북보다도 외교를 통해 해결해야 한다는 경향이 있었죠. 남북대화는 통일부가 많이 주장을 했죠. 그래서 개인적인 차이보다도 조직 간의 생각의 차이가 굉장히 크게 작용을 했

습니다. 그런데 청와대 외교안보수석은 대통령의 참모이기 때문에 장관하고는 다르죠. 대통령의 뜻을 부처에 전해주고 장관들이 모이면 협의하는 역할이기 때문에 개인적인 의견의 충돌이라기보다 외교부, 통일부 등의 조직 논리에 의해 얘기하는 것이 맞는다고 생각합니다.

박용수: 그럼 당시 외무부장관은 상대적으로 미국과의 관계를 더 중요시한 점이 외교안보수석과 외무부장관과의 의사소통에 어려운 부분이었다고 볼 수 있습니까?

정종욱: 수석과 장관의 관계를 소통 차원에서 보는 것은 잘못되었다고 봅니다. 제가 가장 관심 가지고 있었던 것은 대통령의 참모였기 때문에 대통령이 어떤 생각을 하고 계신지와 그걸 어떻게 부처에 전달할 것인지에 관한 것이었거든요. 그런 보도가 청와대보다 주로 외교부에서 나왔습니다. 그것이 제가 강조하고 싶은 점이고요.

또 한 가지는 제가 대통령을 모시던 2년 동안 대통령이 안타까워하고 힘들어했던 것이 북핵문제 협상 과정에서 남북관계가 빠져있었다는 겁니다. 북한 핵문제는 남북한이 만나서 해결을 해야 하고, 이전에 노태우 정부 때 기본합의도 하고 여러 가지 하지 않았습니까? 핵문제는 남북한이 풀어간다는 그런 얘기도 했었고, 한반도비핵화선언을 양국 총리가 했기 때문이죠. 김 대통령은 북한이 남북 간의 합의를 어겼다는 측면에서 보는 거고, 외교부나 미국에서는 NPT 범위 내에서 북한이 조약을 위반하고 약속을 지키지 않았다는 측면에서 보는 겁니다. 그러니까 한반도 차원에서 남북한 차원에서 문제를 보는 것 하고 국제적인 레짐 차원에서 보는 것은 엄청난 차이가 있습니다. 클린턴이나 김영삼 대통령이나, 미국이나 한국이나, 좁게는 외교부나 청와대 시각, 국제적인 시각하고 남북한 관계의 시각하고 차이에서 나는 문제들이 상당히 많았어요. 그래서 김영삼 대통령께 북한과 미국이 협상하는 것을 우리가 양해해줘야 한다고 누누이 설명해 드렸고, 김영삼 대통령도 처음에 순순히 동의했어요.

그런데 이분이 가장 고통스러워하는 것은 신문에서 우리는 빠지고 미국하고 북한만 나오느냐고 공격하는 것이었죠. 그래서 미국이 북한과 양자 회담하는 것을 양해해주면서도, 남북 간에 협상해야 할 부분도 있다는 것을 주장해서, 미국이 받아들였습니다. 그런데 미국이 처음에는 북한이 남한하고 해야 할 부분도 있고 그래야 미국하고도 잘 할 수 있다는 입장이었는데, 나중에는 급하니까 오히려 우리하고도 이야기를 잘 안했습니다. 이를테면 그 당시에 장재룡이라고 외무부에 북미국장이 있었습니다. 불란서 대사도 했던 미국통으로 아주 유능한 엘리트 외교관입니다. 갈루치하고 강석주가 제네바에서 서울 불바다 이후에 다시 협상을 시작하지 않습니까? 그때 장국장이 제네바에 파견되어 있었어요. 처음에는 갈루치가 강석주 만나기 전에 자국 입장 전달하고 미국에 갔다 와서 회담 결과를 우리한테 가장 먼저 얘기해 주었습니다. 그러다가 나중에는 갈루치가 장 국장을 잘 안 만나고, 다녀와서도 건성으로 브리핑을 해줬죠. 왜냐하면 북핵문제라는 것이 1994년 후반부에 가면 클린턴이 재선이 걸려 있었습니다. 북한 때문에 NPT 연장이 안 된다고 하면 클린턴으로 볼 때는 외교적인 큰 상처가 되기 때문이죠. 재선에 방해되는 건 하지 마라 해서, 북한 핵문제는 어느 정도 선에서 타결을 지어라 하는 입장이 서 있었어요. 그래서 갈루치 입장에서는 나중에 우리 얘기 듣다가는 아무것도 안 될 것 같으니까, 우리와 점점 협의를 안 하게 되었다고 봅니다. 그러니까 남북한 관계하고 미국, 한국과 국제적인 축 사이에 나왔던 갈등이 문제의 가장 핵심이라고 봅니다.

박용수: 미국이 그런 입장이었다면 한국 정부로서는 미국하고 북한과의 관계가 진전이 되고 난 이후, 남북한 관계를 좀 더 진전시키는 방향으로

생각할 수는 없었나요? 그걸 병행하거나 조건으로 제시했던 것인가요?

정종욱: 그런데 우리가 1 : 1로 뭐 병행을 한다든지 고리를 끊은 것은 아니었습니다. 우리도 어느 정도 여유를 두고 따라갈 수 있다는 생각도 했지만, 북한의 전략이 사실은 훨씬 더 앞서 나갔던 거죠. 또 한 가지는 국내 여론이 굉장히 나빠지기 시작했었어요. 그리고 김 대통령은 평생 정치한 분 아닙니까? 제가 보기에는 국내적인 부담을 넘기는 인내의 강도가 적었습니다. 나중에는 미국에 대해서도 굉장히 불쾌하게 생각을 했죠. 미국이 동맹이라고 하는데 자꾸 꼬여가지고 말입니다. 미국이 북한의 술수에 걸려 들어가는 그런 상황이죠. 그런 것이 표면화된 것이 1993년 11월 워싱턴 정상회담입니다. 그게 핵관련 협상에 있어서 김영삼 대통령 때 가장 많이 얘기가 되고 있는 것이잖습니까? 정상회담 분위기가 안 좋았다는 것 아닙니까? 뭐가 문제가 되었느냐면 일괄 타결입니다. 북한이 자꾸 일괄 타결을 주장을 하니까 미국도 일괄 타결해 줘야겠다, 일괄 타결을 하는 걸로 해서 우리도 합의를 해 주는데 그 과정에 있어서 서너 가지가 문제가 됩니다.

첫째는 김 대통령은 북한이 합의는 일괄적으로 한다고 했지만 나중에 실천할 때는 자기가 좋아하는 것만 선별적으로 실천하려 한다고 판단했죠. 일괄 타결이라는 것은 합의와 실천을 묶어 놓은 것인데 이행에서 본인들한테 불리한 건 안 했습니다. 이런 부분들은 잘 모르는 것 아니냐고 미국에 피력했습니다. 그리고 김 대통령이나 국내 언론에서 볼 때는 일괄 타결이 우리가 떨이로 팔아넘겨지는 것으로 우리의 입장이 완전히 무시가 된다고 보았습니다. 그래서 내용상 문제뿐 아니라 국내 여론에게 보이는 이미지도 있었고 해서 대통령이 반대를 했어요. 거기에 또 뭐가 있냐면, 우리가 일괄 타결 속에 남북 간에도 뭔가 있어야겠다 싶어서 남북 특사 교환을 집어넣지 않습니까? 그런데 그게 나중에 '서울 불바다'라는 걸로 돌아왔지만 말이죠.

이러한 상황에서 워싱턴 한미정상회담이 굉장히 중요한 것 아닙니까? 그래서 우리도 외교부와 협상을 해서 일괄 타결(package deal)이다 해서 우리가 일단 수용을 합니다. 외교부 차원에서 수용을 한 겁니다. 장관하고 나하고 대통령 모시고 말이죠. 중요한 안건에 대한 브리핑에 대해 우리가 이렇게 협의를 해서 이렇게 하기로 되어 있습니다. 실제 정상회담할 때에는 이미 합의된 사안에 대해 정상이 추인하는 성격이 굉장히 강합니다. 근데 김 대통령이 아무 얘기도 안하고 가만히 있어요. 반대하시냐고 물어볼 수도 없는 거고, 그래서 수석은 자주 대통령을 만나니까 말은 안 하고 혼자 고민을 하고 있었습니다.

워싱턴에 가서 해프닝이 하나 있었어요. 왜냐하면 유종하 전 장관이 그때 유엔 대표였어요. 그때 그분 생각이 강했어요. 북한을 제재를 해야 한다고 말이죠. 북핵문제는 우리 일이라는 관점이었습니다. 그 양반은 한 다리 넘어 있으니까 말하기가 편했을 겁니다. 책임이 없는 사람이라고 할 수 있으니까요. 워싱턴에서 10시부터 정상회담이고 아침에 대통령이 식사를 하고, 9시 조금 전에 마지막 종합회의를 합니다. 대통령 중심으로 장관하고 수석하고 이렇게 회의를 하는데 유종하 전 장관이 대통령 옆에 앉아 있었습니다. 그래서 "저분이 어떻게 왔나?" 생각했죠. 회의 시작 후 장관이 보고하고 제가 "오늘 이렇게 하기로 계획되어 있습니다."라고 보고를 했더니, 대통령이 가만히 있더라고요. 그때 비서실장이 "유종하 대사가 와있습니다." 했는데, 나중에 보니 박 실장이 불렀어요. 사실 그렇게 하면 안 되는 거죠. 이분이 정치적인 센스는 좋은데 가끔 실수를 해요. 수석이나 장관한테 얘기를 해야지, 비서실장이 맘대로 부를 자리는 아니잖아요. 비서실장은 비서실장이고 유엔대사는 장관 밑에 있는 사람인데 말이죠. 그래서 한 장관을 쳐다보았더니 얼굴 색깔이 달라지더라고요. 유 대사가 대통령한테 강하게 얘기를 했습니다. '우리가 남북기본합의를 했고, 우리 얘기'라고 강하게 얘기를 하니까, 대통령이 기분이 좋아지는 겁니다. 대통령이 생각했던 거고, 우리도 생각했던 것이지만, 현실적으로 안 되었던 것이죠.

정상회담에는 단독회담이 있고 확대정상회담이 있습니다. 단독회담을 85분하고 확대정상회담이 한 시간 하기로 되어 있었는데 우리 장관은 단독회담에 못 들어갔어요. 그때 박진 씨가 통역을 했어요. 기록으로 장재룡 북미국장이 들어와 있었고. 그리고 저쪽에는 클린턴 대통령, 고어 부통령, 국무장관, 안보보좌관이 와 있었어요. 클린턴이 와주셔서 반갑다고 먼저 얘기를 하시라고 하니, 김영삼 대통령이 작심을 하고 얘기를 했습니다. 혼자서 한 50분 동안 얘기를 했는데 논리가 뭐였냐면 '일괄 타결 안 된다. 북한은 합의는 일괄적으로 하지만 나중에 실행을 할 때는 선별적으로 하기 때문에 일괄 타결은 안 된다'는 내용으로 대통령이 설명을 잘 했어요. 대통령이 혼자 연구를 해가지고 말이죠. 그런데 그때는 이미 합의가 되어있었고, 기자회견할 때 공동 발표할 문안도 정리가 되어, 그걸 읽으면 되는 상황이었죠. 그러자 클린턴이 "그럼 잠깐만 우리 옆에 확대정상회의도 해야 하고, 신문기자회견도 해야 하는데 그 정도 말씀하시면 제가 무슨 말인지 알겠다, 옆방에 옮겨서 이야기를 하자."라고 했습니다. 그때 옆방에서는 쌀 개방에 대해 논의를 하기로 했었어요. 그런데 제가 지금까지도 판단을 못 하는 것이 김 대통령이 그걸 빌미로 해서 쌀 개방이 싫으니까 일부러 시간을 끌었는지도 모른다는 점입니다.

그런데 일단 발표가 되었으니까 나중에 대통령이 일어나서 나가면서, 클린턴 얘기가 한미 두 안보보좌관이 있으니까 이들이 남아서 어떻게 일괄 타결할 것인지 좀 더 상의를 하라고 했습니다. 김 대통령도 동의를 해서 상의를 했습니다만, 안보보좌관도, 나도 사실 대통령이 그렇게 할 줄 몰랐어요. 본인의 생각을 얘기한 것이니까요. 레이크가 "어떻게 된 거냐?"고 질문했지만, 저도 제대로 대답할 수 없었지요. 레이크가 "너희 대통령 뜻이 뭐냐?" 묻기에 "내 얘기는 일괄 타결이 어떻든지 간에 핵문제를 철저하게 얘기하자는 거다."라고 했습니다. 레이크가 생각하다가 패키지딜이라고 하는 표현 자체가 잘못된 인상을 줄 수 있으니까 포괄적인 논의를 거쳐서 철저하게 해결한다는 그런 표현이 어떠냐고 해서, 저는 이를 승낙하고 신문기자회견장에 갔습니다. '패키지딜'이 아니라 '철저하고 광범위한'(thorough and broad) 접근이라고 발표를 했습니다. 그게 차이점이 뭐냐고 했지만, 사실은 차이가 없는 거거든요. 패키지딜을 한다고 해서 철저하지(thorough) 않게 한다는 건 아니니까요. 끝난 다음에 장관한테 얘기를 했어요. 그러고 나서 조금 뒤에 백악관 만찬이 있었어요. 그래서 장관들이 모여서 앞으로 우리가 어떻게 하면 좋은지 묻자, 조금 구체적인 청사진이 나와야 하니 추후에 다시 논의하기로 했었고, 한 장관도 그렇게 논의하기로 한 후 대통령한테 보고를 했어요. 좀 더 구체적인 내용은 나중에 협의하기로 했습니다.

그리고 두 가지 더 있었던 것이 특사 교환하고 팀스피리트였습니다. 김 대통령이 강하게 주장했던 것이 "북한이 우리를 무서워하지 않고 자꾸 미국하고 얘기를 하려고 하는데 우리가 실권이 없으니까 그렇다. 북한이 제일 싫어하는 열쇠를 우리가 잡고 있어야 한다. 그게 팀스피리트 아니냐? 이게 한미 합동군사훈련이기 때문에, 미국과 한국이 결정을 하지만 발표는 한국이 하겠다."라고 대통령이 주장을 했어요. 그러니까 한국 정부가 발표하는 것은 하나의 의례적인 행위라고 볼 수도 있어요. 그러나 대통령 생각은 북한이 가장 싫어하는 것을 우리가 발표한다는 것은 우리가 키를 갖는 것이라는 생각을 했어요. 그래서 발표가 되었던 것이 특사 교환과 팀스피리트는 양국이 협의해서 한국 정부가 발표한다는 것이 나왔습니다. 북한으로 볼 때는 그게 굉장히 기분 나빴을 겁니다. 3월에 계획대로 팀스피리트를 했죠. 그래서 북한이 머리를 더욱더 흔들고 '서울 불바다' 얘기를 하잖아요.

박용수: 외무부장관이나 외교안보수석이나 전혀 어떻게 대응할 수 없는 상황이 벌어졌던 것이군요?

정종욱: 사실 우리가 패키지딜 내용 자체를 반대한 것이 아니라, 합의되었을 때 나올 수 있는 문제점 그리고 그것의 국내적인 임팩트 그런 것을 생각했던 것입니다.

박용수: 그래도 대통령이 클린턴과 독대하기 전까지는 미국의 패키지딜을 수용하는 것으로 되어있던 것을 대통령이 직접 정책결정 과정에서 정상적인 방법과는 다르게 대응을 해서 바꾸었군요.

정종욱: 그렇게 볼 수도 있죠. 대통령이 패키지딜 보고를 받았을 때 그것에 반대하니 다시 협의하라고 얘기할 수도 있는데, 대통령께선 아마 국내적인 임팩트를 많이 생각을 했고 또 한 가지는 핵문제에 대해서 묘책이 없었을 겁니다. 물론 보좌하는 참모진들이 잘못이죠. 묘책을 건의드리고 대통령이 그걸 얘기하게 해야 하는데, 아무리 봐도 패키지딜 말고 다른 대안이 없었습니다. 그래서 그렇게 하고 또 실무진서 합의를 했으니까 그렇게 했는데 그런 국내적인 고려사항이나 앞으로 이행 과정에서 예상되는 문제점 등 이런 것을 고려했는데 "달리할 수 있었던 것은 무엇이냐, 혹은 지금 볼 때, 다른 방법이 없었느냐?" 하는 것은 글쎄요. 제가 볼 땐 없었다고 생각합니다.

박용수: 혹시 한미 간의 실무 합의 내용을 수용을 하면서 악화된 여론을 순화시킬 수 있는 방안은 없었을까요? 김영삼 대통령이 유엔대사의 강경론을 수용했다고 해서, 그것이 1994년도 6월 초 미국의 대북 강경책을 수용할 정도는 아니었으니 말입니다.

정종욱: 아니요, 그건 안 그래요. 미국이 강경책을 세웠는데 우리가 오히려 온건하게 우리가 반대했던 게 구체적으로 어떤 걸 얘기하는 거죠? 북

한 공격하는 거? 아니에요. 그렇지 않아요. 두 가지 측면이 있어요. 이를테면 특사 교환한다면서 예비회담하지 않았습니까? 우리 통일부차관이 나갔죠. 그때 북한에서 특사 교환을 싫어했으니까요. 마지못해 미국이 자꾸 얘기해서 받아줬지만 안 하려고 그랬으니까요. 그러니까 자기들이 한완상 부총리를 지명을 해 버리잖아요. 근데 그건 있을 수가 없는 '엿 먹으라는' 얘기에요. 또 예비회담을 하는데 특사문제가 자꾸 꼬이니까, 저쪽에서 막 말을 하잖아요. "여기서 서울이 멀지 않습니다. 서울이 불바다가 된다."는 얘기를 했잖아요. 그렇게 예비회담이 결렬되거든요. 그러면서 북한이 연변에 있던 IAEA 사찰단을 추방을 합니다. 그리고 5메가와트짜리 폐연료봉을 일방적으로 끄집어내죠. 근데 그걸 끄집어내기 시작하면 이미 대화는 없다고 밝혔기 때문에 군사적으로 강경한 조치를 취할 수밖에 없는 그러한 상황에서 나중에 미국에서도 얘기를 했지만 검토를 해요. 군사적인 조치가 뭐가 있겠습니까? 당시 국방장관이 페리였습니다. 제가 그 뒤로도 몇 번 만나서 스탠포드 갔을 때도 물어보았어요. 그때 상황이 내가 아는 것과 신문 기사가 다른 게 많습니다.

그때 북한에 실제적으로 군사적으로 압력을 가한 것이 없었습니다. 페리 얘기가 대통령 지시를 받고 "이제는 대화는 안 된다. 제재 페이스로 간다." 라고 했는데, 제재 중 하나가 군사적인 조치니까 합참한테 지시를 했대요. 우리가 "군사적으로 연변에 있는 핵문제를 없앨 수 있느냐?"고 묻자 합참에서 올라온 보고가 "군사적으로 가능하다. 동해에 미국 함정이 와서 쏘아 올리면 정확하게 연변에 있는 핵시설만 파괴할 수 있다. 물론 예상할 수 있는 피해가 나올 수 있다. 그러나 군사적으로는 가능하다. 다만 그렇게 했을 경우 북한이 휴전선 위에 있는 장사포가 상당히 많이 있으니까, 일단 공격하지 않겠느냐. 그럼 서울 근교가 완전히 쑥대밭이 된다. 그런 희생을 각오하고 할 수 있겠느냐?"라고 해서 안 하기로 했습니다. 그래서 바로 하지 않고 북한에 다시 사찰을 받으라고 압력을 가하기 위해서 군사적으로 단계적인 압력을 높여가는 조치를 취합니다. 그래서 한국에 군대도 증원시키고 미사일도 가져다 놓습니다. 보이게 갖다 놓으면서 "봐라. 이렇게 준비를 하는데 말 안 들을 꺼냐?"라는 의도였습니다. 그것은 군사적인 공격을 하기 위한 것이 아니고, 외교적인 압력을 가하기 위한 조치라고 봐야하기 때문에 그래서 좀 과장되었다고 하는 것입니다.

　거기에 두 가지 측면이 더 있습니다. 첫째는 당시에 레이니 주한 미 대사가 제 방에 와서 일정을 이야기하다가, 군사적인 충돌 예상이 있으면 민간인들을 빼버린다고 했습니다. 전투 상황이 벌어졌을 때 불필요한 민간인들을 철수시키는 것이 그게 그쪽 SOP(표준작동절차)에 있습니다. 레이니 대사가 민간인 철수시키려고 한다는 것을 발표하려고 한다는 그런 이야기를 해요. 그래서 제가 가만히 보니까, 이 사람들은 루틴한 것으로 생각해서 조치를 취하려는 것이었다고 나중에 얘기가 나왔죠. 그 당시에 부대사가 민간인 관련 책임을 졌는데 이게 사태가 터지고 나면 엉망이 되어서 민간인들이 나가기가 힘든 상황이 되니까 미리 조치를 취해야겠다는 차원에서 하는데, 레이니 이야기가 자기 사위와 딸이 온다고 하는데 오지 말라고 했다는 겁니다. 그때 레이니 대사가 우리의 체제를 잘 모르는 것 같아 보였습니다. 미국에선 그것을 일상적인 조치로 생각하는 거 같은데 우리가 보기엔 전쟁 나는 걸로 보인단 말이에요. 미국이 민간인을 뺀다고 하면 전쟁하는 걸로 보지 않겠습니까? 그래서 올라가서 보고를 했더니 대통령이 깜짝 놀라셨습니다. 정치적인 감각이 굉장히 좋은 분이었으니까요. 대통령은 "그렇게 하면 사람들이 라면 사재기하고 피난가려고 할 거야. 당장 레이니 부르라."고 했고, 또 발표하지 말라고 말씀하셔서, 발표를 못하게 한 겁니다. 근데 그게 마치 대통령이 미국이 강경 조치를 취하려고 하는데 못하게 한 걸로 오인되었습니다. 발표를 하고 안 하고는 너희들 문제이지만, 발표하고 나서 한국 국민들이 갖는 엄청난 충격은 너희가 모르지 않느냐는 것이었죠. 그리고 또 한 가지는 "클린턴한테 전화를 걸었다. 그래서 전쟁을 막았다." 하는 것이 김영삼 대통령 회고록에 나올 겁니다. 그 얘기의 진실은 나도 몰라요. 김 대통령이 클린턴과 전화를 몇 번 했어요.

박용수: 당시 한미 대통령 사이의 통화가 한 번이 아니었습니까?

정종욱: 아니에요 상당히 많이 했어요. 1993년 11월 워싱턴 방문한 다음에 직통전화를 놓았죠. 그건 전화 거는 순간에 말이 들어가면 암호화되어서 도청이 안 돼요. 백악관 들어가면서 또 영어로 바뀌는 특수 장치였는데 청와대에 두 대가 있었어요. 대통령 방에 하나, 외교안보수석실에 하나 있었습니다. 그래서 급하면 전화하거나 했죠. 그거 가지고 한 경우도 있고, 보통 전화 가지고 한 경우도 있는데, 대통령이 그 문제를 가지고 이야기를 했느냐, 즉 '전쟁 안 된다'는 내용에 대해서는 갈루치는 그런 건 없었다는 거예요. 그러나 통화는 있었습니다. 제가 대통령 통화할 때면 외교안보수석이 가서 앉으니까요. 그런데 이제 제가 아는 범위 내에서는 통화는 있었는데 대통령이 직접 그런 얘기를 했느냐 하는 것은 자신이 없어요. 하지만 이에 대한 기록이 있을 겁니다.

박용수: 지금 설명하신 내용을 정리하자면, 미국이 실제 공격한다는 결정을 하지 않았었고, 레이니 대사가 한 말도 일상적인 준비 상황을 이야기하는 것이지, 바로 조치를 취하려는 것은 아니었다는 말씀이군요.

정종욱: 대통령 얘기는 발표한다고 했을 때 아니 이 사람들이 감이 좀 떨어진단 말이야. 그래서 자꾸 압력을 쌓아가는 과정에서 북한이 우발적인 행동이 나올 수 있지 않습니까? 1차 대전이나, 2차 대전도 굉장히 우발적인 사건이 에스컬레이터처럼 돼서 전쟁이 나고 그러거든요. 대통령이 그런 것을 생각했는지는 모르겠지만 전쟁은 안 된다는 얘기를 했다는 거

죠. 그렇지만 갈루치 자서전은 그런 얘기는 없었다는 것 아닙니까? 근데 제가 봤을 때는 그렇게 생각했을 거예요. 왜냐하면 레이니 대사가 그런 조치를 얘기했을 때에도 대통령은 아주 강하게 반발을 했거든요. "이게 도대체 무슨 말이냐?" 하면서 말이죠.

박용수: 미국이 어떤 실질적인 조치를 취하느냐 마느냐는 문제와는 상관없이 그 발표를 한다는 것이 어떤 의미입니까?

정종욱: 그게 국내에 미치는 효과가 엄청난 것이라고 생각을 했었고 이렇게 자꾸 긴장이 고조가 되면 전쟁이 날 수도 있다고 하는 것은 사실 우리가 맘대로 통제가 안 되지 않습니까? 그런데 대통령은 크게 보면 이율배반적이죠. 미국도 그런 얘기를 했습니다. "너희가 자꾸 우리보고 강하지 않다고 해놓고선 지금은 왜 또 이런 이야기를 하느냐?" 그러나 우리 입장으로 볼 때는 미국이 좀 약하게 나가니까, "미국 너희들이 좀 더 세게 눌러." 이런 수준인데, "전쟁하자는 얘기는 아니었지 않냐?" 전쟁이 나면 우리가 가장 손해를 많이 보니까 그런 차원에서 이해를 하셔야 할 거예요. 그게 국민에게 납득이 안 되고 설명이 잘 안 되었을 겁니다. 핵을 가진 자와는 악수할 수 없다는 표현이 있었죠. 그게 아마 1993년도 8·15 경축사에서 나왔던 겁니다.

그게 사실은 그때 좀 우습게 된 표현입니다. 대개 그런 경우에는 담당 수석실에서 초본을 올립니다. 그래서 공보수석실에서 최종적으로 윤문을 하거든요. 윤문을 하는데 성경에 칼을 가진 자와는 악수할 수 없다는 그런 표현이 있대요. 대통령이 항상 부탁을 하는 스피치라이터가 청와대 안에 있었어요. 그 사람이 그런 표현을 써 가지고 공보수석실에 넘어간 겁니다. 그래서 표현이 이상하다고 해서 칼을 핵으로 바꾼 거죠. 그 사람들은 그것이 갖는 정책적인 함의를 깊이 생각을 안 하고 윤문적인 차원에서 표현을 바꿨는데, 그게 국내적으로 엄청나게 얻어맞지 않았습니까? 정부의 정책이 완전히 바뀌었고 북한하고는 다시는 상대 안 하겠다는 이런 식으로 말입니다.

박용수: 또 하나 여쭤보고 싶은 것이 중국하고의 관계인데요. 일단 미국에서는 유엔안보리에 대북 제재안을 준비하는데, 결국 처음 생각했던 안에 비해 그 강도를 낮추고 조치를 유예하는 쪽으로 했다고 하더라고요. 그 이유가 중국과 러시아를 설득하기 위한 것이라는 설명을 봤을 때 중국의 역할이 상당히 고려되었던 것은 아닌가 하는 생각이 듭니다. 중국과 관련된 해프닝이 1994년 3월 말에 김영삼 대통령이 중국을 방문했을 때 황병태 대사의 중국 중시 발언이었습니다. 그 표현에 문제가 있었다 하더라도 그 이후 중국의 중요성을 고려할 때 타당성이 있었다고 볼 수 있지 않나요?

정종욱: 그건 사실을 잘못 알고 있는 부분들이 많은데요. 우선 배경 설명을 드리면 중국이 1993년, 1994년 이때에는 북한하고 접촉이 없었습니다. 한중수교를 한 다음에는 김일성, 김정일이 완전히 토라져서 중국이 역할을 못했어요. 그래서 우선 중국의 역할 제한성이 생각이 되어야 합니다. 주로 우리는 미국하고 협력해서 하는 것이고 거기에 일본이 추가되어 한미일 삼국관계를 든든히 하는 것이 우리가 내세우는 입장이었거든요. 그러면서 1994년에 대통령이 일본에 먼저 가서 호소카와를 만나 얘기를 했는데, 우리 입장대로 일본이 합의를 해주고 잘 되었어요. 그리고 바로 북경으로 가서 김 대통령하고 장쩌민하고 만나서 북한문제 얘기를 하는데 장쩌민이 얘기를 별로 안 했어요. '중국이 적극적으로 노력을 한다든지', 북한이 나쁘다는 얘기를 하는 것이 아니라 주로 우리 이야기를 들었어요. 그래서 발표할 것이 마땅치 않았어요. 사실 당시 중국 입장이 변한 것이 없었지요.

박용수: 그런데 정상회담 했을 때 신문에는 황병태 대사가 같이 들어간 것으로 보도되었습니다.

정종욱: 외무부장관하고 수석하고 대사가 같이 배석을 했어요. 일본에서 열린 한일정상회담은 크게 보도될 만했습니다. "한일 간의 입장이 완벽히 일치가 되었다."라고 말이죠. 근데 중국 가서는 그럴 수 있는 부분이 하나도 없었어요. 대통령이 어떻게 했냐면 그때 주돈식 공보수석한테 "오늘 한중정상회담 내용은 일체 언론에 보도하지 않기로 합의했다고 보도해." 라고 한 겁니다. 그러니까 기자들은 큰 게 있구나 생각했는데 그날 황 대사가 서울서 온 청와대 기사들에게 찾아갔습니다. 전혀 우리하고 사전에 조율된 것이 아니었죠. 전혀 통보를 못 받았으니까요. 황 대사의 이야기는 "앞으로는 미국하고 얘기해서 북한문제를 해결하는 것은 한계가 있다. 앞으로는 중국하고 한중 협력을 더욱더 강화해야 한다."는 내용이었죠. 그래서 기자들은 "아 ~ 저게 회담에서 이루어진 내용이구나." 그렇게 생각을 한 거고요. 그렇지만 그것은 황 대사 혼자 생각이었어요. 그 생각이 맞든 안 맞든 간에, 대사니까 사실은 그렇게 하면 안 되죠. 특히 정상회담 직후에 대사가 그런 발표를 하면 임팩트가 얼마나 달라지겠어요. 대통령이 중국에 와서 한중정상회담을 했는데, 기사는 "한중정상회담 내용은 공개 안한다."고 톱이 나가야 했습니다. 그런데 직원이 밤에 늦게 찾아와서 큰일 났다고 하기에, 뭐냐고 물으니 톱이 바뀌어 버렸다는 것이에요. 황 대사 발언이 인용되면서 톱이 바뀌어 버렸죠. 기자들은 황 대사가 정상회담에 들어왔으니까 "아 그래서 발표를 안했구나."라고 생각을 하는 거죠. 사실과 상관없이 대통령 생각은 뒤로 밀려 버린 겁니다.

제가 이야기를 들어보니까 우리 입장이 잘못 이해될 수도 있겠다 생각했습니다. 그래서 공보수석한테 "대책이 뭐야?" 하니까 "황 대사가 직접 나가서 해명하는 수밖에 없다. 수석이 가서 아무리 얘기해도 안 되니까 발언을 한 황 대사가 이야기하는 수밖에 없다." 하기에 그래서 황 대사하고 같이 기자회견에 갔잖아요. 청와대 기자들 앞에 가서 황 대사가 직접 이야기를 할 거라고 했습니다. 본인도 자기 생각이지만, 그때 정상회담 직후에 얘기하면 안 된다는 그런 뜻이었는데 기자들은 "아, 이거 정상회담에서 합의한 부분인데 그때 공개하는 것이 나쁘다."라고 완전히 오해가 된 거에요. 그래서 완전히 난리를 쳤잖아요. 그래서 사실은 황 대사 그렇게 처신해서는 안 되는 거였죠. 그리고 황 대사가 당시에 한국에 들어오려고 애를 썼어요. 들어와서 국회의원 출마하고 국회로 나가고 싶은데 대통령이 말을 안 들어주니 본인도 고심이 많았죠. 그런 상황에서 기자들도 보고 하니까 본인 이야기를 한 것 같아요. 그래서 그게 큰 사건처럼 확대가 된 겁니다.

박용수: 김영삼 대통령도 중국을 이전에 비해서 중요시한 인식을 갖고 계신 걸로 생각합니다만 이에 대해 어떻게 생각하십니까?

정종욱: 아닐 겁니다. 정상회담 끝나고 바로 저녁 먹으면서 제가 얘기를 했어요. 한중정상회담이 이렇게 끝났는데 외무부장관이 미국 가시는 게 좋을 것 같다고 말했습니다. 미국에 가서 한중정상회담에 대해 설명을 해주고 우리가 다시 한미 공조를 해야 하지 않겠느냐 해서 그렇게 하겠다고 해서 북경에서 워싱턴으로 날아간 겁니다. 황 대사 그 부분은 해프닝이라 생각해요. 일어나서는 안 되는 해프닝이었죠. 대사로서는 적절한 처신이 아니에요.

박용수: 원래 황병태 대사에 대한 김영삼 대통령의 신임이 두터우셨죠?

정종욱: 신임이 두텁기도 했고, 물가에 내놓은 어린아이 같기도 했죠. 왜냐하면 황병태 대사가 굉장히 머리가 좋은 분이에요. 직접 와서 보니까

중국이 중요하겠다고 생각했을 거고 그것을 아마 본인이 확신을 했을 겁니다. 그래서 본인의 확신을 이야기했다는 부분은 맞다고 생각을 합니다. 그 다음 날 아침에 북경 특파원들하고 조찬 간담회가 있었습니다. 원래 대통령이 외국에 나가면 마지막 날 아침에 현지 기자들하고 조찬을 합니다. 그래서 아침을 같이 먹기로 되어 있었거든요. 공보수석하고 외교안보수석은 배석을 하니까요. 밤에 그런 일이 벌어져 가지고 공보수석 이야기가 신문을 바꾸려고 하니까 이미 간판을 해가지고 안된다고 하더라고요. 그때 분명히 현지 특파원들이 와 있을 텐데 아침 먹을 때 이야기가 안 나오겠습니까? 그래서 보고를 해야겠다 싶어서 아침 일찍 나와서 대통령 아침 조찬 자리로 가기 전에 보고를 했어요. 그랬더니, 대통령이 직감이 아주 엄청난 사람이니까 "황 대사가 그랬어?" 그러더군요.

박용수: 그때 당시에는 몰랐던 것인가요?

정종욱: 밤에 벌어진 일이니 몰랐죠. 아침에 조찬 가기 전에 공보수석하고 내가 들어가서 보고를 했죠.

박용수: 황병태 대사도 대통령에게 보고를 안 하고 기자들에게 말씀을 하신 건가요?

정종욱: 그렇죠. 이야기를 안 한 거죠. 원래 현지 특파원들하고 대통령이 같이 아침 먹을 때 대사가 옆에 앉는단 말이에요. 특파원들이 이야기도 하겠지만 대사도 옆에 앉으니까 더욱더 어색한 자리가 될 것 같아 아침에 얘기를 했어요. 어젯밤에 뭐가 있었다고 신문에 기사가 나서 이야기가 나올 수 있을 것 같다고 하니까, 대통령이 직감적으로 "황 대사가 그랬지?" 하면서 굉장히 화를 내요. 황 대사 오늘 조찬 자리에 나오지 말라고 하라

고 하더라고요. 제가 보니까 그것은 안 되겠더라고요. 그래서 내가 "그럼 대사 소환을 하시든가 해야 하는데, 특파원들하고 대통령이 아침 먹는 자리인데 대사를 빼 버리면 엄청난 충격 아니겠냐."고, "그러면 앞으로 대사 여기서 일을 못 할 겁니다."라고 했습니다. 그러니까 대통령이 바로 알겠다고 하면서 가만히 있더라고요. 그래서 주 수석하고 상의를 해서 대사를 멀리 좀 떼어 놓고 잘 해결 됐습니다. 그 후에 차를 타고 천진에 가서 천진서 비행기를 타고 돌아왔어요.

그런데 북경서 천진 가는 차에서는 반드시 대통령 옆에 현지 대사가 앉아요. 탈 때는 대통령의 얼굴이 아주 "황 대사가 왜 왔어?"라는 수준이었다더군요. 그러고 이제 천진에 한 시간 동안 차로 갔다가 공장 둘러보고 비행기 타고 왔거든요. 우리는 봉고를 타고 뒤를 따라 갔는데, 대통령이 내리는데 얼굴 표정이 환해졌어요. 황 대사가 잘 설명했다고 하더라고요. 비행기를 탔는데 김 대통령이 좀 미안했던 것 같아 보이더니 "수석 이리와. 내가 황 대사한테 차 안에서 이야기를 들어 보니까, 좀 오해가 있었던 것 같다."고 말했어요. 그래서 제가 나중에 "무슨 얘기를 했어요?"라고 물어 보니까. 대통령에게 황 대사가 한 말은 "중국은 한국이 미국의 똘마니로 알고 있습니다."라는 내용이었습니다. 김 대통령 식으로 해석할 수 있는 가장 부정적인 이미지예요. "왜 우리가 미국 똘마니야? 그런 뜻으로 이야기를 했는데, 기자들이 잘못 신문에 썼구나."라고 생각했을 겁니다. 그건 뭐 지나간 이야긴데 황 대사가 대통령하고 상의한 것도 아니고 개인적으로 그런 생각을 했을 겁니다. 중국에서 일하다 보면 그런 식으로 생각할 수가 있어요. 그런 것들을 대사가 어떻게 청와대 출입 기자한테 이야기를 해가지고 그렇게 된 거죠. 저는 어떻게 보면 그 건 해프닝이라고 생각을 하지만, 해프닝이라고 하기에는 너무나 정치적으로는 여파가 있는 그런 해프닝이었죠.

박용수: 미국의 반응 같은 것은 없었나요?

정종욱: 없었습니다.

박용수: 감사합니다. 이것으로 정종욱 선생님의 1차 인터뷰를 마치겠습니다.

〉〉〉〉〉 2차 구술

박용수: 지금부터 김영삼 정부 시기 외교안보수석을 맡으셨던 정종욱 선생님과의 2차 인터뷰를 시작하도록 하겠습니다. 이번에는 선생님께서 연대 국가관리연구원까지 오셨습니다. 감사합니다. 우선 지난번 인터뷰 내용을 간단히 정리했으면 합니다.

정종욱: 그러니까 지난 번 인터뷰 내용은 이렇게 요약할 수 있습니다. 1993년 3월 12일 날 북한이 NPT를 탈퇴하면서 북한의 핵위기가 발발합니다. 그때 우리 정부가 결정을 했던 것이 두 가지입니다. 첫째는 대화를 통해서 풀어간다는 방침이었습니다. 그 대화는 북한이 주장을 하기 때문에 미국과 북한이 축으로 해서 남북대화도 적절한 시기에 병행할 수 있도록 노력을 한다는 것인데 미북대화가 일차 통과가 되고 나중에 남북대화가 열릴 수 있도록 한다는 것이고, 두 번째는 대화와 제재의 투 트랙이 있는데 대화의 가능성이 소진되게 되면 제재를 가할 수밖에 없다는 그런 두 가지 방법을 선택을 하죠. 그게 미국과 한국 사이에 처음부터 합의가 됩니다. 그런 합의 위에서 미북대화가 시작이 되어서 북한이 1993년 6월에 강석주와 갈루치의 회담에서 일단 북한이 NPT 탈퇴 결정을 유보한 상황에서 북한이 IAEA 사찰을 다시 받아들이고 핵 활동을 유보하면서 대화를 하는

것으로 해서 대화가 시작이 됩니다. 그러면서 북한이 IAEA 사찰을 받으면서 특별사찰 요구가 가장 중요한 쟁점이었는데 군사시설이라고 북한이 주장하는 의심스러운 시설에 대한 사찰에 대해 거부를 합니다. 그래서 미북대화가 결렬 위기까지 가게 됩니다.

그 다음에 1994년 봄에 남북 특사 교환을 위한 남북 차관급 접촉에서 북한이 서울 불바다 발언을 하게 되고 특사 교환을 위한 예비회담이 결렬되면서 일단 대화는 완전히 종료가 됩니다. 대화를 통한 협상 노력은 끝나게 됩니다. 그 이유는 북한이 NPT 탈퇴를 유보한 상태에서 1994년 봄에 IAEA 사찰단을 추방을 합니다. 그 후 연변에 있는 핵시설을 일방적으로 가동을 해서 그 안에 5메가와트에 들어있는 폐연료봉을 끄집어냅니다. 그게 8,001개인가 됩니다. 그래서 그것을 다시 재처리하려고 하는 시도를 하는데 IAEA가 계속 경고를 합니다. 그것을 끄집어내게 되면 그동안 북한이 뭘 어떻게 하려고 했는지 검증이 불가능하게 되기 때문에 연료봉 추출을 중단하고 IAEA의 입회하에서 추출을 하라는 요구했습니다. 그런데 북한이 말을 듣지 않고 일방적으로 연료봉을 추출을 합니다. 기술적인 문제이긴 하지만 8,000여 개의 핵연료봉 중에 3분의 2 정도만 남아 있어도 랜덤 샘플링을 해서 과거에 북한이 어느 정도 핵물질을 추출했는지 검증할 수 있는데, 북한이 굉장히 빠른 속도록 핵 폐연료봉을 추출하면서 추출한 연료봉을 섞어버립니다. 섞어버리면 어느 구멍에서 폐연료봉이 나왔는지 알 수가 없게 됩니다. 그걸 알아야 되는데 완전히 섞여버려서 나중에 IAEA가 5월에 가서 이제는 검증이 불가능하다는 선언을 하게 됩니다. 그러면서 북한 핵문제가 유엔안보리로 넘어가고 제재결의를 하게 됩니다.

미국 정부에서는 영변 핵시설에 대한 군사적인 조치 가능성을 검토를 하면서 한국에 미군 군사시설을 증강시키고 추가 파병을 하고 특히 패트리엇 미사일을 배치하게 됩니다. 그리고 미국 합참이 외과 시술적인 군사조치를 통해서 영변에 있는 핵시설을 완전히 제거할 수 있는 군사적인 방법을 검토하게 됩니다. 이게 합참의 보고에 의하면 기술적으로는 가능하지만 그 다음에 북한이 군사적으로 보복을 할 가능성이 있고, 그 보복은 휴전선 너머 배치되어 있었던 북한의 장사포와 다연장포가 수도권을 공격하는 상황이 벌어질 것이며, 그렇게 된다면 엄청난 파괴와 피해가 예상되기 때문에 그러한 조치를 유보를 합니다. 대신에 북한에 대해 점진적으로 군사적 압력을 가하기 위해 미군을 증강시키고 무기를 추가 배치하는 조치를 취하는 과정에서 카터 대통령이 평양을 방문해서 김일성을 만나 극적인 타협을 도출을 하는 거죠. 그게 1994년 6월까지의 상황입니다.

박용수: 예, 감사합니다. 오늘은 1994년 6월 한반도에 긴장감이 높았던 시기부터 카터 대통령이 방북하여 남북 간의 정상회담이 합의되지만 이를 준비하는 과정에서 김일성 주석이 죽게 됩니다. 그 이후에 미국과 북한 간에는 핵 관련 합의가 이루어지고 남북 간에는 그 이후에 정상회담이 추진되지는 않은 상태로 남북관계가 경색되는 과정에 대해 선생님의 말씀을 듣고 싶습니다. 우선 카터 대통령이 방북하고 나서 김일성과 합의한 후 돌아와서 김영삼 대통령을 만났지 않습니까? 그때 김영삼 대통령이 카터 대통령을 통해 전해 받은 남북회담의 조건에 대해 전폭적으로 수용했습니다. 그것은 그 이전에 북한이 IAEA 사찰을 회피하려고 했던 것과 대북 제재조치를 강화하는 기조에서 변화한 것으로 보입니다. 그러한 변화가 한국 정부의 관점에서 보면 일관성이 있었던 것인지, 또한 남북정상회담을 합의했다면 김일성 주석이 사망했다고 하더라도 그 이후에 그러한 합의를 계속 추진하는 것이 맞지 않을까 하는 생각이 듭니다. 또한 미국의 경우에는 김일성 주석이 사망한 이후에도 미북 간의 제네바합의를 한 것을 볼 때, 남북관계뿐 아니라 한미관계에 있어서도 조율이 덜된 것 아니냐는 해석에 대해서는 어떻게 생각하시는지요?

정종욱: 그러한 해석도 가능하지만 제가 아는 관점에서 말씀드리자면 조금 다른 해석이 나올 수가 있습니다. 우선 카터가 평양을 방문하게 된 것은 카터가 김일성 주석으로부터 예전부터 언제든지 필요하면 북한을 방문해도 좋다는 상시 초청장(스탠딩 인비테이션)이 있었습니다. 아시겠지만 카터는 미국 재임 시에 한국에서 미군을 감축을 시도했잖아요.

박용수: 예, 닉슨 때 감축이 이루어졌고, 카터 때는 감축을 강하게 주장하다가 못 한 것으로 알고 있습니다.

정종욱: 카터가 감축을 하려고 했고, 1979년 카터가 6월에 방문을 하지 않습니까? 그때 청와대에서 한미정상회담이 굉장히 분위기가 안 좋은 상태에서 끝났죠. 동맹국 간의 정상회담이라고 하기에는 상상할 수 없을 정도로 분위기가 좋지 않은 정상회담이 되어버렸어요. 그 이유가 카터가 미군을 철수하겠다는 입장을 통보를 했었고 한국의 인권 상황에 대해서 강한 불만을 제기하면서 개선을 요구를 했기 때문입니다. 그리고 그 전에 1976~1977년에 코리아게이트 사건이 있지 않았습니까. 미군 철수를 하려고 하니까 박동선 씨가 워싱턴에서 미국의 국내법에 저촉되는 불법 로비를 하게 되고, 미국은 그 뒤에 한국 정부가 있었다고 하는 의심을 하게 됩니다. 결국 코리아게이트에 대한 청문회가 열리고 박동선 씨는 당시 미국으로 도피를 하게 되는 복잡한 상황이 전개가 되죠. 그리고 계속 카터는 박 대통령하에서 인권 유린에 대해 강한 불만을 가지고 있었고, 그래서 일종의 카드로서 카터가 정상회담 때 강하게 이야기를 하는데, 실제로 카터가 미군 철수에 대한 준비를 구체화시키고 있었어요. 나중에 국방성 통해서 한반도에서 위협 상태에 대해 재평가를 해서 위협이 존재한다고 하는 결론을 내면서 철군이 유보가 되죠. 그러는 과정에서 카터가 미군 철수에 대해서 강력한 주장을 했기 때문에, 북한이 보기에는 카터가 굉장히 좋은

대통령이고 긍정적으로 평가를 받고 있었죠. 그래서 카터한테는 항상 방문해도 된다는 초청장이 나가 있었습니다.

북한 핵문제가 대단히 위험한 상태로 가니까 카터는 자신이 북한을 방문하겠다는 얘기를 하게 되고, 사실 클린턴 행정부에서는 상당히 반대를 합니다. 그 이유 중에 하나가 카터가 가게 되면 미국의 입장이 북한에 잘못 전달될 수가 있고 북한으로 하여금 미국의 핵문제 해결에 대한 강한 의지를 오판하게 하는 걱정 때문이었습니다. 이에 카터가 고어 부통령을 통해 강하게 어필하였고, 마침 그때 5월에 클린턴이 구라파에 가 있었을 겁니다. 그래서 대통령이 없는 상태에서 고어가 전화로 클린턴에게 간곡하게 설득을 해서 클린턴이 동의를 했습니다. 백악관에 있는 참모들은 카터가 가는 것은 좋은데 미국 정부의 공식 사절은 아니고 개인적으로 가는 것이며, 협상을 하러 가는 것이 아니고 이야기를 들으러 가는 것이라는 조건들을 세웁니다. 이런 과정을 거쳐 카터가 먼저 서울에 들렀다가 평양으로 들어갔습니다. 카터는 서울에서 김영삼 대통령을 만났는데 그때 김 대통령이 핵문제 해결의 중요성과 남북대화의 중요성을 설명하면서 남북정상회담이 필요하다는 이야기를 합니다.

박용수: 카터가 방북하기 전에 김영삼 대통령이 남북정상회담 이야기를 했다는 말씀입니까?

정종욱: 예. 발표 안 된 이야기이긴 하지만 그렇습니다. 왜냐하면 말씀 드렸다시피 김영삼 대통령은 취임 전부터 대통령으로서 남북정상회담을 통해 남북 간의 어떤 전기를 마련하고자 하는 강한 의지를 가지고 있었기 때문에, 그게 비록 북한 핵문제 때문에 다소 지연되고 있었지만 카터가 간다고 하니 강하게 이야기를 했습니다. 본인이 대통령 취임사에서 민족 우선이라는 이야기를 했고 여러 가지 남북관계에 대해서 돌파구를 만들고자

하는 의지를 가지고 있었기 때문에 남북 최고 국정책임자들이 만나서 이야기를 하는 것이 필요하다는 메시지를 전달해 줄 것을 부탁합니다. 그래서 카터가 그러겠다고 하고 건너가서 김일성 주석을 만났고 이후 대동강에서 배를 타고 이야기를 하면서 결국은 타협이 됩니다. 김일성 주석이 카터 대통령에게 "남북정상회담을 수용한다. 북한 핵문제에 관해서는 IAEA 사찰을 다시 수용하고 NPT 탈퇴를 유보하고, 북미 간의 협상을 재개하겠다."라는 입장을 내세웁니다. 돌파구가 다시 생기게 된 거죠. 그래서 카터 대통령이 평양에서 CNN 기자와 같이 들어갔고, CNN 기자를 통해서 김일성 주석과 합의된 것을 발표 합니다. 그런데 정상회담에 관한 부분은 이야기를 안 했을 겁니다. 발표 당시 백악관에서는 북한 핵문제에 대한 일급 참모들의 회의가 있었는데 CNN의 방송이 나오기 때문에 사전에 조율이 안 된 상태에서 카터가 기정사실로 만들기 위해 발표를 해버린 겁니다. 그래서 미국 정부 입장이 좀 어려워지고 특히 클린턴의 참모들은 대단히 부정적으로 보는 시각이 있었지만 이미 발표가 되었고 전직 대통령이기 때문에 존중해주는 입장이었고 한국 정부의 입장은 정상회담을 합의를 해서 받아가지고 왔으니 반대할 이유가 없었죠.

그래서 카터가 평양에서 판문점 통해서 남쪽으로 건너온 다음에 헬리콥터로 미 8군 비행장에서 승용차로 미국 대사관 관저에 가서 옷만 갈아입고 청와대로 바로 옵니다. 그게 오찬을 위해 열한 시 반쯤에 들어와서 카터 대통령 부부와 카터 대통령을 수행해서 북한에 다녀온 클릭 모어라는 전직 미국 대사가 같이 와 있었고, 우리 쪽은 김영삼 대통령하고 외무부장관하고 나하고 앉아 있었습니다. 점심 하기 전에 카터가 평양 다녀온 얘기를 전해주고, 김일성의 남북정상회담에 대한 메시지를 전했습니다. 아무런 조건 없이 어디에서든지 어떤 문제든지 논의를 하겠다는 입장을 시작으로 북한이 핵사찰을 수용하고 미북 협상을 재개한다는 이야기를 합니다. 카터 대통령이 떠나기 전에 김영삼 대통령은 합의된 내용을 발표를 해도 좋으냐고 물었고, 카터 대통령이 좋다고 대답했습니다. 그래서 김영삼 대통령이 카터 대통령이 떠난 후에 공보실장을 바로 불러서 카터 대통령이 '남북정상회담을 김일성 주석이 제의하는 메시지를 전달했다'는 입장을 발표하도록 지시합니다. 이것을 대외적으로 발표하는 이유는 카터 대통령이 가지고 온 메시지이기 때문에 북한의 의도를 확인할 필요가 있었습니다. 직접 대화가 아니라 간접 대화이기 때문에 공식 발표를 하면 북한이 어떤 반응을 보일 수 있지 않겠습니까? 그래서 그렇게 기정사실화하는 발표를 했던 겁니다. 그러고 나서 바로 북한으로 가는 메시지 채널을 통해 준비회담을 하자는 제의를 했고, 북한이 바로 동의를 했습니다. 카터가 온 것이 6월 18일인데, 그날 발표를 하고 대북 통신망을 통해 예비회담 제의를 한 것입니다.

그리고 6월 28일에 판문점에서 회담이 열렸는데 이것은 굉장히 빨리 열린 겁니다. 북한 쪽에서는 김용순 씨하고 두 명이 나왔고, 우리 쪽에서는 이홍구 통일부총리와 내가 청와대를 대표해서 나왔고, 윤여준 씨라고 안기부 특별보좌관이었는데 이렇게 셋이 나가서 예비 접촉을 합니다. 오전에 시작을 해서 하루 만에 완전히 타결이 됩니다. 그때 문제가 되었던 것이 몇 가지가 있는데 그중에 가장 중요한 것이 우리 쪽에서 볼 때는 회담이 일회성으로 끝나면 안 되겠다, 한 번에 끝내 버리면 큰 의미가 없지 않느냐 해서 정상회담의 정례화를 주장하는 것이 우리의 1차 목표였습니다. 장소는 일단 서울에서 하자고 주장을 하고 북한이 받아주지 않으면 평양으로 하면서 후속 회담의 약속을 받는 것으로 전략을 세웠습니다. 그리고 정상회담이기 때문에 양쪽의 국가 최고 통치권자들이 만나서 격의 없는 회담을 해야지, 평양 어딜 가서 구경하는 것은 필요가 없다는 점, 정상회담 중심으로 회의가 진행이 되어야하고, 김영삼 대통령과 김일성 주석이 만나야지 김 대통령과 김정일이 만나는 정상회담은 있을 수가 없으며, 제1차 정상회담은 두 차례 이상해야 한다는 몇 가지 전략을 세웠습니다. 즉

실속 있는 회담을 위한 조건을 제시했습니다.

이 중 가장 합의가 안 되었던 것이 후속 회담에 대한 부분이었습니다. 2차 정상회담을 약속을 받으려고 했는데 김용순 씨가 '그것은 주석의 결정 사항이기 때문에 권한을 위임 받지 않았기 때문에 말을 할 수가 없다. 그렇지만 정상회담이기 때문에 1차 정상회담이 잘 되게 되면 2차는 지속될 것'이라는 식으로 얘기를 했습니다. 두 번째는 장소문제, 그것에 대해서도 정상이 합의하게 내버려 두되 두 정상의 대화라는 것에 동의를 했습니다. 대화 중심이지 행사 중심이 아니고 김영삼 대통령과 김일성 주석 간의 만남이라는 것에 합의가 되었습니다. 우리가 나중에 후속 회담에 대한 약속을 받아올 수 없는 상황이기 때문에 일단 회담을 하고 이후 우리가 판단을 해야 하니까 북한 측에도 입장 정리할 시간을 주자는 의견이 정리가 되었습니다.

또 한 가지는 처음으로 한국의 대통령이 평양으로 가는 것이기 때문에 여러 가지 기술적 문제가 따르게 되는데 일단 경호문제가 있었습니다. 만약에 평양에서 우리 대통령을 납치나 감금하려고 하는 경우가 발생하는 경우까지도 대책을 세워서 평양에 들어가야 하니까요. 특히 미국이나 우리 동맹 국가들이 평양에 공관이 없었기 때문에 영국 대사관이라든지 제 3국의 도움을 청하는 방안까지 다 처리를 해야 하기 때문에 꽤 시간이 걸렸습니다. 일단 6월 28일 날 정상회담이 있었고 7월 25일 날로 합의가 되지 않았습니까? 우리가 7월 25일로 합의를 한 것이 처음에 갈 때 예비회담수석 대표가 김용순 씨가 '우리 김일성 주석이 이야기한 것이기 때문에 소소한 이야기는 얘기할 필요가 없다. 우리가 다 들어준다'는 입장을 보였습니다. 다만 주석이 결심을 해야 하는 부분에 대해서는 본인은 이야기할 수 없다는 입장이었습니다. 비교적 회담이 하루 만에 끝나고 5시쯤 북한이 정리해서 온 합의문이 있어서 서명을 하는데 보니까 표현이 조금 잘못된 부분이 있더라고요. 같은 합의서를 2부를 작성을 하는데 우리 측이 가지는 합의문에 표현이 잘못된 것이 나왔습니다. 이 합의서는 공식적이고 역사적인 문건이기 때문에 우리가 고치겠다고 하니까 북한이 본인들이 가지고 온 것이니까 다시 해서 오겠다고 했는데 그것이 4시간이 걸렸어요. 우리는 컴퓨터로 하면 금방 되는데 북한에서는 그 당시에 컴퓨터가 아니라 공판을 찍어서 나오기 때문에 전부 다시 써야했습니다. 문산 가서 다시 해서 깨끗하게 만들어 오는데 시간이 많이 걸렸죠. 그래서 우리가 다 서명하고 돌아온 것이 9시 반쯤 되었을 겁니다.

그때까지 대통령, 외무부장관, 통일부장관, 국방장관이 기다리고 있더군요. 당시에 비가 좀 왔어요. 대통령에게 보고를 했더니 대통령이 합의를 했으니까 이제부터 모든 일정은 정상회담 준비를 위한 것이니 불필요한 일정은 모두 다 빼라고 지시하고 김영삼 대통령은 김일성을 만나본 사람들을 모두 모았습니다. 아침 조찬 시간에도 다 불러서 김일성의 대화 스타일이며 김일성을 만나면 뭘 염두에 두고 대화해야 하는지부터 남북관계에 대한 역사를 정리해서 보고도 하면서 준비를 했습니다. 제일 중요한 것이 정상회담의 어젠다죠. 그래서 우리 나름대로 어젠다 정리를 각 부처에서 받아서 회의를 하고 준비를 하는 과정이었는데 7월 8일 갑자기 김일성이 사망하는 바람에 사실 정상회담의 꿈은 사라지게 된 거죠.

다음 질문하신 것은 왜 김일성이 죽은 다음에 정상회담까지도 무효화가 되었냐? 그 뒤에 나중에 미북협상이 다시 시작이 되었는데 남북대화를 다시 살리거나, 축을 계속 가동하지 못했느냐 하는 그런 말씀이시죠? 우선, 김일성 주석의 사망과 함께 남북회담이 죽은 이유는 김정일은 남북정상회담을 하려고 하지 않았기 때문입니다. 이것은 제 개인적인 추측이지만, 그 당시에 실무책임을 졌던 사람으로서는 자신을 가지고 이야기할 수 있는 부분인데, 북한 핵문제는 아버지가 아니라 아들이 책임을 지고 했어요. 처음부터 김정일의 작품이었어요. 나중에 들어온 정보 보고를 보면 김일성이 그 문제에 개입을 한 것이 5월 달이었는데 남북 군사 긴장이 고조가 되었을 때 김정희, 김정일의 누이동생이 아버지를 찾아갑니다. 벌써 오래 전부터 김정일이 김일성에게 아버지는 좀 쉬시라고 하고 김정일이 직접 모든 것을 챙겨왔던 상황이었죠. 김정희가 울면서 호소를 합니다. "남북 간의 전쟁이 날 가능성이 있습니다. 인민들의 생활도 대단히 어렵습니다. 오빠를 불러서 이야기를 들어 보십시오." 해서 김일성이 그 자리에서 김정일을 불러서 이야기를 듣는데 굉장히 심각하더라는 겁니다. 그래서 다시 자신이 일선에 나와 가지고 전쟁 위기를 해소하고 남북관계를 다시 화해, 협력 모드로 바꾸겠다는 결심으로 나온 것이기 때문에 사실 김정일이 보기에는 남북정상회담이 바람직하지 않은 것이었죠. 그래서 나중에 김일성이 죽었을 때 타살설 같은 이야기도 나오지 않습니까? 그건 저는 아니라고 봅니다만, 그래서 카터가 평양서 한국에 돌아와 대통령을 만나 처음 김일성 메시지를 전할 때 이런 이야기를 합니다. "지금부터 인민공화국의 김일성 주석의 메시지를 전합니다. 그동안에 맡겨 두었는데 일이 좀 악화가 되었습니다. 왜 이렇게 되었는지 모르겠습니다. 제가 조국에 대한 마지막 봉사를 한다는 각오를 가지고 정상회담을 하고 문제를 풀려고 합니다."라며 시작을 합니다. 이게 녹음이 어디에 있을 겁니다.

그 이야기를 종합을 해보면 김일성이 김정일에 대해 그동안 사태를 악화시킨 책임을 묻고 정상회담을 하려고 했기 때문에 아버지가 죽고 나서 김정일이 정상회담을 할 것이라고는 안 봤죠. 실제 김정일이 아버지가 죽은 다음에 3년상 기간을 선포해서 3년 동안 사실은 아무것도 안 합니다. 그게 결국 2008년, 2009년도에 가서 중국과 북한과의 관계가 정상화되고 김정일이 아버지의 대를 이어서 북한의 최고지도자로서 공식 등장을 합니다. 그러나 적어도 3년 동안은 아무것도 안 했기 때문에 정상회담이 김일성 사후에 다시 이뤄진다는 것은 기대하기 어려운 상황이었습니다.

박용수: 정상회담은 아니어도 미국과 북한은 김일성이 죽고 난 후 김정

일이 최고지도자로 있는 상황에서 합의가 이루어졌습니다. 그렇다면 남북 관계에도 그러한 시도가 필요하지 않았을까요? 당시 한국은 어떤 조치를 취했는지요?

정종욱: 한국은 그 부분에 있어서는 우선 김일성-카터 합의가 중단되었기 때문에 미국 협상을 재개한다는 것이고 그것을 위해서는 북한이 IAEA 사찰을 받아들여야 했는데 북한이 그것을 받아들였습니다. 그래서 미북 협상은 어차피 하기로 되어 있었습니다. 이건 7월에 하는 것으로 김일성 사망 전에 계획이 되어 있었고 남북정상회담은 당사자가 합의를 한 것이기 때문에 남북정상회담은 불가능한 상태가 되어 버렸습니다. 김정일이 북한에서 정식 지도자로 취임을 안 했기 때문에 정상회담이 나올 수가 없는 거죠. 또 한 가지는 김일성 사망 이후에 우리 정부의 조문문제가 나오지 않았습니까? 우리가 조문을 안 갔기 때문에 북한이 강하게 비판을 합니다. 그것은 외교안보 차원이 아니라 국내정치적인 여러 가지를 고려해서 그렇게 되었을 텐데, 내가 알고 있었던 바에 의하면 7월 8일 사망 발표가 난 이후에 대통령과 외교안보관계장관들이 모여서 대책회의를 합니다. 그 때 대통령의 이야기가 한국에서 정부의 반응을 굉장히 궁금해 할 텐데 "참 아쉽다."라는 것만 발표를 하라했지, 남북관계 재건을 바라는 희망을 표시한다는 내용은 없었을 겁니다. 대통령도 굉장히 아쉬웠을 겁니다. 본인도 굉장히 소망하던 것이었으니 말입니다.

그런데 당시 국내에서는 보수적인 여론이 굉장히 많았습니다. 김일성을 만나게 되면 6·25에 대한 사죄부터 받아야한다는 이런 압력을 굉장히 많이 받았기 때문이지요. 특히 종교단체 쪽에서, 기독교 쪽에서 압력이 굉장히 심했습니다. 그쪽에서는 정상회담 수용을 항복 표시로 생각을 했기 때문에 만나면 반드시 따져야 할 것이며 사과를 분명히 받아야 한다고 했었습니다. 그런 상황에서 김일성 사망 이후에 정상회담에 대한 강력한 희망을 표시하거나 남북관계에 대해 이상한 발언을 한다는 것은 국내적으로 상당히 어려운 상황이었습니다. 그런 후에 나오는 반응이 남한에서 조문을 해야 한다는 움직임이 있었죠. 그래서 정부에서 판문점 넘어가는 것을 막지 않았습니까? 그런 상황에서 사실은 남북대화가 일어난다는 것은 국내 정치 여건상 힘든 상황이었습니다.

박용수: 시간이 지나고 보면 남북정상회담 준비할 때는 굉장히 적극적인 지지, 호응이 있었다가 김일성 사망이라는 것이 북한의 의도적인 배반이나 약속 위반이 아닌 변화에 의해 이뤄진 것인데 그 이후에 상황이 적대적인 상황으로 급변하는 것이 우리의 입장이 일관성이 없어 보이더라고요. 국내 여론이 중요했다고 말씀하시는데 그 여론이 김일성 사망 전에도 없지는 않았을 것이고 그러한 여론이 있었음에도 불구하고 적극적으로 추진했던 의미가 있고 중요했다면 다른 형식을 통해 지속될 수 없었던가요? 또한 미국과 북한의 협상의 진행 과정에 대해서 한국 정부는 코멘트하지 않는 것으로 1994년 8월에 한미 간에 합의를 한 것으로 알고 있습니다. 한국 입장에서는 미국하고 북한이 협상을 하는데 어떤 식으로 진행을 하든지 발언을 할 수 없는 상황이 되면 이후에 전개 과정에서 한국이 더 소외되는 처지가 되고, 그러한 상황은 한국에 좋지 않은 것이라 판단이 되어 한국 정부가 좀 더 유연하게 대처하면 어땠을까 하는 생각이 들었습니다.

정종욱: 그런 부분들은 제가 모두 답할 수 있는 상황은 아니지만 제가 아는 상황은 이렇습니다. 미국이 북한과의 협상에서 상당히 서두른 것은 사실입니다. 지난번에 이야기했지만, 클린턴은 1994년 11월 달 중간선거 때 북한의 핵이 방해가 되지 않게 하는 그런 입장을 가지고 있었습니다. NPT가 1975년도에 처음 시작이 돼서 1995년도, 30년 뒤 연장을 하게 되어 있었습니다. 그래서 연장이 이뤄지게 되면 영구적으로 지속이 되는 사항이었

기 때문에 1995년도 NPT 연장이 북한 핵문제 때문에 방해를 받는 것은 미국 입장으로 볼 때는 용납할 수 없다하는 큰 목표가 있었습니다.

그러나 우리의 입장은 다른 거죠. 우리 입장은 미국의 중간선거와 관계가 없는 것이고, 우리 입장에서는 NPT 연장보다는 남북 간의 합의서, 한반도 비핵 공동선언 이런 것이 더 중요하기 때문에 다른 시각을 가지고 있었습니다. 또한 처음에 김일성과 제네바에서 협상이 7월에 재개가 될 때 미국이 우리에게 찰떡같은 약속을 했습니다. 한국 정부하고 협의를 하고 미북 간의 철저한 공조 약속을 하거든요. 그래서 우리의 장재룡 북미국장이 제네바에 파견이 됩니다. 거기에 상주하면서 갈루치가 강석주를 만나러 갈 때 먼저 협의를 하고 다녀온 후 브리핑을 하고 했습니다. 그런데 미국과 북한 사이의 협상이 계속되면서 북한이 계속 반대를 하니까 우리하고 협의를 해야 북한하고도 잘 이야기를 할 텐데 들어가서도 북한하고도 얘기가 잘 안 되고 그래서 다녀오고서도 얘기해 줄 것이 별로 신통치가 않았죠. 그러다 보니 미국과 한국 사이의 공조가 점점 약화되는 상황이 발생을 했어요.

협상 과정에서 제네바합의가 이뤄진 게 1994년 11월 아닙니까? 거기서 뭐가 제일 큰 이슈였냐면 첫째는 북한이 경수로 지원을 요구했거든요. 그럼 경수로를 우리가 줘야하느냐는 문제를 가지고 논란이 있었습니다. 경수로 주는 것은 비교적 쉽게 합의가 되었어요. 왜냐하면 경수로라고 하는 것은 핵문제 추출이 비교적 어려운 상황이었으니 그걸 제공한다는 것이었고, 미국과 한국 사이에서는 돈을 누가 대느냐가 문제였습니다. 그런데 두 기를 지어야만 돈이 싸다고 해서 경수로를 두 기를 지어주는데 그 당시 가격이 40억 불입니다. 이것저것 합치면 50억 불인데, 미국은 한국이 그 돈을 대는 것으로 생각하고 있었고, 한국은 왜 우리만 대야하느냐 하는 반대하는 입장이어서 협상이 좀 어려웠습니다. 결국 우리가 70퍼센트를 대고 그 다음에 일본이 조금 보태고 EU 등 다른 국가가 돈을 대고 미국은 나중에

에너지 손실 부분을 보충한다고 해서 매년 얼마씩 주는 방식으로 합의를 하죠.

두 번째가 사실은 더 중요한 것인데 그 제네바합의에서 가장 중요한 것이 북한 핵 의혹을 해소하는 것이거든요. 그동안 북한이 IAEA에 보고한 것과는 다르게 작위적으로 원자로 가동을 중단시키고 추출을 했습니다. 북한은 한 번이라고 이야기했지만 적어도 세 번 한 것으로 나오니까, 얼마나 너희가 핵물질을 가지고 있는지 알아야겠다는 입장과 함께 특별사찰을 요구했던 것 아닙니까? 그래서 특별사찰을 언제 할지에 대한 시기가 문제였습니다. 결국 합의가 된 것은 경수로가 완공되기 전에 기초공사하고 냉각탑 만든 다음에 제일 중요한 것은 원자로 아닙니까? 마지막에 그걸 하는데 그때 노심을 집어넣습니다. 그게 공사의 가장 핵심 부분이죠. 노심이 들어가는 시점에 북한이 특별사찰을 받는다고 했습니다. 경수로 공사를 시작하면 10년 정도 걸리는데 70%가 흐른 시점에서 특별사찰을 받는다는 것에 대해 처음에는 우리가 반대를 했어요. '너무 길지 않느냐, 너무 시간이 길게 걸린다' 하니까 가능하면 빠른 시기에 사찰을 받는다고 해달라고 해도 북한이 계속 안 했습니다. 그때 표현이 아주 애매합니다. 크리티컬 파트라고 하는데, 핵심적인 부분이 들어갈 즈음에 이런 식으로 표현이 애매하게 되어 있어요. 핵심 부분이 들어가기 전에 받는다고 하면 가장 정확한 것이고, 핵심 부분이 들어갈 그 시점에 한다고 하면 상당히 시비가 될 수 있는 거니까요. 이밖에도 몇 가지 문제가 있었는데 그중에 그 두 가지 문제가 가장 중요한 것이었습니다.

그런데 우리가 일단 비용을 대기로 했으니까 첫 난관은 해결이 되었고, 그 다음 특별사찰이 문제가 되었는데 북한이 고집을 부려 결국 제네바합의는 핵심 부품이 들어갈 시점에 하자는 식으로 애매하게 뭉뚱그려 놓은 겁니다. 그렇게 해서 끝났기 때문에 우리가 봤을 때 만족스러운 합의는 아니었습니다. 그러나 당시 상황으로 볼 때 우리가 100프로 만족스러운 합의를 이루는 것은 힘들다 보니 일단 핵문제는 동결시켜 놓고 어느 시점에 가서는 우리가 원래 추구했던 목표를 달성할 수 있는 가능성을 열어 놓았기 때문에 일단 받아주자고 하는 내부 의견이 우세했던 겁니다. 정상회담 준비를 하면서 각각 맡은 문제에서 자기들끼리 안을 내서 올리게 되면 정상회담 준비위원회가 있었습니다. 그게 각 부처의 통일부, 안기부, 물론 경제부처도 있었지만 그 부처의 차관급들이 와서 정기적으로 회합을 하는 조직을 만들었습니다. 근데 김일성이 생각보다 빨리 죽었기 때문에, 6월 28일에 합의를 하고 7월 8일에 죽었으니까, 10일밖에 없었죠. 모든 문제에 대한 대책을 준비할 수 있는 여러 가지 조치만 해놓고 실질적으로는 명확한 정부 입장을 만들어 놓지 않은 상황에서 김일성이 죽어서 중단된 겁니다.

박용수: 그때 선생님은 핵문제를 남북정상회담의 주 의제로 다루는 게 낫다고 생각하셨습니까?

정종욱: 그때 사실은 개인적으로 얘기하기가 어려운 입장이긴 합니다만 우리가 기대할 수 있는 창구가 아니라 남북 간의 합의한 것이 몇 개 있지 않습니까. 한반도비핵화공동선언, 이건 남북 간에 합의를 한 것이거든요. 그래서 지키라고 말했죠. "너희가 하는 건 지금 남북비핵화공동선언에 배치되는 것이다."라고 말이죠. 남북정상이 만나게 되서 1991년도 비핵공동선언을 다시 확인한다하면 북한이 더 이상 핵 활동을 할 수 있는 근거가 없어지게 되는 거죠. 물론 북한은 평화적인 이용 등등해서 다른 여러 가지 얘기를 하겠지만, 그 당시 정상회담에서는 비핵화공동선언의 실천과 핵통제공동위원회가 있었습니다. 이것은 비핵공동선언을 이행하기 위한 실무기구로서 핵통제공동위원회가 있었기 때문에 그 공동위원회를 가동하면 남북한 사이의 핵문제에 관한 협상 조직이 가동이 되는 거죠. 물론 가동된다고 해도 문제가 당장 풀리는 것은 아니겠죠. 그러나 일단 장치가 있는

것이기 때문에 무에서 유를 창조하는 것이 아니라 1990년대 초반에 합의에 기반을 둔 것으로 우리가 생각을 하고 있었습니다.

박용수: 그럼 미국 제네바합의가 타결되고 난 뒤 남북 간의 핵통제위원회에 관한 논의는 따로 시도되지 않았었죠?

정종욱: 남북 간에는 아무것도 없었죠. 일단 제네바합의라는 것이 미북 간에 합의한 것이기 때문에요.

박용수: 남북 간에 할 수 있는 계기로 삼을 생각은 안 하셨나요?

정종욱: 근데 제가 끝나고 나서 바로 청와대를 나와서 잘 모르지만 아마 제가 청와대 떠난 다음에 4자회담이 이루어졌죠. 4자회담이 1996년에 시작이 되었을 겁니다. 거기 와서도 북한이 계속 미국하고만 이야기한다고 그랬으니까요. 4자회담이라는 것이 남북한하고 미국 중국 아닙니까. 근데 계속 북한이 미국과 중국하고만 이야기한다고 하다 보니 4자회담이 깨진 것 아닙니까. 그래서 실제로 남북한 사이에 뭐가 이뤄졌다라고 해도 아마 실효성이 없었을 겁니다. 그러나 뭐든지 굴러가야 하는데 제가 있을 때는 불가능한 상황이었습니다.

박용수: 예 알겠습니다. 그러면 관련된 다른 사안으로 제네바회담이 체결되고 나서 판문점에서 중국의 한국전쟁 정전 대표가 철수하더라고요.

정종욱: 맞습니다. 북한이 철수하라고 했습니다.

박용수: 그렇다면 북한의 입장에서는 미국과 북한의 제네바합의가 실제

로 정전협정을 끝내는 그 이후 단계로 생각하고 있었다는 그런 의미로 해석할 수 있나요?

정종욱: 제가 사실 잘 모르지만 제 해석은 이렇습니다. 북한이 그렇게 요구를 했던 것은 정전협정을 기본적으로 부인하고 파기하려고 하는 것이 북한의 목적이었을 겁니다. 정전협정을 파기하고 미북 간의 평화협정으로 간다는 것이 북한의 전략이었으니까요. 근데 그게 잘 안되니까 정전협정을 파기한다고 하면서 상징적인 조치로서 중국 철수를 요구를 한 거죠. 그러니까 중국이 바로 철수를 한 거죠.

박용수: 북중관계도 원만하지 않았던 것인가요?

정종욱: 북중관계는 안 좋았죠. 왜냐하면 아시겠지만 한중수교 때 북한이 중국에 대해서 배신자라고 생각을 강하게 했을 테니까요. 당시 중국 전 기침 부총리의 회고록이 있습니다. '외교 10기'라는 제목인데 자기가 외교를 담당하는 최고 책임자로서 경험했던 10가지 사건들이 있는데 그중의 하나가 한중수교입니다. 한중수교에 대한 비화가 있습니다. 그 비화 중에 재미있는 것이 1992년도 4월 달에 그분이 회의 때문에 신라호텔에 옵니다. 그때 한국의 모 고위 관리가 갑자기 찾아와서 중국과 북한 사이의 국교 정상화를 위한 비밀 접촉 제의를 합니다. 노 대통령의 핵심 측근이었는데요.

박용수: 성이 박 씨 맞으신가요?

정종욱: 예 맞습니다. 박 장관이 그러죠. 그때 이미 중국과 한국 사이에는 비밀 접촉이 이뤄지고 있었는데 그걸 이분이 모른 것 같습니다. 아니면 자기가 직접 한다고 그랬던 것이겠죠. 또 한 가지는 자기가 7월 말에 한중

수교협상이 다 끝나서 8월 24일 날 발표한다는 것이 합의된 다음에 북한에 통보하러 갑니다. 거기서 알 수 있는 것이 우리는 대만한테 갑자기 통보한 것 아닙니까, 그렇죠? 그런데 중국은 기회가 있을 때마다 북한에 사람을 보내서 김일성에게 한중수교는 피할 수 없는 역사적 대세라는 이야기를 합니다. 그리고 곧 할 수밖에 없다는 메시지를 몇 번 전했죠. 마지막으로 중국 측이 전한 것은, 전기침이 7월 말 평양으로 장쩌민 국가주석의 특사로 북한을 방문했을 때입니다. 김일성을 만나서 아주 간곡하게 얘기를 합니다. "이제 불가피하게 수교는 하지만 중국의 북한에 대한 우의는 전혀 변한 게 없다."라고요. 근데 김일성이 아주 쌀쌀하게 대했다고 하면서, 본인이 수십 번 북한에 가서 김일성 주석을 만났지만, 그런 어색한 분위기는 처음이었고 점심 대접을 못 받고 나온 것은 처음이었다는 이야기를 합니다. 그러니까 북한으로 볼 땐 굉장히 배신감을 느꼈을 겁니다. 대만이 느꼈던 것보다 훨씬 더 했을지도 몰라요. 왜냐하면 전쟁을 같이 한 국가이기 때문이죠. 그래서 수교 이후에 중국과 북한의 관계는 사실상 끊어집니다. 1998년 가서 겨우 회복이 되죠. 1996년에 대표단이 조금 왔다 갔다 하다가 1998년에 김정일이 공식적으로 승계한 후에 고위급 왕래가 이루어집니다. 그러니까 중국으로 봐서도 그 안에 할 수 있는 게 별로 없었죠.

박용수: 유엔안보리 대북 제재결의안을 만들 때 중국이나 러시아의 역할이 필요했던 것이고, 실제 북한에 대한 압력에 대한 행위자로서는 실제로 기능을 하기에는 어려운 상황이었네요?

정종욱: 중국은 1차 위기 때는 사실상 역할을 별로 못 했습니다. 2002년 10월 달에 켈리가 김계관, 강석주 만나고 하면서 2차 핵위기에서 우라늄농축이 나오는데, 그때는 다른 얘기고요. 1차 위기 때는 중국의 역할이 거의 없었죠. 2차 위기 때서야 중국이 강하게 역할을 하죠.

박용수: 관련되었던 것 중에 2+2회담 그러니까 4자회담이 선생님이 청와대 계셨을 때 미리 준비가 되었던 것인가요?

정종욱: 사실은 얘기가 한 번도 나오지 않은 건데, 1993년 봄, 핵 위기 시작된 다음에 미국에서 고위급 인사가 방문을 합니다. 국무부 부장관이 한국에 왔어요. 청와대에서 대통령 만나고 떠났는데 별로 주목할 만한 얘기가 없었어요. 떠난 다음에 한 시간도 채 안 되었을 때 대통령이 호출을 해서 갔더니 3자회담이나 4자회담 가능성을 미국 측에 검토해보자고 하는 이야기를 해보라 지시했습니다.

박용수: 3자회담이라고 하면 어떤 국가인가요?

정종욱: 미국과 남한, 북한입니다. 4자회담은 중국이 들어오는 것이고요. 그래서 제가 급하게 미국 대사 집으로 찾아 갔습니다. 약속도 안 하고 들어갔더니, 여러 사람이 이야기를 하고 있었어요. 그래서 인사하러 온 것으로 말하고 조금 있다가 둘이서 이야기할 것이 있다고 자리 좀 비켜달라고 했죠. 그래서 둘이 앉아서 제가 대통령 메시지를 전했습니다. '문제 해결을 위해서 3자회담이나 4자회담의 가능성을 검토해보자'고 하였고 미국 대사도 검토해보겠다고 했습니다. 그런데 그 뒤에 양자회담이 진행이 되면서 검토된 내용이 전면에 나오질 못했죠. 이후 제네바합의가 이루어진 다음에야 우리 정부에서 4자회담 아이디어를 내서 유종하 외교안보수석하고 레이크 클린턴 안보보좌관하고 제주도에서 만나서 합의를 하는 걸로 합니다. 초기에 잠깐 구상을 가지고 있었다가 나중에서야 되는 거였죠.

박용수: 3자회담이나 4자회담 구도에서 집권 후반기에 4자회담이 시도되었군요. 그 시점이 언제쯤입니까?

정종욱: 중국이 판문점에서 철수한 다음입니다.

박용수: 전체적으로 그런 구도가 일관성 있게 준비 되었나요?

정종욱: 그것은 우리 정부 사람들이 자꾸 바뀌니까 일관성 가지고 추진 되었다고 보기에는 힘든 점도 있습니다. 그러나 그런 아이디어가 나왔던 점은 사실입니다.

박용수: 7월 달에 한승주 장관이 ARF에서 다자안보대화를 했다고 하는데, 거기에서 동북아 다자안보대화를 제안했다고 되어 있더군요. 1994년 7월 달에 지역안보포럼에 한승주 장관이 참여를 해서 동북아다자안보대화를 제안했다고 나와 있더라고요.

정종욱: ARF 테두리 내에서 하자고요?

박용수: 예. 주변국 6개국으로 동북아다자안보대화를 창성할 것을 공식 제의했다고 나와 있었습니다.

정종욱: 그게 트랙2 정도 되지 않습니까?

박용수: 정확하게 내용을 모르지만 그러면 크게 한국 정부에서 다자 협상으로 미북대화를 대체할 수 있는 것입니까?

정종욱: 트랙2입니다. 민간인이 참여하는 대화인데 지금도 하고 있습니다.

박용수: 그 이후에 외교안보수석직을 그만 두게 되는데요. 배경은 그 직전의 김영삼 대통령이 세계화 담론을 재기를 하고 세계화를 정책적으로 한국의 전략으로 추진하겠다고 선언을 하고 나서 이것을 추진할 수 있는 내각을 구성하겠다고 하면서 청와대 인사 조치가 대폭 이루어졌다고 하더군요. 그렇다면 그만 두시게 된 과정과 그때 김영삼 대통령이 하신 말씀에 대해서 간단히 부탁드리겠습니다.

정종욱: 그건 뭐 사실은 잘 모르는 부분이 많아요. 왜냐하면 세계화라는 것은 물론 있었습니다. 그게 1994년 11월 달에 인도네시아에서 APEC 정상회담이 열립니다. APEC 정상회담에 대통령 모시고 갔다가 필리핀 국빈방문하고 인도네시아 가고 나서 바로 오스트리아에 갑니다. 장관도 같이 갔습니다. 대통령이 외국 여행을 하고 돌아오고 나면 큰 걸 구상을 하는데, 이번에는 외국에 나가보니까 한국이 세계화를 추진하고 국경 없는 국제관계를 만들어야겠다고 생각했던 것 같아요. 그래서 세계화 안에 경제 파트에서는 WTO가 구상이 나와 있었던 때니까요. 경제에는 세계화가 진행되고 있었는데 가보니까 경제뿐 아니라 다른 분야에도 굉장히 큰 변화의 물결로 다가오고 있다는 생각을 했던 것 같아요. 그래서 다녀오고 나서 기자회견을 하면서 세계화라는 기치를 내세웠어요. 그때 아마 통상부장관도 바뀌고 외교부장관, 청와대에서는 외교안보수석과 수석 몇 사람이 바뀌었습니다. 신문에 개각할 때 되면 추측이 나오지 않습니까? 핵문제가 워낙 복잡하다보니 제가 지난번에 얘기했던 것처럼 북한 핵문제에 대해 여러 가지 불만들이 많았기 때문에 외무부장관하고 외교안보수석은 바꾼다는 보도가 많이 나왔어요. 그런데 대통령한테 가서 보면 전혀 그런 기색이 없었습니다.

사실 저는 예전부터 중국 대사로 가는 것이 희망이었는데 나중에 발표하는 날 대통령이 아침에 집무실로 불렀어요. 오늘 개각 발표가 있는데 청와대 수석이 바뀐다고 하더군요. 비서실장도 그때 바꿨어요. 비서실장은 아마 다른 문제도 있지만 대통령 집안문제가 있었을 겁니다. 아들이 정치에 개입한다 한다는 보도가 많이 나왔거든요. 대통령이 불러서 정 수석도 이번에 신문에 발표가 되었는데 그동안 수고 많이 했다면서 조금만 집에서 쉬고 있으면 곧 일을 하게 될 거라고 해서 전 중국으로 갈 것이라고 생각을 했어요. 개인적인 이야기는 안 했지만 원래 중국 가려고 했는데 잘 되었다 싶어서 집에 가서 쉬었죠.

박용수: 특별한 다른 말씀은 없으셨던 건가요?

정종욱: 다른 이야기는 없었어요.

박용수: 청와대에서 퇴임하시고 난 후에 1년 정도 외교부본부 대사로 계셨습니다. 그런데 이게 어떤 직책인가요?

정종욱: 그때 황병태 대사가 중국 간 지 얼마 되지 않았습니다. 황 대사가 있는 상황에서 바로 대사라고 하기에는 시간이 좀 걸리잖아요. 그래서 준비하는 기간으로서 외교부의 본부라는 게 있었는데 본부 대사를 하면서 대통령 특사로 외국도 좀 나갔다 왔습니다. 그리고 우리가 1995년도에 유엔 안보리 진출을 하려고 노력을 할 때 대통령 특사로서 유엔안보리 표 얻기 위해 나가다니기도 하고요. 하지만 맘속으로는 중국 갈 준비를 하고 있었죠.

박용수: 그 과정에서 외교본부 대사를 재직하시는 동안에는 특별한 사건이 없었습니까?

정종욱: 네. 특별한 것은 없었습니다.

박용수: 그러면 1996년도 2월 달에 중국으로 가시는 건가요?

정종욱: 1996년 2월 초인데요. 신임장 증정에 대한 내용입니다. 제가 1월 말에 가서 신임장 증정을 하는데 먼저 대사가 가서 국경 도착하면 외교부에 이런 사람이 대통령의 대사로서 귀국에 도착을 했다는 의미로 신임장 초본을 외교부장관한테 줍니다. 그러면 그쪽에서 대사 몇 사람을 모읍니다. 국가 정상이 받기 때문에 하나하나 신임장을 받지 않고 몇 사람을 모아서 신임장을 받는 거죠. 그게 2월 초였습니다. 실제 갔던 것은 1월 말이었죠.

박용수: 중국대사로 되시면서 제일 큰 사건은 황장엽 망명사건이셨죠.

정종욱: 그게 많이 알려져 있죠.

박용수: 신문상에는 많이 나왔는데 그 당시에 북한의 반발과 위협이 많이 있었고, 황장엽 씨가 한국에 들어오는 과정도 중국에서 바로 들어오는 것이 아니라 필리핀을 거쳐서 들어오는 등 상당히 어렵고 복잡한 일이 있었던 것 같습니다. 어떻게 보면 가장 핵심적인 위치에 있었던 주중 대사로서 처음에 이 사안을 알게 된 과정부터 듣고 싶습니다.

정종욱: 이것을 설명을 하려면 시간이 많이 걸릴 것 같은데, 간단히 이야기해보겠습니다. 제일 중요한 것은 첫째 질문은 사전에 망명을 감지했냐는 점이고, 두 번째 질문은 가장 어려웠던 협상 고비가 뭐냐는 건데요. 첫째 부분은 황장엽 씨가 일본에 있다가 중국으로 왔어요. 근데 일본에 있

는 동안에 뭔가 굉장히 복잡했어요. 그래서 혹시 "이분이 중국에 와서 망명을 하려고 하는 것인가?" 하는 농담 비슷하게 얘기가 나왔었어요.

박용수: 그런 이야기를 직접 들으신 건가요?

정종욱: 중국으로 온다는 설이 있었죠. 내부에서도 그런 이야기 있었는데 정확하게 얘기 들은 건 아니지만 온다고 해서 긴장을 했던 건 사실이죠. 그가 넘어온 게 2월 초인데 영사관으로 망명을 했어요. 대사라고 하는 것이 공식적인 정부 대표이기 때문에 전부 다 알 것 같지만 모르는 것도 많습니다. 그런 망명사건, 특히 남북관계는 국정원이 관계를 하기 때문에 국정원 일은 대사가 모르는 부분이 상당히 많습니다. 그래서 제가 황장엽 씨 이야기를 처음부터 알고 그랬다는 것은 대사의 업무를 훨씬 넘어서는 일이고요. 저는 알려고도 안했고 실제로도 몰랐습니다. 나중에 신문보도를 봤는데 황장엽 씨가 국내에 아는 사람들도 있었고 중국에도 사람이 있었고 해서 미리 서로 연락을 했던 것 같아요. 저는 이전에는 몰랐었고 공식적으로 알게 된 것은 황 씨가 총영사관에 들어오게 돼서 총영사가 저에게 보고하면서 알게 된 것입니다.

두 번째 질문에 대한 답에서 가장 민감한 부분은 그분이 망명을 해서 들어왔을 때 북한의 반응이 아주 격렬했다는 점입니다. 김정일이 특히 시체도 좋으니 끌고 오라는 지시를 내렸고 오전에 황장엽 씨가 총영사관에 들어왔는데 오후 되니까 완전히 우리 총영사관과 대사관이 전에 못 보던 사람들로 포위되어 분위기가 아주 살벌해졌어요. 그래서 우리 측은 중국 정부에 통보를 했습니다. "이런 사람이 우리 대사관에 망명 신청을 하는데 신변을 보호해 달라. 그리고 협상을 하자." 하는 요구를 합니다. 그래서 중국 정부가 바로 경찰들을 동원을 해서 우리 대사관하고 총영사관을 완전히 포위를 했었어요. 그래서 이분이 34일을 머무르다가 갔는데 완전히 준

전시 상태처럼 됐어요. 특히 중국 정부가 "사건이 해결될 때까지 대사는 사무실에서 숙식을 해결하라. 다만 꼭 필요해서 외부로 나갈 경우에는 우리가 경호를 하겠다."고 말하더군요. 그래서 황장엽 씨가 있는 동안에는 제가 15번인가 협상을 하려고 중국 외무부에 갔어요. 내가 갈 때마다 중국 경찰들이 호위를 해서 굉장히 요란스러웠습니다. 그렇게 가서 중국에서 한국을 담당하는 외교부 차관을 만나서 협상을 했었죠.

처음에는 신변문제가 제일 걱정이었고, 두 번째는 협상의 고비에 있어서 김정일이 시체라도 좋으니까 끌고 오라고 하니까 처음에는 협상이 안 되었어요. 중국 정부도 굉장히 어려워서 중국 정부가 북한에 설득을 하는 것이 "이게 본인이 납치가 된 것인지 본인이 제 발로 걸어 들어간 것인지 확인 좀 해 달라. 우리가 충분히 협조를 할 테니까 평양에서 조사단이 나와서 조사를 해 달라."라고 하더군요. 그래서 제가 알기에는 김정일 직속기관에서 조사단을 파견한 것으로 알고 있습니다. 평양에서 북경으로 와서 실제로 황장엽이 납치가 된 것인지 망명을 한 것인지에 대해서 중국 정부도 조사를 합니다. 과정은 어찌되었건 결론이 제 발로 걸어 들어갔다고 나오니 북한도 중국의 설득을 이해하더군요. 그래서 북한으로 보내는 것은 도저히 안 되겠다 그러니, "배신자여 갈 테면 가라." 이런 표현이 나옵니다. 하지만 북한이 "평양으로 못 돌아온다고 하더라도 한국으로는 절대로 안 된다. 중국을 떠나면 안 된다."고 굉장히 강하게 주장합니다. 그래서 황장엽 씨는 중국 계획이 자신을 북한에 돌려보내지 않는 대신에 중국에 오랫동안 남게 될 것으로 생각을 합니다.

그렇지만 기본적으로 망명을 요구했으면 들어주는 것이 국제적인 관례인 만큼 이것을 우리 정부가 강하게 주장을 했었고, 또한 본인도 건강이 안 좋으니까 가능하면 빨리 중국을 떠나게 하는 게 중국으로 볼 땐 부담을 더는 것이라 하였습니다. 그래서 협상을 하면서 첫 번째는 '북한에 돌려보내지 않는다'와 두 번째는 중국에 장기 체류하는 대신에 '중국으로부터 추방

한다'는 결정을 내리게 되었고, 남은 문제가 어디로 갈 것이냐는 점이였는데 북한이 한국에 가면 전쟁이라고 주장하여 제3국을 고르다보니 당시 필리핀이 중국하고 한국이 좋은 외교관계를 가지고 있었습니다. 그래서 필리핀으로 추방 장소를 결정을 하고 그때부터 필리핀에 얼마나 있느냐 협상을 하죠. 그 당시 반기문 외교안보수석이 대통령 특사자격으로 마닐라에 갑니다. 그리고 필리핀 정부하고 협의를 한 게 한 달 동안만 필리핀 정부가 보호해 달라하니 중국도 이를 승낙해서 황장엽 씨는 필리핀으로 가게 됐습니다. 그리고 딱 한 달 되어 서울로 왔습니다. 그런 과정이 있었죠.

박용수: 중국에서 직접 만나신 거죠?

정종욱: 그럼요. 매일 만났죠. 이분이 불안하지 않겠어요? 그래서 직원들이 보호를 하고 알려주지만 꼭 대사가 와서 어떻게 진행이 되고 있는지 이야기를 해달라고 해서 별 진행이 없어도 심리적인 안정을 위해서 거의 매일 가서 안정을 시키려고 안부도 묻고 잡담도 하면서 노력을 했죠.

박용수: 그 내용은 자세하게 듣기 어려운가요?

정종욱: 어려운 것이 아니고 별로 할 이야기가 없어요.

박용수: 예. 그럼 외교안보수석으로 계시면서 김영삼 대통령의 리더십에 대한 평가, 한미관계나 외교 전반이나 안보에 대한 김영삼 대통령 리더십의 장단점이나 어떤 식으로 외교안보를 이끌어 가려고 했었다는 것에 대해 말씀 좀 부탁드립니다.

정종욱: 모셨던 분에 대해 평가한다는 것이 어려운 점이 있는데요.

박용수: 지난번에 말씀하셨던 것 중에 기억에 남는 것이 1993년 11월 달에 미국회담에서 북한에 대한 접근 방식, 표현 방식을 바꾸는 부분인데 결국 내용은 동일하다는 것에 미국과 한국 정부가 동의했던 것이죠. 그런데 김영삼 대통령이 내용이야 어쨌든 표현을 바꿔야 한다고 해서 바뀌었는데요. 그런 사례는 아마 다른 대통령의 경우 찾기 어려운 사례 아닐까 하는 생각이 듭니다.

정종욱: 제가 대통령에 대한 그 문제에 관련해서 말씀드리자면 북한 핵문제와 관련해서 대통령은 남북대화에 대해 굉장히 많은 생각을 가지고 있었어요. 국제적인 노력을 통해서 북한 핵문제를 풀어나간다는 것에 반감이 상당히 있었습니다. 민족주의자라기보다는 김영삼 대통령이 국제적인 감각을 많이 가지고 있는 정치가는 아니지 않습니까? 주로 국내정치적으로 성장한 분이고 야당 지도자로서 활동을 했던 그런 분이기 때문에 북한 핵문제를 비롯해서 외교안보를 보는 기본적인 시각이 국내정치적인 그런 특징이 강했다는 생각을 했어요. 북핵문제에 대한 국내 반응이 어떤지 하는 것도 큰 관심 사항이었고, 대통령이 되면서 "내가 대통령으로 재임하는 기간 남북관계에 있어서 뭔가 역사적인 것을 만들어 내겠다." 이런 의도였을 겁니다. 특히 노태우 정부 때 남북관계가 많이 풀렸지 않습니까? 김 대통령이 볼 때 노태우 정부를 문민정부는 아니라고 봤으니까요. 문민정부가 아닌 사람도 저렇게 풀어내는데 나는 국민이 뽑은 문민대통령이니 내가 뭔가 더 큰일을 할 수 있다는 생각이 있었습니다. 거기에 냉전이 와해되었고 취임한 후에 독일 전 총리인 콜을 처음 만났지 않습니까? 그래서 통일에 대한 생각을 굉장히 많이 하고 있었어요. 제가 알기에는 취임 전부터 통일에 대한 생각을 많이 했을 겁니다. 그래서 통일에 대한 집념이 강했다고 볼 수 있죠. 그런 것이 두 번째 특징으로 지적할 수 있고 세 번째는 뭐라 그럴까요. 말하기가 조심스러운 부분인데요.

박용수: 조금 우회적으로 말씀해 주셔도 됩니다.

정종욱: 이인모 노인을 북한으로 돌려보냈는데 북한이 그 다음 한 것은 NPT 탈퇴라는 것과 미국하고 자꾸 협상을 해서 평화협정으로 바꾸는 것에 대한 개인적인 배신감이 굉장히 강했던 것 같아요. 특히 야당에 오래 몸을 담고 있으면서 배신이라든지 정치적인 신뢰를 중요시하지 않았겠습니까? 그래서 북한이 핵문제나 NPT 탈퇴 선언도 하고 계속해서 대미 접촉을 주장하는 과정에서 상당한 배신감을 느꼈던 것 같아요. 역시 북한은 믿기가 어려운 상대라는 생각을 했을 겁니다. 특히 어머니가 북한 사람한테 살해당하지 않습니까? 그래서 그런 부분이 제 생각엔 뭔가 영향을 미치지 않았나 하는 생각이 듭니다.

박용수: 정책결정 시스템과 관련해서요. 아까 말씀드렸던 사례에서 보면 공식적으로 실무진에서 장관이나 외교안보수석이 협의를 해서 상대국과 합의를 한 내용을 공식적인 절차를 밟지 않고 대통령이 정상회담 임박해서 바꾸었습니다. 그 과정에서 비선이라고 할까요, 그것을 담당하지 않는 사람들의 조언을 통해서 결정을 바꾸고 했던 것이 김영삼 대통령의 스타일이었나요?

정종욱: 정책결정 스타일에 관해서는 편파적인 얘기일는지 모르겠지만 제가 봤던 것은 그분이 평생 정치를 했던 분이고 조직을 통한 정책결정을 했던 분이지 아니지 않습니까? 소위 당파를 통한 정치, 개인적인 설득을 통한 정치를 많이 했던 분이기 때문에 우선 정보에 대해서 굉장히 민감했습니다. 이를테면 본인이 모르는 정보를 접하면 바로 연락을 해요. "그거 뭐냐?"는 식으로요. 그걸 제가 보면서 야당 지도자를 오래하면서 정보에 대한 갈구라고 할까, 그런 것이 심하지 않았나 생각합니다. 저는 항상 사

무실에 늦게까지 앉아서 대기를 했습니다. 왜냐하면 대통령이 TV나 신문을 보면서 모르는 것이 있으면 항상 질문을 하시기 때문에 전화를 떠나지를 못해요. 또 한 가지는 안보관계장관회의를 직접 주재를 할 수도 있지만 기본적으로 필요하면 부릅니다. 그래서 개인적으로 얘기를 듣고 지시를 내리곤 했고요. 그래서 장관도 아마 독대를 하거나 일대일로 대통령을 많이 만났을 겁니다. 그게 제도화된 결정 과정과 같이 조화롭게 가야 하는데, 그것이 대통령의 스타일이니까 참모가 뭐라고 할 수는 없죠. 그래서 장관을 불러서 얘기를 듣고 얘기를 하곤 했죠. 물론 지시가 수석한테 내려오지만 그런 소위 그동안의 정치가로서 몸에 배었던 스타일이 좀 작용을 했을 겁니다. 만약에 전두환이나 노태우, 박정희 대통령 같은 경우는 조직생활을 했던 분인데 야당 지도자들은 조직 생활이 안되다 보니 그래서 그런 게 좀 있던 것이 아닌가 하는 생각을 합니다. 그리고 어떤 종합적인 정책 판단 이런 것도 있겠지만 영감을 가지고 직감적인 판단을 하는 것이 굉장히 강해요. 그것이 정확한 경우도 많고요. "북한이, 미국이 뭐하려고 하는구나." 하는 직감적 영감이 굉장히 강한 분입니다.

박용수: 그러면 외교안보수석으로서 대통령을 판단할 수 있는 근거를 제시하며 이끌어 가기는 좀 어렵고, 오히려 대통령의 직감이나 정보에 기초해서 방향을 잡아 정책을 추진했나요?

정종욱: 대통령을 참모가 이끌어 나간다는 것보다는 제가 뭐 능력이 부족해서 그런 것도 있겠지만 뭘 만들어서 종합대책을 올리지 않습니까? 그러면 그런 것을 별로 안 듣는 경우가 많아요. 그런 것보다 아주 요점을 집어서 "이렇습니다."라고 말해 주는 것을 선호했죠. 보통은 학자들이 복잡한 내용을 '이렇고, 이렇고 해서 결론이 이렇습니다'라고 복잡하게 설명을 하죠. 처음하고 결론을 바로 꼬집어서 이야기하면 잘 듣는데 복잡하게 설

명하면 잘 안 들어요.

박용수: 대통령 본인의 마음에 들지 않는 의견이 올라오면 말씀을 안 하시는 편이셨습니까?

정종욱: 북한 핵문제가 워낙 큰 관심이었기 때문에 자주 올라가서 상황을 보고해야 하니까, 상황의 추이에 대해서 관심을 굉장히 많이 가지고 있어요. 그래서 상황 보고를 많이 하고 대책에 대해 보고를 하는데 특별하게 꾸중을 하거나 하는 것은 못 들었어요.

박용수: 1993년 11월 한미정상회담 직전에 김영삼 대통령이 직접 협상 방향을 바꾸려고 했는데, 이전 실무진들에게 자신의 의견이나 불만을 표현하거나 지시했다면 어땠을까요?

정종욱: 그런 것은 두 가지가 있을 겁니다. 제가 대통령 생각을 넘어 본다는 것이 뭐하긴 하지만 우선 개인적으로 100프로 측근은 아니었잖아요. 오랫동안 같이 정치적인 투쟁을 했던 동지가 아니잖아요. 그렇지만 청와대에는 정치적인 동지가 있었습니다. 수석들 가운데에도 정치적인 동지가 있었습니다. 수석이 아니더라도 오랫동안 같이 고생해온 사람들과 어떻게 대화하는지는 모르겠어요. 그러나 우리는 초빙 되어서 들어간 사람들이기 때문에 대통령이 볼 때 참모이긴 하지만 대통령이 막 대하기는 어려웠을 겁니다. 속셈을 얘기하지 않는 것은 있었을지는 몰라요. 그렇지만 문책을 한다거나 언짢은 표정을 한다거나 하는 것은 한 번도 없었어요.

또 한 가지는 이제, 제 추측인데 1993년 11월 한미정상회담을 앞두고 일괄 타결을 위한 보고를 듣고 계시거든요. 그게 본인이 맘에 안 드는 거예요. 본인의 생각을 완전히 정리를 해가지고 밑에 내려놓으면서 검토를 해봐라 하면서 얘기를 하는 게 아니고 본인이 골똘히 생각하시는 것이 본인도 정확한 답을 찾지 못 한 것이 아닌가 생각됩니다. 제 생각에 1993년 11월 일괄 타결에 대한 얘기는 본인이 분명히 문제가 많다고 생각을 했어요. 우리도 문제가 많다고 생각을 했었고요. 불만이 있는 데다가 어떤 다른 대안이 많이 없었지 않습니까? 그래서 본인도 사실 알고 있었죠. 그러나 클린턴과 얘기할 때는 사실은 문제를 제기하는 차원에서 이야기를 한 거고 본인이 대안을 제시한 게 아니니까요. broad and thorough라고 한 것은 참모들이 내놓은 것이지 본인의 아이디어가 아니거든요.

박용수: 저는 한승주 장관님하고 수석님과의 관계와 경제 파트에서 강경식 장관과 김인호 수석하고의 관계를 비교해보곤 합니다. 강경식, 김인호 두 분은 호흡이 잘 맞았던 것 같습니다. 그런데 이에 대해 김영삼 대통령이 어떻게 불만을 표현 하시냐면, 장관하고 수석이 입장이 달라야 대통령으로서 걸러서 들을 수 있는데 입장이 똑같이 맞아서 외환위기를 막는 데 역할을 못했다는 판단을 하셨다고 하더라고요. 그래서 한승주 장관님과 수석님의 관계와 두 사람이 축이 되어서 전개되었던 제 1차 북핵위기에 대해서 종합적으로, 간단히 얘기해서 제1차 북핵위기가 그런 식으로 전개되었던 것에 대해 김영삼 대통령이 어떤 식으로 평가하고 판단하신 걸로 보시는지요?

정종욱: 갈등이라고 보기보단 제가 성격상 혹은 직책상 대통령에게 따로 안을 내서 이렇게 해야 한다 한 적이 없어요. 대통령이 지시를 하는데 그 지시를 외교부에서 사실은 잘 안 맞는다고 생각을 했지요. 대통령 생각이 이를테면 남북 특사 교환 이런 것 때문에 미북 협상이 잘 안 이루어진다. 미북 협상을 하기로 했으면 깨끗하게 우리가 문제제기를 하지 말고, 남북대화나 특사 교환 조건을 걸지 말아야 한다는 외교부의 입장이 강했

어요. 그런데 청와대에 있는 사람으로서는 대통령의 생각이 그렇지 않으니까 그걸 얘기할 수밖에 없죠. 다만 그런 것이 언론을 충분히 설득하지 못한 상태에서 공개되어, 내부에서 큰 이견이 있는 것처럼 보였죠. 내 생각과 장관 생각이 다른 것으로 비춰지는데 그런 것이 아니었습니다. 내가 청와대 근무하면서 제 아이디어 가지고 "장관님 의견이 틀렸습니다."라고 대통령한테 얘기한 적이 없습니다.

좀 못할 얘기지만 6월 타결문제라든지 남북 특사문제가 제일 큰 거였는데, 그것은 대통령의 생각이었지 외교안보수석실 생각이 아니었어요. 제가 중간에서 외교부의 협조를 구하고 설득을 하지 못 한 책임이 있을지는 모르겠지만 개인적인 것 때문에 그렇게 된 것은 아니었어요. 저번에도 얘기했지만 한 장관은 대학 선배이고 여러 가지 의미에서 그렇게 할 수 있는 입장은 아니었어요. 사실은 자꾸 언론 책임을 얘기하는데 제가 언론에 대해 관리를 못한 책임은 있는데 외교부에서 장관도 외교부 입장을 대변하는 동시에 외교부를 컨트롤을 해야 하잖아요. 이를테면 홍순영 차관 얼마 전에 돌아갔잖아요. 그 양반이 특사에 대해 굉장히 반대를 했어요. 그러면 대통령을 설득시키면 되는데 공개적으로 이야기를 해버리니까 대통령이 기분 나쁘니까 '잘라라' 이러곤 했죠. 그런 측면이 많습니다. 요즘에도 한 장관 만나면 그런 얘기 많이 하는데 자주 만나서 운동도 하고 그러죠.

박용수: 정종욱 선생님 장시간 귀중한 말씀해주셔서 감사합니다.

김인호

전 청와대 경제수석

1. 개요

　김인호 전 청와대 경제수석과의 인터뷰는 2012년 4월 10일 역삼동 소재 시장경제연구원 회의실에서 3시간에 걸쳐 진행되었다. 김인호 전 수석은 인터뷰를 통해 청와대 경제팀의 구성 내용, 외환위기의 배경 및 본질, 문제점, 금융개혁 문제, 외환위기와 관련된 정치인들의 책임문제, 사표 제출과정, IMF 관리체제 발표 시기 및 문제, 검찰의 기소와 관련된 일등을 인터뷰를 통해 들려주었다.

　김인호 전 수석은 현재 시장경제연구원 이사장직을 맡고 있다. 1942년 밀양에서 태어난 김인호 이사장은 경기고, 서울대 법대를 졸업하였고 미국 시라큐스대학교 멕스웰대학원 행정학 석사학위를 취득하였다. 1966년 행정고시에 합격하였고 오랜 기간 동안 경제기획원에서 관료 생활을 했고 환경처차관, 철도청장, 공정거래위원회위원장(장관급)을 지냈다. 그 후 1997년 3월 김영삼 정부 때 청와대 경제수석비서관으로 임용되었다.

　김인호 전 수석은 인터뷰를 통해 특히 외환위기의 본질 및 문제점에 대해 자신의 소신을 논리적으로 주장하였고 언론과 일반인 사이에서 알려진 것과는 다른 시각에서 위기의 배경, 문제점을 소상히 들려주었다. 주요 인터뷰 내용을 요약하여 정리하면 다음과 같다.

　첫 번째 경제수석비서관으로 임용된 과정이다. 김영삼 전 대통령은 전화로 비서관직을 제안하였고 어떠한 생각으로 본인을 발탁했는지 자세한 내용은 모른다고 했다. 당시 비서관은 원래 차관직급이었지만 전임 이석채 수석이 정보통신부장관을 하다 들어갔기 때문에 장관직급으로 승격되었다고 한다. 그러나 청와대에 들어가면 대통령 앞에서는 장관급이든 차관급이든 모두 부하직원일 뿐이며 수석으로 일하는 동안 대통령비서실장으로부터 지시를 받거나 보고를 한 적이 없다고 한다. 취임 후에는 바로

'현 경제 상황에 대한 인식과 대응'이라는 보고서를 만들어 대통령께 보고하고 재가를 받았다고 한다. 이것을 통해 강경식 부총리와 일을 조율하고 한국 경제와 관련된 정책 방향을 설정하는데 대통령의 지침을 받게 되었다고 한다. 이 보고서에는 경제에 있어서 정치 논리를 최대한 배제하고 정부와 기업 각 경제주체가 시장원리에 맞는 역할을 일관성 있게 해야 한다는 내용이 담겨져 있었다고 한다. 그러나 그 후 김영삼 전 대통령은 경제 전문가가 아니기 때문에 구체적으로 업무에 대해 지침을 주는 일은 없었다고 한다.

두 번째 외환위기가 발생하기 전의 한국 경제 상황에 대한 내용이다. 1997년 청와대에 들어갔을 때 한보위기가 해결되지 않고 있었고 대기업들의 부도사태가 서서히 터지고 있었다고 한다. 과도한 차입경영, 고확장 경영이 대기업들의 문제였고 그것이 결국 대기업의 연쇄부도를 낳았다고 한다. 이 문제가 바로 한국 경제에 대한 신뢰 위기를 가져왔다고 보았다. 따라서 중요한 것은 외환위기는 결코 국가부도가 아니며 기업부도, 금융부도가 맞다고 지적하였다.

세 번째 1997년 10월 내한한 IMF 평가단의 내한과 관련된 일이다. 당시 평가단은 '한국 경제는 매우 건전하게 잘 가고 있다, 구조조정 노력도 매우 바람직한 방향으로 하고 있으며 특히 금융개혁을 하고 있는 것은 매우 바람직한 방향이다'라고 지적을 했다고 한다. 위기와 관련된 인식은 전혀 찾아볼 수 없었으며 외환보유고도 특별히 문제가 없었다고 한다. 그러나 11월 들어 보유고가 감소하기 시작했다고 한다. 한국 경제의 문제 본질은 고성장 체질에 있으며 성장 위주로 기업도 확장 경영을 하다보니 전체적으로 위기대응능력이 전무했다고 한다. 이러한 점들이 결국 외환위기와 관련되어 한국 경제의 위기가 발생했다고 평가하였다. 과거 역대 정부와는 달리 그 당시 상황에서는 정부가 금융을 마음대로 지배하고 통제할 수 없었던 시기였기 때문에 금융기관과 대기업을 제대로 통제하지 못했다고 구술하였다.

네 번째 금융위기, 금융감독과 관련된 내용이다. 금융개혁은 이석채 전임 수석 때부터 계획되었고 대통령 직속으로 금융개혁위원회가 설치되었다고 한다. 금융을 근본적으로 개혁해서 금융시장을 살리고 금융산업을 자기 책임하에서 경영할 수 있는 만들고자 계획하였다. 걸림돌이 되는 제도나 관행이나 법령이 무엇인지 발견하고 그것을 고치겠다고 추진한 것이 금융개혁이었다고 설명하였다. 그 취지하에서 은행, 증권, 보험 등 금융감독 기능을 통합하고자 했고 이 계획에 대해 외국 경제 전문가들이 높게 평가했다고 한다. 이 계획에 대해 여야가 합의를 했지만 대통령선거가 다가오면서 금융권 노동조합의 반대가 거세지고 대통령 후보들이 표를 의식하면서 금융개혁법안이 통과되지 못했다고 구술하였다. 결국 법안은 IMF가 그해 12월 국회에 요구해 통과되었다고 한다. 또한 달러부족이 결코 위기의 본질이 아니라고 지적하였다. 이러한 측면에서 외환위기는 메트릭스 구조, 즉 국내요인, 대외요인, 구조요인, 환경요인 등을 복합적으로 파악해야 한다고 보았다. 이보다 앞서 강경식 부총리와 함께 연구기관들을 동원해 '21 국가 개혁 과제'의 작업을 시작했으며 이 작업을 통해 한국 경제의 구조적인 문제를 진단하고 치유하고자 했다고 한다.

다섯 번째 IMF의 정책에 대한 비판적 시각이다. IMF는 종금문제를 훨씬 더 심각하게 보고 상당수 종금사들을 시장에서 퇴출시키는 강력한 정책을 주문하게 되고 그 파장이 크게 번지게 되었다고 한다. 또한 초긴축 재정정책, 고금리정책을 주문했는데 이것들은 한국 상황에 맞지 않는 것이었다고 비판적인 시각을 보여주었다. 그리고 한국 정부도 정부개혁, 노동개혁, 금융개혁, 기업개혁의 순서대로 해야 하는데 정부는 오히려 기업개혁, 금융개혁, 노동개혁 순서로 해서 문제가 풀리지 않았다고 진단하였다.

여섯 번째 차기 정부인 김대중 정부에 대한 시각이다. 김인호 이사장은 김대중 씨가 집권하면 한국 경제가 어디로 갈지 모르겠다는 우려가 국제적으로 팽배했는데 이것이 사실은 IMF를 불러일으킨 가장 큰 요인이라고 지적하였다. 김대중 씨가 대통령 당선될 가능성이 높아질수록 위기 가능성이 더 심해졌고, 김대중 씨가 당선되고 나서 더 심해졌으며, 당선 직후 IMF와 재협상하겠다 하는 바람에 더 나빠졌다고 매우 비판적으로 김대중 전 대통령을 평가하였다. 결국 재협상 주장이 혼란의 원인이며 이를 통해 김대중 정부는 모든 책임을 김영삼 전 대통령에게 돌렸다고 보았다.

11월 IMF와 협상 때 IMF 책임자는 한국의 요구 많은 부분을 들어주었고 충분한 자금 지원을 약속했다고 한다. 그 후 이 이일을 김영삼 전 대통령에게 보고했지만 그 후 금융개혁법안이 통과되지 못하면서 일이 꼬였다고 평가하였다.

일곱 번째 김영삼 대통령에 대한 시각이다. 1997년 10월 말 사표를 제출했지만 처리되지 않고 11월 18일 밤 다시 제출했다고 한다. 후임자들은 자신들이 만든 계획안을 거의 대부분 수용해 발표했다고 한다. 그리고 IMF 대표단과 만난 내용을 대통령에게 보고하려 했지만 당시 상황을 전체적으로 대통령에게 조언한 사람은 대통령비서실장이었다고 한다. 국정과 경제 분야에 미숙한 비서실장이 제대로 조언을 하지 못한 것도 잘못된 사항이라고 지적하였다. 그리고 김영삼 전 대통령은 경제 분야를 잘 몰랐고 관료들에게 알아서 하도록 일임했으며 당시 IMF 관리체제로 가야 한다고 보고를 하니 너무 뜻밖에도 쉽게 승인했다고 한다.

마지막으로 외환위기에 대한 법적 처벌문제에 대한 인식이다. 김인호 이사장은 당시 대통령비서실장이 모든 문제를 강경식 부총리와 김인호 경제수석 선에서 마무리 하는 게 좋겠다고 판단해 조언을 한 것으로 보이며 김대중 대통령 당선자의 의도대로 자신들이 '환란 주범'으로 몰리게 되었다고 주장하였다. 최고 권력이 검찰에게 혐의와 죄목까지 지정해 처벌을 받을 수밖에 없었고 모두 44번의 재판이 진행되었다고 한다. 검찰이 주장한 내용이 법원에서 전혀 받아들여지지 않았으며 예상 밖으로 1심에서 무죄선고가 내려졌다고 한다. 따라서 지금까지 알려진 외환 주범의 내용은

잘못된 것이며 외환위기의 본질을 제대로 역사적으로 알릴 필요가 있다는
점을 강조하였다.

2. 구술

윤민재: 안녕하십니까. 1997년 경제수석을 마지막으로 공직을 마치시고 현재 시장경제연구원 이사장으로 계신 김인호 이사장님을 모시고 인터뷰 진행하도록 하겠습니다. 첫 질문을 드리겠습니다. 1997년 2월 말 청와대 경제수석으로 취임을 하셨는데 발탁 배경, 그리고 당시에 김영삼 대통령으로부터 받은 중요한 지침 혹은 정책 방향에 대해 설명해 주시기 바랍니다.

김인호: 저는 경제수석이 되기 전에 1996년 3월부터 1년 가까이 공정거래위원장을 하고 있었습니다. 장관급으로 격상된 이후 첫 공정거래위원장이었어요. 당시 김 대통령이 며칠 전 경제수석을 맡아 달라는 말씀을 전화로 따로 연락하셨지만 사양을 했어요. "저는 공정거래위원장으로서 해야 할 일이 너무 많습니다. 가능하면 이 일들을 마무리 했으면 좋겠습니다." 이런 말씀을 드렸습니다. 하지만 대통령께서는 사실상 결정된 것을 저에게 사전 통보하신 거지요.
전임자가 이석채 수석인데, 그분은 정보통신부장관을 하다가 경제수석으로 들어왔어요. 과거 경제수석은 반은 장관급, 반은 차관급이었습니다. 대통령의 뜻에 따라서 장관급 수석도 생기고 차관급 수석도 생겼기 때문에 장관을 하다가 수석으로 들어간 사람이 많이 있었어요. 김종인 수석, 진념 수석 모두 장관을 지내다가 들어간 분들입니다. 김영삼 대통령이 취임하고서는 '청와대 수석들이 너무 권한이 커서 장관들을 좌지우지하는 경우가 있는데 이는 바람직하지 않다'고 해서 장관급 수석을 만들지 않겠다고 했었습니다. 그래서 이석채 씨가 수석이 되기 이전까지 김영삼 정부의 경제수석은 전부 차관급 수석이었죠. 그런데 경제가 어려워지니까 이석채 수석을 발탁하였는데 이 수석은 당시 현직 정보통신부장관이었기 때문에

그 원칙이 깨진 겁니다. 그 다음에 이석채 수석이 한보사태 등으로 물러나고 그 후임을 제가 맡게 되었는데 저는 이미 장관급 위원장을 하고 있었기 때문에 자연히 장관급 경제수석이 된 겁니다.

그분이 정확하게 무슨 생각을 하고 절 경제수석으로 발탁한지는 모르겠어요. 다만 일반적으로 장관급 경제수석을 발탁할 때는 경제적으로 중요한 때이거나, 내각에 대한 대통령의 지휘를 강화할 필요 있을 때라고 알려져 있습니다. 그러나 반드시 그렇진 않은 것이 내각제에서는 장관과 차관이 하늘과 땅 차이지만 청와대 안, 대통령 앞에선 다 도토리 키 재기이기 때문이죠. 비서실장이나 수석이나 일반비서관이나 모두 대통령의 비서관일 뿐입니다. 전 경제수석으로 있는 동안에 비서실장에게 한 번도 지시받아본 적 없고, 비서실장한테 한 번 보고한 적도 없어요. 청와대는 대통령을 정점으로 하는 특수한 조직이에요. 그래서 왜 저를 임용했는지도 오로지 대통령만 아는 거지요. 전 김 대통령하고 아무 개인적인 인연이 없었는데, 저를 선택한 것은 제가 공정거래위원장이나 그 이전 직책들을 할 때 일을 잘한다고 봤기 때문일 거라는 정도로 짐작할 뿐이지요.

저는 취임 직후 1주일 정도 작업을 해서 평소부터 한국 경제에 대해 가지고 있던 생각, 즉 기본적으로 시장경제의 원리에 입각하고 국제적 규범에 맞는 정책 방향을 구체화 한 "현 경제 상황에 대한 인식과 대응"이라는 보고 자료를 만들어 대통령께 보고하고 재가를 받았습니다. 수석 재임 중 제가 해야 될 역할의 방향과 신임 강경식 부총리와 조율해 나가야 할 정책 방향에 대한 대통령의 지침을 받았다고 볼 수 있죠. 이 자료에는 당시 가열되기 시작하던 메시지, 즉 경제에 있어서 정치 논리를 최대한 배제하고 정부와 기업 각 경제주체가 시장원리에 맞는 역할을 일관성 있게 해야 한다는 메시지가 강하게 들어있었습니다.

윤민재: 경제수석의 역할을 하시는 데에 있어서 자율성의 폭이 컸다고

볼 수 있는 겁니까?

김인호: 일반 정부 부처의 경우에는 각 부처 별로 하는 일이 정부조직법과 부처별 직제에 다 명시돼 있잖아요. 장관이 잘났든 못났든 주어진 권한과 제도 안에서 일하는 거지요. 그러나 청와대는 달라요. 경제수석이라고 하는 용어 자체가 대통령비서실 직제에 나와 있지 않아요. 대통령, 비서실장 한 사람 외에는 어떤 직책 명도 없어요. 제가 있을 때는 대통령비서실 직제에 조문이 대여섯 개밖에 없었는데 비서실은 대통령을 보좌하는 기능을 하고, 그 비서실을 비서실장이 총괄하죠. 그 다음에 장관급 비서관 몇명, 차관급 비서관 몇 명, 일급 (차관보급)비서관 몇 명, 국장급 비서관 몇명, 행정관 몇 명 말고는 없어요. 비서실 조직은 매우 유연하게 되어 있고 언제든지 대통령의 의도에 따라서 움직이는 조직으로 돼있습니다. 예를 들어 제가 경제수석이지만 대통령이 정무수석이 해야 할 일을 저한테 지시하면 제가 해야 되는 거예요.

박용수: 경제수석은 구체적으로 어떤 임무를 맡고 어느 정도의 책임 및 권한을 가지고 있는지요?

김인호: 경제수석은 상식적으로 봤을 때는 대통령의 제1 경제보좌관으로서 대통령의 경제정책 입안을 최측근에서 보좌하고, 대통령의 경제에 대한 생각을 내각에 전달하는 일을 합니다. 내각이 대통령에게 보고하고 지침을 받기 위한 사안에 대해서 미리 점검해서 대통령께 충분한 인식을 가지고 적절하게 지침을 전달하는 일이죠. 대통령을 대리해서 내각의 장관들과 수시로 협의해서 경제정책을 잘 끌고 가도록 하는 일도 포함됩니다. 그런 일반적으로 생각할 수 있는 기능이 있을 뿐이지, 제도적으로 무슨 일을 해야 된다고 명시되어 있는 건 없습니다.

다만 나중에 이야기할 기회가 있겠지만 김영삼 대통령은 경제에 대해 스스로 전문성이 없다고 생각하신 분이기 때문에 구체적으로 업무에 대해 지침을 주는 일은 거의 없었습니다. 따라서 경제부총리를 비롯한 각료들과 잘 협의해서 일을 원만히 처리하는 것을 원하셨고 그런 의미에서 대통령 뜻과 일치하는 한도 내에서는 상당한 폭의 자율성을 가졌다고 말할 수 있습니다.

윤민재: 당시에 김영삼 대통령이 임기 마지막 해임에도 불구하고 금융개혁에 대한 의지가 굉장히 강력했기에 그런 차원에서 개각을 한 게 아닌가 하는 언론보도도 있었습니다.

김인호: 강경식 경제부총리와 함께 구성된 경제팀이 청와대에 들어갈 때 금융개혁이 주요 과제였지만 그 개혁이 금융위기와 결부돼서 구체적으로 논의되던 때는 아니었어요. 즉 당시에는 그 어느 누구도 금융위기가 오고 있다는 생각은 하지 않을 때였고, 전적으로 한보사태 때문에 개각을 한 것으로 기억합니다. 그 당시 여론이 굉장히 안 좋았어요. 대통령 입장에서는 정치·경제적으로 상황이 어려워졌을 때 반드시 책임을 묻는다는 입장보다는 분위기를 쇄신하기 위해서 개각을 하는 경우가 많이 있어요. 그 당시도 그런 거였다고 보면 크게 틀리지 않을 거예요.

윤민재: 방금 한보 위기에 대해 말씀하셨는데요, 외형적인 경제지표는 그 당시에 상당히 개선되고 있었고 좋은 지표들이 많이 있었던 것으로 알고 있습니다. 거시경제지표도 개선되고 있었고 대외 신용도도 상당히 괜찮았고요. 당시 외환보유액을 보니까 300억 달러 정도 되더라고요. 단지 금융과 기업의 부실이라는 문제가 한보사태 때부터 비롯된 것인데요. 이런 문제들이 그 이후 발생하는 외환위기와 어떻게 연결되어 전개되었나요?

김인호: 1997년 2월 말에 제가 청와대에 들어갔는데, 그때 한보사태가 수습이 안 되고 있는 상황이었어요. 그래서 제가 들어가고 나서야 청문회가 열리고 했어요. 조금 있다가 한보가 어느 정도 가닥을 잡아가려니까 그 다음엔 기아가 문제가 생기고, 한 달에 한 번 꼴로 대기업들의 부도문제가 터져 나오기 시작했어요. 바꾸어 말하면 금융 부실의 문제이기도 한 거죠. 대기업들이 금융의 돈을 많이 갖다 쓰고, 또 외화 차입도 많이 했단 말이에요. 그 돈을 빌려 가는 사람들은 돈을 벌어서 갚겠다는 생각이고, 두 번째는 안 갚더라도 차환(리볼빙)을 해줄 것이라고 믿고 있는 거죠. 그런데 어느 날 금융이 리볼빙을 해줄 수 없게 되면 견뎌낼 수 있는 기업은 거의 없죠. 지금은 그렇지 않지만 그 당시에는 삼성그룹이라도 리볼빙을 안 해주면 견디지 못할 만큼 금융의 영향을 많이 받고 있었습니다. 그런 상황에서 대기업이 가지고 있던 문제점, 가령 과도한 차입경영, 고확장 경영의 문제들이 나타난 것입니다. 그러니까 사실 그런 것들이 경제 환경이 좋을 때는 문제가 없는 거예요.

계속 빚내서 빚 갚고 확장하고 또 빚내고 빚 갚고 이렇게 굴러가는 거죠. 어느 날 이게 문제가 있는 것 같다고 금융기관이 판단을 하고 리볼빙을 안 해주겠다고 하면 그때부터 문제가 생기는 거예요. 그게 우리나라 대기업의 연쇄적인 부도로 나타나기 시작한 거지요. 주거래 은행이 그런 문제의식을 갖게 되면 바로 다른 금융 기관도 그런 생각을 공유하게 된단 말이죠. 금융이 그런 판단을 할 때에는 두 가지가 있을 수 있어요. 실제로 문제가 있는 경우가 있을 수 있고, 또 다른 하나는 사실은 그렇게까지 심각한 문제가 아닌데 충분히 시간을 갖고 갚아 나갈 수 있는 상황인 경우에도 어느 날 금융기관이 어떤 문제가 있다고 느껴서, '당신들 기업에 문제가 있다. 나는 더 돈을 못 빌려주겠다. 빌려준 돈을 회수하겠다'고 하는 경우죠. 그런데 그렇게 하면 그게 진짜 문제가 되잖아요. 왜 그런 문제가 생기겠어요? 그게 바로 신뢰의 문제입니다. 금융기관이 그 기업에 대해 판단을 할 때 '그 기업을 못 믿겠다', '이 기업에다 돈 주면 위험하다'라고 판단을 하게 되면 돈을 회수하기 시작하게 되죠. 그러면 기업은 부도 위기에 처하게 되는 겁니다.

제가 왜 이 이야기를 하냐면, 나중에 오는 외환위기도 본질적으로 같은 문제였기 때문입니다. 우리나라에 대해서 외국의 금융기관, 외국 투자자들이 오랫동안 돈을 갖다 쓰라고 했단 말이에요. 제대로 된 금융기관이나, 한국에서 이름 알 만한 기업들이 외국 가서 차입하려는데 전혀 문제가 없었어요. 금융시장이 거의 다 개방되어 있었기 때문입니다. 또 하나 문제가 있는데, 그때 대개는 일 년 후에 갚는다는 단기 차입을 했다는 거예요. 그런데 단기로 돈을 빌린 사람들이 그 돈을 단기적으로 회수할 수 있는 곳이 아니라 장기에 걸쳐 회수되는 데에다 썼단 말이죠. 금융기관으로서는 단기로 빌리면 이자가 싸고 장기로 빌려주면 이자를 많이 받을 수 있으니 더 좋았지요. 기업도 마찬가지예요. 단기로 빌려다가 시설 투자를 많이 했어요. 그 밑바탕에는 다시 리볼빙을 해나갈 수 있다는 믿음이 깔려 있었습니다. 그런 믿음을 뒷받침할 만한 충분한 근거가 실질적으로 존재했거든요. 우리가 들어가기 전이지만 정부도 다 알고도 내버려 두고 있었어요. 과거에 아무 문제가 없었고 장기로 많이 빌리면 경제가 대외적으로 예속되는 느낌을 갖잖아요. 단기로 빌리면 일 년 후에 갚는 거니까 구조적으로 깊이 물려 들어간다고 생각하지 않은 거지요. 그런데 여기에 큰 착각이 있었어요. 어느 날 외부의 금융기관들이 '한국이 불안하다, 한국 기업을 못 믿겠다, 한국의 금융기관을 못 믿겠다'고 판단하고, '만기가 돌아오는 대로 다 갚아라, 다시 리볼빙을 해주지 않겠다' 이렇게 되었고, 그러면 기업들이 견딜 수가 없는 거죠.

윤민재: 외환위기의 다양한 원인이 존재합니다. 그 가운데 한국 기업에 대한 국외의 신뢰문제도 한 원인이라고 생각합니다. 결국 이 문제는 한국

경제의 신뢰문제와도 직결됩니다. 이 문제에 대해 어떻게 생각하시는지요?

김인호: 그게 바로 우리나라 외환위기의 시작이죠. 그런 의미에서 우리는 당시 외환위기의 본질을 신뢰의 위기(credibility crisis)로 규정합니다. 어느 나라의 경제라는 게 하루아침에 좋아지고 하루아침에 나빠지는 건 없어요. 경제는 흐름입니다. 1997년 2월 말에 제가 청와대에 들어간 이후, 3월에서 5월까지 3개월 동안은 국제수지가 흑자였어요. 외환보유고도 40억 불 가까이 늘어났고요. 당시 우리나라는 통상 300억 불 정도의 외환을 보유하고 있었어요. 그런데 그때 저하고 부총리하고 한국은행 총재가 상의를 하면서, "국제 금융시장이 여러 가지 변동 가능성이 많은데 300억 불은 부족하지 않느냐, 500억 불 정도를 가지고 있으면 좋겠다." 이렇게 논의를 했어요. 그렇다고 하루아침에 갑자기 200억 불을 늘릴 수는 없었죠. 그래서 앞으로 경상수지가 흑자가 생기면 이걸 외환보유고로 보유하자고 논의한 거예요. 그렇게 하지 않고 그냥 원화를 풀어 버리면 우리 원화 가치가 절상될 것 아니겠어요? 그래서 3개월 동안은 외환보유고가 조금씩 늘어 330~340억 달러가 되었어요.

경제의 펀더멘탈이란 두 가지 의미로 사용해요. 하나는 경제가 지표를 떠나서 구조적으로 건전한지를 보는 것이고, 다른 하나는 거시경제지표가 좋냐 나쁘냐 하는 건데 일반적으로 경제학자들은 후자의 경우로 이야기합니다. 성장이 잘되고 있느냐, 국제수지가 흑자가 나느냐, 물가가 안정되느냐, 재정이 무리가 없이 가고 있느냐 이런 것들을 거시경제의 핵심 지표로 봅니다. 그런 관점에서 그 당시에 거시경제지표는 상당히 좋았어요. 성장과 국제수지 모두 문제가 없었죠. 물가도 괜찮았고요. 특히 그 당시에는 나라 빚이 거의 없었어요. 당시 정부 외채는 20억 불 정도였죠. 우리나라는 다른 나라같이 정부가 빚을 져서 위기가 온 게 아니에요. 따라서 정확하게 이야기하면 국가부도가 아니지요. 기업부도이고, 금융부도이지요. 다만 기업과 금융이 부도가 나는데 정부가 '너희가 알아서 해라' 하고 모른 체 할 수 없으니까 정부가 가진 외환보유고로 막았죠. 금융이나 기업들이 외환을 못 빌리니까, 정부 외환보유고를 빌려줘서 외환보유고가 줄어든 것이지 외환을 낭비해서 없어진 것이 아니죠. 이건 남미 국가들의 부도와는 근본이 다른 것입니다. 그렇기 때문에 그 뒤에 김대중 정부가 그런 건전한 재정을 바탕으로 외환위기 수습정책을 써 나갈 수 있었던 거예요. 우리가 그 전까지 재정을 안정적으로 운영했기 때문에 가능했던 거죠.

윤민재: 외환위기 직전 IMF 평가단이 한국에 온 것으로 알고 있습니다. 그들의 평가는 어떠했습니까.

김인호: 그해 10월에 IMF 평가단이 왔어요. 한국 경제를 샅샅이 다 살펴서 평가를 하는 연례 협의회라는 게 있는데, 그것은 IMF 위기를 맞아서 하는 게 아니라 매년 IMF 회원국은 당연히 하게 돼있는 거예요. 그 사람들이 기자회견을 자청해서 기자들의 질문에 답하면서 "한국 경제는 매우 건전하게 잘 가고 있다, 구조조정 노력도 매우 바람직한 방향으로 하고 있으며 특히 금융개혁을 하고 있는 것은 매우 바람직한 방향이다." 이런 이야기를 하고 갔어요. 세계 최고의 경제, 금융 전문가라는 사람들이 한국이 외환위기를 맞을 것이라는 우려는 전혀 하지 않고 있었어요.

외환위기를 이해하는 데는 구조적인 측면과 환경적인 측면 모두를 봐야 합니다. 구조적인 측면에 있어서 가령 보이지 않게 문제가 쌓여 가고 있었지만, 그것이 위기로 연결될 수 있을 만큼이라는 문제의식을 갖고 본 사람은 별로 많지 않습니다. 외환위기가 일어나고 나니까 많은 경제학자들이 "내가 그 당시에 뭐라고 했는데, 정부는 왜 안했냐?"고 하는 사람들이 많은데 대부분 헛소리예요. 경제학자들이란 사람들이 다 그렇지 않아요? 분석을 해서 상황이 이렇게 되면 이렇게 되고 저렇게 되면 저렇게 되는데 그럴 때를 대비해서 잘하라고 써놓는 거지요. 그러나 정책은 그것만으로 되는 게 아니라 그중에 하나를 선택해야 되잖아요.

윤민재: 외환위기 직전인 10월경의 상황에 대해 상세히 말씀해주십시오.

김인호: 그때 상황이 쉬웠던 날은 하나도 없었어요. 특히 대기업 부도가 매달 한 번 꼴로 터지고, 금융이 부실화되고 있었지만 우리가 나중에 경험했던 그런 의미의 외환위기로 발전할 가능성이 있다는 문제 인식은 적어도 10월까지는 없었습니다. 3월 말의 외환보유고와 10월 말 외환보유고가 똑같아요. 그 말은 그 사이에 올라갔다 내려갔다 한 것은 있었지만 외환보유고에 결정적인 문제는 없었다는 거죠. 그런데 11월에 들어 불과 2주 만에 외환이 다 빠져나갔습니다. 한국은행 통계를 보면 1996년 말에 297억 불이었는데, 10월 말에는 305억 불이니 오히려 좀 늘어났어요. 이게 우리가 그만두기 전날 253억 불, 우리가 그만 두고 나서 11월 말에 244억 불, 12월 18일에 155억 불, 이렇게 빠져나가게 되었단 말이에요. 이걸 이야기하는 것은 누구의 잘못을 이야기하자는 게 아니고, 많은 사람들이 외환위기를 보는 시각이 잘못되어있고 사실을 정확히 알고 이야기해야 된다는 걸 말하는 겁니다.

박용수: 문제의 출발점은 기업과 금융의 부도, 경영 부실이었는데요. 그 외에 외환위기의 배경과 관련해서 이야기를 계속해 주십시오. 당시 10월에 홍콩 증시폭락사태가 났는데 홍콩의 경우에는 외환위기로 연결되지 않은 것과는 어떻게 다른가요?

김인호: 우리나라 경제의 만병의 근원은 고성장 체질입니다. 이는 경제 운영과 기업 경영을 시장원리에 따라서 하는 게 아니라 정부가 목표를 설

정해서 이러한 성장률을 달성해야겠다고 제시하고, 기업은 과도한 확장경영의 목표를 세우고 해나가는걸 말합니다. 그런 것이 잘될 때는 좋은 거죠. 그러나 경제는 계속 잘되는 법이 없단 말이죠. 문제와 부딪혔을 때에 수습할 수 있는 수준으로 해 가야 되는데 그렇게 하기에는 경제나 경영의 체질이 경직되어 있다 보니까 탄력성을 잃어버리는 거죠. 위기 대응 능력이 없단 말이에요. 항상 성장하는 것, 기업 확장하는 것에 익숙해져 있다 갑자기 어려움이 닥쳤을 때는 어떻게 할 지 모르는 거죠. 그게 바로 우리 경제와 기업의 문제였고, 그것이 대외금융과 연계되어 외환위기라는 형태로 나타난 거지요. 다른 건 국내에서 해결할 수 있는데, 외환문제는 해결할 길이 없단 말이에요.

당시 홍콩은 걱정 없었어요. 달러가 부족하면 자기 돈을 평가절하하면 되는 거예요. 자기 돈을 평가 절하하면 외국 돈이 들어오게 돼있지요. 그것에 의해서 자연스레 수급이 균형을 유지해 나갈 수 있는 거예요. 자기 돈이 국제통화인 나라들은 위기가 오더라도 달러가 절대적으로 부족해서 오는 그런 식의 위기는 안 옵니다. 우리 외환위기를 분석하는 사람들이, "그때 우리가 우리 돈을 절하를 해서, 다시 말하면 환율을 자꾸 올렸으면 위기가 안 왔을 것 아니냐?" 하는데 그건 하나는 알고 둘은 모르는 거죠. 우리 돈은 국제통화가 아니에요. 가령 평상시에는 우리 돈을 평가절하를 해서 또는 무역수지에 적자가 나면, 자연히 평가절하가 되어서 균형을 맞춰 나가는 게 어느 정도 가능합니다. 그런데 아까 얘기했던 대로, '한국 경제를 정말 못 믿겠다, 너희가 아무리 평가절하해도 우리 돈하고 한국 돈하고 안 바꾸겠다' 그러면 방법이 없는 겁니다. 얼마를 줘도 '네 돈하고 우리 돈하고 바꿀 생각이 없다', 그렇게 되면 달러를 구할 수 없고 외환위기가 오게 되는 겁니다.

박용수: 같은 아시아권이지만 홍콩과 한국은 비교를 할 수 없다는 말씀

이지요?

김인호: 그렇죠. 홍콩은 산업이 있는 나라도 아니고, 주로 금융과 금융시장만 존재하기 때문에 금융시장 내의 문제로 끝나지만 우리는 금융이 바로 산업하고 연결돼 있어서 결국 산업이 무너지고 경제 전체가 휩쓸리게 되는 거지요. 그러니까 홍콩의 경우 증시가 폭락하는 그 자체로 끝났지요. 홍콩문제가 대두됐을 때 홍콩의 외환이 문제라고 얘기하는 사람은 별로 없었어요. 그런데 한국에 있어서는 증시가 무너지면 어떻게 되죠? 우리나라 주요 주식의 절반 가까이가 외국 자금인데 한국 증시가 폭락한다 하면 더 폭락하기 전에 자기가 투자했던 걸 회수하려고 할 것 아니에요. 게다가 뺀 돈을 원화가 아닌 달러로 바꿔서 가져가지요. 그러니까 달러가 빠져 나가게 되고 그렇게 되면 원화는 절하가 될 수밖에 없는 거지요. 그런 상황이 벌어지는 가운데서 증시나 외환시장 상황이 반드시 다 합리적으로, 이성적으로 행동하는 게 아니하는 말이에요. 기러기 효과라는 말이 있어요. 누구 하나가 앞장서 한국에서 돈을 빼면 우르르 따라가는 거지요. 마치 극장에서 불났다 하면 과연 사실이냐를 따져 보고 행동하지 않잖아요? 불이야 하면 다들 뛰어가는 거지요. 그런 현상이 벌어졌다는 말이에요. 왜 그런 현상이 벌어졌느냐 하는 걸 규명하는 것이 문제의 핵심이죠.

윤민재: 구조적인 조건의 대내적인 측면과 관련해서 질문 드립니다. 그때 당시 대기업이 계속 부도가 났었는데 한국에는 장기적으로, 주기적으로 기업들이 연쇄 부도가 나는 현상이 있었다고 알고 있습니다. 1979년, 1980년도 그랬고, 1970년대 초도 그랬고요. 그때는 권위주의 정부 시대였잖습니까? 그때는 정부가 강제로 인수시킨다든지 이런 조치를 취했었는데, 그런 조치가 여러 가지 부작용이나 부담이 덜 한 것일 수 있지 않을까요? 대기업이 연쇄 부도나는 상황에서 정부가 시장적인 시스템 내에서 처

리하는 방식을 채택하는 것은 오히려 금융에 부담을 주고 대외적으로도 신뢰에 부담을 주는 그런 측면도 있었을 것 같은데 어떤지요? 또 이런 문제에 대한 당시 김영삼 대통령의 인식은 어떠했습니까?

김인호: 그것도 일정 부분 맞는 말이에요. 박정희 대통령 시절이나 전두환 대통령 때 같이 정부가 모든 금융을 지배하고 있었고 정부가 마음만 먹으면 기업을 죽일 수도 살릴 수도 있는 그런 시절이 있었습니다. 꼭 살려야겠다 싶으면 정부가 정책 금융을 써서 살리기도 하고, 안 되면 통폐합을 해서 잘할 수 있는 사람들한테 떠넘기곤 했지요. 그래서 우리나라 재벌들 대부분이 그런 기업을 인수해서 커졌습니다. 그런데 1997년 당시에는 그것이 불가능했습니다. 첫째로 당시는 정부가 금융을 마음대로 지배할 수 있는 그런 시절이 아니었기 때문이죠. 금융기관들이 봤을 때, 정부가 아무리 금융 좀 더 대줘라 해도 돈을 돌려받지 못할 것 같으면 안 주는 시절이 된 거예요. 두 번째는 대외하고 연결되어 있습니다. 다시 말하면 국내 금융만 가지고는 해결이 안 된다는 점이죠. 무너지는 중요한 요인이 외국 빚을 못 갚은 것이라는 겁니다. 우리 국내 금융기관이라면 조금만 기다려달라고 권유도 할 수 있지만, 외국 금융기관이 한국 정부 말을 들을 리도 없는 거고요. 그렇기 때문에 문제가 훨씬 더 복잡해졌습니다. 우리가 알게 모르게 상당한 부분이 대외적으로 연계되어 있기 때문에, 우리 정부의 판단만 가지고, 또는 정부의 노력만으로는 해결되질 않았던 겁니다.

다음 문제는 김영삼 대통령과 관련된 것인데, 당시 김영삼 대통령은 경제를 잘 아는 분은 아니었습니다. 또 그분이 경제를 알아야 될 이유도 없었어요. 다만 아주 본질적인 것은 이해를 하고 있어야 되죠. 부도가 생겼을 때, 가장 좋은 방법은 뭐에요? 예를 들어서 사람이 위장병이 나면 제일 좋은 방법은 굶는 거예요. 한 이틀 굶어버리면 위장병은 다 나아요. 마찬가지로 기업이 부도가 날 상황이 됐을 때 부도 내버리면 문제는 끝나는 거예요. 그 기업은 없어지지만 그 영향이 다른 데로 가는 판국은 안 되지요. 경영과 금융의 문제에서 끝나는 것이 정상적인 시장의 원리이지요. 그런데 정치인들은 항상 경제문제가 사회문제화 되는 것, 나아가 국가 전체의 문제가 되는 걸 두려워합니다. 기업이 부도가 나서 망하고 이 여파가 노동자들에게까지 미치면 파업이 일어나죠. 이러한 현상들이 국민들의 의식을 불안하게 만들고 이어서 정치에 대한 불신, 정부에 대한 불만으로 연결되죠. 결국 최종적으로 봤을 때 누구한테 오겠어요? 대통령한테 오지요.

윤민재: 그렇다면 당시 대통령뿐만 아니라 정치계에서도 부도에 대해 비판적으로 바라보고 있었나요?

김인호: 비단 김영삼 대통령뿐만 아니라 당시의 모든 정치인들이 부도를 내지 말아야 한다는 생각을 강하게 갖고 있었어요. 그래서 김 대통령은 강경식 부총리와 저한테 기업을 부도 내지 말라는 말씀을 자주 하셨어요. 그렇지만 부도를 경제부총리나 경제수석이 내는 게 아니잖아요? 부도가 나는 거지요. 내는 게 아니라 나는 거란 말이에요. 이분 머릿속에는 부총리나 수석이 마음만 먹으면 부도를 안 낼 수도 있다는 생각이 있었습니다. 그분들이 살아 온 세계가 쭉 그랬었기 때문에 대통령의 그런 문제 인식과 경제 관료나 전문가들이 갖고 있는 인식을 조화시켜야 할 필요가 생겼습니다. 그렇다고 해서 "각하 생각이 틀렸습니다, 부도내야 됩니다." 할 순 없잖아요. 대통령이 하는 판단도 중요하니까요. 그 합일점을 어떻게 찾아낼 것인가 고민했습니다. 그래서 나온 제도가 '부도유예협약'이란 겁니다. 부도로 갈 수밖에 없는 상황이 됐을 때, 금융기관들은 그냥 부도를 내려고 하지요. 그건 시장의 원리에 의해서 하는 건데 그게 반드시 좋은 건 아닐 수도 있거든요. 조금만 참아 주면 되는데 금융기관들이 당장 돈 받는 것만 급해서 멀쩡한 기업을 죽일 수도 있는 거지요. 금융이 그런 판단까지도 다

해야 하는 거죠. 그러니까 부도유예협약이라는 제도를 도입해서 금융기관들로 하여금 일정한 기간을 인내하되, 그 대신 금융기관이 기업에 대해 여러 가지 요구 조건을 내거는 거지요. 기업들이 하는 걸 봐서 잘하면 부도 안 내고 끌고 가는 거고, 잘 안하면 부도낼 수밖에 없다는 게 부도유예협약이에요. 물론 이 제도는 정부가 중재했지만 금융기관들의 합의에 의해 금융과 기업 간에 이루어지는 협약이었어요. 그 당시 우리 한국의 여러 가지 정치 경제적 상황, 사회 상황을 종합해서 봤을 때 생각해볼 수 있는 차선의 방안이었다고 봅니다.

그런데 그걸 가지고 나중에 왜 부도를 바로 안 냈냐고 아우성을 치는데, 만약 부도를 바로 냈더라면 어떻게 됐겠어요? 예를 들어 그 당시 기아는 모럴헤저드가 많은 기업이었어요. 형편없는 노조가 있었고, 또 김선홍 회장의 경영 방식에 많은 문제가 있었어요. 그런데도 국민들한테는 기아는 국민 기업이라는 이미지가 깔려 있었거든요. 그래서 기아가 문제가 됐을 때, 부도유예협약을 체결했는데 금융기관이 요구한 것을 기아가 하나도 안 지켰어요. 당시 김선홍 회장이라는 사람은 회사를 살리기 위해서 회사를 바꾸려고 노력 하는 게 아니라, 계속 정치권 찾아다니면서 정부가 국민 기업을 죽이려 한다고 하고 다녔어요. 그래서 당시 김대중, 이회창 씨를 비롯한 거의 모든 정치인들이 이구동성으로 기아를 부도내서는 안 된다고 주장하다보니 문제가 더 어려워 진거죠. 경제적 판단에 맡겨 놓으면 되는 건데 그러질 않았죠. 이게 당시 기아사태의 본질이고 당시 한국 경제에 대해 국제적인 신뢰가 무너지게 되는 주요요인이 됐던 것입니다.

윤민재: 작은 문제인데요, 정치권이 개입하게 됨으로써 문제가 악화될 수 있다는 얘기를 하셨습니다. 예를 들어서 그 당시에 어쨌든 이회창 대표가 있었던 여당과 당정협의를 했겠죠?

김인호: 기아사태가 오래전에 시작 됐지만 본격적으로 외환위기가 오기 직전 10월에는 정치인들은 선거에 집중해서 이 문제에 대해 관심을 가지고 있지 않았습니다. 국민들 표를 의식해서 기아를 살리라고 하는 거지, 기아를 정말 살려야 되는 건지 어떻게 살려야 되는 건지 알 바가 아니고, 무조건 기아는 국민 기업이니까 살려야 된다는 정치적 의미의 주장을 했던 거지요. 기아를 가지고 당정협의를 제대로 한 경우는 없었어요. 당에 있는 사람들이 국민들한테 우리는 이렇게 기아를 살리기 위해서 노력했다는 보여주는 제스처를 한 것이지 머리를 맞대고 앉아서 시간 보낼 틈이 없었어요. 대선이 코앞에 닥쳤는데요. 정치하는 사람들은 선거 때 되면 표밖에 안 보이는 거지요.

윤민재: 종금사의 문제가 IMF 위기로 가는 직접적인 요인이었다고 하는 지적이 많이 있습니다. 금융감독과 관련해서 여러 가지 개혁을 추진하기도 했었습니다. 당시에 종금사에 대한 금융감독 등이 어떻게 진행되었는지 말씀해주십시오.

김인호: 금융개혁은 우리가 들어가기 전 이미 이석채 수석이 있을 때 시작되었습니다. 1997년 1월에 대통령의 특별 담화 형태로 발표를 했습니다. 그 후 대통령 직속으로 금융개혁위원회를 만들었어요. 재경원 자문기구가 아니라 대통령 자문기구로 만들었어요. 돌아가신 박성용 금호그룹 회장이 위원장이 되고, 김병주 서강대학교 교수가 부위원장이 됐어요.

그 당시 금융에 많은 문제가 있었어요. 잘 알다시피 우리나라는 오랫동안 금융을 정부가 지배했단 말이에요. 그런데 이미 경제의 모든 분야가 자율화가 되고 개방화가 되어 옛날하고는 사뭇 달라졌습니다. 금융기관도 민영화가 되었고, 금융기관을 정부가 마음대로 좌지우지할 수 있는 그런 시대는 아니었어요. 정부의 의지를 이야기할 수는 있지만 듣고 안 듣고는 금융기관의 몫이었어요. 금융이란 게 과거와 같이 정부가 하라는 대로 개발금융 지원하는 기구가 아니고 금융 스스로 경쟁력 있는 산업이 되어야 되잖아요. 우리나라는 그때 이미 제조업은 상당히 국제적인 수준이 되어 있는데 금융은 지금도 마찬가지지만 제조업에 비해서 너무 뒤떨어져 있었단 말이에요.

이런 여러 가지 문제의식 때문에 금융을 근본적으로 개혁해서 금융시장을 살리고 금융산업을 자기 책임하에서 경영할 수 있는 산업으로 만들기로 했습니다. 그리고 그 목표를 향해서 가는 데 걸림돌이 되는 제도나 관행이나 법령이 뭔지를 찾고, 그것을 고치겠다고 추진 한 것이 금융개혁이었어요. 그러지 않고는 한국 경제나 산업을 계속 발전시켜 갈 수 없다는 인식이었지요. 그것에 더해서 가장 중요한 과제는 중앙은행 제도와 금융감독 제도를 어떻게 가져가야 되느냐 하는 것이었어요. 우리나라 중앙은행인 한국은행이 회의를 열지만, 그 회의의 결정은 재경원이 결정하고 난 뒤 금통위가 이를 형식적으로 의결하는 식이었어요. 사실상 중앙은행이 독립적인 기능을 하지 못하고 있었단 말이에요. 그래서 '중앙은행을 중앙은행답게 만들자, 통화 신용정책 수립을 책임을 지는 그런 중앙은행을 만들어야겠다' 하는 게 한국은행 개혁의 본질적인 생각이었어요.

박용수: 그러면 금융감독 개혁에 대해 보다 상세히 말씀해주십시오.

김인호: 그 전까지는 금융권의 은행, 증권, 보험, 제3금융권 모두 다른 감독기구에 의해 감독을 받고 있던 것을 통합을 해서 통합 금융감독원을 만들고자 했어요. 금융이 통합되는, 유니버설 금융으로 가는 게 세계적인 추세였습니다. 은행감독원은 한국은행의 소속으로 되어 있었던 것을 바꾸고자 했습니다. 중앙은행이 감독기구를 직접 가지고 있어야 할 이유가 없다고 판단한 거죠. 금융감독이란 것은 정책을 수립하는 기능이 아니고 이

미 세워진 정책과 제도에 따라서 금융기관들이 제대로 하고 있나 엄격하게 보는 거예요. 법과 제도를 제대로 지키는지 안 지키는지 가려내서 잘못하는 건 징계하고 처벌하는 것이 공권력이 아니면 뭐가 공권력이겠어요? 그래서 이것은 정부의 고유 기능이라고 판단을 한 거예요. 그래서 금융 감독기구를 통합하는 동시에 정부기구로 하려고 추진했어요.

그런 우리 정부의 노력을 그 당시의 국제금융 사회에서는 굉장히 높게 평가를 하고 있었어요. 한국이 상대적으로 산업의 발달 수준에 비해서 금융이 뒤쳐져 있었는데 그 여러 가지 문제를 스스로 제대로 파악을 하고 고치려고 노력하고 있다고 말이죠. 단순히 노력만 하는 게 아니라 실효적인 방안을 강구해 가면서 곧 마무리 지을 것 같다고 보았죠. 당연히 신뢰가 높아졌습니다. 그 당시에 모든 외국의 경제 전문가들은 '금융개혁이 정말 바람직하게 되고 있다, 한국 경제는 믿어도 되겠다'는 신뢰를 표현했죠. 그래서 금융개혁이 중요하다고 하는 거였어요. 나중에 외환위기가 문제가 된 뒤에는 금융개혁에만 매달리다보니 정작 외환위기에 대한 대처를 잘못했다는 비난을 들었지만요.

당시 금융개혁은 1단계, 2단계, 3단계에 걸쳐서 추진되었어요. 법을 고치지 않고도 할 수 있는 것이 1단계인데 그건 5월, 6월에 다 끝냈어요. 중앙은행 문제나 금융감독 문제는 법률을 개정해야 되는 건데, 이것은 최종적으로 국회가 해주어야 될 것이죠. 그게 2단계 과제였고, 3단계 과제는 장기적인 과제로서 연구를 해가면서 해야 될 것들이었어요. 우리는 중앙은행 제도와 금융감독 제도의 개편을 주 내용으로 하는 2단계 까진 끝내겠다고 방침을 정하고 있었고 여야 간에도 다 합의가 됐어요. 야당도 다 동의했어요. 우리가 그린 모양 그대로는 아니지만, 그 당시 김대중 야당 총재도 다 동의했어요. 한국은행에서 반대했지만 그건 아무것도 아니고 그런 의견도 다 수렴해서 보완을 했기 때문이지요.

그런데 선거철이 되니까 한국은행을 비롯한 금융권 노동자들이 데모를 시작했어요. 데모가 격화되니까 상황이 달라졌어요. 그 당시 김대중 씨하고 이회창 씨가 박빙이었죠, 대체로 불과 몇 십만 표로 당락이 갈릴 거라고 보았어요. 금융권에서 예를 들어 5만 명이 있는데 그 가족의 수를 합치면 몇 십만 명이 됩니다. 이 표가 어디로 가냐에 따라서 당락이 갈릴 수 있다고 정치인들은 생각하기 시작한 거예요. 그래서 다 합의해 놓고 안하겠다는 거죠. 야당에선 내용에 대해선 반대가 없지만 지금 이런 분위기에서 그걸 국회 통과시켜서 금융 노조들로부터 욕먹기 싫다. 여당에서 책임지고 통과시켜라는 입장이었어요. 그때 여당이 다수당이니까 통과시키려면 시킬 수 있었지요. 그러나 그 당시 여당은 '우리가 혼자서 욕먹을 수 있냐, 너희가 안 오면 우리 혼자서는 통과 안 시킨다'고 했어요. 그리고 국회가 회기가 끝나 문을 닫아버린 거예요.

그런데 IMF가 와서 제일 먼저 한 일은 '금융개혁 관련법들 통과시켜라' 한 거예요. 우리가 해놓은 거 글자 하나도 안 고치고 1997년 12월 3일 제일 먼저 금융개혁법 12개가 국회에서 통과됐어요. 그런 것을 보고 해외 사람들이 뭐라고 생각했겠어요. 한국이 문제 해결 능력을 갖고 있는 나라라고 생각을 하려 했는데 '하는 짓 보니까 아니다' 이거에요. 그래서 그때 금융개혁이 매우 중요하다고 생각한 겁니다.

당시 우리는 외환위기를 극복하기 위한 패키지를 가지고 있었어요. 첫째, 금융개혁을 완료해서 국제적 신뢰를 쌓고, 둘째, 우리가 그만둔 11월 19일 날 결국 후임 부총리인 임창열 씨가 발표한 금융 구조조정에 관한 획기적 대책을 발표하고, 셋째, IMF에 구제금융 자금 신청을 하는 것이었어요. 그런데 금융개혁이 무산되어버렸거든요.

박용수: IMF에 가는 전후 과정과 IMF에 가는 의미에 대해 좀 자세히 설명해 주십시오.

김인호: IMF에 간다는 것을 객관적으로 보면 여러 가지 장점도 있습니다. 왜냐하면 IMF는 돈을 빌려 줄 때 공짜로 빌려 주는 법이 없어요. 그건 우리 국내 금융기관도 마찬가지지요. 돈 빌려 달라고 그냥 빌려 주는 은행이 어디 있어요? 반드시 조건을 달지요. 개인 같으면 빚을 잘 갚겠는가 하는 것만 보면 되지만 기업의 경우는 그렇지 않아요. 빚을 잘 갚는다는 약속만은 믿을 수 없지요. 이거 해, 저거 고쳐라, 아니면 우리 은행이 이사를 파견할게, 감사를 받아라, 뭐 별것 다 요구하잖아요? 그래서 되면 빌려주고 안 되면 안 빌려주는 거지요. 마찬가지로 IMF도 어느 나라가 IMF의 신세를 지게 됐을 때는 아무 문제없이 신세를 지는 나라는 없어요. 반드시 문제가 있어서 신세를 지지요. 그 문제에 대해서 IMF가 여러 가지 조건을 내걸어요. IMF의 예속체제로 들어가는 거지요. 그 다음에 제대로 하는지를 보기 위해서 IMF 사람들이 와서 상주하면서 감시하고 할 것 아니겠어요. 그러니까 IMF에 경제 주권이 넘어간다는 얘기가 나오는 거예요.

강경식 부총리와 저는 우리 경제가 갖고 있는 여러 가지 문제점을 구조적으로 고치기 위해 「21 국가 개혁 과제」라는 작업을 하고 있었어요. 당시 강경식 부총리와 제가 가지고 있던 경제에 대한 구조적 문제 인식을 다 정리한 것이에요. 그걸 KDI 등 모든 국책연구기관을 동원해서 연구를 하고 있었어요. 그걸 해야 우리나라 경제가 살고 앞으로 계속 발전해 나갈 수 있다고 본 거예요. 그런데 그 어느 것도 쉬운 게 하나도 없었어요. IMF가 오니까 노조도 찍 소리 못하고 말을 들었잖아요. 그런 장점이 있단 말이에요. 우리 힘으로 안 되는 걸 IMF가 해주는 거지요. 왜냐하면 IMF가 보는 한국 경제에 대한 구조적 문제점과 이를 고쳐야 할 방향은 우리가 보는 것은 큰 차이가 없었어요. 물론 IMF가 와서 잘못한 정책이 두어 가지 있지만요. 또 그때 IMF에게 300억 불 정도 빌려달라고 했지만 이것을 한꺼번에 다 빌린다는 생각을 한 건 아니었어요. 그건 한도액(credit line)이라고 생각한 거지요. 그래서 돈이 들어오기 시작해서 외환시장이 안정되면 다 들여와야 할 필요가 없는 거지요. 얼마 전까지 멀쩡했던 외환시장이니까 IMF가 돈을 들여오기 시작한다는 사실만 가지고 외환시장에서 여러 가지 투기적인 목적 때문에 돈을 빼가는 사람들은 안 빼나갈 수 있게 할 수 있을 거라고 생각했었죠. 우리가 정부를 떠나고 나중에는 일이 잘 안되니까 외환이 빠져나가고 그래서 최종 체결된 협정은 5백 몇 십억 불까지 들여오기로 했지요. 실제로 들어온 건 반 정도 들어왔을 거예요. 다른 나라하고는 외환위기에 대한 성격이 많이 달랐습니다.

윤민재: 외환위기는 기업의 과도한 외채 차입이 큰 원인이 된 건데, 이것이 금융 부실을 가져오게 됩니다. 당시에 대우도 문제가 된 기업이었는데, 김우중 전 회장이 최근 '기업의 과다 차입이 문제가 아니라 금융 구조와 시스템에 문제가 있었고 금융기구도 잘못한 거다'라고 말씀하셨는데 어떻게 생각하시는지요?

김인호: 김우중 씨는 옛날 성공신화의 주인공 이지요. 그분들이 한국 경제에 엄청난 공헌을 한 것도 사실이지만, IMF가 오기 전후로 해서 세계가 달라지고 금융도 달라지고, 기업 경영의 패턴이 달라져야 한다는 걸 충분히 인식하지 못했다고 생각합니다. 지금도 옛날의 대우를 일으킬 때처럼 하면 된다고 생각하고 있어요. 그런데 지금은 전적으로 불가능해요. 그간의 금융 환경의 변화, 세계경제의 구조적 변화를 그분들은 충분히 인식 못해요. 여전히 옛날의 좋았던 때에 대한 생각에 젖어있어요. 마치 박정희 대통령 때 했던 사람, 예를 들면 중화학 정책을 담당했던 오원철 수석 같은 분이 있어요. 김우중 씨뿐 아니라 그 당시 정부나 기업에 있던 분들 대부분 같은 생각을 하고 계십니다. 박 대통령 때같이 해야 된다고 생각해요. 정부가 자금 배분하고, 수출 촉진하고, 기업들 부도나면 자금 지원해주고, 시원찮은 기업은 알아서 정리해주고 그렇게 모든 일을 다 해주면 된

다고 생각하고 있지요. 그리고는 정부가 왜 손을 놓고 있냐고 생각해요. 그전에는 부채비율이 1000%씩 돼도 필요하면 또 빌려줬단 말이죠. 그런데 더 이상 안 빌려주는 상황이 온다는 걸 인식을 못하는 거죠.

물론 금융에도 기업에도 문제가 많지요. 그러니까 다 고쳐야 되는 거지요. 우리가 했던 정부개혁, 국정계획 21개 과제는 주로 정부가 고쳐야 될 것들을 정리한 것이에요. 정부만 제대로 고치면 기업이나 금융은 따라오지 않겠어요?

윤민재: 외환위기와 관련해서 종금사에 대한 감독이나 관리가 잘 이루어지지 않았던 것과 큰 관련이 있는 것 같은데 이에 대해 설명해주십시오. 금융개혁과도 관련이 있는 것 같은데요.

김인호: 그 전까지는 종합금융이라는 게 소위 제3금융권으로 금융 전체에서 거의 무시해도 좋을 정도로 큰 비중이 없었어요. 그런데 금융이 커지니까 종금 분야도 커지기 시작했어요. 그러면서 종합금융업을 자율화하기 시작했어요. 자율화에는 두 가지가 따르는 거거든요. 당사자에 있어서는 책임이 따르고, 정부 입장에서는 감독을 강화해야 돼요. 그 전같이 처음부터 사사건건 실행할지 다 물어보고 할 때는 정부가 사전적으로 규제하면 크게 나빠질 가능성이 없습니다. 그러나 이제는 '네 책임하에 해라' 하니까 모두 자기 책임이 되죠. 또 정부는 감독을 잘해야 된단 말이에요. 그런데 감독 기능이 충분히 따라가지 못했습니다. 그래서 감독 기능이 이래서는 안 되겠다고 생각한 거지요. 다른 나라 감독 제도하고 비교해보면 우리나라 감독 제도가 너무 뒤쳐져 있던 거예요. 그래서 빨리 감독 제도를 개선하려고 했던 겁니다. 왜냐하면 가장 근본적인 것은 기업의 확장 경영 때문인데, 자기 능력 이상의 확장된 경영을 하려고 해서 문제가 생기지만 그것은 기업의 속성이니까 그렇다 치고 금융이 적절히 컨트롤해야 될 것 아닙

니까. 정부가 기업 보고 매번 이래라 저래라 할 순 없잖아요. 금융이 돈을 빌려줄 때 엄격하게 사업성을 심사해서 빌려 줘야지요. 또 그렇게 금융이 하는 일을 금융 감독기구가 제대로 사업성 판단을 해가면서 빌려 주는지를 감독해야 된다는 거지요. 당시 종금의 문제는 규모의 확대와 자율에 따르는 책임의식의 결여와 정부의 감독제도의 미비로 요약될 수 있습니다.

윤민재: 그러한 일들이 잘 안됐던 이유나 배경은 무엇인지요?

김인호: 제대로 된 금융 감독을 할 수 있는 시스템이 안 되어있었단 말이에요. 각 분야가 따로 따로 노니까요. 정보는 공유가 안 되고, 금융은 이미 글로벌한 금융으로 발전하여 증권, 은행, 보험 뒤섞여 돌아가고 있었습니다. 증권은 증권만 보고 은행은 은행만 보고, 보험은 보험만 보고 이렇게 접근하니까 이게 제대로 될 수가 없는 거죠. 그래서 감독기구가 훨씬 더 강화되고, 전체를 볼 수 있는 시야를 가져야 되고, 사람도 더 좋은 사람을 뽑아야 됩니다. 여러 가지 감독제도 개편을 위한 것들을 추진한 거죠. 종합 금융이 대표적으로 문제가 된 것은 이야기한 대로 외국에서 단기로 자금을 빌려 와서, 국내 기업에게는 장기로 빌려 주고 있었던 데 있습니다. 그 전제는 아까 이야기한 대로 외국에서는 계속 차환(revolving)을 다 해준다는 것이었지요.
　종금의 문제가 심각하다고 생각해서 금융산업 구조조정의 주요 내용에 포함시켜 이 문제를 다뤘고, 11월 19일 날 발표한 자료에도 종금을 어떻게 처리하겠다는 큰 방향이 들어가 있었던 것입니다. 그런데 IMF가 와서 종금문제를 훨씬 더 심각하게 보고 상당수 종금사들을 시장에서 퇴출시키는 강력한 정책을 주문하게 되고 그 파장이 크게 번지게 됐습니다.

윤민재: 이것 이외에 IMF가 와서 한 정책 중 문제가 있었던 것은 어떤

것이었습니까?

김인호: IMF는 재정 운영에 있어서 초긴축 재정정책, 금융에서 고금리 정책을 썼습니다. 그 부분이 우리나라 현실에 안 맞는 것이었어요. 왜냐하면 그 당시 주로 IMF에 간 나라들, 특히 남미의 여러 나라들은 재정이 펑크가 나서 IMF로 가게 되었으니 그런 나라에서는 재정 긴축을 해야 되죠. 또 기업에 대한 방만한 자금 대출이 금리가 낮아서 그랬다고 생각을 한 거지요. 그런데 우리나라는 이들 나라와는 전연 달리 건전재정을 유지하고 있었고 기업의 차입 금리도 충분히 높은 수준이었습니다. 그러니 이 나라들과는 전연 사정이 다른데 같은 정책을 요구하는 잘못을 저질렀고, 이것이 그 이후 극심한 경기후퇴를 가져오게 되었습니다. 사실 이것이 IMF의 고통이라고 대부분의 국민이 인식하는 바로 그런 사태의 배경이었습니다.

그러니까 우리나라의 경우는 보다 정교한 구조조정을 해야 했어요. 그게 바로 IMF가 와서 '정부·공공 부문 개혁해라, 노동개혁해라, 금융개혁해라, 기업개혁해라' 했던 것 들입니다. 순서를 보면 정부부터 해야죠. 그 다음에 노동개혁, 금융개혁, 그러면 기업개혁이 따라올 수밖에 없어요. 그런데 우리는 순서를 거꾸로 했어요. 제일 만만한 게 기업이니까 기업부터 시작했죠. 두 번째는 금융개혁, 그 다음에 노동개혁인데 한 발짝도 못나갔어요. 정부개혁은 하나도 안했어요. 정부 부처 한두 개 줄이거나, 공무원 숫자 줄이는 게 개혁이 아니에요. 시장과의 관계에서 정부가 뭘 해야 되는지를 가르는 게 정부 개혁의 본질이라고 봐요. 그런 차원에서 공공 부문 개혁한 것 하나도 없었어요. 나부터 개혁하고 남보고 개혁해라 해야지, 자기는 안 하고 남 보고는 개혁하라면 그런 개혁은 성공할 수가 없는 거죠.

박용수: 그래도 우리나라는 IMF를 성공적으로 극복한 나라로 자타가 인정하고 있지 않습니까?

김인호: IMF 위기를 극복했다는 건 돈 빌려온 것을 갚았다는 거고, 그건 갚게 돼 있었어요. 처음부터 오래갈 것도 없고 외환시장만 안정되면 다시 외환은 들어오게 되어있기 때문입니다. 그것을 가지고 외환위기를 극복했다고 보는 것은 외환위기의 본질을 문자 그대로 달러의 부족으로 보기 때문이지요. 그런데 달러의 부족은 위기가 왔기 때문에 나타난 결과적 현상이지요. 그 배경에는 한국 경제의 구조적인 문제가 있었습니다. 그 때문에 세계금융과 세계경제로부터 신뢰를 잃게 되어서 위기가 왔다고 본다면 그 문제가 생긴 본질적 요소를 고쳐야 된다고 보는 겁니다. 그런 관점에서 본다면 IMF 극복이라는 것은 미완성으로 끝났다고 봅니다. 그래서 2008년 다시 글로벌 금융위기 하니까 똑같은 문제가 또 생기지 않았습니까. 그때는 달러가 적어서 그랬다고 치고, 이번에는 달러는 2,600억 불이나 쌓아 놨는데 왜 우리가 그렇게 야단법석을 해야 하는지요? 우리는 서브프라임 모기지와 얽혀 있는 돈도 몇 푼 안 되었는데 우리나라가 제일 영향을 많이 받는 나라가 됐잖아요. 달러부족이 문제의 본질이 아니라는 거지요.

박용수: 그러면 외환위기의 중요한 본질은 어디에 있다고 생각하십니까?

김인호: 저는 외환위기의 요인을 매트릭스 구조로 분석해서 설명합니다. 국내적 요인도 있고, 국외적 요인도 있고, 구조적 요인도 있고, 환경적 요인도 있습니다. 구조적 요인이 있는 한은 언젠가 위기가 온다는 얘기죠. 만약에 그때 외환위기가 안 왔으면 김대중 정부 때 왔겠지요. 또 그때 그렇게 구조적 문제가 형성된 것이 김영삼 대통령만 잘못해서 그렇게 됐겠어요? 오랫동안 축적되어 온 거지요. 멀리 보면 박정희 대통령의 경제 성공의 부작용들이 축적된 것입니다. 성공의 뒤에 있는 그림자들이지요. 시장은 달라지고 세계가 경제가 달라졌는데 여전히 정부가 경제에 대해서

깊이 관여하려고 하는 것이 문제입니다. 정부가 목표를 설정해서 성장을 하겠다고 하는 게 가능합니까?

노사문제만 하더라도 정부가 사사건건 기업과 노사문제에 개입하지 말고 '너희끼리 잘해봐라, 대신 법은 잘 지켜라, 법 안 지키면 정부가 잡아간다'라고 하면 결국 노사문제도 해결되지요. 가령 한 달 동안 노조가 파업을 하고 서로 붙으면 기업도 죽고 노조도 죽잖아요. 가령 노조원들이 한 달, 두 달 월급 안 받고 버틸 수 있는 사람 몇 명이나 되겠어요? 그러면 자연히 서로 타협을 하게 될 텐데 그걸 자꾸 정부가 들어가니까 계속 문제가 남는 것이지요. 정부가 들어가서 해결해줘야 된다고 생각하는데 그게 아니거든요. 정부는 파업하고 기물 파손하고 바깥에 나가서 말썽피우는 것만 통제하면 되는 거지요. 금융도, 금융기관장, 한국은행 총재가 금융에 대해서 책임질 일이 있어야 됩니다. 자기가 결정을 했어야 책임을 지지, 정부가 하라는 대로 했는데 책임을 질 일이 뭐가 있습니까? 이런 근본적 문제를 고쳐야 된단 말입니다. 고쳐야 될 것을 근본적으로 고치지 않는 한 위기가 김영삼 정부 때 왔을 뿐이지 언젠가는 위기가 오게 됩니다.

또 국제적으로도 문제가 되는데, 옛날에 IMF체제를 구상했을 때는 그런 국제적인 금융의 문제가 생길 때 IMF가 해결해줄 수 있다고 봤는데, 해결이 안 되었습니다. 해결하기엔 경제 규모가 달라졌고 금융의 성격이 달라져버렸습니다. 그래서 국제적으로도 동남아 위기 이후 IMF체제 개혁에 대한 논의가 물밀듯이 나왔거든요.

그중 환경적 요인이라고 하는 것은 대기업의 부도가 계속 난 것도 있지만 제일 중요했던 것은 그때가 대통령선거의 해였단 거예요. 그래서 제대로 국정이 이루어지지 않는 거죠. 특히 김대중 씨가 대통령 되냐 마냐 하는 때였단 말이에요. 그 당시 국제사회에서는 '이 사람 성향이 뭔지를 잘 모르겠다, 극단적으로는 사회주의자 아니냐는 말이 많았습니다. 그래서 김대중 씨가 집권하면 한국 경제가 어디로 갈지 모르겠다는 우려가 국제적으로 팽배했는데 이것이 사실은 IMF를 불러일으킨 가장 큰 요인이라고 봅니다. 나중에 통계를 보세요. IMF를 향해 가면서 김대중 씨가 대통령 당선될 가능성이 높아질수록 위기 가능성이 더 심해졌고, 김대중 씨가 당선되고 나서 더 심해졌고, 당선 직후 IMF와 재협상 하겠다 하는 바람에 더 나빠졌습니다. 나중에 가서 김대중 당선자가 항복하고, '모두 다 IMF가 하라는 대로 하겠다' 한 뒤부터 안정이 시작되었어요. 다 통계적으로 증명이 되지요.

자료를 분석해보면 다른 나라는 IMF 가고 나면 금방 외환시장이 안정이 돼요. 그럴 수밖에 없는 것이 IMF가 돈을 막 갖다 퍼주는데 달러를 빼가야 할 이유가 없잖아요. 빼갔다간 자기가 손해 보는데, 그걸 어떻게 빼나가요. 우리나라하고 비슷한 때에 멕시코, 태국, 우리나라, 인도네시아 이렇게 이게 IMF 지원 요청을 했는데 우리나라만 30일 이후까지 환율이 계속 올라갔죠. 이게 우리나라 외환위기의 본질이에요. 그런데 여기에 대해선 왜 말 안하는 겁니까? 사실은 이것이 문제의 핵심이거든요. 왜 이렇게 됐는가? 왜 IMF 지원이 이뤄지고 달러가 들어오기 시작했음에도 불구하고 환율이 계속 올라갔는가?

가장 중요한 요인의 하나가 김대중 당선자의 IMF 재협상 주장이었지요. 마치 미국하고 FTA 재론하겠다는 식으로 한 거지요. IMF가 우리한테만 금리 조건, 여러 가지 구조조정 조건을 가혹하게 한다고 잘못 생각을 하는 거예요. 김대중 정부는 IMF에 늦게 가서 그렇다고 봤지만, 실제 분석을 해보면 우리나라같이 IMF에 빨리 간 나라가 없어요. 그때 IMF가 정상적으로 빌려 줄 수 있는 돈은 몇 푼 안돼요. 스탠바이 협정이라는 게 있어서 IMF 회원국이 외환위기가 났을 때 IMF가 자기 돈 가지고 빌려줄 수 있는 것은 얼마 안 되고, IMF가 중재를 서서 국제금융기구 돈을 끌어 모아서 주는 거예요. 그게 진짜 구제금융입니다. IMF 스탠바이 금융 금리에 플러스 3% 하는 것은 이미 IMF 공식 rate로 결정이 되어있었어요. 우리나라뿐만 아니라 러시아 등도 다 똑같은 조건으로 받아갔어요. 한국에만 가혹했던 게 아니라고요. 그런데 이걸 갖다가 정치가들은 전 정권에 다 뒤집어 씌워야 되는 거란 말이에요. 쉽게 얘기해서 김대중 씨는 모든 걸 '김영삼 정부 때 잘못해서 IMF사태가 초래됐고, 나는 IMF를 수습한 영웅이다' 이렇게 돼야 되는 거지요. 알고 그랬는지 모르고 그랬는지는 모르겠어요. 그러니까 IMF가 우리한테만 가혹한 협상 조건을 내걸었으니 재협상을 하겠다 이렇게 나온 거지요. 그러니까 IMF가 'IMF에 대해 재협상을 요구하다니 맛 좀 봐라' 그렇게 된 일입니다. 결국 초기 협상기간에 IMF와 우리 측이 매우 껄끄러운 관계가 형성되다보니 종금사에 대한 지나칠 정도의 가혹한 구조조정 요구, 불합리한 거시경제 정책 방향에 대한 요구도 나타나지 않았나 생각됩니다.

박용수: 그럼 처음 IMF와 협상했을 때는 긴축재정이나 고금리 정책 등에 관한 이야기는 없었던 건가요?

김인호: 아까 얘기대로 세 가지 내용을 가지고 위기를 극복하려고 했어요. 이미 그때 구상이 대체로 서 있었습니다. 이걸 우린 "그랜드 디자인"이라고 불렀어요. 구조적으로 우선 금융개혁을 완료하고, 그 다음에 금융산업 구조조정 패키지를 내놓고 그 다음에 IMF로 가는 것이 구상이었어요.
그래서 캉드쉬 IMF총재를 초청해서 당시 경제부총리하고 한국은행 총재하고 인터콘티넨탈 호텔에서 비밀리에 만났습니다. 우리나라의 IMF Governer가 재경원장관이고, 한국은행 총재가 교체된 Govener입니다. 두 사람이 IMF 총재와 만나 구제금융 협의를 했어요. 이것은 이미 우리가 IMF에 간 것을 의미합니다. 이런 절차를 소위 'fast track'이라고 해요. IMF 절차가 워낙 복잡해서 실무자들하고 실무 절차 밟아 가려면 두세 달 걸립니다. 그런데 외환위기 터져서 하루가 급한데 그 짓하고 있을 수 있어요? 그래서 IMF가 이렇게 해서는 실질적 구제금융 지원이 안 되겠다고 판단해 'fast track'

이란 걸 도입했어요. 즉 그 나라의 경제 최고책임자하고 IMF 책임자가 만나서 그냥 바로 협상을 하는 거예요. 그래서 크게 문제 해결의 큰 방향을 결정하는 겁니다. 그리고 그 다음에 세부적인 것은 뒤에 실무단들이 들어와서 협의 결정하는 겁니다. 캉드쉬 등 IMF 측에 아까 말한 정책의 패키지를 설명을 다 했더니 캉드쉬가 "좋다, 바로 우리가 요구하려던 게 그거다. 우리가 나설 것 없네, 너희가 스스로 해.", 이렇게 나왔습니다. "돈은 얼마나 필요하냐, 우선 달러는 얼마나 있냐." 물어보았고, 한국은행 총재가 "150억 불 정도 있다."고 대답하니 캉드쉬는 "괜찮네, 자기는 한국이 큰일이 났다고 해서 한 20억 불밖에 없는 줄 알고 왔는데 왜 돈을 빌려 달라 하나? 이걸 가지고 두 달은 버틸 수 있는데." 이렇게 물어봐요. 그래서 우리는 "연말까지는 갈 수 있을 것 같지만 그 이후엔 보장이 없다, 돈이 빠져만 나가고 들어오질 않는다, 그래서 너희한테 도움을 청하는 거다."라고 대답했습니다. 우리는 또한 '꼭 300억 불 빌리자는 게 아니고, 크레딧 라인으로 생각하면 된다, IMF가 그 정도로 도와줄 용의가 있다는 걸 표시하는 것만으로도 시장을 안정시킬 수 있다'라는 점을 강조했습니다. IMF 측은 300억 불이란 표현은 안 하고 "시장 안정에 필요한 충분한 자금 지원을 하겠다."고 대답했습니다. 결국 IMF가 조건을 제시하고 정부가 수용을 하는 모양으로 하지 말고, "한국 정부가 이걸 발표해라, 그러면 IMF는 워싱턴에서 그걸 지지하는 형태로 하겠다."라고 이야기가 된 거예요. 아주 협상이 잘된 거죠. IMF에 가긴 가는데 가장 이상적인 모습으로 가는 게 된 거지요. 그래서 캉드쉬가 약속을 하고 갔어요. 그게 11월 16일이에요. 다음 날 새벽 대통령한테 보고 다하고 대통령도 그렇게 하라고 지시했고요.

그런데 금융개혁법 통과가 안 되었어요. 이 부분은 이미 설명한 것이고요. 그래서 11월 18일 밤 거의 밤을 새워가며 금융시장 안정과 금융산업 구조조정 작업 마무리 하고 11월 19일 아침 김영삼 대통령께 보고를 했는데 대통령이 다 듣더니 고개를 끄덕이면서 '그대로 하시오' 그랬단 말이에요. 그날 저녁 5시에 발표하기로 했는데 보고 문안에는 IMF 가는 말은 명시적으로는 안 들어가 있어요. 그러나 자세히 보면 암시는 돼있어요. 첫째 보안 유지에 문제가 있고, 자료라는 게 수십 명이 만들고 보고 인쇄하고 하면 빠져나갈 가능성이 있으니까 안 넣었어요. 두 번째는 IMF에 가는 것을 극적으로 하려고 안 넣었어요. 그때 이미 시중에서 IMF 얘기가 많이 돌고 있었거든요. 기자들의 질문이 나오면, 그때 답변을 통해 '폭탄선언으로 IMF 간다는 걸 발표 하겠다' 이렇게 대통령께 보고했어요.

보고가 끝나고 얼마 안돼서, 대통령이 개각을 했어요. 이때부터 문제가 꼬이기 시작하는 거지요. 정말 아쉽게 생각하는 상황이 벌어진 거예요. 이 분이 가령 우리가 하는 것을 못미더워 했다면, 이전에 개각을 했어야죠. 어떻게 못 믿는 사람들한테, 그런 중요한 일을 맡깁니까? 만약에 신뢰를 했다면, 보고 받고 '좋다 그대로 하라'고 했으면 최소한 이걸 발표하게끔 해줬어야지요. 계획 수립의 책임자인 강경식 부총리가 발표는 하고 그 다음에 개각을 할 수 있었잖아요. '새로운 시대로 들어가고 IMF하고 새로운 관계를 열어야 하니까, 이제는 이때까지 해오던 사람보다는 새로운 사람이 맡아서 하는 게 좋겠다', 이렇게 생각할 수 있어요. 그런데 김 대통령은 우리가 잘못해서 그랬단 말 한 번도 한 적 없습니다. 그건 나중에 검찰이나 정치권에서 지어낸 말이고, 언론에서 지어낸 말이지요. 한 번도 대통령은 우리 보고 '우리가 잘못해서 개각을 한 것은 아니고 다만 여러 가지로 경제가 어려워지고 금융개혁의 좌절, 민심 수습 차원에서 개혁을 했다' 이렇게 설명을 했지요. 그런데 발표도 안하고 개각을 하는 바람에 모든 일이 뒤틀리는 혼란을 겪게 되고 그 이후 IMF와 관계도 어려워지게 됩니다.

윤민재: 사표는 이전에 제출을 했습니까?

김인호: 경제가 계속 어려워 가니까, 10월 말에 제가 사표를 정식으로

제출했고 강경식 부총리는 사표를 제출하는데 그때 예산 국회가 개회 중이어서 11월 19일 날 국회가 끝나게 돼있으니까 그 이후에 예산장관으로서 부총리의 사표를 수리해주시면 좋겠다는 의견을 달고 제출 했지요. 그래서 두 사람의 사표는 비서실장한테 맡겨 놓았는데 이틀 후 반려됐습니다. 저는 그때 반려된 사표를 갖고 있다가 제가 마지막 11월 18일 밤에 다시 낸 거지요. 그 사표가 수리 됐어요. 그래서 날짜가 10월 29일자로 되어 있어요.

그러니까 무슨 외환위기 책임을 묻고 경질했다는 것은 한마디로 말도 안 되는 소리예요. 저는 사실 대통령께는 금융개혁을 대통령 사업으로 추진했는데 어찌 됐건 그 개혁 작업이 최종 좌절이 된 데 대한 책임과 금융개혁이 마지막에 꼬일 때 제가 대통령께 여러 번 건의했던 김대중 총재와의 마지막 협의를 대통령께서 하지 않은 것에 대한 불만도 간접적으로 표현하기 위해 사표를 낸 것입니다. 금융개혁이 노조 등의 반대로 정치인들의 정치적 계산으로 꼬이자 저는 김 대통령께 여러 번 건의를 드렸어요. "이 문제를 풀 수 있는 사람은 김대중 총재밖에 없으니 대통령께서 직접 김대중 총재하고 연락을 해 주십시오." 하고 부탁드렸습니다. 나중에 제가 글 쓴 데 나와요. 김 대통령께서는 퇴임 후 "선거 때 정치인은 표밖에 안 보인다. DJ가 표 때문에 그러는데 내가 말한다고 듣나?"라고 나중에 나한테 변명 비슷한 말씀을 하셨지만요.

개각을 한다기에 그러면 후임자가 누구냐고 비서실장에게 물어도 모른다고 했어요. 알고도 모른다 했는지 모르지만요. 그렇다면 누가 다음에 부총리를 하게 될지 모르지만 자기 책임으로 발표해야 되는데 이미 그날 오후 5신데 읽어보지도 않고 어떻게 남이 해놓은 걸 발표를 해요. 그래서 보류를 시키고 강 부총리와 저는 자리를 떠났습니다. 그 다음에 보니 임창렬 씨가 부총리가 되고 김영섭 관세청장이 경제수석이 됐어요. 그런데 그날 저녁에 발표하더라고요. 그러니까 임창렬 씨는 이걸 갖다가 작업을 하나도 안 했는데, 우리 팀이 작업을 다해 논 걸 갖다가 딱 한 군데 고쳤어요. 일일 외환 변동 폭을 종전에 ±2.25%에서 15%로 고치려고 한 것을 10%로 줄인 것이 바로 그것입니다. 이거 글자 하나 고친 것 외에는 토씨 하나 안 바꾸고 그대로 읽었어요. 그리고 마지막에 IMF에 가느냐는 질문이 나오니까, IMF 안 간다고 얘길 해버렸죠.

윤민재: 혹시 캉드쉬 총재가 왔을 때 대통령한테는 사전, 사후 보고가 다 된 건가요?

김인호: 당연히 IMF와 협의를 한다는 사실은 대통령께 보고를 하여 승인을 받고 한 거지요. 그런 일을 어떻게 대통령한테 보고 안 하고 할 수 있어요. 11월 14일에 대통령한테 IMF 가겠다, 캉드쉬도 만나겠다고 보고를 했습니다. 캉드쉬 IMF 총재가 11월 16일 비밀리에 와서 강경식 부총리, 이경식 한은총재와 협의한 결과는 바로 다음 날 아침 대통령께 보고되었습니다.

윤민재: 대통령 자서전에는 그 얘기를 그렇게 보고한 사람이 다른 분으로 되어있다고 하는데요?

김인호: 그래서 일이 꼬여진 겁니다. 아까 얘기한대로 이 순간은 국정이 완전히 공백 상태였어요. 가령 부총리를 바꿨는데 제가 남아있었더라면 그런 일이 안 생겼을 거고, 경제수석과 부총리를 둘 다 바꾸겠다면 아까 얘기했던 새 팀에게 작업을 시켜 그 결과를 검토해서 대통령이 결정을 했어야 했는데 이건 이것도 저것도 아닌, 아주 비정상적인 상황으로 처리되었어요. 그 당시 대통령께 조언을 해줄 사람이 비서실장밖에 없었어요. 그런데 그 당시 비서실장이 국정, 행정을 잘 모르는 사람이었어요. 그래서 한마디로 국정 공백 상태가 생긴 거예요. 그러니까 당장 IMF에서는 갑자

기 임창렬이란 사람이 부총리가 되고, 전 책임자들하고 다 합의본 내용을 전면 부정하는 발언이 나오니까 야단법석이 난 거지요. IMF는 사실상 미국 재무성의 실질적 영향권하에 있다고 해도 과언이 아닌데, 재무성차관보가 날아오고 야단법석이 난 겁니다. 그때부턴 IMF하고 관계가 꼬이기 시작했어요.

그러다 2, 3일 버텨 보고 안 되니까 11월 21일에 결국 IMF에 간다고 했지요. 그리고 선거 후에 김대중 씨가 대통령에 당선이 되고 IMF하고 재협상을 한다고 이야기하니까 IMF가 화가 난 거예요. 그렇게 해서 IMF하고 관계가 나빠지니까 국제 금융시장의 사람들이, '아니 지금 돈 없어서 IMF 가는 사람들이 IMF하고 이렇게 사사건건 안 맞고 티격태격거리는데 그걸 믿고 어떻게 돈을 빌려주겠냐' 그렇게 해서 달러가 더 빠져나가게 되었어요. IMF 돈이 들어온다고 하는데도 달러가 계속 빠져나간 거예요. 그래서 달러가 한때 1,800원까지 올라갔어요.

윤민재: IMF에 가게 되는 과정에서 김영삼 대통령을 비롯한 당시의 국가지도자들의 지도력 위기에 대한 인식과 대처 방향은 적절했다고 보시는지요?

김인호: 사후적으로 종합해서 정리해 본다면, IMF 위기가 온 원인과 배경에 대해 국가적으로, 좀 더 직접적으로는 정치지도자들에게 충분한 문제 인식이 없었다라고 이야기할 수 있습니다. 수습 과정에 있어서도 그렇습니다. 김영삼 대통령에 대해서 전직 수석으로서 말하는 것이 적절한지는 모르겠지만 외환위기가 구체화되기 전까지는 전혀 문제가 없었어요. 김영삼 대통령은 경제 전문가가 아니잖아요. 그분은 우리한테도 구체적인 지시를 하시는 법은 별로 없었어요.

IMF 가는 것도 물론 가기 전까지 우리가 고민을 많이 했지요. 그런데 이

걸 IMF 가는 길밖에 없다고 판단, 결정을 했단 말이에요. 그 다음 날 14일 인가 보고를 하는데, 김영삼 대통령이 듣고 나서 갑자기 안 가겠다 하면 어떡하나 걱정이 생기기 시작하더라고요. 왜냐하면 대통령은 정치가인데 아무리 정치를 잘했다고 하더라도 IMF를 가는 순간 그 대통령은 말하자면 국민들로부터 또 역사적으로 경제를 망친 대통령으로 비난을 받게 될 수 밖에 없기 때문입니다. 근데 막상 보고를 하니까 대통령이 너무 쉽게 OK 해버렸어요. 그래서 우리가 나와서 좀 싱겁다 이렇게 얘기를 할 정도였어요. 왜냐하면 대통령 입장에서는 꼬치꼬치 캐묻는 게 상식입니다. 우린 그런 보고까지 다 했어요. "IMF 가기로 결정되면 대통령의 그동안의 경제 공적은 다 수포로 돌아가니 그걸 각오하셔야 한다."고요.

윤민재: 그러니까 김영삼 대통령이 그 의미를 잘 모르셨다는 뜻인가요?

김인호: 그렇게 설명을 드렸어도 그분이 충분히 몰랐다고 할 수도 있고, 좋게 해석하면 그럼에도 불구하고 경제 참모들이 다른 대안이 없다고 건의를 하고 이왕 결단을 내린 것이니까 소소한 것 가지고 왈가불가할 필요 없다고 생각했을 가능성도 있습니다. 대전제는 김영삼 대통령은 다 아시다시피 경제를 깊이 몰라요. 본인은 그걸 굳이 숨기지도 않고, 나 경제는 잘 모르니 너희들이 잘하고 다 책임지라는 스타일이었지요. 그렇다 보니까 그런 일들(개각 절차 등)이 이뤄진 겁니다.

거기까지가 김영삼 대통령의 역할이었고, 대통령선거 이후 실질적 권한은 김대중 당선자한테 다 넘어와 버렸어요. 제 뒤에 경제수석한 사람은 밤낮 김대중 씨가 다 결정해 놓은 것을 사후에 차트로 만들어서 김영삼 대통령께 보고하는 게 일이었어요. 그 이후 문제들은 다 김대중 당선자 책임이에요. 김영삼 대통령 책임 아니에요. 이미 실권이 하나도 없었어요. 임창렬이란 사람도 이미 김대중 당선자 사람이 돼 있었고요.

박용수: 당시 상황은 어떠했나요?

김인호: 김대중 대통령이 정식 집권한 이후에는 이 사건을 형사사건으로 만들어 간 게 대한민국 검찰입니다. 그렇게 해서 온 국민을 우매한 국민으로 만들어 버렸던 것입니다. 외환위기의 본질이 논의된 적 있어요? 우리보다 훨씬 못한 태국도 전직 중앙은행 총재를 위원장으로 하는 소위 누클 위원회를 만들어서 굉장히 심도 있는 토론을 했어요. 왜 태국에 이런 외환위기가 왔나에 대해 경제학자와 경제 전문가들이 모이고 토론해서 방대한 보고서를 내놨어요. 하지만 우리나라는 그런 보고서가 하나도 없어요. 어떻게 하든지 전직 대통령과 전직 정부 사람들에게 책임을 돌리고 심지어 형사법의 기초만 안다면 있을 수 없는 형사책임까지 물었던 것입니다. 그 과정에서 문제의 본질은 뒤덮어 버렸어요. 그래 놓고 나는 이 위기를 잘 극복해서 이렇게 경제를 다시 일으켜 세웠다고 국민적 인기를 얻는 데만 관심을 갖고 있었어요. 외환위기가 왜 왔고, 앞으로 이런 위기가 다시 올 가능성은 없는지, 앞으로는 뭐가 문제가 될 것인지를 가지고 전문가들이 모여 깊이 있게 토론하고 그 결과를 국민들에게 알리는 보고서 하나 없습니다. 그러니까 2008년 글로벌 금융위기가 오니까 당장 허점이 또 드러났잖아요.

윤민재: 김영삼 대통령이 IMF 결정하는 데 전 홍재형 부총리의 보고를 듣고 결정했다는 이야기가 있는데 사실인가요?

김인호: 우리가 IMF를 안 가려고 해서 대통령이 홍재형 씨의 말을 듣고 IMF 가기로 했다는 이야기이죠. 만약에 우리가 그랬더라면 막강한 대검찰청 중수부가 달려들었는데 법원이 우리한테 무죄를 선고하겠습니까? 그게 만약 조금이라도 해명이 안 됐더라면 당시 상황에서는 무죄는 상상할 수

없는 일이었어요. 대통령한테는 최소한으로 누가 안 가게 하겠다는 의도로 대통령은 보고를 안 받은 걸로 한 게 문제였지요.

윤민재: 그때 정무수석으로 이원종 씨가 계셨나요?

김인호: 이원종 씨는 그 전에 나갔어요. 정무수석은 관계없죠. 비서실장의 판단이었어요.

윤민재: 김용태 씨 인가요?

김인호: 네. 그분이 대통령한테는 최소한으로 누가 안 가게하고, 강경식, 김인호 선에서 모든 걸 마무리하는 게 좋겠다고 판단을 한 것 같은데 그건 하나는 알고 둘은 몰랐던 거지요. IMF를 가는 정도의 외환위기를 대통령이 보고를 안 받고 있었다는 게 말이 됩니까? 그리고 IMF가 어느 날 갑자기 책상 밑에서 불쑥 튀어나온 것도 아니고, 온 세계의 언론과 금융이 IMF 갈 가능성이 있다 없다 하는 논의가 막 나오고 할 땐데. 그걸 대통령이 무슨 IMF 위기에 대해서 경제부총리와 경제수석한테 보고를 안 듣고 홍재형이라는 전직 부총리한테 들어서야 알았다는 건 말이 안 되지요.

그러니까 처음부터 당당하게 대응을 했어야 되는 거지요. 이유를 막론하고 우리나라가 IMF 간 것에 대해서는 변명의 여지가 없으니까 국민들에게 사과하고, 우리가 따져 보니 이러했고 다음 사람은 이런 면에 특히 유의하는 것이 좋겠다 등등 전임자와 후임자 사이에서 이야기가 되어야 되는 거지요. 그런데 IMF에 하루 이틀 빨리 가면 조건이 좋아지고 아니면 나빠지는 문제로 끌고 갔고, 대통령이 IMF에 가는 것에 대한 보고를 제대로 안 받아서 경제가 이 모양이 됐다는 식으로 문제를 끌어가려고 한 것입니다. 김대중 정부는 전 정부에 모두 씌워야 되는데 김영삼 대통령한테 씌우는 건 굉장히 부담스럽단 말이죠. 두 사람 관계를 잘 알잖아요? 김영삼 대통령은 절대 김대중 씨에게 호락호락한 사람이 아니잖아요. 김대중 씨는 전 정부에 씌우긴 씌워야 되고, 김영삼 대통령에게 직접 씌우자니 정치적으로 부담이 되고. 그러던 차에 김영삼 대통령 주변에서 대통령이 직접 보고도 안 받았다는 이야기가 흘러나오니까 주변 참모들에게 바가지 씌우면 되겠다는 게 된 거죠. 그게 소위 '환란 주범론'이라는 겁니다.

대한민국 환란이 무슨 강경식, 김인호가 좀 잘 했으면 안 오고 잘못해서 올 수 있는 정도의 문제 같으면 뭐 문제가 되겠어요? 대한민국 경제사의 최대의 사건인데 말이에요. 1998년 김대중 씨가 대통령되고 나서 우리 문제가 정식 형사사건화 되기 직전에 월스트리트저널하고 인터뷰를 했어요. 거기다 영어로 대통령이 한 말을 옮겨놓았는데, "They misled the entire nation." 이런 표현을 썼어요. They는 강경식, 김인호를 말합니다. 그래서 우리는 보고 웃었지요. 국민의 표로 당선된 국가 지도자도 아니고, 아무리 관료로서 최고의 위치에 있다 하더라도 역시 관료에 불과한데 우리를 이렇게 높이 평가해줘서 고맙긴 하지만 말입니다. 어떻게 나라를 이끄는 것을 관료들이 할 수 있습니까? 그건 정치가들의 역할이지요.

그러고 나서 환란 형사절차가 시작됐어요. 그러니 검찰은 어떻게 하겠어요? 이미 대통령이 죄의 제목까지 정해주고 혐의자까지 지정을 해주었는데요. 그것도 그만두는 대통령도 아니고 지금 막 취임한 강력한 대통령의 의도에 맞게 할 수밖에 없는 거지요. 그렇게 돼서 대한민국에서 제일 강력한 중수부가 총력을 다해서 만든 게 환란재판이라는 사건이에요. 역사상 최고 최장의 재판이에요. 1심, 2심해서 마흔 번이나 재판을 했으니까요. 그런데 결론적으로 검찰이 주장한 게 단 하나도 법원에서 받아들여지지 않았어요. 그때 법원도 굉장히 고민했을 거예요. 국민들은 외환위기가 왔으니 누군가가 책임지는 모습을 보고 피를 봐야 만족할 것 아닙니까. 당시의 국민 정서가 그랬으니까요. 그런 데서 오는 법원이 받은 압력은 무시할 수 없었다고 생각합니다. 그래서 심지어 우리 변호사들조차도 '1심에서는 이유를 막론하고 유죄가 날 겁니다. 그리고 시간이 좀 흐르고 국민들도 이성을 회복하고 재판부도 좀 더 독립성을 기대할 수 있는 2심 이후나 가서 제대로 재판이 이루어질 것이다', 이렇게 봤습니다. 그런데 바로 1심에서 바로 무죄가 내려졌지요. 외환위기 본론과 관련하여 우리의 책임과 관련된 검찰의 기소 내용 중 단 한건도 법원에 의해 인정되지 않았어요.

윤민재: 장시간 소중한 말씀 감사합니다.

김영삼 대통령 연표

연도	공직사
1954	5월 20일 3대 국회의원 당선. 최연소 국회의원 12월　　　3선개헌에 반기를 들고 자유당 탈당
1955	4월　　　민주당 결성, 입당
1958	5월　　　4대 총선 낙선
1960	5월　　　4·19 이후 치러진 5대 총선에 당선
1961	2월 20일 민주당 탈당. 신민당 입당 및 원내부총무 발탁 5월　　　5·16 이후 민정당 입당. 초대 대변인으로 선임
1964	6월 14일 민정당, 민주당 양당 민중당으로 통합. 민중당 원내총무 피선
1967	2월 13일 신민당 입당. 원내총무직 수행(~1969.11.8.)
1971	9월 29일 신민당 대통령 후보 경선에서 김대중 후보에게 패
1973	2월 27일 9대 국회의원선거 당선
1974	8월 22일 신민당 전당대회에서 총재에 선출. 만 46세로 최연소 야당 총재
1978	12월 12일 10대 국회의원선거 당선
1981	6월　9일 '민주 산악회' 발족. 고문으로 추대
1986	2월　6일 신한민주당 입당. 상임고문으로 추대
1987	4월　8일 신한민주당 탈당과 신당 창당 공식 발표 　　13일 통일민주당 창당발기인대회 준비위원장 5월　1일 통일민주당 창당대회에서 총재로 추대 11월 16일 13대 대통령선거 출마
1988	4월 26일 제13대 국회의원선거 당선
1989	6월　1일 한국 정치인 최초로 소련 방문
1990	1월 22일 민주정의당. 신민주공화당, 통일민주당 3당 합당 선언 5월　9일 민주자유당 정당대회에서 대표 최고위원으로 추대
1992	3월 24일 제14대 국회의원선거 당선 5월 19일 민주자유당 대통령 후보 경선 전당대회에서 14대 대통령 후보 선출 10월 13일 국회의원직 사퇴. 의정 활동 마감 11월 25일 제14대 대통령선거 후보자 등록 12월 19일 제14대 대통령선거 당선 　　28일 새 정부는 남북한 핵사찰 문제를 유엔에 제의할 계획이라고 언명

	30일 대통령직인수위원회 발족
1993	1월 10일 민주자유당에 부정부패 척결 위해 공무원 처우 개선 대책 강구 지시
	19일 국가안전기획부의 국내정치 사찰 기능 폐지, 통일 업무의 통일원 이관 결정
	21일 경기 회복 위해 전반적인 금리 인하 결정
	28일 부정부패 척결 위해 감사원 기능 강화 천명
	30일 새정부 출범 후 장·차관급 이상 고위공직자 재산 공개 언명
	2월 4일 고엽제 후유증 환자 진료 등에 관한 법률안 의결
	18일 유엔인권위원회에서 일본 정부에 일본군 위안부 문제 진상조사 및 피해보상 촉구
	25일 제14대 대통령 취임
	27일 국무회의에서 재산 공개
	3월 1일 3·1절 경축사 통해 '부패와의 전쟁' 선언
	3일 미야자와 기이치 일본 총리에게 일본군 위안부 문제 적극 해결 촉구 친서 발송
	4일 그린벨트 내 주택 불법 증개축·형질 변경한 김상철 서울시장 해임
	6일 사상 최대 규모 공안·일반 사범 5만여 명 대사면
	9일 감사원 자문기구로 부정방지위원회 설치 지시
	10일 통일원장관·외무부장관·국가안전기획부장·대통령비서실장 참석하는 통일관계장관전략회의 신설
	11일 '깨끗한 정부·튼튼한 경제·건강한 사회·통일된 조국 등 신한국 창조'를 4대 국정 지표로 확정
	14일 북한의 핵확산금지조약 탈퇴문제 해결될 때까지 남북대화 동결 결정
	15일 북한 핵문제 해결될 때까지 대북경제협력 중단 지시
	4월 1일 경복궁 완전 복원 위해 구 총독부청사 철거 및 국립중앙박물관 이전 지시
	7일 빌트 스웨덴 총리 정상회담, 북한 핵문제 해결 협력 합의
	유엔의 소말리아 평화유지 활동에 건설공병부대 파견 최종 확정
	13일 대통령 직속 행정쇄신위원회 발족
	19일 대통령 최초로 4·19묘소 참배 후 성역화 지시
	27일 시중은행장 인사에 정부가 간섭하지 말 것을 지시
	5월 19일 슬롯머신 사건 관련 병무청장 해임
	31일 대학가 폭력시위·허가받지 않은 북한과의 접촉 엄단 등 강력 대책 발표

6월 3일	취임 100일 기자회견에서 '5·16은 쿠데타' 규정
29일	소말리아 유엔 평화유지 활동 위해 육군 상록수부대 파병
7월 6일	「화해협력·남북연합·1개 국가의 3단계 통일방안」 제시
10일	클린턴 미 대통령 간 정상회담, 경제협력 증진방안과 북한 핵 대응 협력 합의
30일	소말리아에 국제연합군 공병대대 파견
8월 1일	북핵문제 조기 해결 위해 경수로 원자력발전기술 이전 참여 결정
8일	신경제5개년계획에서 사회간접자본 분야에 최우선 순위 두겠다고 언명
9일	공직자윤리위원회 가동
12일	〈금융실명거래 및 비밀보장에 관한 대통령긴급재정경제명령〉 발동
15일	광복절기념식 경축사에서 핵에너지의 남북공동개발 용의 입장 표명
16일	중소기업에 6,200억원 추가 지원·부가세 신고율 하향 조정 등 금 융실명제 후속 대책 발표
24일	대한항공기격추사건 입장 표명과 6·25전쟁 자료 전달을 러시아에 요청
9월 10일	나라시마 라오 인도총리, 정상회담에서 투자보장 협정 합의
14일	미테랑 프랑스 대통령 정상회담, 통상증대·외규장각 도서반환 논의
15일	대한민국·이탈리아 「군수지원 및 방위체계 협력에 관한 양해각서」 체결
21일	국회 본회의에서 취임 후 첫 국정 연설. 정치권의 과감한 개혁 촉구
10월 9일	〈한반도비핵화사건〉 수정 않기로 결정
15일	부마항쟁 15주년 맞아 부마항쟁을 민주화운동으로 정의
19일	한스 브릭스 국제원자력기구 사무총장 면담. 북한 핵문제 논의 소말리아 평화유지 활동 병력 증파 요청 거부 입장 전달
11월 3일	곤츠 헝가리 대통령 정상회담, 양국 간 실질협력관계증진방안 논의
6일	호소카와 일본 총리 정상회담, 과거사 문제·한반도 정세 논의
9일	고촉통 싱가포르 총리 정상회담, 정치·경제협력 문제 등 논의
19일	장쩌민 중국 주석 정상회담, 북한 핵문제 등 논의
22일	아메리칸대학 명예박사학위 받고 케네디 묘소 참배
23일	클린턴 미 대통령 정상회담, 핵사찰 수락 등을 북한 핵문제 해결 전제 조건으로 합의
12월 9일	특별담화문에서 쌀시장 개방에 대해 대국민 사과·쌀시장 개방 공 식 선언

	23일 부트로스 갈리 유엔사무총장 접견, 한반도 안보 · 북한 핵문제 논의
1994	1월 18일 낙동강 수질오염 사고 대국민 공식사과
	19일 제임스 울시 미 중앙정보국장 면담, 북핵문제 논의
	20일 안보 환경 변화에 맞춰 중국 · 러시아와 군사교류협력 지시
	2월 11일 클린턴 미 대통령에게 북한 핵문제 한 · 미 공조 등 강조한 친서 전달
	25일 북핵개발 저지 위해 남북정상회담 추진 의사 표명
	3월 9일 이온 일리에쿠스 루마니아 대통령 정상회담. 경제협력 강화 합의
	24일 일본 공식 방문. 호소카와 일본 총리와 정상회담, 북핵문제 · 문화 교류 논의
	28일 중국 방문. 장쩌민 중국 주석 정상회담, 북한 핵문제 · 경제협력방 안 등 논의
	4월 7일 외교안보정책 혼란 시정 위한 통일안보정책 조정회의 구성
	5월 30일 북한 핵연료봉 교체 작업 중단을 촉구, 각 부처에 북핵문제 대비책 수립 지시
	6월 1일 러시아 공식 방문, 보리스 옐친 러시아 대통령 정상회담. 북핵문제 등 논의
	4일 우즈베키스탄 공식 방문. 카리모프 우즈베키스탄 대통령 정상회담. 경제 · 문화 협력 증진 협의
	김영삼 대통령 · 클린턴 미 대통령 · 보리스 옐친 러시아 대통령 3 각 전화회담 통해 유엔안보리의 대북한 제재결의안 지지 합의
	17일 카터 전 미 대통령으로부터 김일성 북한 주석의 남북정상회담 의 사 전달 받고 즉각 수락
	7월 9일 김일성 북한 주석 사망. 전군에 특별경계령 발령 및 국가안전보장 회의 소집
	8월 15일 광복절 제59주년 경축사. 북한 핵투명 보장시 경수로건설지원 · 민 족발전공동계획 제안
	17일 클린턴 미 대통령과 북한 경수로지원은 특별사찰이 전제되어야 가 능하다고 의견 합치
	9월 22일 클린턴 미 대통령에게 북한 핵 투명성이 보장되면 경수로지원사업 에 한국이 중심적 역할을 하겠다는 친서 전달
	10월 6일 바츨라프 체코 총리 정상회담, 문화협정 · 사증면제협정 체결 합의
	8일 뉴욕타임스 회견. 클린턴 미국 대통령이 북한과 타협에 집착 비판
	24일 성수대교 붕괴사건 사과 담화
	31일 방한한 리펑 중국 총리와 정상회담. 양국 경제통상협력 강화 합의

	11월 7일 북핵문제와 연계했던 대북정책 전환·남북경제협력 본격 추진 천명
	11일 필리핀 방문, 라모스 필리핀 대통령 정상회담. 필리핀 통신·건설 분야에 한국 참여 합의
	13일 인도네시아 방문. 수하르토 인도네시아 대통령 정상회담, 인도네시아 경제발전에 한국 참여 논의
	18일 호주 방문, 키팅 호주 총리 정상회담. 산업과학기술협력 공동기금 설치 합의
	11월 21일 에두아르도 프레이 타글레 칠레 대통령 정상회담, 칠레 사회간접자본시설 확충 사업에 한국 기업 참여 합의
	12월 9일 바웬사 폴란드 대통령 정상회담, 폴란드에 자동차합작회사 건설 합의
	15일 이츠하크 라빈 이스라엘 총리 정상회담
1995	1월 26일 마틴 루터 킹 비폭력 평화상 수상
	3월 2일 미테랑 프랑스 대통령과 TGV조기 기술이전·외규장각도서 반환 합의
	4일 하벨 체코 대통령과 정상회담
	6일 콜 독일 총리와 회담
	24일 「한반도에너지개발기구(KEDO) 설립에 관한 협정」 공포
	4월 3일 젤류 젤레프 불가리아 대통령 정상회담
	13일 이집트와 정식 수교 시작
	27일 전국교육자대회 참석·세계화 신교육 구상 발표
	6월 23일 남북정상회담 재추진 의사 강력 발표
	29일 상품백화점 붕괴
	7월 7일 넬슨 만델라 대통령과 정상회담
	23일 씨프린스호 침몰, 오염사고 발생
	27일 미 상·하원 합동회의 연설
	28일 클린턴 미 대통령과의 정상회담
	8월 22일 민주자유당 당 3역 개편
	31일 시티베니 람부카 피지공화국 총리 접견
	9월 29일 카를로스 메넴 아르헨티나 대통령과 정상회담
	10월 15일 뉴욕타임즈 기자회견. 일본의 한일 합방 관련 발언에 경고
	23일 유엔강화를 위한 16개국 정상회의 참석
	25일 미 유엔협회의 세계지도자상 수상
	31일 노태우 전 대통령 비자금을 부정축재라 규정

	11월 14일 장쩌민 중국 국가 주석과 정상회담
	18일 무라야마 일본 총리와 정상회담
	19일 엘 고어 미 부통령과 회담
	12월 19일 「5·18특별법」 국회 통과
1996	2월 26일 나라시마 라오 인도 총리와의 정상회담
	3월 5일 청와대에서 존 메이저 영국 총리와 정상회담
	4월 11일 제15대 국회의원선거
	24일 노사관계개혁방안 보고회에서 신노사관계 구상 제시
	노사관계개혁위원회 설치 발표
	6월 10일 빔 콕 네덜란드 총리와 정상회담
	23일 하시모토 류타로 일본 총리와 제주 정상회담
	8월 12일 스리랑카 대통령과의 정상회담
	9월 5일 과테말라 등 중남미 5개국 합동정상회담. 한·중미 대화협의체 제의
	9일 아르헨티나 방문. 카를로스 메넴 대통령 정상회담
	11일 브라질 방문
	9월 14일 페루 방문. 후지모리 대통령과 정상회담
	18일 강릉 인근 해상에서 좌초된 북한 잠수정 1정 발견
	10월 21일 방한한 후안 카를로스 스페인 국왕과 회담
	11월 9일 무장공비 침투사건 관련 북한의 사과 없을 시 대북경수로 공급 무
	기한 불참 선언
	27일 말레이시아 마하티르 총리와 정상회담
1997	1월 10일 방한 중인 장 크레티엥 캐나다 총리와의 정상회담
	21일 여야 영수회담에서 노동법과 안기부 법제개정 의사 표명
	3월 1일 3·1절 기념사에서 노사갈등과 경기침체 극복에 온 국민 동참 호소
	20일 레이나 온두라스 대통령과 회담
	26일 내각제 개헌 불가 입장 표명
	5월 30일 대선 자금규모 공개 거부 대국민 담화
	6월 4일 키르키즈스탄 태통령과 정상회담
	23일 하시모토 일본 총리와의 정상회담. 인도적 대북식량지원 합의
	24일 유엔 환경 특별총회 연설에서 비무장지대 보존 위한 남북한협력
	제의
	8월 15일 광복절 경축식에서 한반도 평화정착 4대 원칙 제시
	19일 방위비예산 5% 이상 증액 지시
	11월 7일 신한국당 탈당

		21일 IMF에 대한 구제금융 신청 공식 발표
		12월 22일 전두환 · 노태우 전 대통령 사면
1998		2월 25일 14대 대통령 퇴임
2004	12월	북한민주화동맹 명예위원장에 피선(대표 황장엽)